新 지방의회론

한국지방자치학회

김상미 | 김찬동 | 문병기 | 배귀희 | 박기관
박노수 | 송광태 | 이종원 | 채원호 | 최영출
최진혁 | 한부영 | 황아란

Toward a New Local Council

박영사

발간사 ───────────────────────────────────

2018년 한국지방자치학회는 학회창립 30주년을 맞는 뜻깊은 해였고, 그동안 지방민주주의의 확립을 위해 지방자치발전에의 노력을 경주해오면서 얻었던 소중한 경험과 값진 교훈으로부터 대한민국의 새로운 자치분권의 재설계를 준비해야 했던 매우 중요한 전환기적 시기였다. 따라서 자치분권의 기본원리에 충실한 제도설계를 준비해야 하는 당위성에서 그동안 국가의 의사가 지방에 직접적이고 수직적으로 침투해온 비대화된 행정영역을 어떻게 하면 대폭 줄일 수 있을 것이고, 이와 함께 지금까지 상대적으로 저평가되었던 지역주민의 자유로운 의사와 참여, 통제의 역할을 어떻게 하면 강화할 수 있을 것인가에 대한 근본적인 논의가 필요하였다. 여기에 우리 학회는 주민의 필요보다는 집권정치세력의 이해관계 속에서 주민과 유리된 공간에서 성장한 변질된 지방의회를 바로 세우는 일이 그 무엇보다 중요하다고 판단하였다.

그 배경은 자유민주주의 국가의 경우 지방자치 영역 안에서 지방의회를 부정하는 일은 '다리 없이 걷고자 하는, 날개 없이 날고자 하는' 바람으로 지방분권의 거대한 원동력을 차단하는 것과 같은 이치로 이해될 수 있기 때문이었다. 따라서 우리나라의 지방의회는 지방분권에 의해 지원받은 지방자치를 필연적 귀결조건으로 하여 대의 민주주의에 상응하여 중앙권력의 자의적 행사를 방어해야 하고 지방주민의 소중한 의견을 수렴하여 양질의 의정활동을 수행해 나가야 함을 상기해야 한다.

여기에 우리가 추구해야 하는 21세기 새로운 지방정치행정환경에 부응하는 지방의회는 지금까지 여야 간의 대화와 타협은 무시되고 다수의 논리가 장악하게 하여 상호존중과 설득의 정치에 기반한 공동선의 추구가 무참히 훼손되는 지극히 형식적인 존재로 형해화된 결과지향적인 자유민주주의적 의회제도가 아니라 열린 대화를 통한 상호 이해와 신뢰를 기본으로 공동선의 완성을 지향하는 자유민주주의의 재창조로서의 의회제도로서의 변화이다. 지역사회의 문제를 상호 토의와 설득의 과정을 거치는 가운데 시민의 삶의 질을 높여줄 수 있는 정책지향적 의회로의 재설계가 필요한 것이고, 과거의 명예직 시민의회에서 전문적 정책의회로의 전환을 요구하고 있는 이유이기도 하다.

이런 배경에서 김상미 위원장을 중심으로 교육, 연구, 봉사의 바쁜 일정에도 불구하고 열정어린 사명감으로 노력을 아끼지 않으셨던 교수님들(문병기, 박기관, 박노수, 배귀희, 송광태, 이종원, 채원호, 최영출, 최진혁, 한부영, 황아란)의 헌신을 통해 이 소중한 책자가 발간되었음을 고맙게 여기며 우리 모두에게 깊은 감사의 마음을 전하고자 한다. 신지방의회 서적은 진정으로 대한민국이 펼쳐 나아가야 할 자치분권의 중요한 기관으로서 그 본질적 나침반으로 작용할 것이며, 한국지방자치학회의 소중한 자산이 될 것으로 확신한다.

2019년 2월
한국지방자치학회 제22대 회장 최진혁

개정판 서문

　인간이 인간을 다스렸던 최초의 제도는 기원전 4,000여 년경 자기마을의 문제에 대하여 합의를 이끌던 'Village Council of Elders'라는 지방의회제도이다. 오늘날 지방의회의 DNA에는 '통치의 원형(原型, archetype)'으로서 가장 긴 역사가 내재되어 있다. 우리나라는 위민행정(爲民行政)이라는 통치자의 선의에 의한 통치를 기대할 수밖에 없었던 역사가 이어졌으나, 향회라는 자치조직이 구성되어 지방자치 및 국가 위기에 상당한 영향력을 행사한 바 있다.

　지난 세기에 일어난 전 세계적 정치 현상 중 하나를 꼽으라면 군부, 독재자, 일당체제가 민주적인 체제로 전환되는 민주주의의 팽창이다. 2019년 지금 우리나라 지방자치제도의 최우선 과제는 6.10시민항쟁으로 정착된 지방민주주의 체제를 강화하는 지방의회의 공고화이다. 지방의회는 지방자치의 본질적 가치를 구현해야 하는 지방자치제도의 가장 기본적이고도 중요한 '보물'이다. '지역주민에 의한 지역주민을 위한 지방정부'라는 보물의 진가가 발휘되기 위해서는 그 가치를 찾고 계승하는 사람들에 의해서만 성취될 수 있다.

　2018년 한국지방자치학회 30주년을 기념하기 위하여 지방의회발전특별위원회 주관으로 저술된 이 책이 주민과 가장 가까운 '민의의 전당'으로서 깊이 뿌리내리는데 기여하기 위하여 바쁘고 힘든 상황 속에서도 13명의 집필진들이 힘을 모아 펜 끝에 문자의 빛을 비추었다.

이 자리를 빌어 원고와 수정에 동참해 주신 모든 집필진분들께 감사드리며, 이 책을 만들 수 있도록 지원해 주신 박영사 안종만 회장님과 정수정 선생님에게 감사의 인사를 드린다.

2019년 2월
言遵西路 김상미

차 례

01 지방의회제도의 원리와 의의

02 외국 지방의회의 제도

03 우리나라 지방의회의 역사

04 지방의회의 조직

05　지방의회의 지위, 기능 및 권한

06 지방의회의 회의 운영

07 지방의회와 선거

08 지방의회와 자치기관의 관계

제1장
지방의회제도의 원리와 의의

지방의회제도의 원리와 의의

제1절 의회제도의 개념과 역사, 그리고 본질

1. 한국의 지방자치와 지방의회

지방의회는 무엇을 하는 곳이고 지방의원은 어떤 일을 하는가를 한마디로 정의하면 어떻게 말할 수 있을까? 지방의회는 지방문제를 입법하는 곳이고, 지방의원은 주민의 대표로서 선거로 선출되어, 지방자치단체의 예산과 결산을 심의하고 의결하며, 조례를 제정하고, 집행기관을 감시하고 견제하는 역할을 한다고 하면 정답이라고 할 수 있을까?

한국의 지방의회는 지방자치단체의 조례를 제정하고, 지방의원들은 지방자치단체의 예산과 결산을 심의·의결하고, 조례도 제정하며 사무감사를 통하여 단체장과 집행조직을 감사하고 있으니, 한국의 지방의회가 지방의회로서의 역할을 제대로 수행하고 있다고 할 수 있는지 의문이다.

한국의 지방자치는 1991년의 지방자치 재도입시기보다 더 후퇴하고 있는 듯하다. 지방자치단체의 재정자립도는 10% 이상 더 낮아졌고, 국고보조사업의 수와 예산규모는 확대일로에 있으며, 지방자치단체장들은 국가복지사무의 증가로 인하여 자치사무를 지역특성에 맞게 처리하기가 쉽지 않다고 한다. 시·군·구 지방자치단체의 재정자립도는 20% 내외에 이르는 경우가 많아 공무원의 급여도 제대로 지급하지 못하며, 지방의원 중에서는 1년에 1개의 조례를 제정하지도 못하고, 심지어 사무감사에서 질의 한번 하지도 못하는 경우가 빈번히 있다고 한다. 이는 지방의회제도가 외형적으로는 그럴듯하게 보이지만, 지방의회의 본질이 잘못 설계되어 있고, 지방의회의 기본에 대한 이해가 잘못되어 있기 때문이라고 평가할 수 있다.

그렇다면, 과연 지방의회는 무엇을 하는 곳이고 지방의원들이 어떤 일을 하는가에 대해 정확한 본질은 무엇이며, 기본은 무엇인가를 묻지 않을 수 없다.

행정학적으로 보면, 의회는 관료제와 대비되는 조직으로서 의회는 대등한 의원들 간의 대화와 토론을 통하여 합의제로 의사결정을 하는 조직인데 비하여, 관료제는 독임제로 의사결정을 하는 군대식 조직이다.

역사적으로 보면, 의회는 로마의 원로원이나 아테네의 민회에서 유래된 것으로 공화정이나 민주정이라고 하는 정체(politeia)와 관계되는 조직인데 비하여, 관료제는 베버의 근대 관료제와 같이 합리적 권위를 가지고 법치행정을 실현하는 계층제조직으로서 주로 왕정이라고 하는 정체에 친화적이다. 즉, 군대로서의 관료제는 로마가 제정(帝政)으로 전환할 때, 강력한 로마군대조직이 황제정(皇帝政)을 뒷받침한 것으로서 왕정(王政)과 관련된 조직으로 이해할 수 있다.

조직학적으로 보면, 관료제는 법적 권위와 문서를 통한 명령과 통제로써 수직적 조직으로 작동하는 것이고, 의회제는 대화와 토론을 통하여 합의를 도출해가는 수평적 조직으로 이해할 수 있다.

정치학적으로 보면, 의회제도는 로크(J. Locke)의 의회주권론에서 이야기 하듯이 국가권력을 입법과 집행으로 분리하여 전제정치가 되지 않도록 제한정부로 만들어야 하고, 입법부가 집행부에 대하여 우위에 있도록 해야 민주정이 구현될 수 있다고 주장하였다. 즉, 입법부가 통치권의 우위에 있어야 한다는 정치이론을 주장한 것은 로크부터이다.

여러 관점에서 의회와 의회제도의 기본과 본질에 대해 살펴보면, 현재까지의 논의만으로도 한국의 지방의회가 잘못 설계된 점이 있을 수 있다는 점을 발견할 수 있다. 즉, 지방자치권에서 지방민주주의를 위해서는 지방의회가 집행부에 비해 우월한 위치에 있어야 하는 것이 민주주의의 기본인데, 한국의 경우에는 거꾸로 되어 있다는 점이다. 또 아테네는 인구 1만 명 이내의 도시국가였고, 훌륭하게 민주주의가 꽃피었으며, 아고라(agora)라는 광장에서 연 40여 회 이상 6천여 명이 모여 민회에서 토론하고 의사결정을 하였다는 것을 볼 때, 한국의 지방의회는 시군구의회만으로서도 평균 20만 명의 주민들의 대표 수십여 명이 모여서 회의를 하는데, 이는 민주주의가 가능할 수 있는 적정규모를 벗어났다는 느낌을 가지지 않을 수 없다.

여기서는 의회와 지방의회제도에 대한 개념과 역사, 그리고 본질부터 다시 한 번 체계적으로 정리하면서, 무엇이 의회제도 시스템설계의 기본이어야 하고, 그 것이 가능하기 위해서는 어떤 전제조건이 구비되어야 하는가를 살펴보고자 한다. 그리고 이러한 검토를 바탕으로 한국의 지방의회제도가 어떻게 새롭게 재설계되어야 한국의 민주주의의 발전과 성숙에 기여하고, 지방자치와 분권적 지역발전이 가능할 수 있을지에 대해 성찰해 보고자 한다.

2. 지방의회의 개념

의회는 입법기관이기 이전에 공론의 토론장이 되어야 한다. 사회 내부의 다양한 정치적 쟁점을 둘러싸고, 다양한 입장과 정보들이 집약되고 공개되는 공간이어야 한다. 특히 법률이나 예산심의를 둘러싼 정보들도 공개적으로 토론되어야 하는 공간이다.

다시 말해, 의회는 공개의 토론장이기에 주민의 대표들이 모여서 '토론하는 공간'이어야 한다. 그래서 의회는 입장과 의견이 대립되는 '토론'이 중요하고, 그 의미에서 소수당의 의사진행방해도 일정한 규칙에 의해서 승인되어져야 하는 것이다.

또 의회는 토론을 하는 공간이므로, 상대를 설득하기도 하고 자신도 설득되기도 하면서, 정치쟁점에 대한 정보가 집약되고 공개되는 것이 의회답다고 할 수 있다.

의회제도의 가치관념은 시민적 자유에 입각한 정치이고, 이것을 자치라는 개념으로 정립한 것은 로크부터이다. 로크는 명예혁명에서 중심적인 역할을 한 것은 의회이고, 의회가 정치의 중심에 있었다는 점이 착안하여 중세 신분제의회제도를 근대적 시민의회제도로 전환시키기 위한 이론적 논의를 제시하였다.

홉스는 국가의 혼이 주권이란 개념에 있다고 했지만, 로크는 홉스와는 달리 추상적인 절대주권이 아니라, 기구로서의 입법부가 국가의 혼이라고 주장했다(松下圭一 335). 로크는 당시 군주와 의회의 대립을 조직기구론적으로 해결을 도모하려고 했고, 시민의 자유를 정치조직기구를 통하여 확보하려고 노력하였다.

로크가 의회와 관련하여 중요한 것은 의회는 입법을 담당하는 조직인 입법부이고, 따라서 입법부가 시민정치조직에서 우월성을 가진다는 논지를 이론화했기 때문이다. 즉, 당시 홉스에 의하여 자연법에 대한 논의가 있었지만, 로크의 '입법부에 의한 자연법의 실정화(實定化)'라고 하는 관념이 획기적이었다(細井保, 2018: 178).

로크는 입법이야말로 근대적 권력이론의 핵심이고 근대국가성립의 본질이라고 보고, 입법을 입법부를 통해서 제도하되어야 한다는 주장을 했다. 즉, 로크는 개인의 자유와 자연권을 의회라는 입법부를 통하여 입법권을 형성하고, 이를 통해 집행권과 연합(聯合)권을 종속시킴으로써, 자연권을 토대로 하여 입법부가 형성되고, 당시의 군주를 통제할 수 있다는 상승적(bottom-up) 피라미드를 구축하였다.

로크에 의하면, 개인의 자유를 보장하기 위하여 사회와 정부를 형성하는 것이 사회계약론인데, 입법부의 형성에 의해서 비로서 개인은 결합되고, 개인의 의사는 법률이 되는 것이다. 즉, 개인의 자유라고 하는 가치관념은 입법부에 의해서 비로서 법률로 제도화되는 것이다.

로크는 중세 이래의 영국의회를 입법부로서 승인하고, 영국사회의 신분적 구성을 정치기구론적으로 받아들이면서, 각 신분별로 국가권력을 분절하여 배분하였다. 로크가 제안한 정치기구에 대한 신분적 배분이라는 발상은 정치이론에서 고대국가에서부터 전승된 것이다.

즉, 고대의 혼합정체가 가장 지속성이 있는 좋은 정체라고 하는 관념이나 중세의 신분제 국가론에서 왕과 귀족, 백성이라고 하는 세부류의 구성에서도 볼 수 있는 개념이다.

그런데 로크는 근대국가의 통일성과 일원성을 가진 개념에 대응하여 절대군주에 대한 투쟁의 이데올로기로서 중세입헌주의적 신분의회라고 하는 개념을 만들어 냄으로서, 절대주의에 대항하는 의회와 자유로운 개인을 정치이론에 3분하고 있는 것이다.

즉, 개인의 자유와 안전을 위해서 정부기구 상호 간의 기계론적 균형을 확보하는 것이 로크에게 있어서는 중요했고, 입법부가 군주의 집행권과 연합권 혹은 대권에 균형시켜주는 기구론적 역할을 하게 한 것이다.

3. 지방의회의 역사에서 살펴보는 의회의 본질

의회의 역사적 연원은 집회라고 볼 수 있다. 집회라 함은 사람들이 세상에 대한 정보와 의견을 모아서 논의하는 기회를 제공하는 공간을 의미한다. 집회의 연원을 찾아보면, 우물가회의, 사랑방회의에서 시작하여 오늘날의 시민서클까지 포함하는 것이고, 이러한 집회가 하나의 제도로서 설계된 것을 정치레벨까지 조직화한 것을 의회라고 해야 하지 않을까?

지역집회라 함은 고대 지중해문화권에서 도시의 민회에서부터 시작되는 것으로서 게르만족의 숲속의 부족회의, 혹은 스위스의 캔톤 회의, 미국의 타운미팅 등이 유명한 집회의 사례들이라고 할 수 있다(松下圭一 1999).

또 근대의 국회란 것도 사실 유럽의 중세 신분제의회에서 기인하는 것이고, 그 위상은 국가마다 다르다고 할 수 있다. 그럼에도 불구하고 국가차원에서 정보와 다양한 의견을 취합하는 곳이 국회이고, 지방차원에서 정보와 다양한 의견을 취합하는 것을 지방의회라고 할 것이다.

현대사회가 되어, 산업화와 도시화의 보편적인 확대에 따라서 선거권이 확대되고, 대중민주주의가 되자 역설적이게도 의회의 정보와 의견의 집약기능이 쇠퇴하게 된 것이다. 즉, 20세기에 들어오면서, 중앙정부이든 지방정부이든 행정기능과 관료조직이 강화되면서, 정보와 의견집약의 기능도 의회보다는 행정관료제쪽이 보다 효율적이게 된 것이다. 이로 인해, 20세기 전반에 이미 의회제도가 발생했던 유럽에서 조차, '의회의 위기'가 심각하게 논의되었고, 볼세비키나 파시즘은 공공연히 의회를 부정하는 입장을 드러낸 것이다.

그런데, 이들 파시즘이나 볼세비키는 오히려 시민자유를 허용하지 않는 정치

시스템이었다. 의회제도를 부정한다는 것은 결과적으로 복수정당제도를 부정하는 것이었고, 다양한 정치적 의견의 자유를 표명하거나, 정부와 정책의 선택의 자유를 부정하여 결과적으로 '시민의 자유'를 박탈하는 것이었다.

이로 인해, 20세기 후반이 되자 의회의 의의를 재평가하게 되었다. 의회는 다양한 시민활동이나 지연단체와 기업활동, 그리고 정당활동에 의하여 의제들이 융복합되는 '공개된 광장(agora)'으로서 재평가된 것이다.

사회변동이 가속화되고, 정치운동이 다원화 및 중층화가 심화되고 있음에도 불구하고, 도시형사회의 성숙을 전제로 한 경우, 최종적으로는 각 정부레벨의 제도결정의 방식은 결국, '시민 → 의회와 시장'이라고 하는 고전적 민주주의 방식의 부활이 더욱더 필요하게 되었다(松下圭一 1991).

한국의 경우, 특히 1960년대 이후 급속한 도시화사회가 성숙되고, 세계적으로 유례가 없을 정도로 서울권역에 인구가 집중하고, 탈농·이농현상에 따라 점점 대도시와 도시로 사람들이 집중되면서, 도시문제를 더 이상 중앙집권적인 관료제적 대응방식으로는 풀기 어려운 상황들이 벌어지고 있다. 21세기 들어와서 수도권과 비수도권의 격차와 불균형이 극심해지면서, 국정과제로 균형발전정책과 수도이전정책을 추진하지 않을 수 없는 상황이 벌어졌고, 지방자치단체가 자치권을 가지고 해결하지 않으면 안 되는 구조적 문제가 벌어지고 있는 것이다.

더구나 한국사회가 세월호사건과 국정농단사태를 경험하고, 시민들의 촛불집회를 통해 대통령의 탄핵으로 이어지는 경험을 통하여, '시민권에 입각한 민주정치'에 대한 요구는 국정만이 아니라 자치정에도 도입하지 않으면 안되는 상황이 되었다.

헌법질서에 나타나 있는 민주공화정의 정부조직으로서는 일원대표(의회제)와 이원대표(수장제)의 2가지 유형이 기본적으로 있고, 그 사이에 다양한 형태가 전개되는 것으로 볼 수 있다.

일원대표로서의 의회제는 역사적인 유래를 살펴보면, 군주를 먼저 의회가 제어하고, 그 다음에 군주권을 형해화시키는 내각제도를 그 원형으로 한다. 이원대표로서의 수장제는 역사적인 연원으로 보면, 군주를 혁명이나 추장에 의해서 쫓아내고, 민선의 대통령으로 직접 교체하여, 의회와 균형을 시키는 대통령제도를 그 원형으로 하는 것이다(細井保, 2018: 191).

제도논리만으로만 보면, 대중민주정치를 헌법질서로서 받아들이고 있는 오늘날도 의회제도는 민선의 귀족정의 원리를 따르는 것이고, 수장(首長)제는 민선의 군주정의 원리를 따라서 작동하게 된다.

현대민주정치에서 권력분립은 지방자치에서도 유지되어야 하는데, 이러한 권력분립은 의회나 단체장만이 아니라, 시민사회의 3자 간의 견제와 균형이 이루어지는 혼합정체(混合政體)가 시스템설계에서 나타나야 한다. 아리스토텔레스가 시민의 행복을 위한 가장 좋은 정체는 귀족정과 민주정이 긴장상태에 있는 것이라고 했듯이, 현대 도시화된 도시자치관리의 책임을 확보하기 위해서는 민주정과 귀족정에 더하여 군주정의 3자가 혼합정체로서 상호 견제와 균형을 잡아줄 때, 도시시민이 행복해지지 않을까 한다.

즉, 시민은 의회의 선거와 수장(단체장)의 선거에 있어서 주권자로서 선거하는 권리를 가지고 있어야 하고, 의회는 민선의 귀족역할, 수장은 민선의 군주역할을 제대로 수행할 때, 시민의 행복과 권리가 보장되는 것이다.

그러나 이러한 3권의 분립 속에서도 정부의 선택이나 정책의 선택 등 다양한 선택을 수행하는 것은 의회에 의하여 제도적으로 보장되어야 한다. 즉, 어떤 지역규모나 광역규모의 지방정부의 의회라도 행정관료제에 의한 정보와 의견집약기능의 폐쇄성을 타파하기 위해서는, 정보공개를 가능하게 해야 한다. 다시 말해, 시민사회의 자유를 보장하는 유일한 기관과 제도는 의회여야 한다는 것이다(細井保, 2018: 192).

4. 지방의회의 본질

의회는 개인의 자유를 제도화하기 위해 법률을 만드는 곳이기에, 자유의 제도적 보장을 위해서는 입법부가 등질적인 개인에 의해서 선출되지 않으면 안 된다. 즉, 개인이 입법부의 선출권을 가져야 한다는 것이다.

또 의회에 의하여 만들어진 법률은 개인에게 평등하게 적용되어야만 한다. 자유롭고 평등한 등질적 개인에 의한 통일적이고 등질적인 국가는 등질적이기에 법률지배의 일원성을 관철하지 않으면 안 된다.

또 사회는 등질적인 개인이 원자론적이고 기계론적으로 결합한 공간이기에, 하나의 의지를 구성하는 입법부에 의해 통일적 등질성이 확보되어 진다.

로크는 개인을 주권적 국가로 바로 연결시키지 않고, 의회라고 하는 제도적 장치를 통해서 개인의 자유를 기구적으로 보장하도록 이론화했다. 즉, 로크는 자유롭고 평등한 개인이 다른 개인들과 상호계약을 체결하고, 이에 의해 형성된 권력을 의회에 혹은 정부에 신탁하는 기구론적 방식에 의해서 제도화되는 것이라고 한다.

로크는 의회를 중심으로 양극단의 군주와 국민(혹은 인민)이라고 하는 양자의 균형을 이루는 이데올로기를 제시한 셈이다. 즉, 의회는 단순히 이데올로기를 넘어서 이를 실천하는 기구가 된 셈이다.

제2절 지방의회제도 기본원리와 전제조건

1. 의회제도시스템설계의 기본

한국의 지방의회가 의회다운 기능을 수행하지 못하게 된 구조적인 원인으로는 현재의 헌법질서와 지방자치법에서 규정한 지방의회의 위상과 권한, 기능에 문제가 있기 때문이다. 한국의 지방자치가 역주행을 하고 오히려 지방자치제도 재도입 이전보다 더 중앙정부에 의존적이 되어 가고 있다는 것은 지방자치가 형식화되고 있고 실질적으로는 오히려 국가와 관료제의 권한이 더 강화되는 시스템적 설계가 있다는 것으로 추정할 수 있다.

일본에서도 1970년대 의회가 공동화되고 왜소화되면서, 로키드사건과 같은 구조적인 부패가 생긴 것은 헌법이론과 관료법학의 프레임이 자초한 것이란 비판이 있었다. 즉, 일본의 근대화를 담당하였던 국가레벨의 행정기구가 지반침하하여, 할거주의와 외곽단체나 압력단체에 의하여 정경유착이 발생하였다는 것이다.

그리고 국회도 여당 족의원을 중심으로 유착이 발생하고 구조적으로 부패하여, "누가 과연 어디서 제도로서 정책의 공공성과 책임성을 확보할 수 있을 것인가" 라고 하는 질문이 정치개혁의 중핵문제가 되었다는 것이다(細井保, 2018: 182).

이때 헌법질서를 '시민자치에 입각한 헌법이론'으로 수립해야 한다는 반성이 일어났고, 의회를 정치적 장식설로 보고, 기관분담형권력분립론의 국회를 공동화 시킨 헌법학에 대한 비판이 일어났다.

당시 일본의 기성헌법학은 국가주권에서 시작하여 '국가법인론에 기초한 기관분담형권력분립론'을 주장하였는데, 이에 대해 시민자치헌법학에서는 '국민주권에서 비롯한 기구신탁론에 기초한 의원내각형권력분립론'을 주장하였다. 다시 말해, 의원내각형 권력분립론이 되어야, 의회를 '국가의 입법기관'으로 보는 것이 아니라, '국민에 의해 신탁된 국민의 국정레벨의 대표기관'으로 전환되는 것이다.

그래서 국회는 입법기관이기 이전에 '독자적인 대표기관'이 더 중요한 기능이고, 주로 5가지의 기능을 하여야 한다. 즉, 국회가 의회로서 해야 할 중핵적인 기능으로서는 첫째, 정보공개, 둘째, 쟁점제기, 셋째, 정치조사, 넷째, 정부감독, 다섯째, 법률예산심의(입법)이다(松下圭一 1994). 즉, 국회의 의회로서의 본질은 '공개적인 토론'을 하는 것이라는 점이다.

2. 국가주권에 입각한 정치적 미화로서의 지방의회관

국가주권과 국가통치에 입각한 관료법학이 여전히 한국에 대해 지배적인 정부관을 가지고 있기 때문에, 지방자치에 대한 관점이나 지방의회에 대한 가치관이 통치의 관점에서 바라보게 되는 것이다.

대통령중심제라는 통치 구조가 국가권력을 입법과 행정과 사법으로 분권하여 상호 견제한다는 사고방식을 가지도록 하면서도, 여전히 관료제는 대통령의 통수권에 밀착되어 있다는 관료주의적 국가주권이 작동하고 있는 것이다. 이런 통치 구조에서는 지방자치를 외관상 도입했다고 해도, 여전히 지방의 행정관료제는 중앙정부관료의 통제를 통해 대통령의 통치에 연결된 행태를 하게 되는 것이다.

이러한 구조 속에서 지방의회는 지방자치단체의 단체장의 제왕적 권력에 대한 외관상 권력분담기관으로 간주하게 되고, 정치적 수사 혹은 미화로만 지방의회를 바라보게 되는 것이다.

원래 의회와 단체장이 이원대표제로 운영되는 민주주의제도에서는 정책결정을 하는 의회와 단체장이 합의하여 운영되는 것이 이상적이다. 그리고 정책집행은 단체장과 관료제조직이 담당하고, 정책책임은 의사결정을 내린 의회가 정치책임을 지고, 법무책임은 법원(재판소)이 지는 것이 바람직하다.

또한 지방자치법제도는 의회와 단체장이 상호 견제와 균형을 가지도록 하기 위하여, 자치체의회는 독자적으로 의안제출권, 의견채택권, 단체장에 대한 출석요구권, 동의권, 검열 및 검사와 조사권을 가지고, 단체장은 의회소집권, 의안과 예산제출권 등을 가진다.

의원내각제의 제도에서는 단체장에 대하여 의회의 불신임권을 가지고, 이에 대해 단체장은 의회해산권을 가지도록 함으로써 균형을 이루고 있다.

그렇지만, 현실에서는 여전히 단체장이 강한 권한을 가지고 있어, 의회와 단체장이라고 하는 이원대표제가 '공동화(空洞化)'되는 현상이 나타나고 있다. 즉, 일본의 경우, 의회 사무국을 제대로 정비해두지 않음으로 인해서, 단체장이 그 인사권을 장악함에 따라 단체장의 부하직원들이 시나리오를 써주고, 의회와 의원들은 '연출'을 하는 현상이 나타난다는 것이다(細井保, 2018: 193).

또 의원들은 각종 심의회위원으로서 겸무를 하고 있으므로 단체장으로부터 의회에 의안이 제출된 때는 이미 심의위원으로서 의회에 대한 사전작업(일본어로 네마와시라고 함)을 해 두었기 때문에 이원대표제로서의 의회와 단체장이 긴장관계가 무너져 있다는 것이다. 즉, 이원대표제로서 상호 견제와 균형을 통하여 시민의 자유를 확보한다는 시스템이 붕괴되어 버리는 결과를 초래한다는 것이다. 그리고 이미 이 단계에서는 이권을 상호 배분하는 구조가 된 것이므로 일본에서는 의원들이 단체장과 결탁하여 총여당화가 진행되는 현상이 나타나고, 단체장과 의회가 스스로 부패의 길을 걷고 있는 셈이라 할 수 있다(細井保, 전게서).

한편, 지방의회는 선거가 끝나면, 국가통치의 하청기관으로서 시민에 군림하는 경향도 있다. 또 지방의회는 입법기관이라는 것과 예산심의·의결기관이라는 것을 근거로 특권화되는 경향도 있다. 의원들이 특권의식을 가지고, 시민에게 열린 의회가 되기보다는 폐쇄적인 성격을 고수하는 경우도 있다. 예를 들면, 주민투표를 의회를 부정하는 것으로 여겨 주민투표의 기준을 엄격하게 제한하거나 주민투표의 결과를 인정하지 않는 경우도 있고, 주민자치회가 대표성을 가지는 것을 지극히 경계하여 경쟁자로 여기는 경우도 나타나고 있다.

이러한 경향이 나타나게 된 연원으로는 일본의 경우, 전전부터 이어져온 관료법학 혹은 강단법학의 폐해라고 한다. 이로 인해, 의원들이 공허한 특권의식을 가지게 되었다는 것이다. 결과적으로 시민에 대한 책임의식을 잃어버리게 되었다(細井保, 2018: 194).

그리하여 전후에 자치체의회가 발족하면서 독자성을 가지도록 했지만, 결국 관제모델의 표준에 의해서, 자치체나 자치체의회는 국가의 '관치와 집권정치'에 휘말리게 되었다. 즉, 자치체가 다양한 개성을 발휘해야 할 '자치와 분권정치'의 보루가 되지 못하게 되었다(細井保, 전게서).

그런데 실질적으로 여전히 단체장이 강한 권한을 가지고 있다고 보여지기에, 일본에서는 의회에도 독자적인 의회소집권을 가지도록 하는 것이 필요하다고 한다.

한편 시민주권형의 정부신탁론에서는 시민이 주권자이고, 제도로서의 지방정부이든 중앙정부이든 권한과 재원, 책임을 신탁하고 있다.

3. 지방의회제도의 위기

의회제도는 20세기에 들어오면서 대중민주주의의 성립과 행정기구의 비대화로 인해서, 의회만으로서는 해결하기 어려운 문제들에 직면하게 되었다. 이를 해결하기 위해 행정기구의 개혁이 필요한데, 행정기구가 스스로 자치분권형의 행정시스템으로 개혁하는 것이 거의 불가능하다고 할 때, 누가 개혁할 것인가가 문제가 된다.

이 점에서 의회가 행정기구를 자치분권형으로 시스템전환을 하도록 의회정치가 재생되어야 하는 것이다. 중앙집권화된 행정기구를 자치분권형의 행정기구 시스템으로 해체하고 재편하는 과제를 국회와 지방의회가 연대하여 대응해야 할 것이다.

국가관념과 공공성, 책임성을 신비화하여 관치적 공공(salus publica)으로 집권화했던 행정기구를, 시민의 공공성과 책임성에 기반한 자치적 공공(res publica)이 작동할 수 있도록 시민공화정으로서 자주적으로 구성해야 할 것이다.

국가관념에 입각하여 국회가 입법권을 독점하였다고 한다면, 시민자치의 헌법질서로 재편하면서 지방의회와 국회가 입법권을 공유하는 입법분권이 필요하다고 할 것이다. 이 점에서 지방의회도 조례입법기관으로서만이 아니라, 지방의회로서의 지역문제에 대한 '공론의 장'이 되어야 한다.

지방의회가 지역문제의 공론의 장으로서 수행해야 할 기능은 첫째, 정보의 집약과 공개에 의하여 지역언론을 발달시키고, 둘째, 쟁점제기에 있어서 지방정당의 조직화, 셋째, 정치조사, 넷째, 정부감시를 통하여 관료기구의 거대화를 막고, 전문성을 제고하며, 다섯째, 법률이나 예산심의에서 집행부의 주도를 막는 역할을 해야 한다.

의회제도의 존재 의의가 정보공개에 있다고 하지만, 행정에 대한 조사권이 취약하거나 행정에 대한 직접조사실행이 어렵고, 행정결정 당사자의 증언 등이 용이하지 않다. 또 의회의 간부가 관료출신에 의해서 채용된다든가 인사권이 여전히 단체장의 손에 있다는 등의 이유로 시민주권형 정부신탁자로서의 의회의 독자성을 가지지 못하는 경우가 많다.

또 상임위원회가 사항별로 심의하는 것이 아니라, 심의의 '효율성'을 높인다는 이유로 부처별로 심의하게 되어, 할거적으로 나누어져 심의가 진행되고, 결과적으로 부처별 족의원들이 형성되고, 이들이 부패의 온상이 되는 문제점이 있는 것이다. 또 의회는 여전히 입법기술이 부족하고, 입법스탭의 역량이 취약하다는 문제점도 지적된다.

다시 말해, 의회는 시민에게 열려진 광장을 만드는 것이 주된 역할이다. 의회로서는 정치쟁점을 집약하고 정리하며, 정치정보를 집약하고 공개하는 것이 중요하다. 그 다음으로 정치가를 훈련하고 선별하며, 정부나 행정기관을 감시하는 것이나 정책을 제기하고 결정하며 평가하는 것은 그 다음의 역할이다.

의회의 개혁은 입법기관으로서 입법의 역량을 함양하는 것도 중요하지만, 무엇보다도 본질적인 역할은 공론장으로서의 역할, 다양한 의견이 표명되는 광장으로서의 역할에 기초하여 정보공개와 다음 세대의 정치가를 훈련하고 선별하는 역할을 하는 것에 초점이 맞추어져야 한다.

이런 점에서 의회개혁의 방향은 자유토론제를 확립하는 것이 중요하다. 또 의회 내의 위원회제도를 재편하여야 하고, 심의시간을 확대하여야 한다. 정당의 의회지배를 완화하기 위하여 정당의 구속을 완화하고, 의회조사활동을 활성화해야 한다. 그리고 입법심사과정을 단계별로 충실화하여, 주민의 공론을 듣는 단계와 전문가와 실무가의 자문을 받는 단계, 그리고 전체의원회의에서 깊은 숙의와 토론의 단계를 거칠 수 있는 의회제도시스템의 구축이 필요하다. 이러한 단계를 전개하기 위해서는 입법스탭의 충실이 무엇보다도 의회조직개혁의 방안이라고 할 수 있다.

의회개혁을 위해서는 정당의 개혁도 필요하다. 정당의 발달단계로 보면, 정당이 명망가들의 정당인가, 아니면 교조적 조직정당인가, 정책적 연합정당인가에 따라서 지방자치체의 지방의회에 대한 작동방식이 달라질 수 있다.

즉, 교조적 조직정당의 영향이 강하게 남아 있다고 한다면, 지방자치제의 지방의회에 대해서도 중앙정당의 공천권이나 정책지향을 강요하는 문화가 남아 있다고 할 수 있으며, 풀뿌리에서의 자치분권적인 공론장이 만들어지기는 어렵다.

이 점에서 한국의 지방의회제도의 개혁은 풀뿌리에서부터 공론장을 만들어주는 풀뿌리 민주주의를 위한 근린의회제도를 새롭게 설계해 주어야 하고, 의회라고 하면 자치권의 중심기관으로서 입법권, 재정권, 인사조직권, 계획권을 가지고 있어야 한다. 그리고 풀뿌리 근린의회부터 시작하는 연합권을 자치권의 요소로서 보장해주어서, 보충성의 원칙에 입각한 자치계층을 구성할 수 있는 자치분권이 이루어져야 한다.

참고문헌

松下圭一. (1959). 「市民政治理論の形成」. 東京: 岩波書店.

松下圭一. (1975). 「市民自治の憲法理論」. 東京: 岩波書店.

松下圭一. (1991). 「政策型思考と思想」. 東京: 東京大学出版部.

松下圭一. (1994). 「戦後政治の歴史と思想」. 東京: 岩波書店.

松下圭一. (1999). 「自治体は変わるか」. 東京: 岩波書店.

細井保. (2018). 分節政治理論のおける議会. 自治体議会改革の固有性と普遍性. 法政大.

제2장
외국 지방의회의 제도

02

외국 지방의회의 제도

제1절 영국의 지방의회제도

1. 개요

영국은 복잡한 지방정부 구조를 지니고 있다. 55개의 단층자치단체, 36개의 대도시 버러(borough, 광역시의 구와 유사), 32개의 런던 버러(borough, 서울시의 구와 유사), 27개의 비대도시 카운티(non-metropolitan county), 6개의 대도시 카운티(metropolitan county), 그리고 201개의 비대도시 디스트릭(non-metropolitan district) 등이다. 카운티는 우리나라의 도에 해당되는 광역정부라고 할 수 있으며, 디스트릭은 기초 지방정부에 해당된다. 영국의 가장 작은 지방정부는 인구 34,222명의 West Somerset이며 가장 큰 지방정부는 Birmingham으로서 인구는 1,124,569명이다. 이렇게 복잡한 지방정부 종류 만큼이나 지방의회 구조도 다양한 편이다. 영국에서 지방의회(local council)는 지방정부(local government)와 같다고 할 수 있다. 그 이유는 우리나라 및 여타 다른 나라와 달리 영국의 지방정부는 지방의회 의원들로 구성되어 있는 기관통합형 구조이며, 런던을 제외하고는 기관대립형 구조가 아니기 때문이다.

영국은 지방정부에 있어서 다른 나라와 달리 집행부(executive)와 의회(legislature)의 분리가 아니라, 통합되어 운영되는 점이 특징이다. 세부적이고 구체적인 기능들은 지방정부 내의 위원회 및 소위원회에서 수행된다(Copus, 2008). 비록 런던의 경우에는 기관대립적 요소를 가지고 있다고 하더라도, 런던을 제외한 다른 모든 지역은 기관통합적 성격의 지방의회 구조라고 할 수 있다.

런던은 직선시장과 직선 지방의회(London Assembly)를 가지고 있어서 우리나라와 같은 기관대립형 지방 구조라고 할 수 있으며, 영국 내 여타 지방정부와 구성 형태가 구분된다. 무엇보다도 직선시장과 직선 지방의회를 가지고 있으며 기관대립적 형태를 가지고 있다는 점이다. 런던 지방의회는 25명으로 구성되어 있으며 임기는 4년이고 선거구는 모두 14개이다. 14개 선거구에서 1인씩 가장 득표를 많이 하는 후보자가 당선되며, 나머지는 비례대표로 선출되는데 비례대표 의석을 가지기 위해서 당후보자는 최소 5% 이상 득표하여야 2018년 현재 런던 지방의회 의석수를 보면 25명 가운데, 노동당이 12명, 보수당이 8명, 녹색당이 2명, UKIP가 2명이고 자유민주당이 1명이다. 다음 선거는 2020년 5월 7일에 있을 예정이다. 런던 지방의회는 비중이 있는 까닭에 2000년 이래로 모두 12명의 런던 지방의원들이 하원의원이 된 바 있다. 전술한 바와 같이 런던을 제외한 다른 지역은 모두 기관통합적 지방의회를 가지고 있기 때문에 여기서는 주로 런던 외의 지역을 중심으로 살펴 보기로 한다.

2. 지방의원 자격

영국의 경우 지방의원이 되기 위해서는 18세 이상이면서, 선거 이전 12개월 이상 해당 선거구 지역에 거주하고, 국적면에서 영국국민, 영연방국민 또는 EU 국가의 국민이면 가능하다. 이렇게 영국 지방의원이 되기 위한 국적조건은 비교적 넓은 편이다. 영국 지방의원 중 가장 젊은 사람은 Nick Harris라는 18세의 지방의원인데, Wyre Forest District Council의 지방의원이다. 그는 2018년 5월 3일에 있었던 지방선거에서 당선된 바 있다(http://www.wyreforestdc.gov.uk/news/2018-news/may-2018/uks-youngest-councillor.aspx). 영국 지방의원들의 평균연령은 55.6세 정도이며, 50%는 54세 이상으로 구성되어 있으며 35세 이하는 5% 미만 수준이다. 즉, 고령화되어 있다고 할 수 있다.

3. 지방의원 역할

영국에 있어서 지방의원의 역할은 다른 나라와 마찬가지로 자기 지역구를 대표하며, 정책에 대하여 의사결정하는 권한, 지방정부 정책을 개발하고 검토하는 기능 및 해당 지방정부에 의해 수행된 결정들을 감사하는 기능, 규제적, 준사법적 및 법적 의무 수행, 그리고 지역사회 리더십 행사 등의 권한을 가지고 있다. 지방의원들은 자신들의 지역구 내에 있는 주민들과 이익집단과 만나고 이들을 대표하면서 이들이 제기하는 각종 문제들을 다룬다. 지방의원들은 지역구 내의 커뮤니티 미팅에 출석하고 각종 지역문제들을 공무원들과 토론하며 각종 포럼 등에서도 활동한다. 또한 이들은 지방정부의 전체회의에 참석하고 서비스전달 문제나 자원이용과 관련된 의사결정과정에 참여한다. 아울러, 기존 정책이나 서비스전달을 감시하는 각종 감독패널이나 감독위원회 등에서도 활동한다. 위의 기능에 더하여, 지방의원들은 계획 및 인허가 신청 건을 다루는 위원회에 참석하여 준사법적 기능을 수행하기도 한다. 지역사회 리더십 행사와 관련된 기능으로는 지역사회 내에서 민주적 옹호자(democratic advocate)로서의 역할을 하는 것인데, 지역사회 내에서 제공되는 모든 공공서비스에 대한 소비자 감시자(consumer watchdog) 역할을 의미한다. 지방의원들은 지역사회 내에서 제공되는 서비스들에 대하여 품질을 모니터링하는 역할을 한다고 할 수 있다.

2008년도의 조사에 의하면(https://www.local.gov.uk/research－local－government －pay－and－workforce－members－allowances), 영국 지방의원들의 88%는 지방의원으로서의 역할 수행에 있어서 자신들이 대단히 효과성 있게 수행하고 있다고 응답하고 있다. 또 94.1%는 지방주민들의 의견을 잘 청취하는 것이 지방의원들의 가장 큰 역할로 믿고 있다. 지방의원으로서 지방의회 업무에 부여하는 시간은 주당 평균 약 22.2시간이며, 한 두 개의 특별직책을 맡고 있는 지방의원은 주당 평균 25.4시간이며 그렇지 않은 일반 지방의원의 경우는 평균 18.2시간으로 나타나고 있다. 이러한 시간들의 업무별 배분비율을 보면, 회의 출석이 24%, 각종 의안 및 정책 준비에 23%, 유권자와의 만남 17%, 각종 조직의 위원들로서 참석 등이 11%, 여행 및 이동 시간이 약 10%, 기타 활동 등으로 되어 있다(Byrne, 2000).

영국의 경우, 지방의회 의원들의 역할과 역량강화가 중요하기 때문에 역량강화를 위한 다양한 프로그램들이 진행되고 있다. 이러한 프로그램은 주로 지방정부연합회(Local Government Association)가 수행한다. 이 지방정부연합회가 중점을 두고 있는 지방의원 역량강화 프로그램은(LGA, 2017) 지역사회 내에서 발생하는 다양한 갈등을 중재하고 조정하며 지역사회 내에서 리더십을 행사하는 데 관련되는 역량강화 프로그램들이다. 예를 들어서 보면, LGA는 지방의원들로 하여금 주민들의 생각을 서베이나 각종 대화창구들을 통해서 경청하는 능력 배양, 극단적인 견해들에 대해서 이의를 제기하고 문제의 본질에 접근하는 능력 배양, 중요한 의사결정을 하기 전에 지역주민들의 목소리가 잘 반영될 수 있도록 하는 능력 배양, 쟁점사항에 관련되는 개인이나 집단이 한 자리에 모여서 문제들을 논의하고 합의에 이르도록 중재하는 역량 등에 관한 다양한 사례들과 접근방법들에 대한 프로그램들을 제공해 주고 있다.

4. 지방의원 수와 선거

영국 지방의원의 수는 2015년 5월 현재 20,683명이며, 이는 패리쉬(Parish)의 지방의원을 제외한 수이다. 패리쉬는 우리나라의 읍면에 해당되며, 여기에서도 지방의원을 선출한다. 그러나 패리쉬의 평균 지출규모가 약 25,000파운드로서 실질적인 지방정부로서의 기능보다는 보조적인 역할을 하고 있기 때문에 우리가 논의하는 지방의원의 범위에 포함시키기는 어렵다. 영국 전체의 지방의원 수는 20,683명이기 때문에 인구 3,142명당 1명꼴이다. 우리나라의 경우 광역 및 기초의원이 모두 3,617명으로 인구 14,000명당 1명인 것에 비해, 4.5배 정도 많다고 할 수 있다. <표 2-1>은 영국 지방의원의 지방정부 종류별, 지역별, 정당소속별 분포를 보여주고 있다. 2018년 당 소속 분포를 보면, 보수당이 9,081명으로 가장 많고 그 다음 노동당이 6,470명으로 양당 체제를 구성하고 있으며, 소수당이 다양하게 많은 것이 특징이라고 할 수 있다.

영국 지방정부의 경우, 지방의원들을 4년에 한번씩 선거하여 전부 교체하는

▶ 표 2-1 ◀ 영국 지방의원 수 및 소속정당 분포(2018년 5월 기준)

Party	Total	England						Wales	Scot.	NI
		County	District	London	Metro.	UA	S.g.			
Conservative	9,081	1,200	5,165	511	403	1,346		182	273	1
Labour	6,470	259	1,566	1,120	1,700	1,099	5	472	249	
Liberal Democrats	1,870	223	890	151	176	303		61	66	
SNP	424								424	
Plaid Cymru	200							200		
Green (all)	196	18	73	11	34	38		1	18	3
DUP	131									131
UKIP	125	1	92		21	11				
Sinn Féin	103									103
UUP	84									84
SDLP	59									59
Alliance	30									30
TUV	10									10
PUP	4									4
Others[a]	1,876	86	727	34	65	281	111	339	197	36
Vacancies	19	0	10	6	1	1	0	0	0	1
Total	20,683	1,787	8,523	1,833	2,400	3,086	116	1,254	1,222	462

자료: https://en.wikipedia.org/wiki/Political_make-up_of_local_councils_in_the_United_Kingdom.

방식도 있고, 매년 3분의 1씩 선거에 의해 바꾸고 4년째는 선거를 안하는 경우도 있으며, 어떤 지방정부들은 2년에 한번씩 절반을 다시 새로 뽑는 방식도 있는 등 다양하게 선거를 운영하고 있다. 이는 행정의 연속성을 유지하기 위한 것과 관련된다. 지방의원 선거 투표율은 높지 않은 편이며, 2017년도의 경우 유권자 전체의 29%가 투표를 하였다. 참고로 최근 유럽 국가들 중 가장 높은 지방선거 투표율을 보인 나라는 룩셈부르크로서 93% 투표율을 나타낸 바 있고, 스웨덴 90%, 호주 85%, 이태리 85%, 벨기에 80% 등 높은 투표율을 가진 국가들도 있다.

한편, 2014~17년의 지방선거를 보면, 지방의원들의 28.4%(1,511/5,328)가 여성이었다. 이는 2007~2011년의 선거 결과에서 나타난 31%의 여성비율보다 낮은 것이다. 런던 버로우의 경우 여성 지방의원 비율이 36.4%로 가장 높으며, 농촌의 카운티의 경우에는 평균 약 24.6% 정도가 여성 지방의원으로 농촌지역으로 갈수록 그 비율이 낮아진다.

지방의원의 수는 선거구당 다양하다. 잉글랜드의 경우에 카운티는 선거구당 1명 또는 2명, 대도시 디스트릭에는 선거구당 3명, 다른 경우에는 인구 수에 기초하여 1명에서 3명 정도까지 다양하다. 웨일즈의 경우에는 선거구당 1명에서 5명까지도 있으며 스코틀랜드의 경우에는 선거구당 3명에서 4명, 북아일랜드는 선거구당 5명에서 7명까지로 되어 있는 등 다양하다.

한편, 영국의 경우는 County(우리의 도) 지방의원이 District(우리의 기초) 지방의원을 겸하는 경우도 있다. 가령, Somerset County Council의 25%는 해당 광역지역구 내의 기초지방의원을 겸하고 있다. 이러한 제도는 지방의원이라고 하더라도 좁은 지역적 시각에서 벗어나서 광역적 관점에서 지역문제를 바라볼 수 있다는 장점을 지닌 제도라고 할 수 있다(Bynre, 2000).

5. 지방의원 보수

대부분의 지방의원들의 경우, 풀타임 근무자들은 거의 없다. 이들에게는 기본적인 수당(basic allowances)와 부대비용(out of pocket expense)를 지급한다. 아울러 특별한 직무를 수행하는 경우 이에 대한 특별수당(special allowances)도 지급한다. 영국 지방의원들의 보수는 해당 지방정부에서 정하도록 되어 있다. 1993년도에 나온 "지역사회 리더십과 대표"(Community leadership and representation)라는 보고서 이전에는 중앙정부에서 일정한 가이드 라인이 제시되었으나 이 보고서가 나온 이후부터 모든 개별 지방정부들이 자기 지방정부 지방의원들의 보수를 자체적으로 설정하게 되었다. 지방정부들은 이를 위하여 독립적인 보상결정위원회(Independent Remuneration Panel)을 설치하고 이 위원회에서 해당 지방정부의원들의 보수를 결정한다. 지방의원들의 보수는 수당개념이며, 이는 기본수당과 특별수당 및 기타수당으로 나누어진다. 지방정부 수당은 지방정부에 따라 큰 차이가 나는데, 2008년도의 조사에 의하면 지방의원들의 연평균 수당은 6,099파운드(1파운드를 1,500원으로 하면, 약 900만 원 정도)이며, 4,194파운드에서 9,978파운드의 범위로 지급되고 있다. 특별수당을 보면 지방의장의 연평균은 17,753파운드이며 11,490파운드에서 37,486파운드의 범위로 지급되고 있는 것으로 조사되었다.

한편, 지방정부의 내각에 해당하는 Cabinet을 구성하는 지방의원의 경우 평균 특별수당은 약 9,710파운드이이며, 6,083파운드에서 최대 22,028파운드까지 광범위하게 지급되고 있다(https://www.local.gov.uk/research-local-government-pay-and-workforce-members-allowances). 이러한 특별수당은 전체 지방의원들의 약 53.2%가 받고 있는 것으로 조사된 바 있어서 절반의 지방의원들이 해당된다고 할 수 있다.

참고로 Cambridge County를 사례로 들어 본다. 나머지 지방정부들도 다소간 차이는 있어도 유사하다고 보면 된다. 2017년도 이 지방의원들의 기본수당(basic allowance)의 경우 10,315파운드(약 1천5백만 원 정도) 되며, 특별수당은 각 지방의원들이 맡고 있는 역할에 따라 달라진다. 특별수당의 예를 들어 보면 아래 표와 같다.

▐▶ 표 2-2 ◀▌ Cambridge County 지방의원들의 특별수당(2017년)   (단위: 파운드)

역할	수당규모
지방의회 의장	31,745
지방의회 부의장	20,627
주요야당 대표(12석 이상의 경우)	10,234
주요야당 부대표(12석 이상의 경우)	1,790
소수야당 대표	3,825
소수야당 부대표	662
정책 및 서비스 위원회 위원장	18,372
정책 및 서비스 위원회 부위원장	7,927
감사위원회 위원회 위원장	7,345
연금기금위원회 위원장	7,345
계획위원회 위원장	7,345
입양 및 양육패널 위원	3,750

자료: https://www.cambridgeshire.gov.uk/council/councillors-&-meetings/county-councillors/councillors-allowances/
주: 1파운드는 한화 약 1,500원 정도(2018년 10월 기준)

이 외에도 여행경비, 출장시 숙식경비 등 부대경비를 실비수준에서 지원해 주고 있다.

6. 지방의회의 집행 구조

영국은 전술한 바와 같이 런던을 제외하고는 기관대립형이 아니기 때문에 지방의회 구조를 보기 위해서는 지방정부 구조를 보는 것이 타당하다. 지방정부 집행조직에 있어서 잉글랜드의 경우 다음의 세 가지 형태 중 하나를 선택하도록 되어 있다. 하나는 직접선거 시장과 cabinet 모델, 둘째는 의장과 cabinet 모델, 그리고 셋째는 다른 대안적 형태로서 오직 2층제로 되어 있는 작은 농촌의 카운티에 적용되는 형태이다. 이러한 집행 구조 형태는 지역유권자들의 주민투표로서 결정된다. 2000년 지방정부법은 전통적인 위원회 시스템을 버리도록 중앙정부가 요구한 바 있다. 그러나 2011년의 Localism Act가 제정되어 모든 지방정부들이 주민투표를 통해서 과거의 위원회제도로 갈 수 있도록 허용하고 있다.

영국의 경우 전통적으로는 실질적 의미의 시장이라는 제도가 없었다. 모든 경우에 지방의회가 집행부를 동시에 구성하는 기관통합형 구조를 오랫동안 유지해 왔기 때문이다. 여기서 실질적이라는 말은 실제 집행권을 행사하는 시장을 의미한다. 형식적 의미의 시장은 내각책임제 국가의 국왕과 같이 의전과 의례적인 (ceremonial) 역할을 하는 것으로서 이러한 시장은 영국의 경우에도 있어 왔다 (Coulson, 2011). 일부 지방정부들은 이러한 형식적 의미의 시장제도를 가지고 있었으나 그야말로 형식적이었지, 실제 의사결정과정에 관여하는 시장은 아니었다. 그러다가 2000년도의 지방정부법(The Local Government Act)이 제정되면서 상황은 달라졌다. 즉, 이 법에서는 지방정부들이 기존에 전통적으로 유지해 오던 형식적 시장과 실질적 위원회제도를 버리고 새로운 집행 구조를 선택하도록 하였다. 이러한 제도변경의 이유는 전통적인 위원회제도가 지역주민들에게 책임을 지는 면에서 취약했다는 평가에서 기인했다. 위원회제도를 버리고 세 가지 선택 대안 중 하나를 주민투표로 결정하여 집행 구조를 선택하라는 내용이다. 핵심은 위원회제도를 버리고 캐비넷(cabinet)제도를 선택하라는 것인데, 이러한 캐비넷은 중앙정부의 내각처럼 위원회 방식이 아니라 담당 업무를 구분하고 이 담당업무를 책임지는 책임지방의원을 두어서 수행하도록 하는 방식이다. 세 가지 적용모델을 소개해 보면 아래와 같다.

1) 지방의회 의장과 내각(Leader and Cabinet) 모델

이는 지방정부의 다수당에 의해서 리더(지방의회 의장)를 뽑고 이 리더가 지방정부의 내각을 구성하도록 하는 방식이다. 이 경우 지방정부의 내각 구성 지방의원 수는 평균 6.8명 정도 된다(https://www.local.gov.uk/research−local−government−pay−and−workforce−members−allowances). 물론 이 경우 다수당이 약하면 다른 당과 연합하여 연합내각을 구성할 수도 있다. 즉, 지방정부의 다수당이 중심이 되어 지방의회 의장을 선출하고 이 의장이 지방정부 내각의 구성원들을 임명하는 형태이다. 이렇게 구성된 지방정부 내각 구성원들은 별도의 업무를 책임지게 되는데, 가령 주택, 재정, 경제발전, 교육 등과 같은 형태로 구분되는 업무를 책임지게 된다. 당연히 의사결정은 지방정부 내각의 책임 지방의원에게 부여되며 하나의 전체로서 내각이 이 의사결정을 책임지게 된다.

이는 지방정부 의장과 내각이 정책과 계획, 및 각종 전략에 대해서 책임을 지는 형태이며 이러한 결정들은 전체 지방정부 예산 범위 내에서 이루어져야 한다. 이러한 결정들은 정기적으로 열리는 전체 지방의회 회의에 보고되고 이 전체 지방의회 회의는 내각에 의해서 결정된 정책들을 분야별 위원회로(가령, 교육위원회 등) 다시 보내고 이 분야별 위원회는 개별 위원회 소관의 정책들을 심도있게 검토하고 이를 전체 지방의회 회의로 보내어 최종 확정짓는 과정을 거친다. 지방의회의 전체 회의가 이러한 과정을 거쳐서 결정하는 중요한 정책들이란 지방의회 의장을 임명하는 것, 예산승인하는 것, 지방정부 발전과 관련된 각종 계획들을 채택하는 것, 그리고 지방정부의 헌법에 해당되는 구조조례(constitution)를 합의하는 것 등이다. 이 외에도 전체 지방의회 회의는 지방정부 내의 주요 이슈들을 제기하고, 지방의회 의장이나 내각 또는 내각 의원들이 일정한 조치들을 취하게 하거

▶ 그림 2-1 ◀ Leader and Cabinet 모델

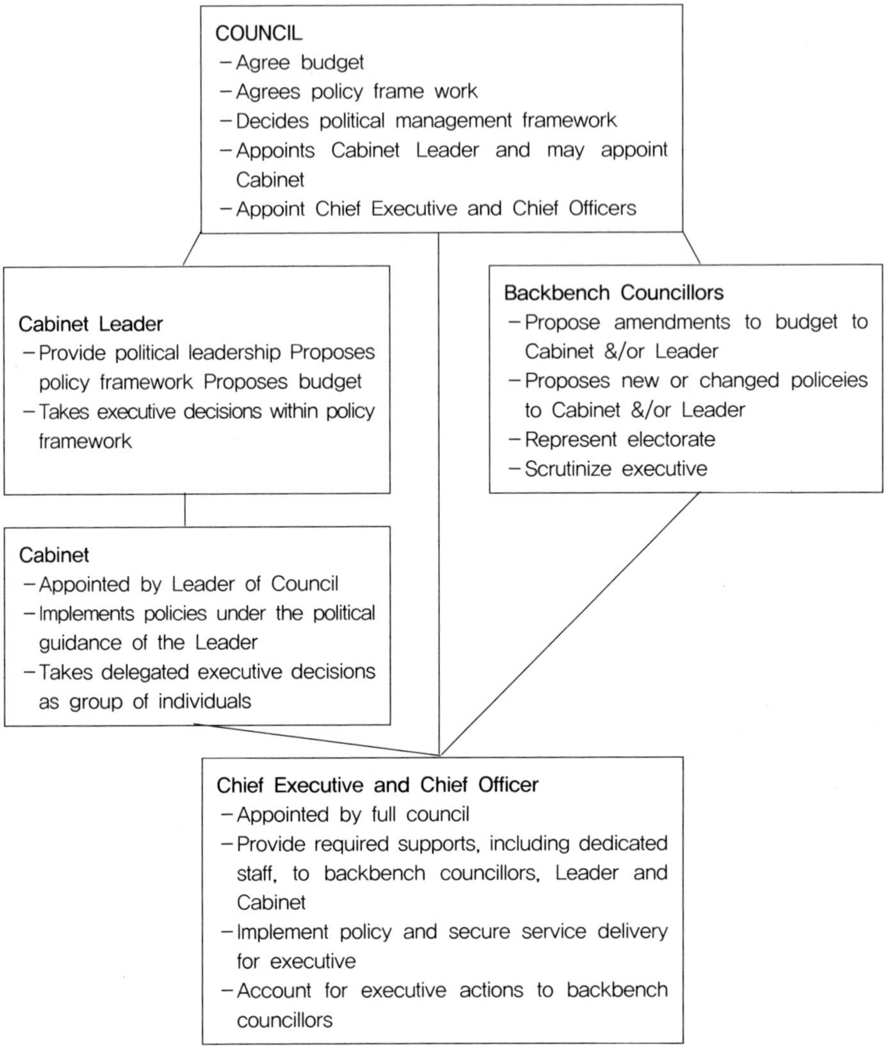

```
┌─────────────────────────────────────────────────────┐
│ COUNCIL                                               │
│ - Agree budget                                        │
│ - Agrees policy frame work                            │
│ - Decides political management framework              │
│ - Appoints Cabinet Leader and may appoint             │
│   Cabinet                                             │
│ - Appoint Chief Executive and Chief Officers          │
└─────────────────────────────────────────────────────┘
```

```
┌──────────────────────────────┐   ┌──────────────────────────────┐
│ Cabinet Leader               │   │ Backbench Councillors         │
│ - Provide political leadership│   │ - Propose amendments to budget│
│   Proposes policy framework  │   │   to Cabinet &/or Leader      │
│   Proposes budget            │   │ - Proposes new or changed     │
│ - Takes executive decisions  │   │   policeies to Cabinet &/or   │
│   within policy framework     │   │   Leader                      │
│                              │   │ - Represent electorate        │
│                              │   │ - Scrutinize executive        │
└──────────────────────────────┘   └──────────────────────────────┘
```

```
┌──────────────────────────────┐
│ Cabinet                       │
│ - Appointed by Leader of      │
│   Council                     │
│ - Implements policies under   │
│   the political guidance of   │
│   the Leader                  │
│ - Takes delegated executive   │
│   decisions as group of       │
│   individuals                 │
└──────────────────────────────┘
```

```
┌──────────────────────────────────────────────────────┐
│ Chief Executive and Chief Officer                      │
│ - Appointed by full council                            │
│ - Provide required supports, including dedicated        │
│   staff, to backbench councillors, Leader and          │
│   Cabinet                                              │
│ - Implement policy and secure service delivery          │
│   for executive                                        │
│ - Account for executive actions to backbench           │
│   councillors                                          │
└──────────────────────────────────────────────────────┘
```

자료: Byrne(2000: 648).

나 지방의회 의장에 대한 불신임을 할 수 있도록 하고 있다. 영국 대부분의 지방
정부들은 바로 Leader and cabinet 모델을 채택하고 있다. 이 모델의 구성 형태
를 그림으로 나타내 보면 위 그림과 같다. 지방의회 전체의 역할, 캐비넷 리더의
역할, 캐비넷의 역할 및 일반 지방의원의 역할 및 책임집행관(Chief Executive)

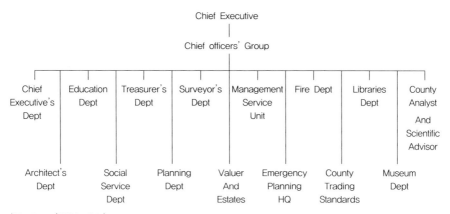

자료: Byrne(2000: 614).

및 국장급 공무원들의 역할이 제시되어 있다.

캐비넷의 의사결정을 실제 수행하는 책임집행관 및 주요 국장급 공무원들의 역할이 제시되어 있으며 이들 하부 조직은 <그림 2-2>에서 제시되는 바와 같다.

이러한 집행부서 조직은 위의 직선시장과 내각 모델의 경우에도 같이 적용된다.

2) 직선시장과 내각(Elected mayor and cabinet) 모델

이는 유권자들이 지방정부의 시장을 직접 선출하고 이 선출된 시장이 지방정부의 내각을 구성하는 형태로서 중앙정부의 대통령제와 유사한 형태이다. 이 제도도 2000년 지방정부법에 의하여 처음으로 도입된 선택대안이다. 이 제도도 주민투표에 의하여 선택할 수 있도록 되어 있었으며 2007년 이후부터는 주민투표 없이도 이 모델을 채택할 수 있도록 하고 있다. 이 모델의 가장 최초 형태는 2000년도에 도입된 런던시장 선거라고 할 수 있겠다. 이는 1997년 당시 노동당 정부가 지방정부를 개혁하기 위한 선거공약으로 제시하여 채택한 바 있다. 그러나 런던의 경우에는 직선시장과 직선의 별도 지방의회(Assembly)를 가지고 기관대립형 구조를 가지고 있다. 런던의회는 council이라고 하지 않으며 London Assembly라고 한다. 런던 지방의회는 우리나라의 지방의회와 유사한 기능을 수행하며, 25명의 직선의원으로 구성되고 3분의 2의 찬성으로 런던시장의 예산안을 수정할 수 있고, 주요 법적인 정책들을 부결시킬 수 있다. 우리나라의 지방의회와 같이 기관 대립적 성격을 가지고 있다는 점에서 런던 외의 타 지방정부의 지방의회와는 근본적으로 성격이 다르고 따라서, 위에서 언급한 Elected mayor and cabinet제도와는 다르다.

이러한 직선시장과 내각 형태의 제도를 채택하고 있는 지방정부는 2016년 현재 약 16개 정도 된다. 이 모델을 택한 지방정부의 경우 대부분 의례적인 시장을 이미 가지고 있는바 이 두 시장들은 이 모델 도입 이후에도 두 가지 역할을 서로 공존하면서 수행하고 있다. 시장선거제도에 의해서 당선된 시장의 권한은 위에서 언급한 Leader and cabinet 모델의 경우 집행위원회(executive committee)와 다소 유사하다. 이 권한들은 배타적 권한(exclusive power)도 있고 공동결정권한(co-decision power)도 있다. 일반적으로 선출시장은 자기 지방정부 내각에 9명까지의 지방의원들을 임명할 수 있으며, 권한을 내각위원회나 소위원회 등에 위임시킬 수 있다. 그러나 영국의 지방정부의 경우, 정책의 집행은 정치적으로 중립적인 공무원들에 의해서 이루어지는데, 이러한 공무원들은 정치적 대표성을 지닌 해당 위원회에서 임명되기 때문에 지방의원들에 의하여 임명되게 된다. 그 결과, 선출된 시장이라 하더라도 공무원들의 임명과정에 영향력을 행사할 수 없다는 것이 특징이다. 지방정부 공무원들의 전문성과 정치적 중립성을 유지하는 것이 중요하기 때문에, 선출된 시장이라 하더라도 개인적으로 공무원들에게 지시할 수 없다는 것이다. 따라서, 영국 지방정부의 선출된 시장들은 미국이나 우리나라와 같이 실질적인 집행권을 가진 시장(an executive mayor)으로 특징되지 못하고, 절반 정도의 집행시장(a semi-executive mayor)으로서 기능한다고 할 수 있다. 2016년도에도 지방정부의 직선시장제도로 집행조직 형태 변화를 위한 53개 지역의 주민투표가 있었다. 이러한 주민투표는 해당 지방정부의 결정, 주민 청원 또는 중앙정부의 관여 등에 의해서 추진된 바 있다. 그 결과 53개 지역 중 16개 지방정부에서 직선시장제도를 택하게 되었으며, 나머지 37개 지역에서는 부결되었다.

이와 유사한 것으로서 2000년 직선시장과 관리자 모델(Elected mayor and council manager)도 있었다. 이는 유권자들이 시장을 선출하고 선출된 시장은 전

```
┌─────────────────────────────────┐      ┌─────────────────────────────────┐
│ Directly Elected Mayor          │      │ COUNCIL                         │
│ ─ Provieds political leadership │      │ ─ Agree budget                  │
│ ─ Proposes policy framework     │      │ ─ Agrees policy frame work      │
│ ─ Proposes budget               │      │ ─ Decides political management framework │
│ ─ Takes executive decisions within │   │ ─ Appoints Cabinet Leader and may │
│   policy framework              │      │   appoint Cabinet               │
│                                 │      │ ─ Appoint Chief Executive and Chief │
│                                 │      │   Officers                      │
└─────────────────────────────────┘      └─────────────────────────────────┘

┌─────────────────────────────────┐      ┌─────────────────────────────────┐
│ Cabinet                         │      │ Backbench Councillors           │
│ ─ Appointed by Mayor from the   │      │ ─ Propose amendments to budget to │
│   Council                       │      │   Mayor and Cabinet             │
│ ─ Implements policies under the political │ ─ Proposes new or changed policies │
│   guidance of the Mayor         │      │   to Mayor and Cabinet          │
│ ─ Takes delegated executive decisions │  │ ─ Represent electorate          │
│   as group of individuals       │      │ ─ Scrutinize executive          │
└─────────────────────────────────┘      └─────────────────────────────────┘

              ┌─────────────────────────────────┐
              │ Chief Executive and Chief       │
              │ Officer                         │
              │ ─ Appointed by full council     │
              │ ─ Provied required supports,    │
              │   including dedicated staff, to │
              │   backbench Councilors, Mayor   │
              │   and Cabinet                   │
              │ ─ Implement policy and secure   │
              │   service delivery for executive │
              │ ─ Account for executive actions │
              │   to backbench councillors      │
              └─────────────────────────────────┘
```

자료: Byrne (2000: 649).

문 CEO(Chief Executive Officer)를 고용하는 형태이다. 이 전문 council manager 는 해당 분야에 오랫동안 전문 경력을 쌓은 사람이 고용되며 집행업무를 수행하는 역할을 한다. 그러나 이 모델은 2007년도의 The Local Government and Public Involvement in Health Act에 의하여 없어지게 되었다. 이 법의 결과 이

제도를 택하고 있던 지방정부는 Stoke-on-Trent City Council이 유일했으며, 2008년도에는 Leader and Cabinet 모델로 되돌아 간 바 있다.

3) 대안적인 집행조직 형태 모델

이는 Local Government Act 2000의 31조 규정에서 인구가 85,000명 이하이면서 2층제하에 있는 디스트릭 지방정부에 한하여 위에서 제시한 두 가지 모델과 상이한 다른 대안적 집행조직을 제안하면 중앙정부가 승인해 주는 형태를 말한다(Berg & Rao, 2005). 이 규정하에서 대안적인 조직 형태를 제시할 수 있는 지방정부는 약 50개의 디스트릭들이 있다. 이는 2011년도의 The Localism Act에 의하여 더 구체화되었다고 할 수 있다. 이 경우, 지방정부들은 주민투표를 통하여 영국의 전통적인 지방정부 운영 형태인 위원회제도로 되돌아 갈 수 있도록 허용하고 있다. 이 모델은 전통적인 형태로서 다수당 지방의원들이 해당 지방정부를 대표할 수 있는 리더를 (지방의회 의장) 선출하고 이 리더가 집행권을 행사하도록 하는 전통적인 방식이다. 당연히 권한은 업무별로 구성된 많은 위원회에 의해서 행사되고 당소속 분포에 비례하여 지방의원들이 위원회 장과 위원을 맡는 방식이다. 이 경우, 위원회가 적절한 의사결정을 내리지 못하거나 소수집단이 특정 결정에 이의를 제기하는 경우 이러한 결정은 최종결정을 위해서 지방의회 전체회의(full

▶ 그림 2 - 4 ◀ 대표적인 지방정부 위원회 형태 집행조직

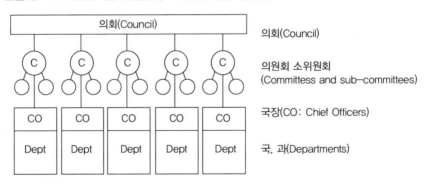

자료: Byrne(2000: 240)

council)에 보내지게 되는 형태이다. 현재는 약 52개의 지방정부들이 이 세 번째 모델을 채택하고 있다.

7. 지방의회에 주민참여

1999년의 영국의 지방정부법(The Local Government Act 1999)은 잉글랜드와 웨일즈의 지방정부들이 서비스제공의 지속적인 개선을 위하여 지역주민들과 자문(consultations)을 받도록 규정하고 있다. 이 법은 주민들에게 지방적 이슈에 대하여 주민투표를 독려할 수 있는 권한을 부여하고 있으며, 지나친 지방세 인상에 대하여 부결권을 주고 있다. 아울러 지역의 자원봉사단체 및 커뮤니티 단체들은 지방정부의 서비스에 대하여 이의를 제기할 수 있는 권한을 가지고 있다. 영국 전역의 지방정부들은 지방정부의 의사결정과정에 시민참여를 강화할 수 있는 방법을 지속적으로 실험해 오고 있다. 최근에는 예산준비 단계에서부터 다양한 수단을 동원하여 - 로드 쇼, 주민투표, 시민패널 제도 및 비즈니스 자문 등 - 시민들에게 자문을 받아서 행정을 수행하는 제도를 시행하고 있다.

시민참여를 적극화하는 과정에서 ICT를 적극적으로 활용하고 있는데, 현재 적용하고 있는 서비스로는 토지 및 건축물 관련 계획신청서 제출, 복지수당 계산, 주민세 계산, 반사회적 행태 보고 및 아동들의 학교 배정 신청서 제출 등이 포함된다. 이 외에도 온라인 참여예산제도, 온라인 자문제도, 온라인 블로그 등 다양한 ICT 방법을 활용하여 주민들의 적극적 참여를 활용하고 있다.

8. 영국 지방의회제도의 주요 특징 및 시사점

첫째, 지방의회 집행 구조의 선택이 가능하다. 영국 지방의회는 집행 구조를 획일적으로 중앙정부가 규정하지 않고 지역주민들의 주민투표로써 선택할 수 있도록 하고 있다는 점이다. 지방의장 - 캐비넷 모델, 직선시장 - 캐비넷 모델, 전통적인 위원회 모델 등을 두고 주민들이 자기 실정에 맞는 집행 구조를 선택할 수 있도록 허용하고 있다는 점이다. 또 런던시의 경우에는 런던시장과 런던 지방의회를 동시에 주민선거에 의해서 결정함으로써 우리나라의 기관대립형 지방정부 구조를 가지고 있다는 점이다. 이는 지방정부 구성의 다양성을 인정해 주고 있다는 점이며, 지방자치라는 본래의 정치원리에 부합하는 시도라고 할 수 있겠다. 둘째, 지방의원 선거를 하는 데 있어서 역시 주민투표를 통하여 전부교체, 3분의 1 교체, 2분의 1 교체 등 행정의 연속성을 유지하기 위하여 노력하며, 지방의원 수 교체를 위한 주민선택의 폭을 인정하고 있다는 점이다. 셋째, 영국 지방의원들은 유급제라기 보다는 실비보상 수준 정도를 받고 있으며, 지역 간 편차가 대단히 큰 편이다. 이 역시 지방정부의 특성에 맞게 해당 지방정부의 주민들이 자기 지방의회 의원들의 보수 수준을 결정하게 한다는 점에서 지방자치의 원리에 더 부합하다고 할 수 있다. 넷째, 지방의원들의 경우 하루 평균 4~5시간 정도 지방의회 업무에 전념하는 형태라고 할 수 있다. 다섯째, 영국의 경우 광역의원이면서 동시에 기초의원을 겸하는 경우도 있다는 점이다. 이는 좁은 지역적 문제를 벗어나서 좀 더 넓은 광역적 시각에서 균형적인 관점을 가지고 지역의 문제를 바라볼 수 있다는 점에서 우리나라에게 주는 시사점이 있다고 생각된다. 이러한 몇 가지 특징 중에서 특히 지방정부의 집행 구조를 다양하게 두고 지역주민들이 선택하게 하는 제도와 광역의원과 기초의원을 겸하는 제도 등은 지방자치라는 관점에서 우리나라에 주는 시사점이 대단히 크다고 하겠다.

참고문헌

Byrne, Tony. (2000). Local Government in Britain. London: Penguine Groups.

Bailey, S. (2004). Cross on Principles of Local Government Law. London: Sweet & Maxwell.

Copus, C. (2008). English Councillors and Mayoral Governance: Developing a New Dynamics for Political Accountability. The Political Quarterly, Vol. 79, No. 4, 590−604.

Coulson, A. (2011). Scrutiny in English Local Government and the Role of Councillors. The Political Quarterly, Vol. 82, No. 1, 102−111.

Berg, R. & Rao, N.(ed). (2005). Transforming Local Political Leadership, Basingstoke, Palgrave Macmillan.

Local Government Association. (2017). A Councillor's Work on Facilitation and Conflict Resolution. London: Local Government Association.

제2절 프랑스의 지방의회제도

1. 서론

프랑스 지방의회와 관련하여 1958년 헌법 제72조 2항은 "지방자치단체는 법률에 규정된 조건 내에서 선출된 지방의회 의원에 의해 자유로이 관리한다(les collectivités locales s'administrent librement par des conseils élus dans les conditions prévues par la loi)"고 밝히고 있다. 즉, 합의제 기관(organes collégiaux)으로서 지방의회(assemblées délibérantes locales)는 지방적 이해의 표현을 인지함으로 지방민주주의(la démocratie locale)를 구체화하는데, 이 민주주의는 근본적으로 대표제도 내에서 구현되는 것으로 본다. 프랑스공화국 지방행정에 관한 1992년 2월 6일 법률(92-125)은 지방적 삶에 어떻게 하면 주민들의 참여를 활성화할 수 있을까 하는 것에 목적을 두었고, 특히 주민의 자문과정을 제도화함으로써 직접민주주의를 강화하기 위한 일환으로 제시된 것이었다. 그러나 코뮌(시읍면) 기초자치단체 (1995년 2월 4일 법 이후 시읍면자치단체 간에도 적용)에 한정된 이 주민투표는 시행되지 못하였다. 왜냐하면 주민들이 선거시기를 떠나 의원들의 행위(활동)를 통제하기 위해 결정력을 가지는 주민들의 연합체를 강화하는 필요성이 강조되었음에도 지방적 삶에 주민참여는 자문적(consultative)인 것에 한정하였기 때문이다.[1]

지방주민의 이해실현에 그 가치를 두고 있는(지방의회의 정통성) 프랑스 지방의회는 선거로부터 출발하게 된다. 그런데 프랑스 헌정사를 통해 볼 때 지방구성원들의 선거에는 선거 초기부터 항상 자유의 요구가 주제가 되었다. 선거체제에 기초한 코뮌(commune: 시읍면), 데빠르트망(département: 도) 의회제도를 예견한 것은 1830년 헌장에 의한 7월 군주정(Monarchie de juillet)이었는데, 이 선거원칙은 중앙권력으로부터 해방된 현대화된 지방자치단체의 출현을 예고했던 1831년 3월 21일 법률, 1833년 6월 21일 법률에 의해 구체화 될 것이었다.[2] 그러나 보통선거

---

1) 헌법위원회(Le Conseil constitutionnel)는 선출적 근원을 갖지 못한 기관에 결정권한을 부여하는 것을 부정적으로 이해하고 있다(Isabelle, 2001: 6).

에의 정착은 1848년에 이르러서 비로소 이루어졌다. 제2제정(Le Second Empire)은 공화력 VIII년법(l'an VIII)으로부터 유산받은 새로운 중앙집권에 몰입한 집행부의 선거를 비난하면서 지방의회의 선거를 보존하였다. 즉, 1871년 8월 10일과 1884년 4월 5일 도와 시읍면의 헌장은 합의제 기관의 선거를 재확인하였고 그들에게 의미 있는 권한을 부여하였다.[3]

한편 지방민주주의를 강화한 1982년 3월 2일 법률에 의해 지방자치단체(les collectivités territoriales)화한 지역(région)자치단체는 1986년 3월 16일 처음으로 보통직접선거에 의한 지역의회 의원선거에 의해 그에 상응한 권한을 획득하게 된다. 이러한 선거지명 방식은 의심할 바 없이 프랑스 지방의회 의원들에게 강한 정치적 정통성을 부여하게 하는 계기가 되었다. 특히 프랑스가 중앙집권국가에서 지방분권국가로 가는 기본원리는 그동안 국가의 의사가 직접적, 수직적으로 침투하는 비대화된 행정영역을 줄이고, 그동안 상대적으로 소외되었던 주민참여와 주민통제의 역할을 강화하기 위한 일환으로서의 지방의회의 존재이유(la raison d'être de l'assemblée locale)를 강화한 것으로 이해할 수 있다. 따라서 그 기본이념은 분산행정(행정적 분권)에서 분권행정(자치적 분권)으로의 전환이었다고 할 수 있다. 즉, 1982년 프랑스의 지방분권화정책이 시행된 경우에서와 같이 데빠르트망(département: 도)과 레지옹(région: 지역)의 집행부는 더 이상 도지사(국가대표)가 아니라 코뮌(commune: 시읍면/시군)의 그것과 같이 해당 자치단체의 주민대표기관인 의회 의장에게 맡겨졌고, 동시적으로 국가의 지방자치단체에 대한 행정적 감독은 폐지되어 지방자치단체의 활동은 지방의회 의원의 자유로운 의결에 의해 완전한 권한행사를 하게 되었던 것이다. 따라서 국가대표(représentant de l'Etat:

---

2) 1831년 3월 21일 법률은 제한된 선거구단에 의해서 3년마다 반씩 교체하는 일부개선제와 함께 6년 임기의 시읍면 지방의회의 선거를 예견하였다(Verpeaux, 1996: 7; 최진혁, 1999c: 199).

3) 1870년 보불전쟁의 패배와 파리의 점령은 시읍면모델로 국가를 다스리려고 하는 파리코뮌(la Commune de Paris)의 반항을 야기하게 되었다. 이러한 위협에 직면하여 코뮌 몰락 이후 정부는 국회에 지방분권 위원회 중재역할에 의하여 도의회, 시읍면의회 의원선거를 복원시켰으며 상당한 입법프로그램을 추진하였다. 1871년 8월 10일 데빠르트망(도)법에서 도의회는 깡똥(canton)별로 6년 임기의 선출된 한 명의 도의회의원을 기초로 지명되었으며 3년마다 절반씩 개선되었다. 한편 1884년 4월 5일 코뮌(시읍면)법에서 시읍면의회는 6년 임기로 선출되었으며, 도의회의 경우와는 달리 전원 한번에 총체적으로 개선되었다(Verpeaux, 1996: 7-8; 최진혁, 1999c: 199-200).

préfet 도지사)가 지방자치단체에 행한 사전적, 행정적 통제 방식이 헌법적 조처에 따라 사후적, 합법성의 통제(contrôle de légalité)로 변화하게 되었다.

이러한 역사적 배경하에서 본 고는 프랑스 지방의회제도의 특징적 요소를 조직과 기능차원에서 파악하고자 한다. 그러기 위해서는 우선 프랑스의 지방정치·행정 구조의 기본적 맥락을 이해하는 선에서 출발하고자 한다.

2. 프랑스의 지방정치·행정 구조

1) 지방자치단체의 계층 구조

프랑스는 1982년 이래로 5단계의 행정계층(레지옹 – 데빠르트망 – 아롱디스망 – 깡똥 – 코뮌), 3단계의 자치계층(레지옹 – 데파르트망 – 코뮌) 구조를 갖는다(<그림 2–5> 참조). 즉, 레지옹, 데빠르트망, 코뮌은 법인격을 갖는 지방자치단체로 존재하고, 아롱디스망은 도의 하부행정구역(une circonscription administrative)으로, 깡똥은 선거구역(une circonscription électorale)으로 기능한다. 2018년 1월 1일 현재 주민 6,640만 명이 18개 지역, 101개 도, 35,357개 코뮌에 흩어져 거주하고 있다. 2008년 통계자료에 의하면 지방자치단체로서 26개의 지역(Région), 100개의 도(Département), 36,783개의 시읍면(Commune)이 행하는 일반 행정, 그리고 특별한 주민수요에 따른 새로운 형태의 행정 구조라 할 수 있는 지방자치단체 간 협력집합체(les regroupements des collectivités locales)로서의 보조 중간계층 구조를 더 갖는다. 즉, 조합(Syndicats), 도시공동체(Communautés urbaines), 합병공동체(Communautés d'agglomération), 신합병조합(Syndicat d'agglomération nouvelle), 시읍면공동체 (Communautés de communes)와 특별구(Districts)가 그것이다(<표 2–2>, <표 2– 3> 참조). 다만, 2018년 통계자료에 의하면 지역, 코뮌의 수가 줄어든 것으로 나타나 광역행정체제의 지방행정체제개편이 이루어졌음을 알 수 있다. 프랑스 지방행정은 국가기구(정부, 특별행정기관)나 지방자치단체(시읍면, 도, 지역)에 의해 전적으로 보장받지 못한다는 데에 그 한계가 있다. 따라서 행정기능분권의 형태(특별기구)를 통해 주민에게 서비스를 제공해 주어야 할 필요성이 제기되고 있다. 이러한 배경하에 자치단체를 위해 특수한 목적을 수행하기 위한 범위 내에서 특별지방자치단체가 성립되고 있다. 지방공공(영조물)기관(Les établissements publics territoriaux)도 이런 서비스에 의한 행정분권 형태의 하나로 간주한다.

프랑스의 기초자치단체(36,783개)는 과도하게 세분화되어 있음을 알 수 있다. 이는 프랑스를 제외한 26개 유럽통합국가[4]의 기초자치단체 수(83,732개)의 거의

▶ 표 2-3 ◀ 프랑스 지방자치단체의 종류와 수

	1999년	2008년	2018년
시읍면 (Communes)	36,779 (프랑스 본토 36565, 해외영토 114, 기타 100)	36,783 (프랑스 본토 36569, 해외영토 114, 기타 100)	35,443 (프랑스 본토 35228, DOM 129, COM et Nouvelle Calédonie86)
도 (Départements)	100 (프랑스 본토 96, 해외영토 4)	100 (프랑스 본토 96, 해외영토 4)	101 (프랑스 본토 96, 해외영토 5)
지역 (Région)	26 (프랑스 본토 21, 코르시카1, 해외영토 4)	26 (프랑스 본토 21, 코르시카1, 해외영토 4)	18 (프랑스 본토 13, 해외영토 5)*
해외영토 (Territoires d'outre−mer)	2 (Wallis−et−Futuna, Terres australes et antarctiques françaises)	2 (Wallis−et−Futuna, Terres australes et antarctiques françaises)	COM: 5(Polynésie française, Wallis−et−Futuna, Saint−Pierre−et−Miquelon, Saint−Barthélémy, Saint−Martin
특별법규적용 지방자치단체 (Collectivités à statut particulier)	4 (Polynésie française, Nouvelle−Calédonie, Mayotte, Saint−Pierre−et−Miquelon)	4 (Polynésie française, Nouvelle−Calédonie, Mayotte, Saint−Pierre−et−Miquelon)	특수한 자치단체 (Collectivités sui generis)(1) Nouvelle−Calédonie

*지역은 2016년부터 18개임. 2015년에는 27개였음(본토 22, 해외 5).
자료: DGCL, Les collectivités locales en chiffres 2008, 2018.

---

4) 2008년 1월 1 이후 유럽통합국가 수는 27개(독일, 오스트리아, 벨기에, 불가리아, 사이프로스, 덴마크, 스페인, 에스토니아, 핀란드, 프랑스, 그리스, 헝가리, 아일랜드, 이탈리아, 레토니, 리투아니, 룩셈부르그, 말트, 네덜란드, 폴란드, 포르투칼, 체코, 루마니아, 영국, 슬로바키아, 슬로베니아, 스웨덴)이다.

	1999년	2008년	2018년
조합 (Syndicats)	18,504 (단일업무조합 14,885, 복수업무조합 2,165, 혼합조합 1,454)	16,133 (단일업무조합 11,739, 복수업무조합 1451, 혼합조합 2,943)	10,585 (단일업무조합 6,714, 복수업무조합1,010, 혼 합조합 2719/EPT 11, PM 19, PETR 112)
도시공동체 (Communautés urbaines)	12	14	11
합병공동체 (Communautés d'agglomération)	–	171	222
신합병조합 (Syndicat d'agglomération nouvelle)	9	5	–
시읍면공동체 (Communautés de communes)와 특별구(Districts)	1,652	2,393	1,009(CC)

자료: DGCL, Les collectivités locales en chiffres 2008, 2018.

절반에 가까운 수치이다. 즉, 코뮌의 90%(2008년)/85%(2018년)가 2,000명 미만이며, 단지 2%만이 10,000명 이상이다. 주민 수 10만 이상의 기초자치단체는 37개(0.1%) 정도이다. 따라서 지방행정서비스를 효율적으로 제공하기 위하여 프랑스는 주민의 정서에 반하는 자치단체 간의 인위적인 통폐합 방식보다 기능 중심의 실질적 통합 효과를 산출할 수 있는 지방자치단체 간의 협력 방식을 활용하였던 것이다.

2) 지방정치·행정체제: 정치·행정적 통합모델

프랑스의 지방정치·행정체제는 국가의 단일성체계에서 지방자치단체의 다양

▶ 그림 2-5 ◀ 프랑스 지방정치·행정 구조

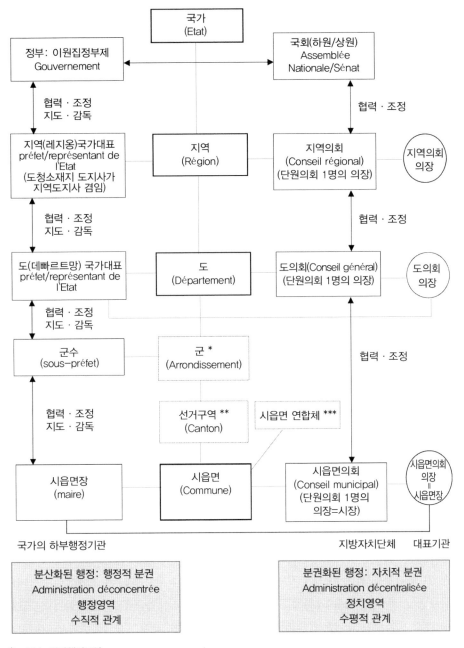

국가의 하부행정기관	지방자치단체 대표기관
분산화된 행정: 행정적 분권 Administration déconcentrée 행정영역 수직적 관계	분권화된 행정: 자치적 분권 Administration décentralisée 정치영역 수평적 관계

*   단순 일반행정구역
**   단순 선거구역
*** 시읍면 간 조합, 특별구, 도시공동체, 신합병조합, 시읍면 공동체, 시공동체

성을 동시에 추구하려는 이념으로부터 출발한다. 즉, 단일국가(Etat unitaire; unitary state)체제를 기본으로 하여 국가와 지방자치단체의 논리가 동시에 작용하는 이중 행정체제를 가지고 있다. 즉, 한편으로는 국가가 중심이 되어 지방행정을 수행하려고 하는 방식에서 국가대표자인 도지사제도(le système de Préfet)를 도(Département)와 지역(Région) 단위에 두어 분산행정(행정분권: Administration déconcentrée)의 요체로 활용하고 있으며, 또 한편으로는 지방자치단체가 중심이 되어 지방행정을 수행하려는 방식에서 지방의회가 주체가 되어 자기지역의 사무를 자율과 책임하에 처리하려는 분권행정(자치분권: Administration décentralisée)을 추구하고 있다(<그림 2-5> 참조).

요컨대, 프랑스 지방조직은 정치·행정적 통합모델로 설명될 수 있는바, 수직적 행정분야, 수평적 정치분야, 그리고 국가의 분야사업이 지방에 접목되어 지역적 통합을 이끌어내는 형태로 이해할 수 있다. 즉, 프랑스의 지방행정조직은 각 자치단체별로 하나의 집행기관과 하나의 의결기관을 구성하고, 이들 위에 도청권한과 국가의 특별행정기관이 개입하게 된다. 그런데 지방정치공간의 기구중첩화에 따라 기구조직계층은 서로 중첩되고 중앙정치행정기구의 지점화로 지방정치·행정의 영역에 자주 연계 침투되는 현상을 보이고 있다(Mabileau, 1985: 553-597).

3) 계층별 지방의회의 개괄적 이해

(1) 기초(코뮌)지방의회

시읍면(commune)지방의회는 6년 임기의 혼합명부투표(scrutin de liste mixte)로 선출된다(인구 3,500명 이상 commune). 그 이하의 작은 시읍면은 다수명기식투표(scrutin plurinominal)를 행한다. 의원 수는 인구규모에 따라 9명에서 69명으로 하고 있다(파리시의회는 163명). 지방의회는 지방의회를 주재하는 시읍면장을 선출한다. 프랑스의 지방의회 의원정수는 기초의회는 시읍면법규에, 광역의회는 선거법에 다음과 같이 규정하고 있다. 시읍면의회 의원 수는 시읍면법규(Code des communes) 제L. 121-2조에 규정되어 있다. 주민 100명 미만에서는 9명, 300,000명 이상의 시읍면에서는 69명의 의원 수를 갖도록 하고 있다(<표 2-5> 참조). 파리시의회 의원 수는 163명, 마르세이유 시의회 의원 수는 101명, 리용 시의회 의원 수는 73명이다. 실제적으로 36,760개의 시읍면에 505,916(503,305명/2018년) 시읍면 의원이 활동하고 있다. 거기에 시읍면장은 36,545명(35310명/2018년)이다.

▶ 표 2-5 ◀ 프랑스 기초자치단체의회 의원 수　　　　　　　　　　　　(단위: 명)

코뮨(시읍면) 인구규모	시읍면의회 의원 수
100명 미만	9
100~499	11
500~1,499	15
1,500~2,499	19
2,500~3,499	23
3,500~4,999	27
5,000~9,999	29
10,000~19,999	33
20,000~29,999	35
30,000~39,999	39
40,000~49,999	43
50,000~59,999	45
60,000~79,999	49
80,000~99,999	53
100,000~149,999	55
150,000~199,999	59
200,000~249,999	61
250,000~299,999	65
300,000명 이상	69

자료: art. L.2121-1 du CGCT; art. L. 2121-2.

(2) 도(데빠르트망)지방의회

도의회(le conseil général/assemblée du département/les conseils départementaux)는 2013년 5월 17일 법(no 2013-403)에 의해 명칭이 conseil départemental, 도의회의원(conseillers départementaux)으로 변경되었고, 도의회(le conseil général/assemblée du département)는 깡똥(canton) 단위로 한 명의 의원을 선출하는 2차에 걸친 단기다수대표제(un scrutin uninominal majoritaire à deux tours)를 채택하고 있다. 즉, 선거법 제191조는 "도의 각 깡똥은 도의회의 1명의 의원을 선출한다"에 의거하여 깡똥의 수가 도의회 의원 수가 된다. 2005년 현재 100개의 도에 3,808개의 깡똥이 존재하므로 3,808명이 도의회 의원 수가 된다. 도의회 의원은 6년 임기로 선출되고(1995년까지는 3년마다 의원의 절반을 개선하였음), 재선출될 수 있으며 전원 개선된다. 3월 중에 선거가 있게 되고 모든 도에서 선거인단(les collèges électoraux)은 같은 날에 소집된다. 개선 이후에 그들 구성원 중에서 집행부(un bureau)와 의장을 선출한다. 2013년 5월 17일 법 제4조는 도의원을 선출하는 깡똥의 수는 각 도를 위해 2013년 1월 1일 존재하는 깡똥 수의 절반으로 규정하였다. 따라서 도의회의원은 깡똥별로 2명이 있게 되고, 각 2명이 쌍을 이루는데 여기에 여자와 남자를 포함해야 하는 것으로 하고 있다. 2018년 현재 4,031명(의장 96명)이 활동하고 있다(www.collectivites-locales.gouv.fr, 2016.9.29).

(3) 지역(레지옹)지방의회

지역(레지옹)의회 의원은 6년 임기의 도명부투표에 의한 비례대표제를 채택하고 있다. 그 배분 방식은 혼합투표, 선호투표 없이 비례대표로 배분하고 남은 의석은 최고평균법에 따라 배분하는(au scrutin de liste départementale à la représentation proportionnelle avec répartition des restes à la plus forte moyenne sans panachage ni vote préférentiel) 방식을 취한다. 지역의회 의원정수와 각 지역의 도 사이에 배분해야 할 의석은 공식적 인구조사 이후 법에 의해 규정되고 의석은 각 명부의 제출순서에 따라 후보자에게 배분된다. 한편 선거인의 유효투표수 5%를 득표하지 못한 명부는 의석배분을 받을 수 없게 하고 있다. 따라서 지역의회 의원 수는 26개 지역의 도 사이(선거법 제337조)에 배분된다. 즉, 2001년도 현재 1,829명(1,922명

2018년)으로 구성되어 있다(<표 2-6> 참조).

▶ 표 2-6 ◀ 지역(레지옹)의회 의원정수

지역	지역의회 의원 수
Alsace	47
Aquitaine	85
Auvergne	47
Bourgogne	57
Bretagne	83
Centre	77
Champagne－Ardennes	49
Franche－Comté	43
Guadeloupe	41
Guyane	31
Ile－de－France	209
Languedoc－Roussillon	67
Limousin	43
Lorraine	73
Martinique	41
Midi－Pyrénées	91
Basse－Normandie	47
Haute－Normandie	55
Nord－Pas－de－Calais	113
Pays de Loire	93
Picardie	57
Poitou－Charentes	55
Provence－Alpes－Côte d`Azur	123
Réunion	45
Rhône－Alpes	157
총계	1,829

자료: Jacques Moreau(1995), pp.183－184.

3. 지방의회의 조직

1) 지방의회의 조직원리

프랑스의 지방의회는 그 수를 두고 볼 때 하나의 합의제 기관(l'organe collégial)으로 이루어지는 단원제(monocaméralisme)를 그 조직(구성)원리로 한다. 물론 국회의 경우 두 개의 독립된 합의체 기관의 양원제(bicaméralisme)형식을 취한다.[5] 그러나 지방 수준에서는 단원제를 채택하는 것이 보통이다. 일반적으로 이들 두 가지 형태의 선택은 기술적·정치적 이유에서 비롯된다(Philippe, 1989: 49). 즉, 기술적 측면에서의 단원제는 두 개의 원(chambre) 사이에서 비롯되어질 수 있는 의사결정의 지연을 방지하고 법안의 빠른 처리를 행할 수 있다는 장점을 갖는다. 반면에 양원제는 의안 심의를 매우 깊이 있게 다룰 수 있다는 장점을 갖는다. 정치적 측면에서의 단원제는 하나의 원으로 구성되기 때문에 어떤 전제주의의 두려움을 제기할 수 있고, 양원제는 단원에 견제역할을 행하여 이들 간의 균형을 보장할 수 있다는 데 그 의의를 둔다. 단원제와 양원제의 선택문제는 흔히 그 나라의 역사적 요인에 의한다. 대체적으로 유럽의 국가차원의 의회 구성은 전통적으로 의안처리의 투명성과 소수집단의 의견을 고려한다는 점에서 양원제를 채택하고 있다(Ziller, 1993: 95; 최진혁, 1997a: 57).

2) 지방자치단체의 기관구성 형태(자치단체장 – 지방의회)

지방자치단체는 국가와 마찬가지로 그들의 기능을 수행하기 위하여 기관을 구성하게 되는데, 프랑스는 광역자치단체와 기초자치단체가 다른 모습의 기관구성

---

5) 제5공화국 헌법에 의하면 국회구성은 파리 Palais – Bourbon에 위치한 하원(Assemblée Nationale)과 Palais du Luxembourg에 위치한 상원(Sénat)의 양원제를 채택하고 있다. 하원은 도(département) 안에서 인구비례에 의한 직접 보통선거로 선출된 577명의 의원(député)으로 구성되며, 상원은 하원의원과 도의회의원, 시읍면의회에 의하여 선출된 대표로 구성되는 선거인단에 의해 도 영역 안에서 선출되는 322명의 의원으로 구성되어 있다(Ziller, 1993: 99).

형태의 모습에서 기초자치단체의 모형으로 회귀하는 모습이다. 즉, 기관통합형(Le type d'unification d'un organe délibérant et d'un organe exécutif)[6]의 광역자치단체, 기관통합형 안에서의 기관대립형의 기초자치단체를 구성하였으나, 1982년 지방분권화 정책 이후 광역자치단체인 도(département), 지역(région)의 기관구성 형태가 시읍면(commune)의 그것에 많이 접근하고 있다고 보는 것이다(Bécet, 1992: 167-168). 즉, 그동안 국가대표인 도지사(le préfet; le représentant de l'Etat)가 수행하였던 집행기능을 도의회 의장(le président du conseil général)에게 이전함으로써 그들의 고유사무는 이제 도의회 의장이 그 자치단체의 집행기관의 장으로서 의회와 분립하여 수행하게 되었다는 사실에 근거하고 있다.

요컨대, 프랑스의 지방정치행정체계는 일률적으로 모든 지방자치단체에는 통합된 조직 내에 의결기관(지방의회), 집행기관(집행위원회와 의장)이 배열되어 있다. 즉, 의원내각제도의 형상에 따라 의결기능과 집행기능을 사실상 한 기관에서 담당하는 기관통합 형태를 띠고 있다. 따라서 집행기관의 장은 지방의회에 의하여 선출되는 간접선거 방식에 의하게 되고, 이 경우 두 권한 사이에 연결고리는 보통 자치단체장의 정치담당부(le Cabinet)에 의해 보장되어 긴밀한 관계를 형성하게 된다.[7] 결과적으로 이 모델은 두 권한을 완전히 분립시키는 것이 아니라 두 기능의 조화된 권한을 이루어 함께 업무를 수행하고자 하는 것이다. 그러나 또 한편

---

6) 우리나라의 경우 기초, 광역자치단체를 막론하고 일률적인 지방정치행정체계의 기관대립형 모델(Le type de séparation d'un organe délibérant et d'un organe exécutif)을 채택하고 있다. 즉, 권력분립(la séparation du pouvoir)의 원칙에 입각하여 지방자치단체의 의결기능과 집행기능을 각각 다른 기관에 분담시켜 기관 간에 견제와 균형(contre-pouvoir; checks and balances)의 논리를 추구하고자 한다. 그런데 집행기관의 구성방법을 기준으로 볼 때 우리나라의 경우 1995년 이후로는 자치단체장을 주민직선으로 선출하였기에 집행기관 직선형인 기관대립모델이라고 해석할 수 있을 것이다. 이 모델은 두 권한 사이에 원칙적으로 조직화된 연결고리가 없다는 점에서 권한의 경직된 분립(La séparation 'rigide' du pouvoir)형으로 설명할 수 있다(최진혁, 1999a: 58).

7) 국가 수준에서 의원내각제의 경우 입법기능과 집행기능 간의 연결고리는 내각의 정치담당국(le Cabinet des Ministres)에 의해 보장받는다. 그는 국가원수(Chef de l'Etat)에 의해 임명되고 내각을 조정하기 때문에 집행권한을 획득하기도 한다. 그러나 그는 입법권에 마찬가지로 종속한다. 왜냐하면 의회에 정치적으로 책임자이기 때문이다. 따라서 다수당이 더 이상 지지를 하지 못하게 될 경우 그는 물러설 수밖에 없다. 의회에 대한 정부각료의 이러한 정치적 책임은 의회제도의 위험성을 설명하는 것이다(Philippe, 1989: 55).

으로는 권력분립의 원칙에 따라 두 권한이 분립되고 있기 때문에 권한의 부드러운 분립(La séparation 'souple' du pouvoir)모형으로 설명할 수 있다. 여기에서 시읍면 의회(conseil municipal)는 소수당에 처한 시읍면장(maire)을 자동적으로 면직시킬 수 없고, 시읍면장도 시읍면의회를 해산할 수 없다는 사실이 연유한다(Lachaume, 1994: 181 – 182).

그런데 프랑스의 기초자치단체의 시읍면장은 광역자치단체의 도의회, 지역의 회 의장이 행사하는 권한보다는 더 중요한 권한을 행사한다는 점이다. 이러한 우 월적 위치는 시읍면장을 선거명부의 선두로 지휘하게 하는 보통선거에 의해 정당 성을 부여받는다. 즉, 시읍면장이 시읍면의회에서 선출된다고 하나 이미 선거 전 에 시읍면장으로 선출될 정당명부 1순위로서 그 당 명부의 의원후보를 장악하고 있기 때문에 자연적으로 대통령중심제의 강력한 집행기관의 장으로서의 역할을 수행하게 되는 효과를 발휘하게 된다. 이러한 대중적 지명은 개인적이고 불안정 한 정치 구조를 만드는 도, 지역의회 의장을 사라지게 한다(Mény, 1995: 198 – 199) 는 것이다(최진혁, 1999a: 61).

3) 선거제도(투표 방식)

(1) 지역의회 의원(conseillers régionaux)

지역의회 의원은 6년 임기의 도명부투표에 의한 비례대표제로 선출된다. 그 배분 방식은 혼합투표, 선호투표 없이 비례대표로 배분하고 남은 의석은 최고평 균법에 따라 배분하는 방식을 채택하고 있다(au scrutin de liste départementale à la représentation proportionnelle avec répartition des restes à la plus forte moyenne sans panachage ni vote préférentiel). 지역의회 의원정수와 각 지역의 도 사이에 배분하 여야 할 의석은 공식적 인구조사 이후 법률에 의해 규정되고, 의석은 각 명부의 제출순서에 따라 후보자에게 배분된다. 한편 선거인의 유효투표수 5%를 득표하 지 못한 명부는 의석배분을 받을 수 없게 하고 있다.

이해를 돕기 위해 예를 들어 설명해보면 다음과 같다(최진혁, 1999b: 220 – 230).

Y지역의 X도: 900,000명의 선거인; 선출해야 할 지역의원 수 30명; 5개 명부

◑ 표 2-7 ◐ 지역의회의원선거: 명부에 따른 득표수 현황

명부	득표수	비율
A	200,000	44.4%
B	60,000	13.4%
C	80,000	17.7%
D	10,000	2.2%
E	100,000	22.3%
무효	6,000	—
총계	456,000	100

존재; 456,000명 투표; 450,000 유효투표수; 6,000 무효(<표 2-7> 참조). 이에 따라 다음과 같은 계산과정을 통해 각각의 명부에 의석을 배분한다.

① **유효득표수 계산**: 유효득표수 5%를 득표하지 못한 명부 D는 삭제한다.

② **당선기준 몫(Quotient) 계산**: 의석에 의해 표출된 득표수 계산은 배분할 의석 수(30)로 유효득표수(440,000)를 나눈다. $440,000 \div 30 = 14,666$(즉, 1의석당 14,666득표수가 당선기준 몫이 된다).

③ 각 명부가 얻은 득표수를 이 당선기준 몫으로 나눈다.

A명부: $200,000 \div 14,666 = 13$의석

B명부: $60,000 \div 14,666 = 4$의석

C명부: $80,000 \div 14,666 = 5$의석

D명부: 삭제

E명부: $100,000 \div 14,666 = 6$의석

따라서 총 28석이 결정된다.

④ 나머지 2의석은 최고평균법(la règle de la plus forte moyenne)에 의해 배분한다. 위의 얻은 의석에 각각 1의석을 더한다.

A명부: 13+1

B명부: 4+1

C명부: 5+1

D명부: 삭제

E명부: 6+1

각 명부가 얻은 득표수를 위의 최고평균법에 의해 산출된 각 명부의 의석으로 나눈다.

A명부: 200,000÷14＝14,285

B명부: 60,000÷5＝12,000

C명부: 80,000÷6＝13,333

D명부: 삭제

E명부: 100,000÷7＝14,285

의석당 가장 많은 득표수를 가진 명부에게 의석이 돌아가게 된다. 동수일 때에는 가장 많은 득표를 얻은 명부에게 돌아간다(여기서는 A명부).

⑤ 나머지 1의석도 위와 같이 최고평균법에 의거 배분한다.

A명부: 14＋1 200,000÷15＝13,333

B명부: 4＋160,000÷5＝12,000

C명부: 5＋180,000÷6＝13,333

D명부: 삭제

E명부: 6＋1 100,000÷7＝14,285

따라서 여기서는 E명부가 마지막 1의석을 차지하게 된다(<표 2-8>참조).

요컨대, 이러한 의원결정방법은 소수대표정당에게도 의원 수를 배출해주려는 배려와 득표수가 많은 정당에게 의석을 더 주게 하여 안정된 정치를 추구하려는 의지로 해석할 수 있다.

▐▶ 표 2-8 ◀▌ 지역의회의원 선출 방식

명부	비례대표	최고평균법 1차	2차	총계
A	13	1	0	14
B	4	0	0	4
C	5	0	0	5
D	0	0	0	0
E	6	0	1	7
	28	1	1	30

(2) 도의회 의원(conseillers départementaux)

도의회의원은 깡통(canton)을 하나의 선거구로 하여 한 명의 의원을 선출하는 2차에 걸친 단기다수대표제(un scrutin uninominal majoritaire à deux tours)에 의해 선출된다. 전통적으로 이 투표 방식은 의원과 선거인 사이의 관계를 강화하는, 특히 선거인이 적을 경우에 더욱 그 효과를 갖는 것으로 나타난다. 무엇보다도 이 투표 방식은 후보의 지명도나 지역성이 결정적 역할을 하기 때문에 인사투표(un scrutin de personnes)로 볼 수 있다.

다수대표제의 원리는 다음 두 가지 요건으로 설명할 수 있다. 제1차 투표에서 당선되기 위해서 득표수의 다수, 즉 과반수(무효표는 셈하지 않음)의 득표와 적어도 선거명부에 등재된 선거인의 4분의 1에 해당하는 투표수가 되어야 한다는 것이다. 그런데 후자의 요건은 오늘날 프랑스 (지방)선거의 특징의 하나로 간주되는 높은 선거부재율(le taux d'abstention)에 따라 달성하기 어려운 조건이 되고 있다.

만일 이러한 조건이 갖추어지지 않을 경우 다음 일요일의 제2차 투표로 이어지게 된다. 제1차 선거에 참가하지 않은 후보와 적어도 선거명부에 등재된 선거인 수의 10%에 해당하는 투표수를 얻지 못한 후보는 제2차 선거에 후보자가 될 수 없다. 단, 한 후보만이 이러한 조건들을 구비한 경우에는 그 후보 다음으로 제1차 선거에서 가장 많이 득표한 두 후보자가 제2차 선거에 나갈 수 있다. 어떠한 후보도 이러한 조건들을 충족하지 못하는 경우에는 제1차 선거에서 가장 많이 득표한 두 후보자가 제2차 선거에 나갈 수 있다(www.collectivites-locales.gouv.fr, 2016.9.29). 물론 입후보의 철회문제로 단 한 후보자만 최종 선거전에 나갈 수도 있으나 이런 상황에서 민주주의는 제 기능을 발휘할 수 없음은 물론이다.

(3) 시읍면의회 의원(conseillers municipaux)

시읍면의회 의원선거는 단일한 선거구를 형성하는 시읍면 단위에서 이루어지나 시읍면의 인구규모에 따라 그 투표 방식을 달리하고 있다(시읍면법 L. 252, 261조). 주민 3,500명 이상 시읍면에 있어서는 명부가 고정되어 혼합투표를 인정하지 않는 2회의 다수명부투표 방식(scrutin de liste majoritaire à deux tours avec listes bloquées sans panachage)을, 주민 3,500명 미만의 시읍면에 있어서는 혼합투표와 함께 2회의 다수명부투표 방식을 채택하고 있다. 다만, 주민 2,500명 미만의 작은 규모의 시읍면자치단체는 주민 2,500명 이상 3,500명 미만의 그것에 비해 다음과 같이 그 투표 방식을 달리하고 있다(Muret, 1995: 31–36).

① 주민 2,500명 미만의 시읍면: 1884년 초기의 제도로서 현재까지 유지되고 있는 투표 방식으로 2회의 명부식 다수투표제를 채택하고 있다. 이 경우 후보자들은 개별적 후보도 가능하며, 완전한 명부를 형성할 수도 있으며 (모든 후보를 알파벳순에 맞게 분류한 단일명부를 만들 수도 있다), 그렇지 못한 불완전한 명부(선출하여야 할 의원 수보다 적은 후보자 수)도 제시할 수 있다. 마찬가지로 선거인들은 특정 정당의 명부에 구속되지 않고 여러 정당의 명부에서 후보자들을 혼합하여 투표(panacher)할 수 있고, 어떤 후보자가 경쟁하는 명부에 해당될지라도 선거인이 선택한 후보에 투표할 수 있다. 이 때 선거인들은 그들이 선호하지 않은 후보이름을 지울 수 있다. 또한 선거인은 후보자가 아닌 이름을 등재할 수도 있다(Muret, 1995: 31–32). 요 컨대, 이 선거 방식은 선거인이 각 정당의 명부에서 자유롭게 후보자를 선택, 배합하여 투표할 수 있을 뿐 아니라 정당이 제출한 후보자 명부에 국한하지 않고 어느 정당에도 소속되지 않은 후보자를 투표할 수 있도록 하는 것이다(불규제 자유명부식투표).

② 주민 2,500명 이상 3,500명 미만의 시읍면: 이 경우도 2회의 명부식 다수투표제를 채택하고 있다. 다만, 여기에서는 여러 당파의 이름을 명부에 혼합하여 기입하는 혼합투표(파나쉬)도 가능하지만, 이 상황에서의 후보자들은 완전한 명부를 제출하여야 하는 것이 주민 2,500명 미만의 시읍면의 경우와 다르다. 즉, 그들이 제출하는 명부에는 제공해야 할 의석 수만큼의 후보자를 포함해야 하는 것이다.

③ 주민 3,500명 이상의 시읍면: 제2회의 다수대표제와 비례대표제를 혼합한 형태(un mode de scrutin mixte proportionnel/majoritaires à deux tours)로서 다수명부투표 방식을 채택하되 최고평균법에 의한 비례대표제(la représentation proportionnelle suivant la règle de la plus forte moyenne)는 가능한, 혼합투표도 없고 선호투표도 허용하지 않는 완전명부로 하고 있다. 첫 번째 투표에

서 하나의 명부가 절대 과반수의 지지를 얻었다면 의석의 반은 그에게로 돌아가고, 나머지 반은 적어도 5%의 지지를 받은 명부 사이에 비례대표제로 돌아간다. 이때 최고평균법(비례대표에 의한 의석배분 후 나머지 의석 수를 비례대표에 의해서 획득한 의석 수에 1를 더한 숫자로 그 명부가 획득한 득표수를 나눈 수를 비교하여 가장 큰 값을 나타내는 명부에 1의석을 배정함)에 의한 비례대표제가 사용된다(지역의회 의원선거 방식 참조). 만일 어떠한 명부도 첫 번째 선거에서 절대 과반수를 얻지 못했다면 1차 투표 시 적어도 10%의 지지를 받은 명부들 사이에 2차 투표가 행해진다. 이 경우 후보자들의 연합으로 명부의 새로운 편성이 필요하게 된다.

요컨대, 프랑스 지방선거의 특징은 자치단체 간 상호 보완적인 선거체계를 사용하여 민주성과 효과성뿐만 아니라 그들이 주장하는 소수대표에게도 주의를 기울이려는 정의로운 선거가 되도록 하려는 노력의 산물이라 할 것이다.

2) 지방의회 의원정수

2001년 기초의회 지방선거(les élections municipales)에서 514,519명의 기초의원(conseillers municipaux)을 당선시켰다. 그중 주민 3,500명 이하인 기초지방자치단체(시읍면) 의원 수는 433,928명이고, 3,500명 이상의 시읍면의 경우는 80,591명이다[이들 중 704명이 파리, 리용, 마르세이유의 구의회 의원(conseillers d'arrondissements)에 해당한다]. 2001년 도의회 선거에서는 3,861명(0.7%)을, 1998년 지역의원선거는 1,671명(0.3%)을 당선시켰다. 자치단체별 의원 수의 비율은 당연히 기초자치단체 의원 수가 압도적임을 알 수 있다(시읍면장의 수를 포함하게 될 경우 99%). 이번 2001년 기초의회 의원선거에는 처음으로 프랑스 국적을 갖지 않은 공동체 소속민이 후보로 참여할 수 있게 되었다. 한편 여성의원 비율을 보면 지역의회 의원과 시읍면의회 의원이 27.6%, 21.7%로 도의회 의원과 시읍면장에 비해서 높게 나타나고 있다. 더구나 주민 3,500명 이상인 시읍면에서는 47.5%로 더욱 높게 나타나고 있다. 그러나 시읍면장(maires)의 경우는 11% 이하로 나타나고 있어 자치단체장으로서

▶ 표 2 - 9 ◀ 지방의회의원 정수(해외영토를 제외한 본토의 경우)

	정수	여성의원 비율	40세 미만	40~59세	60세 이상	평균 연령
레지옹(지역)의원 (1998년)	1,671(0.3%)	27.6%	7.6%	68.8%	23.6%	53
데빠르트망(도)의원 (2001년)	3,861(0.7%)	9.0%	4.5%	63.6%	31.9%	55
코뮨(시읍면)의원	514519 (92.4%)	(21.7%)*				(47)*
코뮨(시읍면)장	36,674 (6.9%)	10.9%	5.3%	66.2%	28.5%	(55)*
총계	556,725 (100%)					

자료: D.G.C.L.(2002), Les collectivités locales en chiffres 2001 ; Ministère de l' Intérieur, bureau des élections et des études politiques.
( )*는 95년도 통계.

의 활약상은 상대적으로 약한 것으로 보인다. 그렇지만 1995년의 8.2%에 비하면 다소 진전된 상황으로 여성의 지역차원의 봉사활동은 고무적이라 할 수 있다. 연령별 현황을 보면 기초, 광역의회의원 모두 40~59세에 가장 많이 분포되고 있음을 알 수 있다(66.2%, 63.6%, 68.8%). 그리고 40세 미만의 의원보다는 60세 이상의 의원 수가 더 많이 분포되고 있는 점에서 보다 경험이 많은 연장자가 주민으로부터 지지를 받고 있는 것으로 보인다(<표 2-9> 참조).

한편 지방의원의 여성 비율이 점차로 증가하는 경향이 나타났는데, 이는 선거 명부제시에 있어 남성과 여성을 엄격히 교대하는 의무조항을 둔 도의원, 시읍면의원, 공동체의원선거에 관한 2013년 5월 17일 법률(la loi No 2013-403)에 기인한 바가 크다. 이 의무조항이 여성 비율을 지역의원선거에서 47.8%, 주민 1,000명 이상의 코뮨선거에서는 48.1%, 도의원선거에는 50%를 보이게 하였다(DGCL, 2018: 74). 그럼에도 불구하고 시읍면장, 도의회 의장, 지역의회 의장의 여성 비율은 상대적으로 취약한 것으로 나타났다. 즉, 2010년 지역선거 이후 지역의회의장의 7.7%만이 여성이었고, 2015년 지역선거에는 18.8%로 증가하였지만 여전히 약한 비중이다. 참고로 도의회 의장의 여성 비율은 2011년 선거이후 6.1%에서 2015년 선거 이후 8.2%를 나타내어 지역자치단체보다 더 비중이 약한 것으로 드러났다.

2018년 1월 1일 현재 시읍면장의 약 63%가 60세 이상이고, 60세 이상의 시읍면 의원은 37.3%로 지역의회 의원(27.5%)보다 높으나 도의회 의원(41.2%), 공동체 의원 (55.8%) 보다는 낮은 것으로 나타나고 있다. 그리고 시읍면장 5명 중 2명이 퇴직자로 나타나고 있어 봉사하는 자리로 인식되고 있음을 알 수 있다(www.interieur.gouv.fr/ DGCL, 2018: 74).

4. 파리시의회 조직

1) 파리시 조직(장 – 의회)

파리시(Municipalité)는 자치단체장인 1명의 파리시장과 37명의 보좌관(부시장), 파리시의회와 163명의 의원으로 구성되어 있다. 파리시 행정은 22개 부서로 조직되어 있으며(후술),[8] 거기에 시행정을 총괄하는 시 사무총국(le secrétariat général de la mairie), 정치영역과 행정영역을 연계하는 시장의 정치담당부(le Cabinet du mairie), 파리시의회의 사무국(le secrétariat général du conseil de Paris)으로 구성되어 있다.

(1) 시 사무총국

시 사무총국의 책임자는 사무총국장(Secrétaire générale)으로 파리시 행정서비스의 장으로 간주된다. 행정서비스의 활력을 불어 넣어주고 서비스 활동의 일반

---

8) 22개 부서: 1)정보커뮤니케이션국, 2)재정국, 3)인적자원국, 4)구매 및 운송국, 5)정보체제와 기술국, 6)사법업무국, 7)도시계획국, 8)지방분권과 연합체, 지역과 시민관계국, 9)주거국, 10) 유산 및 건축국, 11)도로 및 이동국, 12)청결(위생) 및 수자원국, 13)녹색공간과 환경국, 14)예방 및 보호국, 15)경제발전국, 16)사회부조와 어린이와 건강국, 17)가족과 유아국, 18)청소년과 스포츠국, 19)문화사업국, 20)학교교육국, 21)사회활동본부, 22)도시정책과 통합국 (www.paris.fr 2009.2.16 검색).

적 지침을 보장하며 시의회의 결정과 시장의 지휘방침의 행사를 도모한다. 여기에는 네 개 중심분야에서 위임사무총국장 내지는 사무총국장보좌관의 지위에서 사무총국장을 지원하고 있다.

① 공공장소(공간)중심(Pole "espace public"): 위임사무총국장
② 경제와 사회 중심(Pole "economie et social"): 사무총국장 보좌관
③ 파리시민을 위한 서비스 중심(Pole "service aux Parisiens"): 사무총국장 보좌관
④ 부국지원기능 중심(Pole "fonctions support et appui aux directions"): 사무총국장 보좌관

(2) 시장의 정치담당부

시의회의원과 시 사무국장의 연계 속에 시장의 정책을 실행화하기 위한 목적이 있는 전략적 기구이다. 파리시의회로 옮겨질 제안 의견을 제시한다.

(3) 파리시의회의 사무국

의회기능을 보전하며 구청장들과의 연계를 고려하여 설립되었다. 파리시의회의 회기의 외형적 조직을 담당한다. 파리시의회의 협의사항의 공개화보증, 파리시의회의 협의사항의 승인에 송부하는 역할을 담당한다.

(4) 파리시 서비스국(Les Directions)

① 일반행정서비스
  • 도시계획국(DU)
  • 유년기(아동) 사회부조 및 건강국(DASES)
  • 문화업무국(DAC)
  • 구매, 보급(관리), 행정적 이식 및 수송국(DALIAT)
  • 도로 및 이동국(DVD)

- 경제발전 및 고용증대국(DDEE)
- 학교교육업무국(DASCO)
- 사법업무국(DAJ)
- 청결 및 수자원국(DPE)
- 주거(거주)국(DLH)
- 청소년과 스포츠국(DJS)
- 재무국(DF)
- 녹색공간 및 환경국(DEVE)
- 도시정책 및 통합국(DPVI)
- 가족 및 유아국(DFPE)
- 정보 및 커뮤니케이션국(DICOM)
- 예방 및 보호국
- 파리시사회부조원(CASVP)
- 단체, 지역 및 시민과의 분권 및 관계국(DDATC)
- 유산(자산) 및 건축국(DPA)
- 인적자원관리국(DRH)
- 정보체계 및 기술국(DSTI)

② **사회부조서비스**: 파리시의 사회활동본부(Le centre d'action sociale de la ville de Paris)

　　1995년 5월 6일 정령에 의해 기존의 사회부조사무소(Bureau d'aide sociale de la ville de Paris)를 대체하였다. 이 기관은 다음 사항을 관장하였다.

- 가족: 수입원, 주거분야, 혜택카드, 교육, 직업
- 장애인: 수입원, 주거, 일상생활의 편의 교통
- 노인: 수입원, 주거, 일상생활의 편의, 교통, 휴식공간
- 청소년: 식사, 일상생활의 편의
- 여러종류의 부조: 수입원, 주거, 식당, 직업, 의료
- 수입빈궁자

(5) 파리시의회 사무처(Le Secrétariat Général du Conseil de Paris)

① **조직**: 파리시의회 사무처는 1명의 사무처장과 2명의 사무처장 보좌관으로 구성되어 있다. 일반서비스를 맡은 보좌관과 회기업무를 맡은 보좌관이 그 것이다. 파리시의회 사무처는 회기조직이나 의원의 임기를 완수하기 위해 의원에게 필요한 모든 수단을 관리하는 시의회 기능의 책임을 진다. 의회 사무처는 약 2천만(20M) 유로의 경상예산을 부여받는데, 이의 90%가 의무 적 지출에 사용하고 있다. 즉, 모든 공직영역의 500명 이상의 직원들과 관 련된 관리비용이 그것이다. 의회사무처는 각각의 주요업무와 연결된 두 중 심축으로 조직되어 있다. 즉, 첫째 중심축은 회기서비스이고 또 다른 중심 축은 일반서비스이다. 회기서비스는 파리시의회의 효율적인 회기를 준비 하고, 조직하고 보장하는 임무를 수행한다. 일반서비스는 파리시의원들의 활동에 필요한 인적자원과 물적자원을 지원·관리하는 임무를 수행한다.

② **기능**: 파리시의원들에게 다음과 같은 서비스를 제공한다.

㉠ 파리시의회 사무처는 구체적 절차에 따라 파리시의회 회기의 훌륭한(성과 있는) 기능수행을 준비하고, 조직하고, 보장하는 역할을 수행한다. 규정된 제한일(기간)을 존중하여 의결안을 이송하며, 파리구청(arrondissement)의 의견을 취합하는 역할을 수행한다. 또한 회기의사록를 편집하고, 적법성 통제서비스와 연결되어 업무를 수행한다.

㉡ 의원들의 임무를 수행함에 있어 필요한 수단을 보장해 준다. 즉, 수당의 계산 및 지급, 6개 정치적 단체로 배분된 163명 의원(그중 33명은 보좌관)의 처분에 따른 인사 및 물적 관리, 프랑스 본토와 파리시의회 구성원에 의해 서 외국에서 시행한 임무의 행정적 관리, 517명 파리시선출직의 단체(정 당)활동의 처리가 그것이다.

㉢ 파리시 메달(훈장) 요구와 배분을 관리한다. 매년 약 850개의 기명된 메달 (훈장, 상패)이 배분된다.

③ **성과**

㉠ 효율적인 회기 운영사례: 파리시의회는 집중적인 회기 운영을 시행하였는 바, 10개 회기에 195시간을 할애하여 5,759개의 의결과 의견을 제시하였다

사무처직원	518명
회기	10회
시간	195시간
의결과 결정된 의견제시	5759건

자료: 파리시의회(2009).

(2009년 파리시의회).

ⓛ 파리시의회 회기의 중계방송에 필요한 기구 설치: 2006년에는 파리시의회 회기를 인터넷으로 중계방송하는 것을 시행하였다. 그리고 의회 이미지와 문서를 시민들에게 제공하도록 하였다.

ⓒ 인적자원관리(사무처 직원): 인적자원관리에서는 2006년에 기구의 생성을 보게 되는데, 특히 정보분야에 관련하여 시행되었다. 즉, 파리시의회 사무처의 모든 직원들은 2004년부터 시작된 분야별에 따른 직업군으로 체계화하는 것을 허용하였다. 이는 2007년부터 활용되는 것으로 하였다.

2) 파리시 구청 행정조직

구청장은 구의회를 구성하는 구의회 의원 사이에서 당선된다. 그에게 한 명 내지 여러 명의 보좌역을 두게 되는데 구의회 의원 수의 30%를 넘지 못하게 하고 있다. 적어도 이들 보좌역의 한 사람은 파리시의 의원이어야 한다(나머지는 구의회 의원).

구청장의 권한은 크게 두 가지로 구분될 수 있다.

① 국가이름 하에 행사되는 권한: 주민등록, 교육사무(유치원, 초등학교 등록), 국가봉사(징집), 선거사무(선거명부 통제검열)

② 코뮨 자치단체 이름 하에 행사되는 권한: 학교급식주관, 도시계획

3) 동의회(conseil de quartier)

파리시는 주민근접성의 행정을 모색한다는 차원에서 구(arrondissement)를 몇 개의 동(quartier)으로 나누어(대체적으로 6개 정도 내외) 거기에 동의회를 구성하였는바, 현재 121개에 이르고 있다. 이는 동구역개발계획과 구역주민의 삶에 관한 모든 사항을 토론하는 정보와 의사교환의 장으로 구청장의 권한사항으로 하고 있다. 구성원은 나이 국적에 관계없이 자원봉사에 기초하여 모든 파리시민이면 봉사할 수 있도록 하고 있다. 동의회는 구행정과 의원과 주민들 간의 연계역할을 수행하며, 구의원, 연합단체, 유자격인사, 주민의 경우에 따라 구성되므로 각 구마다 다른 조직 형태를 보인다.

5. 지방의원의 지위(무보수 명예직)

프랑스 지방의회의원은 19세기 지방의회의 역사적 환경에 부합되는 무보수 명예직의 원칙으로 성립되었다. 왜냐하면 생활기반이 튼튼한 지역유지에 해당하는 당시의 의원들로서는 주민들에게 봉사하여야 하는 것이 당연한 논리로 자리매김하고 있었고, 또한 당시의 지방의회의 기능은 오늘날의 그것처럼 복잡하지 않았기에 자연스럽게 그 원칙이 뿌리내릴 수 있었다. 그러나 시간이 지나면서 각 시대상황에 맞는 합리적인 보수체계를 정립해야 하는 필요성에 의해 지방의원의 수당제도는 그에 대응한 법개정을 보게 되었다. 그러나 '무보수 명예직'이라는 기본원칙은 훼손하지 않고 그들의 지위를 발전시켜 나갔다. 즉, 효과적인 의정활동을 수행하기 위해서 임기 동안 각각의 의원이 행한 기능수행에 상응하는 보상제도를 어떻게 마련할 것인가를 고민하게 되었는데, 이에 따라 수당지급방법은 법률이 정해 놓은 인구규모에 의하여 각각의 자치단체에 최고 수당액(le montant des indemnités maximales)을 담은 수당표(les barèmes des indemnités) 내에서 각 지방의회의 자유스러운 결정에 따르는 것으로 하고 있다(<표 2-11>, <표 2-12> 참조). 요컨대, 의원의 맡은 바 임무의 효과적 행사를 위해서 법률의 일정한 제한

내에서 수당금액을 조정하는 것은 철저히 지방의회의 권한사항으로 되어 있다. 만일 지방의회가 수당금액을 "기능의 양적 중요성" 내지 "시읍면의 이해"를 고려하여 지방의원의 수당금액을 인하하였다 하더라도 이 지방의회의 결정에 반대할 수는 없다(Lacaïlle, 1996: 71−73; 91−94).

지방의원의 기능에 대한 수당은 지방의회가 구성되고 3개월 안에 지방의회(의결기관)에서 결정된다. 이 기능에 대한 수당은 자치단체의 의무적 경비로 구성되어 있다(www.collectivites−locales.gouv.fr/Régime indemnitaire des élus, 2019.1.16.).

지방자치단체의 인구규모와 지방의원의 직무에 따른 기능수당 최대비율의 총

▶ 표 2-11 ◀ 시읍면의회에 의하여 결정된 수당(1995. 11. 1. 이후)

주민 수(인구규모)	최대비율(%)*	시읍면장 수당(프랑)	시읍면장에 대한 시읍면장 보좌역의 수당비율(%) (프랑)
500명 이하	12	2,638	40(1,055.2)
500~999	17	3,737	40(1,494.8)
1,000~3,499	31	6,814	40(2,725.6)
3,500~9,999	43	9,451	40(3,780.4)
10,000~19,999	55	12,089	40(4,835.6)
20,000~49,999	65	14,287	40(5,714.8)
50,000~99,999	75	16,485	40(6,594)
100,000~200,000	90	19,782	50(9,891)
200,000명 이상	95	20,881	50(10,440.5)

자료: Philippe Lacaïlle, 1996: 71−73.
* 공직 818지수의 보수비율(공직 818 지수에 해당하는 월 보수=21,979.66Frs)은 1995년 11월 1일부터 적용.
  공직지수 1015는 인상된 지수 818에 해당.

▶ 표 2-12 ◀ 도의회 의원수당(2002. 3. 1. 이후)

인구규모	최대비율	수당(유로)
250,000명 이하	40	2,066.02
250,000~500,000	50	2,582.53
500,000~1,000,000	60	3,099.04
1,000,000~1,250,000	65	3,357.29
1,50,000명 이상	70	3,615.54

자료: Lorach, 2003: 58

체는 수당(임금)표에 모아져 있다. 그 비율은 유로의 총금액(montants bruts en euros)에 연결된 것이 아니고, 2019년 1월 1일에 1027 순지수(l'indice brut)/할증지수(indice majoré) 830인 공직 임금표의 종합지수(l'indice terminal de l'échelle de la rémunération de la fonction publique)에 연계된 금액의 비율(%)이다.

선출직 의원들의 수당계산을 쉽게 하기 위해, 내무부장관의 회람공시(une circulaire du ministre de l'Intérieur)는 "공직지수 포인트(point d'indice fonction publique)"의 가치를 매번 재평가할 때 최대수당의 순월정수당금액을 구체화한다. 이 회람공시는 도청에 의해 배분되며 "지방자치단체사이트(http://www.collectivites−locales.gouv.fr)"에 공식 게재되고 있다.[9]

▶ 표 2-13 ◀ 시읍면장의 순(총)월정수당(Indemnités de fonction brutes mensuelles des maires)[10]

인구규모 (Strates démographiques)	최대비율(Taux maximal) : 순 종합지수(l'indice brut terminal)의 비율(en %)	수당총액(Indemnité brute (en euros € 유로)
500미만	17	661.20
500~999	31	1,205.71
1,000~3,499	43	1,672.44
3,500~9,999	55	2,139.17
10,000~19,999	65	2,528.11
20,000~49,999	90	3,500.46
50,000~99,999	110	4,278.34
100,000 이상*	145	5,639.63

자료: Article L. 2123-23 du CGCT.

---

9) 최근 자료는 2019년 1월 9일자로 등록되어 있다.
10) 지방자치단체 총괄법규 L. 2123-23(Article L. 2123-23 du CGCT).

▶ 표 2-14 ◀ 시읍면의원의 순월정수당(Indemnités de fonction brutes mensuelles des conseillers municipaux)

인구규모 (Strates démographiques)	최대비율(Taux maximal) 순종합지수(l'indice brut terminal)의 %	수당총액(Indemnité brute) (en euros € 유로)
리옹, 마르세이유 코뮨: 시읍면의원(Communes de Lyon et Marseille: conseillers municipaux) (article L. 2511−34 du CGCT)	34.5%	1,341.84
주민 100,000명 이상의 코뮨의 의원 (article L. 2123−24−I−I du CGCT)	6%	233.36
주민 100,000명 미만의 코뮨의 의원 (article L. 2123−24−I−II du CGCT)	6% 시읍면장과 부시장의 '총액수당금(enveloppe)'	233.36
코뮨 전체: 대리위임된 코뮨의 의원 (article L. 2123−24−I−III du CGCT)	시읍면장과 부시장의 '총액수당금예산(l'enveloppe budgétaire)'에 포함된 수당	

자료: article L. 2511−34 du CGCT, article L. 2123−24−I−I du CGCT, article L. 2123−24−I−II du CGCT, article L. 2123−24−I−III du CGCT.

▶ 표 2-15 ◀ 도의회 의원 순월정수당

인구규모/층 (Strates démographiques)	최대비율(Taux maximal) 순종합지수(l'indice brut terminal)의 %	수당총액(Indemnité brute) (en euros € 유로)
250,000명 미만	40	1,555.76
250,000∼500,000명	50	1,944.70
500,000∼1,000,000명	60	2,333.64
1,000,000∼1,250,000명	65	2,528.11
1,250,000명 이상	70	2,722.58

자료: Article L. 3123.−16 du CGCT.

인구규모 (Strates démographiques)	최대비율(Taux maximal) 1022 순지수(l'indice brut)의 %	수당총액(Indemnité brute) (en euros 유로)
1백만명 미만	40	1,555.76
1백만~2백만명	50	1,944.70
2백만~3백만명	60	2,333.64
3백만명 이상	70	2,722.58

자료: Article L. 4135-16 du CGCT

　　도의회 의장의 기능수당은 최대 순종합지수의 145%에 해당되는데, 이는 5,639.63€(7,218,726.4원)이다.[11] 각 부의장의 수당은 40%로 할증된 의원의 최대수당에 해당하는 금액이고, 상임위원회 의원의 수당은 10%로 할증된 의원의 최대수당에 해당하는 액수이다.

　　지역의회 의장의 기능수당은 최대 순종합지수의 145%에 해당되는데, 이는 5,639.63€(7,218,726.4원)이다. 각 부의장의 수당은 40%로 할증된 의원의 최대수당에 해당하는 금액이고, 상임위원회 의원의 수당은 10%로 할증된 의원의 최대수당에 해당하는 액수이다.

6. 지방의회의 위원회제도

1) 광역의회: 도의회 위원회

　　프랑스의 지방의회는 상정된 문제연구를 위해 회기 중에 자율적으로 위원회를 설치할 수 있으며, 위원회는 의결권이 없다 하더라도 의결준비과정으로서 매우 중요한 역할을 수행한다. 위원회의 구성은 위원들의 다양한 의견을 허용한다는 취지에서 비례대표제를 활용하고 있다. 또한 기술자나 심사토론의 대상이 되는

---

11) 현재 환율가 1€=1,280원으로 환산하면 약 7,218,726원 정도이다.

문제에 이해 관련이 되는 협회의 대표들에게도 위원회는 넓게 개방되어 있다.

일반적으로 위원회 수는 의회가 자율적으로 필요한 만큼 설치하고 있다(대체적으로 3~9). 위원회의 종류를 보면 주민의 삶의 질을 향상시키는 다양한 분야에 치중하고 있음을 알 수 있다. 파리시의 위원회는 다음과 같다.

(1) 파리시의회

파리시의회는 1년에 11번 회합한다. 일반적으로 1달에 1번 정도 모여 지역의 문제를 논의하게 된다. 그들의 논의를 통해서 시읍면의 업무와 도의 업무를 동시에 해결하고 있다. 요컨대, 파리시의회는 시읍면의회로서, 한편으로는 도의회로서 역할을 수행하게 된다. 다음의 9개의 위원회가 구성되어 활동하고 있다.

① 재정과 공공시장(Finances et marchés publics)위원회: 20명
② 경제발전, 신기술(Développement économique, Nouvelles technologies)위원회(경제발전, 고용, 산업, 상업, 공예, 신기술): 18명
③ 이동교통(수송, 순환, 주차, 파리시승용차수송)(Déplacements)위원회: 17명
④ 환경(환경보호, 청결, 공원과 정원, 물, 정화위생)(environnement)위원회: 17명
⑤ 예방과 안전, 지방민주주의(Provention et Sécurité, démocratie locale)위원회: 18명
⑥ 사회부조 및 건강업무(Affaires sociales et santé)위원회: 18명
⑦ 교육(교육, 대학), 청소년 및 스포츠위원회(Education(Enseignement, université), Jeunesse et Sports)위원회: 17명
⑧ 도시계획, 주거(Urbanisme, Logement)위원회: 18명
⑨ 문화, 국제관계(Culture, Relations internationales)위원회: 19명

(2) 에손도(Départemet de l'Essonne)

일드프랑스 지역(région d'Ile-de-France)내에 있는 도(département) 중의 하나인 에손도(Départemet de l'Essonne)의회의 경우도 다음과 같이 9개 위원회를 두고

있다.

① 재정과 소방에 관련된 사무(Finances et affaires relevant du service d`incendie et de secours)위원회

② 경제, 고용, 직업형성, 공예, 상업, 관광(Affaires économiques, emploi, formation professionnelle, artisanat, commerce et tourisme)위원회

③ 국토개발, 환경, 도시계획(Aménagement, environnement et urbanisme)위원회

④ 교육, 대학, 연구(Education, université et recherche)위원회

⑤ 사회복지와 연대(Action sociale et solidarité)위원회

⑥ 공공시설과 교통(Equipements publics et transports)위원회

⑦ 스포츠, 여가활동, 청소년활동(Sports, loisirs et jeunesse)위원회

⑧ 문화, 단체생활(Culture, vie associative et jumelages)위원회

⑨ 주택, 도시생활(Logement et vie urbain)위원회

2) 기초의회: 시읍면의회 위원회

시읍면의회는 위원회의 수와 주거, 도시계획, 청소년과 스포츠, 위생, 사회, 축제, 문화사업 위원회들의 권한을 결정한다. 그러나 특별한 사업계획을 위해서 위원회나 그룹별 사업단과 회합할 가능성도 있다. 일반적으로 위원회는 상임위원회(commission permanente)와 한시적으로 또는 제한된 목적(장소의 이동, 학교계획안의 실현, 노인정에 대한 단체적 고려 등)하에 구성될 수 있다.

각 위원회는 시읍면장이 주도하여 처음 회의 시에 부의장(일반적으로 보좌관)을 지명하고, 그 부의장은 위원회를 소집하여 시읍면장의 부재 시 시읍면장의 책임하에 회의를 주재한다(대리업무). 위원회는 각종 서류(보고서)를 심의하며, 보고서를 준비하며, 제안을 검토하고 의견을 제시한다. 이들 위원회 작업은 확정적 의결(결정)을 위해 1차로 시읍면집행기관(bureau municipal)에, 2차로 시읍면의회(conseil municipal)에 순응한다. 지방의회 의원들이 그들의 역할을 완전하게 수행하게 하기 위해 의결의 중요한 사항은 회기 이전에 그들에게 알려주어야 하는 것은 매우 불가피한 것이다. 각 위원회의 모임은 의사기록서(un compte rendu écrit)

의 대상이 된다. 이 보고서는 위원회 구성원들뿐만 아니라 집행부서 시읍면의회 의원 전체에게 배포되고 있다.

일반적인 상임위원회는 대체적으로 다음과 같다.

재정(finances), 인사(personnel), 도시계획(urbanisme), 축제 및 의례(fêtes et cérémonies), 공사업무(travaux), 사회사업(affaires sociales), 교육문제(questions scolaires), 주거(logement), 스포츠(sports), 여가(loisir), 문화(culture), 정보(information; 1977년 이래로 발전), 경제적 활동(actions économiques)과 지방발전(développement local)이다.

주요한 시읍면자치단체의 경우 다음 위원회를 소중하게 생각하고 있다. 즉, 관광(tourisme), 정보(informatique), 노인(troisième âge), 장애인(handicapés), 이민(immigrés)위원회가 그것이다.

게다가 모든 시읍면에 있어 시읍면의회는 시읍면 이해에 관련되는 모든 문제에 대해 자문위원회(comité consultatif)를 창설할 수 있도록 하고 있다. 여기에는 시읍면의원이 아니어도 참여할 수 있게 하고 있다. 한편 인구 3,500명 이상 시읍면 내에서 1992년 법률은 지방공공서비스(그들의 관리 방식과 상관없이)를 위해 자문위원회를 설치할 수 있도록 하고 있는데, 이 위원회는 관련된 서비스의 사용자 연합대표를 포함하여야만 한다(Muret, 1996: 91-93).

7. 지방의회의 권한

1) 개관

프랑스 지방의회는 그들의 의결에 의해 그들의 사무를 처리하고 의사를 개진한다. 따라서 자치단체의 이해에 관련된 사항이라면 모두 지방의회의 의결사항으로 간주된다. 또한 인사관리와 관련하여 기관원의 임명권을 행사한다(특히 도의회, 지역의회). 그리고 지방재정에 관련된 권한을 행사한다. 그러나 자치단체장에 대한 불신임의결권과 주민청원권은 인정하지 않고 있다. 한편 도, 지역의회는 기관통합형 지방정부 형태이기 때문에 집행권한도 향유하고 있다. 이하에서는 주민에 가장 밀접하여 그 권한이 넓은 기초지방의회의 권한을 일별하고자 한다.

2) 시읍면의회의 역할

시읍면의회는 그들의 의결에 의해 시읍면사무를 규정(처분)한다(사전적 토의로서 위원회활동이 있고 다음으로 결정준비를 하고 의결한다). 시읍면의회가 행할 수 있는 의결사항으로서의 시읍면사무는 다음과 같다.

(1) 시읍면장이 준비한 예산의결 및 승인, 지방세율의 결정(4가지 지방세: 주거세(la taxe d'habitation), 사업세(la taxe professionnelle), 건축물토지세(les taxes foncières sur les propriétés bâties), 미건축물토지세(les taxes foncières sur les propriétés non bâties)), 서비스 제공에 따른 각종 공과금(사용료) 결정, 지방채의 승인결정, 수정예산의 확정, 시읍면장의 행정회계(시읍면장의 부재에 따른)와 시읍면공공회계원의 관리회계를 승인한다.

(2) 시읍면공공서비스의 조직과 창설(organisation et création de services publics communaux). 이와 관련하여 직무(emploi)를 창설할 수 있다.

(3) 공영물 및 공공사업의 관리(gestion du domaine public et des travaux publics), 집합적 설비(équipements collectifs)를 창설할 수 있다. 예를 들면 공영물 관리라는 차원에서 시읍면의회는 시읍면도로를 관리한다. 또한 시읍면의회는 새로운 건축, 대규모 수리, 관리유지공사 등에 대해 사업계획을 승인한다.

(4) 시읍면의 사적영역의 자산(공공사용자나 공공서비스에게도 할당되지 않은 모든 재산을 의미하는 것으로 토지, 숲, 목장이 그 예임)을 관리한다. 그런 측면에서 시읍면의회는 부동산을 취득하고, 유산의 취득인수와 시읍면재산을 양도(예 토지매각)한다. 또한 시읍면의 사적인 부동산을 공공서비스 사용에 할당하기도 한다.

(5) 시읍면자치단체 간의 헌장(les chartes intercommunales)을 승인한다. 그런 측면에서 토지장악계획안(POS: plan d`occupation des sols)을 승인하거나 시읍면자치단체가 경제발전을 추구한다거나 혹은 농촌에서 기초행정서비스를 유지하기 위해 직·간접적 도움을 결정한다.

(6) 다양한 기관 내에서 대표역할을 행한다. 즉, 시읍면공공기관, 시읍면 간 공공기관, 병원, 시읍면조합 등이 그것이다.

(7) 지방의회는 게다가 그들의 바람(소원)을 표출할 수 있고, 자치단체의 삶에 관계되는 모든 사항에 의견을 개진할 수 있다.

8. 지방의회의 특징적 요소

1) 지방의원의 겸직실태

프랑스 정치체계의 중요한 특징 중 하나로서 겸임제도(le cumul des mandats)는 권력분립원칙에 배치되면서도 역설적으로 권력균형의 필수적 기구로 인식된다. 기초자치단체의회 의원이 광역자치단체의회 의원을 겸하여 시의회의원으로 하여금 그 관할구역 내의 구의회 의원을 겸하게 함으로써 이들 자치단체 간의 정책 조정과 협조를 원활하게 할 뿐 아니라 경비 절약에도 도움을 주고 있다. 그러나 이 겸임제도는 겸임의 강제성으로 인하여 한 쪽의 의회는 사실상 참여가 불가능해지는 의회(국회)의 부재현상을 야기하고, 모든 지역적 문제를 국회차원에서 해결하려는 상황에서 자연히 국회의 로비력 강화로 인하여 국정을 논의하여야 할 국회가 지역의회 차원으로 전락할 우려가 있다는 부정적 견해가 제기되고 있다. 반면, 중앙집권에의 방파제 역할을 수행할 수 있다는 긍정적 측면이 있다(Mény, 1993: 126－127).[12]

---

12) Jeanne Becquart－Leclercq는 세 가지 형태의 겸임에서 문제가 제기되고 있음을 주장하였다.

수평적 겸임(Le cumul horizontal)은 권력분립 원칙에 배치되며, 수직적 겸임(Le cumul vertical)은 정치계급의 집중을 초래하여 정치체계입문에 불균형을 야기하기도 한다. 또한 의원들 간의 이해충돌, 정책결정에의 불균형 이득의 문제점이 발생한다(Becquart-Leclercq, 2005: 209-232). 따라서 쟈크 시락(J. Chirac)과 동거정부(Cohabitation)를 구성하고 있는 리오넬 죠스팽(L. Jospin) 정부는 겸직제도의 새로운 규제제도를 표명하였다. 그런데 그 계획안 중 대규모 도시의 시장과 도의회 의장과 지역의회 의장의 동시 겸임철회가 큰 난제로 되어 있었다. 왜냐하면 정치 이해관계 속에 이에 해당하는 중진의원들과 반대당의 정치적 공격이 간단치 않았다는 것이다(우파의 공격: 과거 총리를 역임했던 에드워드 발라뒤르(E. Balladur)는 프랑스 정서논리를 펴면서 기능의 중첩은 이득과 보수의 중첩을 야기하는 것으로 이를 제거하는 방향으로 그 정책방향을 돌려야 한다고 주장)(Le Monde, 1997: 9.16).

한편 1985년 12월 30일 법률에 따라 겸임제한 조치로 정치인사들의 전략을

▶ 표 2-17 ◀ 겸임제도 선호 분석

취한 겸임 수	경우 수	이미 버린 직위	수
5	2	유럽의회의원	2
		지역의회의원	1
4	18	지역의회의원	11
		도의회의원	12
		시읍면장	1
3	272	국회의원	2
		유럽의회의원	8
		지역의회의원	147
		도의회의원	94
		주민 2만명 이상의 시읍면장	3
		주민 10만명 이상 시읍면의 시읍면장 보좌역	17
		파리의회의원	1

수평적 겸임(le cumul horizontal), 수직적 겸임(le cumul vertical), 시간 안에서의 겸임(le cumul dans le temps)(Becquart-Leclercq, 1983: 209-232; 최진혁, 1999a: 69).

드러내는 상황을 연출했는데 그들의 선호하는 직위는 무엇인지 살펴보면 다음과 같다(<표 2-17> 참조). 우선 국회의원직과 기초자치단체 시읍면직위를 광역자치단체의 직위(도, 지역, 유럽의회)보다 더 선호한다는 것이다. 또한 동시에 주민 2만 명 이상의 시읍면장과 도의회 의원인 70명의 상, 하원의원 중 68명이 도의회 의원을 포기하였다. 마찬가지로 시읍면장이며 지역의회 의원인 29명의 상, 하원 의원 중 28명이 지역의회 의원을 포기하였다. 실제적으로 도의회 의장일 경우에 한해 도의회 의원직에 머물러 있으려는 경향을 나타낸다. 또한 도의회와 지역의회 중에 선택하라면 지역의회를 거의 모두가 포기한다는 것이다(Rémond et Blanc, 1992: 413-414).

2) 자치적 분권의 핵심기관: 지방의회의 공고화

각 지방의회는 국가의 의사와 지방의 의사가 서로 교차하여 논의할 수 있는 공간을 만들어 내야 한다. 이는 국가의 의사가 수직적 내지 계서적으로 침투되는 행정관계영역과는 달리, 주민에 의해 선거로 그 정당성을 부여받아 수평적 정치관계 영역 안에 존재하기 때문이다. 따라서 주민에 의해 선출된 지방의회 의원이 자율과 책임으로 그들의 의결에 따라 그 지역의 사무를 처리하게 되는 것이다. 요컨대, 지역주민의 의사에 따라 기관선임이 이루어지고, 이들 기관에 의해 자치단체의 이해에 관련된 모든 사무를 자율과 책임으로 수행하게 된다. 따라서 이 영역에서 이루어지는 정치행정활동을 분권화된 행정(Administration décentralisée: 자치적 분권)으로 이해할 수 있다.

이러한 맥락에서 국가의 의사가 정치관계영역에서 지방자치단체와 어떻게 연계되어야 할 것인가에 대한 고민은 국회의 상원(Sénat)제도를 통해 해결하고 있다. 예를 들면 프랑스 상원은 헌법에 의하여 공화국의 지방자치단체를 대표하는 기관으로 보장받고 있다(프랑스 헌법 제24조). 의원 수가 348명을 넘지 않는 상원은 간접선거 방식으로 선출되는데 그 임기는 9년으로 3년마다 3분의 1씩 개선하고 있다.[13]

---

13) 2003년 7월 개혁입법을 거쳐 30세 이상의 6년 임기로 하였다. 따라서 상원의 부분개선제도는 앞으로는 2008년부터 임기 6년으로 선출되고 2011년부터 3년마다 의석의 반을 교체하게 된다(senat: 2011).

즉, 상원의원은 각 도(département)에서 선거인단(collège électoral)에 의해 선출된다. 그런데 선거인단은 국회의원(députés), 지역의회 의원(conseillers régionaux), 도의회 의원(conseillers généraux), 시의회 대표(délégués des conseils municipaux)로 구성된다.[14] 각 상원의원은 국가를 대표하지만 동시에 도의 대표(le représentant d'un département)로도 존재한다. 따라서 도의원들에 의한 선출자, 즉 선출받은 자의 선출자(grands électeurs)로서 도의원들의 대변인으로 활동하며 중앙권력 옆에서 지방의 이해를 대변하는 역할을 수행한다. 상이한 도자치단체에서 온 서로 상치되는 지방경험을 가지고 있는 상원의원 전체는 지방이해와 국가이해를 조정할 수 있게 되는 것이다. 이런 상황하에서 상원의원은 지방문제에 정통해 있어야 한다는 것이다. 요컨대 프랑스의 상원은 하나의 입법부 안에 프랑스의 지방자치단체를 대표하는 것으로 동일한 하나의 문제를 국가와 지방자치단체의 두 시각에서 조절하게 하는 제도적 장치로 간주된다. 그런 배경에서 지방자치단체에 관계되는 법률안은 상원의원에 의해 검토되고, 상임위원회[15]가 특별히 지방자치단체의 재정상황을 체크하게 된다. 2011년 3월 현재 상원의원의 지방직 현황을 살펴보면 다음과 같다(<표 2-18> 참조). 더 나아가 주민직선제에 의해 선출되는 의원 수가 577명을 넘지 않는 하원(Assemblée Nationale)의 경우도 겸임제도(cumul des mandats)에 의해 지방자치단체의 의사와 국가의 의사가 균형적으로 논의될 수 있어 국가의 정책이 지방에서 잘 흡수될 수 있는 여건을 마련하고 있는 셈이다. 또한 지역의 이해가 중앙정치(의 장)에 생생하게 전달되어 지역균형적 발전정책에

---

14) 국회의원(국민의회) 577명, 지역의회 의원 1,870명, 도의회 의원 4,000명에 비하여 시의회 대표는 약 142,000명에 이른다(선거인단 150,000명). 시의회 대표자의 수는 주민 수와 시대표성의 중요도에 비례하여 정해진다. 주민 9,000명 미만인 시읍면에서는 1명 내지 15명의 대표를 선출한다. 주민 9,000명에서 30,999명 이하의 시읍면에서는 모든 시의회 의원이 선거인단이 된다. 주민 31,000명 이상의 시읍면에서는 시의회 의원에 추가하여 30,000명에서 1,000이 넘을 때마다 1명의 추가대표(délégués supplémentaires)를 선출한다. 대표의 선출 방식은 주민 9,000명 이하의 시읍면에서는 3회 다수대표제(scrutin majoritaire à trois tours)로 하고 있다. 주민 30,000명 이상의 시읍면에서는 최대잔여식 비례대표제(représentation proportionnelle à la plus forte reste)로 선출된다.

15) 6개 상임위원회가 존재한다. ① 문화사업위원회: 52명, ② 경제 및 계획사업위원회: 78명, ③ 외국, 국방, 군비사업위원회: 52명, ④ 사회사업위원회: 52명, ⑤ 재정, 예산통제, 국가의 경제회계위원회: 43명, ⑥ 헌법, 입법, 일반선거, 규제 및 일반행정위원회: 44명.

	지방직(Mandats)	수(Nombre)
시읍면 (Municipaux)	시읍면장(Maires)	114
	시읍면의원(Conseillers municipaux)	178
	소계	292
도 (Départementaux)	도의회의장(Présidents du conseil général)	30
	도의회의원(Conseillers généraux)	99
	소계	129
지역 (Régionaux)	지역의회의장(Présidents du conseil régional)	4
	지역의회의원(Conseillers régionaux)	13
	소계	17

자료: www.senat.fr(2011.3.20)

기여하게 되는 것이다. 뿐만 아니라 각각의 지방의회는 각종 시민연합체와 위원
회제도를 통하여 국가 및 지역의 문제를 광역의회와 기초의회 간, 기초의회 간,
광역의회 간의 협력을 통하여 의정서비스를 제공하게 된다(최진혁, 2011: 61).

9. 결론

프랑스 지방의회는 주민들과 가까이 주민들의 일상생활에 관련되는 지방이해
사항을 다룬다는 점에서 주민의 일상생활과 복지, 지역경제에 관련된 주민의 의
사를 민주적인 장(대의제 민주정치)에서 해결하는 데에 그 존재가치를 찾을 수 있
다. 따라서 지방의회 선거제도가 그 구성원의 자유에의 요구와 함께 중요하게 대
두되었으며, 특히 1982년 이후 그동안 도지사를 중심으로 추구되었던 지방행정이
이제는 지방의회의 권한을 강화하는 분권화 정책을 추구하고 있다. 그 배경은 자
유민주주의 국가의 경우 지방자치 영역 안에서 지방의회를 부정하는 일은 '다리
없이 걷고자하는, 날개 없이 날고자하는' 바람으로 지방분권의 거대한 원동력을

차단하는 것과 같은 이치로 이해될 수 있다. 따라서 프랑스 국가에 있어 지방의
회는 지방분권에 의해 지원받은 지방자치를 필연적 귀결(조건)로 하고 있다. 그러
므로 지방의회는 대의민주주의에 상응하여 중앙권력의 자의적 행사를 방어해야
하고 지방주민의 소중한 의견을 수집하는 역할을 해야 한다. 그에 따라 자치행정
(분권화된 행정: administration décentralisée)에의 의사결정 방식은 지방의회의원의
자유로운 행정 운영으로 이루어져야 한다는 것이다.

참고문헌

최진혁. (1999a). 지방의회의 비교연구: 한국과 프랑스 모델을 중심으로. 「한국지방자치
학회보」 11(2). 서울: 한국지방자치학회.

최진혁. (1999b). 프랑스 지방선거체제와 투표방식에 관한 연구. 「한국지방자치학회보」
11(3). 서울: 한국지방자치학회.

최진혁. (1999c). 프랑스 지방행정의 역사적 헌정적 기원. 「한국사회와 행정연구」 10(1).
서울: 한국행정연구원.

최진혁. (2003). 주민자치실현을 위한 지방의회제도의 발전과제: 프랑스 지방분권과 지
방의회제도의 경험을 중심으로. 한국지방정부학회 춘계학술대회논문집.

최진혁. (2011). 국가와 지방자치단체간의 연계(협력)체제에 관한 연구－프랑스 사례를
중심으로－. 「한국비교정부학보」 15(1). 한국비교정부학회.

최진혁 외. (2005). 「자립적 지역발전모델」. 서울: 대영문화사.

Bécet, Jean－Marie. (1992). *Les institutions administratives*. Paris : Economica.

Bécet, Jean－Marie. (1996). Les compétences de la commune. CNFPT, *Les
collectivités locales en France*, Paris : La documentation française.

Becquart－Leclercq, Jeanne. (1983). Le cumul des mandats et culture politique.
Mabileau, Albert(sous la direction de), *Les pouvoirs locaux à l`épreuve de la
décentralisation*, Paris : pedone.

D.G.C.L. (2002). *Les collectivités locales en chiffres 2001*. Paris : La documentation
française.

George, Philippe. (1989). *Droit public*. Paris : Sirey.

Jouve, Edmond. (1986). *Modes de scrutin et systèmes électoraux*. Paris : La
documentation française.

Lacaïlle, Philippe. (1996). *Le statut de l`élu local*. Paris : Berger－Levrault.

Lachaume, Jean－François. (1994). *L`administration communale*. Paris : L.G.D.J.

Lorach, Jean－Marc. (2003). Le nouveau régime de l`élu local. Héricy : Editions du
puits fleuri.

Mabileau, Albert. (1991). *Le système local en France*. Paris : Montchrestien.

Mény, Yves. (1995). Modele présidentiel et exécutifs locaux. Quermonne, Jean — Louis et Wahl Nicholas(sous la direction de), *La France Présidentielle/L`influence du suffrage universel sur la vie politique*. Paris : Presses de sciences po.

Ministère de l'intérieur/Direction générale des collectivités locales. (1997). *Les collectivités locales en chiffres, Edition 1996*, Paris : La documentation française.

Muller — Quoy, Isabelle. (2001). *Le droit des assemblées locales*. Paris : L.G.D.J.

Muret, Jean — Pierre. (1995). *Les municipales*. Paris : Syros.

Muret, Jean — Pierre et Peyre, Serge. (1992). *le conseil régional*. Paris : Syros.

Rémond, Bruno et Blanc, Jacques. (1992). *Les collectivités locales*. Paris : Presses de la fondation nationale des sciences politiques & Dalloz.

Verpeaux, Michel. (1996). "Les origines historiques et constitutionnelles" CNFPT, Les collectivités locales en France. Paris : La documentation française.

Ziller, Jacques. (1993). Administrations comparées. Paris : Monchrestien.

http://www.paris.fr (2009.6.11)(2018.8.10).

www.interieur.gouv.fr/DGCL (2018.12.10).

www.senat.fr (2011.3.20)

제3절 독일의 지방의회제도

1. 독일 정부의 개관

독일의 지방자치제도는 역사적 배경에 따라 다양한 형식으로 운영되어져 왔다. 이러한 배경으로, 독일은 지역의 제후들이 분할 통치하는 제후국을 기초로 한 통치 구조였다는 점을 들 수 있다. 이러한 지역 권력기반은 19세기 비스마르크가 지역 제후의 권력을 인정함으로써 독일 연방국가적 통일을 이루었다.

독일의 정부 구조는 유럽연합-연방정부-주정부-지방자치단체의 수직적 4계층으로 구성되어 있으며, 각 주별 지방자치단체는 아래 <그림 2-6>과 같이 1~3계층의 지방자치단체 구조로 복합적으로 구성돼 있다. 예시로, 베를린, 함부르크, 브레멘은 주정부이면서도 지방자치단체의 지위를 함께 가지고 있다고 볼 수 있다. 주정부의 성격을 가지고 있는 3개 시정부 내에는 구역(Bezierk)이 있으며, 이는 우리나라의 대도시구와 같은 성격의 지방자치단체이다. 베를린시의 경우 12개 구역이 있으며, 구역의 장과 의회로 구성된 주민자치 지방행정기관이 있다.

지방자치단체는 군(Kreis)와 자유시(Kreisfreie Stadt)가 자치단체와 자치행정기관의 위상을 가지고 있다. 우리나라와 다른 방식의 지방자치단체는 행정기관이 없는 게마인데(Gemeinde)로서, <그림 2-6>의 괄호(Gemeinde)로 표기된 것으로 자치행정기구가 설치되어 있지 않은 지역자치단체이다. 지방자치계층은 <그림 2-3>과 같이 1계층에서부터 3계층까지 다양하게 분포되어 있지만 자치행정은 1계층으로 운영되고 있다고 볼 수 있다.

작은 규모의 게마인데는 통상인구가 500명 이하로 구성된 지방자치단체로서 명예직 시장과 주민대표회의가 포함되어 있다. 명예직 시장은 일반적으로 게마인데 연합, 또는 군(Kreis)의 의원으로서 겸직을 하고 있다.

따라서 지역공동체로서 '게마인데'(Gemeinde)가 있으며, 독일 지방자치단체 연합체로서 '게마인데 연합'(Gemeindeverbände)이 있다. 게마인데 연합에서 이뤄지는 회의는 게마인데, 자유시, 3개 연방시가 참여하며, 연방정부에 대한 지방자치

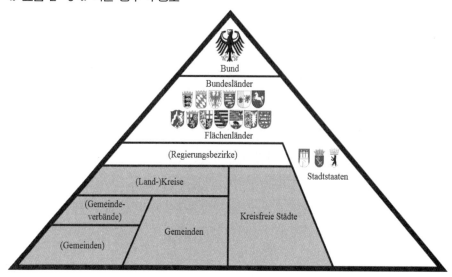

단체의 의견과 건의를 제기하고 지방자치단체로서 주민의 이익과 권리를 위한 활동을 한다.

2. 독일의 지방자치단체

1) 독일의 지방자치단체 구조

독일 지방자치를 이해하는 데 있어서, 게마인데(Gemeinde)의 개념 이해가 우선되어야 할 것이다. Gemeinde의 사전적 의미는 "공동체", "지방자치단체"인데, 독일의 지방자치는 계층, 구역, 기관구성의 경계와 범위를 주민이 속한 공동체 속에서만 한정하게 된다. 즉, 주민이 느끼는 공동체 범위가 개별 지방자치단체가 된다는 점에서 규모와 경계가 다양하게 나타난다고 정리할 수 있다.

독일 지방행정은 주별로 다양한 정부 형태와 계층 구조를 가지고 있으며, 계층에 따라서는 행정기관을 갖추지 못한 지방자치단체도 있다. 지방행정기관을 설치하지 못한 지방자치단체(Gemeinde)의 경우 주민대표회의와 시장이 선출되어 지역의 현안을 협의하고 결정한다.

특히, 독일은 연방과 주정부의 정부구성 방식이 내각제의 구조를 가지고 있는데, 이러한 배경에서 지방자치단체가 어떠한 유형의 기관구성 형태를 채택하고 있더라도 집행기관과 지방의회가 포함되어 있다. 또한 지방의회의 결정이 중요한 정책 형성의 기초가 되고, 집행기관은 지방의회의 조례, 또는 정책결정에 따라 행정을 집행한다.

따라서, 독일 지방자치는 직접민주주의 방식의 과감한 도입이라고 볼 수 있다.

▶ 표 2 - 19 ◀ 독일의 게마인데 현황(2016.1.)

Land	Gemeinden	자유시	평균인구	면적(km^2)
Baden – Württemberg	1,101	313	4,658	23.32
Bayern	2,056	317	2,768	26.40
Berlin	1	1	3,469,849	891.69
Brandenburg	417	112	1,676	44.10
Bremen	2	2	330,944	209.69
Hamburg	1	1	1,762,791	755.30
Hessen	426	191	7,778	41.22
Mecklenburg – Vorpommern	753	84	663	23.09
Niedersachsen	971	158	2,163	29.31
Nordrhein – Westfalen	396	271	20,824	74.85
Rheinland – Pfalz	2,305	128	559	5.75
Saarland	52	17	14,451	41.91
Sachsen	426	170	3,829	34.80
Sachsen – Anhalt	218	104	3,767	68.00
Schleswig – Holstein	1,110	63	675	10.68
Thüringen	849	126	646	10.00
Deutschland	11,084	2,059	1,711	18.68

거의 모든 주에서 주민총회를 도입하고 있으며, 주민총회를 통해 정책이나 현안이 심의되고 결정되기 때문이다.

위 표와 같이 게마인데는 2016년 기준으로 독일에 11,084개가 있으며, 평균인구는 1,711명이다. 또한 게마인데에 속하지 않은 시(자유시)가 2,059개가 있으며, 자유시는 게마인데에 속하지만 우리나라의 일반시와 같이 도시형 단일 게마인데이다.

2) 지방자치단체의 기관구성

독일 지방자치단체는 각 주에 따라 개별적으로 구성된 주헌법과 지방자치법에 근거하여 지방의회와 집행기관을 두고 있다. 지방자치단체의 기관구성은 제2차 대전 후 여러 점령국으로부터의 영향을 받아 다양한 지방자치단체 기관구성을 유지해 왔다. 이에 따라 의회와 집행기관의 장(시장) 역시 권한과 책임이 다양하게 체계화되어 있다. 따라서 지방자치단체의 기관구성 형태를 일반화할 수 없지만 통상 이사회형, 시장형, 북독일 의회형, 남독일 의회형으로 유형화할 수 있다.

독일 지방자치단체의 특징으로, 지방의회의 권한이 집행부와 균형을 이루고 있다고 볼 수 있다. 의회에서 결정하지 않은 사항을 집행부가 결정하여 실시하는 경우가 없다고 단언할 수 있을 정도이다. 지방자치법도 지방자치단체장과 의회의 권한을 명시하고 있다. 지방자치단체장의 임기는 아래 표에서와 같이 5년에서 10년까지 다양하게 규정하고 있다. 권한의 범위가 큰 경우는 임기가 짧고 권한의 범위가 작은 경우는 임기가 길도록 규정하고 있다.

또한 지방자치단체장의 입후보 방식도 정당추천 또는 개인적으로 입후보할 수 있는 방식과 교섭단체를 가지고 있는 정당만 입후보자를 추천할 수 있는 방식, 정치적 의사를 갖고 있는 지역단체에서 입후보하는 방식 등으로 다양하게 나타나고 있다. 선거 방식도 주민직접선거 방식과 의회를 통한 방식 등 다양한 유형으로 나타나고 있으며, 주민투표 방식과 당선자확정 방식도 차이가 있다. 투표일을 공휴일로 지정하지 않고, 주로 일요일에 실시하고 있으며, 약 60% 정도의 투표율을 보이고 있다.

▶ 표 2 - 20 ◀ 각주별 지방자치단체장의 위상과 자격

구분	시장임기	후보자 추천방식	선거절차 (1차)	선거절차 (2차)	연령제한	위상
바덴뷰르템베르크	8년	개인 후보등록	과반득표	결선 없이 재투표	25~68	집행기관장 의회의장
바이에른	6년	정당 또는 추천 그룹	과반득표	1, 2위 대상 결선 투표	18~67	집행기관장 의회의장
베를린	보통 5년	의원소유 정당추천	의회에서 선출, 과반득표	과반 재투표	18세 이상	시장
브란덴부르크	8년	정당, 의회관련 단체	과반득표 및 유권자 15%이상 득표	1, 2위 결선, 유권자 15%이상 득표	25~62	집행기관장, 의회의원
브레멘	6년	교섭단체 정당추천	주민대표자 과반 득표	주민대표자 과반 득표	18세 이상	시장
헤센	6년	개인 또는 정당추천	과반득표	1, 2위 결선, 과반득표	18~67	집행기관장 의회의장
함부르크	보통 5년	거주민 단체 추천	주민대표자 과반	주민대표과반	18세 이상	시장
메클렌부르크 프어포멘	7~9년	개인 또는 정당추천	과반득표	1, 2위 결선, 과반득표	18~60 재선 64	집행기관장
니더작센	5년	개인 또는 정당추천	과반득표	1, 2위 결선, 과반득표	23~67	집행기관장, 의회의원
노르트라인베스트팔렌	5년	개인 또는 정당추천	과반득표	1, 2위 결선, 과반득표	23세 이상	집행기관장 의회의장
라인란트 팔츠	5년	개인 또는 정당추천	과반득표	1, 2위 결선, 과반득표	23세 이상	집행기관장 의회의장
자르란트	10년	개인 또는 정당추천	과반득표	1, 2위 결선, 과반득표	25~65	집행기관장 의회의장 (표결권 없음)
작센	7년	개인 후보등록	과반득표	재선거 최다득표 당선	18~65	집행기관장 의회의장
작센안할트	7년	개인 후보등록	과반득표	1, 2위 결선, 과반득표	21~65	집행기관장 의회의원
슈레스비히 홀스타인	5년	개인 또는 정당추천	과반득표	1, 2위 결선, 과반득표	18세 이상	집행기관장 의회의원 (표결권 없음)
튀빙겐	6년	개인 또는 정당추천	과반득표	1, 2위 결선, 과반득표	21~65	집행기관장 의회의장

지방의회 의원은 다양한 정당과 계층, 사회단체를 대표하는 지역 대표자로 구성되어 진다. 특히 자영업이 많이 있으며, 명예직으로서 직업을 갖고 있는 의원이 대부분이다. 지방의회의 여성은 비율은 점차 증가하고 있으며, 약 40%의 여성의원 비율을 보이고 있다. 여성의원이 21% 가량의 낮은 비율을 제시하고 있는 지방자치단체도 있지만 전체적으로 여성의원의 비율은 점차 증가하는 추세이다.

입후보자의 연령기준은 18세 이상부터 23세 이상 등 다양하게 나타나고 있으며, <표 2-20>과 같이 65세 또는 67세로 한정하고 있다.

지방자치단체장의 위상은 다음 그림에서 설명하고 있는 남독일 의회형과 같이 집행기관 의장과 의회 의장을 겸하는 방식으로 많이 운영되고 있으며, 단순히 대표자로서 집행기관의 장으로서 지위를 인정하는 곳도 있다.

한국에서는 지방자치단체의 기관구성 형태를 기관대립형(대통령 중심제 모델)과 기관통합형(의원내각제 모델)으로 분류하고, 있으며, <표 2-20>과 같이 베를린시만 기관통합형 제도를 실시하고 있다.

지방자치단체가 아닌 주정부의 기관구성은 연방정부와 같이 기관통합형 기관구성 형태를 가지고 있다.

독일 지방자치단체의 기관구성 형태를 다음 4가지 유형으로 구분하여 도식화하고자 한다.

(1) 이사회형(Magistratsverfassung)

이사회형 기관구성은 의회와 집행기관이 엄격히 분리하는 형식으로 아래 그림과 같이 도식될 수 있다. 일부 헤센 주와 슐레스비히 홀스타인 주, 자유시에서 실시되고 있으며, 베를린시의 구역청에서 실시되고 있다. 시장을 직접 선출하여 권한의 위임과 책임성을 확보하자는 주민들의 의견에 따라, 이사회형 기관구성은 점점 사라져가고 있다.

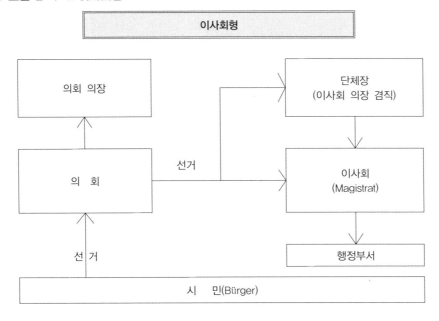

(2) 시장형(Bürgermeisterverfassung)

주민의 선거에 의해 지방의회가 구성되어지고 지방의회에서 시장과 시 집행부의 국장을 선임하는 방식을 시장형으로 통칭하고 있다. 이는 의원내각제 기관구성 형태를 취하면서 주민에 의해 선출된 의회의 의원들이 시장과 부시장단을 선출한다. 시장과 부시장단은 집행기관을 담당하며, 시장은 시의회 의장을 겸직하고, 강력한 지위를 가지고 시의회와 집행기관을 통솔하는 방식이다.

독일의 많은 주에서는 명예직 시장제도를 채택하고 있으며, 이러한 지방자치단체, 특히 행정기관을 두고 있지 않은 게마인데에서 시장형 제도를 운영하고 있다.

Ⅰ▶ 그림 2-8 ◀Ⅰ 시장형

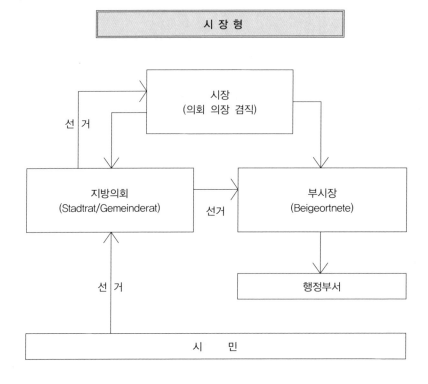

(3) 북독일 의회형(Norddeutsche Ratsverfassung)

제2차 세계대전 후 영국의 점령지역으로서, 영국 행정의 영향을 받아 의원내 각제적인 제도의 대표적 골격을 유지하고 있다. 노르트라인 베스트팔렌 주와 니 더작센 주에서 시행하였다. 현재는 3개 연방지위의 베를린시 등의 시정부에서 실 시하고 있다. 자치단체의 기관으로 시민의 대표인 의회와 집행기관으로서 시 사 무총장 및 부사무총장을 두고 있다.

의회는 주민의 대의기관으로서 게마인데(Gemeinde) 의회의 장을 선출하고, 의 장은 시장(Bürgermeister)으로서 자치단체를 대표한다. 시의회는 집행부보다 우월 한 위상을 가지고 있다고 볼 수 있다. 독일 지방자치단체는 어떠한 유형의 기 관구성 형태를 가지고 있더라도 의회의 권한과 기능은 중요한 위상을 가지고 있다. 시장은 게마인데 의회를 대외적으로 대표하며, 게마인데 의회의 소집권 을 갖는다.

그림 2 - 9 ◀ 북독일 의회형

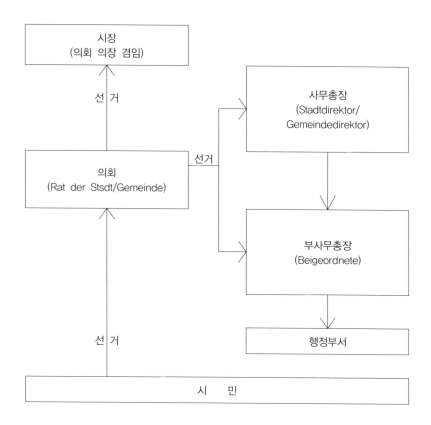

(4) 남독일 의회형(Süddeutsche Ratsverfassung)

제2차 대전 후 미국 점령지역이였던 남부지방의 바덴뷰르템베르크 주와 바이에른 주에서 채택하여 실시하고 있다. 1994년 이후 라인란트 팔츠 주에서 이 제도를 도입하였으며, 통일 이후 구 동독지역의 주에서 이 제도를 도입하였고, 작센 주의 경우 이 제도로 개정하기도 하였다. 강력한 시장형 조직체계가 특색이며, 기관대립형의 제도로 이해될 수 있다. 주민은 직접선거에 의해 의회 의원과 시장을 선출하며, 시장은 의회의 의장과 집행기관의 장으로써의 위치를 동시에 보유하게 된다.

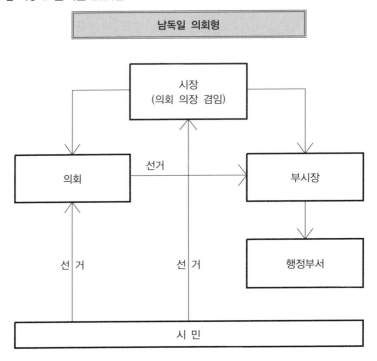

3. 지방의회

1) 지방의회의 위상

독일의 지방의회(Stadtrat, Gemeinderat)는 주민의 대표자로 구성된 대의기관이며, 지방자치단체의 핵심기관으로서 위상을 가진다. 지방의회의 사무 및 기능은 개별 주의 지방자치법에 근거하여 지방의회가 그 기능을 수행하고 있다. 지방의회는 원활한 회의진행과 전문성 보강을 위한 상임위원회를 둘 수 있다. 지방의회는 재정, 교육, 도시계획, 사회복지 등을 위한 상임위원회를 두고 있지만, 지방자치단체의 규모에 따라 상임위원회의 종류와 규모는 달리 운영되고 있다.

또한 지방의회는 자문위원회를 두고 있으며, 이는 분야별 담당 공공기관의 장,

시민대표나 전문가를 위촉하여 자문위원회를 운영하고 있다.

지역 내의 이슈가 발생하면 자문회의를 실시하여 여론을 형성하고, 결과는 일반적으로 지방언론에 공개되며, 상임위원회에서 결정하고 본회의의 의결을 실시하는 과정을 거쳐서 정책이 형성되는 것이 일반적 절차이다. 이슈에 따라 지역정당은 대안을 제시하게 되며, 대안에 따른 주민의 반응이 선거에 영향을 미치는 구조를 가지고 있다.

지방의회는 개방형 시스템으로 운영되고 있다. 개방형 시스템은 상임위원회와 의원총회에 유관기관 장이나 자문위원회 대표가 참석하여 회의를 진행하며, 발언권을 보장하는 시스템으로 운영된다. 표결과정에서 참석한 대표자나 관계기관의 장은 의결을 위한 투표권을 부여하는 경우와 투표권을 부여하지 않는 경우 등 의회를 유연하게 운영할 수 있다. 교육문제의 경우 일반적으로 지역교육청장은 상임위원회에 참석하여 발언을 할 수 있으며, 표결에도 참여하게 된다.

독일 지방의회는 강력한 정당제도의 맥락에서 이해될 수 있다. 정책에 대한 주민의 선택지는 정당이 제시하는 대안의 범위 안에서 대안에 대한 토론과 대안의 타당성과 경제성 정당성을 논의하게 된다. 주민이 원하는 대안을 기존정당이 제시하지 못하는 경우에는 지역정당이 출현하게 되는 구조이다.

이에 더해, 독일은 지역정당이 자유롭게 만들어지고, 선거에 참여할 수 있는 시스템을 가지고 있다. 현재 독일의 대안정당(Alternative fuer Deutschland)은 지역정당으로 시작하여, 연방에서도 2017년 9월 치러진 독일 총선에서 독일을 위한 대안정당(AfD)이 12.6% 득표율로 94석을 획득해 제3당에 오르는 돌풍을 일으켰다.

그 외에 독일 녹색당은 시민단체에서 출발하여 연방의 교섭단체를 가지고 있는 정당이기도 하지만, 이번(2018) 바이에른 주의 주정부선거에서 제2당이 되기도 하였다. 이슈에 따라서는 지역 시민단체가 핵심이슈를 근거로 선거에 참여하고 선거에 승리하여 지역 지방의회에 참여하기도 한다.

2) 지방의회의 기능

독일 지방자치원리로 '전권한성의 원칙(Allzuständigkeit)'이 지배하고 있으며,

이 전권한성의 원칙은 헌법이나 법률이 국가나 그 밖의 공공단체의 사무로서 유보하고 있는 것이 아니면, 지방자치단체의 모든 사무를 지방자치단체가 임의로 처리하고 규율할 수 있는 권한을 가진다는 원칙이다. 이러한 전권한성의 원칙은 지방자치단체가 자기 책임하에 모든 사무를 수행할 수 있다는 원칙으로 지방의회는 관할구역 내의 모든 사무를 논의하고 결정할 수 있으며, 지방자치단체의 능력 범위 안에서 자기 책임하에 수행할 수 있다는 원칙이다.

시의회는 작은 공동체의 시민대표자이며, 구역 내에 위임된 국가사무와 지방자치단체 고유사무에 대한 의사결정, 결정된 사무에 대한 집행 상황을 지도·감독하는 권한을 가지고 있다. 지방의회는 다음의 사항을 의무적으로 결정하고 감독의 의무를 가진다.

조례, 모든 사무에 관련된 예산, 결산의 심의, 행정구역의 개편, 지역구역의 형성, 자율적 사무의 관할권, 시장 및 부시장 선출 절차의 결정, 명예 시민권 수여, 공동체의 중장기발전계획의 수립, 공공 및 민간부분의 사용료 및 수수료의 결정, 지방자치단체장의 계약 또는 비정기 비용 지출에 대한 승인, 지방자치단체의 재산의 처분, 대출, 임대에 대한 결정, 공법인의 설립 및 확대, 폐지결정, 재단 및 법인의 모적 변경 및 해지에 관한 사항을 심의·결정하여야 한다.

3) 지방의원의 위상

지방의회는 주민이 보통, 직접, 자유, 비밀선거에 의해 선출한 의원으로 구성되어진다. 주민들은 만 18세가 되었을 때 선거권이 주어지며, 지방의원 피선거권도 역시 만 18세가 되었을 때 주어진다. 지방자치단체 또는 이에 준하는 공직자는 피선거권이 제한된다. 선거에 출마하는 지방의원 후보자는 정당 또는 선거에 참여하는 단체의 추천을 받아야 한다. 종종 무소속으로 출마하는 경우가 있지만, 당선되는 경우는 거의 없다. 지방의원은 상임위원회 활동을 통해 지방자치단체의 정책결정에 참여하며, 의원총회에 참석함으로써 의사결정에 참여하여야 한다.

지방의원의 정원은 주정부가 정한 지방자치법에 근거를 두고 있다. 라인란트 팔츠 주와 바덴뷰르템베르크 주의 주민 인구 수에 대한 지방의원 정원은 아래 제

바덴뷰르템베르크		노르트라인 베스트팔렌	
주민 수	의원정수	주민 수	의원정수
		300명 미만	6
		300~500명	8
1000명 미만	8	500~1,000명	12
1,000~2,000명	10	1,000~2,500명	16
2,000~3,000명	12	2,500~5,000명	20
3,000~5,000명	14	5,000~7,500명	22
5,000~10,000명	18	7,500~10,000명	24
10,000~20,000명	22	10,000~15,000명	28
20,000~30,000명	26	15,000~20,000명	32
30,000~50,000명	32	20,000~30,000명	36
50,000~150,000명	40	30,000~40,000명	40
150,000~400,000명	48	40,000~60,000명	44
400,000명 이상	60	60,000~80,000명	48
		80,000~100,000명	52
		100,000~150,000명	56
		150,000명 이상	60

시된 표와 같다. 지방의원의 수는 주의 인구규모와 주민 밀집도를 고려하여 주별로 정원을 정하고 있다고 볼 수 있다.

4) 지방의원의 역할

연방정부와 주정부의 기관구성 형태는 기관통합형, 즉 의원내각제를 가지고 있다. 이러한 정치, 행정적 토대는 지방자치단체에서도 지방의원의 정책결정자로서의 권위를 인정하고 수용하는 정치문화로부터 기인한다.

지방자치단체에서 지방의원의 정책결정 권한을 절대적 권한으로 인정하고 있으며, 지방의회에서 결정하지 않은 사항은 지방자치단체의 집행기관이 수행하지 않는다는 기본원리가 지배하고 있다.

지방의원은 관할구역 내의 입법적 기능으로서 조례 제정권한을 가지며, 또한 지방자치단체 집행기관의 행정업무에 대한 감독권한을 가진다. 이는 지역주민으로부터 부여받은 대의권의 행사에 해당된다.

지방의원은 명예직이며, 보수를 받지 않고 회의수당을 받고 있다. 그러나 지방의회에서 교섭단체를 구성한 정당 또는 선거참여단체의 대표는 지방자치단체 집행기관의 부시장 또는 국장에 상응하는 보수를 받고 있으며, 실제 지방자치단체에서 연정을 통해 집행기관을 구성하는 경우 지방의회를 구성하는 정당의 대표는 부시장 또는 국장으로 행정에 참여하여 보수를 받는 시스템으로 운영되고 있다.

5) 지방의원의 선거

지방의원의 선거는 각 주별 동일한 일시에 지방선거가 실시되며, 선거일은 임시공휴일이 아닌 일요일에 선거가 실시된다. 임시공휴일이 아님에도, 독일 지방선거는 평균 60%의 높은 투표율을 나타내고 있다.

독일 지방선거의 특징은 시장을 직접선거하는 주의 경우 지방자치단체장을 직접선거하며, 지방의원은 정당을 중심으로 선거를 실시한다는 점이다. 각 주별 기표 방식은 다양하며, 의원에게 직접 투표하는 방식과 의원과 정당에 투표하는 방식이 대부분의 주에서 채택하고 있다. 독일선거의 가장 우리와 다른 점은 비례대표의 당선자를 지역구 의원보다 더 비중 있게 인식하고 있다는 점이다.

비례대표제에는 구속식과 비(非)구속식이 있다. 먼저, 각 당이 획득한 의석을 후보자에게 배분할 때 정당이 사전에 신고되어 있는 명부의 순위에 기초하여 후보자에게 의석을 부여하는 방식을 구속명부식이라고 한다. 이 방식을 채용한 경우 각 당의 득표율과 의석률이 거의 일치한다는 비례대표제가 갖는 이점은 살릴 수 있지만, 투표자 자신이 선택할 수 있는 것은 정당뿐이며 후보자 개인이 누구를 지지할 것인가에 대해서는 전혀 선택할 수 없다.

이 같은 결점을 보완하기 위해 독일은 비구속명부식(자유명부식)이라는 방법을 채용하며 지방선거에서 많이 활용되어지고 있다. 해당 방식하에서 유권자는 정당과 후보자에게 각각 투표한다(또는 후보자 개인에게 투표한 표를 그 정당의 득표로서 집계하는 경우도 있다). 개표 후에는 각 정당별 득표율에 따라 의석을 각 당에 배분한 후 이번에는 당내에서 득표수가 많았던 순서로 후보자에게 의석을 부여하게 된다. 비구속명부식 선거를 치르는 일부 지방의회 선거에서는 후보자가 정당별, 후보자별로 통합되어 제시됨에 따라 1,000명이 넘는 후보자의 이름이 투표용지에 나열된 경우도 있으며, 주민은 그 후보 중에서 1명에서 6명까지 다양하게 투표하게 된다. 지역에 따라서는 6표를 한 곳에 몰아줄 수도 있는 등 다양한 선거제도를 운영하고 있다.

4. 지방의회의 유사기능으로 대의제도

1) 주민총회

지방자치단체에 대한 주민참여 방식으로 선거제도를 비롯하여 다양한 제도가 실행되고 있다. 주민이 직접 참여하는 방식에는 주민발안, 주민소환, 주민투표의 방식이 있으며, 거의 모든 지방자치단체에서 채택되고 있다. 특히 주민참여 예산제와 주민총회제도는 독일지방자치에서 협업의 아이콘이 되고 있다.

주민총회 등의 직접 참여제도에 의한 의견이 중요하게 반영되는 배경에는 독일헌법이 보장하는 '전권한성의 원칙'이 이념적 기초가 되기 때문이다. 원칙은 하위 지방자치단체의 의견은 주민의 견해를 더 많이 포함한다는 논리이다. 또한 지방자치단체가 자기책임하에 모든 일을 수행할 수 있으며, 이를 수행할 수 없을 경우 상급자치단체에 위임한다는 원칙으로서 의의를 지닌다.

라인란트 팔츠 주의 경우 주의 지방자치법 제16조에 주민총회(거주민회의, Einwohnerversammung)에 관한 규정을 2001년에 제정하였다. 이 법률에 의해 게마인데별 주민총회를 실시할 수 있다. 명칭을 주민총회로 하는 것은 주민등록이 되어 있는 모든 사람에게 참여의 권한이 주어진다고 해석될 수 있다. 이는 체류 허가를 받은 외국인을 포함한다는 의미이며, 16세 이상이면 동일한 참정권이 보장된다.

바덴뷰르템베르크 주는 2015년 1월에 지방자치법을 개정하면서 거주민총회를 매년 1회 이상 실시하도록 의무화하였다. 주민총회는 거의 모든 주에서 지방자치법에 규정하고 있으며, 행정기관이 없는 게마인데에서는 주민총회가 상시적으로 운영되고 있다.

독일 지방자치단체의 주민총회 개최를 위한 정족수는, 주민 수가 1만 명 이하인 경우는 5%, 1만 명 이상인 경우는 2.5%의 의결정족수를 정하고 있는 것이 일반적이다. 베를린시의 경우 주민총회의 단위가 20만 명 정도로 운영되며, 구청(Berzirk)별 베를린시장이 참여하는 주민총회를 연 1회 이상 개최하도록 의무화하고 있다. 의결정족수는 참석자가 2.5% 또는 5%가 넘을 때 의결할 수 있도록 제도화하고 있다. 구역별 주민총회에는 시장이 참여하는 것을 의무화하고 있으며, 구역 내의 소지역(Ortsteil) 주민총회에는 구역청장이 연 1회 의무적으로 참여하는 것을 원칙으로 하고, 하위 단위로 60개의 주민총회를 운영하고 있다.

주민총회의 사무는 지역공동체 관심과 지역 내의 현안을 주민회의를 통해 심의하고 결정한다. 명예직 시장이 있는 작은 게마인데의 경우 유치원, 축제, 상하수도가 일반적으로 고유사무로 분장되었다. 작센 주의 경우 5천 명 이하의 지역은 명예직 시장을 중심으로 주민총회가 개최되며, 유치원과 지역축제, 상하수도의 문제를 공동으로 관리하고 결정하고 있다. 주민총회에서 결정된 사항은 상급 지방자치단체에서 의결 여부를 제시하게 되고 이를 행정관청이 집행하게 된다.

2) 거주민회의

거주민회의에 관한 조례가 제정된 곳이 많이 있으며, 브란덴부르크 주의 경우는 주정부가 지방자치법에 명시함으로 지방자치단체가 조례를 제정하는 방식으로 추진하는 경우와 지방자치단체가 조례를 제정하여 개별 게마인데가 주민자치회를 운영하도록 하는 방안이 있다.

게마인데 연합(작은 게마인데가 연합하여 시장과 집행기관, 의회를 설치하는 자치단체)은 게마인데별 명예시장을 두고 있으며, 명예시장이 주민자치회를 주관하여 운영하고, 위원을 선출하여 위원회도 운영한다. 주민자치회는 주별로 상이하며, 행정기관이 없는 게마인데의 주민자치회(주민총회)는 상시적으로 운영되고 있다. 또한 정당 및 취미, 관심분야에 따라 주민자치조직을 운영하고 있다.

3) 주민참여 예산제도(베를린시의 리히텐베르크 구를 중심으로)

독일의 주민참여가 오랜 전통에 의한 내재화가 되었으며, 실제적 참여와 소통의 통로로 활용되고 있다. 특히 지방자치단체의 주민참여는 주민생활 속에서 삶의 질 향상을 위한 공동의 노력으로 의미가 크다고 볼 수 있다.

주민참여예산제가 독일 지방자치단체에서는 일반화된 형식이면서 실제적 주민참여를 촉진하는 제도이다. 독일 주민참여예산제도는 구정부가 정책을 형성하고 이를 집행하는 주요한 수단이면서 주민참여의 실제적 방식이라고 볼 수 있다. 예산을 수반한 정책만이 실효성을 담보할 수 있다.

독일 지방자치단체는 의회에서 결정된 사항을 집행한다고 할 수 있으며, 베를린 리히텐베르크 구의 경우도 구의회에서 정책을 결정하는 과정을 예산을 통해 확정하는 과정을 거치게 된다. 우리의 정치행정문화인 시장군수, 구청장을 통한 선거과정의 공약 등이 정책에 중요한 요인으로 작용하는 것과는 다르게 해석되어야 할 것이다. 그 이유로, 독일은 내각제의 전통이 행정문화를 지배하고 있어서 의회에 의한 결정과 다수 주민에 의한 의견은 정책에 반영되는 당위성을 가지고 있다. 개별주민의 의견이 반영될 수 있는 직접민주주의 방식이 많은 자치단체에서 도입되어 실시되고 있는 것도 같은 맥락으로 볼 수 있다. 주민발안, 주민소환, 주민청원, 그리고 주민총회 등이 제도로서 도입·실시되는 것과 같은 맥락으로 볼 수 있다.

이러한 예산의 결정은 정책을 결정하는 과정이다. 독일은 예산법률주의를 채택하고 있기 때문이다. 지방자치단체의 예산은 조례로써 결정되고 있으며, 이러한 예산법률주의는 주민참여 예산제도가 지방자치단체의 정책 기획기능과 예산기능을 보다 밀접하게 연계시키고 있다고 평가할 수 있다. 예산에 대한 주민참여는 구행정의 전반에 대한 참여를 의미한다고 볼 수 있다. 예산법률주의는 구행정 과정에서 예산에 대한 주민참여의 의미가 정책을 결정하는 의미를 가진다고 평가할 수 있다.

흔히 우리나라 주민참여 예산제도가 1억 원 규모 또는 5백만 원 규모라는 얘기를 듣게 된다. 지역별로 예산의 일부를 배정하여 그 범위 안에서 예산안을 수립하는 방식과는 차별화될 수 있다. 서울특별시도 유사하게 운영하고 있지만 구별 또는 동별 예산액을 할당해주고 그 범위 안에서 지역현안을 결정하는 방식을 주민참여 예산제로 운영하고 있다. 리히텐베르크에서 주민참여 예산제도가 성공적으로 운영될 수 있는 것은 주민참여 예산이 주민과 직접적으로 관련 있는 예산을 수립한다는 점에서 주민의 능동적 참여가 가능하기 때문이라고 볼 수 있다.

독일이 주민참여 예산제를 실시할 수 있는 배경으로는 정책의 계속성이 존재하고 있다는 것이다. 정책을 결정하고 집행하는 과정은 새로운 정책보다는 현존하는 문제와 필요성이 존재하고 있으며, 주민은 인식하고 있는 현안 중에서 정책을 선택하고 집행할 수 있도록 지원하는 방식이 주민참여를 촉진시키는 것으로 판단된다.

주민참여는 때에 따라서 추진 방식의 변화나, 정책추진의 질적 변화를 요구하는 사업이 대다수를 이루는 특성을 가지고 있다. 이러한 배경에서 정책의 우선순위를 결정하는 과정에 참여함으로써 참여 방식을 간단명료화하는 능동적 참여가 가능할 것이다. 일상생활에 관련된 정책을 주민참여 예산제도에서 논의함으로 주민이 인식하고 느끼는 정책의 시급성, 문제의 우선처리 등이 주민참여 예산제도를 통해서 실현되는 특성을 가지고 있다. 신규 대단위사업은 베를린의회 또는 리히텐베르크 구에서 많은 토론과 선거과정에서 정책으로 검증을 거치게 된다.

독일 주민참여 예산제도가 효율적으로 운영되는 것은 지역정당의 활발한 활동을 그 배경으로 볼 수 있다. 독일 지방의원은 무보수 명예직이지만, 지역 내의 이슈를 발굴하고 대안을 만들어가는 과정을 지역의 정당들이 구체화하고 있다. 지역의 작은 문제에도 주민의 의견을 듣고 대안을 형성해가는 과정을 거치게 되며, 2017년 3월 10일에 실시된 주민참여 예산회의의 안건을 보면 전철 및 철로 주변 울타리 보수, 보행자도로 개선, 은행 앞 경계 페인트 수정, 중심지 광장에 밤나무 더 심기 등 아주 간단할 수 있는 일상의 어려움 또는 불편함의 최소화 등을 주제로 회의한다. 이러한 간단한 문제에서도 정당마다 정책우선순위와 대안을 가지고 있다. 이러한 정당의 활동은 주민참여를 효과적으로 통합하고 구체화하는 역할을 수행하고 있으며, 이들의 성과나 노력은 다음 선거에 반영되어 표심으로 나타나는 의사소통의 통로로 역할을 수행하고 있다.

독일의 지방자치에서 주민참여가 활발한 배경에는 거주민에게 투표권을 주고 있다는 점이다. 선거의 참여는 모든 참여를 가능하게 하는 효과가 있다. 거주민 중에 독일 국적이 없는 외국인도 합법적 체류자는 지방선거에 참여하여 투표할 수 있다. 지역의 문제는 그 곳에 거주하는 모든 사람의 이해관계를 포함한다는 측면에서 주민참여를 보다 활발하게 하는 제도로 볼 수 있다.

5. 독일 지방의회제도의 시사점

독일의 연방정부, 주정부의 사무는 연방헌법에 명시되어 있으며, 또한 지방자치단체의 사무도 명시되어 있다. 주민은 지방자치단체를 통해 이해와 관심을 전달할 수 있고, 이를 이슈화하여 복지나 행정서비스를 제공받을 수 있다. 이러한 경우 가까이에 있는 지방자치단체가 아무리 작은 규모라도 이를 실현할 수 있는 권능이 있으며, 주민도 이를 신뢰할 수 있는 믿음이 있다.

독일은 정당정치가 주민 또는 국민과 소통하는 통로의 역할을 충실히 수행하고 있다고 볼 수 있다. 지역정당이 가능한 제도가 주민의 자생적 조직이 정당으로 선거에 자연스럽게 참여하는 기회가 주어지기도 한다. 녹색당의 경우 시민단체에서 출발하여 연방의회의 구성원으로서 녹색당이 되었으며, 또한 대안정당(Alternative für Deutschland)은 지역에서 출발하여 주정부에서 연방정부를 구성원으로, 연방정부의 교섭단체를 구성한 정당이 되었다. 이러한 주민과의 소통의 통로로서 정당의 역할은 주민의 다양한 정치적 이해와 관심을 현실정치에 반영하고 있다.

지방자치단체의 기관구성 형태에 대해서도 구역의 역사적, 문화적, 지정학적 배경에 따라 지방의회와 집행기관의 권력관계, 지방자치단체장의 대표성과 위상이 차이가 있다. 지역이 광범위하고 인구밀도가 낮은 지역은 기관대립형의 권력분산형 기관구성을 가지고 있으며, 인구집중력이 높은 경우는 강(强)시장 기관구성 형태를 유지하고 있는 특징을 가지고 있다.

독일 지방자치의 특징은 주민대표자로 구성된 지방의회에서 결정된 사항을 집행기관이 시행하며, 주민총회, 주민참여 예산제도에 의해 결정된 사항은 우선적으로 시행되는 주민소통과 합의된 의견이 우선권을 갖는다고 볼 수 있다.

독일 지방의회는 명예직 의원으로 구성되어 있지만, 주민의 의사를 지방자치단체에 전달하고 있으며, 정책결정과정에 충실히 반영되고 있다. 이러한 지방의회와 지방의원의 역할은 지역주민의 의견과 정책건의가 의원이나 정당을 통해 연방 또는 주정부의 정책에 반영되는 시스템을 가지고 있다. 주민이 신뢰하고, 정책결정에 대한 주민 수용성이 높은 장점을 가지고 있으며 주정부와 연방정부의 정책에 지역정당을 통해 반영되는 시스템을 가지고 있다.

참고문헌

금창호·김병국·한부영·조석주·권오철. (2001). 「지방자치단체의 남북교류 활성화 방안」. 한국지방행정연구원.

김해룡 역. (1994). 「독일 지방자치법 연구」. 서울: 한올아카데미.

마이나두스 로날드. (2000.9.15.). 지방자치와 독일의 통일, 한국지방자치학회 학술세미나자료집.

박응격 외 공저. (2001). 「독일연방정부론」. 서울: 백산자료원.

심익섭. (2000.9.15.). 한반도 통일에 대비한 지방정부의 역할, 지방자치학회학술세미나자료집.

양현모. (2006). 「독일정부론」. 서울: 대영문화사.

임승빈. (2018), 「지방자치론」. 서울: 법문사.

통일부. (2011). 「독일의 통일·통합정책연구: 독일통일 20년 계기 제1-3권」. 서울: 통일부 동일정책실.

한부영. (2009). 「통일대비 남북한 지방행정인력 통합에 관한 연구」. 서울: 한국지방행정연구원.

한부영·신현기. (2002). 「독일 행정론」. 서울: 백산문화원.

Becker, Bernd, Öffentliche Verwaltung, Manz: Verlag R. S. Schulz, 1989.

Bundesregierung, 20 Jahre Deutsche Einheit, Bundesregierung, 2010.

Bundesministerium des Innern, Jahresberricht der Bundesregierung zum Stand der Deutschen Einheit 2010, Bundesministerium des Innern, 22. September 2010.

Bundesministerium des Innern, Materialien zur Deutschen Einheit und zum Aufbau in den neuen Bundesländern, Drucksache 13/2280, 1995.09.08.

Bundesministerium des Innern, Jahresbericht der Bundesregierung zum Stand der Deutschen Einheit 1997, Drucksache 13/8450, 1997.09.01.

Bundeszentrale fuer politische Bildung, Handwoerterbuch zur deutschen Einheit, 1992.

Eggert Heinz, Die Entwicklung der Verwaltung in den neuen Ländern, in: VOP 6/1993, pp. 371.

Han, Bu−Young, Der Einsatz von Informations−und Kommunikationstechnik einer bürgernahen und dezentralisierten Verwaltung im öffentlichen Bereich, Hochschule für Verwaltungswissenschaften Speyer, 1997.

Hesse, Joachim Jens/Ellwein, Thomas, Das Regierungssystem der Bundesrepublik deutschland, 7., Wiesbaden: Westdeutscher Verlag, 1992.

Koenig Klaus, Siedentopf, Heinrich(Hrsg), Oeffentliche Verwaltung in Duetschland, 1997.

Presse−und Informationsamt der Bundesregierung, Unser Land verändert sich Deutschland 1990−1995,

Günter Püttner: Handbuch der kommunalen Wissenschaft und Praxis, Band 1: Grundlagen und Kommunalverfassung. Springer−Verlag, 2013,

Schröer Helmut, u.a., Ohne Städte ist kein Staat zu machen, Trier−Weimar Eine deutsche Partnerschaft, Trier, Paulinus−Drurckerei GmbH, 1992.

Seibel, Wolfgang, Verwaltungsreform, in; Klaus König/Heinrich Siedentopf (Hrsg.), Öffentliche Verwaltung in Deutschland, Baden−Baden: Nomos Verlagsgesellschaft, 1996/97.

Sommermann Karl−Peter, Verfahren der Verwaltungsentscheidung, in: Öffentliche Verwaltung in Deutschland, Baden−Baden: Nomos Verlagsgesellschaft, 1996−1997.

Gemeindeordnung fuer Baden−Wuettemberg

Gemeindeordnung fuer Rheinland−Pfalz

Gemeindeordnung fuer Northrein−Westfahlen

제4절 미국의 지방의회제도

1. 연방제하의 지방정부[16]

1) 미국헌법의 기본 원리

미국은 애초 식민지 지배국이었던 영국으로부터 독립하면서 연방제와 권력분립에 기초한 대통령중심제를 채택하였고, 입법－행정－사법 간 견제와 균형, 연방정부－주정부－지방정부 간 권력을 수직적·수평적으로 분할하여 자율적 정치행정을 가능하게 하는 독특한 정치 구조를 탄생시켰다. 신생국으로서 또한 거대한 영토를 효과적으로 관리하고, 각 주의 자율성을 최대한 보장하면서도 강력한 국가를 창설하려는 필요에서 일종의 다층적, 다중심의 거버넌스(multi－level, polycentric governance) 형태를 띠는 정치 구조를 탄생시켰다(김선혁, 2009: 89).

미국 헌법에 내재되어 있는 핵심적인 원리를 살펴보면, 연방주의(federalism), 견제와 균형(checks and balance), 권력분립(separation of powers), 법의 지배(rule of law) 등이라고 할 수 있는데, 이 중 미국식 연방제는 '크고 강력한 정부'와 '작고 기능적인 정부'의 장점을 모두 받아들인 시스템으로서 고안되었다. 미국 독립초기의 '건국의 아버지들(founding fathers)'은 연방파와 공화파의 논쟁을 통해서 주(州)정부의 자율성을 인정하면서도 하나의 국가로 존속하기 위해서 강력한 중앙정부를 원했지만, 1인 군주 권력을 가진 영국과 같은 강력한 정부를 반대하고 연방정부와 주정부 간 권력을 이원화하는 연방정부를 창설하여 상호 견제하게 함으로써 시민들을 정부권력으로부터 보호할 수 있도록 제도화하였다. 연방정부와 주정부가 각자의 영역에서 별도의 권한을 행사하는 형태가 1920년대 초반까지 지속되어 왔고, 이 시기의 연방제를 '이원적 연방제(dual federalism)'라 한다.

---

16) 제1절은 저자의 글 중 일부를 수정·보완하였음. 박중훈 외(2017). 주요 국가의 국가운영체제 및 방식에 관한 연구(한국행정연구원, 제2장 제1절 13~17쪽 내용 참조).

연방정부의 권력분립은 의회에는 법률제정권, 행정부에는 집행권을, 사법부에는 해석권을 부여하여 상호 배타적 권한을 행사하되 상호 견제하도록 한 것인데, 이러한 권력분립의 정신은 지방정부의 구성과 운영에서도 반영되어 주정부에서도 삼권분립이 이루어지고 있다. 다만, 주정부의 관할권 내에 있는 시와 카운티, 여타 지방정부의 경우에는 각 지역의 특성이나 주민들의 요구에 따라 다양한 형태의 정부구성이 이루어지고 있다.

2) 주(州)정부와 지방정부

미국에서의 연방−주−지방정부 간의 수직적 '정부 간 관계(Intergovernmental relations)'는 협력적−갈등적−경쟁적−충돌적−강압적 상황이 이어졌다(Kincaid, 2002: 33−44). 일상적인 행정을 하거나 정부를 운영할 때 정부 간 관계는 상호 협력적이었다 할 수 있지만, 연방의회에서의 정책결정은 강압적이었다. 마찬가지로 주정부도 지방정부에 대하여 보다 큰 규제를 부과하였다.

한편 주(州)와 주(州), 지방과 지방 관계와 같은 수평적 '관할권 내 관계(inter−jurisdictional relations)'는 협력적−경쟁적−현상유지의 상황이 이어졌다(Kincaid, 2002: 33~44). 최근 주(州)정부들은 주(州)정부 간 상호 관심이 있는 이슈에 대하여 양자 간, 혹은 지역적, 전국적 차원에서 다양한 협력할 필요성을 느껴왔다. 지방정부도 마찬가지로 상호부조나 비용을 절감하고 서비스의 효율성을 제고하는 문제들에 대해서는 협력의 필요성을 느끼지만, 여전히 경제발전과 조세와 같은 영역에서는 자율성을 바탕으로 상호 경쟁적(competitive) 관계가 나타나고 있다. 따라서 주정부나 지방정부의 관리들의 관심은 자연히 관할권 내 관계보다는 정부 간 관계에 더 집중되어 있다고 볼 수 있다.

3) 딜론의 원칙과 홈 룰(Dillon's Rule vs. Home Rule)

독립 초기 제퍼슨(T. Jefferson)에 의해 주창된 인민주권과 자연권 사상의 전통에 따라, 지방자치정부에는 생래적(inherent) "권리"가 있다고 생각할 수 있다. 연방국가가 성립된 이후 도시가 급속하게 발달함에 따라 19세기 중반까지 지방정부에 대한 주정부의 통제도 확대되었다. 주정부의 개입이 확대된 배경에는 사실 정치적 후견주의(patronage)의 확산과 각 정당의 정파적 이익 추구, 그리고 지방정부 차원의 부패를 방지하려는 도시개혁가들의 이상이 상호 작용하면서 작동한 흐름이 가로놓여 있다.

도시를 단지 주(州)정부의 하나의 도구(instrumentality)나 하위분할 단위(subdivision)로 보는 관점은 아이오와(Iowa)주 대법원장이었던 딜론(John F. Dillon)의 판결에 극명하게 반영되어 있다. 딜론은 1865년 'Clark v. City of Des Moines' 소송의 판결에서 지방정부의 궁극적인 권한은 주(州)의회에 있으며, 지방정부는 주(州)의회가 명시적으로 부여한 권한과 이 권한 수행을 위하여 필요한 최소한의 부수적인 권한만을 수행할 수 있다고 판결하였고(김병준, 2011: 102), 이는 지방정부의 헌장제정권을 부인하는 원칙을 천명한 것이다. 어떠한 시(municipal corporation)라도 다음 권한만을 가지며, 오직 그것만 행사할 수 있다는 것이 법이 정한 일반적이고 논쟁 없는 전제이다. 첫째, 법에 명시되어 있는 권한; 둘째, 그 명시적 권한 내에 포함되어 있거나 내포된 필요하고도 공정한 권한; 셋째, 시(市)가 천명한 목표와 목적을 수행하는 데 본질적인 권한-즉, 단순히 편의적인 것이 아니라 필수불가결한-의 행사와 관련하여 어떠한 공정하고, 합리적인, 실체적 의심이라도 법원에 의해서만 해결되고 권한이 부정된다(Dillon, 1911: 448).

이와 같이 시(市)를 주의회의 단순한 임차인(賃借人)으로 보는 관점은 일부 주(州)의 법관에 의하여 부정되었다, 특히 미시간주 대법관이었던 쿨리(Thomas M. Cooley)는 디트로이트시와 미시간주 사이에 벌어진 소송(People v. Hurlbut, 24 Mich. 44(1871))에서 "지방정부는 절대적 권리의 문제이고, 주(州)가 그것을 강탈할 수 없다."라고 판결하였고, 이 견해는 '쿨리 독트린(Cooley doctrine)'으로 불린다. 그러나 이 견해는 다른 주(州)법원에 의해서 광범하게 인정되지 않았고(김병준, 2011: 339), '딜론의 원칙'이 전통적 견해가 되었고, 1865년 이래 40여 개의 주에서 '딜론의 원칙'이 지방자치의 기본원칙이 되었다(김병준, 2011: 16).

따라서 각 주(州)에서 시(市)가 누리는 법적 권한의 범위는 시(市)가 헌법적 혹은 홈 룰(Home rule, 자치헌장) 제정권을 부여받았는지, 주(州)법원이 그러한 해석적인 심판을 하였는지에 달려 있다. '홈 룰'은 주(州)의 헌법을 위반하지 않는 범위내에서 지역주민들이 '자치헌장(local charter)'을 만들고 주민투표로 이를 제도화하는 것을 말한다. 20세기 초반의 도시개혁가들은 여러 정치개혁의 프로젝트와 함께 '딜론의 원칙'을 침해하지 않으면서도 지방정부의 권한을 강화할 수 있는 방법으로 '자치헌장(홈 룰)'제도의 확산을 추구하였다(김병준, 2011: 339). 즉, 주(州)헌법과 법률을 침해하지 않는 범위에서 지방정부 스스로 자치헌장을 만들어 자치사무의 영역을 스스로 처리하는 방식을 확산시켜 나갔고, 그 결과 새로운 지방정부의 구조와 형태가 창출되기 시작하였다.

4) 정부 간 관계와 자발적인 협력

미국 헌법은 정부 간 관계나 협력에 관하여 명확한 규정이 없다. 연방정부와 주정부 간 협력관계는 암묵적으로만(implicitly) 설정되어 있어 연방정부의 연방의원 선출이나 대통령 선거인단 선발도 전적으로 주정부의 '자발적인 협력'에 의존하고 있고, 강제조항이 없다. 이것은 연방정부와 지방정부 간 관계에서도 마찬가지이다. 지방정부가 연방정부의 각종 프로그램 집행과 관련이 있음에도 헌법에는 아무런 규정이 없다. 지방정부는 주(州)헌법에 의하여 창설된다고 보기 때문에 연방헌법에는 아무런 언급이 없으며, 주(州)헌법과 주(州)법률이 주−지방정부 간 관할권 문제, 지방정부−지방정부 간 관할권 내 문제들을 다루고 있다. 하와이주는 상대적으로 지방정부의 자율성이 적은 편이고, 뉴햄프셔주 같은 경우는 지방정부의 권한을 제약하지 않아 자율성을 크게 확대할 수 있는 주(州)헌법을 가지고 있다.

5) 주정부−지방정부의 공공서비스

미국의 정부는 연방제에 따라 각 정부 수준에서 책임지고 있는 공공서비스가 서로 상이하고, 일부는 공유되어 있다. 아래의 <표 2−22>는 정부수준별 제공되는 공공서비스를 정리한 것인데, 연방정부, 주정부, 지방정부는 각각 다른 공공서비스를 제공하고 있지만, 그것은 공공서비스 제공에 소요되는 재원, 프로그램의 성격과 집행 방식, 주요 정당들의 정책적 관여, 이익집단들의 개입 정도에 따

연방	주	지방	공유
국방 및 보훈	고등교육	초·중·고 교육	보건(연/주/지)
국제관계	기타 교육 및 규제	설비	일반병원(연/지)
우주연구	공공복지	경찰	고속도로(주/지)
우편	교도	소방	공항(연/지)
자연자원	주류판매점	하수	기타 교통(연/지)
사회보장	안전 검수 및 규제	위생	주택 및 지역사회개발(연/지)
의료보장	실업수당	공원	공무원 연금(연/주)
철도연금	고용수당	도서관	환경보호(연/주/지)
주정부 보조금	정신병원		재무관리(연/주/지)
항공규제	지방정부 보조금		사법행정(연/주/지)

출처: Stephens and Wikstrom(2000: 156).

라서 다양한 요인에 의해 서로 상호 연관되어 있다. 연방정부와 연방의회에서 결정되는 정책에 따라, 때로는 주정부와 주의회에서 결정된 법률안과 결정에 따라 지방정부는 직·간접적으로 영향을 미쳐서 재정이 취약한 지방정부가 수혜자가 되기도 했지만 다른 한편 지방정부로 하여금 재정적으로 더욱 의존적으로 되게 변모시켜 왔다.

주정부 수준에서는 고등교육(대학), 기타 교육 및 규제, 공공복지, 교도, 주류판매, 안전 검수 및 규제, 실업수당, 고용수당, 정신병원, 지방정부 보조금 등을 담당하고 있고, 지방수준에서는 초·중·고 교육, 설비, 경찰, 소방, 하수도, 위생, 공원, 도서관 등의 업무를 분담하여 담당하고 있다. 보건, 환경, 교통 등의 업무는 여러 수준의 정부에서 광역행정적 차원에서 특별구(special district)를 제정하여 담당하고 있다.

2. 미국 지방정부의 구조와 유형

미국의 지방정부는 그 형태를 지역주민들이 선택하는 주민자치에 의하므로 각 주마다 큰 편차를 보인다. 현재 50주에 전국적으로 90,000여 개의 지방정부가 소

구분		1977	1982	1987	1992	1997	2002	2007	2012
지방정부		79,862	81,780	83,186	84,955	87,453	87,525	89,476	90,056
일반 목적	카운티 (county)	3,042	3,041	3,042	3,043	3,043	3,034	3,033	3,031
	시 (municipality)	18,862	19,076	19,200	19,279	19,372	19,429	19,492	19,519
	타운십 (township)	16,822	16,734	16,691	16,656	16,629	16,504	16,519	16,360
특별 목적	학교구 (school district)	15,174	14,851	14,721	14,422	13,726	13,506	13,051	12,880
	특별구 (special district)	25,962	28,078	29,532	33,555	34,683	35,052	37,381	38,266
총 계		79,912	81,830	83,236	85,005	87,503	87,575	89,526	90,056

출처: U.S. Census Bureau, U.S. Census 2008, 2014.

속되어 있다. 미 연방통계국(U.S. Census Bureau)에서는 미국의 지방정부 유형을 크게 일반목적의 지방정부와 특수목적의 지방정부로 구분하고, 일반목적의 지방정부는 다시 카운티(County)와 자치제(Municipality)와 타운(Town), 혹은 타운십(Township)의 범주를 포함한 카운티 하위 단위(Subcounty) 정부로 구분하며, 특별목적 지방정부는 특별구(Special District)와 학교구(School District)로 구분하고 있다.

위 <표 2-23>은 미국 지방정부의 유형별 개수를 보여준다. 전체적으로 타운/타운십과 학교구가 감소되고 있으며, 시와 특별구가 증가되고 있음을 알 수 있다. 이는 주민들이 그 지역에서 독립적인 통합 시정부(incorporation) 설치를 강력하게 추진한 결과이며, 특별구도 지역에서의 특별한 공공서비스 수요가 늘어난 결과 점차 증가되고 있음을 보여준다.

1) 카운티(County)

미국의 주정부는 일부 지역을 제외하고(단, 알래스카주는 Boroughs, 루이지애나

주는 Parishes라고 부름) 카운티라는 광역자치단체로 나누어져 있고, 또한 카운티는 주정부의 업무를 위임받아 수행하는 보조기관의 지방정부로 미국 전역에 걸쳐 존재하고 있다. 아울러 카운티는 주정부에서 가장 넓은 관할구역을 가지고 있는 지방정부 조직이다. 미국에 이와 같은 카운티 조직이 필요한 이유는 각 주정부에 평균 700여 개의 시(Municipality), 보로(Borough), 타운, 타운십 등 크고 작은 지방정부가 있어 주정부가 개별적으로 상대하기가 어려울 뿐만 아니라 지방정부의 90%가 인구 1만 명 미만 지역으로 되어있어 광역행정을 지원할 기구가 필요하기 때문이다. 카운티정부가 주로 수행하는 업무는 ① 카운티의 50% 정도가 운영하는 쓰레기 매립장, ② 30% 정도가 운영하는 도서관, ③ 25% 정도가 운영하는 공항, 소방, 병원, ④ 20% 정도가 운영하는 노인 및 장애자를 위한 시설과 또한 ⑤ 지방정부에서 일어나는 중범죄자를 재판하는 법원과 교도소 운영, ⑥ 기타 출생 및 사망신고, 결혼신고, 선거업무 및 보건업무 지원 등이다(한국지방자치단체국제화재단, 2003: 12).

그러므로 주정부는 카운티가 주정부의 보조기구 기능과 함께 지방정부의 광역행정을 지원할 수 있도록 보통 30~70개 정도의 지방정부를 두어 지방정부의 가교(bridge) 역할과 행정지원 기능을 하고 있다. 따라서 카운티는 그 산하 지방정부에서 수행하기 어렵거나 또는 산하 지방정부에서 수행하는 것이 비능률적인 행정업무만 선택적으로 수행하는 것이 특징이라 할 수 있다.

2) 카운티 산하 지방정부

카운티 산하의 지방정부 형태에는 시(municipality), 타운(Town)/타운십(Township), 빌리지(Village), 보로(Borough) 등이 있다.

시정부는 미국 전역의 카운티 산하 지방정부 중에서도 가장 많은 지방정부 형태로서 하와이를 제외한 49개 주에 1만여 개소가 존재하고 있으며, 일리노이주에만 2,730개의 시가 존재하고 있다.

타운(Town)/타운십(Township) 지방정부는 가장 낮은 단계의 일반목적을 수행하는 지방정부로서 식민지시대부터 미국의 북동부, 중서부에서 발달한 타운(Town)

형태와 독립 이후 19세기 중엽에 애팔래치아산맥을 가로 넘어 오하이오주와 다코다주에 걸쳐 농업 중심의 지역에서 발달한 타운십(Township) 형태가 있다. 2012 미국 센서스 통계에 의하면 미 전역에 16,360개의 타운, 타운십 정부가 존재하는 것으로 보고된다. 타운(Town)지방정부는 북동부 뉴잉글랜드의 6개 주와 뉴욕, 뉴저지, 펜실베이니아주에서 발달한 형태로 타운미팅(Town meeting)을 통하여 교육, 빈민구제, 도로건설, 여타 필요한 공공서비스를 제공하였고, 타운십(Township)지방정부는 도로건설, 공원묘지, 빈민구제, 농경지 경계구분 관리 등을 담당하였다. 뉴욕, 미시간, 일리노이, 위스콘신, 네브라스카 타운십 책임관(chief township officer)은 감독관(supervisor)으로서 상위정부인 카운티위원회의 당연직 위원이 되기도 한다.[17]

빌리지(Village)는 타운(Town)정부 다음으로 인구가 작은 정부 단위로서 빌리지정부의 약 64%가 인구가 1,000명 미만인 지역이다. 빌리지정부의 법적 형태는 뉴욕주처럼 법으로 지방정부로 규정하는 주정부도 있고, 인구가 적은 특정 지역을 일컫는 용어로만 사용하는 주들도 있다. 빌리지를 법제화한 주정부는 뉴욕, 애리조나, 미시간, 텍사스, 워싱턴주 등이 있다.

보로(Borough)는 보통 시보다 인구가 적은 지방정부 단위로서 동부의 몇 개 주(뉴저지, 펜실베이니아, 코네티컷)에서 발견되는데, 뉴저지, 펜실베이니아주는 보로를 사실상 타운/타운십과 구분 없이 사용하고 있다. 이에 반해 뉴욕시는 시 관할권 내의 5개 구역(맨해튼, 브롱스, 퀸스, 브루클린, 스타텐 아일랜드)을 부르는 용어로 사용하면서 뉴저지, 펜실베니아의 지방정부와는 다르게 사용하고 있다.

3) 특별구(Special District)

특별구는 일정한 구역의 하수처리, 소방, 상수도, 공해방지 등과 같이 하나 또는 둘 이상의 특별한 서비스를 제공하기 위한 정부 단위로서, 특별구를 설치하는 목적은 공공서비스를 특정 카운티나 지방정부를 넘어 광역적으로 제공함으로써

---

17) https://www.encyclopedia.com/history/dictionaries−thesauruses−pictures−and−press
    −releases/town−government.

지방정부의 재정부담을 줄이면서도 도시 외곽의 교외(Suburb) 지역에서 일반 목적 지방정부를 새로 만들지 않고서도 공공서비스를 제공하기 위하여 설치되고 있다.

미국 2012년 센서스에 의하면 특별구는 38,266개가 존재하여 지방정부별로 1개 이상이 있을 정도로 증가하는 추세다. 특별구는 대개 단일의 특정 목적을 수행하지만, 특별한 경우 복수의 기능도 수행하는 경우도 있다. 그리고 특별구가 지방정부로 인정받기 위해서는 연방정부 통계청에서 규정한 세 가지의 요건, 즉 ① 조직화된 실체로서 존재(Existence as an Organized Entity)하여야 하고, ② 지방정부로서의 특징(Governmental Character)을 갖추어야 하며, ③ 실질적인 자치권한(Substantial Autonomy)을 가지고 있어야 한다.[18]

4) 학교구(School District)

학교구는 교육서비스를 제공하기 위하여 설치되는 가장 보편화된 지방정부로서 50여 년 전만 하더라도 대부분의 지방정부 및 구역별로 설치하여 5만여 개가 넘었으나 지금은 12,880개(2012년 현재)가 설치되어 있다. 학교구 축소의 원인은 지방정부 재정의 약 40~50% 정도가 교육비로 지출되는 현실에서 지방정부의 재정압박으로 인구 수가 작은 보로, 타운, 타운십, 빌리지 등이 인근지역과 협의하여 2~5개의 지방정부별로 하나의 학교구를 설치하여 운영하고 있기 때문이다. 재정상황에 따라 일부 학교구는 주, 카운티, 시정부에 재정의 일부를 지원받는 재정의존 형태를 띠게 되어 온전한 특별자치단체의 역할을 못 하고 있다.

3. 미국 지방의회의 구조와 유형

1) 미국 지방의회의 기원과 권한

미국의 지방의회제도는 초기 식민지시대인 17세기 초 영국의 제임스 1세(King

---

18) https://en.wikipedia.org/wiki/special−distrct_(United−States)(검색일: 2018.12.29).

James Ⅰ)가 미국 동부지역 이주민들에게 자국과 같은 자치권을 부여하고 버지니아주에 최초로 의회를 설치(The Virginia House of Burgesses, 1619년)하자 다른 주에서도 의회를 설치하면서 시작되었다. 즉, 영국의 지방의회제도의 영향을 많이 받았다. 초기의 의회는 대부분 양원제로 상원은 영국 국왕이 임명하는 형식이었다. 미국의 경우 건국의 이념으로 삼았던 '메이플라워 협약'에서 볼 수 있듯, 모든 제도를 투표로 결정함으로써 주민이 지방정부를 자율적으로 선택하게 하였기 때문에 지방정부와 지방의회제도는 서로 다른 체제를 택하고 있어 매우 다양한 형태를 띠어왔다.

일반적으로 미국 지방의회는 공통으로 지방정부의 주요정책에 대한 기본계획의 수립 및 업무 시행기준을 설정, 주민의 권리·의무와 관련 있고 주민의 실제 생활에 영향을 주는 각종 조례 및 지방법규의 제정, 지방정부의 연간예산 승인, 주요 공무원에 대하여 의회가 직접 임명하거나 집행부의 장이 임명권 행사 시 임명에 대한 동의권 등을 행사하고 있다.

2) 미국 지방의회의 조직

(1) 지방의회 의장

지방의회의 의장(President of the Council, Council President)은 의회를 대표하며 의회의 의사진행 절차, 의제설명, 표결 결과 발표, 각 위원회에 출석하여 발언할 수 있는 권한을 가지며, 의회 사무국을 휘하에 두고 의회를 총괄하는 지위를 갖는다.

보통 미국 지방의회의 의장 선출방법은 주민직선, 의회 내에서의 선출, 의회 내 호선이 있지만, 어떠한 정부 형태를 갖는가에 상관없이 대체로 의회 내 선출 방식이 많이 채택되고 있다. 의회 의장을 부르는 명칭도 시의회 의장(Council President)이 대다수 지방의회에서 사용되는 명칭이나, 뉴욕시의회의 경우는 연방의회를 본떠 의회대표(Speaker of the Council)로 부르기도 한다.

각 지방정부가 어떠한 정부 형태와 구조로 되어있는가에 따라서 의장의 권한도 달라진다. 예를 들어 통상적으로 위원회나 의회-지배인제 정부 형태와 구조로 되어 있는 지방정부의 경우에는 의회 내에서 선출되거나 선임자로서 호선되는 의장이 시장을 겸직하거나 시집행부에서 시장을 선출하더라도 의장의 정치적, 행정적 영향력이 매우 커지게 된다. 즉, 의회 의장이 직접 의회 협의를 거쳐 집행부의 부서장을 임명하거나 행정전문가를 시지배인 혹은 수석행정관으로 임명하는 기능도 담당한다. 지방의회의 의장이 시장을 겸하는 경우 대부분 대선거구(At Large) 방식으로 선출된다(한국지방자치학회, 2008: 65). 기관대립형인 강시장－의회제의 경우는 의회의 대표자이기는 하지만, 강력한 권한을 지닌 직선 시장에 대응하는 의회의 대표로서 견제자의 역할을 수행해야 한다. 또한, 반대로 시장－의회제라도 피닉스(Phoenix)시처럼 시장이 의회 의장을 겸직하기도 한다.

(2) 지방의회 부의장

지방의회는 부의장은 의장을 보좌하는 역할을 하는 자리이지만, 미국의 지방의회는 부의장을 직접 선출직으로 두는 경우는 거의 없으며, 의장 공석 시 직무를 대행할 직위를 규정하고 있는 경우가 많다. 시장－의회제인 L.A.시의회는 임시의장(President Pro Tempore)을 선출하여 의장(council president) 유고 혹은 공석 시에 의장 역할을 대행하게 하고 있는데, L.A.시의회는 이에 더하여 의장이 선출된 다음에 임시의장을 보좌하고 대행할 임시의장보(Assistant Pro Tempore)를 임명하고 있다. 강시장－의회제 지방정부를 제외하고는 의회 의장이 시장을 겸직하고 있는 경우가 많은데, 이때 부시장은 임명직으로 두고, 부시장이 시의회에서 의장 공석 시 제한적으로 직무를 대행하고 있다. 카운티의 경우 직접적 대민행정의 사무가 적으므로 대부분 부의장의 직책을 두고 있지 않다.

부의장의 지위는 의장의 장기간 부재, 불능(질병, 요양으로 인한 사무 불이행) 등 공석(사망, 사직)의 경우 의장의 직무를 담당한다.

(3) 의회 보조기관

미국의 지방의회들은 지방의회의 사무를 처리하기 위하여 대부분 사무국(Clerk Office)를 두고 있다. 의회 사무국(처)는 의회 운영을 위한 사무관장, 회의록, 의사일정의 전담기구로서 시의회가 사무국장 혹은 총무국장(city clerk)을 선출하는 경우도 있고, 임명하는 경우도 있다. 별도의 의회사무를 담당할 전담조직을 두지 않는 경우 집행부 내 총무국(office of city clerk)에서 이 업무를 담당하게 된다(한국지방자치학회, 2008: 66). 위원회제 형태나 의회 – 시지배인제를 채택하는 지방정부에서는 많은 경우 의회사무(처)장을 선출하는 경우가 많으나, 시장 – 의회에서는 집행부 측의 재무관이나 총무국장(city clerk)을 선출하는 경우 의회 측에서는 의회사무를 처리할 사무국장을 임명하거나 소규모의 지방의회에서는 시총무국장이 의회 사무국의 역할을 같이 수행하는 경우가 있다.

또한, 지방의원들의 제반 입법활동을 보좌하기 위하여 연구, 분석을 전담하는 독립적인 입법보좌조직을 설치하는 경우는 거의 없고, 의회 사무국에 배속된 행정지원 인력들이 의원들의 입법 활동을 조금 지원해주고 있다. 따라서 L.A.시의회처럼 수석입법분석관(Chief Legislative Analyst)을 두어 입법지원을 하게 하는 것은 아주 예외적이다. 뉴욕시의회 사무국에서는 116명의 담당직원과 162명의 의회서비스 담당직원이 있는데 주로 의장실, 행정 및 홍보와 정보통신 업무를 담당한다(김찬동, 2011). 로스엔젤레스(L.A.)시의회의 수석입법분석관실의 경우 전문인력 21명을 포함하여 비서, 회계 등 총 50여 명이 배속되어 시의원들을 보좌하고 있다(김찬동, 2015: 김순은, 2015. 246~247 재인용).

3) 지방의회의 구성과 지원의 다양성

미국의 지방의회는 그 엄청난 수효와 종류만큼 그 구성적 특성과 의원들이 지원받는 혜택도 상이하다. 역사적으로 초기와 달리 지방의회는 현대에 오면서 시대 상황과 선거제도의 변화와 함께 인적 구성은 백인 중심, 남성 중심, 수동적 특성에서 탈피하여 인종적으로, 성별 구성에서 다양해지고 있고, 더욱 적극적인 특성을 보여주고 있다. 동부와 중서부의 오래된 대도시들은 대체로 지역구 선거구제를 채택하고 있는 경향이 있는데, 이 부분은 큰 변화가 없지만 남부와 서부 등의 도시에서 선거구제의 많은 변화가 있었다.

가령 텍사스주의 샌안토니오(San Antonio)시는 대선거구제를 폐기하고 지역구(district)나 구역(ward)선거구제로 전환하였고, 이제 의회 – 시지배인제를 채택한 도시로서 시장만 대선거구제로 선출하고 있다. 반면에, 일부 도시들은 의석의 일부를 지역선거구제로 전환하여 절충적인 형태의 선거제도를 도입하고 있기도 하다. 예를 들어 같은 텍사스주의 휴스턴(Houston)시의 경우 15명의 시의원 중 5명은 대선거구제로 뽑고, 나머지 9명은 지역구에서 선출하는 방식이다.

<표 2－24>는 미국의 20개 대도시 시의회의 의원정수, 대선거구와 지역구에서 선출되는 인원을 보여주고 있다.

▶ 표 2－24 ◀ 20개 대도시의 시의회

시	1996년 인구추계	의원정수	대선거구제 선출	지역구 선출
New York, NY	7,381,000	51	0	51
Los Angeles, CA	3,554,000	15	0	15
Chicago, IL	2,722,000	50	0	50
Houston, TX	1,744,000	14	5	9
Philadelphia, PA	1,478,000	17	7	10
San Diego, CA	1,171,000	8	0	8
Phoenix, AZ	1,159,000	8	0	8
San Antonio, TX	1,068,000	10	0	10
Dallas, TX	1,053,000	14	0	14
Detroit, MI	1,000,000	9	9	0
San Jose, CA	839,000	10	0	10
Indianapolis, IN	747,000	29	4	25
San Francisco, CA	735,000	11	11	0
Jacksonville, FL	680,000	19	5	14
Baltimore, MD	675,000	19	1	18
Columbus, OH	657,000	7	7	0
El Paso, TX	600,000	8	0	8
Memphis, TN	597,000	13	0	13
Milwaukee, WI	591,000	17	0	17
Boston, MA	558,000	13	4	9

출처: "Population Estimates," U.S. Bureau of the Census. Nolv. 1997; 각 도시 홈페이지; Bowman and Kearney(1999)에서 재인용.

▶ 표 2-25 ◀ 시의회를 위한 지원 정도

가장 높은 수준의 지원	가장 낮은 수준의 지원
1. Seattle, WA	174. Redondo Beach, Calif
2. Minneapolis, MN	175. Mountain View, Calif
3. Fresno, CA	176. San Antonio, Tex.
4. Newa가, NJ	177. Oklahoma City, Okla.
5. Cincinnati, OH	178. Dubuque, Iowa
6. Mt. Vernon, NY	179. Lakewood, Colo.
7. Pittsburgh, PA	180. Billings, Mont.
8. Lafayette, LA	181. Stockton, Calif.
9. Grand Rapids, MI	182. Galveston, Tex.
10. Buffalo, NY	183. Dallas, Tex.

출처: T. Bledsoe. (1993). Careers in City Politics: The Case for Urban Democracy. Univ. of Pittsburgh Press. p. 44. Bowman and Kearney. (1999). State and Local Government. Boston and New York: Houghton Mifflin Company. 309쪽에서 재인용.

또한 지방의회 의원들이 지원받는 급료, 서기업무, 연구지원, 그리고 연임제한 등에서 지방의회마다 상당한 차이가 있고, 일부 의회의 의원들은 잘 지원받고 있지만 다른 의회는 무보수 명예직으로 그렇지 못한 것으로 알려지고 있다. 극명한 차이를 <표 2-25>에 제시된 도시에서 찾아볼 수 있다. 이 자료는 블레드소(T. Bledsoe) 교수가 미국 전역에서 183개의 시의회를 조사한 결과의 일부이다.

4) 지방의회의 유형

(1) 타운미팅(Town Meeting)

미국 지방정부의 초기 형태로서 지금은 많이 사라졌으나, 일부 지역에만 남아 있는 형태이다. 모든 주민이 일 년에 한 두 번 모여서 세율 결정, 예산안 채택 등과 같은 주요한 정책을 결정하는 형태인데, 여기서는 소수의 주민대표자(selectmen)들

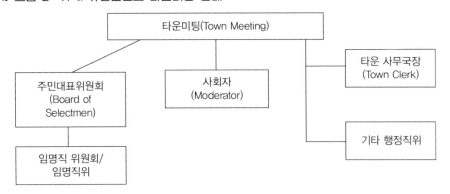

이 선출되어 그들이 타운행정을 담당하는 집행위원회(executive board)의 역할을 담당한다. 주민대표위원회는 마치 시의회(city council)와 같은 기능을 수행하며, 그 가운데 "선임 주민대표(first selectmen)"가 선출되어 위원장 역할을 수행한다. 주민대표자(selectmen)들은 경찰, 도로관리, 가축관리, 운전 등을 담당하고, 급료를 받는 전임행정가로 '타운 사무국장(town clerk)'이 따로 선임된다.

2012년 현재 미국의 뉴잉글랜드 지역(Main, New Hampshire, Vermont, Massachusetts, Rhode Island, Connecticut의 6개 주)과 뉴욕, 펜실베이니아 등 동부와 중서부 지역을 포함한 19개 주에 이러한 형태들이 남아있으며(사실상 남부 지역에는 카운티정부를 제외한 다른 형태의 지방정부가 없다), 센서스 조사에 의하면 2012년 현재 16,360개의 타운 혹은 타운십정부가 존재하고 있다.[19]

(2) 위원회(Commission)

위원회(Commission) 형태의 지방의회는 1990년 텍사스주의 갤베스톤(Galveston) 시에서 허리케인(hurricane)이 도시를 휩쓸고 가자 "비상 주민 구제위원회(emergency citizen relief committee)"가 구성되어 활동하는 가운데, 그 효과성이 입증되어 재난위기가 극복된 후 텍사스주 주지사와 주의회가 그 존재를 법제화함으로써 탄생하게 되었다. 이 형태는 그 후 텍사스주의 휴스턴(Houstkon)과 댈러스(Dallas) 등 여

19) United States Census Bureau. 2012 Census of Governments: Individual State Descriptions: 2012 , Washington, DC: U.S. Department of Commerce, p. viii.

러 도시에서 채택되었고, 텍사스주를 벗어나서는 처음으로 아이오아주 드모인(Des Moines, Iowa)시에서 이 형태를 채택하였고,[20] 1907년부터 1920년 사이에 진보주의 개혁운동과 더불어 미국의 약 500개 도시에서 이 형태를 취하게 되었다. 현재 오레곤주 포틀랜드(Portland, Oregon)시도 이러한 위원회 형태를 가지고 있으며, 현존 위원회제도를 채택한 가장 큰 지방정부라고 볼 수 있다.

위원회정부는 입법권력과 집행권력을 융합하는 위원회로서 3명, 5명 혹은 7명의 커미셔너(commissioner, 위원)들이 광역선거구에서 단순다수 투표제(plurality-at-large voting)에 따라 선출되어 과세, 세출, 조례 제정 등 지방의회 역할을 하고, 각 커미셔너가 집행부의 공원관리, 재무, 공안 등의 주요 국장을 맡는 형태이다. 그 선출 방식은 매년 한꺼번에 선출되거나 혹은 임기별로(staggered term: 예를 들어 매년 3년 임기의 커미셔너를 뽑는다든가) 선출될 수도 있다. 커미셔너 중에서 선임자나 다선이 통상 의장(president)이 되거나 시장(mayor)이 되지만, 그 역할은 지극히 의례적이고 명예직이어서 마치 '약시장제(weak form of mayor-council government)'하의 시장의 역할과 같다. 하지만 위원회 형태의 지방정부인 오리건주 포틀랜드(Portland)시에서는 선출직 시장을 갖기도 한다. 시장으로 불리는 의장은 지역 단위로 선출될 수 있고 광역적으로 선출될 수도 있으나, 위원회에서 투표권이 없다.

이러한 위원회정부 형태는 그 후 점차 '의회-지배인(council-manager)' 형태의 지방정부로 전환되었다. 이는 위원회정부의 집행권력이 여러 위원에 나누어져 있던 것을 의회가 고용한 지배인에게 집행권력을 집중시켜 책임을 확보하고자 했던 것이고, 특히 20세기 초반의 '진보주의 개혁(progressive reform)'시대에 '비당파적 광역선거제(non-partisan at-large election)'와 더불어 선호되는 대안이었고, 1차 대전 이후에는 많은 위원회 정부가 의회-지배인 형태로 변환되었으며, 위원회제도의 시조인 갤베스톤(Galveston)시조차도 1960년에 위원회제를 폐지하고, 의회-지배인 형태로 전환하였다.[21]

---

20) 드모인시에서는 위원회제도 채택과 함께 비당파적 투표제, 실적주의 임용, 주민투표, 주민창안, 주민소환과 같은 직접민주주의 요소를 같이 도입하였는데, 이러한 드모인시의 개혁적 조치들은 이후에 "드모인계획(the Des Moines Plan)"으로 불리며 타 지방정부 개혁에 모델로서 작용하였다. (https://tshaonline.org/handbook/online/articles/moc01) (검색일: 2019.12.19.).

21) https://tshaonline.org/handbook/online/articles/moc01 (검색일: 2018.12.26).

위원회제도의 장점은 다음과 같다(Martin, 1990; 67).

첫째, 커미셔너들이 어떤 기능을 수행할 목적으로 지역에서 선출된다면, 투표자들에 의해 개인의 자격 기준으로 선출될 것이며, 혹은 사적으로 은행가나 회계사일 수 있는 커미셔너들에게 재무나 회계적으로 책임질 수 있을 것이다.

둘째, 커미셔너가 어떠한 제안을 하고 그것을 동료들에게 승인받고 책임감을 갖고 직접 일을 수행하므로, 행정이 신속하게 처리된다.

셋째, 광역선거제로 지방의회 선거구 획정에서 게리맨더링이 없어진다.

넷째, 독재적 시장과 의회 간 경쟁이나 교착이 생기지 않는다. 투표자들은 각 행정부서의 성과에 따라서 커미셔너들을 판단할 뿐이다.

이와 같은 위원회제도도 1920년대에 최고의 정점에 도달한 다음엔 점차 단점이 부각되면서 쇠퇴하게 되었는데, 흔히 지적되는 단점은 다음과 같다.

첫째, 집행부-의회 간 견제와 균형이 존재하지 않는다. 즉, 커미셔너들끼리 각각의 프로젝트에 대하여 주거니 받거니(logrolling) 하여 상호 조정 없이 개별적 행동이 일어난다.

둘째, 시민들이 가진 고충들(grievances)을 처리할 방법이 없다. 커미셔너들은 위원회 이익의 입장에서 일을 처리하므로 어느 한 행정부서를 담당하는 커미셔너에게 불만이 있어 위원회에 청원하여도 다른 커미셔너들이 잘 받아주지 않는다.

셋째, 예산 배정과 관련하여 커미셔너 간 경쟁이 발생하고, 수석행정관이 우선순위를 정하거나 분할을 해주지 않으면 과잉지출(overspending)이 일어난다.

넷째, 시 운영과 관련하여 커미셔너들이 가지지 못한 '기술적 전문성(technical expertise)'을 보완하기 위해 경찰이나 소방 분야의 개별 행정책임자를 고용하는 경우 공안을 담당하는 커미셔너들이 할 일이 없어지고, 경제성도 안 맞을뿐더러 커미셔너들이 직접 행정일을 한다고 하더라도 다른 동료 커미셔너들과 공동으로 정책결정을 할 수 있는 시간을 확보하지 못할 수도 있다.

이처럼 위원회제도는 그 자체 '명백한 응집적 리더십(clear and coherent leadership)'을 결여하고 있었기 때문에 진보주의 운동의 개혁가들에 동조하여 상당 부분 '의회-지배인제(council-manager form)'로 전환되었다. 오늘날 이러한 형태의 위원회제도는 수백개 정도만 남아있고, 1980년대에 소수집단들이 광역선거구가 소수집단의 정치참여를 저해한다고 비판한 결과, 대부분의 시정부에서 이를 폐지하였다.

5) 시장-의회제(mayor-council form)

현재 미국의 절반 이상의 도시가 이 제도를 채택하고 있다. 이 형태는 기본적으로 자치입법권을 가진 지방의회와 집행권을 가진 시장을 독립적으로 선출하여 상호 대립시키는 구조이다. 시장 선거와 함께 시(市)재무관(treasurer)이나 시(市)사무국장(혹은 총무국장)(clerk)을 따로 선출되기도 한다.

시장-의회제 형태는 시장이 가진 권력에 따라 크게 두 가지로 구분할 수가 있는데, 강력한 시장의 지도력이 작동하는 강(强)시장형(strong mayoral system)과 약(弱)시장형(weak mayoral form)이 있다. 또한 양자의 절충 형태를 취하는 경우도 있다. 어느 형태이건 모든 시장(mayor)은 '의회-지배인제'와 달리 의회의 자치입법권에 대하여 거부권(veto power)를 행사할 수 있다. 시장 선출에 대한 정당의 관여와 관련하여 미국 약 3분의 2의 도시는 시장과 지방의원들이 비당파적 선거를 통해서 선출되지만, 나머지 3분의 1의 도시에서는 정당이 지방선거에 관여하는 정당선거를 통해서 선출되고 있다.[22] 의원들은 시 전체 단일선거구에서 혹은 워드(ward)라 불리는 지역선거구에서 선출되거나 그 혼합적 형태로 선출된다. 의원들은 평균 5~6명으로 지역선거구에서 뽑히며, 시의 규모가 커질수록 그 수는 증가한다. 대규모 의회에서의 '의회 의장(council president)'은 의원들이 선출하거나, 주민투표를 통해서 선출될 수도 있다. 어떤 시(市)의 경우는 수자원위원회, 도서관이사회, 주택위원회, 항공 당국이 따로 독립적으로 구성되어 소관 행정을 담당하는 예도 있다.

약시장제의 경우는 시장과 재무관이나 사무국장, 그리고 각종 회의체(boards)나 위원회(commission)의 위원을 단일선거구에서 선출하지만, 강시장제의 경우는 시장이 통상 시의회의 의장직을 수행하거나 시의회와 독립적으로 시의 각종 위원회 책임자와 재무관, 사무국장, 경찰서와 소방서의 장, 각종 행정당국의 장을 임명하며, 또한 시재판관(city judge)의 경우는 시의회의 승인을 얻어 임명한다. 강시장제의 경우 시장은 수석행정관(chief administrative officer: CAO)를 임명하여 시의

---

22) 미국의 지방선거에서 정당 참여가 허용되는 주는 뉴욕주를 비롯하여 약 30% 정도에 불과하며, 캘리포니아주를 포함하여 약 70%의 지방도시는 정당 참여가 금지되고 있다(문재우, 2007: 469).

▶ 표 2 - 26 ◀ 시장 - 의회제에서의 시장의 권한(Martin, 1990: 69)

구 분	약(弱)시장제	강(强)시장제
1. 시장의 선출	시장은 시의회에서 선출함. 시의회 의장은 시 전체 단일선거구에서 선출될 수 있음. 의원은 광역선거구에서 선출됨.	시장은 시 전체 단일선거구에서 주민들의 직접선거로 선출됨.
2. 시장의 임기	2년이거나 의원보다 짧음. 연임 금지됨.	4년 혹은 그 이상. 재선 제한 없음.
3. 의회 사회권	사회권이 없거나, 있더라도 투표권이나 위원회 위원 임명권 없음.	의회의 사회자가 되고, 의제설정권, 투표권, 위원회 위원 임명권 행사함.
4. 거부권 유무	가부동수의 경우에만 투표할 수 있거나, 전혀 거부권 없음.	조례거부권 행사, 재정 지출에 관하여는 항목별 거부권(item veto) 행사함(이 경우 의원의 3/4 찬성으로 재의결하거나 출석의원 2/3 찬성으로 재의결 가능).
5. 시장의 임명권	개별 선거직(사무국장, 검찰관, 재무관) 있음.	시장은 시의회와 무관하게 시의 공무원이 아닌 모든 관직에 임면권(任免權) 행사함.
6. 위원회에 대한 통제	시장이 위원이 아니거나, 시장이 임명하지 않는 여러 시의 위원회 (boards or commissions)가 항구, 수자원관리, 도서관, 심지어 경찰까지 개별 통제함.	시의 모든 행정이 집행부의 수장인 시장의 통제하에 있음. 각종 위원회는 단지 자문역할만 수행하고, 시장이 임명함.
7. 예산편성	예산요구서는 각 위원회나 의회 위원회에서 개별 편성되고, 입법예산(legislative budget)으로 통과됨.	시장은 전체 집행부예산 제출권을 보유하며, 모든 재정적 요구서는 시장실에 제출되어야 함.
8. 시장의 역할	주로 의례적, 파트타임으로 간주하고, 최소한의 보상만 수령함.	풀타임으로서 적절한 급료와 시의 크기에 비례하여 보좌인력을 지원받음.
9. 정당	시장은 비당파적 투표로 선출됨. 즉, 자신이 선거운동 지원을 직접 만들어내야 하고 어디서건 자신의 정치적 동맹을 결성해야 함.	시장은 정당의 지도자로 인식되며, 따라서 정당이 선거지원을 해주며, 의회에서도 정치적 영향력을 행사하고, 시의 공무원집단에 대해서는 후견(patronage)을 통해서 통제력을 행사함.

▶ 그림 2 - 12 ◀ 시장 - 의회제 형태(양자의 절충 형태도 존재)

(a) 약(弱)시장제

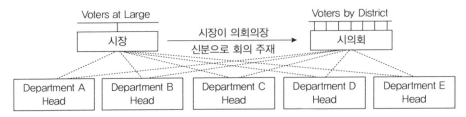

① 의회는 입법기능과 함께 공무원 임명과 감독하는 집행기능까지 갖는다.
② 의원의 수는 5〜10명 사이로 상당히 많은 의원을 선출한다.
③ 시장은 의회의 의장 기능과 명목상의 시를 대표할 뿐이다.

(b) 강(强)시장제

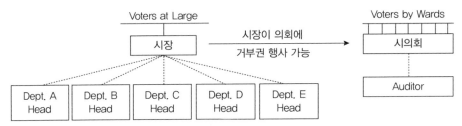

① 모든 집행부 권한이 시장에게 집중되고, 각 국·과장의 임면권과 예산제출권, 거부권을 행사한다.
② 의회가 정책을 결정하지만, 시장도 실질적으로 정책을 결정한다.
③ 의원은 보통 7〜9명으로 탁자에서 토의가 가능한 비교적 적은 수로 구성된다.

전반적인 행정을 담당하게 한다. 샌프란시스코시에서 1931년에 이 직제를 도입한
이래 여러 도시에 채택하였고, 뉴욕시와 L.A.시는 부시장제를 도입하기도 하였다
(Christensen.(2006): 123).

6) 의회 - 지배인제(council-manager form)

의회 - 지배인제는 1908년에 버지니아(Virginia)주 스턴톤(Staunton)시에서 시작
되었는데, 당시 스턴톤시의 정부 형태는 약시장 - 의회형이었지만 행정부의 감독과
통합 기능을 보강하기 위해 지방정부 조례로 '일반관리관(general manager)' 직책을
집행부에 만들었고, 그것이 하나의 지방정부 형태로 정착된 정부 형태이다.
이 형태는 현재 반 정도의 미국 도시에서 채택하고 있는데, 인구 1만〜25만 명

의 규모의 중산층 중심 공동체에서 매우 인기 있는 정부 구조이다. 특히 캘리포니아 주의 신생도시에 이러한 형태의 정부가 많다. 사실 이 형태는 1900년대 초기 소위 전문적 관리 이념을 옹호했던 도시개혁가들의 사업지향성(business orientation)을 반영하고 있다(Martin, 1990: 71). 도시는 시민들이 주주로서 갖는 공동의 관심 영역으로 인지되며, 시민들은 주요 정책을 결정하는 이사회(board of directors), 즉 시의회(city council)를 선출, 구성하고, 정책들을 수행할 전문적인 시(市)지배인(혹은 시정관리관, city manager)을 고용한다.

이 의회 형태의 가장 전형적이고 순수한 구조는 통상 5인의 소규모 의원으로 시의회를 구성하고, 의원들은 비당파적·광역적(on non-partisan at-large basis) 선거를 통해 선출된다. 의회직은 보통 파트타임 자리이고, 최소한의 봉급과 소액의 회의참가 수당이 제공된다. 시지배인은 소위 '훈련받은 전문가(trained professional)'로서 행정에 관하여 전적인 권한을 부여받아 집행부 국·과장들에 대한 임면권(任免權)을 가지며 시의회에 대해서 단독 책임을 진다. 시의회는 통상 1주일에 한 번 정도 열리기 때문에 시지배인은 시 운영과 행정의 세부적인 사항에 대하여 전적인 책임을 지며, 실질적으로 시집행부를 일상적으로 운영한다.

시장(mayor)은 일반적으로 의원 중 한 명이 선임되는데, 통상 가장 나이가 많거나, 가장 많은 득표를 한 사람이 선발된다. 그러나 현재는 의회-지배인제를 채택한 도시의 3분의 2 이상이 시장을 주민들의 직접선거를 통해서 선출하고 있다. 시장은 시의회의 일원으로 참가하여 투표하는 예도 있고, 아닌 예도 있어서 집행부의 권위는 상당히 다양하다. 집행부의 서열은 시지배인을 정점으로 하여 구성되며, 시의 각종 회의체(boards)와 위원회(commission)는 예산상의 독립성을 확보하지 못하고, 자문위원회의 역할만 수행한다. 즉, 시지배인이 예산을 편성하고 시의회에 여러 가지 권고안들을 만들지만, 직선제 시장과 달리 시의회의 결정에 대하여 거부권(veto power)을 행사하지 못한다. 그러나 시지배인은 시의원들보다 훨씬 많은 시정에 관한 최신정보를 가지고 있으면서 시의회에 제공하는 정보의 양과 질을 조정함으로써 시의회에 대한 자신의 영향력을 확대하기도 한다. 선출되지 않은 시지배인이 시의회에 영향력을 행사하는 것에 대한 정치적 비판도 있지만, 시의회가 시지배인에 부여하는 임기와 권한은 시정부마다 다르고, 예산권과 조례제정권은 시의회에만 있다는 점을 상기해서 평가할 필요가 있다.

한편 시지배인이 국장에 대한 임면권(任免權)을 포함한 전면적 공무원인사권을 행사하지 못하는 경우 그 직위는 종종 "시(市)행정관(city administrator)" 혹은

▶ 그림 2 - 13 ◀ 의회 - 시지배인 형태(모든 행정권한이 시지배인에게 귀속됨)

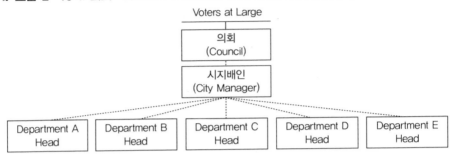

① 소수의 의원들이 비당파적 선거나 광역선거구에서 선출된다.
② 의회가 입법과 정책결정 기능을 모두 보유한다.
③ 의회가 전문행정가인 시지배인(city manager)을 고용하여 행정업무를 수행함으로써 의회와 집행부 간 견제와 균형이 작동하지 않는다.

▶ 표 2 - 27 ◀ 시지배인제에 대한 찬·반론

구 분	찬성론	반대론
1. 시지배인의 전문성	시 정부가 점차 복잡화됨에 따라 전문직업주의(professionalism)가 강조되고, 역량(competence)에 기초해서 행정가가 선발된다.	임명된 시지배인은 반응성이 떨어진다(irresponsive). 인구 백만 이상의 모든 대도시가 정치적으로 선출하는 수석행정관(chief executive)을 고용하고 있다.
2. 정치와 행정의 분리	행정이 도시정치와 분리되어 있다.	정책이 집행 및 관리와 분리되어 있다는 것은 순진한 생각이다.
3. 시의회에 대한 자문 효과	시지배인은 시의회에 전문가적(expert) 조언을 하고, 그 결과 최대의 능률성과 경제성을 가져온다.	시의회는 여전히 관료제에 의존하는 경우가 많고, 시지배인의 도움을 받더라도 시의회의 여러 잠재적인 정치적 부채가 경감되지 않는다.
4. 정치적 중립성	임명된 전문가로서 시지배인은 보다 불편부당한(impartial) 판단을 제공한다.	시지배인은 정치적 민감성을 결여하고 있다. 선출된 시장이 있다면, 지배인의 역할은 애매모호해질 수 있다.

"수석행정관(chief administrative officer)"이라고 부르는데, 이들의 권한은 각 시의
회가 부여한 바에 따라 다르다.

의회-지배인 형태는 종전의 위원회(city commission) 형태나 약시장제(weak-
mayoral form) 형태가 폐지됨에 따라 그 대안으로 제시되었다. 캐나다, 서유럽, 호주
와 뉴질랜드에서 지배인제가 먼저 사용되었고, 그 후 미국에서도 시정관리의 중요성
이 대두되어 국제도시관리협회(ICMA: International City Management Association)와
같은 조직이 탄생하게 되었다.

의회-시지배인제에 관해서는 찬반양론이 뚜렷이 구별되는데, 그 주요점을 대
비시키면 <표 2-22>와 같다(Martin, 1990: 72).

7) 소결

앞에서 제시한 여러 지방의회 형태의 구조는 전형적 형태 또는 순수 형태에
가까운 것으로서 사실 주(州)법률이나 지방정부가 처한 특수한 상황적 요건에 따
라 상당히 다양한 형태가 나타나고 있다. 각 도시에서 발견되는 정부 구조는 그
지방의 역사와 전통, 인근 지방정부에서의 실험과 그것에 대한 벤치마킹, 당대 핵
심 정치인들의 이상과 리더십들이 결합된 결과이다. 따라서 타운미팅의회라 하더
라도 뉴잉글랜드 지역의 몇 개의 타운에서 일하는 "타운 지배인(town manager)"을
고용하는 형태도 있고, 위원회 형태나 시장-의회제에서도 다양한 수준의 행정권
한을 가진 "시행정관(city administrative officer)"을 고용하는 방식도 있다. 따라서
위의 여러 유형들은 다양한 변형이 가능한 전형적 형태로서만 이해해야 할 것이다.

그러나 여기서 어떠한 정부 구조와 형태가 보다 나은 행정적 결과를 가져오는
지, 그리고 더 나은 성과를 내는 정부 구조와 형태가 무엇인지에 대하여 결론지
을 수 없다. 정부 구조는 당대의 정치적 타협의 산물이고, 그러한 정치 구조는 실
제의 행정이 이루어지는 환경으로서 작동하며, 또 정치 구조가 정치적 경쟁을 가
져온 선거제도와 관련지어 창출되었으며, 실제의 행정적 결과는 그 지방정부가
처한 여러 전통과 환경적 제약에 따라 다를 것이기 때문이다.

4. 미국 지방의회의 사례

1) 대도시 지방의회

(1) 뉴욕시의회(New York City Council)

① 의원의 정수 및 선출 방식: 뉴욕시는 인구 860만 명의 대도시로서, 광역적으로는 인구 2천만 명 이상이 거주하는 메가시티, 문화, 금융, 미디어, 경제, 기술, 교육 등 다방면의 글로벌파워도시이며, 약 800여 개의 언어가 사용되고 있는 국제도시이다.

 뉴욕시의 시의회 의원에 입후보하기 위해서는 유권자등록을 마친 미국 시민으로서 선출되는 선거구에 거주하고 있어야 하고, 시 행정기관의 직원이 아니어야 한다는 비교적 간단한 자격요건을 갖고 있다.

 뉴욕시의회는 단일의회로서 5개(Bronx, Brooklyn, Manhattan, Queens, Staten Island) 행정구(Borough)에서 51명(의원당 약 16~17만 명의 시민을 대표함)의 시의원이 선출되며, 지역별 의원 수는 2018년 말 현재 브롱스 8명, 브루클린 16명, 맨해튼 10명, 퀸스 14명, 스타텐 아일랜드 3명이다.[23]

 시의원의 임기는 4년이고, 당선 횟수는 2회로 제한되며(2010), 급료는 연간 $148,500(2016년 기준)을 받는다.[24] 2018년 현재 뉴욕시의회의 정당별 구성현황을 보면 민주당 48석, 공화당 3석으로 압도적인 민주당 우위에 있다.

 또한, 뉴욕시의회 의장(Speaker of the Council)은 전체 주민의 투표로 선출되는 것이 아니라 자율적으로 시의원 중에서 선출되며, 일반적으로 다수 의석을 차지한 정당의 지도자가 선출된다. 시의회 의장은 주요한 시정현안에 대한 합의를 끌어내야 하는 주요한 책임을 지고 있으며, 표결에는 참여할 수 없다. 현재 뉴욕시장은 민주당 소속의 빌 드 블레지오(Bill de Blasio)

---

23) https://council.nyc.gov/ (검색일: 2019.12.19.).
24) https://en.wikipedia.org/wiki/New_York_City_Council (검색일: 2019.12.19.).

이며, 시의회 의장은 민주당 소속의 코레이 존슨(Corey Johnson)이다.

한편 뉴욕시는 <그림 2-14>에서 보듯이 시정부와 시정부 사이에 시민들의 입장에서 일하는 옴부즈만(ombudsman)으로서 공익대변인(Public Advocate)을 두어 각종 민원 및 고충처리를 담당하고 있다. 공익대변인도 선출직인데, 유고 시 혹은 공석 시 시의회 의장이 그 자리를 직무대행한다.

▮▶ 그림 2-14 ◀▮ 뉴욕시 조직도

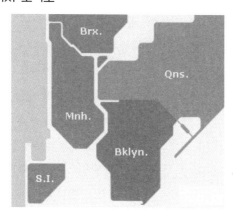

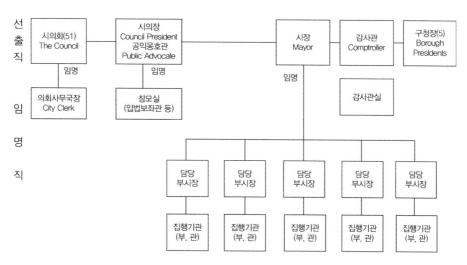

② 의회의 권한: 뉴욕시의 주요정책들을 결정하고, 집행기관이 수행하고 있는 행정업무를 견제·감독하기 위하여 시헌장(city charter)에 명문화하고, 시의회가 보유하고 있는 권한은 조례와 시행령의 제정, 예산안의 의결과 수정안 승인, 임명직에 대한 권고 및 승인, 시정 및 시 구역 내 카운티정부에 대한 조사, 부동산세율의 결정 및 세금부과, 정기감사와 감사청문회 개최, 도시계획위원회 계획 승인, 각종 상임위원회 구성 등을 가지고 있다.

시의회의 주요 입법활동과 관련하여 의장(Council Speaker)은 의원대표로서 비록 시헌장에 그 기능이 제시되어 있지 않으나 실질적으로 가장 강력한 정치력을 보유하고 있으며 강시장 – 의회제에서 시집행부에 대한 견제력을 행사하고, 시의회 중요한 의안들에 관하여 시의원들의 합의를 도출하는 데 영향력을 발휘하고 있으며, 의회의 중요사항에 관해서는 다수당과 소수당에서 선출된 여당대표의원(Majority Leader)과 야당대표의원(Minority Leader)과 협의하여 시의회 운영을 대표하고 있다. 의장, 여야 원내대표들은 직권상(ex officio) 모든 위원회의 위원으로 참여하여 표결은 제외되지만 의견을 개진할 수 있다.

③ 의회의 운영

㉠ 위원회: 시의회가 수행하는 대부분 업무는 노인·보건·교육·공공안전·교통·환경보호 등의 문제들을 다루는 각 소관 상임위원회에서 처리된다. 시의원들은 자신의 관심과 전문성에 따라 위원회에 소속되는데, 통상 1인당 최소한 3개 이상의 상임위원회 또는 소위원회에 소속되어 있다.[25]

시의회의 위원회는 상임위원회(Standing Committee)와 특별위원회(Special Committee)로 구분되는데, 이들 각 위원회의 위원장은 시의회 의장과 마찬가지로 본회의에서 선출되며, 상임위원회 위원의 배분은 의회운영위원회가 먼저 추천하고, 본회의의 최종 승인을 받으며, 위원은 의장(Council Speaker)에 의해 공식적으로 임명된다. 2018년 현재 뉴욕시의회에는 의회운영위원회, 재정위원회, 윤리위원회, 감독조사위원회, 정부운영위원회 등 35개의 상임위원회가 있다. 또한, 필요에 따라 여러

---

25) https://council.nyc.gov/committees/(검색일: 2018.12.29.).

개의 소위원회(Sub-Committee)를 설치할 수 있다.

한편, 모든 위원회의 회의는 사전에 개최일정이 고지되어야 하며 일반에게 공개되어야 할 뿐만 아니라 일반적으로 주간에 개최된다. 또한, 모든 위원회 위원들의 표결은 기록되어지며, 이 표결기록표는 일반에게 공개된다.

ⓛ 의회 운영: 매년 시의회의 첫 번째 회의는 1월 첫째 수요일 낮 12시에 개최되며, 7월과 8월을 제외하고 매달 2차례의 정기회의(Stated Meeting)를 개최하여야 하며, 시의회는 최소 36시간 전까지 정기회의 집회일시와 부의안건에 관한 사항들을 공고하여야 한다. 또한, 시장이 스스로 필요하다고 인정하는 경우나 시의원 5인 이상의 요구가 있는 경우 시장은 시의회에 임시회의(Special Meeting) 소집을 요청할 수 있다.

이러한 시의회의 회의에 대한 운영 방식을 규정하고 있는 회의규칙(Rules of Proceedings)은 매년 첫 정기회의에서 결정된다. 회의규칙에 따라 시의회는 회의록(Proceedings)을 작성·보관하고, 본회의와 위원회 회의의 회의록 사본을 60일 이내에 만들어 일반에게 공개하며, 전체 시의원 3분의 2 이상의 찬성으로 회의불참의원에 대한 회의참석의 강제 및 질서를 문란케 한 의원에 대한 징계, 그리고 의원의 자격상실 등을 의결할 수 있다. 또한, 시의원들이 본회의 또는 위원회 회의에서 행한 어떠한 발언이라도 다른 장소에서 논의의 대상이 될 수 없다.

한편, 일반적으로 상임위원회와 본회의를 통과한 조례안(bill)은 최종안으로서의 본회의 개최 최소 7일 전에 형태를 갖추어 시의원들에게 공지되어야만 의결될 수 있으며, 시의원 과반수의 출석과 찬성으로 시의회에서 의결된 후 의회사무처장(Clerk of the Council)의 공인을 거쳐 승인을 얻기 위하여 시장에게 제출되며, 시장이 이 조례안을 승인할 경우 즉시 법으로서, 즉 조례(ordinance)로서 확정되고, 뉴욕 시헌장(city charter)이나 행정법규집(administrative code)에 추가된다. 그러나 만약 시장이 조례안에 대해 거부권(Veto Power)을 행사하려면 시장은 이송된 조례안에 대하여 30일 이내에 서면으로 작성된 반대의견서를 첨부하여 이 조례안을 시의회에 환송하고 시의회의 재의를 요구할 수 있으며, 시의회는 30일 이내에 재의에 부쳐 전체의원 3분의 2 이상의 찬성으로 의결하게 되면 그 조례안은 조례로서 최종 확정된다.

그러나 뉴욕시헌장은 특별한 사항에 관해서는 시의회에서 의결하지 않고, 주민투표(Referendum)를 통해서 결정하도록 하고 있는데, 그에는 시의회의 폐지, 형태 및 구성 변경, 시장의 거부권과 시장직 승계에 관한 규정 변경, 선출직의 신설·폐지 또는 선출직 공무원의 선출 방식·임기·해임·보수·권한 등에 관한 변경, 공공시설의 특허와 관련된 법규의 변경, 공무원 보수 감축 및 근무시간의 연장 변경, 새로운 시헌장의 제정, 채권 또는 의무에 관한 등급 및 특성 변경, 시정부 재산의 판매나 임대에 관한 시헌장의 변경이 포함되어 있다.

(2) L.A.시의회

① 의원의 정수 및 선출 방식: 인구 400만 명(2017년 추계)에 근접하는 로스엔젤레스시는 대도시로서 뉴욕과 같이 시장 및 시정부와 시의회를 서로 대립시켜 상호 견제하는 시장—의회체제로서, 각 선거구를 대표하는 총 15명의 시의원은 지역구선거로 선출되며, 임기는 4년이고, 최대 3번까지만 선출될 수 있도록 되어 있고, 전국 최상위급 연간 $184,610(2015년 기준)를 급료로 지급받고 있다. 현재 L.A.시의회는 법적으로는(de jure) 비당파적 운영이 원칙이나 민주당이 14명, 공화당 1명으로 압도적으로 민주당이 장악하고 있다.

매 홀수 연도의 하반기에 개최되는 첫 본회의에서 의원들은 의장 (Council President)과 임시의장(President Pro Tempore)을 선출하게 되는데, 이들은 각 2년의 기간 동안 해당 직책에 재임하며, 연임이 가능하다. 주민 직선으로 선출된 시장이 병가나 외유로 유고 시에는 시의회 의장이 시장을 직무 대행한다. 시의회 의장이 유고 시에는 임시의장이 의장직을 대행한다.[26]

② 권한: L.A.시의회는 세금 부과, 예산 승인, 공공시설 개선을 포함한 입법기

---

26) http://library.amlegal.com/nxt/gateway.dll/California/laac/administrativecode?f=templates$fn=default.htm$3.0$vid=amlegal:losangeles_ca_mc (검색일: 2018.12.29.).

관의 권한을 행사하며, 시장이 시의회에 제안하는 예산을 수정할 수 있는 권한을 의미하는 예산 승인권, 시장의 임명권에 대한 승인권한을 행사한다.

③ 의회 운영: 현재 L.A.시의회에는 15개의 상임위원회와 4개의 임시위원회(Special Ad Hoc Committee)로 구성되어 있으며, 각 위원회의 위원장과 부위원장(Vice Chair)은 시의회 의장이 임명한다. 위원회는 최소 3명의 의원으로 구성되어 있는데, 15명의 시의원 모두가 특정 상임위원회의 위원장을 맡고 있다.[27] 각 위원회는 의회 보좌기구인 수석입법분석관(Chief Legislative Analyst)의 기술적 도움을 받고 있다.[28]

의회는 매주 화, 수, 금요일에 열리며, 위원장들은 매주 본회의에서 각 위원회에서 결정된 사항을 설명한다. 시민들은 각 위원회에서 개최되는 청문회와 공청회에 참석하여 입장을 표명할 수 있는데, 이는 의회 사무국과의 사전협의가 필요하다. 각 위원회의 청문회와 공청회가 개최되는 날짜와 시간은 위원장에 의해 결정된다.

(3) 피닉스시의회(Phoenix City Council)

① 의원의 정수 및 선출 방식: 애리조나(Arizona)주 피닉스시는 인구 160만 명 이상의 미국에서 5번째로 큰 대도시로서 피닉스시의 시의원은 4년 임기의 비당파적(non-partisan) 선거로 주민에 의해 선출된다. 피닉스시의 정부 형태는 1948년까지 위원회 형태를 가지고 있었으나, 4년 임기의 주민직선에 의한 시장-의회제(mayor-council system)로 전환되었고, 시의원 선거는 1982년 주민발의로 대선거구제에서 소선거구제로 전환되었으며 시의원 수도 6명에서 현재 8명으로 증가하였다. 소선거구제로의 전환은 시장과 의원에게 지역주민보다 기업이나 특정 집단에 더 신경을 쓰는 행태를 막고자 하기 위함이었다. 특이한 부분은 주민 직선으로 선출된 시장이 시의회

---

27) https://www.lacity.org/your-government/government-information/form-government
(검색일: 2018.12.29.).
28) https://www.lacity.org/your-government/elected-officials/city-council
(검색일: 2018.12.29.).

의장(council president)직을 겸직함으로써 시의회 의원은 8명이나 총 9명으로 구성된 점이다. 시의원 선거에는 결선투표를 채택하고 있으며, 현재 8명의 시의원 중 여성의원이 5명으로 다수를 차지하고 있다.[29]

② 권한: 시의회는 시를 관할하고 주민복지를 제공하기 위한 입법 활동을 통하여 정책을 입안·결정하며, 조례를 제정하고, 시지배인(city manager)이 제출한 예산안을 승인한다. 또한 시의회는 시의 법원판사들과 시지배인을 선임하는 권한을 지니고 있다.

피닉스시는 시장이 시의회 의장직을 겸임하는 등 기관통합형 요소를 일부 가지고 있다. 시의회 의장은 의회 내 정책회의 및 공식회의를 주관할 뿐만 아니라 시의회 위원회를 구성하고 위원장 선임권을 가지고 있는 등 시정부 의사결정을 총지휘하고 있다. 한편, 시의원은 비정규직으로 일하며 행정이나 운영의 실제에는 별로 관여하지 않는다.

③ 의회의 운영

㉠ 위원회: 피닉스시의회는 시장과 8명의 시의원으로 구성되어 소규모로 운영되고 있고, 각 의원으로 의장을 겸하는 시장에 의하여 각 위원회에 배속되며, 의원들은 여러 위원회에 중복되어 소속되어 있다. 또한, 각 위원회는 위원장을 포함하여 보통 3명의 의원이 구성원으로 활동하고 있다. 본회의는 과반수의 출석이 필요한데, 의원 5명 이상이 참석하면 개최할 수 있으며, 시장은 의장으로서 회의를 주재하며 토의와 투표에도 참여한다. 시장 부재 시에는 부시장이 시장의 역할을 대행한다.

위원회는 정규적으로 운영되는 상임위원회와 한시적으로 운영되는 특별위원회로 나눌 수 있는데, 현재 회계감사위원회, 윤리·공공안전위원회, 경제·도심위원회, 주택·지역위원회 등 8개의 상임위원회가 조직되어 있다. 또한, 상임위원회가 소수의 소위원회가 구성되어 있다.

㉡ 의회 운영: 피닉스시 시의회는 매주 수요일 오후 3시에 열리는 공식회의(formal meetings)와 매주 화요일 오후 2시 30분에 열리는 정책회의(policiy sessions)을 개최하는데, 정책회의에서는 일반적으로 명령제정

---

29) https://www.phoenix.gov/mayorcouncil(검색일: 2018.12.29.).

을 하거나 의결은 없지만 합의된 의제설정에 대한 투표와 행정지침에 대한 투표가 이루어지고, 공식회의에서는 정책회의를 통해 대개 논의되었던 것을 공식적으로 승인하는 절차를 수행한다. 또한, 건설계약·비품구입·시정부지불 등에 대한 결정과 조례 및 규칙 등을 제정한다. 피닉스시의회는 정기적인 회의 외에도 부정기적으로 시장이나 의원 3명 이상의 요청에 의해 임시회의(special meetings)를 개최할 수 있다.

시민들은 공식회의에서 다루어지는 어떠한 사안에 대해서라도 의견을 발표할 수 있을 뿐만 아니라, 공식회의에서 정식 의제로 다루지 않는 사안이나 문제점에 대하여 회의가 끝날 때 그 의견을 발표할 수 있다.

시의회의 의결은 보통 대부분의 사안은 찬반투표로서 과반수의 찬성으로 의결되며, 만장일치의 의결이 아닌 경우 시의원 개개인의 찬성과 반대의 투표는 기록되고, 가부동수의 경우는 부결된 것으로 간주된다. 시의 긴급안건에 대한 조례나 의안의 의결은 전체의원 4분의 3 이상의 동의로 처리되어 즉시 효력을 발생한다.

의사록의 작성 및 공개의 사항은 시 사무국에서 담당한다.

2) 소규모 도시 지방의회

(1) 산타페시의회(Santa Fe City Council)

① 의원 수와 선출방법: 뉴멕시코(New Mexico)주의 산타페(Santa Fe)시는 인구 약 8만 명의 소도시로 시의회는 8명의 시의원으로 구성되어 있는데, 시의원(Councilor) 모두를 4개의 선거구(District)에서 선출하며 1선거구당 2명의 의원을 선출한다. 한편 시장은 광역적으로 선출되며 시장 외에 "시지배인(City Manager)"이 있다.[30] 시의원들의 임기는 4년이며 연임에 대한 제한은 존재하지 않는다. 선거는 2년마다 실시(짝수 연도 3월 첫째 주 화요일에 정기

---

30) https://www.santafenm.gov/elected_officials
   https://en.wikipedia.org/wiki/Santa_Fe,_New_Mexico (검색일: 2018.12.29.).

적으로 실시)하며 선거 때마다 하나의 선거구에서 1명씩 선출한다.

산타페시는 의원의 피선거권(당선될 수 있는 최소연령, 지역에서의 최소거주 기간 등)에 대한 특별한 제한은 두지 않고 있다. 또한 지방의원 선거방법을 시정부의 조례(City ordinance)로 규정하고 있다.

② 권한: 산타페 시의회는 공무원 고용에 대한 재량이 없으나 시지배인(city manager)과 시총무국장(city clerk)을 임명할 수 있다. 시장이 시지배인과 시총무국장 후보를 제안하면 의회는 이에 대해 가부결정을 내린다. 다른 공무원 임명에 대한 권한은 시지배인의 권한이므로 시지배인이 국장급 등의 간부 공무원을 임명할 때에 의회의 동의나 승인을 받는 것은 아니다.

의원들은 연봉을 받으며, 의료보험과 각종 혜택을 받고 있으나, 모두 파트타임 형식으로 근무하고 있으며 의원들에게 별도의 사무실은 지급되지 않는다.

③ 의회 운영: 매월 의회는 2회씩 열리는데, 우리나라와 같이 공무원과 의원만 참여하여 공무원이 의원의 질문에 답변하는 형태가 아니라 공무원은 참여하지 않고 주민이 자유롭게 참여하여 질문이 가능한 형태로 운영된다. 주민들의 의견을 반드시 수렴해야 하는 경우는 사전에 시민공청회(Public Hearing)로 공고된다. 이때 주민들은 회의 중 안건과 관계없이 모든 원하는 이슈에 대하여 질문, 청원, 탄원할 기회를 갖게 된다. 이러한 회의결과도 모두 회의록으로 기록되어 공개되고 시총무국장(city clerk)이 보관한다.

(2) 저지시티시의회(Jersey city council)

① 의원 수와 선출방법: 저지시티는 뉴저지주에서 뉴웍(Newark) 다음으로 인구가 많은 도시로 약 27만 명의 주민이 거주하고 있으며 민주당 지지율이 매우 높은 도시이다. 시정부는 폴크너법(Faulkner Act)에 의하여 시장−의회제(Mayor−Council) 형태로 운영되는 정부이고, 시의회는 총 9명의 의원으로 구성되며, 6명은 각 구역선거구(ward)에서 선출, 나머지 3명은 비당파적 광역선거로 선출된다. 시의원의 임기는 4년이고, 의장의 임기는 2년이다.[31]

---

31) https://en.wikipedia.org/wiki/Jersey_City,_New_Jersey#Local_government(검색일: 2018.12. 29).

의원직은 파트타임이며, 공석이 생기면 재임기간을 대신 이행할 임시의원을 임명한다. 선거를 통해 선출된 의원들은 첫 본회의에서 시의회 의장과 의장대행을 선출하며, 시의회에 의회 사무국장을 임명하여 입법절차와 의회의 진행상황을 기록하도록 한다.

② 권한과 의회 운영: 해당 시의회는 조례제정권뿐만 아니라 예산 승인에 대한 권한, 시장의 공직임명권에 대한 승인권 등을 행사할 수 있다. 시의회에서 개최되는 본회의에서는 시민들이 참석하여 개인의 입장과 의견을 표명할 수 있는데, 이는 사전에 의회 사무국과 협의해야 한다. 의회는 매월 2회 월요일에 열리며, 공청회는 수요일에 열린다.

3) 카운티지방의회

(1) 개요

미국에는 약 3천 개가 넘는 카운티가 있고, 주헌법이나 주법률, 그 외 자치헌장의 유무와 그 자율성에 따라서 상당히 다양하게 운영되고 있어서, 카운티마다 의회의 명칭, 의원정수, 선거방법, 임기 등에 관한 규정도 그 만큼 복잡하다. 특히 카운티의회를 부르는 명칭이 매우 다양한데, 예를 들어 카운티위원회, 책임감독관위원회, 카운티의회, 카운티입법부 등으로 다양하다.[32]

통상 미국의 지방의회는 의원의 평균 수가 7명 정도이고, 90%의 지방의회가 의원 10명 미만인 소수로 구성되는데,[33] 이는 의회를 가장 효율적으로 운영하는

---

[32] 한 조사에 의하면 카운티의회의 이름으로 ① 카운티위원회(Board of County Commissioner) ② 책임감독관위원회(Board of Supervisor) ③ 카운티의회(County Court) ④ 재정의회(Fiscal Court) ⑤ 자치구의회(Borough Assembly, 알래스카주) ⑥ 카운티의회(County Council, 델라웨어주) ⑦ 경찰배심원회(Police Jury, 루이지애나주) ⑧ 위원회의회(Commissioners Court, 텍사스주) ⑨ 카운티입법부(County Legislature, 뉴욕주) ⑩ 선랑(選郎)위원회(Board of Chosen Freeholders, 뉴저지주) 등이 사용되고 있다고 한다(한국지방자치단체국제화재단, 2003: 23).

[33] 다수 의원 의회 형태인 위스콘신 카운티의 경우 46명으로 미국에서 가장 많은 의원 수를 보유하고 있다(한국지방자치단체국제화재단, 2003: 24).

▶ 표 2-28 ◀ 주정부별 카운티의회의 의원정수 현황

의회 의원정수	주정부 수	주정부
2인 의회	1개 주	Vermont
3인 의회	20개 주	Arizona, Colorado, Idaho, Kansas, Maine, Nevada, Massachusetts, Missouri, Montana, New Mexico, New Hampshire, Ohio, Oklahoma, Oregon, Utah, Pennsylvania, Washington, West Virgina, Wyoming
5인 의회	5개 주	California, Florida, Minnesota, Mississippi, Texas
10인 이하 의회	15개 주	Alabama, Alaska, Delaware, Georgia, Hawaii, Iowa, Kentucky, Maryland, Nebraska, New Jersey, North Carolina, North Dakota, South Carolina, South Dakota, Virginia
대규모 의회 (10인 이상)	7개 주	Arkansas, Illinois, Louisiana, Michigan, New York, Tennessee, Wisconsin

출처: 한국지방자치국제화재단. (2003). 〈외국의 지방의회 운영〉. 25쪽. 한국지방자치학회. (2008). 〈지방의회의 이해〉. 62쪽 재인용.

방법이 의원 수가 많은 대의회보다는 의원 전체가 하나의 원탁테이블에 모여 토의할 수 있는 10명 이하의 소의회가 더욱 바람직하다고 생각하는 실용적인 사고의 결과이다.

카운티의원의 임기는 타운십의 책임감독관(Supervisor)이 당연직으로(*ex officio*) 카운티의회 의원을 겸하고 있는 지역의 경우, 임기가 1년인 곳이 있는가 하면 테네시주와 같이 카운티 판사가 의회 의장인 경우 임기가 8년인 지역도 있다. 그러나 의원들의 대다수 임기는 4년이 보통이며, 2년, 3년 및 6년 등 임기도 다양하다. 지방의원 선거구와 관련해서 광역선거구(at large district)와 지역선거구(ward) 방법이 있으며 두 방법을 혼용하여 선출하는 지역도 있다.

카운티정부의 정부 형태는 크게 보아 위원회형, 의회-지배인형, 의회-민선시장형으로 나누어 볼 수 있으며, 이 가운데 위원회형이 약 60%를 차지하고 있으며, 의회-지배인형이 약 28% 정도를 차지하고 있다.

먼저 위원회형은 카운티정부의 가장 전통적인 형태로서 중·서부 지역의 비교적 인구가 적은 카운티에서 채택하고 있는데, 그 특징은 의회가 입법기능과 함께

▶ 표 2 - 29 ◀ 카운티정부의 정부 형태(1997)

정부 형태	카운티 수	비율
위원회(commission)형	1,827	60%
의회 - 지배인(manager)형	845	28%
의회 - 민선시장(mayor)형	371	12%
합계	3,043	100%

집행부의 고유 업무인 공무원 임면, 민원 업무 감독과 같은 권한도 동시에 가지고 있다. 의원들은 보통 3~6명의 소수로 구성되며, 지역구 선거나 광역 단위로 선출된다.

의회-지배인형은 인구가 많고 행정업무가 복잡한 지역에서 주로 채택하는 형태로서, 의회는 소수로 구성되며, 집행부의 전문적 행정관을 의회가 임명한다.

의회-민선시장형은 대도시의 시장-의회형 정부 형태와 유사하며, 주민이 선출하는 민선시장은 행정수반으로 공무원 임면권을 가지며 예산안의 작성, 정책개발 등 집행부의 모든 권한을 가지며 의회의 결정에 대하여 거부권을 행사할 수 있다.

(2) 뉴욕주 오렌지카운티 사례

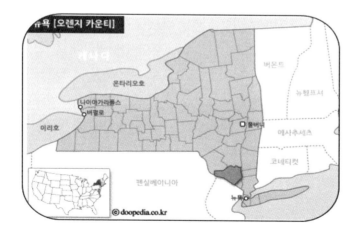

뉴욕주 뉴욕시 북서쪽에 있는 오렌지카운티에는 21개 선거구에서 21명의 의원이 선출되며, 의원들은 각 선거구에서 정당 공천을 받아야 하는 지역구 선거를 통해서 선출되고 있다.[34] 의원들의 임기는 4년이며 연임에 대한 제한은 없다. 의원들은 개인비서가 없으나 '의회 사무국장(Legislative Clerk)'의 도움을 받으며, 그 외에 2명의 '사무차장(Deputy Clerk)'과 '입법자문역(Legislative Counsel)', '행정보좌역(Administrative Assistant)' 등의 도움도 받을 수 있다.

또한, 의원들은 지역에서 비상근·파트타임 근무를 하므로 자신의 고유직업을 가지고 있으나, 직업이 의원직에 지장을 주어서는 안 된다는 내규를 적용받고 있다. 의원의 급료는 각 정당대표들은 연봉 약 $23,500, 일반의원들은 연봉 약 $19,200를 받으며 의원들에게 급료 외에 건강보험과 연금 혜택이 부여된다.

오렌지카운티의 의회는 위원회 중심의 의회 운영 방식을 선택하고 있고, 조례 제정에 관련된 모든 청원(Request)은 위원회를 통해 부쳐진다. 오렌지카운티 지방의회의 위원회는 '규칙·제정·정부간관계위원회(Rules, Enactments and Intergovernmental Relations Committee)', '재정 및 행정위원회(Finance and Administration Committee)', '공공봉사위원회(Physical Services Committee)', '보건·정신건강위원회(Health and Mental Health Committee)', '사회봉사위원회(Social Services Committee)', '교육위원회(Protective and Educational Services Committee)', '인사및보상위원회(Personnel and Compensation Committee)', '환경시설·서비스위원회(Environmental Facilities and Services Committee)'의 8개의 위원회가 있다. 각 위원회는 한 달에 한 번씩 정기 위원회를 갖고 있으며, 개회일은 매년 다르게 정하고 있으나, 회의시간은 통상 의원 개인의 직업활동을 고려하여 주로 오후 3시에 열린다.

의원들은 공통적인 권한과 더불어 주민의 실제 생활과 관련된 각종 조례 및 지방 법규의 제정과 지방정부의 예산 승인, 그리고 주요 공무원에 대한 직접 임명권이나 집행부서장의 임명동의권 등의 권한을 가지고 있다. 또한, 오렌지카운티헌장에 따르면 의회는 컨설턴트를 고용해 회계감사를 시행할 수 있는 권한이 있고, 의원들은 정기 감사기관이 아니더라도 필요 시 필요한 분야에 한하여 업무감사 및 회계감사를 시행할 수 있도록 하고 있다. 오렌지카운티에서는 주민소환

---

34) https://www.orangecountygov.com/27/Government (검색일: 2018.12.29.).

제가 도입되어있지 않으나, 주민들이 의원들의 비리 등을 발견했을 때 카운티검찰관에게 보고하거나 의회에 레터를 보낼 수 있도록 하고 있다.

(3) 뉴욕주 웨체스터카운티의회 사례

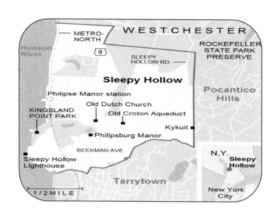

웨체스터카운티는 뉴욕시 동북쪽에 위치하며 6개의 시와, 19개의 타운십, 23개의 빌리지로 구성되어 있고, 인구가 2017년 백만 명에 이를 정도로 뉴욕시 북쪽에서는 가장 인구가 많은 카운티로, 주로 뉴욕에 직장을 가진 고소득층이 주민의 주류를 이루는 부유한 지역이다.[35] 이곳 카운티의회 의원의 임기는 2년이고 연임에 대한 제한은 없으며 정당공천 지역선거구제를 채택하고 있다. 각 정당 소속의 출마자들은 자신의 선거구에서 정당별로 예비선거를 거쳐야 하며, 무소속으로 출마하기 위해서는 자신의 선거구 주민의 300~800명의 서명을 받아야 한다.

의원들에게 개인별 보좌관은 주어지지 않지만, 상임위원회나 프로그램과 관련하여 의원들의 업무 수행을 돕는 17명 정도의 스텝이 있다. 또한, 오렌지카운티와 마찬가지로 의원들은 각자 자신의 직업을 가지고 있고, 의회 내규에 직업이 의원직 수행에 지장을 주어서는 안 된다고 규정되어 있으며, 현직 공무원이 출마하려면 반드시 공직을 사퇴하도록 규정되어 있다. 의원들의 급료는 일반의원의 경우는 약 $43,000, 상임위원장을 겸직할 경우 $3,000~$9,000까지 더 받을 수 있다.

---

35) https://en.wikipedia.org/wiki/Westchester_County,_New_York(검색일: 2018.12.29.).

웨체스터카운티의회는 매월 2회 개최되며 월요일 오후 7시에 개최하되 한 달에 한번은 요일이나 시간을 변경할 수 있도록 규정하고 있으며, 상임위는 20여 개가 존재하였으나 통폐합 과정을 거쳐서 현재는 예산세출위원회와 입법위원회를 포함하여 12개의 위원회가 존재하고 있다. 의회 운영은 우리나라와 같이 공무원과 의원만이 의회과정에 참여하여 공무원이 의원의 질문에 답변하는 형태가 아니라 주민들도 자유롭게 참여하여 질문이 가능한 시간이 주어지는 점이 특이하다.

의원은 주민의 실제 생활과 관련된 각종 조례 및 지방 법규의 제정과 지방정부의 예산에 대한 승인의 권한을 가지고 있고, 카운티시장의 임명직에 대한 동의권을 가진다. 또한, 우리나라 지방의회와 같이 감사권 및 조사권을 모두 가지고 있다. 의원들에 대한 주민소환제는 도입되어있지 않지만, 오렌지카운티와 마찬가지로 주민들은 의회 의원들의 비리 등을 발견했을 때 카운티검찰관에게 보고하거나 의회에 레터를 보낼 수 있다.

참고문헌

김병준. (2011). 「지방자치론」 수정판. 서울: 법문사.

김선혁. (2009). 미국 정치체제 및 거버넌스. 오시영 편. 「미국의 행정과 공공정책」. 서울: 법문사.

김순은. (2015). 「지방의회의 발전모형」 서울: 조명문화사.

문재우. (2007). 「지방의회행정론」. 서울: 대영문화사.

한국자치단체국제화재단. (2003). 「외국의 지방의회 운영」. 해외사무소 현장리포트 제9호.

한국지방자치학회. (2008). 「지방의회의 이해」. 서울: 박영사.

Bledsoe, Timothy. (1993). Careers in City Politics: The Case for Urban Democracy. Pittsburgh, PA: Univ. of Pittsburgh Press.

Bowman, Ann O'M. and Kearney, Richard C. (1999). State and Local Government. 4th ed. Boston and New York: Houghton Mifflin Company.

Christensen, Terry. and Hogen−Esch, Tom. (2006). Local Politics: A Practical Guide to Governing at the Grassroots. 2nd ed. Armonk, NY: M.E. Sharpe.

Dillon, John F. (1911). Commentaries on the Law of Municipal Corporation, 5th ed. Boston: J. Cockroft. vol. 1, p.448.

Kincaid, John. (2002). Intergovernmental Relations in the United States of America. in J. Peter Meekison, ed. Intergovernmental Relations in Federal Countries: A Series of Essays on the Practice of Federal Governance. Ottawa: Forum of Federations, pp. 33~44.

Martin, David L. (1990). Running City Hall: Municipal Administration in America. 2nd ed. Tuscaloosa and London: University of Alabama Press.

Stephens, G. Ross and Wikstrom, Nelson. (2000). Metropolitan Government and Governance: Theoretical Perspectives, Empirical Analysis, and the Future. New York: Oxford University Press.

U.S. Census Bureau. U.S. Census 2008, 2014.

U.S. Census Bureau. Population Estimates. Nov. 1997.

U.S. Census Bureau. 2012 Census of Governments: Individual State Descriptions: 2012 , Washington, DC: U.S. Department of Commerce, p. viii.

뉴욕시의회 (https://council.nyc.gov/).

LA시정부 (https://www.lacity.org/).

https://www.encyclopedia.com/history/dictionaries−thesauruses−pictures−and−press−releases/town−government (검색일: 2019.1.11.).

https://tshaonline.org/handbook/online/articles/moc01 (검색일: 2018.12. 26).

https://en.wikipedia.org/wiki/Special_district_(United_States) (검색일: 2018.12.29).

https://council.nyc.gov/committees/(검색일: 2018.12.29.).

https://en.wikipedia.org/wiki/New_York_City_Council(검색일: 2019.12.19.).

https://www.lacity.org/your−government/government−information/form−government (검색일: 2018.12.29.).

https://www.lacity.org/your−government/elected−officials/city−council (검색일: 2018.12.29.).

http://library.amlegal.com/nxt/gateway.dll/California/laac/administrativecode?f=templates$fn=default.htm$3.0$vid=amlegal:losangeles_ca_mc (검색일: 2018.12.29.).

https://www.santafenm.gov/elected_officials (검색일: 2018.12.29.).

https://en.wikipedia.org/wiki/Santa_Fe,_New_Mexico (검색일: 2018.12.29.).

https://en.wikipedia.org/wiki/Jersey_City,_New_Jersey#Local_government (검색일: 2018.12.29.).

https://www.orangecountygov.com/27/Government (검색일: 2018.12.29.).

https://en.wikipedia.org/wiki/Westchester_County,_New_York (검색일: 2018.12.29.).

제5절 일본의 지방의회제도

1. 서론

1947년의 지방자치법하에서 구체화된 현행 일본 지방자치제도의 특색은 '수장주의'와 집행기관의 '다원주의'로 요약될 수 있다. 수장주의란 의사기관인 의회뿐만 아니라 집행기관의 장을 주민의 직접선거에 의해 선출하는 제도로서 이원대표(二元代表) 제도라 할 수 있다. 다원주의란 집행기관에 수장으로부터 어느 정도 독립한 지위와 권한을 가지는 기관(행정위원회 또는 위원)을 두고 정치적 중립성이나 공정성 담보가 필요한 사무를 분장시키는 제도를 말한다. 이와 같은 조직 원리는 민주화 원리를 관철함과 동시에 수장, 의회 및 행정위원회 사이에 상호 견제와 균형(check and balance)의 기능이 작동하도록 하는 것이 목적이다.

그러나 지방자치법 시행 이후 70여 년이 지났지만, 자방자치에서 삼자간 견제와 균형의 원리는 당초의 기대와는 달리 제대로 실현되지 못했다는 비판적 견해가 지배적이다. 지방의회는 심의의 형식화·의례화가 현저하여 정책결정과정에서 적극적인 역할을 수행하지 못했을 뿐만 아니라 행정에 대한 감시기능도 미흡하여 집행기관의 결정을 추인하는 기관으로 전락해 버렸다는 비판에 직면해 있다. 또한 의회의 구성원이 특정 계층에 편중되어 있어 주민대표기관으로서의 의미를 충분히 반영하지 못했다는 비판도 존재한다. 행정위원회의 경우 수장과 가까운 인물이나 행정경험자가 선임되는 등 인선에 문제가 많았으며 행정주도의 운영이 많이 나타났다. 요컨대 삼자 간의 역학관계는 수장 우위로 크게 경사되어 있었으며, 결과적으로 견제와 균형원리가 제대로 작동하지 않았다.

수장 우위는 수장이 중앙 행정의 담당자(=집행자)로서 인식되었던 일본형 지방자치의 현실 속에서 강화되어 왔다. 지자체 사무에서 커다란 비중을 차지하는 기관위임사무의 집행이 전적으로 수장의 소관사항이었기 때문에 의회나 행정위원회의 역할은 상대적으로 왜소화(矮小化)할 수밖에 없었다. 지방자치단체의 사업 가운데 상당 부분이 국가의 보조사업이었던 점도 지방의회의 역할을 제약해 왔다.

그러나 새로운 세기를 맞이하여 현재 일본의 지방자치는 새로운 국면을 향해 크게 변모하고 있다. 지방분권의 진전에 따라 기관위임사무가 이미 폐지되었으며, 지금까지 수장 우위의 체제를 뒷받침하여 왔던 제도적 기반 자체가 변하고 있기 때문이다. 이러한 변화는 당연히 지방자치단체의 이원대표제(二元代表制)에도 영향을 줄 수밖에 없을 것이다. 앞으로 수장과 의회, 행정위원회의 관계가 어떻게 변화해 갈 것인지 주목해야 할 것이며, 견제와 균형 원리의 재구축을 위한 개혁도 모색해 보아야 할 것이다. 한편 개혁은 기존의 제도적 틀 내에서도 이루어질 수도 있지만 지방정부의 기관구성 형태 자체의 변화도 모색할 수 있을 것이다.

일본에서는 2003년과 2004년에 걸쳐 사이타마현(埼玉県) 시키시(志木市)의 호사카(穗坂邦夫) 시장이 시티매니저 특구 구상을 총무성에 제안한 바 있는데, 이는 기관대립형(대통령제)인 일본의 기관구성 형태 자체를 개혁하겠다는 것으로 기관구성을 자치단체 사정에 맞게 개혁하겠다는 것이다.[36] 현행 헌법하에서 기관구성 형태를 다양화할 수 있는지에 대해 헌법상 해석이 엇갈리기 때문에 실현에는 이르지 못했으나 지방정부 기관구성의 다양화에 대한 관심을 불러일으킨 사례로 생각되며, 우리나라에도 시사하는 바가 크다고 생각된다. 여기에서는 일본 지방자치단체의 기관구성을 논의하면서 지방의회의 기능이나 특색에 대해 논의하고자 한다.

2. 일본형 이원대표제와 지방의회

주지하듯이 일본의 현행 지방자치법하에서 이원대표제는 수장과 의회 쌍방을

---

1) 일본의 사아타마현(埼玉県) 시키시(志木市)는 2003년 6월, 11월 및 2004년 6월 등 세 차례에 걸쳐, 시티매니저 특구구상(特區構想)을 구조개혁특구의 모집에 제안한 바 있다. 이는 정촌장(町村長)을 폐지하는 규제의 특례조치에 의해 시티매니저 제도의 도입을 제안한 것으로, 기초단위 자치체의 규모에 따라 현행 제도의 운영에 탄력성을 부여하여 행정의 효율화 및 집행기관과 의회가 하나가 되어 지역사업을 추진할 수 있도록 제안한 것이다. 그러나 「시정촌장의 필치규정 폐지」라는 요망은 '특구로서 대응불가'로 판정이 내려져 실현되지는 못했다. 즉, 총무성의 회답은 "헌법 해석상 커다란 쟁점이 있는 주제이기 때문에 국민적인 논의를 거쳐 신중하게 검토가 필요한 과제"라는 이유로 시키시의 특구 구상을 거부한 것이다.

주민의 직접선거에 의해 선출하는 구조에 의원내각제적 요소를 가미한 절충형이다. 불완전한 기관분립형이라고도 할 수 있다.

이원대표제(기관분립형) 원리에 충실하다면 장은 본래 의회의 신임을 받아 선출되는 것이 아니라, 유권자 투표에 의해 선출되는 것이기 때문에 지자체 수장과 의회 간에 대립이 발생해도 의회는 장의 책임을 물을 자격이 없다. 그러나 현행 지방자치법하에서 의회는 출석자 4분의 3 이상의 특별 다수에 의해 장의 불신임을 의결할 수 있으며, 장도 이에 대항하여 의회를 해산하고 불신임 여부를 주민의 심판에 회부할 수 있다(일본 지방자치법 제178조). 이 조문은 명백히 의원내각제적 요소를 도입한 것이라고 할 수 있다. 단, 의결에 특별 다수를 필요로 했기 때문에 장의 불신임이 가결된 예는 적으며, 이 규정의 영향력은 그다지 크지 않다.[37]

보다 실질적으로 대통령제와 차이가 나는 것은 장에게 정책실현을 위한 적극적인 권한이 부여되어 있다는 점이다. 미국형 대통령제에서는 법률 제정은 어디까지나 입법기관으로서 연방의회의 권한이며, 대통령 및 행정부는 적어도 공식적

---

37) 나가노(長野)현에서는 2002년 10월에 지사선거가 있었는데, 이전부터 공공사업의 계속을 주장하는 후보자와 공공사업의 재검토를 공약으로 내세운 다나카(田中康夫) 후보가 경합을 벌여 다나카 후보가 당선되었다. 다나카 지사는 당선 후 공약에 따라 곧바로 댐 건설을 재검토한 끝에 2001년 2월에 「脫댐 宣言」을 발표했다. 이 선언에 대하여 보조금 등 댐 건설에 압도적인 힘을 가진 국토교통성이나 지역 자치단체 수장 및 의회가 불쾌감이나 반대의사를 표명했다. 그 가운데서도 가장 노골적으로 반발한 것은 나가노(長野)현 의회였다. 현 의회는 지사가 삭제한 댐 예산을 부활시켰을 뿐만 아니라 댐의 건설도 선택지 속에 포함시켜 심의하겠다는 「長野縣治水·利水댐等檢討委員会」를 가결하였다. 그 조례에 의하면 지사가 선임하는 학식경험자나 의회관계자 등으로 구성되는 댐等검토위원회가 댐 건설의 타당성 여부를 심의하고, 지사는 심의결과를 받아 다시 결정하도록 되어 있었다.

이 사례는 수장과 의회가 대립하는 관계를 보여주고 있는데, 여기에 시민을 포함시켜 보게 되면 사태는 더욱 복잡하게 되며, 민주주의와 관련하여 본질적인 문제가 부각된다. 지역 시민의 60 내지 70%는 댐 건설에 반대했으며, 지사나 의회에서 결론이 나지 않을 경우 주민투표에 의해 결정하고 싶다는 의견을 나타냈다. 의회는 주민투표를 행하기 위한 조례는 절대로 가결하지 않겠다는 입장이었다.

지사가 댐 건설에 반대해도 의회가 찬성하면 지사는 이를 실현할 수 없다. 거꾸로 의회가 댐을 건설하기를 원해 예산이나 조례를 의결해도 지사가 이를 실행하지 않으면 댐 건설을 실현할 수 없다. 지사와 의회가 대립하는 경우, 의회는 지사의 불신임의결을 지사는 의회를 해산할 수 있지만 최종적으로는 지사나 의회의 판단의 옳고 그름은 시민의 선거에 의한 판단에 달려 있다. 현행법에서 이와 같은 대립은 선거를 하게 되면 민의에 의한 판단이 가능한 것으로 생각되어 왔다. 그러나 지사선거에서는 다나카 지사가, 의회선거에서는 댐 건설 추진파가 승리하였다.

으로는 법안제출권과 예산제출권을 가지지 못한다. 미국에서도 실제로 많은 중요 법안이 행정부에 의해 기초되지만, 그 경우에도 대통령이 직접 의회에 제출하는 것이 아니라 자당의 유력의원(관할위원회의 위원장 등)에게 법안의 제출을 의뢰하여 의원입법의 절차를 따르게 되어 있다.

이에 반하여 일본의 지방자치법에서는 지방자치단체의 수장이 조례안 기타 의안을 의회에 제출할 수 있다고 명기하고 있다(제149조 1호). 의원에게도 의안의 제출권은 있지만 의안의 제출이나 수정동의(修正動議)의 발의에는 의원정수의 12분의 1 이상의 찬성이 필요하기 때문에 무소속의원 등이 단독으로 의안을 기초하여 제출하는 것은 쉬운 일이 아니다. 실제 대부분의 의회에서 수장이 제출한 의안이 압도적 다수를 점하고 있으며, 심의되는 안건의 주류를 이루고 있다. 또한 예산은 장이 조정하여 의회에 제안하는 것으로 되어 있으며, 의회가 예산안에 대해 대폭 수정을 가하는 것은 장의 예산제출권 침해에 해당한다는 이유로 허용되지 않는다. 즉, 권한배분의 면에서 일본의 지방자치법상 제도는 삼권분립형 대통령제와는 전혀 다른 것이며, 오히려 입법권과 행정권의 융합을 특색으로 하는 의원내각제에 가깝다고 할 수 있다.

대통령제와 의원내각제의 절충은 수장의 권한 강화라는 결과를 가져왔다. 직선제의 수장은 대통령과 마찬가지로 직접, 유권자로부터 신탁을 받는다는 정통성을 의회에 대하여 주장할 수 있는 입장에 있다. 게다가 엄격한 삼권분립을 특징으로 하는 미국의 대통령제와는 달리, 수장은 조례제출권, 예산편성을 통해 적극적으로 정책결정을 주도할 수 있다. 또한 수장에게는 의회가 의결해야 하는 안건을 의결하지 않는 경우 전결처분(專決處分)의 권한(제179조)이나 의회가 의무적 제경비를 삭감한 경우에 필요한 경비를 예산에 계상할 수 있는 권한(제177조)까지 부여되어 있다. 수장의 권한에 관한 규정이 개괄예시주의인데 반하여, 의회의 의결사항에 관해서는 제한열거주의를 취하고 있는 점도 수장의 우위를 보강하고 있다. 수장은 구제도 이래 의회에 대한 우위를 그대로 유지한 채, 전후개혁에 의해 새로운 직선제 장이라는 정치적 우위를 아울러 가지게 되었다.

전술한 제도적 규정을 살펴보면, 수장과 의회의 관계가 수장 우위로 경사되게 된 것은 필연적인 것이며, 현행 제도하에서 대등한 입장을 전제로 하는 체크 앤 밸런스를 기대하는 것은 애당초 무리였다. 현행 일본형 이원대표제 자체가 견제와 균형을 담보하기 어렵다면, 지자체 조직 구조의 근본적 개혁이야말로 문제해결의 첩경이 될 것이다.

구조개혁의 방향으로서, 이론적으로는 수장 직선제를 폐지하고 수장과 의회의 관계를 의원내각제형으로 개혁하는 선택지도 생각해 볼 수 있다. 주지하듯이 중앙정치 수준에서는 안정된 민주주의 국가 대다수가 의원내각제를 채용하고 있으며, 미국의 대통령제는 특이한 제도이다. 또한 지방자치 수준에서도 지방의회의 다수파가 집행부를 형성하는 의원내각제형 제도를 채용하고 있는 국가가 다수 존재하며, 일본처럼 중앙 수준과 지방자치단체 수준이 전혀 상이한 조직원리를 채용하고 있는 나라는 예외적이다. 그럼에도 불구하고 적어도 당분간, 지방정부의 조직을 의원내각제라는 방향에서 개혁하는 것은 현실적인 선택지가 될 수 없다. 직선제 수장이 의회에서 선출되는 수장보다 '민주적'이라는 것은 단순하고도 낙관적인 견해이기는 하지만, 이미 50여 년의 직선제 경험을 거친 현재로서 직선제 폐지는 지방자치를 주민으로부터 멀리하는 것으로 받아들여질 것이기 때문이다.

한편, 일본형 이원대표제에서 의원내각제적인 요소를 제거하고 순수한 대통령제로 개혁하는 데도 문제가 없는 것은 아니다. 대통령제하에서는 입법부와 행정부 사이에서 결정적인 대립이 발생하면 정책결정이 이러지도 저러지도 못하는 기능부전에 빠질 위험성이 있다. 미국의 경우 건국 당시 대통령제를 채택한 이래 200년 이상의 기간 동안 입법부와 행정부가 협력관계를 쌓아올려 양자 간의 결정적인 대립을 회피해 왔다고 할 수 있다. 그러나 대통령제에는 입법부와 행정부의 대립을 해소하기 위한 제도화된 수단이 존재하지 않는다. 따라서 그러한 정치문화가 배양되지 못한 곳에서는 정책결정을 방해하는 의회에 비판이 집중되면서 민주주의의 기초를 뒤흔드는 사태가 진행될 가능성이 높다. 현실적으로 일본의 지방자치단체에서도 수장과 의회의 대립·갈등이 격화하여 주민의 정치불신을 조장한 사례가 존재한다. 이 점을 고려한다면 지방자치법에 의해 도입된 불신임결의 및 해산이라는 의원내각제적 요소는 수장과 의회의 대립이 파국을 가져오는 것을 막는 안전판으로서 작용한다고 평가할 수도 있다.

또한 장의 의안제출권이나 예산편성권은 행정부와 입법부의 역학관계가 변화한 현대적 상황을 추인하는 합리화 조치로 볼 수도 있을 것이다. 가령 장의 의안

▶ 그림 2-15 ◀ 일본 지방정부의 수장과 의회의 권한 관계

지방자치 원칙의 보장(헌법92)

주　민

직접선거(憲93①)　　　　　　　　　　　▲직접선거(憲93②)

의회(憲93① · 自89)　　　　　　　　　　지사 · 시정촌장(自139)
※ 겸직 · 겸업 금지(自92)　　　　　　　　※ 겸직 · 겸업 금지(自141 · 142)

---

(1) 의결권 - 제한열거

　(A) 조례의 제정 · 개폐(自96-1)

　(B) 예산의 의결(自96-12) · 수정(自97②)

　(C) 결산의 인정(自96-3)

　(D) 과세 · 사용료 등(自96-4)

　(E) 계약의 체결(自96-5)

　(F) 재산의 취득 · 처분 등(自96-6 · 7 · 8)

　(G) 기타(自96-9이하)

〈 - - - - - - - - -
● 의회소집권(自101①)
● 의안제출권(自149②)

(1) 차지단체의 대표권(自147)

(2) 규칙제정권(自15)

(3) 자치사무의 집행권(自148) - 개괄예시

　(A) 예산의 작성 · 집행(自149-2)

　(B) 결산의 작성(自149-4)

　(C) 과세 · 사용료 등(自149-3)

　(D) 재산의 취득 · 처분 등(自149-6)

　(E) 공공시설의 설치, 공문서보관 등
　　(自149-5 · 7 · 8 · 9)

　(F) 집행기관의 통괄 · 조정(自138의3)

　(G) 직원의 지휘감독(自154) · 직원의 임
　　면(自172)

▲ ※ 의원의 의안제출권(自112)

〈 - - - - - - - - -
전결처분권
(自179 · 180)

　(H) 집행기관의 조직(自155 · 156 · 157)
　　보조기관의 설치(自161이하)

　(I) 부속기관의 설치(自202의3)

　(J) 행정처분의 취소 · 정지(自151)

　(K) 공공적단체의 지휘감독(自157)

(2) 집행기관의 감시권

　(A) 사무의 검사 · 감사청구(自98)

　(B) 기관위임사무에 대한 설명 요구(自99)

　(C) 사무의 조사(自100)

　▲(D) 장에 대한 출석요구 · 사무설명서의 제
　　출요구(自121 · 122)

　(E) 보조기관 선임에 대한 동의(自162)

　(F) 공청회 · 참고인(自109④⑤)

〈 - - - - - - - - -
▲ 재의(再議)청구권
(自176 · 177)

(3) 의회의사표명권

　(A) 의견서의 제출(自99②)

　(B) 청원의 채택(自125) · 진정의 심사(自
　　109③)

- - - - - - - - - 〉
● 불신임의결권
(自177④ · 178)

(4) 의회조직권

　(A) 의장의 선거(自103)

　(B) 위원회의 설치 등(自109이하)

　(C) 회의규칙의 제정(自120)

　(D) 의원의 자격결정(自127)

　(E) 의장(議場)의 규율(自129이하)

　(F) 의원의 징벌(自134 · 135)

　(G) 自己解散權(의회해산특례법)

〈 - - - - - - - - -
● 해산권(自178①)

(4)기관위임사무의 집행권(自148)

주: 憲은 헌법, 自는 지방자치법을 의미. 수자는 조항을 의미.

　▲는 수장제적인 것을 의미하고 ●의원내각제적인 것을 의미.

제출권을 부정한다고 해도 행정의 역할이 확대된 오늘날에는 의원이 정책의 입안에서 결정까지 전 과정을 담당하기는 어려우며, 행정부가 작성한 의안을 형식만 의원제출로 하는 경우가 많을 것이다. 그렇다고 한다면, 수장에게 의안권을 부여한 것 자체를 문제시할 필요는 없을 것이다.

아마도 현실적인 개선 방향은 현행 이원대표제의 틀을 전제로 '견제와 균형'의 재구축에 필요한 제도개혁 내지 운용상의 개선을 검토하는 데 있다고 할 수 있다. 현행 제도는 의원의 의안제출권에 대한 제약 이외에도 정례회의 회수를 제한한 지방의회의 활동규칙 등 체크 앤 밸런스의 실현을 저해하는 요소가 존재하고 있어 개선의 여지가 적지 않다.

<그림 2-15>는 일본 지자체의 수장과 의회의 권한 관계를 도시한 것이다.

3. 수장 우위의 구조와 지방의회

1) 수장의 정치성과 무당파성(無黨派性)

의회가 아니라 유권자의 선거에 의해 그 지위를 얻는 직선제 수장은 필요한 경우 의회의 중개 없이 유권자에게 직접 호소할 수 있다. 그러나 전후 개혁 이후 한동안 수장 자신도 그러한 점을 명확하게 자각하지 못했던 것 같다. 당시의 수장은 정치가로서 정치적 지도력을 발휘하기보다도 자치단체 사무의 중립적인 집행자로서 행세하는 경우가 많았으며, 그러한 태도는 수장에게 중앙 행정의 담당자로서의 역할을 부여하는 중앙·지방관계에도 부합하는 것이었다. 유권자와의 연계에 적극적인 관심을 가지지 않는 수장에게 수장과 의회의 관계는 이원대표제가 예정하고 있던 대립·긴장관계가 아니라 수장을 정점으로 하는 자치단체 조직 속에 주민대표기관으로서 의회가 포섭된 관계였다고 할 수 있다. 수장 가운데 관료출신자가 많았던 점, 정당소속 의원 경력을 갖는 후보자라도 수장 선거에 입후보하는 경우에는 무소속을 표방하는 경향이 있었던 점, 또한 수장에 대한 불신임 의결에 이르는 정치적 대립이 비교적 적었던 점 등은 수장의 비정치적 성격으로 설명할 수 있다.

그러나 양자의 관계는 서서히 변화해 왔다. 그 계기가 된 것은 혁신계 수장의 출현이었다. 혁신계 수장의 출현이라는 것은 수장이 정치화되고, 당파적 존재가 된 것을 의미하며, 의회 다수파의 지지를 기대할 수 없게 된 수장이 의회를 우회하여 직접 유권자에게 호소하거나 주민참여 확충 등을 통해 유권자의 의견을 청취하려고 했던 것이다. 혁신 수장의 출현에 의해 비로소 수장은 자신이 주민의 대표라는 점을 자각했다고 할 수 있다. 직접 주민에게 호소하는 수법은 혁신계 수장뿐만 아니라 현재에는 중립성을 표방하는 수장에 의해서도 채용되는 수법이 되었으며, 그것이 의회와의 관계에서 수장을 한층 우위에 올려놓는 효과를 가져왔다.

한편, 정책결정과정에 있어서 수장의 영향력은 의회 다수파가 수장 제안을 지지하는지 여부에 달려 있다. 정책실현을 위한 리더십의 관점에서 보면 영국의 수상이 미국의 대통령보다도 리더십을 발휘하기가 용이한 것으로 알려져 있다. 그 기본적인 이유는 영국류의 엄격한 정당규율하에서 수상은 어디까지나 다수파(＝여당)의 지지를 기대할 수 있기 때문이다. 의원내각제의 경우와 달리 이원대표제하의 의회에서는 의원에게 각료직이 배분되지 않으며, 본래의 의미에서 여당, 야당은 존재하지 않는다. 그런데 지방의회의 의원은 수장과의 관계를 기초로 여당 또는 야당으로 행동을 하게 되는데, 일본의 경우 이른바 「합승(相乘り)」현상의 확대 속에 대다수의 의원이 여당의 입장을 선택해 왔다. 따라서 수장은 늘 의회의 대다수 지지를 통해 아주 강력한 입지를 얻을 수 있었다.

합승(相乘り) 현상은 수장의 비당파적 성격에 의해 설명될 수 있다. 주민대표로서의 자각이 강한 수장의 정치화 경향은 80년대 이후에도 계속되고 있다고 생각되지만, 그 경우 「정치화」란 「정당화」를 의미하는 것은 아니다. 수장의 정당 소속 비율은 1970년을 경계로 저하하여, 1990년대 초에는 지사의 9할 이상, 시정촌장의 압도적 다수가 초당파형(超黨派型) 무소속 수장이 점하게 되었다. 이와 같은 일본 특유의 현상의 배경에는 정당의 전략상 실패 등 다양한 요인이 존재한다. 이는 수장의 입장에서 보면 한편으로는 주민대표로서의 정치적 성격을 강조하면서 다른 한편으로는 정당으로부터 거리를 둠으로써 의회의 지지를 조달해 왔다고 할 수 있다.

2) 지방분권의 진전과 수장선거의 개혁

지방분권의 진전은 수장의 정치화 경향을 한층 강화할 것으로 보인다. 지방분권이란 지방자치단체의 업무 중에서 정책판단, 즉 정치의 영역이 확대되는 것을 의미하며 수장도 중립적 사무집행자로부터 정책형성의 지도자로 변신하지 않을 수 없기 때문이다. 중앙 주도의 사업에 중점을 두는 기성 정치를 비판하고 유권자의 지지를 획득하고자 하는 새로운 유형의 수장의 등장은 이러한 경향을 반영하는 것으로 생각된다. 단, 현재 정당은 새로운 사태에 대처하지 못하고 있으며, 수장의 '정치화'가 '정당화'로 연결될 가능성은 별로 없어 보인다. 새로운 유형의 수장 후보자는 수장선거에 경쟁을 도입하여, 지방자치를 활성화하는 효과를 거두었으나, 장기적으로 보면 수장선거에 정책경쟁을 도입하는 경우 정당의 역할은 무시할 수 없을 것이다. 합승형 무소속 후보 대 무당파형 무소속 후보라는 구도에서 선거가 활성화되는 현실은 왜곡된 것이라고 하지 않을 수 없다.

수장이 정치적 존재가 되면, 현행 선거제도하에서 수장이 진정한 주민대표로서 정통성을 주장할 수 있는지 이원대표제의 근본적 문제에 대해 새삼스럽게 의문을 가져볼 필요가 있다. 이원대표제는 수장과 의회 쌍방에게 주민대표로서의 입장을 부여하는 것이지만, 과연 현행 선거제도는 그 기능을 적절하게 수행하고 있다고 할 수 있는 것인지가 문제다.

의회를 매개하지 않고 직접 주민을 대표한다는 것은 주민에 대하여 직접 정치책임을 지우는 것이다. 그런 의미에서 해직청구에 유권자 3분의 1 이상의 서명을 요하는 현행 소환제도는 너무나 요건이 까다로우며, 요건의 완화가 필요하다. 그러나 일반적으로 주민에게 수장을 평가하여 정치책임을 묻는 것은 리콜이 아니라 차기 수장선거이다. 따라서 소환제도의 개혁 이전에 우선 수장선거가 주민에 의한 선택지로서 기능하고 있는지를 살펴볼 필요가 있다. 구체적으로는 주민의 의사를 적절하게 대표하고 있지 않는 현직 후보자를 낙선시키는 제도인지가 문제가 된다.

현실적으로는 시장선거의 약 4분의 1, 촌장선거의 약 반수가 무투표이며, 이들 당선자는 형식적인 선거의 세례조차 받고 있지 않다. 가령 선거가 행해져도 유력한 대립 후보가 없는 이른바 무풍선거는 명백히 유권자의 선택지를 빼앗는 것이며, 그 승자가 주민의 신탁을 근거로 정치적 리더십을 발휘하는 것은 부당하다고 할 수 있다. 그러나 복수의 유력후보가 존재하는 대항형(對抗型) 선거라도 당선자가 곧바로 주민대표로서 정통성을 획득한다고는 볼 수 없다. 현행 상대다수제(相對多數制)에 의한 당선자 결정으로는 유력후보자의 수가 많을수록 낮은 득표율로 당선이 가능하기 때문이다. 예를 들면 1999년 4월의 동경도지사 선거에서는 이시하라신타로(石原愼太郎)가 '압승'을 거두었는데, 이러한 결과는 이시하라 지사의 정치적 자산이 되었다. 그러나 그의 득표율은 타 후보와 큰 차이를 보인 것은 사실이지만 겨우 30% 정도에 불과한 것이었으며, 투표율이 58% 정도였던 점을 감안하면 전체의 2할에도 미치지 못하는 유권자의 지지를 획득했을 뿐이다.

수장선거에서 경쟁이 활성화되는 것은 환영할 만한 일이지만, 유효투표의 25% 이상을 획득한 후보자가 없는 경우에 한해 재선거를 실시하는 현행 공직선거법하에서는 과반수 유권자가 반대할지도 모르는 후보자에게도 당선 가능성은 얼마든지 열려 있다. 수장이 주민대표로서 정통성을 주장하기 위해서는 결선투표의 실시를 검토해 보아야 할 것이다. 결선투표는 대체로 수장의 정당화를 촉진하는 효과도 있다고 생각된다. 2회 투표제를 채용하고 있는 프랑스의 대통령선거나 하원의원선거에서 관찰되고 있듯이 두 번째의 결선투표에서는 입장이 가까운 정당이 연합하여 1인의 후보자를 지지하는 현상이 일어난다. 반드시 정당 간의 명시적인 결정이 아니더라도 유권의 자발적인 판단에 의해 같은 결과를 가져올 가능성은 크다. 따라서 상대다수제하에서는 단독으로 후보자를 당선시키는 힘이 없어서 후보자 옹립을 미루고 있던 정당에게도 당선의 기회가 찾아오게 되며, 정당의 적극적인 자세를 재촉하게 된다. 그리고 대립후보의 입후보를 촉진하는 제도는 무투표당선이나 무풍선거를 감소시켜 주민 의사와 유리된 현직 수장에게 퇴장을 압박하는 장치로서도 기능하게 될 것이다.

3) 수장과 행정위원회 – 집행부 구성의 다양화와 수장 권한의 통제

일본의 자치단체는 수장으로부터 독립한 집행기관으로 다양한 행정위원회와 감사위원을 두고 있다. 집행기관이 다원적으로 편성되어 있는 셈이다. 행정위원회는 집행부 수장과 달리 합의제 기관이지만, 대부분은 회의가 공개되며 해직청구제도도 있다.

행정위원회는 (1) 주민참여적 기구(교육위원회·공안위원회), (2) 전문·기술적 기구(선거관리위원회·인사위원회), (3) 이해조정기구(지방노동위원회·농업위원회 등), (4) 준사법적기구(인사위원회·토지수용위원회 등)으로 분류할 수 있다(<표 2-30> 참조).

집행기관 다원주의로 이해할 수 있는 일본의 행정위원회는 견제와 균형을 담당하기도 하지만 몇 가지 문제도 있다. 행정위원회에 대한 그간의 평가는 대체로 좋지 않았다. 수장으로부터는 행정의 통일성을 훼손하는 존재로 비판을 받아왔으며, 주민으로부터는 집행부에 대한 견제기능을 제대로 수행하지 못했다는 비판을 받아왔다.

이는 인선(人選)이나 사무국 주도의 운영이라는 운용상의 문제에 의한 바가 크

▶ 표 2-30 ◀ 일본 자치체의 행정위원회 및 감사위원 개요

행정위원회	근거법	① 위원의 임명, 자격 ② 위원장의 선임방법	지휘감독	① 사무국장의 임명 ② 사무국장의 권한	① 해직청구 ② 회의공개
교육위원회 <도도부현> <시정촌>	지방교육 행정법 2조	① 장이 임명, 의회동의, 학식경험자 등 ② 위원 중에서 호선	문부과학대신은 도도부현·시정촌교육위원회에, 도도부현 교육위원회는시정촌 교육위원회에 지도, 조언 등	① 도도부현교육장은 문부과학대신의 시정촌교육장은 도도부현 교육위원회의 승인 필요 ② 교육장은 전회의에 출석, 조언	① 있음 ② 있음
公安委員會 <도도부현>	경찰법 38조	① 지사임명, 의회동의, 경찰관이 아닌 자 등 ② 위원 중에서 호선	경시총감은 국가공안위원회가 내각총리대신의 승인을 얻어 임명. 도부현경찰본부장·경시정(警視正)이상은 국가공안위원회가 임명	위원회서무는 경시청·도도부현경찰본부가 처리	① 있음 ② 없음
선거관리위원회 <도도부현> <시정촌>	지방자치법 180조6	① 의회에서 선거, 고결하고 공정한 자 ② 위원 중 호선	없음	① 위원장이 임명	① 있음 ② 공개하지 않는 경우 있음
인사위원회 공평위원회 <도도부현> <시정촌>	지방 공무원법 7조에서 12조	① 장이 임명·의회동의, 학식경험자 등 ② 위원 중에서 호선	없음	① 위원회가 임명 ② 불이익처분 불복신청 심사사무 등을 사무국장에게 위임	① 없음 ② 있음

지방노동위원회 <도도부현>	노동조합법 19조의2	① 사용자위원은 사용자단체, 노동자위원은 노동조합 추천. 공익위원은 지사 임명, 양위원의 동의 필요. ② 공익위원 중 호선	없음	① 지사가 임명	② 공개하지 않는 경우 있음
海區漁業調整委員會 <도도부현>	어업법	① 어업자에 의한 선거, 학식경험자 및 공익대표자 ② 위원 중 호선	주무대신 또는 지사의 감독	① 위원회가 서기(書記)등을 둠	① 있음 ② 있음
내수면어장관리위원회 <도도부현>	어업법	① 어업경영자·수산업자·학식경험자 중 지사가 선임한다. ② 위원 중 호선	주무대신 또는 지사의 감독	① 위원회가 서기(書記)등을 둠	① 있음 ② 있음
농업위원회 <시정촌>	농업위원회법	① 경작자에 의한 선거, 농업관계조합 추천, 학식경험자 ② 위원 중 호선	지사의 재의(再議)·취소 명령권	① 농업주사(主事)는 지사의 승인이 필요	① 있음 ② 있음
수용위원회 <도도부현>	토지수용법	① 지사임명·의회동의, 학식경험자 등	없음	① 지사가 임명	② 공개하지 않는 경우 있음
고정자산세평가심사위원회 <시정촌>	지방세법 423조	① 장선임·의회동의, 지방세납세자	없음		② 있음
감사위원 <도도부현> <시정촌>	지방자치법 180조의6	① 장이 선임·의회동의, 식견이 있는 자 ② 대표감사위원을 위원 중 호선	없음	① 대표감사위원이 임명	① 있음

주: 음영으로 표시한 위원회는 도도부현에 설하는 필치(必置)기관. 시정촌에는 농업위원회와 고정자산평가심사위원회가
　　필치기관, 교육위원회, 선관위, 인사위원회 또는 공평위원회, 감사위원은 보통공공단체에 설치하는 필치기관.
자료: 進藤. (1994) 보완.

지만, 보다 구조적인 요인도 존재하는 것으로 생각된다.

　　첫째, 문제는 국가의 할거주의 행정의 침투이다. 거의 모든 행정위원회는 설치나 권한이 법률에 의해 규정되어 있으며, 지방자치단체가 독자적 판단에 의해 설치할 수는 없다. 게다가 법정(法定) 행정위원회는 각각의 근거법에 기초하여 국가의 감독을 받기 때문에 중앙행정의 분할통치 구조로 되어 있어 국가의 행정을 보완하는 입장이다. 그런 의미에서 각종 행정위원회가 자치단체의 종합행정의 추진

을 훼손하고 있다는 비판도 근거가 없는 것은 아니다.

둘째, 수장의 (적어도 외형상) 비당파적 성격은 행정위원회의 존재 의의를 감소시켰다. 당파적인 수장에게 교육행정이나 선거관리를 맡기는 것은 상식적으로 생각해도 부적절하지만, 수장이 중립적인 집행자를 표방하는 한, 행정다원주의의 효용은 그다지 자명하지 않으며 거꾸로 효율성을 해친다는 측면만이 부각될 가능성이 있었다.

그러나 이들 두 가지 요인은 모두 변화의 흐름을 맞고 있다. 지방분권의 추진은 할거주의 행정의 말단으로서 기능한 행정위원회의 성격을 근본적으로 변화시키는 것이다. 또한 지방분권은 수장의 정치적 지도력을 강화하는 방향으로 작용하고 있다. 직선제를 근거로 하는 미국형 대통령의 강력함과 영국형 수상의 정책 실현 능력을 아울러 가지는 수장의 정치적 리더십을 발휘하게 되면 수장의 독주를 방지하는 장치의 필요성이 증가하며, 행정위원회에 대한 기대가 높아질 수도 있을 것이다.

지금까지는 중앙에 의한 간섭이 강했기 때문에 수장 독주에 의해 주민의 권리가 침해되는 경우는 거의 없었다. 그러나 지방분권의 추진으로 지자체 수장에 의한 일탈행위의 위험성이 높아질 개연성이 있다. 그럴 경우 과거처럼 중앙의 관여나 시정요구에 의존하는 것은 지방분권 자체를 부정하는 것이 될 것이기 때문에, 사법적 통제를 생각해 보아야 할 것이다. 그러나 보다 중요한 것은 수장의 일탈행위를 미연에 방지하는 제도의 정비이며, 이를 위해서는 각종 행정위원회나 감사위원의 충실·강화가 유효할 것이다.

4. 지방의회의 개혁

여기서는 몇 가지 관점에서 일본의 지방의회 개혁론에 대해 살펴보고자 한다.

1) 주민대표기관으로서의 의회

이원대표제를 전제로 하여 견제와 균형을 재구축하기 위해서는 지방의회가 중추역할을 담당해야 한다. 현행 제도하에서 의회가 수장과 대등한 입장에 있다고 할 수는 없지만, 수장 권한이 아무리 강력해도 의회에는 수장에게 없는 독자적인 기능이 있다. 즉, 주민의 다양한 의견을 반영하는 주민대표 기능과 공개의 장에서의 심의를 통해 이해의 통합을 꾀하는 심의 기능이다. 의회의 복권(復權)이란 결국 이러한 의회 본연의 기능을 어떻게 충실하게 회복할 수 있는가가 문제다.

우선 의회의 주민대표기관으로서의 측면에 관하여 생각해 보자.

주민대표 혹은 민의의 반영이라는 개념 자체가 그다지 명확한 것은 아니다. 주민의 구성, 즉 성별, 연령이나 직업분포, 소득분포 등을 '거울처럼' 반영한 의회는 세계 어디에도 존재하지 않는다. 그러나 그럼에도 불구하고 지방의회의 현실이 민의(民意)와 너무 괴리되어 있다는 것이 최근 의회비판론의 최대 쟁점이다. 주민투표를 비롯한 직접민주주의 방식에 대한 기대가 점차 높아지고 있는 배경에는 '의회에 대한 주민의 실망'이라는 현실이 존재한다. 무작위로 뽑은 주민들이 지역의 중요 문제에 대해 논의하는 것이 보다 적절한 결론에 이를 수 있다는 평가도 존재한다. 의원 구성의 국제비교를 보는 경우, 일본의 지방의회 의원은 회사 경영자, 자영업자, 단체간부 등이 비율이 높으며, 전문직이나 일반 노동자, 주부는 아주 드물다. 이 때문에 유권자의 의견을 정확히 반영하지 못하고 유권자와 의회 사이에는 괴리가 존재한다.

이러한 상황하에서 수장과 의회 사이에 견제와 균형의 시스템을 재구축하기 위해서는 의회의 비대표성(unrepresentativeness)을 극복하는 것이 가장 중요한 과제다.

의원 구성의 편향성에는 여러 가지 원인이 있다. 가령 선거제도가 편향성을 조장하고 있다면 선거제도의 개혁이 선결과제가 될 것이다. 현재 도도부현 의회에서는 소선거구와 중선거구제의 혼합, 정령지정도시 의회에서는 중선거구제, 일반 시정촌 의회에서는 대선거구제를 채택하고 있다. 도도부현 의회선거에서는 인구가 적은 군(郡) 지역이 소선거구제를 채용하고 있으며, 그러한 선거 방식은 지역의 유력자를 지역의 이익대표로 선출하는 결과로 이어지고 있다. 중선거구나 대선구제도 정당보다는 사람을 선택하는 선거가 되기 쉽다. 특히 20, 30명을 넘는 의원을 대선거구에서 선출하는 경우, 정당을 선택기준으로 하기는 어렵다. 따라서 선거제도의 개혁을 고려하는 경우 지방의회의 정당화를 어떻게 평가할 것인지에 대해 진지한 고민이 필요하다. 정당화를 촉진하는 방향을 선택하게 되면 결과는 크게 달라질 것이기 때문이다.

지방의회의 정당화에 관해서 이전에는 지역 문제에 별로 의미가 없는 이데올로기 대립을 초래하여 중앙에 지방을 종속시키는 결과를 가져왔다는 부정적인 견해가 많았지만, 지방행정의 복잡화에 따라 현재에는 지방수준에서도 정당 간의 정책결정을 긍정적으로 보는 의견이 주류가 되고 있다(原田, 1995). 의회에 민의를 반영시킨다는 문제의식을 가지고 생각하는 경우 정당의 지원에 의해 무소속으로는 입후보하기 어려운 계층의 사람들을 지방의회에 진출시키는 효과도 가져올 수 있다. 정당화 추진에 가장 부합하는 선거제도는 비례대표제이다. 비례대표제의 이점 가운데 하나는 전문적 지식을 가지고 있는 사람이나 여성 등을 정당이 의회에 진출시킬 수 있다는 점에 있다. 물론 그 경우 입후보자 및 당선 후의 의원에 대하여 자원봉사 휴가와 같은 일정기간 근무면제제도를 마련하는 등 사회적인 지원체제를 구축하는 것도 아울러 생각해 보아야 할 것이다.

비대표성 극복을 위한 또 하나의 과제는 선거에 대한 주민의 관심을 제고시켜 참여를 촉진하는 것이다. 도시지역에서 투표율이 50%에도 미치지 못하는 상황은 의회민주주의의 위기이다. 지방의회 선거에서는 언론의 선거보도가 제한적이어서 유권자가 후보자에게 알려질 기회가 많지 않기 때문에 좀처럼 선거에 대한 관심이 높아지기 어렵다. 정당화의 촉진은 이와 같은 상황을 개선하는 데에도 도움이 될 것이다. 도시지역에서의 투표율 저하는 이미 명망가 선출형의 선거가 더 이상 의미가 없음을 의미하며, 도시지역 주민을 투표소로 향하게 하기 위해서는 정당이라는 판단기준의 존재가 유효하기 때문이다.

동시에 언론에 의존하지 않고 정당이나 후보자의 정책을 유권자에게 알리기 위한 환경 정비도 필요하다. 주민투표의 경우 실시에 앞서 활발한 홍보나 자발적인 학습모임 등이 주민에게 지방자치를 배울 학습기회가 될 것이기 때문이다. 선거를 유권자의 학습 기회로서 활용하기 위해서는 선거운동 규제가 완화될 필요가 있다. 일본의 선거운동 규제는 외국에 비해 아주 엄격하여 규제완화를 요구하는 의견이 적지 않다. 너무 엄격한 규제의 폐해는 언론을 충분히 이용할 수 없는 지방선거의 경우 심각하다.[38] 선거운동기간의 연장, 호별방문의 자유화 등과 함께, 지역 케이블TV를 이용한 후보자와 유권자 간 토론회 개최 등 새로운 방식을 시도해 보아야 할 것이다.

2) 심의기관으로서의 의회

심의기관으로서 의회의 현 상황에 대해서도 일반의 시선은 호의적이지 않다. 지방의회의 회기가 한정되어 있을 뿐만 아니라 개회 중이어도 본회의가 매일 열리는 것은 아니다. 전원협의회 등의 편법 이용 때문에 정규 심의시간이 감소하고 있다. 심의의 내용도 수장을 비롯한 집행기관에 대한 질문이 대부분으로 적극적인 정책제안은 발견하기 힘들고 의원 간 건전한 논쟁도 거의 없는 것으로 알려져 있다.

심의의 쇠퇴를 초래한 가장 큰 원인은 의원의 총여당화 내지 준총여당화에 있다. 그러나 여당화를 선택하는 의원이 무조건 수장의 정책에 찬성하고 있는 것은 아니다. 그들의 선택은 수장과 긴밀한 관계를 유지함으로써 역으로 정책결정에 사실상 영향력을 확보하려는 판단에 근거한 것을 생각된다. 의원들의 그러한 노력 자체를 잘못이라고 할 수는 없다. 이를테면 조례안의 경우 수장이 조례안을 제출한 후에 의회에서 의견을 말하는 것보다도 집행부의 입안 작업 중에 의견을 전달하는 것이 조례안의 내용에 커다란 영향을 미친다고 기대할 수 있기 때문이다. 여당의원에 의한 사전의 영향력 행사가 심의의 형식화 내지 형해화(形骸化)를 가져오는 현상은 지방의회뿐만 아니라 국회에도 공통되는 것이다.

그러나 총여당화 현상은 공식적인 심의의 장에서 의회의 영향력을 저하시켜 행정감시 기능도 형식화시키는 결과를 초래한다. 주민대표기관으로서의 의회의 심의는 심의의 내용이나 실질적인 영향력 유무만이 문제인 것이 아니라, 결정에 이르는 논의의 과정을 공개함으로써 정책결정에 정통성을 부여한다는 중요한 의

---

38) 주민투표의 경우 공직선거법의 적용을 받지 않기 때문에 보다 활발한 캠페인이 가능하다.

미를 갖는다. 의원은 주민의 의사에 기초하여 정책결정에 영향력을 행사하고 있다고 주장할지 모르지만 그것이 회의장을 떠난 영향력 행사에 머무르는 한 의회의 정통성 부여기능을 수행했다고는 볼 수 없다. 공개심의보다 이면의 영향력을 중요시하는 의원의 자세와 합승·총여당화 현상은 동전의 양면의 관계에 있다.

의회의 심의기능 강화는 유권자에게 정책결정과정 '공개'에 대한 중요성을 의원들이 자각하고, 이를 위한 방안을 마련하는 데에서 출발해야 한다. 발언시간 제한의 완화, 방청규칙의 재검토, 휴일·야간 개회, 지구 순회 개최, 심의의 TV중계, 의사록의 정비·공개, 의회정보의 홍보 등 곧바로 실행에 옮길 수 있는 개혁도 얼마든지 있다.

또한 본회의와 상임위원회와의 역할 분담에도 재고의 여지가 있다. 물론 전문적인 심의를 행하기 위해서 위원회제도는 유효한 제도이며, 지방자치법에 의한 규제를 완화하여, 각 의회가 독자적인 판단으로 위원회를 설치할 수 있도록 해야 할 것이다. 그러나 많은 방청객이 보는 본회의장에서의 심의야말로 본래의 「보이는 정치」의 중심이다. 본회의가 완전히 형해화하고 있는 국회의 현실은 외국과 비교해도 이례적인 것이며, 규모가 작은 지방의회가 그것을 흉내 낼 필요는 없다.

그리고 의회는 심의를 통하여 주민과의 연대나 제휴를 꾀하여야 할 것이다. 수장의 공청활동 강화나 주민투표 실시 등 이른바 주민참여의 확대에 대하여 지방의회 입장에서는 의회 경시라고 비판하기도 한다. 그러나 의회가 주민대표기관이라고 주장하기 위해서는 선거 때만이 아니라 일상적으로도 솔선하여 주민의 목소리를 경청하려는 노력을 태만히 해서는 안 될 것이다. 참고인이나 공청회제도는 더욱 적극적이고 유연하게 이용해야 할 것이며, 회의종료 전에 방청인으로부터 의견을 듣거나 의원을 파견하여 주민의 목소리를 청취하는 것도 한 방안이 될 것이다. 의회가 주체가 되어 주민을 대상으로 설문조사를 실시하는 등의 방법도 검토할 가치가 있을 것이다.

3) 행정감시형 대 정책결정형 의회

다음으로 생각해 보아야 할 것은 어떠한 의회의 모습을 염두에 두고 의회를 개혁할 것인가의 문제이다. 의회개혁론에는 의원입법을 활성화시켜 독자적인 정책입안 능력에 초점을 맞추는 '의회=정책형성기관' 모형과 집행기관의 결정을 감시·통제하는 것에 중점을 두는 '의회=행정통제기관' 모형을 생각해 볼 수 있다(江口, 1999). 어느 모형을 선택하느냐에 따라 구체적인 개혁의 방향은 달라질 것이다. 예를 들면 전자는 의원정수를 줄여 소수정예로 정책입안에 역점을 두도록 하는 개혁방향을 생각해 볼 수 있다. 후자의 경우는 주민의 다양한 견해를 대표하기 위하여 의원정수를 늘리고 그 대신 의원보수를 무상으로 하는 개혁방향을 생각해 볼 수 있을 것이다.

그런데 이들 기능들이 모두 의회의 중요한 기능들이며 어느 한 쪽만을 선택할 성질의 것은 아니다. 그러나 굳이 선택을 해야 한다면 우선 '의회=행정통제기관' 모형에 입각해 행정감시 기능의 강화를 꾀해야 할 것으로 보인다. 정책결정에 대한 영향력을 중시한 나머지 행정감시 기능을 경시하는 경향이 현재의 심의공동화(審議空洞化)의 한 원인이라고 생각되기 때문이다.

행정감시의 경시도 국회와 공통되는 문제이다. 그러나 정부=여당 대 야당이라는 도식으로부터 벗어나기 어려운 국회와 비교한다면 이원대표제하의 지방의회는 본래 비당파적인 행정감시 역할이 더 중요하다.

행정감시를 위한 구체적인 권한으로서 지방자치법은 지방자치단체나 집행기관의 사무에 대한 검사권, 감사위원에 대한 감사청구권 및 관계인의 증언이나 기록의 제출을 강제할 수 있는 조사권(제100조 조사권)를 규정하고 있다. 행정감시 기능을 강화하기 위해서는 우선 이들 권한을 강화할 필요가 있다. 단, 일상적인 행정감시에는 의회에서의 심의를 통해 행정의 문제점을 유권자에게 제시하는 것이 가장 중요하다. 의회에 의한 행정감시는 직접적으로 행정의 결정을 뒤엎는 힘을 가지는 것은 아니며, 주민과 연대하여 여론을 환기시킬 때 비로소 커다란 영향력을 가질 수 있기 때문이다.

또한 행정통제를 실효성 있게 하기 위해서는 의회가 독자적인 정책입안 능력을 보유하고, 경우에 따라서는 대안을 제시할 수 있는 힘을 배양할 필요가 있다. 그런 의미에서는 의원이 조례제안권의 보장이나 의회 사무국의 충실 등 '의회=정책형성기관' 모형의 관점에서 의회개혁에도 적극성을 보일 필요가 있다.

5. 일본에서의 지방정부 기관구성 다양화에 대한 논의

1) 기관구성의 다양화 논의의 배경

(1) 지방분권

일본의 경우 지방분권이 진전됨에 따라 지방정부의 규모나 지역 특성에 따른 기관구성을 가능하도록 해야 한다는 요구가 점증하고 있다. 과거 헌법상 제약 때문에 지방정부 기관구성의 다양화는 어려운 것으로 생각되어 왔다. 그러나 분권 추세 속에 지방정부 기관구성의 다양화에 관한 논의는 중요한 의미를 가지게 되었다. 여기서는 기관 구성의 다양화에 대한 논의에 앞서 지방정부 내 분업관계에 따른 주요 기관구성 형태에 대해 살펴보고자 한다.

분류의 첫 번째 기준은 지방정부 정치기관의 분업관계에 따른 것으로, 주민으로부터 선출되는 대표기관의 형태는 이원대표제 모형(분립모형), 일원대표제 모형(통합 모형) 및 직접참정 모형 등 세 가지 그룹으로 나눌 수 있다. 또 하나의 분류는 도시 자치단체 행정기능의 분업관계에 주목한 것이다. 이 유형은 도시 자치단체에서 정치의 활동영역에 관한 기능(執政기능, executive)으로부터 집행영역에 관한 기능(집행관리 기능, administration)을 분리하는지에 따라 두 그룹(융합 모형, 분리 모형)으로 나눌 수 있다.

▶ 표 2 - 31 ◀ 지방정부 내 분업관계에 따른 주요한 기관구성 형태

		정치기관의 분업 관계		
		이원대표제 모형 (분립모형)	일원대표제 모형 (통합모형)	직접참정 모형
행정 기능의 분업 관계	융합 모형	A 수장제 (강시장제, 약시장제)	C 카운실형, 이사회형, 참사회형, 의원내각제형	E 주민총회(타운미팅)형
	분리 모형	B 수석행정관형(수장소속) 시지배인형(의회소속)	D 시지배인형	F 타운지배인형

이상의 유형하에서 각국의 지방정부 기관구성의 변천을 살펴보면, 일본 지방정부의 기관구성의 다양화 논의에 함의를 얻을 수 있을 것이다. 예를 들면 미국에서는 「타운미팅(E유형: 직접참정·융합 모형)」으로부터 시작해서, 「약시장제·강시장제(A유형: 이원대표제·융합 모형)」로 서서히 이행하였으며, 그 후 시정개혁의 필요성이나 환경에 대한 기민한 대응 필요성에서 「이사회형(C유형: 일원대표제·융합 모형)」을 일시적으로 채용하기도 했지만 오늘날에는 「카운실 매니저형(D유형: 일원대표제·분리 모형)」이 성장하고 있음을 알 수 있다.

(2) 재정악화와 지자체 개혁

미국에서는 1990년대에 들어, 오랜 동안 유지해 온 시장·의회형을 포기하고 의회·지배인형을 채택하는 단체가 늘고 있다. 그 배경은 다음과 같이 세 가지로 요약될 수 있다. 첫째, 지자체 재정의 악화를 들 수 있다. 이는 연방정부로부터 지자체로 가는 보조금이 삭감된 것과, 1990~1991년의 심각한 경기후퇴로 인해 소득세수(所得稅收)가 정체한 것이 주된 요인이다. 그리고 1990년대 후반 이후, 전에 없던 호황으로 지자체 재정이 일시적으로 호전됐지만, 2001년도 이후 지자체 재정은 다시 급속히 악화했다. 지자체 전체의 재정수지는 1987년 80억 달러에서 1997년도에는 7억 달러로 떨어진 후, 1997년에는 136억 달러로 흑자 경향을 회복했지만, 2002년도의 경우 295억불로 큰 폭의 적자로 돌아섰다.

일본의 경우 주지하듯이 세계 최대의 재정적자를 떠안고 있다. 일본 정부는 2019년 예산으로 101조 엔, 우리 돈 1,000조 원이 넘는 사상 최대액을 편성했다. 하지만 이 사상 최대의 예산액은 상당액이 빚으로 채워져 있다. 101조 4,564억 엔(우리 돈 1,014조 원 가량)에 달하는 사상 최대 예산안 가운데 일본 정부가 세금 수입으로 충당할 수 있는 돈은 62조 4,950억 엔 가량이다. 61% 수준에 불과하다. 그리고 나머지는 또 다른 돈주머니를 찾아야 하는데, 그 대부분을 차지하는 것이 '국채' 발행액이다. 나라의 신용을 믿고 돈을 빌려달라는 국가 채권, 국채는 결국 나랏빚이라는 뜻으로 내년도 예산을 충당하기 위해 발행해야 하는 일본 국채만 32조 6,598억 엔(우리 돈 320조 원)에 달한다. 전체 예산의 32% 수준이다.

지자체 개혁도 전술한 맥락을 무시할 수 없다. 미국의 지방정부 형태의 역사적 변천과정에서 함의를 살펴보면 지방정부 기관구성이 재정적자 상황과 밀접한 관련이 있음을 알 수 있다. 일본에서도 분권개혁의 진전과 함께 심각한 정부 재정적자 상황도 기관구성의 다양화를 모색하는 주요 이유가 되고 있다.

2) 일본에서 기관구성 다양화에 대한 헌법상 해석

> 일본 헌법 제93조 ① 지방공공단체는 법률이 정하는 바에 따라 그 의사기관(議事機關)으로서 의회를 설치한다.
> ② 지방공공단체의 장, 의회의 의원 및 법률이 정하는 기타 이원(吏員)은 그 지방공공단체의 주민이 직접 이를 선거한다.

이 규정은 지방공공단체의 장, 의회의 의원 등에 관하여 주민의 직접선거제도를 규정한 것이다. 시지배인제(city manager) 등의 도입에 관해서 일본 정부는 다음과 같은 논점을 중심으로 신중한 검토가 필요하다는 입장이다.

첫째, 헌법은 의사기관(議事機關)으로서의 의회 설치에 머무르지 않고 의결기관과 집행기관의 분립을 요청하고 있는지 여부?

둘째, 헌법에 규정된 '지방공공단체의 장'은 집행기관의 장을 의미하는 것인지, 아니면 지방공공단체를 대표하는 자(者)인지?

이 쟁점에 관한 학설은 대체로 다음과 같다.

시지배인제나 참사회제 등의 도입 가능성을 부정하는 입장.

① 현행헌법은 주민자치의 이상을 철저하게 실현하고 의회의 장과의 상호 견제와 균형에 의해 공정한 지방자치행정의 운영을 보장하는 것이라는 입장.

② 의회와 장 쌍방 모두 주민이 직접 선출하도록 규정된 이상, 지방정치에서 의원내각제와는 다른 순수한 이원대표제를 채용한 것으로 해석하는 것이 타당하다는 입장.

기관 다양화의 입장가능성을 긍정하는 입장.

① '지방공공단체의 장'은 독임제기관이라는 점이 예상되는 것으로 생각되나, 헌법 93조가 합의제의 장을 두는 것을 반드시 금하는 것은 아니다.

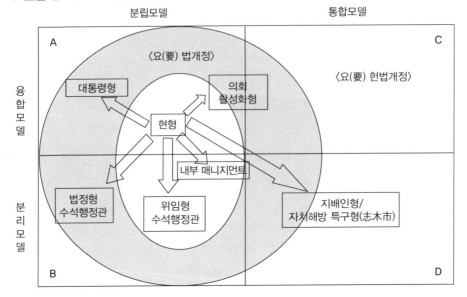

② 헌법 93조의 취지는 시지배인제나 참사회제 등의 도입 가능성을 긍정하는
입장.

기관구성 다양화에 대한 헌법상 해석을 고려하면 지방정부 기관구성의 선택
가능성은 <그림 2-16>과 같이 정리될 수 있을 것이다. 선택지는 현행법 테두
리 내에서 가능한지, 지방자치법의 개정이 필요한지, 혹은 헌법개정이 필요한지
등을 기준으로 정리해 볼 수 있다. 일원대표제 모형(통합모형)은 헌법해석상 신중
해야 할 유형이기 때문에, 현행 헌법하에서 채택할 수 있는 선택지는 이원대표제
모형(분립모형) 속에서 행정기능의 분업관계 방식을 축으로 유형화할 수 있다.

3) 자치체 조직의 다양화에 관한 설문조사 결과

일본의 지방정부 기관구성은 현행 헌법과 지방자치법에 기초하여 직선 수장과
직선 의원으로 구성되는 의회제도라는 획일적인 제도 채용이 특징이다. 그러나
최근 이러한 획일적인 지방자치제도로부터의 구조 전환을 요구하는 목소리가 나
오기 시각했다.

시장들에게 제도 개정을 요구하는 의향을 설문한 결과 76.5%의 도시 자치단체가 현행 직선시장과 직선 의회제도 존속이 좋다는 회답을 보였다.

◗ 표 2 - 32 ◖ 지방정부 기관구성 형태의 관한 시장의 개정 의향

	현행 제도 존속	현 제도를 포함하여 조직 형태를 선택할 수 있도록 하는 것이 바람직	현행 제도의 근본적 재검토	모르겠다	기타	합계
회답	407	99	15	8	3	503
%	76.5	18.6	2.8	1.5	0.6	100.0

		조속한 검토 필요성 있음	검토 필요성 있음	검토 필요성 없음	모르겠다	합계
(1) 수석행정관제도	회답	9	64	34	4	111
	%	8.1	57.7	30.6	3.6	100.0
(2) 시티매니저제도	회답	3	33	62	11	109
	%	2.8	30.3	56.9	10.1	100.0
(3) 카운실제도	회답	4	29	60	16	109
	%	3.7	26.6	55.0	14.7	100.0
(4) 參事會제도	회답	2	24	62	20	108
	%	1.8	21.1	54.4	17.5	100.0
(5) 의원내각제도	회답	3	25	68	13	109
	%	2.6	21.9	59.6	11.4	100.0

(수석행정관제도)
장은 지역주민에 의해 직접공선되나, 장의 권한을 대폭 특정 행정전문직원에게 위임하여 전문적인 경영을 하게 하는 제도
(시티매니저제도)
장은 지역주민에 의해 직접 공선되나, 권한은 거의 보유하지 않으며, 직접공선에 의해 선출되는 의회가 자치체의 권한을 보유한다. 단, 의회 자신은 세부적인 행정에 관여하지 않고 정책방침의 결정, 예산의 승인 조례제정 등의 기능을 담당한다. 행정집행에 관해서는 의회에 의해 임명되는 「지배인」이 책임을 지는 제도

(카운실제도)
장은 지역주민에 의해 직접 공선된다. 지역주민의 직접공선에 의해 선출되는 의회가 자
치체의 최고의사결정기관임과 동시에 집행기관이다. 행정 분야 또는 지역별로 위원회
또는 보조위원회를 설치하여 행정의 집행을 담당하며 최종적인 책임을 지는 제도
(참사회제도)
직접 공선에 의한 의회가 직원 속에서 시의 내각에 상당하는 참사회를 선출하여 의장이
시장이 되어 행정을 집행하는 제도
(의원내각제도)
정부(내각)의 존립이 의회의 신임을 필수요건으로 하고 있는 제도. 의회에서 다수당에
의해 내각을 조직하며, 내각은 의회에 대하여 연대하여 책임을 치고 각료는 원칙적으로
의석을 갖는다.

자료: 五十嵐孝敬喜. (2002). 住民投票と市民立法. 「自治体の構想 2 : 制度」. 東京: 岩波書店.

6. 맺음말

일본에서 지방분권이 진전되면서 현행 이원대표제의 재검토 필요성도 높아지
고 있다. 지방자치에 있어서 견제와 균형의 재구축을 위해서는 지금까지 논의한
것뿐만 아니라 다양한 방법들을 생각해 보아야 할 것이다. 그러나 지방정치에 있
어서 정당화(政黨化)를 어느 수준까지 진전시킬 것인지 혹은 의회를 행정감시기관
으로서 볼 것인지 등은 자치단체에 따라 견해가 다를 수 있으며, 지역차도 무시
할 수 없다. 전국적으로 일률적인 제도개혁을 추진하기는 곤란하다.

과감한 개혁의 실행에는 불확실한 요인이 수반하는 점을 고려한다면, 우선 실
험을 허용하는 제도를 마련해 보아야 한다. 2000년 5월 지방자치법 개정으로 지
방의회의 상임위원회의 수에 관한 제한이 철폐되어 조례에 위임하게 되었지만,
여기에 그치지 않고 의원정수, 선거제도 등에 관해서도 규제를 완화하여 각 자치
단체 및 주민의 자주적 결정에 맡겨 볼 필요가 있다. 자치단체의 규모에 따라서
는 더욱 대담한 개혁, 이를테면 의회를 정책결정의 중심으로 상정하고 수장을 시
티매니저와 같은 존재로 하는 방안이나, 의회와 주민총회의 병행개최 등에 대해
서도 검토할 수 있을 것이다. 실험을 허용해야 새로운 아이디어도 생길 것이며
주민의 관심도 제고할 수 있을 것이다.

그러나 개혁을 위해서는 지자체 스스로의 개혁 노력도 무엇보다도 중요하다. 예를 들면 지방의회의 운영은 대부분 전국 도도부현의회의장회, 전국시의회의장회 또는 전국정촌의회의장회가 작성한 「표준회의규칙」에 따라 행해지며, 독자적인 안을 마련하고 있는 의회는 소수에 머무르고 있다. 현행 위원회 중심주의에 의한 의사 운영은 실제로는 「표준도도부현회의규칙(標準都道府縣 會議規則)」의 전신인 내무성의 「都道府縣議會會議規則準則」(1947년)에 유래한 것이다. 앞으로 지방자치단체 스스로가 뿌리 깊은 획일적 의식을 얼마만큼 바꾸어 갈 수 있을지에 의회 개혁의 성패가 달려 있다.

참고문헌

김웅기. (2001). 「미국의 지방자치」. 서울: 대영문화사.

소진광 외. (2008). 「한국지방자치의 이해」. 서울: 박영사.

정세욱. (2004). 「지방자치학」. 서울: 법문사.

채원호. (2005). 일본 지방정부의 기관구성 형태 연구. 「한국지방자치학회 동계학술대회 발표논문집」.

채원호. (2006). 기관구성 다양화: 외국사례. 「지방행정」, vol. 65(754).

최진혁. (2002). 프랑스 신지방분권화의 정치/행정적 논리. 한국정책학회 학술논문집.

황아란. (1997). 「외국지방자치제도와 기관구성」. 서울: 한국지방행정연구원.

KBS 뉴스(http://news.kbs.co.kr/news/view.do?ncd=4102767&ref=D). (검색일 2019.1.1).

江口淸三郎. (1999). 地方議會と 市民參加. <都市問題>, 1999年2月號.

大山礼子. (2002). 首長・議会・行政委員会. 松下外編. <自治体の構想4: 機構>. 東京: 岩波書店.

進藤兵. (1994). 自治体の首長制度. <講座行政学2: 制度と構造>. 東京: 有斐閣.

人見剛. (2000). 住民自治の現代的課題: 地方議會・住民参加・住民投票. <公法研究>, 62.

藤井英彦. (2005). 三位一体改革の推進力強化に向けて. Business & Economic Review, 2005年 月號

_____. (2006). シティ・マネジャー制の導入を: 三位一体改革の推進力強化に向けて. Business & Economic Review, 2006年 3月號.

村上弘. (1995). 相乗り型無所属首長の形成要因と意味. 「年報行政研究」, 30.

都道府県議会制度研究会. (2005). <今こそ地方議会の改革を: 都道府県議会制度研究会 中間報告>.

제3장
우리나라 지방의회의 역사

우리나라 지방의회의 역사

제1절 지방자치법의 제정과 지방자치제도의 도입기

1. 조선시대말의 지방자치

우리나라에서 근대적 의미의 지방자치제도는 동학혁명으로 태동된 지방행정 조직으로서 집강소와 갑오경장 이후 1895년(고종 32년) 11월 3일 발표된 향회조규(鄕會條規)에 규정된 향회제도라 할 수 있다. 지방의회제도의 기원을 찾는다면 향회라고 할 수 있다. 향회조규에 의하면 향회는 대회(大會), 중회(中會), 소회(小會)로 구분하였다(최봉기, 1986). 대회는 군회(郡會)이며 군회의 구성원인 군회원은 군수 및 각 면의 집강과 각 면에서 공선된 각 2인으로 한다. 중회는 면회(面會)이며 면회의 구성원인 면회원은 집강 및 면 내의 각 리 존위와 각 리에서 공선된 2인으로 한다. 소회는 리회(里會)이며 리회의 구성원인 리회원은 매호당 1인으로 하였다. 존위, 집강, 군수는 각급 향회의 회의를 주재하고 회의일자와 장소를 정하였다. 이들은 회의 시 표결에는 참여하지 않았으나 가부동수인 경우 결정권을 갖고 다수결로 결정된 사항을 번복할 수 있었다. 향회에 부의되는 사항은 ① 교육, ② 호적 및 지적, ③ 위생, ④ 사창(社倉), ⑤ 도로 및 교량, ⑤ 식산흥업(殖産興業), ⑦ 공공산림, 제언(堤堰), 보(洑), 항(港), ⑧ 제반세목 및 납세, ⑨ 겸황(歉荒) 및 환란의 규휼, ⑩ 공공복무, ⑪ 제반계약, ⑫ 신식영식(新式令飾) 등 12개 항목이다(김동훈, 2002; 문병기 외 2015).

그러나 이러한 제도는 새로운 것이 아니라 당시 향촌사회에서 시행되고 있던 주민자치의 전통을 법제화한 것이다. 즉, 개화파 정권은 농민들의 분노를 잠재우고 이들의 참정욕구를 수용하는 방안으로써 전래의 향회제도와 면리자치제도를 모태로 삼아 향회를 법제화했던 것이다(윤정애, 1985: 85~86). 향회제도를 비롯한 일련의 지방제도 개혁은 나름대로 근대적 지방자치제를 지향하는 획기적인 것이었으나 국제 침략세력의 도전과 국내정치의 불안정으로 끝내 실시하지 못했다(문병기 외, 2015).

2. 일제시대

일제는 1910년 우리나라를 강제로 합병하고, 지방관제는 칙령 357호로 공포되어 그해 10월 1일부터 시행되었다. 조선총독부관제와 지방관제를 공포하여 고유의 지방행정제도를 말살하고 식민지체제로의 근본적이고 대대적인 개편을 강제적으로 단행하였다. 일제는 중추원, 도평의회, 부회, 읍면회 등 그들이 소위 자치체라고 하는 것들을 만들었다. 도부읍면에는 법인격이 부여되었으며, 도부읍의 조직은 의결기관과 집행기관으로 구분하였으며 의결기관으로는 도회, 부회, 읍회를 두었는데 그 의장은 각각 도지사, 부윤, 읍장이 맡았다.

1913년에는 정령 제111호로 도의 관할 구역과 부제를 도입하고 부윤의 자문기관으로 임명제인 부협의회를 설치하였다. 1920년에는 제2차 지방제도 개정을 통해 임명제이던 부협의회 의원의 선임방법를 선거제로 변경하였다. 1930년 제2차 지방제도 개정에서는 부협의회를 부회로 개정하여 의결권을 부여하였다. 부회 의원은 4년 임기의 명예직이며 의장은 부윤이 겸하고 부의장은 의원 중에서 선출하도록 하였다(손정목, 1992a).

부회의 권한은 의결권, 선거권, 의견서제출권, 행정감사권, 회의규칙제정권 등이다. 부회는 주민이 직접 선출한 의원으로 구성되었지만 실제로는 명목상의 의결기관으로, 부회의 결정이 권한을 넘거나 회의규칙을 위반한다고 인정될 때에는 의장인 부윤에게 재의회부권, 재선거권이 부여되었고, 도지사의 재가를 얻어 의결을 취소할 수 있는 권한이 있었다. 부회의 의결사항 중 대부분이 총독이나 도지사의 인가를 받게 되어 있어 철저한 후견적 감독을 받도록 되어 있었다. 따라서 부회는 지방자치적 의결기관이라기보다는 관치적 의결기관에 불과하였다(김동훈, 2002: 193~194).

1910년 지방관제와 면에 관한 규정(총독부령 제16호)으로 그동안 잡다했던 명칭(社, 坊, 面)이 면으로 통일되어 국가의 지방행정구획으로 되었고, 1913년의 면경비 부담방법(총독부령 제16호)과 1917년 면제(面制)로 재정주체와 사업능력을 부여받았다. 면 중에서 조선총독이 지정하는 면을 지정면이라 하여 이를 보통면과 구별하여 기채능력을 인정하였는데, 1920년의 면제 개정으로 면협의회를 신설함에 있어서 양자는 구성방법을 달리하였다. 일인 거주자가 비교적 많은 소도읍인 면이 지정면이 되었는데 이것이 1930년의 읍면제에서 말하는 읍의 전신이었다(문병기 외, 2015).

1930년 12월에 도제, 부제 및 면제의 개정을 단행하였다. 도평의회를 도회로 바꾸어 의결기관으로 변화시키면서 3분의 1은 도지사의 임명에 의해, 3분의 2는 부회의원, 읍회의원, 면회의회 회원의 간접선거에 의해 구성하였다(1934년에 시행). 그리고 부회 및 읍(종래의 지정면)회를 의결기관으로 하고 면협의회를 자문기관으로 설치하였다(1931년에 시행). 이러한 지방의회는 다음과 같은 기능과 역할을 수행하였다. 첫째, 중요한 사항을 의결하고, 둘째, 공익에 관한 의견서를 관계 관청에 제출하고, 셋째, 관청의 자문에 답신하고, 넷째, 예·결산을 심의하고 검사하는 권한 등이다. 자치입법권은 매우 제한적이었고 지방단체장이 자의적으로 의결을 취소할 수 있었다(이대희, 2015).

일제 당국에 의해 도입된 지방자치는 형식적으로 운영되었고 중앙집권적 경향은 더욱 강화되었지만, 1919년 3·1운동을 계기로 회유를 위한 문화정치의 일환으로 지방자치가 어느 정도 강화되었다. 일제시대의 지방자치제도는 한편으로는 근대적인 지방자치제도 도입을 이루었다는 긍정적인 측면도 있었지만 식민지 통치정책의 일환으로 도입된 측면이 강해 지방자치의 왜곡이 많았다는 점에 부정적 측면이 있다(이기우, 2009; 이대희, 2015).

3. 미군정시대

1945년 9월 미군이 서울로 들어오면서 미국은 곧바로 군정청을 설치하고 군정청이 남한 내의 유일한 합법정부임을 선언하였다. 미군정의 시작과 더불어 종래의 지방의회를 대치할 수 있는 기구로서 고문회를 설치하라는 지시를 내렸다. 이 지시를 따라서 지방에 고문회가 설치되었고, 현재 남아 있는 기록 중 고문회원이 가장 빨리 선임된 곳은 인천부로서 1945년 10월 31일이고, 경성부가 30명의 고문을 선출하여 제1회 간담회를 개최한 것이 11월 9일이었다. 이 고문회가 남한 전역에 걸쳐 조직이 완료된 것을 확인한 미군정은 1946년 3월 14일자 법령 제60호로 도회, 부회, 읍회 및 면협의회와 군·도(島)의 학교평의회를 해산해 버린다. 해방과 더불어 지방의회의 기능은 사실상 상실되어 있었으나 이 조치에 의해 제도적으로도 소멸되었다. 미군정 당국의 입장에서 이 고문회는 지방의회의 기능을 담당하기 바랐던 기구였던 것이다(손정목. 1992). 따라서 도지사, 부윤, 읍, 면장은 국가의 하급행정기관으로서 지방단체인 도, 부, 읍, 면의 의사기관인 동시에 집행기관으로서 미군정의 명에 따라 사무를 처리하였다(문병기 외, 2015).

미군정 당국은 우리 국민에 의한 자치행위를 인정하지 않았던 상황에서 군정청을 통해 국가를 관리하였다. 지방행정조직과 관련하여 일제강점기의 행정체계를 그대로 인정하여 유지시켰다. 또 지방행정조직을 관리할 관리자를 임명하는 과정에서 도지사는 민정장관의 추천으로 군정청장이 임명하고 그 소속관료는 도지사가 임명하였다. 1946년 11월 군정법령 제126호[1]에 의하여 도 및 기타 지방의 중요 관공리와 각급 지방의회 의원을 조선인 대다수의 자유로운 선거에 의하여 선출한다고 하였으며 "민주주의적 지방자치의 원칙하에서 국가발전을 촉진" 시키려는 목적으로 선출하도록 규정하였으나 시행되지 못했다(남창우, 2010).

---

[1] 군정법령 제126호는 도 및 기타 지방의 관공리, 각급 지방의회 의원의 선거에 관한 것이다.

4. 대한민국시대

우리나라의 지방자치 시작은 1948년의 제헌헌법 제정에서 찾을수 있다. 제헌헌법은 제96조와 제97조에서 지방자치를 규정함으로써 지방자치에 대한 헌법적 토대를 제공하고 있다. 제96조에서는 "지방자치단체는 법령의 범위 내에서 그 자치에 관한 행정사무와 국가가 위임한 행정사무를 처리하고 재산을 관리하며, 법령의 범위 내에서 자치에 관한 규정을 제정할 수 있다"고 규정하고 있다. 제97조에서는 "지방자치단체의 조직과 운영에 관한 사항은 법률로 정하며, 지방자치단체는 각각 의회를 두고 지방의회의 권한과 의원의 선거는 법률로써 정한다"고 규정하고 있다(이기우, 2009). 지방의회는 제헌헌법에서부터 헌법기관이었다. 헌법 제97조에서는 지방자치단체는 반드시 의회를 두어야 한다고 엄격하게 규정하고 있다(김기홍, 2015). 즉, 제헌헌법은 지방의회가 지방자치의 필수적인 기관으로 인식하고 있었던 것이다. 지방자치의 기관구성 원리에는 여러 가지가 있지만 우리 헌법은 지방의회와 지방자치단체장이 서로 견제와 균형을 이루게 하는 기관대립형 구조를 채택한 것이었다(조정찬, 2010).

제헌헌법의 토대 위에 1949년 7월 4일 지방자치법이 제정되기 전에 1948년 11월 17일 법률 8호로 지방행정에 관한 임시조치법이 6개월 한시법으로 제정되었다. 지방자치법안은 1949년 3월 9일 49차 본회의에서 수정·통과되어 정부에 이송되었으나 이승만 대통령은 국회에 재의를 요구하였다. 국회에서 통과된 지방자치법에는 공포 후 10일 이내에 시행하도록 되어 있으나 국토분단과 치안상황을 고려하여 공포 후 1년 이내에 대통령이 정하도록 수정을 요구하였다. 이 법률안은 2회 국회의 폐회로 자동적으로 폐기되고 3회 국회에서 재입안한 지방자치법이 국회에서 의결되었다. 지방자치법은 1949년 7월 4일 법률 제32호로 제정·공포되어 동년 8월 15일부터 시행되었다.

지방자치법상 지방자치단체의 종류로는 ① 도와 서울특별시, ② 시읍면의 2종류로 규정하였다. 기관의 구성 방식으로 지방의회는 주민의 직접선거에 의한 지방의원으로 구성하도록 하였으나 지방자치단체의 장은 도지사와 서울시장의 경우는 대통령이 임명하도록 하고 시읍면장은 각각 지방의회에서 선출하도록 하였다(이기우, 2009).

그러나 정부수립 후 여러 가지 행정체제의 미비와 아울러 국내 치안상태가 불안정하다는 이유로 지방의회 의원선거는 무기한 연기되었다. 정부에서 지방자치법을 검토한 결과 시행상 문제점이 있다는 이유로 개정안을 제출하여 공포된 지 5개월 만인 1949년 12월 15일 1차 개정되었다. 주요내용은 다음과 같다. 첫째, 경과규정을 두어 지방의회가 성립할 때까지 지방의회의 의결을 요하는 사항은 내무부장관 또는 도지사의 승인을 얻도록 하고 시장은 대통령, 읍면장은 도지사가 임명하도록 하였다. 둘째, 도 또는 서울특별시의 조례나 그 장의 규칙에 법률의 특별한 위임이 있는 경우에 한하여 벌칙규정을 제정할 수 있던 것을, 법률에 특별한 규정이 없는 한 3개월 이하의 징역 또는 10만 원 이하의 벌금, 구류, 과료에 처하는 규정을 제정할 수 있도록 하였다(제9조). 셋째, 지방의회 의원의 제명은 3분의 2 이상의 찬성이 있어야 한다(제50조 2항)는 규정을 신설하였고, 지방의원의 선거구 책정방법을 변경하였다(제56조, 제57조). 넷째, 대통령은 천재지변, 기타 비상사태로 인하여 선거를 실시하기 곤란하다고 인정할 때에는 지방자치단체의 전부 또는 그 일부의 선거를 연기 또는 정지할 수 있다는 규정을 신설하였다(제75조 제2항). 다섯째, 시·읍·면장의 위법행위에 대해 도지사의 탄핵소추권을 인정하였다(문병기 외, 2015; 이기우, 2009).

제2절 지방의회 부활 이전(1961년 이전)

1. 제1대 지방의회(1952~1956)

지방자치법이 1949년 7월 4일 공포된 직후에 당시의 장경근 내무부차관은 그해 10월에 각급 지방의회 의원선거를 실시하겠으며, 이를 위한 경비 20억 원은 추가예산을 편성할 때 반드시 계상하겠다고 장담하였다. 그러나 이승만 대통령을 비롯한 당시의 행정부는 지방자치를 실시할 생각은 처음부터 하지 않고 있었고,

따라서 추가예산 편성 때에도 선거비용은 계상하지 않았다. 1950년 5월 30일에는 제2대 국회의원선거를 무사히 잘 끝마쳤음에도 불구하고 정부는 지방자치를 하기에는 치안사정 등으로 이르다 또는, 아직 우리의 민도가 지방자치를 할 정도로 성숙되지 않았다는 등의 이유로 지방의회를 구성할 생각을 하지 않았다(손정목, 1992). 그러다 개정지방자치법 제75조 제2항에 규정된 천재지변 기타 비상사태에 해당되는 한국전쟁이 발발하여 지방자치는 실시되기 어려운 상황이 되었다.

이승만 대통령은 1948년 7월 20일에 임기 4년의 대통령으로 제헌국회에서 간접선거로 선출되고 난 이후 대통령의 임기는 1952년 7월에 끝나게 되어 있었다. 그런데 1952년 초의 국회의원 중 과반 수 이상은 이승만 대통령의 적극적 지지자가 아니어서 국회의 간접선거에 의한다면 대통령 재임 가능성이 극히 희박한 상황이었다. 이러한 사정으로 정부는 대통령의 직선제와 양원제를 골자로 하는 개정안을 1951년 11월 30일 국회에 제출하였으나 1952년 1월 18일 재적 175명, 총 투표자 163명 중 찬성 19, 반대 143, 기권 1이라는 절대 다수로 부결되었다(손정목, 1992). 이러한 상황 아래 이승만 대통령은 직선제 개헌을 지지해 줄 전국적인 지지기반을 확보하기 위해 1952년 4월 지방의회 선거를 실시하게 되었다(문병기 외, 2015).

제1대 지방의회 구성은 4,263개의 시·읍·면 선거구에서 17,544명이 선출되었고 서울·경기·강원이 제외된 7개도에서 306명이 선출되었다. 서울·경기·강원도는 1956년에 처음으로 구성되었다. 이때의 정치제도 상황에서 지방자치제도는 권력분립주의 원칙에 의원내각제를 가미한 특성을 가지고 있었다. 이때는 지방의회에 지방자치단체장에 대한 불신임권을 부여하는 한편, 지방자치단체장에게는 의회해산권이 부여되었다. 그래서 1952년 4월부터 1956년 8월 사이에 전국의 시읍면장 1,468명 중 79.6%인 1,168명이 임기 전에 사임했고 지방의회의 불신임의결이 66건, 의회해산이 18건이었다(행안부, 2015).

▶ 표 3-1 ◀ 지방의회 의원당선자 현황 (단위: 명, %)

도명	시·읍·면								도		
	시		읍		면		당선 의원계	투표율 (%)	의원 정수	입후보 자 수	투표율 (%)
	선거구	당선 의원	선거구	당선 의원	선거구	당선 의원					
경기	17	48	20	105	306	1,376	1,529	88	–	–	–
충북	5	20	22	78	368	1,227	1,325	93	28	63	86
충남	6	22	33	165	482	2,001	2,188	89	46	128	78
전북	14	61	18	91	477	1,976	2,128	91	32	86	83
전남	19	83	40	166	692	2,823	3,072	94	59	129	86
경북	16	69	36	189	680	2,938	3,196	91	61	166	80
경남	18	75	39	206	660	2,736	3,017	90	60	195	78
강원	–	–	27	92	247	812	904	91	–	–	–
제주	–	–	3	22	18	163	185	89	20	54	85
계	95	378	238	1,114	3,930	16.052	17,544	91	306	824	81

자료: 문병기 외(2015) 재인용.

제1대 지방의회 시기는 두 번에 걸친 법개정으로 인해 지방의회에 관한 제도의 변화가 나타나는데 무엇보다도 1956년 지방자치법의 개정으로 나타난 제도의 변화는 다음과 같다(문병기 외, 2015).

(1) 시·읍·면장의 직선제

지방자치의 실시 초기에는 지방의회의 무기명 투표로 단체장을 선출하였으나 개정법에서는 시·읍·면장을 당해 시·읍·면의 선거권자가 선출하도록 개정하였다.

(2) 자치단체장에 대한 불신임의결제도 폐지

지방의회에 자치단체장에 대한 불신임의결권을 부여하고, 자치단체장에게 의회 해산권을 부여하는 것은 양자 간의 분쟁을 조장하여 지방행정의 안정을 저해하고 시·읍·면장에 대한 직선제와 불합리하여 이를 폐지하였다.

(3) 지방의원과 시·읍·면장의 임기단축

지방의원과 시·읍·면장의 임기를 4년에서 3년으로 단축하였다. 그러나 부칙에서는 재임 중인 지방의원 또는 시·읍·면장으로서 1956년 8월 15일 시행하는 선거일전에 임기가 만료되는 자는 당해 선거일까지 재임한다고 규정하였다. 이에 대해서는 대통령 선거를 3개월 앞둔 시기에 취해진 정치적 계략이라는 비판도 제기되었다.

(4) 지방의회 의원정수의 감축

지방의원 정수가 과다하여 의원의 질적 저하, 의사진행의 부진, 의회비 증가등의 폐단이 있었으므로 각급 의회 의원 수를 10% 정도 감축하였다.

(5) 회의소집제도와 개선

종래 회의소집권은 의장만이 가지고 있었고, 이에 대한 제한이 없어서 빈번한회의소집으로 집행기관의 부자유가 많았다. 따라서 회의를 정기회와 임시회로 구분하여 매년 6월 1일과 12월 1일, 연 2회 소집하되, 도와 서울특별시는 개회 7일전, 시·읍·면은 개회 5일 전에 공고하도록 하였다. 지방의회 의장은 자치단체장이나 의원정수 3분의 1 이상의 요구가 있을 때에는 임시회를 소집하도록 하였다.

(6) 회의일수의 제한

정기회의 경우 도·서울특별시와 시는 30일, 읍·면에 있어서는 15일 이내로하고, 임시회는 10일 이내로 규정하였으며, 회의 총일수는 1년을 통하여 도와 서울특별시 및 시는 60일로, 읍·면은 50일 이내로 제한하였다.

(7) 선거구제의 개정

선거구는 민의원 선거구를 분할하되 인구와 현지관계를 참작하여 내무부령으로 정하게 하였다. 이에 대해서는 국회의원들이 자신의 선거기반을 방어하기 위한 방편이란 비난도 제기되었다(대한지방행정협회, 1966).

두 번째 제도 개정은 1956년 12월에 행해진 것이다. 1956년 3대 대통령 선거에서 자유당의 이승만, 민주당의 신익희, 진보당의 조봉암이 등록하여 5월에 정부통령 선거가 치루어 졌다. 신익희와 조봉암 사이의 야당후보 단일화 작업은 실패하였고, 선거유세 중 신익희는 급서했다. 이 선거로 이승만이 다시 당선되었지만 조봉암과의 표차가 예상보다 크지 않았다(황수익, 1996). 선거결과에 영향을 받은 이승만 정부는 또 다시 지방자치법 개정을 추진하였다. 개정의 주요 쟁점은 1956년 2월 13일 개정의 부칙에 관한 것이다. 주요 개정사항은 다음과 같다.

(8) 도의원 정원 설정기준의 수정

지방자치법의 개정(1956.2.13.)에서 정부안은 도의원 정수의 3분의 1을 감축시키려 했으나 민의원에서는 도의원 수를 당해 도에서 선출되는 민의원 수의 배수로 하여 통과시켰다. 1956년 7월의 개정에서는 인구 50만 명까지는 20인으로 하되, 50만 명을 넘을 때는 이를 넘는 매 7만 명까지는 1인을 증원하도록 하고, 예외적으로 제주도에서는 15인으로 한정하였다.

(9) 도와 서울특별시의원 선거구 책정기준 변경

시·군·구의 구역을 분할하되 인구와 지리관계를 참작하여 내무부령으로 정하도록 하였다.

(10) 지방의원과 시·읍·면장의 기득권 인정

1956년 2월의 지방자치법 개정에서 지방의원과 시·읍·면장의 임기를 4년에서 3년으로 단축하여 재임 중인 시·읍·면장은 임기가 만료되지 않았음에도 지위를 상실하게 되어 1956년 7월 개정에서는 1956년 2월 개정 전에 당선된 시·읍·면장은 종래의 임기인 4년을 그대로 유지하도록 했다.

2. 제2대 지방의회(1956~1960)

　1956년 8월 8일 제2대 시·읍·면 의원 선거 및 제1대 시·읍·면장 선거가 실시되었다. 이 선거에서 의원선거는 전국 26개 시, 76개 읍, 1,379개 면 중 기득권이 인정된 곳을 제외한 25개 시, 75개 읍, 1358개 면에서 실시되었다. 같은 해 8월 13일에는 9개 도에서 390명을 선출하는 제2대 도의원 선거와 47명을 선출하는 제1대 서울특별시의원 선거가 실시되었다. 시·읍·면장이 주민의 직접선거로 선출됨에 따라 지방의원의 무리한 청탁에 응하지 않아도 불신임결의가 발의될 수 없어서 임기 동안 소신껏 지방행정을 수행할 수 있게 되었다(정세욱, 2001; 문병기 외, 2015).

　제2대 지방의회 구성은 1,481개의 시·읍·면에서 16,954명이 선출되었고 서울 및 도에서는 437명이 선출되었다.

▶ 표 3-2 ◀ 지방의회 의원선거 결과(1956)　　　　　　　　　(단위: 명, %)

도명	시·읍·면					도와 서울특별시		
	시·읍·면 수	선거구수	당선자수	후보자수	시의 투표율 (%)	선거구수 (당선자 수)	후보자수	투표율 (%)
서울	–	–	–	–	–	47	280	75.0
경기	195	517	2,245	3,276	77.0	45	169	84.0
충북	107	380	1,231	1,813	87.0	30	86	89.0
충남	171	506	2,001	3,187	76.7	45	114	87.0
전북	166	498	1,926	3,465	86.0	44	141	90.0
전남	235	716	2,747	4,651	86.0	58	197	89.0
경북	248	727	2,891	4,833	77.0	61	180	81.0
경남	237	715	2,746	4,482	76.0	67	229	84.0
강원	86	342	1,003	1,546	87.0	25	72	90.0
제주	13	50	164	271	88.9	15	32	90.0
계	1,481	4,451	16.954	27.524	79.5	437	1,490	86.0

자료: 문병기 외(2015) 재인용.

2대 지방의회 시기에 발생한 제도의 변화는 두 번의 법 개정을 통해 나타났다. 이러한 변화 중 1958년의 법개정은 지방자치법 중에서 35개 조문을 대폭적으로 개정을 한 것으로 지방자치제도의 대표적인 개악의 사례로 볼 수 있다(이기우, 2009).

여당인 자유당은 1958년 12월 24일 장기집권을 의한 정치적 의도로 시·읍·면장 직선제를 임명제로 바꾸는 내용을 주요 골자로 하는 지방자치법 개정안을 소위 2·4파동을 겪으면서 가결하여 직선제는 채택된 지 2년 반 만에 폐지되고 말았다. 시·읍·면장을 여당인물로 임명하여 대통령선거(1960.3.15.)에 대비하여 관권선거로 정권을 연장하려 했던 것이다. 그러나 이 개정법에 의한 지방선거는 선거를 5개월 앞두고 일어난 4·19에 의해 실시되지 못하였다. 1958년 법개정을 통한 제도의 주요한 변화는 다음과 같다(문병기외, 2015).

(1) 시·읍·면장 임명제와 불신임제 채택

시·읍·면장의 선거제를 폐지하고 임명제를 채택하였다. 그리고 자치단체장에 대한 불신임의결은 재적의원 3분의 2 이상의 출석과 출석의원 3분의 2 이상의 찬성이 있어야 하며, 불신임의결이 있을 때 도지사 또는 서울특별시장은 내무부장관의, 시·읍·면장은 도지사의 허가를 받아 15일 이내에 의회를 해산할 수 있도록 하였다. 불신임의결 후 의회를 해산하지 않거나 해산 후 처음 소집된 의회에서 다시 불신임 받았을 때에는 자치단체장이 당연히 해직되도록 하였다.

(2) 법정회의 일수 초과 시의 감독

지방의회가 법정회의 일수를 초과할 때에는 도와 서울특별시는 내무부장관이, 시는 도지사가, 읍·면은 군수가 폐회를 명할 수 있도록 하였다.

(3) 폐회 중 위원회 개최제도 폐지

위원회제도는 폐회 중 의회의 권한 일부를 위임하여 심의 또는 의결케 함으로써 의회 운영을 원만히 하고자 한 것이었다. 그런데 위원회가 상설화되어 시간낭비와 경비증가의 원인이 되어 폐회 중에는 위원회를 개최할 수 없도록 하였다.

(4) 지방의원의 임기연장

의회 운영의 능률을 향상하고 선거경비를 절감한다는 명분으로 지방의원의 임기를 3년에서 다시 4년으로 연장하였다.

(5) 의장단의 불신임제도 폐지

의장 또는 부의장이 법령에 위배되거나 정당한 이유 없이 직무를 집행하지 않을 때에는 의원정수 4분의 1 이상의 동의를 얻어 불신임의결을 제안하도록 한 것을 폐지하였다.

2대 지방의회 시기에 발생한 제도의 변화는 두 번의 법 개정을 통해 나타났다. 1960년 11월 개정으로 제도의 변화는 다음과 같다(문병기 외, 2015). 그러나 1961년 5 · 16 군사정변에 의해 단명에 그치고 말았다.

(6) 지방의원 정수의 조정

인구비례로부터 도의원의 경우 민의원 선거구마다 2인(단, 제주도는 6인), 서울특별시의원은 민의원 선거구마다 3인으로 재조정하였다.

(7) 선거권자 및 피선거권자 연령 조정

선거권자 연령은 만 21세부터 20세로, 피선거권자의 연령은 지방의원 및 시 · 읍 · 면장은 만 25세, 도지사 · 서울특별시장은 만 30세 이상으로 조정하였다.

(8) 단체장 직선제 도입

자치단체장의 선출방법을 임명제에서 직선제로 개정하고 임기를 4년으로 규정하였다.

(9) 지방의원선거에 연기명제 도입

지방의원선거에서 의원정수 내 연기명제를 채택하였다.

3. 제3대 지방의회(1960~1961)

제2공화국의 지방자치법 개정과 지방자치법이 준용하고 있는 국회의원선거제도가 대폭 개정됨에 따라 1960년 12월 지방의회가 구성되었다. 특히 1960년 4·19로 이승만독재 체제를 청산하고 1960년 개정된 헌법에서는 지방자치에 관한 헌법조항에서 지방자치단체장의 선임 방식을 법률로 정하고 시·읍·면장에 대한 주민직선을 규정하였다(이기우, 2009).

▶ 표 3 - 3 ◀ 지방의회 의원선거 결과(1960)   (단위: 명, %)

구분 시·도별	시		읍		면		시·읍·면 투표율 (%)	도·서울특별시	
	당선자 수	투표율 (%)	당선자 수	투표율 (%)	당선자 수	투표율 (%)		당선자 수	투표율 (%)
서울	–	–	–	–	–	–	–	54	46.2
경기	35	58.1	117	63.4	2,091	74.2	70.2	46	62.9
충북	30	70.1	66	76.3	1,130	83.0	81.0	26	72.8
충남	18	56.4	571	73.5	1,841	81.1	77.9	48	68.8
전북	48	67.3	92	80.1	1,762	86.5	83.0	48	71.8
전남	52	70.0	170	85.6	2,511	88.5	85.5	66	74.1
경북	69	62.8	174	80.0	2,581	84.4	80.0	73	67.3
경남	106	58.1	159	82.6	2,473	87.6	76.5	80	68.3
강원	45	73.7	78	71.6	880	79.9	77.6	28	75.9
제주	15	82.5	42	84.6	107	88.2	85.9	18	84.3
계	420	62.6	1,055	77.5	15,376	83.7	78.9	487	67.4

자료: 문병기 외(2015) 재인용.

1960년 12월 12일 도와 서울특별시 시의원 선거 및 12월 29일 시·읍·면 3대 지방의회 구성은 시·읍·면에서 15,376명이 선출되었고, 서울 및 각 도에서 487명이 선출되었다. 특이할 만한 사실은 1960년 12월 29일 기명식으로 치러진 서울시장도시지사 선거의 투표율이 39.0%의 지극히 낮은 투표율을 보였다(김욱 외, 2010).

제3대 지방의회 시기에 발생한 제도의 변화는 1960년 11월 1일에 개정된 지방자치법에 잘 나타나 있다(이기우, 2009).

(1) 지방의원의 임명제에서 직접선거로 선출

임명제였던 시읍면장과 도지사, 서울특별시장을 주민이 4년 임기로 직접선출하도록 개정하였다.

(2) 내무부장관 또는 도시자의 징계요구권 인정

지방자치단체장의 위법행위에 대해 징계위원회에 내무부장관 또는 도지사의 징계요구권을 인정하였다.

(3) 선거연령을 20세로 낮춤

지방의회 선거연령을 21세에서 20세로 낮추었다.

(4) 서울시장·도지사 선거를 기명식으로 규정함

서울시장 선거를 유권자가 후보의 이름을 직접 적어 넣는 기명식(write in vote) 투표로 규정하였다.

제3절 지방의회의 중단기(1961~1991)

제헌헌법의 취지에 따라 1952년 처음 구성된 지방의회는 1961년 5·16에 의해

해산된 후 1991년 다시 구성될 때까지 30년간 지방의회 구성 및 운영이 중단되었다. 1961년 9월 1일에 공포하여 10월 1일부터 시행된 지방자치 임시조치법은 지방자치법이 개정되면 폐지되는 임시적인 성격의 법률이었으나 1988년 4월 6일 개정된 지방자치법의 시행과 동시에 폐지될 때까지 효력을 유지하였다(이기우, 2009).

1. 5·16 군사정변의 지방자치

1) 지방의회의 해산 및 상급기관장의 승인에 의한 집행

1961년 5·16 군사정변이 발발한 당일 군사혁명위원회는 포고령 제4호로 지방의회를 해산시켰다. 이어 5월 22일 국가재건최고회의는 포고령 8호를 통하여 읍·면은 군수의, 시는 도지사의, 서울특별시와 도는 내무부장관의 승인을 얻어 집행토록 하였다.

2) 지방자치에 관한 임시조치법(1961.9.1.)

1961년 지방자치에 관한 임시조치법의 주요 내용은 첫째, 기초자치단체를 종래의 읍·면 자치제에서 군자치제로 전환하였고, 읍·면은 군의 하급행정기관으로 하였으며, 셋째, 지방자치단체장은 국가공무원으로 임명하였다. 넷째, 시·군의회의 권한은 시장·군수가 도지사의 승인을 받아서, 직할시 및 도의회의 권한은 시·도지사가 내무부장관의 승인을 받아서 수행하며 서울특별시의회의 권한은 서울특별시장이 국무총리의 승인을 받아 행하도록 하였다(문병기 외, 2015).

2. 제3·4공화국과 지방자치

제3공화국 헌법에서는 헌법 부칙 제7조 제3항에 "이 헌법에 의한 최초의 지방의회의 구성시기에 관하여는 법률로 정한다"고 규정하였으나 지방의회의 구성시기에 관한 법이 제정되지 않아 지방의회는 구성되지 못했다. 이것은 실적적으로 지방의회를 폐지하는 것이다. 1972년 12월 27일 개정된 제4공화국 헌법은 부칙 제10조에 "이 헌법에 의한 지방의회는 조국통일이 이루어질 때까지 구성하지 아니한다"고 규정하여 지방자치의 시행은 제3공화국 헌법 부칙의 규정보다 더욱 불확실하게 되었다. 이것은 지방의회의 무기한 연기를 합법화하는 조치로 이해할 수 있다(문병기 외, 2015).

3. 제5공화국과 지방자치

제5공화국 헌법은 지방자치의 시행시기에 대하여 헌법 부칙 제10조에 "이 헌법에 의한 지방의회는 지방자치단체의 재정자립도를 감안하여 순차적으로 구성하되, 그 구성 시기는 법률로 정한다"고 규정하였다. 이 헌법규정이 함축하는 의미는 두 가지이다. 첫째는 지방자치의 실시 여부를 결정하는 헌법적 기준을 지방자치단체의 재정력으로 정한 것이고, 둘째는 지방자치의 실시시기를 재정자립도에 따라 순차적으로 하도록 정하여 지방자치의 실시시기를 재정자립도와 연결시켰다. 그러나 제5공화국에서도 지방의회의 구성시기에 대한 법률을 정하지 못했다(김순은, 2014; 문병기 외, 2015).

1987년 10월 개정된 헌법에서는 이러한 부칙을 삭제하여 지방자치의 실시를 가시화시켜 놓았다. 이러한 배경에는 민주주의를 희생하면서 이룩한 경제성장의 어두운 이면을 정치적 민주주의의 발전을 통하여 보완하겠다는 의지로 보완하겠다는 의지로 해석할 수 있을 것이다(김순은, 2014).

4. 제6공화국과 지방자치

제6공화국에 들어와서 지방자치가 재도약을 위한 디딤돌이 되는 사건이 나타나게 된다. 그것이 바로 1988년 4월 6일의 지방자치법 전면개정으로서 이것은 그 동안 지방자치의 골격이 되었던 지방자치에 관한 임시조치법을 폐지하고 지방자치법을 전면적으로 개정한 일이었다. 그 주요 내용은 다음과 같다.

1988년 2월 출범한 제6공화국에서 1988년 4월 6일 전문 개정된 지방자치법이 공포되었고 주요 내용은 다음과 같다. 첫째, 지방자치단체를 광역자치단체(특별시, 광역시, 도)와 기초자치단체(시·군 및 자치구)의 2층제가 확립되었다. 특히 특별시와 직할시의 구를 기초자치단체의 종류에 포함시켰다. 셋째, 지방자치단체의 법적 구조를 강시장―약의회로 채택하고 단체장을 임명하는 체제가 출범하였다. 셋째, 지방의원 및 단체장의 임기는 4년으로 하였다. 넷째, 지방자치단체장에게 지방의회 의결사항에 대한 재의요구권과 선결처분권을 부여하였다. 다섯째, 지방의회의 행정사무감사권을 삭제하고 행정사무조사권을 신설하였다(김순은, 2014; 문병기 외, 2015).

1988년 4월 26일 실시된 제13대 국회의원선거 결과 정치구도가 여소야대로 바뀌자 야3당은 중앙집권적인 지방자치법으로는 지방자치를 실시할 수 없다고 하였다. 이에 따라 1988년 12월에 야3당은 각각 독자적으로 지방자치법 개정법률안을 국회에 제출하여 1989년 3월 9일 야3당 합의로 지방자치법 개정법률안이 국회를 통과하였다. 그러나 노태우 대통령의 거부권행사로 지방자치법 개정은 무산되었다. 이어 1989년 12월 19일에는 4당의 합의로 개정 법률안이 국회를 통과하였고 12월 30일 공포되었으며, 주요 내용은 다음과 같다(문병기 외, 2015).

첫째, 지방의원의 겸직금지 범위에 농·수·축협 외에 농지개량조합, 산림조합, 엽연초생산협동조합, 인삼협동조합 등 4개 조합의 임직원도 포함시켰다. 둘째, 지방의회에 행정사무감사권을 부여하였다. 셋째, 지방의회 의원선거는 1990년 6월 30일 이내, 지방자치단체장 선거는 1991년 6월 30일 이내 실시하도록 규정하였다. 넷째, 지방의원의 의안발의는 그 정족수를 재적의원 5분의 1 이상 또는 10인 이상의 연서로 규정하여 복수로 가능하도록 하였다.

지방자치법이 개정된 후에는 지방의회의원선거법의 제정이 지연되면서 법정 시한인 1990년 6월 30일 이전의 의원선거가 불가능해졌다. 특히 쟁점이 된 것은 정당추천제의 허용 여부에 대한 것이었다. 여당 및 야당들의 각자의 셈법에 따라 이견을 좁히지 못하다가 결국엔 여·야가 지방의원선거법을 1990년 3월에 개최된 임시국회에서 처리하지 않기로 합의하여 6월 30일 이내의 지방의원선거는 무산되고 말았다. 그 후 1990년 12월 정기국회에서 여·야 간의 극적인 타협에 의해 지방자치법 개정법률안이 국회에서 통과되었다. 지방자치 도입을 위해 선거일을 결정한 1990년의 12월의 개정사유를 살펴보면 "지방자치의 실시로 지방정치의 민주화를 기하고 균형적인 지역발전을 촉진하기 위하여"라고 기술하고 있다. 1990년 12월의 지방자치법 10차 개정의 의의는 "이 법에 의한 최초의 시도 및 시·군자치구의 의회의원의 선거는 1991년 6월 30일 이내에 실시한다"고 규정하여 지방의회의 구성시기를 명확하게 한 것에 있다(문병기 외, 2015; 김흥환, 2015).

제4절 지방의회 부활 이후(1991년 이후)

1. 제1기 지방의회(1991.4~1995.6)

1961년 5월 지방의회가 해산된 이후 제9차 개정 지방자치법과 1990년 지방의회의원선거법을 제정한 이후 1991년 지방의회 선거를 실시함으로써 지방의회는 해산된 지 30여 년 만에 재구성되었다. 1991년 3월에 시·군·자치구의회 의원선거와 6월 시·도의회 의원선거를 실시하여 지방의회가 부활하였다.

제1기 지방의회는 주민에 의해 선출된 지방의회와 중앙정부에 의해 임명된 자치단체장이 지방정부를 이끌어가는 과도기적인 형태의 지방자치가 이루어졌다. 광역자치단체인 시·도 의원수는 273개 시·군·구에서 총 866명이었고, 기초자치단체인 시·군·구 의원 수는 3,561개 읍·면·동에서 총 4,304명이 선출되었다.

▶표 3-4◀ 1기 지방의회 의원 당선자 현황   (단위: 명)

지역	총계	서울	부산	대구	인천	광주	대전	경기	강원	충북	충남	전북	전남	경북	경남	제주
시·도 의원 수	866	132	51	28	27	23	23	117	54	38	55	52	73	87	89	17
시·군·구 의원 수	4,304	478	303	182	153	110	91	526	240	173	223	280	337	404	453	51

자료: 현대사회연구소, 한국지방자치연감, 1992.

▶표 3-5◀ 시·도별 행정구역 현황(1991.5.1)   (단위: 개)

구분 시도별	시·군·구 계	시	군	구	읍·면·동 계	읍	면	동
계	273	67	137	69	3,561	180	1,261	2,210
서울	22	–	–	22	494	–	–	494
부산	12	–	–	12	222	–	–	222
대구	7	–	–	7	141	–	–	141
인천	6	–	–	6	106	–	–	106
광주	4	–	–	4	83	–	–	83
대전	5	–	–	5	76	–	–	76
경기	42	18	18	6	412	30	155	227
강원	22	7	15	–	228	22	97	109
충북	13	3	10	–	158	10	92	56
충남	20	5	15	–	206	20	149	37
전북	21	6	13	2	267	12	147	108
전남	27	6	21	–	325	29	200	96
경북	34	10	24	–	380	31	216	133
경남	34	10	19	5	420	19	200	201
제주	4	2	2	–	43	19	200	201

자료: 지방자치단체 행정구역현황, 행정자치부, 1991.

1기 지방의회 기간에서 지방의회 운영에 대한 제도의 변화는 1991년 및 1994년의 법개정을 통하여 이루어졌다. 1991년 12월 31일 지방자치법을 개정하여 나타난 제도의 변화는 다음과 같다(행정자치부, 2015; 문병기 외, 2015).

(1) 지방의원의 체포·구금과 여비

지방의원을 체포·구금할 때에는 영장의 사본을 첨부하여 의장에게 통지해야 하며, 회기 중 회의에 출석할 때에는 여비를 지급한다.

(2) 서류제출요구권과 절차

지방의회의 안건과 관련한 서류제출요구권 및 절차를 규정하고 있다.

(3) 회기일수의 조정과 예산안 제출 및 의결기한

정기회 집회일을 조정하고 시·도 정기회 회기일 수를 30일에서 35일로 연장하였고, 예산안 제출 및 의결기한을 시·도는 회계연도 개시 15일(종전 10일) 전까지, 시·군·자치구는 회계연도 개시 10일(종전 5일) 전까지 의결하는 것으로 조정하였다.

(4) 기초의회의 상임위원회 설치

대통령령으로 의원정수 15인 이상의 시·군·자치구의회에 상임위원회 설치를 허용하였다.

(5) 위원회 개회요구 범위

지방의회 폐회 중 위원회 개회요구 범위는 본회의의 의결이 있거나 의장이 필요하다고 인정한 경우, 재적의원 3분의 1 이상의 요구 또는 지방자치단체장이 요구한 때로 확대하였다.

(6) 지방의회 사무기구의 명칭

시·도는 사무처로 시·군·자치구는 사무국 또는 사무과로 조정하였다.

1994.3.16.의 개정을 통하여 나타난 제도변화는 다음과 같다.

(7) 주민투표제도의 도입

지방자치단체의 폐치·분합, 주민에게 과도한 부담을 주거나 중요한 영향을 미치는 사안에 대한 주민투표제를 도입하였다.

(8) 과태료 부과권한 인정

조례위반행위에 대한 벌칙 위임사항을 삭제하고 과태료 부과권한을 인정하였다.

(9) 의정활동비 지급 근거

지방의원의 명예직 원칙은 유지하되 의정자료수집·연구 및 그 보조활동을 위한 의정활동비를 매월 지급할 수 있는 근거를 마련하였다.

(10) 국회와 시·도의회의 국정감사권 대행

지방자치단체 및 그 장이 위임받아 처리하는 국가사무와 시·도의 사무에 대하여 국회와 시·도의회가 직접 감사하기로 한 사무를 제외하고는 각각 당해 지방의회가 그 감사를 행할 수 있도록 하고, 이 경우 국회와 시·도의회는 필요한 경우 당해 지방의회의 감사결과를 요구할 수 있도록 하였다(지방자치법 제36조 제3항).

2. 제2기 지방의회(1995.7~1998.6)

　　제2기 지방의회는 1994년 3월 지방자치법을 개정하여 지방자치단체장 선거시
기를 부칙으로 규정하고, 1995년 6월 27일 광역 및 기초자치단체장, 광역의회 의
원 및 기초자치단체 의원을 통합한 동시선거를 통해 주민대표를 주민의 직접선거
를 통해 선출하여 민선 지방자치시대를 열었다. 그러나 지방의회 선거를 앞서의
규정과 관계없이 1995년 6월 27일 동시에 실시하였고, 임기는 1998년 6월 30일에 만
료되는 것으로 규정하였다. 결과적으로 제2기 지방의회는 3년의 임기로 업무를
수행하였다. 이 선거의 투표율은 68.4%로 대체로 낮게 나타났고, 광역단체장 15
명, 광역의원 970명, 기초단체장 230명(시장 67명, 군수 94명, 구청장 69명), 기초의
원 4,541명 등 총 5,756명이 선출되었다.

　　제2기 지방의회의 특징은 광역의회 의원선거에서 비례대표제를 도입하여 지
역구 의원 10%를 비례대표로 선출할 수 있도록 하여 여성의원의 의회진출을 도
울 수 있었고 사표방지를 통해 의회 내에 소수의 견제세력을 둘 수 있도록 하였고
1994년 모든 지방선거에 정당 후보추천을 허용하였다가 1995년 기초의회 선거에
는 정당 추천을 허용하지 않도록 하였다. 결과적으로 1995년 기초의회 선거에는
정당추천이 배제된 상황에서 기초의원은 총 4,541명 선출에 11,970명이 등록하여
2.6:1의 경쟁률을 나타내서 1991년 선거의 2.4:1 보다 약간 높게 나타났다(한국지
방행정연구원, 1999: 231 - 233).

▶ 표 3-6 ◀ 제2기 지방의회의원 당선자 현황　　　　　　　　　　(단위: 명)

지역	총계	서울	부산	대구	인천	광주	대전	경기	강원	충북	충남	전북	전남	경북	경남	제주
시·도 의원 수	970	147	61	41	35	26	26	136	58	40	61	58	75	92	94	20
시·군·구 의원 수	4,541	806	320	203	206	125	107	599	245	180	223	283	343	399	451	51

자료: 지방의회현황(제2기), 행정자치부, 1995.

구분	시군구					읍면동			
	계	시	군	구		계	읍	면	동
시도별				자치구	일반구				
서울	25	–	–	25	–	3,750	193	1,240	2,317
부산	16	–	1	25	–	526	–	–	526
대구	8	–	1	7	–	159	1	8	150
인천	10	–	2	8	–	146	1	19	126
광주	5	–	–	5	–	94	–	–	94
대전	5	–	–	5	–	84	–	–	84
경기	42	18	13	–	11	466	24	131	311
강원	18	7	11	–	–	232	24	95	113
충북	13	3	8	–	2	163	12	91	60
충남	15	5	10	–	–	209	23	147	39
전북	16	6	8	–	2	270	14	145	111
전남	24	6	18	–	–	326	30	199	97
경북	25	10	13	–	2	374	32	206	136
경남	27	10	11	–	6	419	23	191	205
제주	4	2	2	–	–	43	7	5	31
계	253	67	98	65	23	3,750	193	1,240	2,317

자료: 지방자치단체 행정구역현황, 행정자치부, 1995.

3. 제3기 지방의회(1998.7~2002.6)

　　제3기 지방의회가 구성되기 전 1998년 4월 30일 공직선거 및 선거부정방지법을 개정하여 지방의회 의원정수를 축소·조정하였고, 지방선거의 피선거권을 거주요건을 선거일 전 90일 이상 거주하도록 하던 것을 60일 이상으로 완화하였다.

▶ 표 3 - 8 ◀ 제3기 지방의회의원 당선자 현황(*비례대표 포함)　　　　　(단위: 명)

지역	총계	서울	부산	대구	인천	광주	대전	울산	경기	강원	충북	충남	전북	전남	경북	경남	제주
시·도 의원 수	764	114	54	32	32	20	20	20	106	52	30	40	42	60	66	56	20
시·군·구 의원 수	3,490	520	225	146	135	81	75	59	466	195	146	206	249	295	342	309	41

자료: 지방의회현황(제3기), 행정자치부, 1998.

▶ 표 3 - 9 ◀ 시·도별 행정구역 현황(1998.4.1.)　　　　　(단위: 개)

구분 시도별	시·군·구					읍·면·동			
	계	시	군	구 자치구	일반구	계	읍	면	동
계	253	72	91	69	21	3,718	195	1,230	2,293
서울	25	—	—	25	—	530	—	—	530
부산	16	—	1	15	—	239	2	3	234
대구	8	—	1	7	—	160	3	6	151
인천	10	—	2	8	—	148	1	19	128
광주	5	—	—	5	—	97	—	—	97
대전	5	—	—	5	—	85	—	—	85
울산	5	—	1	4	—	62	2	10	50
경기	44	23	8	—	13	489	22	129	338
강원	18	7	11	—	—	232	24	95	113
충북	13	3	8	—	2	159	12	91	56
충남	15	6	9	—	—	211	22	147	42
전북	16	6	8	—	2	267	14	145	108
전남	22	5	17	—	—	310	30	199	81
경북	25	10	13	—	2	365	34	204	127
경남	22	10	10	—	2	321	22	177	122
제주	4	2	2	—	—	43	7	5	31

자료: 지방자치단체 행정구역현황, 행정자치부, 1998.

이어 1998년 6월 4일 두 번째 전국동시지방선거를 실시하여 임기 4년의 제3기 지방의회가 시작되었다. 지방선거의 투표율은 역대 선거 사상 두 번째로 낮은 52.6%로 기록되었다. 울산을 제외한 모든 광역시가 40%대의 저조한 투표율을 나타냈다. 선거 결과의 특징 중 하나는 전국 16개 시·도 전부가 특정 정당에 의해 광역단체장, 기초단체장, 광역의회의 과반수 이상을 차지하였다는 점이다. 기초의원 선거는 총 7,723명의 후보자가 출마하여 평균 2.2:1의 경쟁률로 3,489명이 당선되었다.

제3기 지방의회 기간에서 지방의회 운영에 대한 제도의 변화는 1999년 8월의 지방자치법 일부 개정을 통해 이루어졌으며, 이 법개정을 통해 나타난 제도의 변화는 다음과 같다(문병기외, 2015).

(1) 조례제정 및 개폐청구

20세 이상의 지방자치단체의 주민은 주민 총수의 20분의 1의 범위 안에서 대통령령이 정하는 주민 수 이상의 연서로 당해 지방자치단체장에게 조례제정 및 개폐를 청구할 수 있도록 하였다.

(2) 주민감사청구

20세 이상 지방자치단체의 주민은 주민총수의 50분의 1의 범위 안에서 조례가 정하는 주민 수 이상의 연서로 당해 지방자치단체와 그 장의 권한에 속하는 사무의 처리가 법령에 위반되거나 공익을 현저히 해한다고 인정되는 경우에는 감사를 청구할 수 있도록 하였다.

(3) 지방자치단체장 등의 협의체

지방자치단체장 또는 지방의회의 의장은 상호 간의 교류와 협력을 증진하고, 공동의 문제를 협의하기 위하여 전국적 협의체를 설립할 수 있도록 하고, 협의체를 설립한 때에는 행정자치부장관에게 신고하도록 하며, 이들 협의체는 지방자치에 직접 영향을 미치는 법령 등에 관하여 정부에 의견을 제출할 수 있도록 하였다.

4. 제4기 지방의회(2002.7~2006.6)

2002년 6월에 세 번째의 전국동시지방선거가 실시되었다. 후보자는 광역의원 1,531명으로 남자가 1,483명, 여자는 48명에 불과하였다. 기초의원 후보자는 8,373명으로, 남자가 8,151명이고 여자는 222명이다. 투표율은 48.8%로 제2회 선거(1998.6.4.)의 52.7%에 비하여 3.9% 낮아졌다(문병기 외, 2015). 제4기 지방의회에서 광역자치단체인 시·도 의원 수는 251개 시·군·구에서 총 755명이었고 기초자치단체인 시·군·구 의원 수는 3,519개 읍·면·동에서 총 3,485명이 선출되었다. 제4기 지방의회는 지방의회의원 정수 및 선거구를 축소하여 의원 수와 선거구가 축소되었다.

▶표 3-10◀ 제4기 지방의회의원 당선자 현황(비례대표 포함)　　　(단위: 명)

지역	총계	서울	부산	대구	인천	광주	대전	경기	강원	충북	충남	전북	전남	경북	경남	제주
시·도 의원 수	755	112	48	30	32	22	22	114	47	30	40	40	56	63	55	22
시·군·구 의원 수	3,485	513	215	140	131	84	75	500	190	150	209	237	291	339	314	38

자료: 지방의회현황(제4기), 행정자치부, 2002.

▶표 3-11◀ 시·도별 행정구역 현황(2002.3.1)　　　(단위: 개)

구분 시도별	시·군·구					읍·면·동			
	계	시	군	구		계	읍	면	동
				자치구	일반구				
계	251	74	89	69	19	3,519	205	1,217	2,097
서울	25	−	−	25	−	522	−	−	522
부산	16	−	1	15	−	221	2	3	216
대구	8	−	1	7	−	138	3	6	129
인천	10	−	2	8	−	137	1	19	117
광주	5	−	−	5	−	84	−	−	84
대전	5	−	−	5	−	76	−	−	76

경기	44	25	6	–	13	492	27	121	344
강원	18	7	11	–	–	193	24	95	76
충북	13	3	8	–	2	152	13	90	49
충남	15	6	9	–	–	206	24	145	37
전북	16	6	8	–	2	248	14	145	89
전남	22	5	17	–	–	298	30	199	69
경북	25	10	13	–	2	337	34	204	99
경남	20	10	10	–	–	314	22	177	115
제주	4	2	2	–	–	43	7	5	31

자료: 지방자치단체 행정구역현황, 행정자치부, 2002.

4기 지방의회 기간에서 지방의회 운영에 대한 제도의 변화는 법개정으로 이루어졌으며, 2005년 1월 및 8월의 지방자치법 일부 개정을 통하여 나타난 제도의 변화는 다음과 같다(문병기 외, 2015).

(1) 지방의회 회기 운영의 자율성 확대

지방의회 운영의 자율성을 확대하기 위해 지방의회 정기회 및 임시회 회기 제한규정을 삭제하여 지방의회가 연간 총회의 일수 범위 안에서 정기회 및 임시회의 회기를 자율적으로 조정할 수 있도록 하였다(지방자치법 제41조 제2항 삭제).

(2) 위법한 지방의회의 의결에 대한 통제의 강화

주무부 장관 또는 시·도지사가 지방의회의 의결이 법령에 위반되었음을 이유로 지방자치단체장에게 재의요구를 지시했음에도 불구하고 이에 불응한 경우와 재의요구지시를 받기 전에 법령에 위반된 조례안을 공포한 경우에는 주무부장관 또는 시·도지사가 대법원에 직접 제소 및 집행정지 결정을 신청할 수 있도록 하였다(지방자치법 제59조 제7항 신설).

(3) 회기수당의 전환(2005.8.4. 개정)

지방의원에게 매월 일정액의 수당을 지급하여 전문성을 가지고 의정활동에 전념할 수 있는 기틀을 마련하기 위해 회기수당을 월정수당으로 전환했다(지방자치법 제32조 제1항 제3호).

(4) 의정비 심사위원회의 신설

의정비 지급기준을 대통령령이 정하는 범위 안에서 당해 자치단체의 조례로 정하도록 했었으나 대통령령이 정하는 바에 따라 의정비심의위원회의 결정 범위 안에서 자치단체의 조례로 정하도록 했다(지방자치법 제32조 제2항).

(5) 채무부담의 원인이 되는 행위에 대한 의회 의결의 제외

지방자치단체장이 세입·세출 외의 부담이 될 채무부담의 원인이 되는 행위를 하고자 할 때는 미리 지방의회의 의결을 얻어야 했다. 그러나 이를 지방자치단체장은 따로 법률이 정하는 바에 따라 지방자치단체의 채무부담의 원인이 될 계약의 체결, 그 밖의 행위를 할 수 있다고 개정했다(지방자치법 제115조 제2항).

이와 함께 제4기 지방의회 기간 중 지방의회 운영에 대한 제도의 중요한 변화가 이루어진 2006년 1월 및 4월의 지방자치법 일부 개정의 제도 변화는 다음과 같다. 2006년 4월의 개정안은 지방의회 활성화를 위해 지방의회의 권한과 기능을 강화하고 지방의회의 임시회 소집 및 지방의원의 징계 등에 관한 사항을 개선·보완하기 위하여 개정되었다. 2006년 5월 개정을 통해 지방자치에 대한 주민의 직접참여를 통해 지방자치단체의 장 및 지방의회 의원(비례대표 지방의회의원은 제외)을 소환할 수 있는 권리로 주민소환제도에 대한 규정을 신설했다(문병기 외, 2015).

(6) 지방자치단체 연합체 설립 근거 마련

지방에 관한 정책결정과정에 지방대표의 참여기회를 확대하기 위해 시·도지사, 시·도의회 의장, 시장·군수·자치구청장 및 시·군·자치구의회의 장으로 구성되는 4종의 전국적 협의체가 모두 참가하는 지방자치단체 연합체를 설립할 수 있는 근거를 마련했다(지방자치법 제154조의2 제2항 신설).

(7) 지방의회 의원의 윤리강령 및 윤리실천규범의 제정

지방의회는 지방의회 의원이 준수해야 할 지방의회 의원의 윤리강령 및 윤리실천규범을 조례로 정해야 하고, 소속의원들이 의정활동에 필요한 전문성을 확보하도록 노력하여야 한다는 의무를 규정했다(지방자치법 제34조의3 신설).

(8) 지방의회 임시회의 소집

총선거 후 처음으로 실시되는 임시회의 소집을 "지방자치단체의 장"에서 "지방의회 사무처장·사무국장·사무과장"으로 변경(지방자치법 제39조 제1항)하고 지방자치법 제39조 제2항에 "다만, 의장 및 부의장이 사고로 임시회를 소집할 수 없을 때에는 의원 중 연장자의 순으로 소집 할 수 있다"는 단서조항을 신설했다.

(9) 회의 일수의 조례 제정

연간회의 총일수와 정례회 및 임시회의 회기는 당해 지방자치단체의 조례로 정하도록 하여 의회 운영의 자율성을 부여했다(지방자치법 제41조 제3항).

(10) 윤리특별위원회의 설치

의원의 윤리심사 및 징계에 관한 사항을 심사하기 위하여 윤리특별위원회를 설치할 수 있는 규정을 신설했다(지방자치법 제50조의2).

(11) 위원회의 전문위원 도입

위원회에 위원장과 위원의 자치입법 활동을 지원하기 위하여 의원 아닌 위원을 두고, 전문위원은 위원회에서 의안과 청원 등의 심사, 행정사무감사 및 조사, 그 밖에 소관사항과 관련하여 검토보고 및 관련 자료의 수집·조사·연구를 행하도록 규정을 신설했다(지방자치법 제51조의2).

(12) 의회사무직원에 대한 인사권

지방자치단체장은 사무직원 중 별정직·기능직·계약직 공무원에 대한 인사권을 지방의회의 사무처장, 사무국장, 사무과장에게 위임하도록 하는 단서규정을 신설하였다(지방차지법 제83조 제2항 단서).

(13) 주민소환제도의 신설

지방자치에 대한 주민의 직접참여를 위해 지방자치단체의 장 및 지방의회 의원(비례대표 지방의회의원은 제외)을 소환할 수 있는 권리로 주민소환제도에 대한 규정을 신설했다(지방자치법 제13조의8).

5. 제5기 지방의회(2006.7~2010.6)

2006년 5월 31일 네 번째의 전국동시지방선거는 종전의 선거와는 많은 변화가 있었다(고선규, 2006; 문병기 외, 2015; 안청시·이승민, 2006). 첫째, 공직선거법의 개정에 따라 기초의원에 대한 정당공천제, 비례대표제 및 중선거구제[2]가 도입되었다. 둘째, 제주특별자치도의 신설에 따라 제주도의 기초자치단체가 폐지되어 기초단체장과 기초의원을 선출하지 않게 되었다. 셋째, 지방의원이 무보수 명예직에서 유급화로 전환됨에 따라 기초의원정수를 20% 감축하였다. 넷째, 선거연령을 19세로 하향 조정하였고 기초단체장의 3선연임을 제한하는 규정을 유지하였다. 다섯째, 비례대표 시·군·자치구 의원선거에 있어서도 비례대표 시·도의원 선거의 경우와

---

2) 기초의회 선거구제를 2~4인을 선출할 수 있는 중선거구제로 변경함.

▶ 표 3-12 ◀ 제5기 지방의회의원 당선자 현황(*비례대표 포함)　　　　　(단위: 명)

지역	총계	서울	부산	대구	인천	광주	대전	울산	경기	강원	충북	충남	전북	전남	경북	경남
시·도 의원 수	738	106	47	29	33	19	19	19	119	40	31	38	38	51	55	53
시·군·구 의원 수	2,888	419	182	116	112	68	63	50	417	169	131	178	197	243	284	259

자료: 지방의회현황(제5기), 행정자치부, 2006.

▶ 표 3-13 ◀ 시·도별 행정구역 현황(2006.1.1.)　　　　　(단위: 명)

구분 / 시도별	시·군·구					읍·면·동			
	계	시	군	구 자치구	구 일반구	계	읍	면	동
계	260	77	88	69	26	3,585	209	1,208	2,168
서울	25			25		522			522
부산	16		1	15		226	2	3	221
대구	8		1	7		143	3	6	134
인천	10		2	8		140	1	19	120
광주	5			5		91			91
대전	5			5		80			80
울산	5		1	4		58	4	8	46
경기	51	27	4		20	532	29	113	390
강원	18	7	11			193	24	95	74
충북	14	3	9		2	153	13	90	50
충남	16	7	9			209	24	146	39
전북	16	6	8		2	244	14	145	85
전남	22	5	17			299	31	198	70
경북	25	10	13		2	338	35	203	100
경남	20	10	10			314	22	177	115

자료: 지방자치단체 행정구역 및 인구현황, 행정자치부, 2006.

동일하게 여성후보자 추천비율이 50%가 되도록 하였다.

　5기 지방의회에서 광역자치단체인 시·도 의원 수는 260개 시·군·구에서 총 738명이었고, 기초자치단체인 시·군·구 의원 수는 3,585개 읍·면·동에서 총 2,888명이 선출되었다. 제4기 지방의회의 특징 중 하나는 지방의회 의원들이 유급화로 전환됨에 따라 기초의원정수를 20% 감축하였다. 제4기 지방의회 대비 의원정수가 4,167명에서 3,626명으로 축소되었다.

　제5기 지방의회에서 특성은 2006년 1월 1일 월정수당을 도입하여 지방의회 의원 유급제가 도입된 것이다. 지방의회 의원의 의정비 수준을 선진국과 같이 지방자치단체가 의정비심의위원회의 심의를 거쳐 조례로 정하도록 되어 있었으나, 일부 지역 지방의회의 과다한 의정비 인상 등으로 논란이 되어 2008년 의정비 지급 기준액 산정 방식이 제시되었다(김진국, 2008). 이후 이러한 제도 개선안은 2008년 10월 지방자치법 시행령에 반영되어 현재까지 운영되고 있다(<표 3-14> 참고).

　이와 함께 지방의회 의원이 기존 명예직에서 유급직으로 변경됨에 따라 의원이 직무에 전념하고 겸직을 통해 발생할 수 있는 다양한 문제점들을 사전에 방지하기 위해 지방의회 의원의 겸직금지제도가 개선되었다. 지방의회 의원의 겸직금지규정은 지방자치법 제35조 제1항·제2항·제5항·제6항에 나타난다(<표 3-15> 참고).

▶표 3-14◀ 지방의회 의원 월정수당 지급 기준액 범위

지방의회 의원 월정수당 지급 기준액 범위(제33조 제1항 제3호 관련)

1. 월정수당 지급 기준액의 산정 방식
  가. 계산식
    • 지방의회 의원 1명당 월정수당의 자연로그 값 = 6.252 + 0.298 × (해당 지방자치단체 최근 3년 평균 재정력지수) + 0.122 × (해당 지방자치단체 지방의회 의원 1명당 주민 수의 자연로그 값) + 지방자치단체 유형별 변수(더미변수) 값

• 재정력지수: 당해 회계연도의 전년도의 지방교부세 및 당초예산 기준의 자치구재정조정교부금을 배분하기 위하여 산정한 지수
• 지방의회 의원 1명당 주민 수: 전년도 12월 31일 현재 「주민등록법」에 따라 주민등록표에 등재된 자 중 거주자에 대한 주민등록인구통계를 기준으로 산정한 주민 수
• 더미변수 값: 특별시·광역시·도(0.249)/50만 이상 시(0.092)/50만 미만 시(0.031)/도·농복합시(0.023)/군(0)/자치구(0.105)

  나. 기준액(단위: 만원/연액)
    • 월정수당 자연로그 수치를 실제 값으로 환산한 금액 = EXP(월정수당 자연로그 값). 다만, 환산된 월정수당 지급 기준액은 천원 단위(소수점 첫째자리)에서 반올림한다.
2. 월정수당 지급 기준액의 범위
  • 의정비심의위원회는 해당 지방자치단체의 재정능력 등을 고려하여 제1호의 산정방식에 따라 산정된 월정수당 지급 기준액의 ±20퍼센트를 넘지 아니하는 범위에서 월정수당 지급기준을 결정한다. 다만, 의정비심의위원회가 결정 당시의 해당 지방자치단체의 월정수당 지급기준의 수준 등을 고려하여 월정수당 지급 기준액의 하한 범위 이하로 결정하려는 경우에는 예외로 한다.
3. 월정수당 지급 기준액의 인상기준
  • 월정수당 지급 기준액은 의정비심의위원회가 다음 연도 월정수당 지급기준 금액을 결정한 후, 기존의 지급기준을 적용한 연도부터 새로운 지급기준을 결정한 연도(새로운 지급기준이 적용되기 바로 전년도를 말한다)까지의 지방공무원 보수인상률을 합산하여 결정한다.

▶ 표 3-15 ◀ 지방의회 의원의 겸직금지 관련 규정

> 지방자치법 제35조
> ① 지방의회의원은 다음 각 호의 어느 하나에 해당하는 직을 겸할 수 없다. <개정 2009.4.1>
> 　1. 국회의원, 다른 지방의회의 의원
> 　2. 헌법재판소재판관, 각급 선거관리위원회 위원
> 　3. 「국가공무원법」 제2조에 규정된 국가공무원과 「지방공무원법」 제2조에 규정된 지방공무원(「정당법」 제22조에 따라 정당의 당원이 될 수 있는 교원은 제외한다)
> 　4. 「공공기관의 운영에 관한 법률」 제4조에 따른 공공기관(한국방송공사, 한국교육방송공사 및 한국은행을 포함한다)의 임직원
> 　5. 「지방공기업법」 제2조에 규정된 지방공사와 지방공단의 임직원
> 　6. 농업협동조합, 수산업협동조합, 산림조합, 엽연초생산협동조합, 신용협동조합, 새마을금고(이들 조합·금고의 중앙회와 연합회를 포함한다)의 임직원과 이들 조합·금고의 중앙회장이나 연합회장
> 　7. 「정당법」 제22조에 따라 정당의 당원이 될 수 없는 교원
> 　8. 다른 법령에 따라 공무원의 신분을 가지는 직
> 　9. 그 밖에 다른 법률에서 겸임할 수 없도록 정하는 직
> ② 「정당법」 제22조에 따라 정당의 당원이 될 수 있는 교원이 지방의회의원으로 당선되면 임기 중 그 교원의 직은 휴직된다. <신설 2009.4.1>
> ⑤ 지방의회의원은 해당 지방자치단체 및 공공단체와 영리를 목적으로 하는 거래를 할 수 없으며, 이와 관련된 시설이나 재산의 양수인 또는 관리인이 될 수 없다. <신설 1960.11.1 >
> ⑥ 지방의회의원은 소관 상임위원회의 직무와 관련된 영리행위를 하지 못하며, 그 범위는 해당 지방자치단체의 조례로 정한다. <신설 2009.4.1.>

6. 제6기 지방의회(2010.7~2014.6)

　2010년 6월 다섯 번째 전국 동시지방선거를 실시함으로써 제6기 지방의회가 출범하였다. 제6기 지방의회에서 광역자치단체인 시·도 의원 수는 230개 시·군·구에서 총 843명이었고, 기초자치단체인 시·군·구 의원 수는 3,474개 읍·면·동에서 총 2,888명이 선출되었다. 광역의회 의원 수가 제5기 지방의회에 비교하여 738명(교육의원 5명 포함)에서 843명(교육의원 82명 포함)으로 증가하였다. 이는 기

지역	총계	서울	부산	대구	인천	광주	대전	울산	경기	강원	충북	충남	전북	전남	경북	경남
시·도 의원 수	843	114	53	34	38	26	26	26	131	47	35	45	43	42	63	59
시·군·구 의원 수	2,888	419	182	116	112	68	63	50	417	169	131	178	197	243	284	258

자료: 지방의회현황(제6기), 행정안전부, 2010.

▶ 표 3-17 ◀ 시·도별 행정구역 현황(2010.1.1)   (단위: 명)

구분 / 시도별	계	시	군	구 계	구 230	시	구	계	읍
서울	25			25			424		
부산	16		1	15			215	2	3
대구	8		1	7			143	3	6
인천	10		2	8			141	1	19
광주	5			5			92		
대전	5			5			76		
울산	5		1	4			56	4	8
경기	31	27	4			20	539	32	110
강원	18	7	11				193	24	95
충북	12	3	9			2	154	13	89
충남	16	7	9			2	211	24	145
전북	14	6	8			2	241	13	145
전남	22	5	17				295	31	198
경북	23	10	13			2	331	35	202
경남	20	10	10				320	22	177
제주	0	2	2		2		43	7	5

위 표의 "시·군·구"는 계·시·군·구(계/230)로, "행정시 · 자치구가 아닌구"는 시·구·계·읍으로 구성됨.

※ 자료: 지방자치단체 행정구역 및 인구현황, 행정안전부, 2013.

존의 시·도위원의 정수가 28명 증가된 가운데 교육위원회가 시·도의회의 상임위원회로 편입됨에 따라 교육의원 82명이 시·도위원으로 포함되었기 때문이다. 한편 시·군·구의원정수는 지난 제5기 지방의회 의원 수와 같다(지방의회백서, 2015).

제6기 지방의회에서는 의원들의 성실한 의정활동을 위해 겸직금지 및 영리행위 제한을 강화하기 위해 2009년 4월 1일 개정된 지방자치법이 적용되었다. 제6기 지방의회부터는 지방의원이 겸직금지 범위가 되어 지방자치법 제35조 제1항에 규정된 공무원, 공공기관의 임직원, 지방공사와 공단의 임직원, 농업협동조합 등 각종협동조합과 새마을금고의 임직원 등의 직을 겸할 수 없도록 되었다.

또한 지방의원의 겸직에 대해 규정하면서 겸직신고방법 및 절차에 대해서는 조례에서 정하도록 위임하였다. 이와 관련하여 지방의회 의원이 당선 전부터 겸직금지직을 제외한 다른 직을 가진 경우에는 임기 개시 후 1개월 이내에, 임기 중 그 다른 직에 취임한 경우에는 취임 후 15일 이내에 지방의회 의장에게 서면으로 신고해야 한다. 지방의회 의장은 지방의원이 다른 직을 겸하는 것이 청렴의 의무와 품위 유지규정에 위반된다고 인정될 때에는 그 겸직한 직을 사임하도록 권고할 수 있도록 규정하였다(이청수, 2016).

이와 함께, 2014년 1월 21일 지방자치법을 개정(법률 제12280호)하여 지방의회의 법적지위가 지역주민의 대의기관임을 명문화하여 지방의회가 지방자치단체의 독립된 기관임을 밝혔다. 한편, 지방의원에게 지급되는 의정비를 결정하는 과정에서 발생하는 갈등과 행정력 낭비를 줄이기 위하여 결정주기를 매년 결정하는 것에서 4년에 한 번으로 단축하고, 지방공무원의 보수인상률 범위에서 월정수당을 인상하는 경우에는 지역주민의 의견수렴절차를 생략할 수 있도록 하였고, 이를 제7기 지방의회가 출범하는 2014년 7월 1일부터 적용하도록 하였다(지방의회백서, 2015).

▮▶ 표 3-18 ◀▮ 지방의원 의정비 개정내용(전후 대비)

구분	개선 전	개선 후
결정 주기	매년	4년 주기 (지방의원 임기와 동일하게 조정)
결정 절차	① 월정수당 기준액산정(자치단체) → ② 인상 여부 결정(지방의회) → ③ 의 정비심의위구성(자치단체) → ④ 주민의 견수렴(의정비심의위) → ⑤ 월정수당금 액 결정(의정비심의위) → ⑥ 조례개정 (지방의회)	공무원 보수가 인상된 해에 그 보수인 상률 범위 내 월정수당 인상 시 ④ 주민 의견수렴절차 생략
관련 조문	제33조【의정활동비·여비 및 월정수당 의 지급기준 등】① 법 제33조 제2항 에 따라 지방의회의원에게 지급되는 의정활동비·여비 및 월정수당의 지 급기준은 다음 각 호의 범위에서 제 34조에 따른 의정비심의위원회가 해 당 지방자치단체의 재정능력 등을 고 려하여 결정한 금액 이내에서 조례로 정한다. 1.~3. (생 략) ② (생 략) 제34조【의정비심의위원회의 구성 등】 ①~⑨ (생 략) <신 설> ⑩ (생 략)	제33조【의정활동비·여비 및 월정수당 의 지급기준 등】① ~의정비심의위원 회가 임기만료에 의한 지방의원 선거 가 있는 해에 ~ 1.~3. (현행과 같음) ②(현행과 같음) 제34조【의정비심의위원회의 구성 등】 ①~⑨ (현행과 같음) ⑩ 제34조 제5항 및 제6항에도 불구하 고 지방공무원 보수가 인상된 해에 그 보수 인상률 범위 내에서 월정수당을 인상하고자 하는 경우에는 지역주민의 의견수렴 절차를 생략할 수 있다. ⑪ (현행과 같음)

자료: 지방의회백서(2015).

참고문헌

김동훈. (2002). 「지방의회론」. 서울: 박영사.

김순은. (2014). 지방행정 60년사. 7회 한국지방자치학회 지방분권포럼: 6–31.

김욱 외. (2010). 「대한민국 선거 60년: 이론과 실제」. 서울: 한국선거학회.

김홍환. (2015). 지방자치 20년 지방분권추진의 평가와 과제.

남창우. (2010). 미군정기의 지방재정 실태 및 구조분석. 한국지방자치학회보, 22(2): 211–226.

문병기 외. (2015). 「지방의회의 이해」. 서울: 박영사.

손정목. (1992). 「한국지방제도·자치사 연구(하)」. 서울: 일지사.

이기우. (2009). 지방자치법 60년의 회고와 과제. 「지방행정연구」 23(3): 25–44.

이대희. (2015). 「한반도 지방행정의 역사」. 서울: 행정안전부.

조정찬. (2010). 지방자치법제에 관한 뉴패러다임. 「법제」 통권 제628호. 서울: 법제처.

행정안전부. (2012). 5기 지방의회백서.

_____. (2015). 6기 지방의회백서.

황수익. (1996). 제1공화국 연구: 제1공화국의 선거제도와 선거. 「한국정치연구」 5: 80–117.

제**4**장
지방의회의 조직

04

지방의회의 조직

제1절 지방의회 의원

1. 지방의원의 정수

지방의원은 각 의회마다 일정한 수가 되도록 정해져 있는데, 이를 지방의원의 정수라 한다. 지방의원의 정수는 국가에 따라, 때로는 한 국가 안에서도 지방자치단체에 따라 차이가 있다. 아래에서는 지방의원의 정수와 관련하여 지방의원 정수결정의 변수, 정수결정의 방법, 대의회제와 소의회제의 장단점, 우리나라 지방의회의원의 정수, 임기 중 의원정수의 조정에 대해 검토하고자 한다.

1) 지방의원 정수결정의 변수

지방의원의 정수를 어느 정도의 규모로 할 것인가 하는 데는 여러 가지 고려해야 할 점이 있다. 지방정부의 인구규모, 회의체로서의 규모, 유급직인가 명예직인가를 변수로 보는 견해가 있는가 하면(문재우, 2007: 286~288), 이에 더하여 지방자치단체의 종류, 본회의중심주의인가 위원회중심주의인가, 그리고 전통과 정치문화 등을 더 포함하는 견해가 있다(김동훈, 2002: 406~408).

(1) 지방정부의 인구규모

지방의회는 주민의 대표기관이다. 대표자인 지방의회 의원은 주민의 의사를 충분히 수렴하여 정책결정과정에 반영하도록 하는 것이 무엇보다 중요하다. 그러려면 지방의원의 정수는 지역주민의 인구규모를 고려하여 어느 정도 비례해서 정하는 것이 필요하다. 그러나 지방정부의 산업적 특색이 다양하고 또한 인구규모의 격차가 워낙 커서 인구규모만 고려하여 의원정수를 정하기는 쉽지 않다. 인구규모에 비례해서 의원정수를 결정하는 경우 대도시는 의원정수가 너무 많아질 수 있는 반면에, 인구가 적은 농촌지역의 경우 의원정수가 회의체를 구성할 수 없을 만큼 적어질 수 있기 때문이다. 따라서 이러한 점을 고려하여 정수의 상한과 하한을 정하는 보정장치가 필요하다. 또한 일본의 경우처럼 법정 정수의 범위 안에서 개별 자치단체가 조례로써 의원 수를 줄일 수 있는 경우도 있다.

(2) 회의체로서의 규모 고려

지방의회는 다수의 지방의원이 모여 지방정책을 심의하고 결정하는 기관이다. 이 과정에서 지방의회는 하나의 회의체로서 기능을 수행하는데, 이때 적정한 수의 규모를 갖추어야 할 필요가 있다. 그러나 어느 정도의 의회규모가 회의체로서 적정한지에 대해서는 견해가 일치되어 있지 않다. 또한 의회의 운영이 위원회중심주의인가 본회의중심주의인가에 따라서도 회의체로서의 의회의 규모는 달라질 수 있다. 그럼에도 불구하고 세계 각국의 지방의회는 회의체로서의 규모를 고려하여 적정 수준을 유지하는 경우가 많다. 요컨대 지방의회는 그 구성원인 의원 수가 너무 적은 경우 회의체로서의 구성상의 문제가 제기되고, 반대로 의원 수가 너무 많으면 회의체로서의 기능을 발휘하는 데 문제가 발생할 수 있다.

(3) 주민대표성의 반영

지방의회는 주민의 대표기관이다. 따라서 지방의회는 그 회의를 통하여 전체 주민의 의사를 반영하는 대표기능을 발휘할 수 있어야 한다. 주민의 대표기능을 극대화하기 위해서는 의원 수를 증가시킬 필요가 있다. 이러한 지방의회의 주민대표성 확보는 지방자치단체 및 주민의 특성에 따라 영향을 받게 된다. 즉, 지방자치단체가 농촌인지 도시인지, 혹은 이 두 가지가 혼재된 지역인지에 따라, 그리고 당해 지방자치단체의 산업이 이질적인가 동질적인가에 따라 차이가 있을 수 있다. 일반적으로 볼 때 산업과 주민의 속성이 동질적인 경우가 이질적인 경우보다 더 적은 수의 지방의원으로 대표성을 확보할 수 있다고 말할 수 있다.

(4) 지방자치단체의 종류

지방의원의 정수는 지방정부가 수행하는 업무의 양과 질에 따라 영향을 받는다. 업무의 양이 많고 질이 고도화되어 있는 경우, 그렇지 않은 경우에 비해 의원의 수가 많아야 할 것이다. 업무의 양과 질은 행정수요와 밀접한 관련이 있다. 이러한 행정업무의 양과 질은 지방자치단체의 종류, 즉 기초자치단체인가 광역자치단체인가에 따라서, 그리고 농촌자치단체인가 도시자치단체인가 등에 따라서 다르게 나타날 수 있다.

일반적으로 행정수요는 기초자치단체보다 광역자치단체에, 농촌자치단체보다 도시자치단체에, 그리고 소도시보다는 대도시에 더 많이 발생할 것으로 예상된다. 행정수요가 많이 발생하는 자치단체일수록 의회가 능동적으로 대응하려면 의원의 정수도 많아져야 할 것이다.

(5) 본회의중심주의인가 또는 위원회중심주의인가

의회의 회의체로서의 전체 규모가 의원정수를 결정하는 데 영향을 미친다고 앞서 언급했지만, 지방의회의 운영이 본회의중심주의인가 또는 위원회중심주의인가 하는 점도 의원정수의 결정에 영향을 미친다. 지방의회의 운영이 본회의중심주의일 경우 의원 수가 너무 많으면 회의체인 의회의 효율적인 운영이 어려울 수 있다. 그러나 위원회중심주의를 택하는 경우 최소한 세 개 이상의 상임위원회가 상설되기 때문에 전체 의원정수는 다소 많아져야 할 것이다.[1]

---

1) 그러나 이러한 주장은 일반론이다. 미국의 경우 의원정수가 적어도 위원회중심주의를 채택하는 경우가 다수이다. 예를 들면, 미국의 다섯 번째 큰 도시로 인구가 150만 명이 넘는 애리조나의

(6) 유급직인가 명예직인가

지방의원의 정수는 개별 지방자치단체의 의원이 유급직인가 명예직인가에 따라서 영향을 받는 것이 일반적이다. 의원정수는 의회를 운영하는 데 소요되는 예산과 관련되는데, 여기에 영향을 미치는 것이 바로 지방의원직을 유급직으로 할 것인가 혹은 명예직으로 할 것인가 하는 점이기 때문이다.

일반적으로 지방의원을 명예직으로 규정하는 경우 의회 운영에 따른 재정적 부담이 적기 때문에 의회의 규모가 큰 대의회제를 채택하는 경우가 많다. 반면, 지방의원을 유급직으로 하는 경우 개별 의원에게 지급하는 각종 보수 등으로 인한 재정적 부담이 크기 때문에 의원 수가 적은 소의회제를 채택하는 경우가 많다.

(7) 전통과 문화

지방의원의 정수를 어떻게 유지하느냐 하는 점은 특정 국가나 자치단체의 전통과 정치문화에 따라서도 영향을 받는다. 전통적으로 지방의회 의원의 수가 많은 대의회제를 유지해 온 국가나 자치단체의 경우 의원 수를 대폭 줄이는 결정은 쉽게 하기 어려울 것이다(김동훈, 2002: 407~408).

2) 지방의원 정수결정의 방법

(1) 지방의원 정수결정에 관한 규정과 기준

지방의원 정수는 법령에서 일률적으로 규정하는 경우가 있는가 하면, 각 지방자치단체가 헌장이나 조례로 자율적으로 규정하도록 하는 경우도 있다. 전자의 형식을 취하는 대표적인 국가로는 우리나라와 일본, 프랑스 등이 있고, 후자의 형식을 취하는 경우로는 미국과 영국이 있다. 이 외에도 지방의원 정수를 결정하는 방법으로, 일본의 경우처럼 법률로서 일정한 기준을 정해 놓고 그 범위 안에서

주도 피닉스(Phoenix)의 경우 의원 수는 8명이지만 5개의 상임위원회가 설치되어 있다. 이에 따라 한 명의 의원이 2개 내지 3개의 상임위원회 위원으로 중복하여 참여하고 있다. (https://www.phoenix.gov/mayorcouncil/subcomm, 2018년 10월 20일).

조례로 의원 수를 줄일 수 있도록 한 경우도 있다(일본 지방자치법 제91조, 제281조의 제2항, 제283조의 제1항).

한편 지방의원 정수를 결정하는 기준도 다양한 모습을 띠고 있다. 인구규모를 기준으로 정하는 국가도 있고, 행정구역을 기준으로 정하는 국가도 있다. 행정구역과 인구기준을 동시에 가미하는 국가도 있고, 그 상한과 하한을 정하여 둔 나라도 있다. 또한 아예 그러한 기준이 없이 지방정부가 자율적으로 결정하는 국가나 자치단체도 있다.

(2) 지방의원의 정수규모

지방의원의 정수는 앞서 밝힌 각 국가의 규정과 기준에 따라 정해지는데, 그 결과 규모면에서 국가에 따라 큰 차이가 있다. 대체로 프랑스, 영국 등 유럽국가에서는 지방의회의 주민대표성을 중시하여 지방자치단체의 인구규모에 비하여 의정정수가 많은 대의회제를 택하고 있다. 일본도 지방의원 수가 많은 대의회제의 전통을 가지고 있다. 반면에 미국은 지방의회의 전문성과 능률성을 중시하여 의원정수를 적게 두는 소의회제를 채택하고 있다.

구체적으로 살펴보면 다음과 같다. 프랑스의 시·읍·면의회(conseil municipal) 의원정수는 9명=69명이다. 특례로서 파리시의회의 의원정수는 163명, 마르세이유 시의회 의원 수는 101명, 리용시의회 의원 수는 73명으로, 시·읍·면의 인구규모에 비해 의원정수가 많은 편이다. 대의회제를 택하고 있는 일본의 동경도의회 의원정수는 130명 이내로 하고 있으며, 도·도·부·현(都·道·府·縣)의회는 40명~120명, 시의회는 30명~100명, 정·촌(町·村)의회는 12명~30명으로 되어 있다. 다만, 앞서 언급한 바와 같이 일본의 경우 조례로서 의원정수를 감축할 수 있다.

한편 소의회제를 택하고 있는 미국 시정부(municipalities)의 의원정수는 3~50명으로 그 폭이 크다. 평균 의원 수는 약 6명이다.[2] 이 규모는 지방정부의 기관구성방식에 따라 차이가 있다. 시장-의회형(mayor-council form)을 채택하고 있는 지

---

2) 미국 시정부의 의원 평균수는 과거 1988년 조사 당시에는 6.3명으로 나타난 바 있다(ICMA, 1988: 2). 이러한 결과를 보면 미국 지방의회의 의원 수는 오히려 최근으로 올수록 약간 줄어들고 있음을 알 수 있다.

방정부의 평균 의원 수는 7명이고, 최소 의원 수는 3명이다. 의회 – 관리관형 (council – manager form)을 채택하고 있는 지방정부의 평균 의원 수는 6명이고, 최소 의원 수는 3명이다. 위원회형(commission form)을 채택하고 있는 지방정부의 평균 의원 수는 5명이고 최소 의원 수는 3명이다(Nelson, 2002: 2).

3) 대의회제와 소의회제의 장·단점

(1) 대의회제

의원 수가 많은 대의회제의 장점은 다음과 같다. 첫째, 주민의 이익을 대표하는데 유리하다. 둘째, 지방정책을 공정하고 신중하게 심의·결정할 수 있다. 셋째, 주민들에게 지방의원으로 참여할 수 있는 기회를 확대함으로써 지방정치에 민의의 반영 정도를 높일 수 있다. 넷째, 민주주의 원리에 보다 충실할 수 있다. 다섯째, 지역과 직능 등 각계각층의 이익을 고르게 반영할 수 있다. 여섯째, 집행기관에 대한 견제기능을 높일 수 있다.

대의회제의 단점으로는 첫째, 의견과 이해의 대립으로 의회 운영이 비능률적으로 되기 쉽다. 둘째, 의원들의 책임의식이 저하된다. 셋째, 의회를 운영하는 데 소요되는 비용이 늘어난다. 넷째, 의원의 질이 저하된다.

(2) 소의회제

의원 수가 적은 소의회제의 장점으로는 첫째, 의회를 효율적으로 운영할 수 있다. 둘째, 유능한 인재의 의회진출로 의원의 질을 높일 수 있다. 셋째, 의원들의 책임의식을 키울 수 있다. 넷째, 충분한 토론으로 의회기능을 발휘할 수 있다.

소의회제의 단점으로는 첫째, 주민의 이익을 충분히 반영하기 어렵다. 둘째, 주민들이 지방의회에 참여할 수 있는 기회가 줄어든다. 셋째, 지역과 직능 등 각계각층의 이익을 반영하기 어렵다. 넷째, 집행기관에 대한 견제기능이 상대적으로 약화된다.

4) 우리나라 지방의회 의원의 정수와 규모

(1) 시·도의회 의원의 정수

시·도별 지역구시·도의원의 총 정수는 그 관할구역 안의 자치구·시·군(하나의 차치구·시·군이 2 이상의 국회의원지역구로 된 경우에는 국회의원지역구를 말하며, 행정구역의 변경으로 국회의원지역선거구와 행정구역이 합치되지 아니하게 된 때에는 행정구역을 말한다) 수의 2배수로 하되, 인구·행정구역·지세·교통, 그 밖의 조건을 고려하여 100분의 14의 범위에서 조정할 수 있다. 다만, 자치구·시·군의 지역구 시·도의원정수는 최소 1명으로 한다. 이러한 규정에도 불구하고 지방자치법 제7조 제2항에 따라 시와 군을 통합하여 도농복합 형태의 시로 한 경우에는 시·군 통합 후 최초로 실시하는 임기만료에 의한 시·도의회 의원선거에 한하여 해당 시를 관할하는 도의회 의원의 정수 및 해당 시의 도의회 의원의 정수는 통합 전의 수를 고려하여 이를 정한다. 이러한 기준에 의하여 산정된 의원정수가 19명 미만이 되는 광역시 및 도는 그 정수를 19명으로 한다. 그리고 비례대표시·도의원정수는 지역구 시·도의원정수의 100분의 10으로 한다. 이 경우 단수는 1로 본다. 다만, 산정된 비례대표 시·도의원정수가 3인 미만인 때에는 3인으로 한다(공직선거법 제22조).

이러한 법적 근거에 의하여 2018년 6.13동시지방선거를 통해 선출된 우리나라 시·도 의원정수는 <표 4-1>에서 보는 바와 같이 829명으로, 4년 전의 794명(이상 제주특별자치도 교육의원 5명씩 각각 포함된 숫자임)에 비해 35명이 늘어났다. 829명 중에서 교육의원 5명을 제외하면 지역구의원이 737명이고 비례대표의원이 87명이다. 이에 따라 17개 시·도의회의 의회별 평균 의원 수는 약 48.64명이다.

▶ 표 4-1 ◀ 17개 시·도의회별 의원 수(2018년 6.13지방선거 기준)

의회별 / 의원 수	총 의원 수	지역구	비례대표	교육의원
서울특별시	110	100	10	
부산광역시	47	42	5	
대구광역시	30	27	3	
인천광역시	37	33	4	
광주광역시	23	20	3	
대전광역시	22	19	3	
울산광역시	22	19	3	
세종특별자치시	18	16	2	
경기도	142	129	13	
강원도	46	41	5	
충청북도	32	29	3	
충청남도	42	38	4	
전라북도	39	35	4	
전라남도	58	52	6	
경상북도	60	54	6	
경상남도	58	52	6	
제주특별자치도	43	31	7	5
총계	829	737	87	5

참고: 타 시·도는 2014년 지방선거부터 교육의원을 따로 뽑지 않으나 제주특별자치도만은 별도 법에 의해 교육
의원을 따로 선출하고 있음.

(2) 자치구·시·군의회 의원의 정수

자치구·시·군의회 의원정수는 2005년 8월 4일 공직선거법이 바뀌면서 그 전에 비해 근본적으로 바뀌었다.[3] 개정의 특징은 시·도별 총 정원만 법률로 정하고, 그 범위 내에서 자치구·시·군의원선거구획정위원회가 몇 가지 원칙을 적용하여 자율적으로 정하도록 위임한 것이다.

구체적으로 살펴보면, 시·도별 자치구·시·군의회 의원의 총 정수는 <표 4-2>에서 보는 바와 같이 법률(공직선거법 [별표 3])에서 제시하고 있다. 법률에서는, 자치구·시·군의회의 의원정수는 당해 시·도의 총정수 범위 내에서 당해 시·도의 자치구·시·군의원선거구획정위원회가 자치구·시·군의 인구와 지역대표성을 고려하여 중앙선거관리위원회규칙이 정하는 기준에 따라 정하도록 하고 있다. 이러한 기준에 의하여 산정된 자치구·시·군의회의 최소정수는 7인으로 한다. 다만, 산정된 비례대표자치구·시·군의원정수는 자치구·시·군의원 정수의 100분의 10으로 한다. 이 경우 단수는 1로 본다(공직선거법 제23조 제1항 내지 제3항).

이에 따라 기초의원의 총정원과 시·도별로 배정받은 인원이 선거에 따라 차이가 있는 경우도 있었다. 즉, 2018년 6.13지방선거에서의 기초의원 총 수는 2,927명(지역구 2,541명, 비례대표 386명)으로 4년 전에 비해 29명이 늘었다. 이에 따라 226개 의회별 평균 의원 수는 12.95명이다. 한편 2014년 6.4지방선거 때의 정원은 2,898명(지역구 2,519명, 비례대표 379명)으로 그 전에 비해 10명이 늘었다. 2006년 5.31지방선거 때와 2010년 6.2지방선거 때의 기초의원 총정원은 2,888명이었다.

---

3) 개정 전 공직선거법 제23조는 다음과 같다. 즉, 자치구·시·군의 지방의회(이하 "자치구·시·군의회"라 한다) 의원정수는 그 관할구역 안의 읍·면·동[지방자치법 제4조(지방자치단체의 명칭과 구역) 제5항의 행정동을 말한다. 이하 같다]마다 1인으로 한다. 다만, 인구 1천 미만의 면과 6천 미만의 동(도서지역인 면·동과 군사분계선 지역 내에 위치한 대성동 마을이 소속한 경기도 파주군 군내면을 제외한다)은 그 구역과 인접한 읍·면·동과 통합하여 1인으로 하고, 3만 이상의 읍과 5만 이상의 동은 1인을 증원한다. 위 기준에 의하여 산정된 의원정수가 7인 미만이 되는 때에는 그 정수를 7인으로 한다.

▶ 표 4-2 ◀ 시·도별 자치구·시·군의회의원 총정수표(2,927명)

시·도	총정수
서울특별시	423
부산광역시	182
대구광역시	116
인천광역시	118
광주광역시	68
대전광역시	63
울산광역시	50
경기도	447
강원도	169
충청북도	132
충청남도	171
전라북도	197
전라남도	243
경상북도	284
경상남도	264
합계	2,927

자료: 공직선거법 [별표 3] 〈개정 2018. 3. 9.〉.

(3) 우리나라 지방의회의 규모

2018년 6.13지방선거를 통해 선출된 우리나라 지방의원의 법정 정수는 시·도 의회 의원 829명과 자치구·시·군의회의원 2,927명을 합하여, 총 3,756명이다. 이러한 지방의원 수는 <표 4-3>에서 보는 바와 같이 기복이 있었다. 1995년 지방선거 시에 의원 정수가 최고조에 달했다가 그 이후 대폭 감소의 과정을 거쳤다. 그러다가 2006년 지방선거 때부터 약간씩 증가하고 있다. 1998년에 의원 수가 대폭 감축된 것은 1997년 11월에 IMF구제금융체제로 들어감에 따라 공무원 수의 감축 등 전 정부적으로 이루어졌던 정부규모의 축소에 따른 것이었다.

▶ 표 4-3 ◀ 우리나라 지방의회 의원의 정수 변화

	광역의원	기초의원
1991년 선거	866명	4,304명
1995년 6·27 동시지방선거	972명(지역구 875명, 비례대표 97명)	4,541명
1998년 6·4 동시지방선거	690명(지역구 616명, 비례대표 74명) (29% 감소)	3,490명(23% 감소)
2002년 6·13 동시지방선거	682명(지역구 609명, 비례대표 73명)	3,485명(선거 당시 232개, 2003년 계룡시와 증평군 추가로 234개)
2006년 5·31 동시지방선거	738명(지역구 655명, 비례대표 78명, 제주특별자치도 교육의원 5명). 평균 46.1명	2,888명(지역구 2513명, 비례대표 375명)(230개 의회)(17.1% 감소). 평균 12.56명
2010년 6.2 동시지방선거	교육의원 포함 전체 843명. 761명 (지역구 680명, 비례대표 81명, 교육의원 82명). 평균 47.56명	2,888명(지역구 2512명, 비례대표 376명)(228개 의회). 평균 12.67명
2014년 6.4 동시지방선거	794명(지역구 705명, 비례대표 84명, 교육의원(제주) 5명). 평균 46.71명	2,898명(지역구 2,519명, 비례대표 379명)(226개 의회). 평균 12.82명
2018년 6.13 동시지방선거	829명(지역구 737명, 비례대표 87명, 교육의원(제주) 5명). 평균 48.64명	2,927명(지역구 2,541명, 비례대표 386명)(226개 의회). 평균 12.95명

이에 따라 현재 우리나라 시·도의회와 시·군·자치구의회의 평균 의원 수는 각각 48.64명과 12.95명이다. 이 숫자로만 보면, 특히 시·도의회의 경우 적은 규모의 의회라고 말하기 어려운 측면이 있다. 그러나 지방의원 정수결정의 중요 변수인 자치단체당 인구규모를 고려하면 다르게 해석할 수도 있다.

<표 4-4>는 국가별 지방의원 1인당 인구 수를 살펴본 것이다. 표에서 보는 바와 같이 우리나라 지방의원 1인당 인구 수는 13,747명으로 비교대상 국가 중에서 가장 많다. 지방의원 1인이 대표하는 평균 주민 수에서 미국은 우리나라의 5.16%(1/19.4), 프랑스는 0.94%(1/107), 영국은 22.7%(1/4.39), 일본은 10.9%(1/9.13)에 지나지 않는다. 역으로 말하면 우리나라 지방의원 1인이 대표하는 인구 수는 이들 국가에 비해 각각 19.4배, 107배, 4.39배, 9.138배 더 많다는 의미이다. 우리나

▶ 표 4 - 4 ◀ 국가별 지방의원 1인당 인구 수

국가별	인구(천명)	의원 1인당 인구(명)	의원 총수(명)
미국	326,626	710	460,000
프랑스	67,106	128.9	520,436
영국	65,648	3,126	21,000
일본	126,451	1,505	84,003
한국	51,635	13,747	3,756

- 우리나라 인구 수는 통계청 '2018, KOSIS 자료'에 따름. 의원총수 3,756명은 2018년 6.13지방선거 기준임. 광역의원은 829명이고 기초의원은 2,927명임.
- 각 국가의 인구는 미국 중앙정보국(CIA)의 「The World Fact Book」
 (https://www.cia.gov/library/publications/the-world-factbook/geos/us.html, 2018년 10월 21일) 참조.
- 외국 지방의회 의원총수는 안영훈·김성호(2007: 216)를 참고함.

라 지방자치단체의 평균 인구규모를 고려한다면 의회의 규모가 크다고 말하기 어려운 점이 바로 이러한 이유 때문이다. 특히 기초의회 의원 수는 비교적 적은 편에 속한다. 소의회제를 택하고 있는 미국의 평균 의원 수에 비해서는 다소 많지만, 그 이외 나라에 비하면 적은 규모라 할 수 있다.

5) 임기 중 지방의원 정수의 조정

인구의 증감 또는 행정구역의 변경에 따라 지방의회의 의원정수·선거구 또는 그 구역의 변경이 있더라도 임기만료에 의한 총선거를 실시할 때까지는 그 증감된 선거구의 선거는 실시하지 아니한다. 다만, 지방자치단체의 구역변경이나 설치·폐지·분할 또는 합병이 있는 때에는 다음과 같이 당해 지방의회의 의원정수를 조정하거나 또는 증원선거를 실시한다(공직선거법 제28조).

(1) 지방자치단체의 구역변경으로 선거구에 해당하는 구역의 전부가 다른 지방자치단체에 편입된 때에는 그 편입된 선거구에서 선출된 지방의회 의원은 종전의 지방의회 의원의 자격을 상실하고 새로운 지방의회 의원의 자격을, 선거구에 해당하는 구역의 일부가 다른 지방자치단체에 편입된 때에는 그 편입된 구역이

속하게 된 선거구에서 선출된 지방의회 의원은 그 구역이 변경된 날부터 14일 이내에 자신이 속할 지방의회를 선택하여 당해 지방의회에 서면으로 신고하여야 한다. 또한 그 선택한 지방의회가 종전의 지방의회가 아닌 때에는 종전의 지방의회 의원의 자격을 상실하고 새로운 지방의회 의원의 자격을 취득하되, 그 임기는 종전의 지방의회 의원의 잔임기간으로 하며, 그 재임기간에는 공직선거법 제22조(시·도의회의 의원정수) 또는 제23조(자치구·시·군의회의 의원정수)의 규정에 불구하고 그 재직 의원 수를 각각 의원정수로 한다. 이 경우 새로운 지방의회 의원의 자격을 취득한 지방의회 의원의 주민등록이 종전의 지방자치단체의 관할구역 안에 되어 있는 때에는 그 구역이 변경된 날부터 14일 이내에 새로운 지방자치단체의 관할구역으로 주민등록을 이전하여야 하며, 그 구역이 변경된 날부터 14일 이내에 자신이 속할 지방의회를 신고하지 아니한 때에는 그 구역이 변경된 날부터 14일이 되는 날 현재 당해 지방의회 의원의 주민등록지를 관할하는 지방자치단체의 지방의회에 신고한 것으로 본다(동법 제28조 제1호).

(2) 둘 이상의 지방자치단체가 합하여 새로운 지방자치단체가 설치된 때에는 종전의 지방의회 의원은 같은 종류의 새로운 지방자치단체의 지방의회 의원으로 되어 잔임기간 재임하며, 그 잔임기간에는 동법 제22조 또는 제23조의 규정에도 불구하고 그 재직 의원 수를 각각 의원정수로 한다(동법 제28조 제2호).

(3) 하나의 지방자치단체가 분할되어 둘 이상의 지방자치단체가 설치된 때에는 종전의 지방의회 의원은 후보자등록 당시의 선거구를 관할하게 되는 지방자치단체의 지방의회 의원으로 되어 잔임기간 재임하며, 그 잔임기간에는 동법 제22조 또는 제23조의 규정에도 불구하고 그 재직 의원 수를 각각 의원정수로 한다. 이 경우 비례대표시·도의원은 당해 시·도가 분할·설치된 날부터 14일 이내에 자신이 속할 시·도의회를 선택하여 당해 시·도의회에 서면으로 신고하여야 하고, 비례대표자치구·시·군의원은 당해 자치구·시·군이 분할·설치된 날부터 14일 이내에 자신이 속할 자치구·시·군의회를 선택하여 당해 자치구·시·군의회에 서면으로 신고하여야 한다. 다만, 재직 의원 수가 동법 제22조 또는 제23조의 규정에 의한 새로운 의원정수의 3분의 2에 미달하는 때에는 의원정수에 미달하는 수만큼의 증원선거를 실시한다(동법 제28조 제3호).

(4) 시가 광역시로 된 때에는 종전의 시의회 의원과 당해 지역에서 선출된 도의회 의원은 종전의 지방의회 의원의 자격을 각각 상실하고 광역시의회 의원의 자격을 취득하되, 그 임기는 종전의 도의회 의원의 잔임기간으로 하며, 그 잔임기간에는 동법 제22조의 규정에 불구하고 그 재직 의원 수를 의원정수로 한다(동법 제28조 제4호).

(5) 읍 또는 면이 시로 된 때에는 시의회를 새로 구성하되, 최초로 선거하는 의원의 수는 당해 시·도의 자치구·시·군의원선거구획정위원회가 새로 정한 의원정수로부터 당해 지역에서 이미 선출된 군의회 의원정수를 뺀 수로 하고, 종전의 당해 지역에서 선출된 군의회 의원은 시의회 의원이 된다. 이 경우 새로 선출된 의원정수를 합한 수를 동법 제23조의 규정에 따른 시·도별 자치구·시·군의회 의원의 총정수로 한다(동법 제28조 제5호).

(6) 위 (4)의 경우 자치구가 아닌 구가 자치구로 된 때에는 자치구의회를 새로 구성하며, 그 의원정수는 당해 시·도의 자치구·시·군의원선거구획정위원회가 새로 정한다. 이 경우 새로 정한 의원 정수를 합한 수를 동법 제23조의 규정에 따른 시·도별자치구·시·군의회 의원의 총정수로 한다(동법 제28조 제6호).

2. 지방의원의 지위

지위란 개인의 사회적 신분에 따르는 위치나 자리를 말한다. 지방의원의 지위란 지방의원이 가지는 사회적 신분에 따르는 위치로 정의할 수 있다. 이러한 지방의원의 지위는 크게 네 가지로 규정할 수 있다. 지방의원은 주민대표자로서의 지위, 지방의회의 구성원으로서의 지위, 선거직 공무원으로서의 지위, 지방정치인으로서의 지위를 가진다.

1) 주민대표자로서의 지위

지방의원은 주민으로부터 직접 선출됨으로써 주민대표자로서의 지위를 가진다. 지방의원의 주민대표자로서의 지위는 여타 지방의원 지위의 토대가 되는 가장 기본적인 것이다. 지방의원의 주민대표자로서의 지위는 선출된 선거구의 대표가 아니라 지방자치단체 전체 주민의 대표를 의미한다.

이처럼 지방의회 의원은 지방자치단체 주민 전체의 대표자로서의 지위를 가지지만, 우리나라의 경우 광역의회 의원은 소선거구제에 의해, 그리고 기초의회 의원은 2명~4명의 중선거구제에 의해 선거구 단위로 선출된다. 이에 따라 지방의회 의원은 자칫 자신이 선출된 한 선거구의 대표라는 바르지 않은 대표관을 가질 수 있다. 이러한 현상은 현실적으로 지방의회 의원이 투표권자인 선거구 주민을 의식하지 않을 수 없기 때문에 발생된 현상으로 볼 수 있는데, 그 결과 우리는 종종 이들이 전체 주민의 이익보다 오히려 선거구 주민이나 선거구의 문제를 더 중요시하는 경향이 있음을 보게 된다. 이에 따라 때때로 의원들이 자치단체의 주민공동체 형성보다는 지역이기주의를 부추기는 결과를 나타내기도 한다. 그러나 지방의원은 그들이 선거의 한 수단으로서 선거구 단위로 선출된다 하더라도 일단 당선된 이후에는 자치단체 전체 주민의 대표로서 그 기능과 역할을 다해야 한다(김동훈, 2002: 390).

소선거구제와 중선거구제의 결과로 나타나는 지역이기주의 발생 문제를 근본적으로 해결하기 위해서 선거구를 확대하거나 혹은 지방자치단체를 하나의 선거구로 하는 대선거구제를 택하는 국가나 지방자치단체도 다수 있다. 미국의 경우 전체 지방자치단체의 65.5%가 대선거구제(at large election system)를 채택하고 있을 뿐만 아니라 그 비율이 증가추세에 있다(Nelson, 2002: 4).[4] 일본의 경우도 다수 자치단체가 대선거구제를 채택하고 있다.

2) 지방의회 구성원으로서의 지위

지방의원은 지방의회를 구성하는 구성원으로서의 지위를 가진다. 지방의원이 의회의 구성원이라고 함은 의원 개인이나 몇몇 소수 의원의 의사가 의회의 의사가 될 수 없는 것이고 의회의 권한이 의원 개인에 의하여 행사될 수 없다는 것을

---

[4] 미국의 경우 1998년 ICMA 통계에 따르면 대선거구제를 채택하고 있는 자치단체는 전체의 60.9%였으나(Renner & DeSantis, 1998: 40), 2002년 통계에서는 65.5%로 크게 늘어났다.

의미한다. 의회는 합의체기관이므로 오로지 법규로 정한 다수의원의 의결에 의해서만 의사가 결정되는 것이고 의회의 권한이 효력을 발생하는 것이다. 따라서 의원은 의정활동을 통하여 주민의 개별적, 이질적, 그리고 다양한 의사와 이해관계를 통합하고 지방자치단체의 의사를 형성하는 역할을 한다(김동훈, 2002: 390).

3) 선거직 공무원으로서의 지위

지방의회 의원은 당해 지방자치단체의 주민에 의해 선출되는 선거직 공무원이다. 공무원을 실적주의와 직업공무원제의 적용을 받는 경력직 공무원과 그렇지 않은 특수경력직 공무원으로 구분할 때, 지방의회 의원은 후자, 즉 특수경력직 공무원에 속한다. 지방의회 의원은 특수경력직 공무원 중에서도 일정한 기간마다 선거를 통하여 선출되는 정무직 공무원인 것이다. 지방의회 의원은 일반적인 피선거권 이외에 특별한 자격기준이 없고 오직 주민의 신임과 지지가 가장 중요한 당선요건이 된다.

4) 지방정치인으로서의 지위

지방의회 의원은 지방정치인이다. 지방의회는 지방정부의 중요한 문제에 대해 정책결정을 한다. 정책결정은 가치의 배분에 관련된 것으로, 이는 정치적 과정이다. 이 과정에서 지방의원은 지역주민의 의견을 수렴하고 지역대표로서의 대표관에 따라 정치적 판단을 한다. 또한 이 과정에서 지방의원은 지방자치단체 집행기관의 장과 상호 간에 견제와 균형이라는 정치적인 관계 속에서 활동한다. 지방의원은 이러한 지방정치활동의 결과에 대해 지방선거를 통해 지역주민들로부터 평가받는다.

지방의원은 또한 정당의 공천과정을 통해 중앙정치권의 영향력을 강하게 받고 있다. 기초의회 의원까지 정당공천제가 확대됨으로써 지방의원은 정당을 통한 정치행위가 강화되었다. 이에 따라 2006년 5·31지방선거 이후 2018년 6.13지방선거까지 지방의원 당선자의 정치인 비율은 지속적으로 증가하였다.[5]

---

5) 기초의원까지 정당공천제가 허용된 이후 정치인의 비율은 대체로 늘어나고 있다. 2018년 6.13

3. 지방의원의 임기

1) 지방의원 임기의 의의

지방의원의 임기는 당선 이후 지방의원으로 임기를 시작한 날부터 임기만료일까지의 기간을 말한다. 이러한 지방의원의 임기는 국가에 따라 또는 국가 내 지방자치단체에 따라서 차이가 있다. 우리나라의 경우 공직선거법에서 지방의원의 임기를 일률적으로 규정하고 있어서 지방의회에 따라 차이가 없지만, 미국의 경우 다수의 자치단체가 자치헌장제에 의해 지방의원의 임기를 스스로 결정할 수 있어서 일률적이지 않다. 독일처럼 주를 기준으로 차이가 있는 경우도 있다.

세계 각국의 지방의회 의원의 임기는 1년에서 6년까지 다양하다. 일본, 대만, 한국, 이탈리아, 영국 등 다수의 국가는 지방의원의 임기가 4년이다. 그러나 프랑스와 스페인의 지방의원 임기는 6년이며, 말레이시아는 3년이다(김동훈, 2002: 392; 황아란, 1997). 독일은 주마다 지방의원의 임기가 다른데, 헤센주는 4년인데 비해 바이에른 주는 6년이다(황아란, 1997: 166). 미국의 경우 지방의회 의원의 임기는 1년에서부터 6년까지 다양한데, 이 중에서 가장 많은 비율을 차지하는 것은 4년이다(한국지방자치단체국제화재단, 2003: 28). 또한 미국의 경우 72.6%의 지방자치단체가 지방의원의 임기를 중첩제(staggered terms)로 하고 있는데, 이 경우 경험을 쌓은 지방의원이 한꺼번에 교체되지 않기 때문에 지방의회의 안정성과 지속성이 유지된다는 장점이 있다(Nelson, 2002: 4).

지방의회 의원의 임기가 길거나 혹은 짧을 경우 각각 나름의 장점과 단점이 있다. 지방의원의 임기를 3년 이하의 단기로 하면, 주민의 참정기회가 확대되고

지방선거 당선자의 정치인 비율은 광역의원과 기초의원이 각각 37.4%와 22.3%로 나타났다(http://info.nec.go.kr/). 지방의원의 정치인 비율은 특히 기초의회 의원 선거에서 정당의 참여를 제도화 한 2006년 5·31지방선거부터 크게 늘어났다. 당시 기초의원 당선자의 정치인 비율은 13.78%였다. 이는 정당선거를 하지 않았던 2002년 6·13지방선거 당선자의 정치인 비율 4.87%에 비해 세 배 가까이 늘어난 것이다. 2006년 지방선거에서 광역의원의 정치인 비율도 25.19%로 2002년 지방선거 당선자의 정치인 비율 19.84%에 비해 크게 늘었다(송광태·황아란, 2007: 181). 이러한 정치인의 비율 증가는 그 이후 선거에서도 계속되었다.

주민의사의 변화가 지방의회에 적절히 반영되며, 지방의원에 대한 주민심판의 기회가 빈번해짐으로써 주민통제의 실효성이 제고된다는 장점이 있다. 뿐만 아니라 지방의원의 임기가 짧으면 지방의원의 직무태만·이권개입·부정부패 등을 방지하는데 유리하다. 그러나 잦은 선거로 인한 행·재정적 낭비가 발생하고, 지방의회 기능의 일관성 및 지속성이 결여될 우려가 크며, 정치·행정의 불안과 사회혼란을 조성할 우려가 커지는 등의 단점이 있다.

한편 지방의원의 임기를 5년 이상의 장기로 하면, 지방의원들이 장기 경험으로 의정활동에 익숙해지고 전문성이 높아진다. 또한 지방의회의 일관성과 안정성이 유지되고 잦은 선거로 인해 발생하는 선거경비의 절감과 정치·행정의 혼란을 방지하는 장점이 있다. 반면에 이 경우 지방정치에 주민의사를 반영할 기회와 참정권 행사의 기회가 줄어들고, 지방의원에 대한 주민의 심판 내지 주민통제가 약화되므로 지방의원의 의정활동이 태만해지고 이권개입 등 부조리가 발생하기 쉬운 단점이 있다(김동훈, 2002: 393 – 394; 정세욱, 2000: 517).

2) 우리나라 지방의회 의원의 임기

현재 우리나라 지방의회 의원의 임기는 광역의회 의원과 기초의회 의원 모두 4년이다. 그러나 우리나라 지방의회 의원의 임기가 일관되게 4년이었던 것은 아니었다. 우리나라는 1949년 지방자치법 제정 당시에 지방의원의 임기를 4년으로 정하였다. 그러나 막상 1952년 초에 지방의원 선거를 실시하고 지방의회를 구성하여 운영해 본 결과 다수의 문제가 드러났고, 특히 지방의회와 자치단체장에 대한 국민들의 불만이 고조되었다. 지방의회에 대한 실망이 커짐에 따라 당시 시·읍·면의회에 주어졌던 시·읍·면장 선거권을 박탈하여 주민직선제로 바꾸고, 지방의원의 임기를 단축하고 의회의 회기를 제한해야 한다는 쪽으로 의견이 모아졌다. 이러한 여론에 따라 1956년 2월 지방자치법 제2차 개정 시에 지방의원의 임기를 3년으로 단축하였다. 그 후 1958년 12월 지방자치법 제4차 개정 시에 임기를 4년으로 환원시켰다(정세욱, 2000: 516 – 517).

또한 1995년에 선출된 의원의 경우 국회의원 총선과의 2년 간격을 유지하기 위해 법률에 의해 한시적으로 그 임기를 3년으로 제한한 바 있다.[6] 지방의원의 임기는 총선거에 의한 전임의원의 임기 만료일의 다음 날부터 개시된다. 다만, 의원의 임기가 개시된 후에 실시하는 선거와 지방의회 의원의 증원선거에 의한 의원의 임기는 당선이 결정된 때부터 개시되며, 전임자 또는 같은 종류의 의원의 잔임기간으로 한다(공직선거법 제14조 제2항).

4. 지방의원의 보수

1) 지방의원의 보수제도: 명예직과 유급직

지방의원 보수제도는 국가에 따라 또는 지방자치단체에 따라 다양한 형태로 발전해 왔다. 그러나 이 제도는 대체로 지방의회제도의 발달과정과 밀접한 관련을 가지고 있고, 이는 결국 지방의원직을 어떻게 규정할 것인가 하는 데에서부터 출발한다(송광태, 2007a: 70~71).

세계 각국의 의회제도를 역사적으로 보면 의원의 보수는 명예직과 유급직으로 나누어 고찰할 수 있다(최봉기, 2006: 277). 유급직(제도에 초점을 둘 때는 유급제로 표현)이란 자신의 활동에 대해 반대급부를 받고 직무를 수행하는 것을 의미한다고 할 수 있다. 이는 지방의원직을 일종의 근로로 보고, 근로에는 "보수가 따른다."는 경제관념이 현대 산업사회에 있어서 일반적 사회통념이므로 지방의원에게도 이것을 적용한 것이라고 할 수 있다. 대체로 유급제는 지방의원직이 전업직이고 직무수행과정에 요구되는 전문성을 중시한다.[7] 따라서 유급제를 채택하고 있

---

6) 공직선거및선거부정방지법 부칙<법률 제4739호, 1994. 3. 16.> 제7조(지방자치단체의 장의 최초의 선거일 등에 관한 경과조치) ② 제1항의 규정에 의하여 실시된 선거에서 당선된 지방의회 의원 및 지방자치단체의 장의 임기는 지방자치법 제31조(의원의 임기) 제1항 및 같은 법 제87조(지방자치단체의 장의 임기) 제1항의 규정에 불구하고 1998년 6월 30일에 만료된다.
7) 의원의 전문성 제고와 전업직 의원 비율의 증대 및 보수와의 밀접한 관련성은 미국의 의회전문화 개혁과정에서 다수 입증된 바 있다(황아란·송광태, 2007). '의회 전문화(legislative professionalism)'란 개념은 전문 직업화된 의원들로 의회가 구성되고 의원의 특성과 태도가 변화되는 것을 의미

는 국가나 지방자치단체의 지방의원은 대체로 상대적으로 높은 보수를 지급받게 된다.

이에 비해 명예직은 지방의원의 지역사회에 대한 봉사성을 중시한다. 명예직은 지방의회 의원의 활동이나 직무를 고정급으로 해야 할 만큼 업무가 전문적이거나 복잡하지도 않고 업무의 양도 많지 않다는 것을 전제로 한다(김동훈, 2002: 395). 이에 따라 명예직은 보통 소규모의 전통적인 공동체 성격이 강한 지방에서 가능한 제도로 정착되어 왔다. 요컨대 명예직은 지방의원직을 비전업직(part time job)을 전제로 하고 있다. 이에 따라 명예직을 채택하고 있는 국가나 지방자치단체의 지방의원은 유급직을 채택하고 있는 경우보다 지급받는 금액이 적고, 그 비용의 명목은 주로 활동비 등 수당개념이 붙는다. 이러한 명예직은 대체로 농업이나 수산업과 같은 정태적인 생업 구조하에서 가능하였지만 오늘날 도시화와 산업화가 진전되어 지방의원들은 지역봉사활동에도 전업직에 유사한 대우를 기대하게 되었다(이달곤, 2004: 263). 이상에서 살펴본 바와 같이 유급직과 명예직은 여러 가지 측면에서 상호 대비되는 개념이라 할 수 있다.

2) 외국 지방의회 의원의 보수제도

외국의 지방의회 의원 보수제도는 일률적이지 않다. 그런 가운데 지방의회의 규모가 대의회제인가 혹은 소의회제인가에 따라 차이가 있다. 대체로 대의회제를 채택하는 국가에서는 지방의회 의원을 명예직으로 하고 있는데 비하여 소의회제를 채택하는 국가에서는 유급직으로 하고 있다.

이에 따라 프랑스와 2001년 이전의 영국[8] 등의 국가는 지방의원을 명예직으로 규정하였다. 당연히 지방의원의 보수가 적었다. 예외적으로 대만의 경우 명예

한다(King 1981; Eliassen and Pedersen 1978). 특히 의회 전문화가 의원들의 동기와 능력을 변화시킨다는 논리의 근거는 보수를 비롯한 의정에 필요한 자원이 충분히 지원되기 때문인 것이다(Hibbing 1999).

8) 영국은 과거 지방의원직을 명예직으로 운영해 왔으나 1997년 '유럽지방자치헌장(European of Local Self-government)'에 사인하면서 상근 유급직으로 전환과정을 밟았고, 2001년부터 독립보수위원회를 설치·운영하게 되었다.

직으로 하고 있으면서도 상당한 금액의 연구비를 별도로 지급하고 있다. 반면에 미국, 캐나다, 필리핀 등은 지방의회 의원을 유급직으로 하고 있는데, 이들 국가의 경우 지방의원의 수가 적은 소의회제를 채택하고 있다. 예외적으로 일본은 지방의원의 수가 많은 대의회제이면서도 상당한 정도의 보수를 지급하는 유급제를 채택하고 있다.

일본의 경우 법률상 우리나라 지방의원 의정비에 해당하는 것을 보수로 규정하고 있다. 일본은 지방자치법 제203조에서 지방의회 의원의 보수액 및 지급 방식을 규정하고 있는데, 각 자치단체별로 조례로 정하도록 하고 있다. 이 법에 따르면 보통지방공공단체는 지방의회 의원에게 보수를 지급하도록 하고 있으며, 보수를 지급받는 여러 직종 중에서 유독 지방의원만은 근무일수와 무관하도록 하고 있다. 뿐만 아니라 지방의원은 직무를 수행하기 위해 필요한 비용의 변상을 받을 수 있고, 조례로 정하는 바에 의하여 기말수당을 지급받을 수 있다. 일본 지방의원의 보수액 결정과정에서 중요한 역할을 하는 기구는 '특별직보수심의회'이다. 이 기구는 총무성(구 자치성)의 행정지도에 따라 자치단체 장의 자문기관으로 자치단체별로 설치된다. 개별 자치단체의 장은 지방의원 보수액에 관한 조례의 개정안을 의회에 제출할 때 미리 특별직보수심의회의 자문을 받도록 하고 있다.[9]

한편 미국의 경우 다수의 지방정부가 '자치헌장'(Home-Rule Charter)을 가지고 있는데, 이들 지방정부는 기능과 서비스의 범위, 조직, 인사, 재무 등의 영역에서 주의회로부터 자율성을 가지고 있다(이달곤, 2004: 349). 자치헌장제하에서는 주민들이 자신들의 시정부를 스스로 조직할 수 있는 권한을 가지는 까닭에 자치단체의 자치권을 확장시키고 있는데(이규환, 2000: 152), 지방의원에 대한 보수도 지방적 사항으로 지방정부 스스로가 결정할 수 있는 사항에 해당된다. 이에 따라 미국 지방의원의 보수에 관해서는 대부분 지방정부의 헌법격인 헌장(charter)과

---

9) 지방의원 등의 보수와 관련하여 특별직보수심의회가 자치단체의 장에게 자문시에 고려할 사항은 일곱 가지이다. 여기에는 최근 소비자물가 상승률, 인구·재정규모 등이 유사한 타 자치단체의 특별직 급여월액, 과거 특별직 급여의 개정상황, 일반직원의 급여 개정상황, 의회비의 지난 5년간의 일반직원에 대한 구성비율 및 보수를 인상한 경우에 있어서 평년도 베이스 구성비율의 증가 전망, 의원보수 월액총액의 주민 1인당 금액에 대한 유사 지자체 간 비교, 의원의 활동상황(심의일수, 위원회 의정활동) 등의 제출자료 내용이 포함되어 있다. 이상에서 보는 바와 같이, 일본의 경우 지방의원 보수심의에서 고려하는 요소의 폭이 비교적 넓다.

조례에 자율적으로 규정하고 있고, 상위 정부인 주나 연방의 법률 또는 헌법에는 법적 근거가 없다. 헌장에서는 보수지급의 근거와 방법 등 기본사항을 정하고, 구체적인 금액에 대해서는 조례로 정하도록 하고 있다. 보수수준의 결정에 있어서는 지방정부별로 설치된 독립적인 보수위원회의 권고가 중요한 역할을 한다. 개별 지방의회는 대체로 보수위원회의 보수액 권고를 거부 또는 삭감할 수 있으나, 어떤 항목에서도 증액은 허용되지 않고 있다(황아란 외, 2003: 357). 요컨대 미국의 경우 지방의원 의정비 결정권이 대부분 자치단체의 자율적 권한으로 되어 있고, 정부 형태와 도시규모, 지방정부의 재정형편에 따라 보수의 수준이 매우 다양하다는 특징이 있다.

오늘날 선·후진국을 막론하고 산업화·도시화의 고도화로 지방정부가 직면한 문제들이 복잡·다양화되고 있다. 이에 따라 무보수·명예직의 지방의원들이 고도로 전문화되고 있는 지방정부의 문제를 다루는 데 한계가 있다는 지적이 있다. 이에 따라 전문직 지방의회가 강하게 요청되고, 그 추세에 맞추어 지방의원을 명예직으로 유지하던 나라들도 점차 유급제로 전환하는 경우가 발생하고 있다. 최근에 이러한 제도의 변화를 가져온 대표적인 국가가 영국과 한국이다. 영국의 경우 지방의원은 당초 무보수 명예직이었으나, 1972년 지방정부법에 수당규정이 명문화되면서 변화과정을 거쳐 왔다. 그리고 1989년에 지방정부가 수당체계 및 금액을 자율적으로 결정하도록 하였다. 또한 2000년부터 회의참석수당제가 폐지되었고, 2001년부터 독립보수위원회를 설치·운영하게 되었다(송광태·황아란, 2007: 158).

3) 우리나라 지방의회 의원의 보수제도 변화과정

우리나라 지방의원 보수제도는 그간 몇 차례 변화를 겪어 왔고, 지급액 또한 여러 차례의 변천과정을 거쳐 오늘에 이르고 있다. 지방자치법이 제정될 당시(1949. 7. 4. 법률 제32호)의 관련 규정을 보면, '지방의회의 의원은 명예직으로 한다. 단, 일비와 여비를 받을 수 있으되 이에 관한 규정은 내무부장관의 승인을 얻어 조례로써 정한다.'(구 지방자치법 제16조)라고 하였다. 이후 두 차례의 관련 규정

개정(1949. 12. 15., 1960. 11. 1)이 있었으나 명예직의 골간은 유지되었고, 1987년 민주화 이후 지방자치법 전면개정(1988. 4. 6. 법률 제4004호)[10]을 하면서도 이 조항은 큰 변화가 없었다. 우리나라 지방의원 보수제도에 대한 이러한 규정은 2003년 7월 18일 지방자치법 개정(법률 제6927호)을 통해 명예직이라는 용어가 삭제될 때까지 존속되었다. 이때까지 우리나라 지방의원의 보수제도는 각종 수당의 신설과 인상에도 불구하고 법상 명예직 규정이 유지되었고, 이에 따라 근본적인 변화가 있었던 것은 아니었다.

그러나 지방자치법에 명예직 규정이 삭제되면서 비로소 우리나라 지방의원의 보수제도는 큰 전환점을 맞이하게 되었다. 그 이후 2005년 8월 4일 지방자치법 개정(법률 제7070호)을 통하여 지방의원에게 월정수당을 지급하게 하고, 월정수당을 포함한 각종 지급비용을 지방자치단체별로 구성된 의정비심의위원회에서 결정하게 함으로써 본격적으로 유급제의 길로 접어들게 되었다. 이러한 개정내용은 2006년 2월 8일 지방자치법 시행령 개정을 통하여 의정비심의위원회의 구성과 활동에 대한 구체적인 근거가 마련되었다. 이에 따라 각 지방자치단체별로 의정비심의위원회가 구성되었고, 여기에서 2006년 상반기에 개별 자치단체 의원의 1년 총지급액인 의정비를 결정하였다. 이 결정금액은 법적 근거에 의하여 2006년 1월부터 소급하여 적용하였다.

그러나 이 제도는 오래 가지 않고 또 바뀌게 되었다. 지방의원 월정수당을 개별 자치단체별로 구성된 의정비심의위원회가 자율적으로 정한 이후 그 결정액의 차이가 비교적 크게 나타났고, 이에 대해 언론에서 문제를 제기하자 정부가 기준액을 정하고 결정 폭을 제한한 것이다. 어찌 보면 지방의회 간에 보수의 차이가 나는 것은 지방자치에서 발생하는 자연스런 현상으로, 개별 의정비심의위원회에 자율성을 부여하는 경우 예상된 결과이기도 했다. 그러나 정부는 제도 변경에 따른 초기의 과도기적 현상을 인내하지 못하고 제도로서 자율성을 통제하는 정책을 마련한 것이다. 즉, 정부는 지방자치법 시행령을 개정(2008. 10. 6.)하여 몇 가지

---

10) 전면 개정 당시 지방자치법 조항은 다음과 같다. 지방의회 의원은 명예직으로 한다. 다만, 회기 중에 한하여 일비와 여비를 지급할 수 있으며, 이의 지급기준은 대통령령으로 정한다(지방자치법 제32조).

변수로 개별 자치단체별로 월정수당 기준금액을 정하는 산식을 제시하고, 결정액의 상하한 범위(±20%) 안에서 해당 지방자치단체의 재정능력을 감안하여 의정비심의위원회가 결정하도록 제도를 바꾸었다. 이처럼 개별 지방의회의 월정수당 결정 방식의 변경을 통해 2009년 연봉액부터 적용되게 되었다. 이러한 산정 방식을 적용한 결과 월정수당이 삭감되는 의회가 다수였고, 그 이후 인상은 제도적으로 크게 억제되었다.

한편 개정 시행령(2008. 10. 6.)에서는 의정비심의위원회의 위원 구성과 결정 방법도 함께 변경하였다. 즉, "의정비심의위원회는 10명의 위원으로 구성하되, 교육계·법조계·언론계·시민사회단체, 통·리의 장 및 지방의회 의장 등으로부터 추천을 받아 지방자치단체의 장이 위촉한다. 이 경우 지방자치단체의 장은 위원이 다양하게 구성되도록 하여야 한다(지방자치법 시행령 제34조 제1항). 또한 심의회는 금액을 결정하려는 때에는 그 결정의 적정성과 투명성을 위하여 공청회나 객관적이고 공정한 여론조사기관을 통하여 지역주민의 의견을 수렴할 수 있는 절차를 거쳐야 하며, 그 결과를 반영하여야 한다"(동 시행령 제6항)고 하였다.

지방의원 의정비 관련 제도는 2014년에도 개정되었다. 개정의 요지는 의정비심의위원회가 매년 열리는 것이 아니라, 지방의원 선거가 있는 해에만 한 차례 구성되어 다음 연도를 포함한 4년간의 월정수당 지급기준 금액을 결정하고, 그 결정액에 공무원 보수 인상률을 적용시킨다는 것이다. 즉, '지방의회 의원에게 지급하는 의정활동비·여비 및 월정수당의 지급기준은 다음 각 호의 범위에서 지방자치법 시행령 제34조에 따른 의정비심의위원회가 임기만료에 의한 지방의회 의원 선거가 있는 해에 선거를 마친 후 해당 지방자치단체의 재정 능력 등을 고려하여 결정한 금액 이내에서 조례로 정한다'(지방자치법 시행령 제33조 제1항)라고 하고, 월정수당 지급 기준액의 인상 기준에 대해서는 지방자치법 시행령 [별표 7]을 통해 '월정수당 지급 기준액은 의정비심의위원회가 다음 연도 월정수당 지급기준 금액을 결정한 후, 기존의 지급기준을 적용한 연도부터 새로운 지급기준을 결정한 연도(새로운 지급기준이 적용되기 바로 전년도를 말한다)까지의 지방공무원 보수인상률을 합산하여 결정한다'고 하였다.

이렇게 복잡한 산정 방식에 의해 월정수당을 결정하던 방식은 2018년 10월 30일 지방자치법 시행령 개정을 통해 다시 바뀌게 되었다. 이번 개정의 이유에 대해 정부(행정안전부)는 '산식이 복잡한 회기식으로 되어 있어 주민 입장에서 이해가 어렵고, 지방의원 직무활동에 대한 지역별 특수성 반영 곤란'을 들었다. 그러면서 월정수당은 '심의회가 구성되는 해의 월정수당을 기준으로 하되, 심의회가 임기 만료에 의한 지방의회 의원 선거가 있는 해에 선거를 마친 후 해당 지방자치단체의 주민 수, 재정 능력, 지방공무원 보수인상률, 지방의회의 의정활동 실적을 종합적으로 고려하여 결정하는 금액'으로 하도록 개정되었다.

지금까지 설명한 우리나라 지방의원 보수제도를 정리하면 <표 4-5>에서 보는 바와 같이 크게 다섯 단계로 정리할 수 있다. 즉, 명예직을 규정한 시기, 명예직을 삭제하고 특별한 규정을 두지 않은 시기, 자율적 유급제 시기, 제한적 유급제 시기, 다시 다소 자율성을 살린 유급제 시기가 그것이다.

▶ 표 4-5 ◀ 우리나라 지방의원 보수제도의 변천과정

	기간	1991년 지방의회 구성~2003년 7월 17일
	지방의원 신분	명예직(지방자치법)
	지급항목	의정활동비, 회의수당(회기수당), 여비
명예직	결정절차	대통령령이 정하는 범위 안에서 조례로 결정
	결정기구	따로 없음
	특징	모든 지방의회가 대통령령이 정하는 상한액으로 결정. 전국 동일. 광역의회와 기초의회 간 차이 있음
	기간	2003년 7월 18일~2005년 12월 31일 (지방자치법 개정: 2003년 7월 18일)
	지방의원 신분	명예직 삭제(지방자치법)된 상태로 유지
특별한 규정 없음	지급항목	의정활동비, 회기수당, 여비
	결정절차	대통령령이 정하는 범위 안에서 조례로 결정
	결정기구	따로 없음
	특징	모든 지방의회가 대통령령이 정하는 상한액으로 결정. 전국 동일. 광역의회와 기초의회 간 차이 있음

유급제 (자율 결정)	기간	2006년 1월 1일~2008년 12월 31일 (지방자치법 개정: 2005년 8월 4일)
	지방의원 신분	유급직
	결정절차	대통령령이 정하는 바에 따라 의정비심의위원회에서 결정 하는 범위 안에서 조례로 결정
	결정기구	자치단체별 의정비심의위원회
	결정 시 고려사항	의정비심위위원회가 지역 주민의 소득수준, 지방공무원 보 수 인상률, 물가상승률 및 지방의회의 의정활동 실적 등을 종합적으로 고려하여 자율적으로 결정
	특징	지방자치단체별 차이가 비교적 큼
제한적 유급제 (제한된 범위 내에서 결정)	기간	2009년 1월 1일~2018년 10월 29일 (지방자치법 시행령 개정: 2008년 10월 8일)
	지방의원 신분	유급직
	결정절차	대통령령이 정하는 바에 따라 의정비심의위원회에서 결정 하는 범위 안에서 조례로 결정
	결정기구	자치단체별 의정비심의위원회
	결정 시 고려사항	지방자치법 시행령 [별표7]에서 정한 월정수당 지급 기준 액(의정비가이드라인)의 ±20%를 넘지 아니하는 범위에서 월정수당 결정
	특징	전년도에 비해 월정수당 크게 삭감, 지방자치단체별 차이 가 크지 않음
유급제 (자율 결정)	기간	2018년 10월 30일부터 (지방자치법 시행령 개정: 2018년 10월 30일)
	지방의원 신분	유급직
	결정절차	해당 지방자치단체의 주민 수, 재정 능력, 지방공무원 보수 인상률, 지방의회의 의정활동 실적을 종합적으로 고려하여 의정비심의위원회에서 결정하는 범위 안에서 조례로 결정
	결정기구	10명으로 구성된 자치단체별 의정비심의위원회. 재적위원 3분의 2 이상의 찬성으로 의결. 교육계·법조계·언론계·시 민사회단체, 통·리의 장 및 지방의회 의장 등으로부터 추 천을 받아 지방자치단체의 장이 위촉

	지방공무원의 보수가 인상되는 해의 그 인상률 범위에서 월정수당을 인상하려는 경우에는 심의회가 자율적 결정. 그러나 공무원 보수 인상률 범위를 넘어서 인상할 경우에는 공청회나 객관적이고 공정한 여론조사기관을 통하여 지역주민의 의견을 수렴할 수 있는 절차를 거쳐야 하며, 그 결과를 반영하여야 함
결정 시 고려사항	

이 표는 송광태(2018: 43)를 수정 보완한 것임

이상에서 검토한 한국의 지방의원 보수제도와 지급 비목 및 지급액의 변화과정을 요약하면 <표 4-6>에서 보는 바와 같다.

▶ 표 4-6 ◀ 우리나라 지방의원 수당(보수) 관련 제도변화와 지급 비목 및 지급액 변화

구분	내용	연간 지급가능금액
지방자치법 제정 (1949. 7. 3.) 법률 32호	• (제16조) 지방의회의 의원은 명예직으로 한다. 단, 일비와 여비를 받을 수 있으되 이에 관한 규정은 내무부장관의 승인을 얻어 조례로써 정한다. 이후 개정(1949. 12. 15., 1960. 11. 1.)이 있었으나 골간 유지	
지방자치법 전면개정 (1988. 4. 6.)	• 제32조(의원의 보수) 지방의회 의원은 명예직으로 한다. 다만, 회기중에 한하여 일비와 여비를 지급할 수 있으며, 이의 지급기준은 대통령령으로 정한다.	
지방자치법 개정 (1989. 12. 30.)	• 제32조(의원의 보수) ------- ----, 이의 지급기준은 대통령령으로 정하는 범위 안에서 조례로 정한다.	
지방자치법시행령 일부개정 (1991. 4. 1.)	• 일비는 시·도의회 의원은 50,000원 이내, 시·군·구의회 의원 30,000원 이내로 정한다.	−광역의원: 연 500만원 −기초의원: 연 180만원
지방자치법시행령 일부개정 (1994. 7. 6.)	• 일비 인상 −시·도의회 의원 60,000원 이내(연 120일) −시·군·구의회 의원 50,000원 이내 (연 80일)로 상향	−광역의원: 연 720만원 (월평균 60만원) −기초의원: 연 400만원 (월평균 33만3천원)

지방자치법시행령 일부개정 (1995. 7. 1.)	• 일비 동일 • 의정자료수집·연구비(월) 지급(공무원 보수지급일 지급) 　－시·도의회 의원 월 500,000원 　－시·군·구의회 의원 월 350,000원 • 보조활동비 지급 　－시·도의회 의원 월 100,000원	－광역의원: 연 1,440만원 　(월평균 120만원) －기초의원: 연 820만원 　(월평균 68만원)
지방자치법시행령 일부개정 (1999. 12. 31.)	• 의정활동비 인상 　－시·도의회 의원: 월 60만원→90만원 　　으로 인상 　－시·군·구의회 의원: 월 35만원→55만원 　　으로 인상 • 회의수당을 회기수당으로 변경, 회기일수 에 일액을 곱한 금액을 회기마다 지급(광 역의원 연 960만원(일 8만원×120일), 기 초의원 연 560만원(일 7만원×80일) 인상)	－광역의원: 연2,040만원 　(월평균 170만원) －기초의원: 연1,220만원 　(월평균 102만원)
지방자치법 일부개정 (2003. 7. 18.)	• 지방자치법 제32조 개정－명예직 조항 삭제 • 지급항목: 의정활동비, 회기수당, 여비 는 그대로 유지	
지방자치법시행령 일부개정 (2003. 12. 18.)	• 의정활동비 인상 　－시·도의회 의원: 월 90만원→150만원 　　(의정자료수집·연구비 120만원, 보조 　　활동비 30만원으로 인상) 　－시·군·구의회의원: 월 75만원→110만원 　　(의정자료수집·연구비 90만원, 보조 　　활동비(신설) 20만원) • 회기수당－광역의원 연 1,320만원(일 11만원 ×120일), 기초의원 연 800만원(일 10만원 ×80일)으로 인상	－광역의원: 연 3,120만원 　(월평균 260만원) －기초의원: 연 2,120만원 　(월평균 176.7만원)
지방자치법 일부개정 (2005. 8. 4.). 시행령 개정 (2006. 2. 8, 15조의2	• 회기수당 폐지, 월정수당 신설 • 의정활동비, 여비, 월정수당의 지급기준 은 대통령령이 정하는 바에 따라 당해 지방자치단체 의정비심의위원회에서 결 정하는 범위 안에서 조례로 정함(2006. 3. 결정)	<2006년~2007년 월정 수당> －16개 광역의회의 의 　원 평균 월정수당: 　2,883만원(월평균 　240만원)(의정활동비 　월 150만원 별도)

신설(의정비심의위원회의 구성 등). 2006년부터 소급 적용	• 10인의 위원으로 구성하되, 위원은 지방자치단체의 장 및 지방의회의 의장이 학계·법조계·언론계 및 시민단체 등으로부터 추천을 받은 자 중에서 각각 5인씩 선정하고, 지방자치단체의 장이 위촉 • 의정활동비의 월지급규모는 그대로 유지(지방자치법 시행령 제15조) • 2006년 1월부터 당해 소속 공무원 보수 지급일 지급	− 230개 기초의회의 의원 평균 월정수당: 1,468만원(월평균 122.3만원)(의정활동비 월 110만원 별도)
2008년 연봉 결정액	위와 같음	− 16개 광역의회의 의원 평균 월정수당: 3,492만원(월평균 291만원)(의정활동비 월 150만원 별도) − 230개 기초의회의 의원 평균 월정수당: 2,453만원(월평균 204.4만원)(의정활동비 월 110만원 별도)
지방자치법 시행령 개정 (2008. 10. 6)을 통해 2009년부터 연봉액 결정 → 월정수당 결정방법 변경	• 지방의회별 의원 월정수당 도출 산식을 지방자치법 시행령에 명시([별표 7]). 월정수당 기준액 제시 − 2008년도 월정수당에 비해 전국 평균 499만원 삭감액 제시 • 월정수당 기준액(산식)과 더불어 상하한 범위(±20%)를 제시하고, 그 안에서 의정비심의위원회가 결정토록 함 • 의정비심의위원회 구성 내용과 방법 변경 − 교육계·법조계·언론계·시민사회단체, 통·리의 장 및 지방의회 의장 등으로부터 추천을 받아 지방자치단체의 장이 위촉 • 공청회나 여론조사기관을 통해 의견을 수렴하고 그 결과를 반영 • 추후(2010년도 월정수당부터)의 지방의회 의원 월정수당은 지방공무원 보수인상률을 반영하여 인상하도록 연계. 의정비심의위원회의 기능은 제한적이 됨	− 16개 광역의회의 의원 평균 월정수당: 3,503만원(월평균 292만원)(의정활동비 월 150만원 별도) − 230개 기초의회의 의원 평균 월정수당: 2,115.8만원(월평균 176만원)(의정활동비 월평균 110만원 별도)

| 지방자치법
시행령 개정
(2018. 10. 30)
→ 월정수당
결정방법 변경 | • 지방의회별 의원 월정수당 도출 산식 삭제
• 의정비심의위원회 구성 내용과 방법은 상
  기와 동일
• 지방공무원의 보수가 인상되는 해의 그 인
  상률 범위를 넘어서서 월정수당을 인상하
  려는 경우에는 공청회나 여론조사기관을
  통해 지역주민의 의견을 수렴하고 그 결과
  를 반영 | 2018년 월정수당을 보면
- 17개 광역의회의 의
  원평균월정수당:
  3,943만원(월 328.6만
  원)(의정활동비
  월 150만원 별도)
- 226개 기초의회의 의
  원평균 월정수당:
  2,543만원(월 211.9만원)
  (의정활동비
  월 110만원 별도) |

이 표는 송광태(2018: 44-45)를 수정 보완한 것임.

표에서 보는 바와 같이 1991년에 지방의회가 다시 개원한 이후 지방의원에게 지급되어 온 각종의 경비 관련 규정이 여러 차례 바뀌었고, 그 금액은 지속적으로 인상되어 왔음을 알 수 있다. 또한 2005년 8월 4일의 지방자치법 개정과 2006년 2월 8일의 지방자치법 시행령 개정을 통한 소위 지방의원 유급화로 광역의원의 의정비는 16개 광역의회 평균적으로 볼 때 50% 인상되었고, 기초의원의 의정비는 230개 기초의회 평균적으로 볼 때 31.5% 인상되었음을 알 수 있다.[11] 그러나 위 표에서 보는 바와 같이, 소위 유급제 실시와 더불어 개별 자치단체별로 구성된 의정비심의위원회에서 결정한 의정비의 인상비율이 과거 수차례 있었던 인상비율과 비교해서 획기적인 것은 아니었다. 또한 중요한 것은 과거에 비해 몇 %가 인상되었는지가 아니라, 과연 지방의원에게 지급되는 보수(월정수당)가 유급제의 취지를 살릴 수 있을 정도가 되는지 하는 점과, 이 비용이 지역의 유능한 인재를 끌어들일 정도로 매력적인가 하는 점이다. 이 두 가지를 충족시키려면 유급제 지방의원 보수체계가 갖추어야 할 필수적 요소, 즉 생계보장성과 대외적 균형성, 대

---

11) 과거와 차이가 있다면 과거의 경우는 광역의원과 기초의원 간에 차이가 있었지만 동일 급의 지방의회 간에는 실질적인 차이가 없었다. 그러나 유급제 실시 이후에는 개별 자치단체단위로 의정비심의위원회에서 보수액을 결정하도록 되어 있어 의회 간에 차이가 다소 크다는 점이다. 과거에는 지방의원에게 지급되는 의정활동비 등에 대해 금액은 대통령령이 정하는 범위 안에서 지방자치단체가 조례로 정하도록 하였으나 실제로는 모든 자치단체가 대통령령이 정하는 최고액을 조례로 정하였다.

내적 형평성, 안정성과 예측성의 조건이 충족되어야 할 필요가 있다(조영두·송광태, 2010: 34~36; 송광태, 2016: 30~34).

4) 우리나라 지방의회 의원의 보수 관련 규정과 실태

(1) 지방의회 의원 보수 관련 규정과 의정비심의위원회의 구성

우리나라 지방의원의 보수와 관련하여서는 지방자치법 제33조와 시행령 제33조 및 제34조에서 규정하고 있다.

지방자치법에서는 '지방의회 의원에게 다음의 비용을 지급한다.'라고 규정하고 있다(지방자치법 제33조 제1항).

> 1. 의정 자료를 수집하고 연구하거나 이를 위한 보조 활동에 사용되는 비용을 보전하기 위하여 매월 지급하는 의정활동비
> 2. 본회의 의결, 위원회의 의결 또는 의장의 명에 따라 공무로 여행할 때 지급하는 여비
> 3. 지방의회 의원의 직무활동에 대하여 지급하는 월정수당

위와 같이 규정된 비용의 지급기준은 대통령령으로 정하는 범위에서 해당 지방자치단체의 의정비심의위원회에서 결정하는 금액 이내로 하여 지방자치단체의 조례로 정한다(동법 제33조 제2항). 의정비심의위원회의 구성·운영 등에 관하여 필요한 사항은 대통령령으로 정한다(동법 제33조 제3항).

한편, 대통령령에서는 구체적인 결정방법에 대해 규정하고 있다(지방자치법 시행령 제33조). '법 제33조 제2항에서 "대통령령으로 정하는 범위에서 해당 지방자치단체의 의정비심의위원회에서 결정하는 금액"이란 다음 각 호의 구분에 따른 금액을 말한다'라고 하고 의정활동비, 여비 및 월정수당을 규정하고 있다. 그리고 의정활동비와 월정수당은 당해 지방자치단체 소속 공무원의 보수지급일에 지급한다고 하고 있다(동 시행령 제33조의 제1항·제2항).

한편 의정비심의위원회의 구성 등에 대해서는 다음과 같이 구체적으로 밝히고 있다(동 시행령 제34조).

지방자치법 시행령 제34조(의정비심의위원회의 구성 등)

① 심의회는 법 제33조제1항 각 호에 따른 비용 지급기준의 결정이 필요한 경우에 10명의 위원으로 구성하되, 교육계·법조계·언론계·시민사회단체, 통·리의 장 및 지방의회 의장 등으로부터 추천을 받아 지방자치단체의 장이 위촉한다. 이 경우 지방자치단체의 장은 위원이 다양하게 구성되도록 하여야 한다. <개정 2008. 10. 8., 2018. 10. 30.>

② 위원이 될 수 있는 자는 위원회가 구성되는 해의 1월 1일을 기준으로 1년 이전부터 계속하여 당해 지방자치단체의 관할구역에 주민등록이 되어 있는 19세 이상인 자로 한다. 다만, 「공직선거법」 제18조에 따라 선거권이 없는 자와 그 지방자치단체의 소속 공무원·의회의원·교육위원 및 그 배우자·직계존비속·형제자매는 위원이 될 수 없다.

③ 위원장은 위원 중에서 호선하며, 위원의 임기는 위원으로 위촉된 날부터 1년으로 한다. <개정 2008. 10. 8.>

④ 의회에 참석한 위원에게는 해당 지방자치단체 예산의 범위에서 수당과 여비를 지급할 수 있다.

⑤ 심의회는 위원 위촉으로 심의회가 구성된 해의 10월 말까지 다음 임기만료에 의한 지방의회 의원 선거가 있는 해까지 적용할 제33조제1항에 따른 금액을 결정하고, 그 금액을 해당 지방자치단체의 장과 지방의회의 의장에게 지체 없이 통보하여야 하며, 그 금액은 다음 해부터 적용한다. 이 경우 결정은 위원장을 포함한 재적위원 3분의 2 이상의 찬성으로 의결한다. <개정 2008. 10. 8., 2014. 6. 3.>

⑥ 심의회는 제5항의 금액을 결정하려는 때에는 그 결정의 적정성과 투명성을 위하여 공청회나 객관적이고 공정한 여론조사기관을 통하여 지역주민의 의견을 수렴할 수 있는 절차를 거쳐야 하며, 그 결과를 반영하여야 한다. 다만, 심의회의 결정이 지방공무원의 보수가 인상되는 해의 그 인상률 범위에서 월정수당을 인상하려는 경우에는 지역주민의 의견수렴절차를 생략할 수 있다. <개정 2008. 10. 8., 2014. 6. 3.>

⑦ 심의회는 지방자치단체의 장이나 지방의회의 의장에게 제5항의 결정에 필요한 자료의 제출 및 관계자의 설명을 요청할 수 있다.

⑧ 지방자치단체의 장은 심의회의 위원명단, 회의록 및 제5항 전단에 따라 통보받은 사항을 지체 없이 그 지방자치단체의 인터넷 홈페이지 등에 게재하여야 한다. <개정 2008. 10. 8.>

⑨ 심의회의 회의는 공개하여야 한다. 다만, 출석위원 3분의 2 이상이 찬성한 경우에는 공개하지 아니할 수 있다. <신설 2008. 10. 8.>

⑩ 그 밖에 심의회의 구성 및 운영에 필요한 사항은 해당 지방자치단체의 조례로 정한다. <개정 2008. 10. 8.>

(2) 우리나라 지방의원의 보수 실태

지방의원에게 지급하는 비용은 월정수당과 의정활동비, 그리고 여비로 구성된다. 여비는 필요할 때 기준에 따라 지급하는 경비이다. 월정수당은 '지방의회 의원의 직무활동에 대하여 지급하는 비용'이고, 의정활동비는 '의정 자료를 수집하고 연구하거나 이를 위한 보조활동에 사용되는 비용을 보전(補塡)하기 위하여 매월 지급하는 비용'으로 정의하고 있다(지방자치법 제33조 제1항). 이러한 정의에 따르면 매월 지급하는 의정활동비는 지방의원의 의정활동에 필요한 경비적 성격의 비용으로, 지방의원의 보수로 보기 어렵다고 할 것이다. 결국 지방의원의 보수는 월정수당이 그 핵심이 된다고 할 수 있다. 그러나 정부는 지방의원의 보수액을 밝히면서 이 두 가지를 합한 금액으로 공개하고 있고, 언론도 이러한 정부의 견해에 따름에 따라 보수액에 대해 혼란을 초래하는 측면이 있다.

<표 4-7>은 2017년도와 2018년도 17개 광역의회의 의원 1인당 의정비 결정액이다. 표에서 보는 바와 같이 2018년을 기준으로 할 때 17개 광역의회의 월정수당 평균 연액은 3,943만원으로, 월평균 328.6만원이다. 연액으로 볼 때 가장 높은 곳은 서울시의회로 4,578만원이고, 가장 낮은 곳은 세종특별자치시로 2,400만원이다.

한편 <표 4-8>은 2017년도와 2018년도 기초의회의 의원 1인당 의정비 결정액이다. 표에서 보는 바와 같이 2018년을 기준으로 할 때 226개 기초의회의 월정수당 평균 연액은 2,538만원으로, 월평균 211.5만원이다. 표에는 나와 있지 않지만 월정수당 연액으로 볼 때 가장 높은 곳은 서울 강남구로, 3,630만원으로 월액으로 환산하면 302.5만원이다. 경상남도 내 18개 시·군의회의 월정수당 연액 평균은 2,208만원으로 전국 평균에 비해 330만원 적었다.

▶ 표 4 - 7 ◀ 2017년도와 2018년도 17개 광역의회의 의원 1인당 의정비 결정액

자치단체명	2017년도 지급액(조례)			2018년도 결정액(조례)		
	월정 수당	의정 활동비	합(A)	월정 수당	의정 활동비	합(B)
17개 광역 평균	3,909	1,800	5,709	3,943	1,800	5,743
서울특별시	4,517	1,800	6,317	4,578	1,800	6,378
부산광역시	3,928	1,800	5,728	3,928	1,800	5,728
대구광역시	3,960	1,800	5,760	3,960	1,800	5,760
인천광역시	4,151	1,800	5,951	4,151	1,800	5,951
광주광역시	3,648	1,800	5,448	3,776	1,800	5,576
대전광역시	3,924	1,800	5,724	3,924	1,800	5,724
울산광역시	4,014	1,800	5,814	4,014	1,800	5,814
세종특별자치시	2,400	1,800	4,200	2,400	1,800	4,200
경기도	4,521	1,800	6,321	4,521	1,800	6,321
강원도	3,384	1,800	5,184	3,384	1,800	5,184
충청북도	3,600	1,800	5,400	3,600	1,800	5,400
충청남도	3,803	1,800	5,603	3,803	1,800	5,603
전라북도	3,392	1,800	5,192	3,511	1,800	5,311
전라남도	3,280	1,800	5,080	3,280	1,800	5,080
경상북도	3,559	1,800	5,359	3,559	1,800	5,359
경상남도	3,767	1,800	5,567	3,899	1,800	5,699
제주특별자치도	3,769	1,800	5,569	3,902	1,800	5,702

◗ 표 4 - 8 ◖ 2017년도와 2018년도 기초의회의 의원 1인당 의정비 결정액

자치단체명 자치단체명	2017년도 지급액(조례)			2018년도 결정액(조례)		
	월정 수당	의정 활동비	합(A)	월정 수당	의정 활동비	합(B)
226개 기초의회 평균	2,494	1,320	3,814	2,538	1,320	3,858
창원시	3,114	1,320	4,434	3,114	1,320	4,434
진주시	2,385	1,320	3,705	2,416	1,320	3,736
통영시	2,175	1,320	3,495	2,251	1,320	3,571
사천시	2,120	1,320	3,440	2,158	1,320	3,478
김해시	2,741	1,320	4,061	2,836	1,320	4,156
밀양시	2,218	1,320	3,538	2,295	1,320	3,615
거제시	2,664	1,320	3,984	2,664	1,320	3,984
양산시	2,410	1,320	3,730	2,410	1,320	3,730
의령군	1,862	1,320	3,182	1,862	1,320	3,182
함안군	2,074	1,320	3,394	2,146	1,320	3,466
창녕군	2,065	1,320	3,385	2,137	1,320	3,457
고성군	2,036	1,320	3,356	2,106	1,320	3,426
남해군	1,848	1,320	3,168	1,848	1,320	3,168
하동군	1,854	1,320	3,174	1,854	1,320	3,174
산청군	1,854	1,320	3,174	1,854	1,320	3,174
함양군	1,854	1,320	3,174	1,854	1,320	3,174
거창군	2,044	1,320	3,364	2,104	1,320	3,424
합천군	1,833	1,320	3,153	1,833	1,320	3,153
경남도 기초의회 평균	2,175		3,495	2,208		3,528

5. 지방의원의 겸직 허용범위

1) 의의

지방의원의 신분과 관련한 논점 중의 하나는 지방의원으로 하여금 겸직을 허용할 것인가 혹은 금지할 것인가 하는 부분이다. 지방의원에게 겸직 등을 금지하는 것은 특정한 공직으로 하여금 당해 직무를 수행하는 데 방해가 되거나 부적당하다고 인정되는 일정한 직을 겸할 수 없게 하고, 또한 특정한 경우에 거래행위 등을 금지하는 것을 의미한다. 이 제도는 지방의원뿐만 아니라 국회의원 등 모든 공직에 걸쳐 적용되며, 그 범위와 효력 등은 공직의 종류에 따라 다르게 규정하고 있다.

일반적으로 공직의 겸직금지제도를 채택하는 이유는 몇 가지로 압축할 수 있다(大出峻郎, 소화 52; 김동훈, 2002: 398~399).

① 직무에의 전념 내지 직무수행의 이념으로 보아서 금지되는 것이다. A직에 있는 자가 B직을 겸직함에 따라 A직의 직무수행에 지장을 가져올 우려가 있을 때 B직을 금지하는 경우이다. 이러한 개념은 미국의 의회 전문화 개혁과도 일맥상통한다. 즉, 미국의 의회 전문화 개혁은 전업직화 된 의원의 증가를 통해 의원들의 교체율을 낮추어 의정의 연속성을 높이며, 그럼으로써 이들이 지닌 축적된 의정 경험이 의정의 전문성을 제고시킬 수 있다는 데 기초한다(Fiorina, 1994).

② 직무 상호 간에 제도상 권력분립의 필요성이 있는 등 상호 간에 상용할 수 없는 요소가 있는 경우이다. 기관분립형을 택하고 있는 지방정부에서 단체장은 의원직을 겸하는 것을 금지시키는 것이 대표적인 예이다.

③ 직무의 공정한 집행의 담보 혹은 정치적 중립성의 확보를 목적으로 하는 금지이다. 공직자는 국민 또는 주민의 대표자로서 공정한 직무의 집행이 담보되지 않으면 안 된다. A직에 있는 자가 B직을 겸함에 따라 직무의 수행에 있어 공정성에 의문이 생기지 않도록 겸직을 금지할 필요가 있다.

지방의원의 겸직 허용은 장단점을 동시에 가지고 있다. 지방의원의 겸직 허용 범위를 넓히면 본업을 가진 지역주민 중에서 유능한 인재들이 지방의회에 진출할 수 있는 길을 넓혀주게 된다. 이 경우 지방의원들의 질이 향상될 뿐만 아니라 지방자치에 대한 주민의 참여욕구를 충족시켜 주는 효과가 있다. 반면, 겸직을 허용하는 경우 주민대표로서의 공정성 유지에 어려움이 있을 수 있는 등 의원으로서의 충실한 직무수행이 곤란한 경우가 있다.

2) 외국 지방의회 의원의 겸직 허용 실태

지방의원의 겸직을 허용할 것인가 혹은 금지할 것인가를 결정짓는 절대적인 기준이 있는 것은 아니다. 그러나 대체로 대의회형을 채택하여 지방의원을 명예 직으로 하는 국가에서는 지방의원의 겸직을 널리 허용하고 있다. 그러나 소의회형을 채택하여 지방의원을 유급의 전임직으로 하는 지방자치단체에서는 다른 유급직을 겸할 수 없게 하고 있다(정세욱, 2000: 513).

프랑스는 중간자치단체격인 도(데빠르트망)의원과 기초자치단체인 코뮌의원 간의 겸직은 물론이고, 광역자치단체인 레지옹의 의원도 겸할 수 있다. 뿐만 아니라 프랑스의 지방의원은 하원인 국민회의 의원의 겸직도 가능하다. 다만, 1985년 12월의 법제정으로 국회의원은 한 개의 지방의원직만을 겸직할 수 있다. 그러나 행정의 정치화를 막기 위하여 해당 지역의 행정관, 공무원, 국가에서 파견된 관선 도지사, 경찰, 직업군인 등은 지방의원 피선거권이 없으므로 이들과 지방의원의 겸직은 불가능하다(황아란, 1997: 126). 영국은 중복(복수)의원직은 허용하나 이중직(twin-tracking)의 금지 원칙이 있다. 중복의원직의 허용은 서로 다른 지방의회, 예를 들면 디스트릭의 의원직을 맡으면서 동시에 카운티의 의원직을 겸임하는 것이 가능함을 말한다. 반면에 이중직의 금지 원칙은 겸직을 금지하는 직을 명시한 것이다. 이 원칙은 1998년 「지방자치 및 주택법(Local Government and Housing Act)」에 근거한 것이다. 여기에서는 공무원의 정치참여를 매우 엄격히 제한하는 규정을 두고 있으며, 특히 고위직 공무원과 정치적으로 민감한 직위에 있는 공무원에 대해서는 중앙 및 지방선거에 출마할 수 없도록 강력히 규제하고 있다(황아란, 1997: 86).

일본의 경우 국회의원 및 다른 지방자치단체의 의회 의원을 겸할 수 없음은 물론이고, 지방자치단체의 상근 직원을 겸할 수 없다. 그러나 소화 22년(1947년) 이전에는 중의원 의원과 시·정·촌의원의 겸직이 인정되었다(김동훈, 2002: 400).

3) 우리나라 지방의회 의원의 겸직 등의 금지

우리나라 지방의원의 겸직금지에 관해서는 지방자치법에서 규정하고 있다.
현행법상 지방의회 의원은 다음의 어느 하나에 해당하는 직을 겸할 수 없다 (지방자치법 제35조 제1항).

---

1. 국회의원, 다른 지방의회의 의원
2. 헌법재판소재판관, 각급 선거관리위원회 위원
3. 「국가공무원법」 제2조에 규정된 국가공무원과 「지방공무원법」 제2조에 규정된 지방공무원(「정당법」 제22조에 따라 정당의 당원이 될 수 있는 교원은 제외한다)
4. 「공공기관의 운영에 관한 법률」 제4조에 따른 공공기관(한국방송공사, 한국교육 방송공사 및 한국은행을 포함한다)의 임직원
5. 「지방공기업법」 제2조에 규정된 지방공사와 지방공단의 임직원
6. 농업협동조합, 수산업협동조합, 산림조합, 엽연초생산협동조합, 신용협동조합, 새마을금고(이들 조합·금고의 중앙회와 연합회를 포함한다)의 임직원과 이들 조합·금고의 중앙회장이나 연합회장
7. 「정당법」 제22조에 따라 정당의 당원이 될 수 없는 교원
8. 다른 법령에 따라 공무원의 신분을 가지는 직
9. 그 밖에 다른 법률에서 겸임할 수 없도록 정하는 직

지방자치법에서는 그 이외에도 겸직과 관련하여 다음과 같은 규정을 두고 있다.

지방자치법 제35조(겸직 등 금지)
② 「정당법」 제22조에 따라 정당의 당원이 될 수 있는 교원이 지방의회 의원으로 당선되면 임기 중 그 교원의 직은 휴직된다. <신설 2009. 4. 1.>

---

③ 지방의회 의원이 당선 전부터 제1항 각 호의 직을 제외한 다른 직을 가진 경우에는 임기개시 후 1개월 이내에, 임기 중 그 다른 직에 취임한 경우에는 취임 후 15일 이내에 지방의회의 의장에게 서면으로 신고하여야 하며, 그 방법과 절차는 해당 지방자치단체의 조례로 정한다. <신설 2009. 4. 1.>

④ 지방의회의장은 지방의회 의원이 다른 직을 겸하는 것이 제36조제2항(청렴의 의무와 품위유지의 의무)에 위반된다고 인정될 때에는 그 겸한 직을 사임할 것을 권고할 수 있다. <신설 2009. 4. 1.>

⑤ 지방의회 의원은 해당 지방자치단체 및 공공단체와 영리를 목적으로 하는 거래를 할 수 없으며, 이와 관련된 시설이나 재산의 양수인 또는 관리인이 될 수 없다. <개정 2009. 4. 1.>

⑥ 지방의회 의원은 소관 상임위원회의 직무와 관련된 영리행위를 하지 못하며, 그 범위는 해당 지방자치단체의 조례로 정한다. <신설 2009. 4. 1.>

제2절 지방의회 내부 조직

1. 의장단

1) 의장단의 지위와 정치적 중립성

의장단은 의장과 부의장을 통칭한 표현이다. 모든 지방의회가 의장은 두고 있지만 부의장은 반드시 두는 것은 아니다. 우리나라와 프랑스, 일본의 경우는 부의장을 두고 있지만 미국의 경우 부의장을 두지 않는 경우가 다수이다. 부의장을 두지 않는 경우 필요에 따라 임시의장을 두는 국가나 자치단체도 있다.

흔히 지방의회 의장은 지방자치단체의 의사결정기관인 의회의 대표자로 표현된다. 그러나 지방의회 의장의 이러한 지위는 지방정부의 기관구성 방식에 따라 차이가 있다. 기관분립형을 채택하고 있는 지방자치단체의 경우 지방의회 의장은 의회의 대표자로서의 지위에 그친다. 그러나 기관통합형을 택하고 있는 지방자치단체의 경우 지방의회 의장은 지방의회의 대표자이면서 동시에 지방자치단체의 대표자로서의 지위를 겸하는 경우가 대부분이다. 또한 국가나 지방자치단체에 따라서는 지방자치단체의 장이 지방의회의 의장을 겸하는 경우가 있으며,[12] 특히 과거에는 중앙정부로부터 임명되는 지방자차단체의 장이 의회의 의장을 겸임하기도 하였다. 제2차 세계대전까지의 일본의 제도가 대표적 예이다(김동훈, 2002: 342).

우리나라 지방의회 의장은 지방의회의 대표자로서의 지위를 가지며, 지방자치단체의 대표자는 아니다. 우리나라 지방자치법에서는 '지방의회의 의장은 의회를 대표하고 의사를 정리하며, 회의장 내의 질서를 유지하고 의회의 사무를 감독한다(지방자치법 제49조).'고 규정하고 있다.

부의장은 의장의 직무 대행자의 지위를 가진다. 우리나라 지방자치법은 부의장의 직무에 대해 '부의장은 의장이 사고가 있을 때에는 그 직무를 대리한다.'(동법 제51조)고 하여 부의장이 의장의 대위기관임을 확인하고 있다. 부의장이 의장의 직무를 대리할 때에는 부의장의 직무권한은 의장의 권한과 동일하다. 부의장은 의장이 사고나 궐위 등 유사 시에 의장직무대리자의 지위를 가질 뿐 법률상 별다른 지위와 직무는 없다.

한편 지방의회의 의장과 부의장이 모두 사고가 있을 때에는 임시의장을 선출하여 의장의 직무를 대행하게 한다(동법 제52조). 또한 의장 등을 선거할 경우에 의장의 직무를 수행할 자가 없으면 출석의원 중 연장자가 그 직무를 대행한다(동법 제54조).

의장이 의회를 대표하고 의회를 주재하는 책임자로서 그 직무와 권한을 수행하기 위해서는 공정성과 중립성이 유지되어야 한다. 특히 의장은 일단 선출되면 의회의 대표이지, 특정 정파의 대표가 아니라는 점에서 의장의 의사진행과정에서의 중립성은 중요한 의미를 가진다. 지방의회 의장의 중립성은 정당으로부터의 중립성, 집행기관으로부터의 중립성, 특정 파벌로부터의 중립성을 모두 포함하는 개념으로 이해되어야 한다. 이러한 점 때문에 정당공천제를 실시하는 국가나 자치단체의 경우 의장의 당적이탈 여부가 논쟁점이 된다. 우리나라 국회는 16대 국회 중간시점부터 그 이전과 달리 국회의장으로 선출되면 선출된 다음 날부터 당적을 가질 수 없도록 제도를 수정하였다.

---

12) 미국의 지방자치단체에서 흔히 볼 수 있다. 미국의 6대 도시인 애리조나의 피닉스시도 그 한 예이다(http://phoenix.gov/citygov/mayorcouncil).

2) 의장단의 선거

지방의회 의장단의 선출방법에는 세 가지가 있다. 첫째는 지방의회가 의원 중에서 무기명투표로 호선하는 방법이고, 둘째는 지방의원 선거 시에 의장을 주민이 직접 선출하는 방법이며, 셋째는 주민의 직접선거로(또는 지방의회가) 선출한 자치단체장이 의장을 겸임하게 하는 방법이다. 첫째의 예로는 우리나라와 일본(일본 지방자치법 제103조 제1항)이 있으며, 둘째의 예로는 미국의 워싱턴 D.C[13], 셋째의 예로는 독일의 일부 읍·면(Gemeinde), 미국·캐나다의 일부 시, 프랑스의 시·읍·면을 각각 들 수 있다(정세욱, 2000: 518).

의장단, 특히 그중에서도 의장 선거가 중요시 되는 것은 의장이 의회를 대표하고(기관통합형의 경우 동시에 지방자치단체의 대표) 의사를 정리하며 회의장 내의 질서를 유지하고 의회의 사무를 감독하는 권한 때문이다.

우리나라의 경우 지방의회는 시·도의 경우 의원 중에서 의장 1명과 부의장 2명을, 시·군 및 자치구의 경우 의원 중에서 의장과 부의장 각 1명을 무기명투표로 선거하여야 한다(지방자치법 제48조 제1항). 의장과 부의장의 선거는 다음과 같은 네 가지 경우에 실시한다. 첫째, 지방의회 의원 총선거 이후 처음 소집되는 의회에서 모든 안건에 우선하여 실시한다. 둘째, 의장 또는 부의장이 궐위되었을 때에 보궐선거를 실시한다(동법 제53조). 셋째, 의장과 부의장의 임기가 만료되었을 때에 실시한다. 넷째, 의장과 부의장이 모두 사고가 있을 때에는 임시의장을 선출하여 의장의 직무를 대행하게 한다(동법 제52조). 그리고 총선거 이후 또는 임기만료로 의장과 부의장을 모두 선거할 경우, 의장과 부의장이 모두 사고가 있어 임시의장을 선출할 경우, 의장이나 부의장이 궐위된 경우에 보궐선거를 실시할 때 의장의 직무를 수행할 자가 없으면 출석의원 중 연장자가 그 직무를 대행한다(동법 제54조).

의장과 부의장의 선거는 앞서 밝힌 바와 같이 무기명투표로 하며, 재적의원 과반수의 출석과 출석의원 과반수의 득표로 당선된다. 그러나 이때 1차 투표의 결과 과반수 득표자가 없을 때에는 2차 투표를 하여야 한다. 2차 투표에서도 과

---

13) http://dccouncil.us/council/phil−mendelson/(2018년 12월 25일 접속).

반수 득표자가 없을 때에는 다득표순으로 두 사람을 놓고 결선투표를 실시하여, 여기에서 다수 득표자를 당선자로 결정한다. 결선투표 결과 득표수가 같을 때에는 연장자를 당선자로 한다(시·도의회회의규칙, 시·군·자치구의회회의규칙).

그러나 현재의 의장선출방법에 대해서는 논란의 소지가 많다. 소위 교황선출식의 무기명투표가 우리나라 지방의회 의장선출방법으로 과연 적합한가 하는 점이다. 즉, 막중한 권한을 가진 지방의회 의장을 선출하는데 누가 출마했는지 주민들은 알지 못한 가운데, 공식적인 출마선언도 없이 의원들 간의 내부적 절차로 시행되는 무기명투표가 가진 한계 때문이다. 이로 인하여 그간 우리나라 지방의회 의장단 선거는 늘 과열되었다. 그리고 선거 이후에는 불법·탈법 등 법적인 문제가 불거져 지방의회 의장의 사퇴가 여러 차례 있었을 뿐만 아니라 구속되는 사례도 드물게 발생하였다. 이에 따라 지방의회의장 선거 시 의원 간에 비공식적인 방법으로만 출마를 알리고 선거운동을 하는 현재의 방식에서 벗어나 최소한 후보등록을 하고, 출마를 공론화하여 공개적으로 선거운동을 하게 하는 것이 바람직하다는 지적이 설득력을 가져 왔다. 이 과정에서 후보자에게 출마취지를 밝히게 하고, 이를 통해 지방의회를 대표하는 의장으로서의 자질과 능력에 대해 투표권을 가진 동료 의원들뿐만 아니라, 언론과 주민들의 공개된 검증과정을 거치게 하는 안이 대안으로 제시된 것이다(송광태, 2003a: 47).

3) 의장단의 임기와 사직

의장단의 임기는 일률적이지 않고, 국가에 따라, 그리고 미국의 경우 지방자치단체에 따라 차이가 있다. 의장단의 임기를 분류해 보면 의원의 임기와 같게 하는 방식, 의원 임기의 2분의 1 또는 4분의 1로 줄여서 하는 방식이 있다. 주민이 지방의원 선거 시에 직접 의장을 선출하는 경우 의장의 임기는 의원의 임기와 같다.

우리나라 지방의회의 의장과 부의장의 임기는 2년으로 되어 있다(지방자치법 제48조 제2항). 임기는 의장선거일로부터 시작되는데 의장선거일이 부의장선거일보다 먼저인 경우 부의장의 임기는 의장의 임기와 같이 종료한다(정재길, 1995: 55). 보궐선거로 당선된 의장이나 부의장의 임기는 전임자의 남은 임기로 한다(동법

제53조 제2항). 의장과 부의장은 의회의 동의를 얻어 그 직을 사임할 수 있다. 사임에 대한 동의 여부는 토론 없이 표결한다(시·도의회회의규칙, 시·군·자치구의회회의규칙). 사의의 표명은 일반적으로 사표를 제출하는 형식으로 이루어지며, 의장이 사임하고자 할 때에는 부의장에게, 부의장이 사임하고자 할 때에는 의장에게 사표를 제출한다. 의장과 부의장이 퇴임하는 경우는 다음의 세 가지이다. 첫째, 본인이 사표를 제출하여 의회가 동의하였을 때, 둘째, 의원으로서의 자격이 상실된 때, 셋째, 불신임의안이 가결되었을 때이다(동법 제55조). 의장과 부의장은 의원 중에서 선출하는 경우가 대부분이기 때문에 의원신분을 전제로 한다. 따라서 의원직을 상실하게 되면 자동적으로 의장 및 부의장직을 상실하게 된다.

의장과 부의장에 대한 불신임은 두 가지 경우에 발생한다. 의장이나 부의장이 법령을 위반하거나 정당한 사유 없이 직무를 수행하지 아니하면 지방의회는 불신임을 의결할 수 있다(동법 제55조 제1항). 이 불신임안의 의결은 재적의원 4분의 1 이상의 발의와 재적의원 과반수의 찬성으로 행하며, 가결되면 의장과 부의장은 그 직에서 해임된다(동법 제55조 제2항·제3항).

4) 의장의 직무와 권한

의장의 직무와 권한은 국가에 따라 그리고 지방정부의 기관구성 형태에 따라 차이가 있다. 지방정부의 기관구성이 기관통합형을 택하고 있는 경우가 기관분립형을 택하고 있는 지방정부에서보다 의장의 직무와 권한의 범위가 넓고 크다. 왜냐하면 기관통합형을 택하고 있는 지방정부의 경우 지방의회의 의장은 지방의회를 대표할 뿐만 아니라 지방자치단체의 대표자로서의 지위를 동시에 가지기 때문이다. 아래에서 지방의회 의장의 직무와 권한에 대해 기관분립형을 택하고 있는 우리나라의 경우를 중심으로 설명하고자 한다.

우리나라 지방의회 의장의 직무는 의회를 대표하고 의사를 정리하며, 회의장 내의 질서를 유지하고 의회의 사무를 감독한다(지방자치법 제49조). 이것은 의장의 직무와 권한에 관한 일반적인 규정이고 구체적인 권한은 지방자치법의 다른 조문, 기타 법률, 조례 및 회의규칙에 명문화되어 있고 또한 회의원칙과 기타 관례 등에 의하여 인정되고 있다(김동훈, 2002: 347; 임경호, 1991: 117).

일반적으로 볼 때 의장의 권한은 의회대표권, 의회소집권, 의사정리권, 위원회에 대한 권한, 질서유지권, 의원에 대한 권한, 사무감독권으로 정리할 수 있다(김동훈, 2002: 347-355; 임경호, 1991: 117-120; 정재길, 1995: 53-55).

(1) 의회대표권

지방의회 의장이 의회를 대표한다는 것은 의장의 행위가 의회라는 합의체의 의사를 외부로 표시하고, 또한 외부의 의사를 받는 것을 의장 명의로 한다는 것을 의미한다. 이에 따라 의회 내부에서 상임위원회와 본회의 등 각종의 기관을 통한 의사결정을 하지만 이는 의회 내부의 행위에 지나지 않으며 대외적으로 의사표시를 할 경우에는 의장의 이름으로 처리하게 된다. 또한 외부기관으로부터 의회로 들어오는 의사표시도 의장 앞으로 하게 된다.

지방의회 의장의 의회대표권은 광범위한데, 지방자치법에 규정된 것을 중심으로 설명하면 크게 다섯 가지로 정리할 수 있다. 즉, 지방의회 의장은 의회에서 의결된 조례안의 이송과 확정된 조례의 공포권(지방자치법 제26조), 의회에서 의결된 예산안의 이송(동법 제133조 제1항), 청원의 접수, 회부, 이송, 통지(동법 제75조), 지방자치단체의 장에 대한 서류제출의 요구(동법 제40조), 지방자치단체의 장 또는 보조기관의 출석·답변의 요구(동법 제42조 제2항) 등이다.

(2) 의회소집권

지방의회의 의장은 의회소집권을 가진다. 이는 지방의회 의장은 지방자치단체의 장이나 재적의원 3분의 1 이상의 의원이 요구하면 15일 이내에 임시회를 소집하여야 한다(지방자치법 제45조 제2항). 정례회 또한 의장이 소집한다(동법 제44조). 뿐만 아니라 지방의회 의장은 의회의 개회와 폐회를 선포한다.

(3) 의사정리권

지방의회 의장은 의사를 정리하는 권한을 가지는데, 이는 단순히 회의에 있어서 의사가 원활히 진행될 수 있도록 정리한다는 것만이 아니고 그 의사의 진행 계획을 세우고 결과를 정리하는 권한도 포함한다. 이러한 의장의 의사정리권에는 의사일정을 작성·변경 및 조정하는 권한, 의회의 개회 및 폐회, 당일 회의의 개의, 정회, 산회 및 유회를 선포하는 권한과 기타 의사정리를 위한 권한을 포함한다.

기타 의사정리를 위한 권한에는 의원의 의석배정, 의원의 청가 허가 및 출석요구, 의안의 각 위원회 회부, 의결된 의안의 정리, 발언의 허가와 조정 및 통제, 의장의 토론참가, 질의와 토론의 진행 및 종결, 표결의 방법 및 순서의 결정, 표결의 진행과 표결권, 회의의 비공개 결정, 회의록의 서명 및 지방자치단체의 장에게의 통고(동법 제72조 제2항·제3항), 회의록 비공개 결정(동법 제72조 제4항), 방청의 허가, 징계대상 의원에 대한 징계요구의 위원회 또는 본회의 회부권(동법 제87조) 등이 있다.

(4) 위원회에 대한 권한

의장은 지방의회의 총괄적인 대표자로서 의회의 기관인 위원회에 대하여 어느 정도 감독권을 가지고 있다. 의장의 위원회에 대한 권한은 위원회 구성에 관한 권한과 위원회에의 출석·발언권이다. 위원회 구성에 있어서 의장은 어느 상임위원회에도 소속될 수 없지만 상임위원은 의장이 추천하여 본회의의 의결로 선임된다. 의장은 상임위원회에 소속될 수 없음에도 불구하고 어느 상임위원회에나 출석하여 발언할 수 있다(지방자치법 제50조). 이러한 의장의 상임위원회 출석·발언권은 부의장에게는 부여되지 않으나, 부의장이 의장의 사고로 인하여 의장의 직무를 대행하는 경우에는 가능하다.

(5) 질서유지권

지방의회 의장은 질서유지권을 가지고 있다. 이는 지방의회가 지방정책의 결정기관으로서 그 권위를 지키고 의사의 원활한 운영을 기하기 위해서는 의회의 질서가 엄격하게 유지될 필요가 있기 때문이다.

의장의 질서유지권은 회의의 질서유지, 방청인에 대한 질서유지와 단속, 경호요구권으로 구분된다. 회의의 질서유지는 의원의 회의와 관련되는 것이다. 지방의회의 의원이 본회의나 위원회의 회의장에서 지방자치법이나 회의규칙에 위배되는 발언이나 행위를 하여 회의장의 질서를 어지럽히면 의장이나 위원장은 경고 또는 제지하거나 그 발언의 취소를 명할 수 있다. 이 명에 따르지 아니한 의원이 있으면 의장이나 위원장은 그 의원에 대하여 당일의 회의에서 발언하는 것을 금지하거나 퇴장시킬 수 있다. 의장이나 위원장은 회의장이 소란하여 질서를 유지하기 곤란하면 회의를 중지하거나 산회를 선포할 수 있다(지방자치법 제82조).

의장은 방청인에게 방청권을 발행하여 방청을 허가한다. 그러나 의장은 회의장 안의 질서를 방해하는 방청인에 대해서는 퇴장을 명할 수 있으며, 필요한 경우에는 경찰관서에 인도할 수 있다. 뿐만 아니라 의장은 방청석이 소란하면 모든 방청인을 퇴장시킬 수 있다(동법 제85조).

의장은 의회의 경호를 위하여 필요한 때에는 의회운영위원회의 동의를 얻어 일정한 기간을 정하여 관할 경찰서에 경찰관의 파견을 미리 요구할 수 있으며, 의회의 경호가 급히 필요한 경우에는 의장이 단독으로 사태가 해결될 때까지 경찰관의 파견을 즉시 요구할 수 있다(지방의회회의규칙).

(6) 의원에 대한 권한

의장은 의원의 사직허가권, 의원의 청가허가 및 출석요구, 의원에 대한 징계요구에 대한 권한을 가진다. 의원의 사직은 당해 지방의회의 의결로서 허가할 수 있으나, 폐회 중에는 의장이 이를 허가할 수 있다(동법 제77조). 의장은 소속 의원이 지방자치법 또는 자치법규에 위배되는 행위를 하여 징계대상이 되는 의원이 있어 징계요구가 있으면 이를 윤리특별위원회나 본회의에 회부한다(동법 제87조 제1항·제2항). 지방의원에 대한 징계의 종류에는 공개회의에서의 경고, 공개회의에서의 사과, 30일 이내의 출석정지, 제명이 있다. 의원의 제명에는 재적의원 3분의 2 이상의 찬성이 있어야 한다(동법 제88조 제1항).

(7) 사무감독권

지방의회 의장은 지방의회 사무기구에 대한 지휘와 감독권을 가진다. 사무직원은 의장의 추천에 따라 그 지방자치단체의 장이 임명한다(지방자치법 제91조

제2항).[14] 사무기구의 장은 의장의 감독을 받아 의회의 사무를 통할하고 소속 직원을 지휘·감독한다(지방의회회의규칙). 그러나 지방의회 의장이 사무기구에 대해 실질적인 지휘·감독권을 가지려면 사무직원에 대한 인사권이 의장에게 있어야 하나 현실은 그렇지 못해 논란이 지속되어 왔다.

2. 위원회

1) 위원회제도의 의의

오늘날 지방정부의 사무는 전반적인 사회의 복잡·다양화에 따라 양적으로 크게 늘어나고 질적으로 고도화되고 있다. 이에 따라 지방의원의 수가 일정수 이상인 경우 지방자치단체의 전체 대표가 모이는 본회의에서 모든 의안을 심의하여 결정하는 것이 사실상 어렵고 효율적인 심의도 불가능한 것이 현실화되고 있다. 이러한 한계 때문에 의회는 선출된 의원들에게 자신의 전문분야와 관심사를 고려하여 위원회를 선택케 하고 그 위원회를 중심으로 장기간 의정활동을 수행하게 함으로써 전문성을 키워줄 수 있다는 점에서 위원회제도는 중요시된다(송광태, 2003b: 22). 이러한 연유에서 일찍이 윌슨(W. Wilson)은 위원회를 '작은 의회'라고 부르기도 하였다(Huitt & Peabody, 1969: 117).

이에 따라 국가의 의회는 물론이고 지방의회도 위원회제도를 적극 활용하고 있는 것이 오늘날의 일반적인 경향이다. 위원회는 본회의의 전단계로서 비교적 소수의 의원으로 구성한다. 각 위원회에서 전문분야별로 분담하여 예비심사를 거치고 나면 그 결과를 참고하여 본회의에서 최종심의를 하는 방식으로 운영되는 것이 일반적이다. 이렇게 보면 위원회는 원칙적으로 의회의원의 일부로서 합의체를 구성하고, 의회 권한의 일부를 분담하는 조직이다. 우리나라 지방자치법에서

---

14) 다만, 지방자치단체의 장은 사무직원 중 별정직공무원, 「지방공무원법」 제25조의5에 따른 임기제 공무원, 대통령령으로 정하는 일반직공무원에 대한 임용권은 지방의회 사무처장·사무국장·사무과장에게 위임하여야 한다(지방자치법 제91조 제2항 단서). <개정 2012.12.11., 2013.7.16.>

도 위원회는 그 소관에 속하는 의안과 청원 등 또는 지방의회가 위임한 특정한 안건을 심사한다(지방자치법 제58조)고 규정하고 있다. 이러한 점에서 위원회는 전체 의원으로 구성되는 본회의와 차별화된다. 위원회와 본회의의 관계는 의회 운영이 본회의중심주의인가 위원회중심주의인가, 그리고 국가에 따라(미국의 경우 지방자치단체에 따라) 약간의 차이가 있다. 그러나 대체적으로 볼 때, 위원회에서의 의결은 의사결정의 절차상 최종적인 지방의회 결정의 전단계로서 의회기능의 일부를 분담하는 내부기관의 의사로 보아야 할 것이고, 그 의안이 본회의의 심의·의결을 거침으로써 비로소 의회의 의사가 결정되는 것이 일반적이다(김동훈, 2002: 356). 우리나라 지방의회의 위원회와 본회의의 관계도 위의 설명과 같다. 단, 위원회에서 본회의에 부칠 필요가 없다고 결정된 의안은 본회의에 부칠 수 없다. 다만, 위원회의 결정이 본회의에 보고된 날부터 폐회나 휴회 중의 기간을 제외한 7일 이내에 의장이나 재적의원 3분의 1 이상이 요구하면 그 의안을 본 회의에 부쳐야 한다(동법 제69조 제1항). 이러한 점에서 위원회는 제한적으로 의결기관으로서의 기능을 하고 있다고 할 것이다.

위원회의 규정형식은 법령으로 규정하는 방식, 인구 또는 의원 수에 따라 설치할 수 있는 상임위원회의 수를 법률로 정하는 경우, 조례로 설치하도록 하는 방식, 집행부가 제출한 문제를 연구하기 위하여 지방의회가 회기 중에 설치할 수 있게 하는 방식, 자치헌장으로 규정하는 방식이 있다(정세욱, 2000: 519).

우리나라의 경우, 지방의회는 조례로 정하는 바에 따라 위원회를 둘 수 있다(동법 제56조 제1항)고 하여 제도상으로 위원회 설치에 제한을 두고 있지 않다. 다만, 위원회의 설치에 관해서 법률상 필수기관으로 하지 않고 지방자치단체에 위임하여 필요에 따라 조례로 설치할 수 있도록 규정하고 있다. 그러나 과거 2006년 4월 28일 지방자치법 개정 이전에는 기초의회인 시·군 및 자치구의회의 상임위원회 설치기준은 대통령령으로 정한다(동법 제50조 제2항)고 하고, 지방자치법 시행령에서 의원 수 13인 이상의 의회만 상임위원회를 설치할 수 있도록 하여 위원회의 수를 의원 수와 연계시켰다.[15]

---

15) 2006년 4월 28일 지방자치법 개정 이전의 이 법에 따른 지방자치법 시행령 제20조의2(시·군 및 자치구의회의 상임위원회 설치기준)의 [별표 9]는 아래와 같다.

2) 위원회의 특징

위원회는 국가에 따라 차이가 있지만 대체적으로 다음과 같은 특징을 가지고 있다.

첫째, 위원회는 지방의원 중에서 선임된 의원으로 조직된다. 의회의 위원회는 위원으로 조직되어 있는데, 그 위원은 의원 이외의 자가 될 수 없다. 위원 이외의 자 중에서 위원회에 출석하여 발언할 수 있는 자는 의장, 위원이 아닌 의원(일본의 경우), 위원회로부터 출석이 요구된 지방자치단체의 장 및 관련 공무원 등이다.

둘째, 위원회는 특정수의 위원으로 구성된다. 의회는 위원회를 설치하는 경우에 특정수의 의원을 위원으로 선임하는데, 위원의 수는 일반적으로 상임위원회의 경우는 조례로 정하고, 특별위원회의 경우는 의회의 의결을 얻어서 정한다.

셋째, 위원회는 본회의 심사의 전단계에서 의회가 회부한 안건을 효율적이고 전문적으로 심사하는 기관이다.

넷째, 위원회는 의회의 내부기관이다. 따라서 위원회의 의사결정은 대외적으로 어떠한 효과를 가지지 못한다. 단, 앞서 지적한 바와 같이 위원회에서 본회의에 부칠 필요가 없다고 결정된 의안은 본회의에 부칠 수 없다. 이 경우 다만 의장이나 재적의원 3분의 1 이상이 요구하면 그 의안을 본회의에 부쳐야 한다(동법 제69조 제1항).

다섯째, 위원회는 합의제기관이다. 위원회는 복수의 위원으로 구성된 합의제기관이므로, 위원 개인은 조사권을 행사할 수가 없으며, 위원회의 의사결정에 의하여 위원회가 조사권을 행사한다(임경호, 1991: 121~122).

[별표 9] 시·군 및 자치구의회의 상임위원회 설치기준(지방자치법 시행령 제20조의2 관련)

구분	설치가능한 상임위원회(운영위원회 포함)의 수
의원정수 41인 이상	5개 이내
의원정수 31인 이상 40인 이하	4개 이내
의원정수 13인 이상 30인 이하	3개 이내

3) 위원회의 종류

지방의회의 위원회에는 상임위원회와 특별위원회의 두 종류가 있다. 우리나라 지방자치법에서도 위원회의 종류는 소관 의안과 청원 등을 심사·처리하는 상임위원회와 특정한 안건을 일시적으로 심사·처리하기 위한 특별위원회, 두 가지로 한다(지방자치법 제56조 제2항). 그러나 국가의 의회를 중심으로 위원회의 종류를 살펴보면 상임위원회와 특별위원회 이외에 전원위원회 및 합동위원회가 설치되는 경우도 있다. 상임위원회(standing committee)는 소관사항에 관한 의안과 청원 등을 예비적으로 심사·처리하기 위하여 상설적으로 설치된 위원회를 말한다. 특별위원회(special committee)는 각 상임위원회의 소관사항이 아닌 특별한 안건을 심사·처리하기 위하여 일시적으로 설치되는 위원회이다. 전원위원회(committee of the whole home)는 전체 의원으로 구성되지만 본회의와는 의장과 의사수속 등을 달리한다. 그리고 합동위원회(a joint committee)는 양원제를 채택하고 있는 국가에서 중요한 사안에 있어서 상원과 하원의 의견이 충돌을 일으켰을 때에 그 타협점을 찾기 위하여 각 원의 대표로서 구성하는 위원회이다(김동훈, 2002: 363; 최인기·이봉섭, 1995: 241~243).

(1) 상임위원회

상임위원회는 지방자치단체의 사무 중에서 각기 소관 의안과 청원 등을 심사·처리하기 위하여 상설적으로 설치된 위원회를 말한다. 상임위원회의 이 심사권에는 조사권이 포함된 것으로 보아야 한다. 이때의 조사권은 지방자치법 제41조의 행정사무조사권과는 개념을 달리하는 것으로, 의회의 의결과 위임에 의한 것이 아니라 상임위원회의 고유의 권한으로 자체의 의결로서 자주적, 능동적으로 조사할 수 있는 권한을 말한다(김동훈, 2002: 372). 또한 지방자치단체의 장 또는 관계 공무원은 위원회의 요구가 있을 때에 출석하여 질문에 답변하도록 하고 있다(동법 제42조 제1항). 상임위원회는 소관 부문에 대한 지방행정사무감사 및 지방자치단체의 사무 중 특정사안에 대하여 본회의 의결로 조사할 수 있다(동법 제41조 제1항). 또한 위원회는 그 직무에 속하는 사항에 관하여 의안을 제출할 수 있다(동법 제66조 제2항).

각 상임위원회별 소관사항은 각 지방의회의 조례로 상세하게 규정하고 있는데, 그 소관은 대체로 집행기관의 직제에 따른 업무와 연계되어 있다. 다만, 의회운영위원회는 의회의 운영을 위하여 상임위원회를 설치한 모든 지방의회가 공통적으로 설치하고 있다.

위원회는 회기 중 위원장이 필요하다고 인정하거나 재적위원 3분의 1 이상의 요구가 있으면 개회한다. 다만, 폐회 중에는 본회의의 의결이 있거나 의장이 필요하다고 인정할 때, 재적위원 3분의 1 이상의 요구가 있거나 지방자치단체의 장의 요구가 있을 때에 개회할 수 있다(동법 제61조). 또한 해당 지방의회 의원이 아닌 자는 위원장의 허가를 받아 위원회를 방청할 수 있다(동법 제60조).

상임위원회에는 위원장 1인과 부위원장(기초의회의 경우 간사) 1인을 둔다. 위원장은 상임위원 중에서 의장선거의 예에 준하여 본회의에서 선거한다. 위원장의 임기는 상임위원의 임기와 같다. 위원장은 본회의의 동의를 얻어 그 직을 사임할 수 있다. 다만, 폐회 중에는 의장의 허가를 얻어 사임할 수 있다.

상임위원회는 조례가 정하는 정수의 위원으로 구성된다. 상임위원의 선임은 의장의 추천으로 본회의의 의결로 선임한다(동법 제56조 제3항). 의장은 의원의 상임위원회 배정과정에서 의원의 전문성과 희망을 충분히 고려하여야 할 것이다.

우리나라의 경우 현행법상 어떤 종류의 위원회를 설치할 것인지, 몇 개의 위원회를 설치할 것인지, 위원의 수는 몇 명으로 할 것인지 등에 대해서 관련 법규에 따로 규정되어 있지 않다. 지방자치법에서는 "지방의회는 조례로 정하는 바에 따라 위원회를 둘 수 있다."(동법 제56조 제1항)라고만 하고 있다. 이에 따라 기초의회에 상임위원회를 설치하는 데 제한이 있었던 과거에 비해, 현재는 상임위원회 설치 비율이 늘어났다. 즉, 전국적인 통계로 볼 때 제4기 지방의회의 상임위원회 설치 비율은 57.3%였는데, 2006년 7월부터 임기를 시작한 제5기 지방의회의 이 비율은 62.6%로 5.3% 늘어났다(행정자치부, 2007: 13). 2006년 4월 지방자치법 개정을 통해 상임위원회 설치에 대한 제한이 없어진 이후 시간이 지나면서 상임위원회의 설치는 늘어나, 현재 전국적으로 볼 때 일부 의회를 제외한 대부분의 지방의회가 상임위원회를 설치하였다. 예를 들어 경상남도 내 18개 기초의회의 경우 모두 상임위원회를 설치하였다.

상임위원회의 종류와 수가 많으면 안건의 심의를 보다 전문적으로 분담하여 상세하게 처리할 수 있다고 할 수 있으나, 그 수가 너무 많으면 의원이 몇 개의 상임위원회를 겸무하여야 하는 애로가 있을 수 있다. 이 경우 위원회제도의 설치 이유와 목적인 안건심의에 있어서의 전문성, 상세성, 효율성을 저해할 우려가 없는지 감안할 필요가 있다. 따라서 상임위원회의 수는 획일적으로 전국적인 원칙을 정할 것이 아니라 자치단체의 실정에 맞추어 자율적으로 정할 수 있도록 하는 것이 바람직하다고 하겠다.

상임위원회의 수는 국가에 따라 차이가 있다. 예를 들어 일본의 경우 지방의회 상임위원회의 수는 인구 수를 고려하여 상한을 두고 있다. 이에 따라 도(都)는 12개 이내, 도(道) 및 인구 250만 이상의 부(府)와 현(縣), 그리고 인구 100만 이상의 시는 8개 이내, 인구 100만 미만의 시는 6개 이내, 인구 100만 미만의 부(府)와 현(縣), 그리고 인구 30만 미만의 시(市)·정(町)·촌(村)은 4개 이내로 설치할 수 있게 하고 있다(일본 지방자치법 제109조). 미국의 경우 의원 수는 소수이나 이에 비해 상임위원회의 수는 많다. 예를 들면 아리조나주의 주도인 피닉스(Phoenix)시의회의 경우 의원 수가 8명인데 상임위원회 수는 5개이다.[16] 워싱턴D.C.의회는 의원 수가 13명인데, 상임위원회 수는 10개이다(http://dccouncil.us/committees, 2018년 12월 25일). 이에 따라 이들 의회의 경우 한명의 의원이 2~4개의 위원회에 소속되어 있다.

우리나라의 경우 법규에 상임위원회의 설치 가능수에 대해 따로 규정하고 있지는 않지만 대체로 의원 수와 연계시키는 모습을 보이고 있다. <표 4-9>는 우리나라 17개 광역자치단체 의회의 상임위원회 설치 현황을 종합한 것이다. 표에서 보는 바와 같이 17개 광역의회는 모두 상임위원회를 설치하였으며, 많게는 12개(경기도의회)에서 작게는 4개(세종특별자치시)를 설치하고 있음을 알 수 있다. 이에 따라 우리나라 17개 광역의회는 평균 상임위원회 설치 개수는 6.59로 나타났다. 광역의회에 비교적 다수 설치된 상임위원회는 운영위원회를 포함하여 행정자치위원회(기획행정위원회 등 포함), 교육위원회, 건설교통위원회(또는 건설산업위원회나 건설소방위원회), 보건복지위원회 등이다.

---

16) https://www.phoenix.gov/mayorcouncil/subcomm, 2018년 10월 21일.

▶ 표 4-9 ◀ 광역자치단체 의회의 상임위원회 설치 현황

시도	의원정수	상임위원회 설치 현황											위원회수
서울	110	운영	행정자치	기획경제	환경수자원	교육	문화체육관광	보건복지	도시안정건설	도시계획관리	교통		10
부산	47	운영	기획행정	경제문화		교육		복지환경	도시안전	해양교통			7
대구	30	운영	기획행정	경제환경		교육		문화복지	건설교통				6
인천	37	의회운영	기획행정	산업경제		교육		문화복지	건설교통				6
대전	22	운영	행정차지			교육		복지환경	산업건설				5
울산	22	의회운영	행정차지			교육		환경복지	산업건설				5
세종	18	의회운영	행정복지			교육			산업건설				4
광주	23	의회운영	행정차지			교육		환경복지	산업건설				5
경기	142	의회운영	안전행정	기획재정	경제과학기술	교육	문화체육관광	보건복지	건설교통	도시환경	여성가족교육협력	농정해양	12
경북	60	의회운영	행정보건복지	기획경제		교육	문화환경		건설소방			농수산	7
경남	58	의회운영	기획행정	경제환경		교육	문화복지		건설소방			농해양수산	7
강원	46	의회운영	기획행정	경제건설		교육	사회문화					농림수산	6
충북	32	의회운영	행정문화	산업경제		교육		정책복지	건설소방				6
충남	42	의회운영	행정차지			교육	문화복지		건설해양소방			농업경제환경	6
전북	39	운영	행정차지	산업경제		교육		환경복지	문화관광건설				6
전남	58	의회운영	행정환경	경제관광문화		교육		기획사회	건설소방			농수산	7
제주	43	의회운영	행정차지			교육		보건복지안전	문화관광스포츠	환경도시		농수축경제	7
합계(평균)	829												6.59

참고: 출처는 각 의회의 홈페이지이며, 조사시점은 2018년 8월 14일임. 제주도의 경우 교육의원 5명이 포함된 수치임.

한편 기초의회의 상임위원회 설치실태는 지역에 따라 차이가 있었다. 경상남도 내 18개 기초자치단체 의회의 경우 <표 4-10>에서 보는 바와 같이 모두 상임위원회를 설치하고 있었다. 이들 지방의회의 경우 의원이 최소 10명 이상인데, 창원시는 의원 수가 44명이다. 대부분의 지방의회가 3개의 상임위원회를 설치하였으나 창원시의회는 5개의 상임위원회를 설치하고 있었고, 진주시의회와 김해시의회는 4개의 상임위원회를 설치하였다. 의회운영위원회와 산업건설위원회(문화도시건설, 건설항공 포함)를 거의 공통적으로 두고 있으며, 기획행정위원회(기획총무, 행정관광, 총무 포함)도 다수의 의회가 설치하고 있었다.

▶ 표 4-10 ◀ 경상남도 내 기초자치단체 의회의 상임위원회 설치 현황

자치 단체명	의원수	인구수 (천명)	설치된 상임위원회 명칭 현황						위원회수
창원시	44	1,070	의회운영	기획행정	경제 복지 여성	환경 해양 농림	문화도 시건설		5
진주시	21	350	의회운영	기획문화	경제 도시			복지 산업	4
통영시	13	134	의회운영	기획총무			산업 건설		3
사천시	12	117	의회운영	행정관광			건설 항공		3
김해시	23	550	의회운영	행정자치			도시 건설	사회 산업	4
밀양시	13	109	의회운영	총무			산업 건설		3
거제시	16	259	의회운영	총무사회			산업 건설		3
양산시	17	346	의회운영	기획행정			도시 건설		3
의령군	10	28	운영	자치행정			산업 건설		3
함안군	10	67	의회운영	행정복지			산업 건설		3

창녕군	11	63	의회운영	총무			산업 건설	3
고성군	11	53	의회운영	총무			산업 건설	3
남해군	10	44	의회운영	기획행정			산업 건설	3
하동군	11	48	의회운영	기획행정			산업 건설	3
산청군	10	18	의회운영	총무			산업 건설	3
함양군	10	40	의회운영	기획행정			산업 건설	3
거창군	11	62	의회운영	총무			산업 건설	3
합천군	11	46	의회운영	복지행정			산업 건설	3
합계 (평균)	264							

참고: 출처는 각 의회의 홈페이지이며, 조사시점은 2018년 8월 14일임.

(2) 특별위원회

특별위원회(special committee)는 상임위원회의 소관사항이 아니거나, 상임위원회가 맡아서 처리하는 것이 부적당한 특정안건을 일시적으로 심사·처리하도록 하기 위하여 구성·운영되는 한시적인 위원회를 말한다. 우리나라 지방자치법에서도 특별위원회를 각 상임위원회의 소관사항이 아닌 특정한 안건을 일시적으로 심사·처리하기 위하여 설치되는 위원회(지방자치법 제56조)로 규정하고 있다.

특별위원회는 조례가 정하는 바에 의하여 설치된다. 특별위원회 설치조례는 위원회를 설치할 때마다 조례를 개별적으로 제정하는 것이 아니라, 특별위원회 설치를 위한 일반적인 의회 위원회조례를 제정해 놓고, 그 설치의 필요가 있을 때마다 의회의 의결로써 설치하고 위원을 선임한다. 특별위원회의 설치기간은 특정한 안건이 심사되고 있는 기간으로 한정된다.

특별위원회는 상임위원회와 같이 조례에 의하여 설치할 수 있으되, 특정한 안건을 심사하기 위하여 필요한 때에 본회의의 의결로써 설치할 수 있다(위원회조례). 특별위원회는 상임위원회에 소관시키는 것이 적당하지 않거나 혹은 어느 상임위원회의 소관에도 속하지 않는 특정한 안건을 심사하도록 하기 위하여, 그리고 상임위원회를 설치하지 않고 있는 의회에 조례로 설치하는 것이다. 따라서 지방자치단체의 실정에 따라 특별위원회의 종류는 다양하다. 우리나라 지방의회에서는 예산결산특별위원회와 윤리특별위원회를 대부분 설치하고 있다. 윤리특별위원회는 의원의 윤리심사 및 징계에 관한 사항을 심사하기 위하여 설치할 수 있도록(동법 제57조) 2006년 4월에 신설되었다. 윤리특별위원회를 통해 윤리강령 및 윤리규범을 조례로 제정토록 의무화하였다. 또한 의회는 지방자치단체의 사무 중에서 특정 사안에 관하여 본회의의 의결로 본회의 또는 위원회로 하여금 조사할 수 있게 할 수 있는데(동법 제41조 제1항), 이 조사권 행사를 위하여 행정사무조사특별위원회를 설치할 수 있다.

특별위원회에는 위원장 1인과 간사 1인을 두되 위원장은 위원회에서 호선하고 본 회의에 보고한다. 위원장이 선임될 때까지는 위원 중에 연장자가 그 직무를 대행한다. 위원장은 그 위원회의 동의를 얻어 그 직을 사임할 수 있으나 다만 폐회중에는 의장의 허가를 받아 사임할 수 있다(위원회조례 제8조). 위원장의 직무는 상임위원회의 경우와 같이 위원회를 대표하고 의사를 정리하며, 질서를 유지하고 사무를 감독한다(시·도의회위원회조례 제10조, 시·군·자치구의회위원회조례 제3조).

3. 사무기구

1) 사무기구의 의의

지방의회는 의회의 각종 사무를 처리하기 위하여 일정한 조직과 인력을 필요로 한다. 이러한 기능을 수행하기 위해 사무기구를 지방의회에 두는 경우도 있고 집행기관의 행정부서에서 담당하게 하는 경우도 있다. 기본적으로 지방정부의 집행기관과 의결기관이 하나로 통합되어 있는 기관통합형의 경우는 지방의회 사무기구를 집행기관의 행정부서와 따로 분리할 필요가 없다. 그러나 집행기관과 의결기관을 따로 분리시키는 기관분립형의 경우는 다를 수 있다. 즉, 지방정부의 기관구성이 기관분립형인 경우, 지방의회 사무기구를 집행기관과 분리하여 지방의회에 설치하는 경우가 있는가 하면 집행기관의 행정부서에서 의회 사무기구의 기능을 함께 수행하는 경우도 있다.

기관분립형을 택하고 있는 우리나라의 경우 사무기구를 집행기관과 분리하여 지방의회에 따로 설치하고 있다. 즉, 시·도의회와 시·군·자치구의회는 사무를 처리하기 위하여 조례로 정하는 바에 따라 각각 사무처와 사무국(또는 사무과)을 둘 수 있도록 하고 있다(동법 제90조).

지방의회 사무기구는 의회의 사무를 행정적으로 처리하는 데 그치지 않고, 지방의원의 의정활동을 지원하는 기능으로까지 확대되고 있다. 이러한 현상은 지방행정이 점점 더 복잡화·전문화되어감에 따라 그 필요성이 향후 더 증대될 것으로 예측된다.

2) 사무기구의 조직

사무기구의 종류와 규모는 지방자치단체의 종류와 이의 규모에 따라 다르다. 시·도의회에는 사무를 처리하기 위하여 조례로 정하는 바에 따라 사무처를 둘 수 있으며, 사무처에는 사무처장과 직원을 둔다. 시·군 및 자치구의회에는 사무를 처리하기 위하여 조례로 정하는 바에 따라 사무국이나 사무과를 둘 수 있으며, 사무국·사무과에는 사무국장 또는 사무과장과 직원을 둘 수 있다(지방자치법 제90조 제1항·제2항).

(1) 시·도의회의 사무기구

시·도의회의 사무기구는 시·도에 따라 기구수와 명칭에 차이가 있다. 사무처장 아래 담당관(또는 실) 2개를 두고 전문위원을 두는 의회가 있는가 하면, 서울특별시의회처럼 담당관(또는 실) 4개를 두고 전문위원을 두는 곳도 있다. 경상북도의회와 제주특별자치도의회의 경우 담당관(또는 팀) 3개를 두고 전문위원을 두고 있다. 또한 사무처장 아래 조직의 명칭에 있어서도 다수의 경우 총무담당관과 의사담당관 및 전문위원으로 하고 있지만, 대구광역시의회의 경우 의정담당관과 입법정책담당관 및 전문위원으로 하고 있다. 경상북도의회의 경우 두 담당관 및 전문위원 이외에 입법정책지원팀을 두고 있고, 제주특별자치도의회의 경우 입법정책관을 두고 있다. 서울특별시의회의 경우 두 담당관과 전문위원 이외에 공보실과 정책연구실을 더 두고 있다. 담당관(실, 또는 관, 팀)의 하부조직의 명칭과 수에 있어서도 지방의회에 따라 차이가 있다. 전문위원은 지방의회의 각 상임위원회별로 설치하는 것이 일반적이다.

부서장의 직급 또한 자치단체에 따라 차이가 있다. 사무처장의 경우 서울특별시의회는 1급으로 보하고 있는 반면에, 부산광역시의회, 인천광역시의회, 광주광역시의회, 경상남도의회, 경상북도의회 등에서는 2급으로 보하고 있다. 그 외 다수의 광역의회 사무처장은 3급으로 보하고 있다. 그러나 담당관(실, 관 또는 팀)과 전문위원은 4급으로, 그리고 담당은 5급으로 보하고 있는 점에서는 동일하다.

(2) 시·군·자치구의회의 사무기구

시·군·자치구의회에는 조례로 정하는 바에 따라 사무국·사무과를 둘 수 있으며, 사무국·사무과에는 사무국장 또는 사무과장과 직원을 둘 수 있다(지방자치법 제90조). 이러한 법적 근거에 의해 우리나라 시·군·자치구의회는 모두 사무기구를 설치하고 있는데, 그 규모와 수에 있어서는 차이가 있다.

예로서, 경상남도 내 18개 시·군의회를 사례로 살펴보면 시 단위와 군 단위 간에 차이가 있다. 먼저, 시의회에는 사무국을 두고 군의회에는 사무과를 두고 있다. 또한 사무국(또는 사무과) 내 하위부서의 수에 있어서도 차이가 있었다. 시 단위는 사무기구의 장을 사무국장으로 호칭하고, 그 아래에 의정담당과 의사담당 및 전문위원을 두고 있다. 그러나 군의회는 의사담당과 전문위원만을 두고 있다.

3) 사무기구의 직원

지방의회는 지방자치단체의 한 기관이다. 이에 따라 사무처장·사무국장·사무과장 및 직원은 지방공무원으로 보한다(지방자치법 제90조 제3항). 지방의회에 두는 사무직원의 정수는 조례로 정한다(동법 제91조 제1항). 사무직원은 지방의회의 의장의 추천에 따라 그 지방자치단체의 장이 임명한다. 다만, 지방자치단체의 장은 사무직원 중 별정직·기능직·계약직 공무원에 대한 임용권은 지방의회 사무처장·사무국장·사무과장에게 위임하여야 한다(동법 제91조 제2항).[17] 그러나 사무직원의 임용·보수·복무·신분보장·징계 등에 관하여는 이 법에서 정한 것을 제외하고는 지방공무원법을 적용한다(동법 제92조 제2항)라고 하고 있고, 지방공무원법 제6조 제1항은 '지방자치단체의 장은 이 법이 정하는 바에 따라 그 소속 공무원의 임명·휴직·면직과 징계를 행하는 권한을 가진다.'라고 하고 있다. 이에 따라 사무직원은 소속기관인 지방의회 의장보다 실질적으로 자신들의 인사권을 가지고 있는 집행기관장(일부는 집행기관장이 인사권을 가지고 있는 사무처장(사무국장·사무과장))의 영향을 더 크게 받을 수밖에 없는 실정이고, 지방의회에 소속된 직원이면서도 집행기관의 입장을 동시에 고려하지 않을 수 없는 처지에 놓여 있다. 즉, 사무직원에 대한 직무명령권은 지방의회 의장에게 있으나 이들에 대한 임명권 등 인사권은 지방의회와 견제관계에 있는 자치단체의 장이 가지고 있어서, 지방의회 의장이 사무직원들로부터 집행기관을 견제할 수 있는 적극적인 서비스를 받기 어려운 구조적인 문제가 제기되는 것이다.

4) 사무기구의 직무

지방의회 사무기구는 지방의회의 사무를 처리하는 기관이다. 지방의회의 사무는 의장의 명에 따라 사무처장 또는 사무국장(사무과장)의 책임하에 사무기구에 의하여 처리된다. 여기에서 말하는 의회의 사무란 지방자치법 제49조에 규정된 "의회의 사무"로서 이른바 합의체인 의회의 업무를 통괄하는 의장에 의하여 수행

---

17) 2006년 4월 28일 지방자치법 개정 이전에는 모든 사무직원에 대한 임명권이 단체장에게 있었다. 또한 언급한 바와 같이, 현재 일부 직원에 대한 임명권이 사무기구의 장에게 위임되었다고는 하지만, 의회를 대표하고 직무명령권을 가지고 있는 의장이 아니라는 점에서 한계는 여전하다. 이에 따라 사무직원에 대한 직무명령권과 인사권의 소재가 서로 다른 모순적 구조에 대한 학계의 문제 제기는 여전히 끊이지 않고 있다.

되어야 할 의회의 사무를 의미한다(최인기·이봉섭, 1995: 253~254).

지방의회의 사무를 대별하면 의회의 회의사무와 행정사무로 분류할 수 있다. 회의사무는 크게 세 가지로 구분된다(김동훈, 2002: 383). 이는 의회의 전체에 관한 사무(예를 들면 보고, 청원서, 간행물 등의 관리 등), 의회 및 위원회의 운영에 관한 사무(예를 들면 회의장의 준비·관리, 의안의 인쇄·배부, 의사진행의 보조·지원, 전문위원에 의하여 수행되는 의안심사보좌·회의진행보좌·안건검토·자료수집·조사연구업무 등), 그리고 의장의 권한에 수반하는 사무(예를 들면 의결된 조례안, 예산안 및 결산 등 의결안건의 이송, 회의록 및 위원회 회의록의 작성 등) 등으로 구성된다. 한편 의회의 행정사무로는 인사, 회계, 회의장의 유지, 관리 등의 사무이다.

5) 전문위원의 직무

위원회에는 위원장과 위원의 자치입법활동을 지원하기 위하여 의원이 아닌 전문지식을 가진 위원(이하 "전문위원"이라 한다)을 둔다. 전문위원은 위원회에서 의안과 청원 등의 심사, 행정사무감사 및 조사, 그 밖의 소관사항과 관련하여 검토보고 및 관련 자료의 수집·조사·연구를 한다. 위원회에 두는 전문위원의 직급과 정수 등에 관하여 필요한 사항은 대통령령으로 정한다(지방자치법 제59조 제1항 내지 제3항).

지방자치법규에 전문위원의 지위와 역할에 관한 규정이 과거에는 없었으나 위와 같은 규정이 2006년 4월 28일 지방자치법의 개정을 통해 신설되었다. 이러한 전문위원에 대한 규정을 신설하여 그들의 역할을 구체적으로 명시한 것은 전문위원의 역할이 담당위원회의 의안심사, 위원회의 의사진행보좌와 행정처리업무에 그치는 것이 아니라 좀 더 적극적으로 위원회 소관 의안 등에 대한 심사와 조사 및 연구로 의원들의 의정지원기능을 강조한 것으로 이해된다.

참고문헌

김동훈. (2002). 「지방의회론」. 서울: 박영사.

김병준. (2012). 「지방자치론」. 서울: 법문사.

문병기·오승은·정일섭·송광태·김영수·최근열·이종원·최진혁. (2008). 「지방의회의 이해」. 서울: 박영사.

문재우. (2006). 「지방의회행정론」. 서울: 대영문화사.

안영훈·김성호. (2007). 「지방의회 사무기구 인사권 독립 및 광역의회의원 보좌관제 도입에 관한 연구」. 전국시·도의회의장협의회 연구보고서.

송광태. (2003a). 지방의회 운용의 경험적 고찰을 통해 본 지방의회의 기능강화방안 – 지방의회의 조직을 중심으로. 「한국지방자치학회보」, 제15권 제3호. 한국지방자치학회.

송광태. (2003b). 지방의회 위원회의 전문성 확보방안. 「자치의정」, 제7권 제3호. 지방의회발전연구원.

송광태. (2007a). 지방의원 의정비의 결정요인에 관한 연구. 「한국지방자치학회보」, 제19권 제4호(통권 60호). 한국지방자치학회.

송광태. (2007b). 지방의회의 의정활동 활성화를 위한 제도적 개선방안. 「사회과학연구논문집」, 제14집. 창원대학교 사회과학연구소.

송광태·황아란. (2007). 지방의원 유급제의 실태분석과 향후 개선방안. 「2007년 지방분권전문위원회 Workshop 발표자료」. 정부혁신지방분권위원회.

송광태. (2016). 지방의원의 보수체계와 과제. 「자치의정」, 제19권 제5호. 지방의회발전연구원.

송광태. (2018). 지방의회의 조직. 「지방의회 살리기와 재정분권」. 2018 한국지방자치학회30주년기념세미나 겸 추계학술대회 발표논문집.

이규환. (2000). 「한국도시행정론」. 서울: 법문사.

이달곤. (2004). 「지방정부론」. 서울: 박영사.

임경호. (1991). 「지방의회론」. 서울: 대영문화사.

정세욱. (2000). 「지방자치학」. 서울: 법문사.

정재길. (1995). 「지방의회론」. 서울: 박영사.

조영두·송광태. (2010). 지방의회 의원 보수체계의 결정기준과 실태분석에 관한 연구.

「지방정부연구」, 14(2). 한국지방정부학회.

최봉기. (2006). 「지방자치론」. 서울: 법문사.

최인기·이봉섭. (1993). 「지방의회론」. 서울: 법문사.

행정자치부. (2007). 「지방의회백서, 2002. 7－2006. 6)」.

통계청.「행정구역별 인구동태」. www.kosis.kr/domestic/comp.are//do04/index.jsp.
(2007년 6월 10일 접속).

한국지방자치단체국제화재단. (2003). 「외국의 지방의회 운영」.

황아란. (1997). 「외국 지방자치제도와 기관구성」. 한국지방행정연구원 연구보고서.

황아란·송광태. (2007). 지방의원의 유급제 도입이 의정활동에 미친 영향: 지방의원의
인식조사를 중심으로. 「한국지방자치학회 동계학술세미나 발표논문집」.

황아란·강재호·강경대·이행봉. (2003). 지방의정 활성화 방안. 「이제는 지방분권시대」.
정부혁신지방분권위원회·한국지방행정연구원.

大出峻郎. (昭和52). 「地方議會」. 東京: ぎょうせい.

Eliassen, Kjell A. & Mogens N. Pedersen. (1978). "Professionalization of Legislatures:
Long－term Change in Political Recruitment in Denmark and Norway." *Comparative
Studies in Society and History* , 20:286－318.

Fiorina, Morris P. (1974). "Divided Government in the American States: A Byproduct
of Legislative Professionalism?" The American Political Science Review, 88:
304－316.

Hibbing, John. (1999). "Legislative Careers: Why and How We Study Them."
Legislative Studies Quarterly, 24: 149－71.

Huitt, Ralph K. and Robert L. Peabody. (1969). *Congress : Two Decades of Analysis.*
New York: Random House.

ICMA. (2007). *The Municipal Year Book.* Washington, D. C.: International City/
County Management Association.

King, Anthony. (1981). "The Rise of the Career Politician in Britain and Its
Consequences." *British Journal of Political Science*, 11: 240－85.

Nelson, Kimberly L. (2002). Elected Municipal Councils. *Special Data Issue*. ICMA.
Washington. D.C.

Renner, Tari & Victor S. DeSantis. (1998). Municipal Form of Government : Issues
and Trends. *The Municipal Year Book.* ICMA. Washington. D.C.

http://dccouncil.us/committees/, 2018년 12월 25일.

http://phoenix.gov/citygov/mayorcouncil, 2018년 12월 10일.

https://www.phoenix.gov/mayorcouncil/subcomm, 2018년 10월 20일.

https://www.cia.gov/library/publications/the−world−factbook/geos/us.html, 2018년 10월 21일.

http://info.nec.go.kr/, 2018년 11월 20일.

제5장
지방의회의 지위, 기능 및 권한

05

지방의회의 지위, 기능 및 권한

제1절 지방의회의 지위

지방의회와 집행기관의 상호관계를 어떻게 정립하느냐에 따라서 지방정부의 기관구성 형태도 다양하게 분류되며, 이에 따라 지방의회의 지위와 성격도 달라진다. 기관통합형은 의결기능과 집행기능을 모두 단일의 기관에 집중시키는 유형으로, 지방의회가 의결권뿐만 아니라 집행권까지도 갖고 있어 모든 권한이 지방의회에 통합되어 있다. 이에 반해 분립형은 의결기능과 집행기능을 각각 다른 기관에 분담시켜 상호 견제와 균형을 유지하는 유형으로, 지방의회는 의사기관으로서 정책을 의결하고 집행기관을 견제, 감시하는 지위와 권한만을 갖는다.

국회가 국민의 대표기관이듯이 지방의회는 집행부와 더불어 주민의 대표기관이다. 주민대표의 개념은 국회와 마찬가지로 대의제의 원리를 근거로 둔다. 지방의회는 주민의 대표기관으로서 지위를 가지며, 지방의회가 결정한 의사는 주민의 의사이다. 헌법과 지방자치법에는 지방의회를 주민의 대표기관이라 명문으로 규정하고 있지 않으나, 지방자치단체에 의회를 두도록 규정하고 있는 헌법과 이에 근거한 지방자치법의 내용에 비추어 볼 때 지방의원 각자는 주민의 대표자를 의미한다. 이에 따라 지방의회는 주민대표로 구성된 지방자치의 중심기관이고 민주주의의 상징이라 할 수 있다.

우리나라 지방의회의 지위는 주민의 직접선거에 의한 의원으로 구성된 의사기관으로서, 지방자치제도하에서 반드시 설치되어야 하는 필수기관이다. 특히 헌법상의 규정에 따라 지방자치법과 공직선거 및 선거부정방지법에서 지방의회의 조직·권한·의원의 신분·회기·회의·질서·의원선거 등에 관하여 광범위하게 규정함으로써 지방의회의 법적인 지위는 보장되고 있다.[1]

따라서 우리나라의 지방의회는 ① 헌법기관으로서의 지위, ② 주민대표기관으로서의 지위, ③ 입법기관으로서의 지위, ④ 지방행정에 대한 통제기관으로서의 지위를 갖는다.

1. 헌법상 기관으로서의 지위

지방의회는 헌법상의 기관이다. 우리나라 헌법은 1948년 7월 17일 제헌 이래 '지방자치'에 대하여 하나의 장을 별도로 두었으며 제9차 개헌에 이르기까지 폐지된 적이 없다.[2] 이는 헌법상 지방자치가 국민주권원리와 민주주의의 본질적 징표임을 명확히 보여주는 것이다.

우리나라는 지방의회의 설치근거를 헌법과 지방자치법에서 규정하고 있다. 현행 헌법 제117조에서 지방자치단체는 주민의 복리에 관한 사무를 처리하고 재산을 관리하며 법령의 범위 안에서 자치에 관한 규정을 제정할 수 있는 지방자치단체의 기능을 명시하고 지방자치단체의 종류는 법률로 정하도록 하고 있다. 이는 최고의 헌법에서 지방자치가 '민주주의의 풀뿌리'임을 헌법적으로 보장하려는 것이다. 또한 헌법 제118조 제1항과 제2항은 "지방자치단체에 의회를 둔다", "지방의회의 조직·권한·의원선거와 지방자치단체의 장의 선임방법 기타 지방자치단

---

1) 종전에는 지방의회의 조직·권한·의원신분·회의·질서 등에 대해서는 지방자치법의 규정을 적용하도록 하고, 지방의회 의원선거 등의 지방선거에 대해서는 지방의회 의원선거법과 지방자치단체장선거법을 별도의 법률로 정하도록 하였으나, 1994년에 공직선거 및 선거부정방지법을 제정하여 그 속에 지방선거, 국회의원 선거 등 모든 선거를 통합하여 규정하였다.

2) 1952년 구성된 최초 지방의회는 1961년 5·16군사정권에 의하여 해산되었다. 그 후 1962. 12. 26. 제5차 개헌(제3공화국 헌법)으로 헌법 부칙 제7조 제3항에서 지방의회의 구성을 법률에 유보했다. 이어 전두환정권인 제4, 5공화국 헌법에서도 '조국통일이 될 때까지' 또는 '재정자립도를 감안하여 점진적으로'라는 부칙에 규정하고 지방의회를 구성하지 않았다. 이후 1991년 지방의회가 구성될 때까지 30년 동안 지방자치가 실종된 채 민주주의는 퇴보하였다.

체의 조직과 운영에 관한 사항은 법률로 정한다"고 규정하고 있으며, 또한 지방자치법 제94조에서는 지방자치단체의 장은 주민이 직접선거한다고 규정하고 있다. 이와 같이 지방의회는 헌법상의 기관이며 지방의회 없는 지방자치란 생각할 수 없는 것이다. 즉, 지방의회가 없는 지방자치는 있을 수 없으며 지방자치 없이는 진정한 민주주의가 실현되기는 어렵다고 말할 수 있다.

2. 주민대표기관으로서의 지위

국회가 국민의 대표기관이듯이 지방의회는 주민의 대표기관이다. 주민대표의 개념은 대의제의 원리에 기초한다. 지방의회는 "주민이 그의 대표를 통하여 간접적으로 정치적 결정에 참여하는 대의민주주의 원리"에 따라 주민의 대표기관으로서의 지위를 갖게 되며, 지방의회가 결정한 의사는 주민의 의사로 의제된다. 현행 헌법과 지방자치법에서 비추어 볼 때도 지방의원 각자는 주민의 대표자를 의미하고, 이들 주민의 대표자로 구성되는 지방의회는 당연히 주민의 대표기관으로서의 지위를 갖는다고 할 것이다. 따라서 지방의회가 '주민대표기관'이라 함은 지방의회의 의사가 아니고서는 지방자치단체의 의사와 행위가 유효하게 성립될 수 없다는 것을 의미한다.

3. 입법기관으로서의 지위

의회의 지위와 권한 중 가장 기본적인 지위와 권한은 입법에 대한 지위와 권한이라 할 수 있다. 국회가 법률제정권을 가지고 있는 반면, 지방의회는 자치법규인 조례를 제정하고 이를 개폐하는 권한을 가진다.

우리나라 헌법 제117조에서는 지방자치단체에게 '법령의 범위 안에서 자치에 관한 규정'을 제정할 수 있는 자치입법권한을 부여하고 있다. 그리고 이에 근거하여 지방자치법 제22조에서는 보다 구체적으로 '지방자치단체는 법령의 범위 안에서 그 사무에 관하여 조례를 제정할 수 있다'고 규정하고 있고, 더 나아가 지방자치법 제26조에서는 조례안이 지방의회에서 의결된다고 규정하고 있다. 그러나 주민의 권리제한 또는 의무의 부과에 관한 사항이나 벌칙을 정할 때에는 법률의 위임이 있어야 한다고 명시하여 조례입법의 한계를 명확히 하고 있다. 이 규정들을 비추어 볼 때 지방의회는 법령유보사항을 제외하고 조례제정을 위하여 개별적인 법률의 위임이나 수권을 필요로 하지 않는다고 할 수 있다. 따라서 지방의회의 조례제정권한은 지방의회의 전속적 권한이며, 지방자치단체가 자치사무를 수행하는 데 새로운 법규범이 필요하다고 인정될 때에는 법령에 위반하지 않는 범위 안에서 자주적으로 제정할 수 있다.[3]

4. 통제기관으로서의 지위

지방의회는 집행기관에 대한 감시 및 통제기관으로서의 지위를 가진다. 지방의회와 집행기관인 자치단체의 장은 상호 독립된 지위를 갖지만, 기관분립주의의 원칙에 따라 상호 견제와 균형의 관계를 갖는다. 이러한 원칙에 따라 주민의 대표기관인 지방의회는 지방자치단체장이 집행하는 모든 행정사무를 감시하고 통제하는 지위를 부여하고 있다. 현재 우리나라 지방자치법에 규정된 지방의회의 감시 및 통제 방법으로는 ① 집행기관의 행정사무에 관한 감사권과 조사권(지방자치법 제41조), ② 자치단체의 장에 대한 서류제출요구권(동법 제40조), ③ 자치단체의 장과 관계공무원의 출석요구·행정사무 처리상황 보고 및 질문권(동법 제42조)을 규정하고 있다. 이 외에도 지방의회는 재정과 일반행정에 관한 심의·의결권을 통하여 폭넓은 감시·비판기능과 정책통제기능을 행사하게 된다.

---

3) 조례는 해당 자치단체의 행정기구에 관한 행정조직조례, 권력적 규제조치를 정하는 행정규제조례, 법령의 위임에 따라 행정을 집행하기 위한 행정시행조례 등이 있다.

제2절 지방의회의 기능

지방의회의 일반적이고 주요한 기능은 논자의 관점에 따라 상이하게 구분되는데, 법률제정과 주민에 대한 봉사, 행정감시라고 지적하기도 하고, 조례의 제정, 예산안의 의결, 지방세 과징의 세 가지라고 지적하기도 한다(김영기, 1998: 138; C. Press and K. Berburg, 1983: 237~243; F. J. Zimmerman, 1986: 150). 일반적으로 지방의회의 기능은 ① 지역주민의 대표기구로서 지니게 되는 주민대표기능, ② 주민의 요구와 지역사회의 쟁점을 찾아서 정치과정에 올리는 정책문제 제기기능, ③ 지역의 주요 문제를 심사숙고하여 결정하는 의결기능, ④ 집행부의 독주를 견제하는 동시에 주민수요에 적극적으로 부응하도록 집행부의 활동을 통제·감시하는 집행부 감시기능 등으로 나눌 수 있다(박기관, 2016: 3).

1. 주민대표기능

지방의회는 주민이 선출한 의원에 의해 구성되어 자치단체의 의사를 심의·결정하는 것이므로, 주민의 대표기관으로서의 지위를 갖는다. 지방의회는 그 구성원인 지방의원들이 지역주민에 의해 선출되므로 주민의 대표자로서 지역주민에 대해 당연 책임을 지는 동시에, 지역 내의 각종 분쟁을 조정하고, 민원을 해결하는 등의 기능을 수행한다. 따라서 지방의회는 지역주민이 직면한 문제를 적시에 파악하여야 함은 물론 지역주민의 복리증진을 위해 노력하여야 할 책임성이 존재한다.

아울러 지방의회가 조례제정과 예산확정 등을 통하여 자치단체의 의사를 확정하는 것도 실질적인 자치단체의 대표기능이라 할 수 있다. 이는 지방의회가 단체장과의 경쟁과 견제관계를 유지하면서, 지방자치단체의 공적 의사를 형성해 가는 것이라고 볼 수 있기 때문이다.[4]

---

4) 예컨대, 중앙정부에 대한 지방자치단체로서의 의견제시나 국제사회를 향한 지방자치단체의 의사표시도 포함된다고 볼 수 있다.

2. 정책제기기능

지방의회는 주민을 대표하여 지역사회의 주요 쟁점과 문제를 찾아내고, 이러한 쟁점과 문제들을 정치과정에 등장시키는 정책문제 제기기능을 수행한다. 이러한 정책문제 제기기능은 일정한 사회문제를 정책문제로 정치과정에 투입하는 기능으로서 그 제기된 쟁점과 문제를 실제로 정책의제로 설정하거나 더 나아가서 정책을 수립하는 기능과는 달리(박기관 외, 1999: 62), 오늘날 지방의회의 최후보루적 기능이 되고 있다고 하겠다. 지방의회가 정책의제설정과 정책수립을 직접 행하는 것이 이상적이지만, 현실적으로 그러한 기능들이 대부분 집행부에 의하여 수행되고 있는 상황에서, 최소한 지역사회의 주요 쟁점과 주민의 욕구를 정치과정에 올리는 정책문제 제기기능은 지방의회의 본질적 기능이 되지 않을 수 없다. 행정관료나 정치인에 의한 정책기능의 수행은 자칫하면 자기중심적 동기에 의하여 좌우되기 쉽다(R.W. Cobb, J. K. Ross and M. H. Ross, 1976: 126~138).[5]

그러나 지역 내의 주요 문제를 찾아 그 대안을 제시하는 등의 일들은 결코 쉬운 일이 아니다. 지역주민이 직면하고 있는 현실과 고충을 이해해야 함은 물론, 복잡한 법률적 문제에 대한 전문적 지식도 요구된다. 때로는 그러한 문제를 문제로 제기하기 위해 전문가 집단의 힘을 빌려야 하고, 언론과 중앙정부, 그리고 시민과 시민단체 등 지방의회 외의 지지자를 동원해야 할 일도 있을 수 있다(김병준, 1977: 258).

3. 의결기능

지방의회는 지방자치단체의 의사와 정책을 결정하는 의결기능을 갖고 있다. 의결기관으로서 의회는 지방자치단체의 정책과 입법, 주민의 부담, 기타 지방자

---

5) Cobb와 Ross는 정책의제설정에 있어서 내부주도모형, 외부주도모형, 동원모형 등으로 유형화하고 있다. 외부주도모형은 정책담당기관에게 외부의 집단이나 국민들이 먼저 특정문제에 대해 정책의제로 채택할 필요성을 제기한 것으로, 그 요구를 정책담당기관이 수용하여 정책의제화하는 경우 그 기관은 대표기능을 수행한 것이라고 볼 수 있다.

치단체의 운영사항에 대하여 지방자치단체의 의사를 최종적으로 확정하는 권한을 가지고 있다는 점에서, 그러한 의사의 결정에 관하여 의견을 제시하는 데 그치는 이른바 자문기관과 다르다(최창호, 2001: 465). 즉, 자문기관은 어떠한 의사나 정책을 결정함에 있어서 단지 자기의 의견을 제시하는 데 그치지만, 의결기관은 그 의사나 정책을 최종적으로 결정하는 권한을 가진다. 그러므로 법령에 의하여 지방의회의 의결사항으로 정해진 사항은 의회의 의결 없이 이를 집행할 수 없을 뿐만 아니라, 의회의 의결을 거치지 아니한 집행기관의 행위는 법률상 무효가 된다. 지방의회는 크게 두 가지 의결기능의 성격을 지니고 있다고 할 수 있다.

먼저 지방의회는 일반적 의결기능을 가지고 있다. 지방의회는 지방자치법 제9조에 열거주의로 예시된 그 관할구역의 자치사무와 법령에 의하여 지방자치단체에 속하는 사무 및 지방자치법 제39조에 규정된 사항에 대하여 의결권을 가진다. 현행 지방자치법 제39조에 규정된 지방의회의 의결사항은 지방자치단체의 기본적인 행정활동에 대한 지방의회 본래의 의사결정권한이다. 이러한 의결권은 지방자치단체의 모든 사항에 미치는 것이 아니고 중요한 사항에 한정된다는 것이 특징이다. 이러한 지방의회의 의결권은 지방자치단체장의 개별적·구체적 권한의 공정한 집행을 확보하기 위한 의회의 관여 권한으로서 지방자치단체의 단체의사를 형성하고, 집행기관의 독단을 배제하려는 데 그 의의가 있다. 따라서 지방의회는 국가사무를 제외한 지방적 이해에 관련된 사항에 관하여는 포괄적인 의결권을 가진다고 보아야 할 것이다.

한편, 예산 및 결산 심의기능으로서 성격을 지닌다. 예산의 심의·확정권은 의회의 본질적인 기능이다. 즉, 집행기관은 일체의 수입과 지출을 모두 예산에 편입시켜 의회의 의결을 거치도록 법으로 정하고 있다. 따라서 지방자치단체는 예산에 편성되지 않은 재원으로 지출행위를 할 수 없다. 그리고 지방의회의 결산심사는 재정지출이 예산에 적합하였는지를 주로 보지만, 재정지출의 위법성·타당성도 심사한다. 수지내용이 잘못되었을 때에는 지방자치단체장이 결산내용을 수정하여 의회의 인정을 받아야 한다. 지출이나 채무부담행위가 의회에서 위법·부당한 것으로 인정될 경우 지방자치단체장은 정치적 책임을 져야 한다.

이와 같은 의결기능은 지방자치단체 안의 입법권과 집행권의 분립체계 아래서 입법권의 행사를 그 기본적인 내용으로 하는 입법기능과도 직결된다고 볼 수 있다. 여기서 입법적 기능이란 조례제정권뿐만 아니라 예산의 의결, 그리고 주민부담에 관한 사항의 의결을 포함한다 할 것이다.

4. 집행감시기능

지방의회는 의회의 결정사항이 집행기관에 의하여 그대로 실현되고 있는가를 감독·확인하는 집행감시기능을 수행한다. 환언하면 단체장과 공무원 조직에 의한 행정집행의 적정성과 유효성을 평가하고 통제해 가는 것이라 말할 수 있다. 그것은 집행기관의 사무처리 상황에 관하여 감사 및 조사를 행하고, 보고받고 질의·질문하며, 의안심의와 관련된 자료를 요구하는 등을 통하여 행해진다. 이러한 집행감시기능은 행정감사권과 행정조사권을 통해 보다 실질적으로 수행될 수 있다. 그러나 지방행정의 정보가 실질적으로 공개되지 않거나 전문인력의 지원이 없는 경우에는 집행감시 및 통제를 하는 데 여러 가지 문제가 있을 수 있다.

제3절 지방의회의 권한

지방의회는 전술한 기능을 수행하기 위해 법률에 기초하여 여러 권한을 보유하고 있다. 현재 우리나라는 지방정부의 조직 형태 중 기관분립형을 채택하고 있는 가운데, 모든 지방정부의 의회에 그 권한을 일률적으로 통일하여 운영하고 있다. 그리고 지방의회는 지방자치단체장의 기관위임사무와 법령에 의해 자치단체장의 전속사항으로 된 사무를 제외하고는 해당 지방자치단체 사무의 전반에 걸쳐 관여할 수 있도록 되어 있다.

지방의회의 권한분류는 여러 가지 기준에 따라 다양하게 나눌 수 있으며,[6) 그

---

6) 지방의회의 권한과 역할을 다르게 하는 변수로는 ① 자치권의 정도, ② 중앙정부와 지방자치단체 간의 역학관계, ③ 기능배분의 형태, ④ 중앙통제의 방법과 정도, ⑤ 지방자치단체의 계

권한의 내용도 다양하게 제시되고 있다. 일반적으로 지방의회의 권한을 크게 네 가지로 분류하기도 하고, 형식면에 기초하여 분류하기도 한다. 즉, 일반적인 지방의회의 분류는 ① 지방자치단체의 의사결정에 관한 권한, ② 집행기관과의 관계에서 집행기관을 견제·감시하는 권한, ③ 의회의 의사를 표명하는 권한, ④ 의회의 조직 및 운영에 관한 자율적 권한으로 나눌 수 있다. 그리고 형식면에 기초하여 분류해 보면 ① 의결권, ② 선거권, ③ 행정사무감사권, ④ 의견진술 요구권, ⑤ 조사권, ⑥ 청원 수리권, ⑦ 징계 의결권, ⑧ 회의규칙 제정권, ⑨ 동의권, ⑩ 결의권, ⑪ 승인권, ⑫ 보고 등이 있다(<그림 5-1 참조>).

이와 같이 지방의회의 다양한 분류 방식에 따른 내용은 다양하나, 여기에서는 지방의회의 핵심이 되는 의결권, 행정감시권, 청원수리·처리권, 자율권 등을 중심으로 살펴본다.

▮▶ 그림 5-1 ◀▮ 지방의회의 권한

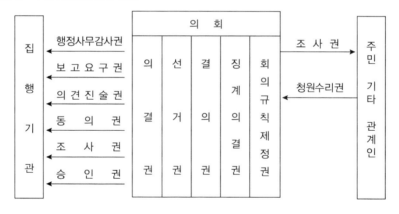

_____

층 구조, ⑥ 지방자치단체의 기관구성 형태, ⑦ 집행기관의 선임방법, ⑧ 각국의 정치·행정문화 등을 들 수 있다(지방자치학회, 1996: 293).

1. 의결권

1) 의결권의 의의

지방의회의 의결권은 의회의 본질적 권한이며, 의회의 권한 가운데 가장 핵심적이다. 의결권을 광의로 보면 지방자치단체의 단체의사의 결정, 그리고 지방의회의 기관의사를 결정하기 위하여 지방의회에 부여된 권한을 의미한다. 하지만 의결권을 협의로 보면 지방자치단체의 단체의사의 결정을 위하여 지방의회에 부여된 권한을 의미한다. 지방의회의 의사결정에는 그 내용면에서 ① 지방자치단체의 단체의사의 결정, ② 의회의 기관의사의 결정, ③ 집행기관의 집행을 전제로 하는 의회의 동의 등이 포함된다. 그러나 지방의회의 의결권은 지방자치단체에 대한 모든 사항에 대하여 행사하는 것이 아니고 지방자치단체의 의사결정으로서의 기본적인 사항 또는 중요사항에 한하도록 되어 있으며, 이를 의결사항이라고 한다.

지방의회의 의결권은 개괄주의를 적용할 것이냐 또는 제한주의를 적용할 것이냐에 따라 그 의결권의 내용과 범위는 다르다. 개괄주의는 지방자치단체의 주요사무를 모두 의회의 의결사항으로 하여 개괄적인 요목만을 법에 예시하는 제도이다. 이에 비해 제한주의는 법령에 의하여 구체적으로 제시되어 의회가 의결권 행사에서 매우 제한을 받는 제도이다.[7] 우리나라는 제한적 열거주의를 적용하고 있는데, 현행 지방자치법 제39조 제1항에서 의회가 의결하여야 할 사무 11가지를 열거하고, 또한 동법 동조 제2항에서는 조례로 의회가 의결하여야 할 사항을 별도로 정할 수 있도록 규정하고 있다.

이에 따라 현행 지방자치법상의 지방의회의 필수적 의결사항은 ① 조례의 제정·개정 및 폐지, ② 예산의 심의·확정, ③ 결산의 승인, ④ 법령에 규정된 것을 제외한 사용료·수수료·분담금·지방세 또는 가입금의 부과·징수, ⑤ 기금의 설치·운용, ⑥ 중요 재산의 취득·처분, ⑦ 공공시설의 설치·처분, ⑧ 법령과 조례

---

7) 개괄주의의 의결권은 범위가 넓은 장점을 갖는데 비해 집행기관이 의회의 광범한 간섭을 받는다는 단점을 갖는다. 이에 반해 제한주의는 의회가 의결권 행사에 매우 제한을 받는다.

에 규정된 것을 제외한 예산 외의 의무 부담이나 권리의 포기, ⑨ 청원의 수리와 처리, ⑩ 외국 지방자치단체와의 교류협력에 관한 사항, ⑪ 그 밖에 법령에 따라 그 권한에 속하는 사항이다. 이 중에서 기타 법령에 의하여 그 권한에 속하는 사항 중 지방자치법규에 규정된 것이란 지방자치법상 지방의회의 권한사항으로 지방의회의 의결을 요하는 사항을 말한다. 이와 같이 지방자치법상의 의결권외에도 지방의회는 법령에 의한 의결권과 당해 지방자치단체의 조례가 정하는 바에 따라 의결권을 가진다.

현재 우리나라의 경우는 지방의회의 의결권의 범위를 제한적으로 열거함으로써 지방의회의 정책결정기능을 제한시키는 결과를 초래하고 있다. 지방의회의 의결권의 범위를 축소할 경우, 중앙정부에 의한 국가의 중요 정책사업을 효과적으로 추진할 수 있고 지방행정의 신속성을 높일 수 있으나 민의를 반영할 수 있는 기회가 상대적으로 제약되고 중앙정부의 영향력과 지방행정기관의 재량권의 폭이 확대됨으로써 지방자치를 형식화시킬 위험이 존재한다. 따라서 지방자치단체의 종류나 특성을 무시하고 지방의회의 의결을 일률적으로 열거하고 있는 현행법을 개정하여야 한다. 즉, 지방의회의 의결권을 보다 확장하여 주민들의 의사가 지금보다 더욱 광범하게 지방의회의 정책결정에 반영될 수 있도록 해야 한다.

한편 의결권이 법률에 근거한 지방자치단체의 의사형성권이라면, 결의권 또는 결정권은 법령의 근거에 불문하고 지방의회가 결정하는 사실상의 기관형성행위라고 할 수 있다. 결의의 경우, 법적인 근거가 있는 결의(예 의장·부의장 불신임결의와 의원의 자격상실결의 등)일 때에는 법령의 규정에 따라 그 결의사항의 범위가 명백히 한정된다. 그러나 사실상의 결의일 때에는 그 결의사항의 범위는 제한받지 않는다고 보아야 할 것이다. 보건, 환경 등에 관한 선언이나 도시미관에 관한 선언, 사전진상해명촉구 등에 관한 결의, 법적인 효력을 발생하지 아니하는 사실상의 기관의사형성행위는 의회가 필요로 할 때에는 언제나 행사할 수 있고, 그것은 법률상 소송의 대상이 되지도 않는다고 보아야 한다. 그러나 이와 같은 결의 역시 무한정하게 가능하지 않으며 지방의회가 지니는 지위나 지방의회 그 자체의 존재로부터 벗어나는 결의는 불가능하다(최봉기, 2006: 259; 지방의회의 이해, 2015: 194).

2) 의결권의 행사형식

의결권은 '의결' 외에, 결의, 제정, 개폐, 승인, 동의, 선언, 건의, 권고, 촉구, 요구, 회부, 이송, 선임, 해임, 결정, 처리 등 다양한 명칭으로 행해진다(2015: 최창호, 334).

(1) 의결 또는 결의

지방의회 의결권은 대부분 의결 또는 결의의 형식으로 행사된다.[8]

① **의결**: 의안의 의결(동법 제39조, 제64조), 예산안의 의결(동법 제39조) 등
② **결의**: 선언결의, 촉구결의 등

(2) 승인·동의·의견(표명)

이들 행위는 지방의회가 다른 기관의 행위에 대하여 승낙, 허락, 효력부여 또는 인지의 뜻을 표시하는 절차를 의미하는 데에 공통점이 있다.

① **승인**: 결산의 승인(동법 제134조)·예비비 지출의 승인(동법 제129조), 선결처분의 승인(동법 제109조)
② **동의**: 간부 공무원의 임명의 동의
③ **의견**: 지방자치단체의 구역·명칭변경, 폐치분합에 대한 의견(동법 제4조), 읍의 시승격에 대한 의견(동법 제7조)

(3) 제정·개폐

이 행위들은 지방자치 운용의 기준이 되는 규범을 정립하는 것으로, 그 중 법규성을 가진 조례의 제정과 개폐는 복잡한 의결절차가 필요한 경우가 있다(동법 제26조의 제4항).

---

8) 의결은 지방의회가 법령상의 권한에 기초해서 지방의회의 의사결정을 행하는 경우이고, 결의는 지방의회가 법령상의 권한에 기초하지 않고 사실상 의회의 의사결정을 행하는 경우에 해당된다.

① **제정**: 조례의 제정(동법 제9조, 제39조), 회의규칙의 제정(동법 제71조) 등

② **개정**: 조례의 개정·폐지(동법 제39조) 등

(4) 선언·선포·촉구·건의·권고

이 행위들은 법적인 것은 아니나 지방의회의 의사를 관철하기 위한 압력의 수단으로서, 상대방의 의사와 관계없이 지방의회의 일방적인 주장이나 의사를 표시하는 데 있다. 이들은 일반적으로 전술한 '결의'의 절차를 거쳐 의사표시를 한다.

① **선언·선포**: 미관도시 선언, 차없는 거리 선포, 문화의 거리 선포 등

② **촉구**: 철거촉구, 지원촉구 등

③ **건의**: 해임건의, 철회건의 등

④ **권고**: 사퇴권고, 해체권고 등

(5) 요구·회부·위임·이송

이 행위들은 타 기관에 일정한 행위의 의무를 부과하여 해당 사안에 대한 보다 책임 있는 처리를 도모하는 데에 공통점이 있다.

① **요구**: 출석증언 요구(동법 제41조), 질문에 대한 답변 요구(동법 제42조) 등

② **회부**: 징계위원회 회부(동법 제87조) 등

③ **위임**: 분과위원회에의 위임(동법 제58조) 등

④ **이송**: 자치단체장에의 청원 이송(동법 제76조) 등

(6) 선임·해임

이 행위들은 '의결'이나 '결의'와는 다음과 같은 점에서 다르다. 토론을 거치지 않고 표결, 행위의 대상이 사람, 그 행위의 효력에 피행위자(당선자)의 수락행위를 요함, 하나의 행위로써 복수의 결정(복수 당선자 선출)을 하는 경우가 있는 점이다.

① **선임**: 의장·부의장의 선출(동법 제48조), 분과위원회 위원의 선임(동법 제56조), 검사위원의 선임(동법 제134조) 등

② 해임: 의장·부의장의 불신임 의결(동법 제55조) 등

(7) 결정·처리

결정은 주로 지방의회의 내부문제를 자율적으로 해결하는 것과 관련되고, 처리는 지방의회가 일정한 사안을 직접 실행하는 것으로서 의회에는 예외적인 현상이다.

① 결정: 회의 개폐 결정(동법 제47조), 회의 비공개의 결정(동법 제65조) 등
② 처리: 청원의 처리(동법 제39조)

3) 의결권의 범위

의결권의 범위는 그 의결의 대상이 되는 사무와 사항의 두 측면에서 한정되는데, 자치단체 소관사무의 범위와 지방자치법규사항의 범위 내에서만 행사될 수 있다. 지방의회가 이러한 의결권의 범위를 벗어난 의결을 한 때에는 월권이 된다.

첫째, 의결의 대상사무의 면에서 지방의회는 해당 지방자치단체의 소관사무의 범위 안에서만 의결권을 행사할 수 있다. 즉, 자치사무와 단체위임사무에 관하여서만 의결권을 행사할 수 있고, 기관위임사무와 자치단체장의 전속권한 사항에 대해서는 행사할 수 없다.[9] 즉 현행 지방자치법 제9조 제2항에서는 지방자치단체의 사무를 6개 분야 57개 사무를 예시하고 있는데, 이 사무의 범위 안에서 의결권을 행사할 수 있다는 것이다.[10] 그러나 현재 우리나라 지방자치단체의 사무 비중으로 볼 때, 자치사무의 비중과는 반대로 (기관)위임사무의 비중이 높아 지방의회의 의결권을 행사할 여지가 그만큼 좁아진다고 할 수 있다.

둘째, 의결의 대상사항의 면에서, 지방의회의 의결사항으로 열거주의를 채택

---

9) 자치단체대표권, 의회소집요구권, 직원의 임면·지휘·감독 등은 단체장의 전속권한이다.
10) 그러나 동법 제9조 제2항이 단서조항을 보면, "다만, 법률에 이와 다른 규정이 있으면 그러하지 아니하다"라는 규정을 두고 있어 다른 개별 법령의 규정 여하에 따라 지방자치단체의 소관사무 및 각급 자치단체에의 배분사무가 달라질 수 있다.

한 결과, 지방의회의 의결권은 그 열거사항에 한정되는 결과를 가져온다.[11] 우리나라에 있어서 지방의회의 의결사항으로 열거된 것에는 다음 5가지가 포함되어 있다.

① **조례의 제정 및 개폐:** 조례는 주민의 권리와 의무, 그리고 자치단체 운영에 관한 기본적인 사항을 규정하는 것으로 주민대표기관인 지방의회가 당연 의결해야 한다.

② **예산의 확정 및 결산의 승인:** 예산은 당해 회계연도 내 자치단체의 사업계획과 재원배분을 규정하는 것으로 지방의회의 의결사항이며, 집행기관의 결산보고 승인 역시 지방의회의 고유권한이다.

③ **중요정책의 결정:** 지방의회는 주민의 이해와 밀접히 관련되어 있거나, 자치단체의 주요 정책사항을 심의·결정하는 권한을 갖는다.[12]

④ **기타 법령이 규정하는 사항:** 각 개별법령에서 지방의회의 의결사항으로 규정하는 것을 말한다.[13]

⑤ **조례가 정하는 사항의 의결**

4) 의결권의 한계

지방의회가 위와 같은 범위 안에서 의결을 행하는 경우에도 지켜야 할 일정한 한계가 있는데, 이러한 한계를 위반한 의결은 위법이 된다.[14]

첫째, 지방의회의 의결은 국가의 법령, 상급자치단체의 조례나 규칙, 해당 자치단체의 조례나 규칙에 위반해서는 안 된다. 즉, 헌법 제117조와 지방자치법 제

---

11) 우리나라 지방자치법은 지방자치단체의 자치사무 가운데 비교적 중요한 사항만을 열거하여 이를 필요적 의결사항으로 하고 있다. 즉, 지방자치법 제39조 제1항이 그것이다.

12) 예컨대, 기금의 설치·관리 및 처분, 지방세·사용료·분담금 등의 부과·징수, 공공시설이 설치·관리 및 처분 등.

13) 지방자치단체의 폐치분합과 명칭·구역 변경, 자치단체조합 설립, 행정협의회 구성, 의장·부의장 선임, 의원징계 등.

14) 지방의회의 권한은 지방자치법과 기타 법령의 범위 내에서 행해져야 하며 자기의 권한에 속하는 것을 정당한 절차를 거쳐 행사할 때만 유효하고, 만약 법령 등에서 주어진 권한을 일탈하거나 절차상에 중대하고 명백한 하자가 있게 의결하였다면 그러한 의결은 무효가 된다.

22조에서 모두 "법령의 범위 안에서"라고 규정한 것은 지방의회의 의결은 헌법을 비롯한 법률과 명령에 위반해서는 안 된다는 것을 의미한다. 또한 지방자치법 제24조에서 "시·군 및 자치구의 조례나 규칙은 시·도의 조례나 규칙에 위반하여서는 아니 된다"고 규정하고 있고, 지방의회 의결이라고 해서 해당 의회가 조례나 회의규칙을 무시하고 행할 수 없다.

둘째, 지방의회의 의결은 법률의 위임에 의해서만 또는 법률의 근거에서만 규정 될 수 있다. 즉, 지방자치법 제22조에서 지방의회가 주민의 권리제한이나 의무부과에 관한 사항을 조례로써 정할 때에는 법률의 위임이 있어야 한다거나, 벌칙에 관한 사항을 조례로써 규정할 때에는 법률의 위임이 있어야 한다는 규정이 여기에 해당된다. 이 같은 제도상의 한계 외에도 지방의회의 전문성 부족이나 중앙정부가 조례에 관한 준칙 또는 모범조례(안)을 제시함에 따라 지방의회의 의결에 제약을 가져올 수 있다. 또한 자치단체장과 중앙정부 및 상급자치단체의 지도·감독권 내지 재의요구권에 의해서도 제약을 받게 된다.

5) 지방의회 의결권의 개선방안

첫째, 지방의회 의결사항의 확대가 요구된다. 현재 의결권은 지방자치법 제39조에 따라 지방자치단체 사무 중에서 비교적 중요하다고 인정되는 사항만을 필수적 의결사항으로 규정하는 열거주의를 적용하고 있다. 지방의회가 의결권 행사를 통해 집행기관을 효과적으로 견제할 수 할 수 있도록 하기 위해서는 법정의결사항 외에 다음을 고려해야 한다.

① 조례제정을 통하여 자치단체장의 행정행위 중 의회의결을 거치는 사항의 범위를 주민의 복지에 미치는 직접적인 영향력의 크기 및 의회의 처리능력 등을 고려하여 합리적 수준으로 확대하거나 자치사무를 확대해야 한다.
② 임의적 의결사항에 대한 적극적인 의결권 행사가 필요하고, 더 나아가 지방의회의 의결사항을 개괄적으로 광범위하게 규정하는 방안을 모색할 필요성이 있다(김성호, 2003: 36~37).

둘째, 지방자치단체장의 재의요구 및 선결처분권의 행사요건이 강화되어야 한다. 이 권한은 집행기관이 지방의회의 의결권에 대한 견제장치이지만 실제 지방의회 의결권을 크게 제약하고 있어 이 권한 행사의 요건을 엄격히 규정하여 의결권 행사가 합리적으로 이루질 수 있도록 다음과 같은 보완이 필요하다.

① 재의요구권의 경우 지방의회의 재의결사항에 대하여 단체장이 감독관청의 승인을 받아 대법원에 제소하는 경우 판결이 있을 때까지 의회의 재의결안의 효력이 계속 발생하도록 하여야 한다.

② 선결처분권의 경우 지방의회에서 중요사항의 의결이 지체될 경우에 한해 단체장이 일정한 시한을 정하여 의결해 줄 것을 요구할 수 있도록 하고, 그 시한이 경과된 경우에만 단체장의 선결처분권을 인정하도록 하여야 한다(한국지방자치학회, 2015: 201),

2. 행정감시권

우리나라는 기관분립형의 기관구성 형태를 채택하고 있기 때문에 지방자치단체와 지방의회 간의 견제와 균형의 관계를 유지해야 한다. 특히 지방의회는 집행기관의 집행행위에 대하여 감시권을 행사하는 권한을 지닌다. 즉, 지방의회는 주민의 대표기관으로서 지방자치단체의 정책 및 의사를 결정할 뿐만 아니라 그 정책이 주민의 복지증진을 위해 적합하게 집행되고 있는지를 감시하여 집행기관이 위법·부당한 처리를 하였을 때는 이를 시정조치하도록 하는 행정감시적 권한을 갖는다. 행정감시권 행사는 가장 평범한 방식으로 의안심의와 관련된 자료요구,[15] 행정사무처리 상황의 보고와 질문응답이 있으며, 실질적 권한으로서 행정

---

15) 이는 의안의 효율적인 심의를 위해 의회의 의안심의와 정보·자료를 집행기관에 요구하는 것으로, 우리나라의 지방자치법에서는 "본회의 또는 위원회는 그 의결로 안건의 심의와 직접 관련된 서류의 제출을 자치단체장에게 요구할 수 있다"고 규정하고 있다(지방자치법 제40조). 그리고 이러한 요구를 받은 자치단체의 장은 법령이나 조례에서 특별히 규정한 경우를 제외하고는 이에 응해야 한다(동법 시행령 제38조 제2항).

사무감사 및 조사, 그리고 자치단체장의 불신임의결 등이 있어,[16] 이러한 다양한 방식을 통해 이루어진다. 여기에서는 행정감시권의 가장 중요한 행정감사 및 조사권과 함께 행정사무처리상황의 보고·질문응답의 권한, 서류제출요구권, 출석 및 답변요구권을 중심으로 고찰해 보고자 한다.

1) 행정감사 및 조사권

(1) 행정감사 및 조사의 의의

지방의회는 집행기관에 대한 감사 및 조사권을 갖는다. 집행기관의 행정사무처리상황을 적극 파악하여 그 결과를 처리하는 방식으로 지방의회의 행정감사 또는 행정조사라고 한다. 감사권이나 조사권 모두 행정감시권의 일환이나, 서로 성질상 다르다. 감사는 행정 전반에 대하여 실정을 파악하는 것인 데 비하여, 조사는 특정 사안에 관하여 집중적으로 실정을 파악하는 점에서 차이가 있다. 감사는 매년 1회 정례회의 기간 내에 예산심의 등 중요 정책심의를 위한 자료수집 등의 목적으로 행한다. 조사권은 지방의회가 당해 자치단체의 의사결정기관으로서 의결권을 비롯하여 광범한 권한을 유효적절하게 행사할 수 있도록 지방의회에 보조적으로 인정된 권한이라고 할 수 있다.

우리나라의 경우, 1950년대에는 지방의회에 감사권을 부여하였고, 1988년 지방자치법 개정에서는 조사권을 부여한 바 있었으나, 1989년 개정 지방자치법에서는 감사권과 조사권을 모두 부여하여 오늘에 이르고 있다.

현행법상 지방의회의 행정사무감사는 매년 일정한 기간을 정하여 지방자치단체의 행정사무 전반에 관하여 그 상태를 파악하고, 의정활동과 예산심사를 위한 필요한 자료 및 정보를 획득하며 행정의 잘못된 부분을 적발·시정 조치할 수 있도록 하기 위한 것이다(지방자치법 제41조 제1항).

---

16) 과거에 이 권한을 부여하였던 경험이 있지만, 1988년 지방자치법 개정부터 현재까지 지방의회의 지방자치단체장에 대한 불신임의결권을 부여하지 않고 있다.

(2) 행정감사 및 조사의 범위와 한계

지방의회의 행정사무감사 및 조사권은 일정한 범위와 한계가 존재한다. 우선 감사와 조사의 대상사무의 문제이다. 감사·조사권의 대상사무는 당연히 지방자치단체의 고유사무를 대상으로 한다. 문제는 단체위임사무와 기관위임사무가 대상이 될 수 있는지의 여부이다. 이론적으로 단체위임사무는 일반적으로 지방의회 감사·조사의 대상이 된다. 하지만 기관위임사무는 그 사무처리에 있어 지방비 부담이 있는 범위에서 지방의회의 감사 및 조사 대상이 될 수도 있으나 원칙적으로는 위임기관(중앙정부 또는 상급지방자치단체)의 감사·조사 대상이 된다고 보아야 한다.

둘째, 지방의회의 감사 또는 조사권이 지방자치법 제39조에 열거된 지방의회의 의결사항에 한정되느냐에 관한 문제이다. 감사 및 조사권을 규정하고 있는 현행 지방자치법 제41조를 보면, "지방자치단체의 사무에 대하여"라고 하고 있는 점에 비추어, 지방자치단체의 사무이면 감사 또는 조사의 대상이 되는 것이지, 꼭 지방의회의 의결사항으로 열거된 것이어야 한다고 할 수 없는 것으로 생각된다.

셋째, 이러한 범위 내의 감사 및 조사에서도 일정한 한계가 존재한다. 감사 및 조사는 헌법이 보장하고 있는 개인의 사생활의 침해, 계속 중인 재판에의 관여, 수사 중인 사건에 관여할 목적으로 행사하여서는 안 된다.

(3) 행정감사 및 조사의 방법

행정사무감사와 조사의 주체는 당연 지방의회이지만, 지방의회는 본회의에서 할 수도 있고, 소관상임위원회 또는 특별위원회에서도 할 수 있다(지방자치법 제41조 제1항, 동법 시행령 제40조). 또한 감사 및 조사의 대상기관은 해당 자치단체, 그 소속행정기관 및 하부행정기관, 교육·과학 및 체육에 관한 기관, 지방공기업, 지방자치단체 사무 수탁기관, 지방자치단체가 4분의 1 이상 출자하거나 출연한 법인 등이다(동법 시행령 제42조). 그리고 감사는 매년 1회 시·도에서는 14일, 시·군·자치구에서는 9일의 범위 안에서 실시하며, 조사는 특정사안에 관하여 본회의 의결로써 실시하는데, 그 절차와 방법은 다음과 같다.

첫째, 감사는 매년 정례회의 회기 내에 행하고(동법 시행령 제39조 제1항), 조사는 재적의원 3분의 1 이상의 연서로 발의하여 본회의의 승인을 거쳐 행한다(동법 제41조 제2항, 동법 시행령 제39조 제2항). 그리고 감사 또는 조사계획서를 작성하여 본회의의 승인을 거쳐 지방자치단체장에게 통보하고 시행한다(동법 시행령 제41조).

둘째, 감사 또는 조사를 위해 필요한 때에는 현지 확인을 하거나 서류제출을 요구할 수 있다. 또한 관계인을 출석시켜 증인으로서 선서한 후 증언하게 하거나 참고인으로서 의견진술(감정)을 요구할 수 있다(동법 제41조 제4항, 동법 시행령 제43조 제1항 내지 제3항). 감사와 조사는 공개함을 원칙으로 하지만(동법 시행령 제48조), 감사 또는 조사 시 대상기관의 활동이 현저히 저해되거나 기밀이 누설되지 않도록 주의하여야 한다(동법 시행령 제47조).

셋째, 지방의회는 본회의의 의결로 감사 또는 조사결과를 처리해야 한다. 즉, 감사·조사 결과가 필요한 때에는 해당 지방자치단체 또는 해당 기관에게 시정을 요구하고, 처리를 이송한다. 요구 또는 이송을 받은 기관은 지체 없이 시정 또는 처리하고 그 결과를 지방의회에 보고하여야 한다(동법 제41조의2, 동법 시행령 제50조).

넷째, 감사 및 조사의 실효성 확보 차원에서 보면, 감사 및 조사를 위해 서류제출을 요구받은 자가 정당한 사유 없이 서류를 정해진 기한까지 제출하지 않은 경우, 출석요구를 받은 증인이 정당한 이유 없이 출석하지 않거나, 증언을 거부 또는 허위증언을 한 경우에는 500만 원 이하의 과태료를 부과할 수 있다(동법 제41조 제5항, 동법 시행령 제43조 제4항).

(4) 행정사무감사의 개선방안

지방의회의 행정사무감사에 있어서 운영상의 문제점으로는 다음을 들 수 있다.

첫째, 지방의회가 적법한 절차를 따르지 않고 과도한 자료제출요구와 안건의 경중에 관계없이 단체장의 출석·답변을 요구하고 있다. 즉, 무분별하고 과다한 자료와 대장, 설계도면 등과 같은 무리한 자료제출을 요구한다는 지적이다.[17]

둘째, 감사기간이 짧아 심도 있는 감사를 제대로 수행하지 못한다는 것이다.

---

17) 예컨대, 감사 및 예산심의 시 해당 실, 과장의 출석으로 성실한 답변이 이루어짐에도 불구하고 잦은 단체장의 출석을 요구하거나, 출석·답변권한이 없는 일반직원까지 출석을 요구하고 있어 행정의 마비현상을 가져온다는 지적을 하고 있다.

기간을 의식한 형식적인 감사에 급급하다는 지적을 할 수 있는데, 정기회 회기일 수 중 감사기간을 한정 규정하여 일률적으로 운영함으로써 사안의 대소를 충분히 고려하지 못한다는 것이다.

셋째, 감사의 비효율적 운영이다. 즉, 집행부의 시책방향에 주안점을 둔 정책 감사보다 행정내부감사나 서류감사의 범주를 벗어나지 못하고 있다는 것이다.

마지막으로 시·군정 질의, 감사, 예산안심사 등의 과정에서 효과분석, 효율성검 토, 개선방향 등과 같은 의회활동의 본질적인 정책감사기능이 미비하다는 지적이다.

한편 지금까지 정기적인 지방의회의 행정사무감사와 필요에 따라 조사가 진행 되었다. 그러나 지방의회의 감사 및 조사에서 밝혀지지 않은 행정부조리와 비행 이 상급기관의 감사(감사원, 국정감사, 상위 지방정부의 감사, 행정자치부 감사) 등에서 밝혀지는 사례가 많아 지방의회의 행정사무감사 및 조사에 대한 인식이 긍정적이 지 못하다. 특히 지방의원들의 전문성 부족으로 인해 행정사무감사 및 조사의 효 과성을 담보하기가 어렵다는 문제가 제기되고 있다. 따라서 다음과 같은 사항을 개선할 필요성이 있겠다.

첫째, 행정사무감사 및 조사의 효과를 높이기 위해 감사기간 및 시기를 재조 정할 필요성이 있다. 즉, 행정사무감사의 시기는 가급적 지방의회의 사정을 고려 하여 자율적으로 규정하되 감사결과의 자료가 새해 예산편성에 반영될 수 있는 시점이 적절하다. 또한 감사기간의 결정도 감사의 양에 따라 신축적으로 결정되 어야 할 필요성이 있는데, 현재 자치단체의 업무의 양이 많고 업무의 성격이 예 산을 수반하는 것이 많은 점을 고려할 때 최소한 광역의회는 5일, 기초의회는 3일 더 연장하는 것이 바람직하다.

둘째, 지방의원들의 감사 및 조사 행태를 개선할 필요성이 있다. 행정감사 요 구자료가 너무 많아 집행부에 엄청난 부담으로 작용하여 행정을 마비시키는 일이 없도록 해야 한다. 또한 감사 시 공무원들에 대해 처음부터 불신을 갖는 고정관 념을 버림과 아울러 권위적이고 고압적인 자세에서 벗어나 전문성과 정책대안을 중심으로 책임을 추궁하고 대안을 제시해야 한다. 이를 위해 지방의원들은 정례 적인 의정활동, 주민과의 접촉을 통해 평상시 감사 및 조사를 준비하는 노력이 요구된다 하겠다.

셋째, 행정사무감사·조사대상 범위의 확대를 들 수 있다. 특히 감사대상사무의 범위가 너무 적어 지방의원의 무력감을 유발시키고, 설사 의욕적으로 감사 및 조사를 시작하더라도 "중앙정부의 지시나 지침을 위배할 수 없다"는 집행기관의 답변에 지방의원은 감사 및 조사의 한계를 느끼고 있다. 따라서 지방자치법 개정으로 행정사무 및 조사의 대상사무를 보다 확대할 필요성이 있다.

2) 행정사무처리상황의 보고와 질문응답에 관한 권한

지방의회의 행정감시권에는 행정감사 및 조사권 이외에 행정사무처리상황 보고와 질문응답에 관한을 보유하고 있다(지방자치법 제42조).

첫째, 지방자치단체장과 관계공무원은 지방의회나 그 위원회에 출석하여 행정사무의 처리상황을 보고하거나 의견을 진술하고 질문에 응답할 수 있다.

둘째, 지방자치단체장 또는 관계 공무원은 지방의회나 그 위원회의 요구가 있을 때에는 출석, 답변하여야 한다. 다만, 특별한 사유가 있는 경우에 지방자치단체의 장은 관계 공무원으로 하여금 출석하여 답변할 수 있는 관계 공무원은 조례로 정하도록 규정하고 있다(동법 제42조 제1항·제3항).

3) 서류제출요구권

지방의회의 본회의 또는 위원회는 그 의결로 안건의 심의와 직접 관련된 안건의 심의와 직접 관련된 서류의 제출을 당해 지방자치단체의 장에 대하여 요구할 수 있으며, 위원회가 요구할 때에는 의장에게 이를 보고하여야 한다(지방자치법 제40조). 서류제출요구는 늦어도 그 서류제출일 3일 전까지 행해야 하며, 서류제출을 요구받은 지방자치단체의 장은 법령이나 조례에서 특별히 규정한 것을 제외하고는 이에 응해야 한다(동법 시행령 제38조).

4) 출석 및 답변 요구권

지방자치단체의 장 또는 관계 공무원은 지방의회나 그 위원회의 요구가 있는 때에는 출석·답변하여야 한다. 다만, 특별한 사유가 있는 경우에 지방자치단체의 장은 관계 공무원으로 하여금 출석·답변하게 할 수 있다(지방자치법 제42조 제2항). 그러나 지방자치단체의 장이 관계 공무원으로 하여금 출석·답변하게 할 때에는 그 이유를 명시한 서면으로 본회의 또는 그 위원회의 회의 시작 전까지 지방의회의 의장이나 그 위원회의 위원장에게 알려야 한다(동법 시행령 제53조).

제4절 청원수리권 및 자율권

1. 청원수리·처리권

1) 청원수리 및 처리권의 의의

지방의회는 주민의 대표기관으로서 주민의 청원에 대하여 신속하게 응대하고, 그 주민의 청원사항을 자치행정에 반영하는 활동을 해야 한다. 청원이란 주민이 지방자치단체에 대하여 불만 또는 희망을 진술하고 그 시정 또는 구현을 요구하는 것을 말한다. 청원수리권은 지역주민에 대한 대표들의 직접적인 봉사에 해당되는바, 지방의회는 주민들의 생활의 불편이나 문제를 해결해야 함은 물론 잘못된 행정으로 야기되는 고충과 주민들의 요구사항을 지방자치행정에 적절히 반영하여야 할 책임성이 있다.

첫째, 청원은 지방자치단체의 주민이면 누구나 청원인이 될 수 있으며, 청원의 기간이나 형식에도 제한이 없다. 다만, 지방의회에 청원하는 자는 지방의원의 소개를 받고, 청원서에 청원자의 성명 및 주소를 기재하여야 한다(지방자치법 제73조).

둘째, 청원을 접수한 지방의회는 이를 성실·공정·신속히 심사·처리하고, 90일 이내에 그 결과를 청원인에게 통지해야 하고(청원법 제9조, 지방자치법 제75조, 민원 처리에 관한 법률 제10조, 제27조), 수리한 청원이 그 자치단체장이 처리함이 적당하다고 인정될 때에는 의견서를 첨부하여 이를 지방자치단체장에게 이송한다. 이

경우 지방자치단체장은 그 청원의 처리상황을 지체 없이 의회에 보고하여야 한다
(지방자치법 제76조).

2) 청원수리 및 처리의 개선방안

첫째, 청원의 수리 및 처리가 신속히 이루어질 수 있도록 관련법의 개선이 필요하다. 지방자치법을 비롯한 동 시행령과 지방의회 청원심사규칙 등에 청원 위반에 대한 강제적인 제재조항을 구체적으로 규정할 필요성이 있다.

둘째, 청원의 절차를 보다 간소화하는 방법을 강구할 필요성이 있다. 청원의 경우 지방의회 의원의 소개를 받도록 하고 있는데, 앞으로 주민의 동의를 얻은 경우 의원의 소개를 받지 않고 청원할 수 있는 방법과 함께 의원의 소개 없이도 청원의 효과를 낼 수 있는 진정서제도를 활성화하는 방안도 강구할 필요성이 있다.

셋째, 청원심사의 객관성 확보가 필요하다. 청원심사과정에서 청원인은 물론 해당 청원에 관련된 관계인, 즉 이해관계인 및 학식과 경험이 풍부한 전문가로부터 진술 및 자문을 받는 등 의견을 적극적으로 수렴하고 그 심사과정을 공개하여 객관성을 확보할 필요성이 있다.

2. 자율권

지방의회는 하나의 유기체로서 자신을 조직하고 유지하며 또한 성장·발전시키는 것이 필요하다. 이에 따라 지방의회는 그 의사와 내부사항을 집행기관이나 선거민을 포함한 외부세력의 간섭을 받음이 없이 독자적으로 결정하고 운영할 권한을 가진다. 지방의회의 자율권은 지방의회가 스스로 법령의 범위 내에서 그 조직 및 운영에 관하여 규율할 수 있는 권한을 말한다. 이 권한은 국가의 기관으로부터 독립, 지방자치단체의 집행기관으로부터의 관여의 배제는 물론 정당의 영향력 행사를 배제한다는 점에서 그 중요한 의미가 있다. 여기서는 크게 의장 등 선출권과 자율운영권으로 나누어 살펴본다.

1) 선거권

지방의회는 법령이 정하는 바에 의하여 일정한 기관 또는 기관 구성원의 선거권을 가진다. 즉, 지방의회의 선거권은 기관(의회)의 구성원으로 선거할 권리를 말한다. 이 선거권의 범위는 기관구성 형태에 따라 나라마다 다른데, 자치단체장을 간선제로 하는 제도 아래에서는 자치단체장 등 집행기관의 중요 직위를 지방의회가 선거하는 경우가 많다. 하지만 단체장을 직선제로 하는 제도하에서는 지방의회는 그 의장 등 내부 기관을 선출하는 데 그친다. 이에 따라 우리나라 지방의회는 다음과 같은 선거를 통해 내부기관을 선출한다.

① 의장·부의장·임시의장의 선거(지방자치법 제48조, 제52조)
② 분과위원회 위원이 선거(동법 제56조 제3항)
③ 검사위원의 선거(동법 제134조 제3항)

2) 자율운영권

지방의회는 전술한 바와 같이 그 내용과 내부사항에 있어서는 집행기관을 비롯한 외부로부터의 관여가 배제된다.

(1) 내부조직권

지방의회는 의장 및 부의장의 선거, 임시의장의 선출 또는 부의장 궐위 시 보궐선거의 실시, 상임위원장 또는 특별위원장의 선출과 구성에 관한을 갖는다.

(2) 규칙제정권

지방의회는 회의 운영에 관하여 필요한 사항을 정하는 규칙제정권을 갖는다. 의회의 회의 운영에 관한 사항은 지방자치법에 규정되어 있으나, 여기에 규정되지 아니한 구체적인 사항에 대해서는 의회가 이를 회의규칙으로 정하여야 한다. 의회가 정하는 회의규칙은 법령의 범위 내에서 제정하되, 본회의에 관한 사항뿐만 아니라 위원회에 관한 사항까지 해당되고, 일반적인 의사에 관한 사항은 물론 선거, 징계, 청원심사 및 처리에 관한 사항 등이 포함된다. 그리고 회의규칙은 기관의사와 관련되는 것이므로 의원에게만 제안권이 부여된다. 회의규칙은 의회 내부적으로 적용되는 자치법규인 까닭에 원칙적으로 외부에는 효력을 갖지 않으나, 청원에 관한 절차 등은 주민과 직접적인 관계가 있으므로 지방의회 의장의 공포를 거쳐야 한다.

(3) 의사자율권

첫째, 회의규칙을 제정한다. 지방의회는 의사진행·징계 등에 관하여 회의규칙을 정한다(지방자치법 제43조, 제71조, 제89조).

둘째, 개·폐회 등을 자주적으로 결정한다. 지방의회는 개회·휴회·폐회와 회기를 자주적으로 결정하고, 그 회의 연간 총일수 및 정례회·임시회의 회기를 조례로 정한다(동법 제47조).

셋째, 회의공개를 정지한다. 지방의회의 회의는 공개되어야 하지만, 필요한 경우 자율적 결정에 의하여 이를 공개하지 않을 수 있다(동법 제65조의 제1항).

(4) 의원신분사정권

지방의회는 의원의 신분에 관하여 심의·결정하는 권한을 가진다.

첫째, 지방의원의 사직 허가이다. 지방의회는 의원의 사직을 허가하며, 다만 의회의 폐회 중에는 의장이 그 허가를 행한다(동법 제77조).

둘째, 의원의 자격에 관한 심사·의결이다. 위원의 자격의 유무에 관하여는 법원의 판결로 확정되는 경우를 제외하고는, 지방의회가 자율적으로 심사·의결한다(동법 제79조, 제80조). 의원의 자격의 유무에 관한 지방의회의 의결은 일종의 쟁송상의 판단행위라고 보아야 할 것이다.

셋째, 위원에 대한 징계이다. 지방의회는 지방자치법 또는 회의규칙에 위반하는 행위를 한 의원에 대하여 의결로써 징계할 수 있다(동법 제86조, 제89조), 징계의 종류로는 경과, 사과, 출장정지, 제명이 있는데, 제명에 있어서는 재적의원 3분의 2 이상의 찬성이 있어야 한다(동법 제88조).

넷째, 의장, 부의장의 불신임 의결이다. 선출된 의장 또는 부의장이 법령에 위반하거나 정당한 이유 없이 그 직무를 수행하지 아니한 때에는 불신임을 의결할 수 있고 불신임의결된 의장 또는 부의장은 그 직에서 해임된다(동법 제55조). 이 경우 불신임의결은 재적의원 4분의 1 이상의 발의와 재적의원 과반수 찬성이 있어야 한다(동법 제55조 제2항).

(5) 의원경찰권

지방의회는 원내의 질서와 안녕을 유지하기 위해 경찰권을 행사할 수 있다. 즉, 의원이 회의 중에 법규 및 회의규칙 위반, 회의장 질서 문란의 경우 의장은 적절한 조치를 명하고(경고, 제지 또는 발언취소), 그 명령에 따르지 않을 경우 당일 회의에서 발언의 금지 또는 퇴장시킬 수 있다. 또한 회의장이 소란하여 질서를 유지하기 곤란한 때에는 회의를 중지하거나 산회를 선포할 수 있다(동법 제82조 내지 제84조). 역시 방청인이 회의장 질서를 방해하는 경우에도 의장은 그의 퇴장을 명하고, 필요한 경우 경찰관서에 인도할 수 있다(동법 제85조).

마지막으로 지방의회의 의견표명권을 들 수 있다. 이는 지방의회가 주민대표기관으로서, 단체장 등 집행기관에 대하여 또는 자치단체 공익에 관한 사항에 대하여 그의 의견을 제시하는 권한이다. 지방의회는 의결권과 감시권을 지니고 있기 때문에 이를 행사하는 과정에서 충분한 의사 반영의 기회가 부여되어 있으나, 이에 대한 부가적 기능으로서 의견표명권이 주어져 있다. 현 지방자치법에는 자치단체를 폐치·분합하거나 그 명치 또는 구역을 변경할 때 그 지방의회의 의견을 듣도록 한 경우 외에는 의견표명권에 대한 별다른 규정이 없다. 그러나 법적으로 지방의회의 권한에 속하는 사항이 아닐지라도 지역주민의 바람이나 공익에 관한 사항들은 주민대표기관인 지방의회는 질의 또는 건의 형식을 통해 단체장 또는 행정기관에 폭넓은 의사표명이 가능하다.

참고문헌

김동훈. (2005).「지방의회론」. 서울: 박영사.

김성호. (2003). 지방의회의 역할 및 책임성 강화방안.「지방정치의 활성화와 지방의회의 책임성 제고」. 한국지방자치학회 정책토론회 발표논문집.

김순은. (2015).「지방의회의 발전모형」. 서울: 조명문화사.

이달곤. (2015).「지방정부론」. 서울: 박영사.

임승빈. (2018).「지방자치론」. 서울: 법문사.

안용식 외. (2006).「지방행정론」. 서울: 대영문화사.

문재우. (2007).「지방의회행정론」. 서울: 대영문화사.

박기관 외. (1999a).「일본지방자치의 이해」. 서울: 건국대학교 출판부.

박기관 외. (2000b).「지방분권과 지방자치」. 서울: 법론사.

박기관 외. (2001c).「지방정부기능론」. 서울: 삼영사.

박기관. (2015d).「의회행정론」. 서울: 청목출판사.

박기관. (2015e).「한국지방정치행정론」. 서울: 청목출판사.

박기관. (2005). "지방의회 의정활동의 성과평가에 관한 연구".「한국지방자치학회보」 17(2): 23－43.

박기관. (2016). 광역의회 의정활동의 성과평가와 과제.「한국행정논집」28(3): 389－414.

최창호·강형기. (2016).「지방자치학」. 서울: 삼영사.

한국지방자치학회. (1996).「한국지방자치론」. 서울: 삼영사.

한국지방자치학회. (2015).「지방의회의 이해」. 서울: 박영사.

Cobb, R. W., J. K. Ross and M. H. Ross(1976). "Agenda Building as a Comparative Political Process", *American Political Science Review*, Vol. 70.

Press, C. and K. Berburg(1983), *State and Community Government in the Federal System*, New York : John Wiley and Sons.

Zimmerman, F. J.(1986). *State and Local Government*, New York : Barens and Noble Books.

제6장
지방의회의 회의 운영

06

지방의회의 회의 운영

제1절 지방의회 운영체제 및 회의원칙[1]

1. 의회의 회의 운영체제

지방의회의 회의는 연중 상시 개회하는 것이 아니라 매년 초에 당해 연도 1년 동안의 연간 의사일정(안)을 계획하고 이에 따라 운영하게 된다. 다만, 지방의회의 개원이나 의원의 임기가 지방선거 이후 7월부터 시작되는 것을 감안하면 선거가 있는 해의 회의 운영은 연초의 계획과는 달리 운영될 수 있는데 이는 지방의회 역시 정당이 개입되고 다수당과 소수당이 상존하게 되는 상황에서 회기를 조정하는 경우가 발생할 수 있기 때문이다.

1) 회기제

지방자치법[2] 제44조는 지방의회의 회의 운영과 관련하여 매년 2회의 정례회

---

1) 지방의회의 회의 운영은 지방자치법 및 같은 법 시행령 및 이에 따른 조례 및 회의규칙 등을 바탕으로 한다. 지방의회의 회의규칙이나 회의관련 조례의 내용은 각 의회들이 조례의 제명은 다를지라도 내용은 유사하므로 서울특별시의회에서 운용하고 있는 회의규칙과 조례를 적용하고자 한다.
2) 이 장에서 '법'이라고 근거를 단 것은 지방자치법을 의미하며 '시행령'은 지방자치법 시행령,

를 개최하는 것으로 규정하고 있다. 이는 지방의회가 1년 내내 회의를 개최하는 것이 아니며 시기를 정해놓고 회의를 개최하는 것으로 이를 회기제라고 한다. 우리나라 지방의회에서는 회기제 운영을 정례회와 임시회로 구분해 사용하고 있다.

(1) 정례회

지방의회는 매년 2회의 정례회를 개최해야 하는데, 정례회의 집회일, 그 밖에 정례회의 운영에 관하여 필요한 사항은 대통령령으로 정하는 바에 따라 해당 지방자치단체의 조례로 정하도록 되어있다(법 제44조 제2항). 이에 따라 대통령령인 지방자치법 시행령 제54조에서는 지방자치법 제44조에 따른 정례회 중 제1차 정례회는 매년 5월·6월 중에, 제2차 정례회는 11월·12월 중에 열어야 하고, 다만 총선거가 실시되는 해의 제1차 정례회는 9월·10월 중에 열 수 있도록 되어 있다.

이에 따른 정례회에서 처리하여야 할 안건을 시행령에서 규정하고 있는데, ① 제1차 정례회는 법 제134조에 따른 결산 승인 및 그 밖에 지방의회의 회의에 부치는 안건, ② 제2차 정례회는 법 제127조에 따른 예산안의 의결 및 그 밖에 지방의회의 회의에 부치는 안건을 처리하며, ③ 지방자치법 및 시행령에서 정한 사항 외에 정례회의 집회일과 회기, 그 밖에 정례회의 운영에 관하여 필요한 사항은 해당 지방자치단체의 조례로 정하도록 하고 있다.

이와 같이 조례로 정하도록 되어 있는 부분에 대해서 서울특별시의회 기본조례(제2장 정례회 등 회기 운영)에서는 '의회의 연간 회의 총 일수를 정례회 및 임시회를 합하여 150일 이내로 한다. 다만, 회의일수의 연장이 필요한 경우에는 본회의 의결로 연장할 수 있다.'고 규정하고 있으며 연간 의회 운영 기본일정의 수립을 위해 서울특별시의회 의장은 각 교섭단체의 대표의원 및 운영위원장과의 협의를 거쳐 매년 1월 10일까지 대강의 연간 의회 운영의 기본일정을 정하도록 하고 있다.

'기본조례'는 서울특별시의회 기본조례를 뜻하고, '회의규칙'이라 함은 서울특별시의회 회의규칙을 말함을 일러둔다.

(2) 임시회

임시회는 의원이나 집행기관장의 요청에 따라(임시회 집회요구 규정을 지켜서) 필요 시 수시로 개최되는 회의를 말하는데, 이 또한 조례에서 정한 연간 회의일 수를 벗어나서 개최할 수는 없으며 일반적으로 각 지방의회들은 1회의 임시회 일 수를 20일 이내로 규정하고 있다.[3] 2개 이상의 임시회의 집회요구가 있을 경우에 는 먼저 제출된 것을 공고하고, 동시에 제출되었을 경우에는 집회일이 빠른 것을 공고하여야 한다. 다만, 집회일이 동일한 것은 일괄하여 공고한다.

지방자치법 제45조는 지방의회의 임시회를 규정하고 있는데, ① 총선거 후 최 초로 집회되는 임시회는 지방의회 사무처장·사무국장·사무과장이 지방의회 의 원 임기 개시일부터 25일 이내에 소집한다고 되어 있으며 ② 지방의회의장은 지 방자치단체의 장이나 재적의원 3분의 1 이상의 의원이 요구하면 15일 이내에 임 시회를 소집하여야 하며, 다만 의장과 부의장이 사고로 임시회를 소집할 수 없으 면 의원 중 최다선의원이, 최다선의원이 2명 이상인 경우에는 그 중 연장자의 순 으로 소집할 수 있도록 하고 있다. 또한 ③ 임시회의 소집은 집회일 3일 전에 공 고하여야 하나 긴급할 때에는 그 이후에라도 할 수 있도록 규정하고 있다.

서울특별시의회의 경우 매년 처음으로 시작하는 임시회에 집행기관장과 교육 감으로부터 당해연도 조례안 제출계획을 의회에 통지하도록 하고 있으며 의회는 또한 매번의 회의에 해당연도 예산집행실적 보고서의 제출을 요청할 수 있는 규 정을 정하고 있다.

임시회에서는 연간 2차례의 정례회에서도 마찬가지이지만 집행부 소관기관으 로부터의 업무보고, 안건의 심의, 교육청을 포함해 집행기관에 대한 질문답변 등 을 행한다.

2) 회의의 유형

지방의회의 회의 유형은 다양하며 우리나라의 지방의회가 본회의 중심주의보

---

3) 사례: 서울특별시의회 기본조례 제7조.

다는 상임위원회 중심주의를 지향하는 점에서 볼 때 대회의보다는 소회의제 유형
이 더 발달되어 있다.

(1) 본회의

의원직을 가진 전 의원이 참여하여 행하는 회의를 본회의라고 하며, 당해 지
방의회의 의사를 최종적으로 결정하는 회의를 말한다. 지방의회의 최종 의사결정
회의인 본회의에서는 의안의 최종의결, 집행기관의 동의요청에 대한 동의 여부
결정, 주민들의 청원에 대한 의회의견 결정, 중앙정부 부처나 국회 등에 대한 건
의 및 의견제출 여부의 결정 등 다양한 형태의 안건들을 최종적으로 결정한다.
또한 시기를 정해 집행기관(광역의회는 교육청 포함)을 대상으로 행정적 집행상
황이나 정책 등에 대해 주민의 대표로서 의견을 개진하거나 정책적 대안들을 제
안할 수 있는 시정(施政)질문·답변을 행하기도 하며 의회 내의 교섭단체의 대표
가 대표연설을 통해 정당의 입장을 피력하기도 한다.
본회의의 일반적인 의사정족수(개의할 수 있는 의원 구성원의 숫자)는 재적의원
의 3분의 1이며 의결정족수는 일반적으로 재적의원 과반수의 출석과 출석의원 과
반수의 찬성으로 의결된다.

(2) 위원회 및 소위원회 회의

지방자치법에서는 지방의회가 조례로 정하여 상임위원회와 특별위원회를 둘
수 있도록 규정하고 있으며(법 제56조), 상임위원회는 소관 의안과 청원 등을 심사·
처리하며 특별위원회는 특정한 안건을 일시적으로 심사·처리한다. 이런 위원회
의 위원은 당해 지방의회 의원 중에서 본회의에서 선임하도록 하고 있다.
특별위원회 중에는 각 의회가 상설로 예산·결산 특별위원회를 두고 있으며,
지방자치법에서는 지방의회 내에 지방의회 의원들을 대상으로 하는 윤리특별위
원회도 둘 수 있도록 규정하고 있다(법 제57조).
위원회는 그 소관에 속하는 의안과 청원 등 또는 지방의회가 위임한 특정한 안
건을 심사한다(법 제58조). 또한 지방의회는 국회와 유사하게 위원회 전문위원제도
를 두고 있는데, 이는 위원장과 위원의 자치입법활동을 지원하기 위하여 의원이

아닌 전문지식을 가진 위원(이하 "전문위원"이라 한다)을 두도록 하고 있으며, 전문위원은 위원회에서 의안과 청원 등의 심사, 행정사무감사 및 조사, 그 밖의 소관사항과 관련하여 검토보고 및 관련 자료의 수집·조사·연구를 한다(법 제59조).

또한 지방의회의 각종 회의는 공개를 원칙으로 하고 있는데, 위원회 회의도 해당 지방의회 의원이 아닌 자는 위원장의 허가를 받아 방청할 수 있고 위원장은 질서를 유지하기 위하여 필요할 때에는 방청인의 퇴장을 명할 수 있다.

위원회의 개회는 본회의의 의결이 있거나 의장 또는 위원장이 필요하다고 인정할 때, 재적위원 3분의 1 이상의 요구가 있는 때에 개회하며, 폐회 중에는 지방자치단체의 장도 의장 또는 위원장에게 이유서를 붙여 위원회의 개회를 요구할 수 있도록 하고 있다.

상임위원회 및 특별위원회는 효율적인 안건심사를 위하여 필요한 경우에는 소위원회를 둘 수 있도록 되어 있으며 소위원회가 부여된 안건의 심사를 마친 경우에는 소위원회 위원장은 그 심사경과와 결과를 소관위원회에 보고하도록 되어있다(기본조례 제44조).

그러나 지방의회는 일반적으로 국회의 경우와 같이 소위원회가 활성화되어 있는 것은 아니며 대체적으로 상임위원회 간담회를 활용해 상임위원회 부의안건에 대한 사전적 의사결정이 이루어지는 편이다.

(3) 교섭단체 회의(의원총회)

지방의회도 다수당과 소수당이 존재하며 선거결과로 나타나 정당별 의석의 비율에 따라 의회 내의 각종 의회보직을 나눠 갖는다. 의장 등을 원내 의석비율에 나누기 위해서 국회와 비슷한 형태로 교섭단체란 이름으로 정당별 회의체가 구성되어 있는데 이러한 회의를 의원총회라 한다. 교섭단체 회의는 각 정당별로 회의를 개최해 소위 정당방침을 정하는 것이며, 중요한 안건에 대해서 통일성을 기하기 위해 개최하는 경우가 많다. 또한 교섭단체들 간에 합동으로 개최해 의회 내의 중요한 의사결정 문제를 본회의에서 의결하기 전 사전에 뜻을 모으는 합동의원총회라는 형태의 회의도 존재한다. 이는 국회의 교섭단체와는 양상이 다르게 지방의회가 대부분 생활정치의 장이라는 차원에서도 이해할 수 있다. 다만, 전국의 지방의회가 지역에 따라 현실적으로 특정 정당이 지방의회 부활 이후 의회 내 다수당으로 거의 모든 의석을 차지하고 있는 경우에는 교섭단체 관련 조례가 시행되지 못하는 경우도 있다.

(4) 의원 간담회

의원들이 공식적인 회의에 앞서 회의에서의 의사결정 방향이나 의안의 회의 상정 여부 등의 의견을 모으기 위해 형식에 구애되지 않고 개최하는 회의의 유형이다. 이는 대부분 상임위원회 회의나 특별위원회 회의 등 위원회 회의 이전에 이뤄지는 것이 보통이며 국회처럼 정당별 내지 교섭단체별 의사결정보다는 위원회 자체의 사전회의이므로 각 정당 소속 의원들이 당론을 결정하는 것이 아니라 위원회 자체의 의사를 사전적으로 집약하는 회의이다. 이때에 사실상의 안건에 대한 처리 방향이 정해지므로 공식적인 회의에서는 안건처리가 일사천리로 진행될 수 있으며, 상임위원회 회의의 경우 회의 자체는 별 의미가 없는 것이 될 수 있다.

(5) 공청회

위원회는 안건의 심사를 위하여 필요하다고 인정하는 때에는 일반적으로 '회의규칙'에서 정하는 바에 따라 공청회를 개최하여 시민, 이해관계자 및 관계 전문가 등의 의견을 들을 수 있다(기본조례 제47조의2).

서울특별시의회 회의규칙(제59조)에서는 '위원회는 중요한 안건 또는 전문지식이 필요한 안건을 심사하기 위하여 위원회의 의결로 공청회를 열고 이해관계자 또는 학식·경험이 있는 사람 등(이하 "진술인"이라 한다)으로부터 의견을 들을 수 있다.'고 되어 있으며 또한 '위원회는 공청회를 열고자 하는 안건·일시·장소·진술인·경비와 그 밖의 참고사항을 기재한 계획서를 서면으로 의장에게 보고하여야' 하고 '진술인의 선정과 발언시간은 위원회에서 정하며 진술인의 발언은 그 의견을 듣고자 하는 안건의 범위에서 하여야 한다.'고 하고 있으며 '위원회가 주관하는 공청회는 그 위원회의 회의로 한다.'고 규정하고 있다. 따라서 공청회는 회의의 일부이며 일반적으로 통칭하는 시민의 의견수렴을 위해 활용하는 공청(Public Hearing)과는 다른 의미라 할 수 있다.

(6) 연석회의

지방의회의 위원회는 다른 위원회와 협의하여 연석회의를 열고 의견을 교환할 수 있다. 그러나 표결은 할 수 없다(회의규칙 제58조). 또한 연석회의를 열고자 하는 위원회의 위원장은 연석회의에 부의할 안건명과 이유를 서면으로 명시하여 다른 위원회의 위원장에게 요구하여야 하며 연석회의는 안건 소관 위원회의 '회의'로 한다.

(7) 토론회 등 의견청취 회의

의회는 의원 등이 시민의 생활에 중대한 영향을 미치는 사항 등에 관하여 필요하다고 인정하는 경우 의회규칙으로 정하는 바에 따라 토론회(세미나, 발표회, 심포지엄 등 의견을 수렴하기 위한 방식을 말한다)를 개최하여 시민, 이해관계자 및 관계 전문가 등의 의견을 들을 수 있다(기본조례 제47조의2).

이에 따라 '서울특별시의회 시민의견 청취를 위한 토론회 등의 운영에 관한 규칙'에서는 위원회 또는 의회 의원이 토론회 등을 개최하여 토론회 등을 개최하고자 하는 경우 의장에게 개최신청을 하고 승인을 받아 개최할 수 있도록 되어 있다.

(8) 기타 유형의 회의

지방의회가 다수당과 소수당 등이 존재하고 지방자치단체 집행기관(광역자치단체의 경우 교육감 포함)의 장이 선출직이므로 중앙정부와 유사하게 당정회의와 비슷한 유형의 회의도 존재하는 경우가 있으며, 의회 내 각종 자문회의 또는 전문가 회의 등이 있다.

2. 회의원칙

1) 의의

지방의회의 각종 공식적 회의 시 지켜야 할 기본적 원칙을 말하는 것으로서 조례나 규칙으로 명문화, 공식화 된 것도 있으며 이와 다르게 관례화, 불문화된 원칙으로 지켜지는 것도 없지 않다.

2) 회의의 원칙

(1) 정족수의 원칙

정족수의 원칙이란 회의를 개의(開議)[4]하거나 의결하는 데 있어서 일정한 수의 회의체 구성원의 출석이나 참석이 필요하다는 원칙이며 정족수란 회의체의 의사진행이나 의사결정에 필요한 최소한의 회의 구성원 수를 의미한다.

정족수는 회의를 개의하고 진행하거나 안건을 의결하는데 필요한 최소한도의 출석의원 수를 말한다. 회의는 본래 그 구성원 전부가 출석하여 열어야 하겠지만, 실제로 그것은 어려우므로 일정한 의원 수의 출석이 있으면 회의를 열고 일정수의 출석과 찬성이 있으면 회의체의 의사결정으로 인정하자는 것이 정족수를 정한 이유이다.

정족수는 회의체 또는 안건의 종류에 따라 다르며, 의사만을 요건으로 하는 것과 의사와 의결 모두를 요건으로 하는 것도 있고, 의결만을 요건으로 하는 것도 있으며, 지방의회의 경우는 본회의와 위원회 모두 '재적의원 3분의 1 이상'을 의사정족수로 하고 있다(법 제63조 제1항). 의사정족수란 지방의회 회의가 개의되기 위해서 필요한 최소한의 출석인원 수를 말한다. 일반 안건의 경우 '재적의원

---

4) 의회가 집회되어 제○○○회 임시회 또는 정례회를 여는 것을 '개회(開會)'라 하고, 그것과 구별하여 회기 중 실제로 당 일의 본회의(위원회 회의 포함)를 여는 것을 '개의(開議)'라고 한다.

과반수의 출석과 출석의원 과반수의 찬성'을 의결정족수로 하고 있다(법 제64조 제1항). 의결정족수란 의안의 의결에 요구되는 찬성의원의 수를 말한다. 정족수의 기준이 되는 재적의원 수는 법령상의 의원정수를 가리키는 것이 아니라 의원정수에서 사직, 사망, 퇴직, 자격상실, 제명 등에 의하여 궐원된 수를 제외한 현재의 실수(實數)를 의미한다.

지방의회가 처리할 대상 안건에 따라 특별한 정족수를 요구하는 경우가 있는데 이를 특별정족수라 하며, 지방자치법에서 의결에 있어서 재적의원 3분의 2 이상의 찬성을 필요로 하는 의원 징계에 의한 제명의결, 의원의 자격상실(법 제88조와 제80조), 의장과 부의장의 불신임의결(법 제55조), 회의의 비공개의결은 출석의원 3분의 2 이상의 찬성(법 제65조), 의회의결에 대한 재의요구는 의원 과반수의 출석과 출석의원 3분의 2 이상의 찬성(법 제26조; 조례안, 제107조; 월권, 법령위반, 공익저해, 제108조; 집행 불가능한 예산의결)이 있어야 한다.

(2) 회의의 공개원칙

회의공개의 원칙은 의회에서 진행되는 모든 과정이 일반시민(주민)에게 공개되어야 한다는 원칙이다. 지방의회 회의는 공개하도록 되어 있다. 이는 지방의회의 안건 처리과정을 외부에 공개하는 것으로서 방청의 자유, 회의 기록의 공표, 보도의 자유 등을 의미하는바(국회사무처, 2004), 현행 지방의회는 본회의의 경우 인터넷으로 생중계하고 있으며 상임위원회 회의도 많은 의회가 생중계하고 있다. 다만, 의원 3명 이상이 발의하고 출석의원 3분의 2 이상이 찬성한 경우 또는 의장이 사회의 안녕질서 유지를 위하여 필요하다고 인정하는 경우에는 공개하지 아니할 수 있다(법 제65조).

서울특별시의회의 경우 본회의와 위원회 회의는 공개하도록 되어있으며, 다만 의장 또는 위원장의 제의 또는 재적의원 5분의 1인 이상의 연서에 의한 동의로 출석의원 3분의 2 이상이 찬성하거나 의장이 각 교섭단체 대표의원과 협의하여 사회의 안녕질서 유지를 위하여 비공개가 필요하다고 인정할 때에는 공개하지 아니할 수 있다(회의규칙 제14조의2)고 하고 있다.

(3) 일사부재의의 원칙

의회에서 부결된 의안은 같은 회기 중에 다시 발의(의회) 또는 제출(집행기관 장)할 수 없는 것을 일사부재의의 원칙(법 제68조)이라 하며, 부결의 개념 속에는 대안의결을 통해 본회의에 부의하지 않기로 한 원안 의안도 포함된다.

만약 같은 회기 중에 동일안건을 몇 번이고 회의에 부치게 된다면 그 끝이 없고, 문제는 확정되지 않을 것이며, 같은 문제에 대하여 다른 의결을 하게 되면 어느 것이 그 회의체의 의사인지 알 수 없는 등 무익한 번잡만을 초래하기 때문이다. 다시 말하면, 의회 의사의 단일화와 회의의 능률적인 운영 및 질서의 유지를 위하여 이 원칙은 매우 중요한 의의를 갖는 것이라 할 수 있다.

의결에는 가결, 부결이 있는데 가결된 안건은 예외적으로 번안하여 재의할 수 있으나 부결된 안건은 재의할 수 없는 것으로 부결에는 폐기도 포함된다. 회기가 다를 때에는 전 회기에서 한번 의결된 것과 동일한 문제에 대하여 심의할 수 있는 것은 물론이다.

일사부재의의 원칙은 동일 심의단계에만 적용되는바, 심의의 각 단계에 있어서만 적용되는 것이고 단계를 달리하는 경우에는 적용되지 아니하며, 의제로 채택되었으나 철회되어 의결되지 않은 안건도 제외 대상이 된다.

의안을 심의하는 단계는 위원회와 본회의가 있는바, 일사부재의 원칙은 하나의 단계에서만 적용되는 것으로서, 위원회에서 심의·결정한 것이 본회의에서 번복되거나 위원회에 재회부하여 다시 심사하는 것은 가능하며 위원회 상호 간에도 이 원칙이 적용되지 아니한다. 즉, 한 위원회에서 심사한 안건을 다른 위원회에 회부하였을 때 독자적인 관점에서 심사하게 되므로, 한 위원회의 의결이 다른 위원회를 구속하지 못한다 할 것이다. 그러나 위원회는 의안심의의 한 단계로서 본회의의 의결 전에 심사하는 것이므로 이미 본회의에서 의결한 것과 동일한 문제는 다시 심의를 할 수 없다 할 것이다.

(4) 회기계속의 원칙

회기계속의 원칙이란 의회에 제출된 의안은 회기 중에 의결되지 못한 것 때문에 폐기되지 아니한다는 것이다. 이는 사회의 복잡·다기화로 인하여 의회에서 처리하여야 할 의안이 날로 증대되고 있는 현실이므로, 회기계속의 원칙은 회기의 종료로 인해 심의 중인 의안이 모두 폐기되는 데에서 오는 손실과 다시 제출하는 데에서 오는 경제적·시간적인 손실을 줄이고, 개회 중에도 위원회의 활동으로 의안의 심사에 능률을 기하기 위하여 채택한 제도적인 장치라고 볼 수 있다. 다만, 의원의 임기가 끝나는 경우에는 이러한 원칙이 지켜지지 않으며 자동으로 폐기된다(법 제67조).

회기란 의회가 활동능력을 가지는 기간을 말하며, 일정한 기간을 정하여 개회되는 기간으로서 본회의는 물론 위원회도 활동능력을 가지고 안건을 심사하는 것을 원칙으로 한다. 다만, 위원회는 본회의의 의결이 있거나 의장 또는 위원장이 필요하다고 인정할 때, 재적위원 3분의 1 이상의 요구가 있는 때에 개회한다. 폐회 중에는 지방자치단체의 장도 의장 또는 위원장에게 이유서를 붙여 개회를 요구할 수 있으나, 회기기간에는 산입되지 않는다(법 제61조).

(5) 기타 원칙

① **토론자유의 원칙**: 회의 시 의장에게 발언권을 받아 발언할 때 일정한 범위 내에서 어떤 방해나 제약을 받지 않아야 한다는 원칙이다. 발언은 그 도중에 다른 의원의 발언에 의하여 정지되지 아니하며, 산회 또는 회의의 중지로 발언을 마치지 못한 경우에는 다시 그 의사가 개시되면 의장은 먼저 그 발언을 계속하게 한다. 그러나 이러한 원칙은 타인과의 관계가 있는 것이어서 일정한 범위라는 것이 정해져 있다. 우선 의원은 본회의나 위원회에서 타인을 모욕하거나 타인의 사생활에 대하여 발언하여서는 아니 되며(법 제83조), 다른 의원의 발언을 방해할 수 없다(법 제84조). 또한 의제 외의 발언은 금지되며 발언횟수나 발언의 종류에 따라 발언시간의 제한을 받을 수도 있다.

② **제척의 원칙**: 지방의회의 의장이나 의원은 본인·배우자·직계존비속(直系尊卑屬) 또는 형제자매와 직접 이해관계가 있는 안건에 관하여는 그 의사에 참여할 수 없다는 원칙이다. 다만, 의회의 동의가 있으면 의회에 출석하여 발언할 수 있다(법 제70조).

여기서 직접 이해관계가 있는 안건이란 당해 의장이나 의원 본인, 배우자·직계존비속 또는 형제자매와 직접적이고 구체적인 이해관계가 있는 안건을 말한다. 구체적으로 ㉠ 의장·부의장의 사임(기본조례 제25조), ㉡ 의장·부의장에 대한 불신임결의(법 제55조), ㉢ 의원의 사직(법 제77조), ㉣ 의원의 자격심사(법 제79조), ㉤ 의원의 징계(법 제86조), ㉥ 중요 재산의 취득 또는 처분 등(법 제36조)이 해당된다.

③ **소수의견 존중의 원칙:** 회의에서 제시되는 소수의견도 존중되어야 한다는 원칙이며 지방의회 본회의 심사보고 등에 소수의견을 기록한다.

④ 이 외에 기타 원칙으로 한 의제에는 한 가지 의안만 토의해야 한다는 원칙인 '일의제의 원칙', 지난 회기에 결정짓지 못한 안건은 이번 회기에 신안건보다 우선 처리해야 한다는 '구 사건 우선(舊 事件 優先)의 원칙', 찬성과 반대자가 서로 일문일답 형식으로 논쟁하듯 하는 대화식 토론을 금지하는 원칙인 '일문일답 금지의 원칙', 같은 회기가 아닌 경우 선 결의와 후 결의가 모순될 때는 후 결의가 우선한다는 '후 결의 우선 원칙' 등이 있다.

제2절 집회와 회기, 의사일정

1. 집회

1) 집회의 의의

집회란 의원이 의회 고유의 기능을 행사하기 위하여 일정한 일시에 일정한 장소에 모이는 것이며 의회는 개회함으로써 활동능력을 갖는 것이므로 집회는 의회의 활동능력을 발생시키는 개회의 전제행위이다.

2) 정례회의 집회

정례회는 매년 2회 개최한다. 다만, 그날이 토요일이거나 공휴일인 경우에는 그 다음 날에 집회한다(법 제44조 제1항, 서울특별시의회 기본조례 제8조). 일반적으로 제1차 정례회는 6월 중에, 제2차 정례회는 11월 중에 집회하나 제1차 정례회의 경우 지방의회 의원 총선거가 실시되는 연도의 제1차 정례회는 의회의 의결로 따로 정할 수 있다(기본조례 제8조). 정례회에서 처리하여야 할 안건은 제1차 정례회에서는 지방자치법 제134조에 따른 결산 승인 및 기타 지방의회에의 부의안건 등이며, 제2차 정례회는 지방자치법 제41조 제1항에 따른 행정사무감사의 실시와 법 제127조에 따른 예산안의 의결 및 기타 지방의회에의 부의안건 등을 처리한다.

정례회의 집회일에 관하여 일반적으로 조례에서 지정하고 있으나 '집회 시각', '집회장소' 등에 관해 규정되어 있지 않으므로 공고 시 이 내용을 포함하여 공고하여야 할 것이다.

3) 임시회의 집회

총선거 후 최초로 집회되는 임시회는 지방의회 사무처장(사무국장, 사무과장)이 지방의회 의원 임기 개시일 부터 25일 이내에 소집도록 되어 있다(법 제45조 제1항). 의장은 지방자치단체의 장이나 재적의원 3분의 1 이상의 요구가 있는 때에는 15일 이내에 임시회를 소집하여야 하나, 의장과 부의장이 사고로 임시회를 소집할 수 없으면 의원 중 최다선의원이, 최다선의원이 2명 이상인 경우에는 그중 연장자 순으로 소집할 수 있다(법 제45조 제2항). 지방의회가 폐회 중 또는 휴회 중인 경우 조사의 발의가 있으면 지방의회의 집회 요구 또는 재개의 요구가 있는 것으로 본다(시행령 제39조 제2항).

임시회의 집회요구가 있을 때는 의장은 반드시 공고를 하여야 하며(긴급할 때는 예외), 의장 재량으로 공고 여부를 결정하지 못한다. 집회일시도 집회요구자가 지정한대로 공고하여야 하며, 지정하지 아니한 때에는 그 일시를 본회의 개의 시 결정방법에 따라 정한다. 집회공고는 집회일 3일 전이면 언제든지 무방할 것이나 공고일이 공휴일일 때에는 그 전일에 공고하는 것을 예로하며, 긴급을 요할 경우에는 공고기일이 적용되지 않는 예외규정이 있다(법 제45조 제3항).

4) 회기 중 집회요구 및 공고

폐회 후 곧바로 임시회를 집회할 필요가 생긴 경우 회기 중에 집회요구와 이에 따른 공고를 할 수 있느냐 하는 문제가 있으나 "정례회 및 임시회의 회기를 조례로 정할 경우" 당해 회기 이상의 회기연장은 불가능하므로, 긴급한 사안이 있을 때에는 회기 중이라도 다음 회기 집회요구와 이에 따른 공고가 가능하다 할 것이다.

5) 2개 이상의 집회요구

2개 이상의 임시회의 집회요구가 있을 때에는 먼저 제출된 것을 공고하고, 동시에 제출되었을 때에는 집회일이 빠른 것을 공고한다. 다만, 집회일이 동일한 것은 일괄하여 공고한다(기본조례 제7조③). 국회는 2개 이상의 집회요구가 있을 때에는 집회일이 빠른 것을 공고하되, 집회일이 같은 때에는 그 요구서가 먼저 제출된 것을 공고하도록 되어 있다(국회법 제5조).

2. 회기

1) 회기의 의의

회기란 의회가 활동능력을 가지는 기간을 말하며, 일정한 기간을 정하여 개회되는 기간으로서 본회의는 물론 상임위원회도 활동능력을 가지고 안건을 심사하는 것을 원칙으로 한다.

다만, 위원회는 본회의의 의결이 있거나 의장 또는 위원장이 필요하다고 인정할 때, 재적위원 3분의 1 이상의 요구가 있는 때에 개회한다. 폐회 중에는 지방자치단체의 장도 의장 또는 위원장에게 이유서를 붙여 개회를 요구할 수 있으나, 회기 기간에는 산입되지 않는다(법 제61조).

2) 회기의 결정

연간 회의 총일수와 정례회 및 임시회의 회기는 해당 지방자치단체의 조례로 정한다(법 제47조 제2항). 서울특별시의회의 경우 의장은 각 교섭단체의 대표의원 및 운영위원장과의 협의를 거쳐 매년 1월 10일까지 대강의 연간 150일 이내에서 의회 운영 기본일정을 정하도록 되어 있다(서울시의회 기본조례 제6조). 또한 의회의 회기는 집회 후 즉시 의결로 정하되 의결로 연장할 수 있으며, 회의에 부의된 안건을 모두 처리하였을 때에는 회기 중에도 의결로 폐회할 수가 있다(회의규칙 제13조).

3) 회기의 계산

한 회기의 계산은 개회일(시작)부터 폐회일(종료)까지의 기간으로서, 임시회는 집회공고에 명시된 집회일부터 기산하고, 정례회는 제1차 정례회와 제2차 정례회는 조례로 정해진 각각 집회일부터 기산한다. 다만, 그날이 토요일·공휴일인 때에는 그 다음 날인 집회일부터 기산하며 휴회는 회기 중에 일시 본회의의 활동을 중지하는 것이므로 회기에 산입한다.

3. 의사일정

1) 의사일정의 의의

의사일정은 개의일시, 부의안건과 그 순서를 기재한 것으로서 그날의 의사를 진행하기 위한 예정서이다. 의사일정을 작성하는 이유는 미리 의원이나 집행기관에 알림으로써 회의에 필요한 준비를 할 수 있게 하고, 질서 있고 효율적인 의사진행을 할 수 있을 뿐만 아니라 일반시민에게 알림으로써 심의를 공명정대하게 하기 위한 것이라고 할 수 있다.

의사일정이라 함은 보통 '당일의 의사일정'을 의미하나 경우에 따라서는 '한 회기 동안의 의사일정' 또는 한 회기 동안을 여러 번 나누어서 작성한 '전체 의사일정'을 의미한다.

2) 의사일정의 작성과 협의

의사일정은 의사조정권을 가진 의장이 작성할 권한을 가지고 있지만 의사를 원활히 진행하기 위하여 의회운영위원회와 협의하여 결정한다(회의규칙 제15조 제2항).

의회운영위원회와 협의함에 있어서는 한 회기동안의 개략적인 의사일정(안)을 작성하여 집회 전에 협의하며, 이 일정에는 본회의 부의안건 외에 위원회 심사기간과 휴회 등 참고사항을 기재하고 본회의 부의안건이 미정인 때는 '안건처리'라고 기재한다.

의회운영위원회는 의장이 협의를 요청한 의사일정(안)을 의제로 하여 토의한 후 이를 원안대로 또는 수정하여 의결한다. 위원회의 협의결과가 원안일 경우에는 그로써 협의가 이루어진 것이나 수정하는 경우에는 의장이 이를 받아들임으로써 협의가 성립된다.

의장이 의회운영위원회와 협의하려고 하였으나 ① 의회운영위원회를 개회할 수 없는 경우, ② 의장과 의회운영위원회 간에 의견이 일치하지 아니하여 협의가 이루어지지 아니할 때에는 의사일정의 작성권을 가진 의장이 결정한다.

3) 의사일정의 변경

의사일정 변경의 유형으로는 긴급상정(의사일정에 기재된 안건이 있음에도 불구하고 다른 긴급안건을 우선적으로 상정하는 것)이나 의사일정 순서의 변경, 일정의 추가(의사일정의 안건추가), 전체 의사일정의 일부변경 등이 있다.

의사일정 변경절차(의원 동의(動議)의 경우)는 의원 10명 이상의 연서에 따른 동의로 본회의의 의결이 있거나, 의장이 각 대표의원과 협의하여 필요하다고 인정할 때에는 의장은 회기 전체 의사일정의 일부를 변경하거나 당일 의사일정의 안건 추가 또는 순서를 변경할 수 있으며, 이 경우 의원의 동의서는 이유를 첨부하여야 하며 그 동의에 대하여는 토론을 하지 아니하고 표결한다(회의규칙 제16조).

의사일정 변경절차의 예외는 명문규정은 없으나 국회의 관례에 따르면 안건 중에는 교섭단체대표의원 간에 협의가 이루어져 이견이 없거나 내용이 간단하고 아주 경미한 것은 의사일정에 기재하지 않고 보고사항으로 처리하는 경우가 있으며, 선결문제도 의사일정 변경절차를 거치지 않고 처리한다. 의사일정 변경의 예외로 인정되고 있는 사항으로 국회의 관례를 살펴보면 회기연장에 관한 건(회의규칙 제13조 제1항), 휴회에 관한 건(회의규칙 제12조 제1항), 공휴일에 본회의 재개(회의규칙 제11조), 경조에 관한 건, 위문금(성금) 등 모금에 관한 건 등이 있다.

4) 의사일정의 상정

1개의 안건은 독립하여 하나씩 각각 상정함이 원칙이나 소관 위원회가 같고, 안건의 종류가 유사하거나 제안자가 같은 경우 또는 안건이 서로 관련되어 있는 경우에는 일괄 상정할 수 있다. 그러나 의결은 각각 안건별로 하여야 하며 의결 시기에 안건별로 찬반토론을 할 수 있다.

제3절 의안의 처리

1. 의안

1) 의안의 개념

의안이란 일정한 형식으로 지방의회에 의회 의원이 발의하거나 지방자치단체 집행기관(광역자치단체의 교육감 포함)의 장이 제출하거나 의회의 위원회가 제안하는 의사결정을 요하는 안건을 말한다.

지방의회의 본질적인 기능 중 하나는 조례안·예산안·동의안 등 의안을 심의·의결하는 것인데, 의회는 의안심의·의결과정을 통하여 지방자치법 등이 요구하는 의회의 기능을 수행하고 주민(시민)의 의사를 지방자치단체의 시정에 반영하게 된다. 이와 같이 넓은 의미로는 의회에 발의·제출·제안된 안건, 좁은 의미로는 의회에서 심의·의결하는 조례안·예산안·동의안 등과 같은 안건을 의안이라고 부른다.

의안(bills)의 개념에 대해서는 지방의회의 회의규칙에서 일정한 요건을 규정하고 있을 뿐 명확한 규정은 없으나 일반적으로 지방의회에서 통용되고 있는 의안이라 함은 지방자치법 등에 따라 지방의회의 의결을 필요로 하는 많은 안건 중에서 특별한 형식적 요건을 구비하여 의원이나 지방자치단체의 장이 제출하는 것을 말한다.

2) 의안의 발의권자

지방의회에 의안을 발의하거나 제출·제안할 수 있는 권한을 발의권(발안권)이라 한다. 의안의 발의권은 의안의 성격에 따라 지방자치단체의 장만이 제출할 수 있는 것과 지방의회 의원만이 발의할 수 있는 것, 단체장과 의회의원 모두가 발의할 수 있는 의안으로 구분할 수 있다. 이는 의안의 내용이 발의자나 제출자의 전속적인 권한에 속하는 것의 경우 구분해서 하지만 일반적인 의안은 양자 모두 발의할 수 있는 것이다.

첫째, 지방자치단체의 장만이 제출할 수 있는 것은 지방자치단체의 장의 전속적인 권한에 속하는 사항과 예산안, 결산의 발의, 선결처분의 승인발의 등이며, 둘째, 지방의회 의원만이 발의할 수 있는 것은 지방의회의 내부적 자율권에 속하는 것으로서 ① 의회규칙의 제정(법 제43조), ② 개회·휴회·폐회와 회의일수의 결정(법 제47조 제1항), ③ 의장·부의장의 선출과 불신임의결(법 제48조 제1항, 제55조), ④ 임시의장의 선출(법 제52조), ⑤ 위원회의 설치(법 제56조), ⑥ 회의규칙의 제정(법 제71조), ⑦ 의원의 사직허가(법 제77조), ⑧ 의원의 자격심사, 자격상실 의결(법 제79조, 제80조), ⑨ 의원의 징계의결(법 제86조), ⑩ 징계에 관한 회의규칙의 제정(법 제89조), 셋째, 그 밖의 의안에 대해서는 지방자치단체의 장이나 의원이 모두 발의할 수 있다.

3) 의안의 제출 또는 제안과 발의

(1) 의안의 제출(법 제66조, 회의규칙 제18조)

의안의 제출이라 함은 자치단체장이 의회에 내는 것을 지칭하므로 제출자는 지방자치단체장(시장, 도지사, 교육감, 자치구청장, 군수)이 된다. 자치단체 집행기관 장의 의안제출은 의원의 발의과정보다는 약간 복잡한 과정을 거치도록 규정되어 있다.

(2) 의안의 제안(회의규칙 제53조)

의안의 제안이라 함은 상임위원회에서 소관사항에 대하여 의안을 제안하는 것으로 제안자는 상임위원회 위원장이 된다. 위원회에서 소관사항에 대하여 1명 이상의 찬성을 얻은 위원의 동의로 의안을 채택한 후 공문으로 제안한다.

(3) 의안의 발의(법 제66조, 회의규칙 제18조)

의안의 발의라 함은 발의자가 의원으로서 발의절차는 의원 10명 이상 연서로 발의할 수 있다. 의안 발의 시 발의의원과 찬성의원을 구분하고 발의의원이 2명 이상인 경우 대표발의의원 1명을 명시하여야 한다(법 제66조 제4항, 회의규칙 제18조 제2항).

(4) 의안의 성립요건

일정한 안을 갖추어야 하고 의원(10인 이상)·위원회 또는 지방자치단체장 등 정당한 권한을 가진 자가 발의·제안 또는 제출하여야 하며, 안의 형식에 하자가 없어야 하고, 발의 또는 제출의 절차가 적법하고 일사부재의의 원칙에 위배되지 아니하여야 한다.

4) 의안의 발의요건

(1) 발의의 요건

지방자치단체의 장이 발의하는 경우에는 특별한 제한이 없으나 조례안의 경우에는 조례·규칙심의회 의결을 필요로 한다. 의원이 발의하는 경우에는 제안근거를 밝히고 발의의원이 서명 후 발의하며 찬성자 수를 기재하여 제출하는 등 일정한 형식을 갖추어야 한다.

(2) 발의·찬성자의 수

의안을 발의하거나 사안에 대한 요구에 있어서 발의자를 포함하여 최소한도로 필요한 찬성자나 연서자는 ① 의원 3명 이상의 찬성은 비공개회의를 열자는 발의(법 제65조), ② 의원 10명 이상의 연서는 조례안 기타 의안의 발의(법 제66조), ③ 재적의원 4분의 1 이상의 연서는 의장 불신임 발의(법 제55조②), 의원의 자격심사 청구(법 제79조 제1항), ④ 재적의원(위원) 3분의 1 이상의 연서는 행정사무조사 발의(법 제41조 제2항), 임시회의 소집요구(법 제45조 제2항), 위원회 개회요구(법 제61조), ⑤ 의안을 발의한 의원의 3분의 2 이상의 동의는 번안동의(회의규칙 제26조), ⑥ 재적의원 과반수의 연서는 신속처리대상안건 지정요구 동의(회의규칙 제21조의2) 등이다.

5) 발의 의안의 유형

의원발의 의안의 유형은 조례안, 결의안, 건의안, 규칙안 등이며 의원은 예산안, 결산승인안, 동의안, 승인안은 발의할 수 없다. 그 이유는 집행기관장의 고유권한이기 때문이다. 위원회 제안으로 발의할 수 있는 의안은 조례안, 결의안, 건의안, 규칙안 등이며, 자치단체장(광역자치단체의 경우 교육감 포함)이 제출할 수 있는 의안은 조례안, 예산안, 결산승인안, 동의안, 승인안 등이다.

2. 동의

1) 동의의 개념

동의는 의원 또는 위원이 의회 또는 위원회에 대하여 발의하는 단순한 제안으로서 일반적으로 안을 갖출 필요가 없이 구두로 행하여지는바, 주로 회의진행의 절차에 관한 것이 대부분이며 심의 중인 안건과는 별도로(독립하여) 의결의 대상이 된다. 동의는 서면으로 발의되는 의안과는 달리 대부분 본안을 심의하는 과정에서 이루어지는 것이므로 서면을 갖출 필요가 없는 것이 통례이나 수정안의 제출 등과 같이 동의의 형식을 취하면서도 서면으로 행하여지는 것도 있다.

본래 동의라는 것은 회의체에서 의사결정을 위한 제안방법으로 활용되어 왔다. 사회의 제 현상이 전문화되고 복잡화함에 따라 회의체의 의사결정을 필요로 하는 내용도 전문적이고 복잡한 것이 많아지게 됨에 따라 안을 갖추지 아니하는 의사표시인 동의로서는 회의체의 의사결정을 위한 제의방법으로 부적당하게 되고, 일정한 요건을 갖춘 의안을 소정의 절차에 따라 제출하게 하여 의제로 삼는 것이 통상적인 방법이 되었다. 따라서 의안이 주된 의결대상이 되었고, 이것을 제외한 동의는 회의진행의 절차에 관한 것이 대부분으로서 그 범위는 좁지만 주로 간단한 내용의 의사결정을 위한 제의방법으로 활용되고 있다.

2) 동의의 종류

(1) 내용에 따른 분류

① 회의의 개폐에 관한 것: 회기결정 또는 연장의 동의(회의규칙 제13조 제1항), 개의시간 변경의 동의(회의규칙 제11조), 회의중지의 동의(회의규칙 제14조 제3항), 산회의 동의(회의규칙 제14조 제3항), 휴회의 동의 등(법 제47조 제1항)

② 의사에 관한 것: 의사일정 변경의 동의(회의규칙 제16조), 보류 동의, 시장 등의 출석요구의 동의(기본조례 제49조), 질의·토론의 종결 동의(회의규칙

지방의회 의원, 무제한토론의 종결 동의(회의규칙 제39조의2), 비공개회의를 열자는 동의(법 제65조), 수정동의(회의규칙 제24조), 표결순서에 관한 동의, 무기명 전자투표 또는 투표용지에 의한 무기명 투표를 하자는 표결방법의 동의(회의규칙 제43조 제2항), 번안동의(회의규칙 제26조), 자구 등 정리를 의장에게 또는 위원회에 위임하자는 동의(회의규칙 제30조), 위원회에서 폐기된 의안을 본회의에 부의하자는 동의 등(법 제69조 제1항)

③ **위원회에 관한 것**: 위원회 회부 또는 재회부 동의(회의규칙 제28조), 위원회의 심사기한을 정하자는 동의(회의규칙 제21조 제1항), 위원회의 중간보고를 듣자는 동의(회의규칙 제21조 제2항), 안건의 신속처리 동의(회의규칙 제21조의2), 특별위원회를 설치하자는 동의(기본조례 제37조), 특별위원회의 수를 증가하자는 동의, 폐회 중 위원회를 개회하자는 동의(법 제61조 제2항), 본회의 중 위원회를 개회하자는 동의(회의규칙 제51조), 예결위원회의 상임위원회에서 삭감된 예산의 증액 동의(회의규칙 제65조 제4항) 등

④ **징계에 관한 것**: 의원을 징계대상자로 당해 위원회에 회부하자는 동의(회의규칙 제84조), 징계대상의원의 변명을 듣자는 동의(회의규칙 제87조)

⑤ **위원회에서 발의되는 것**: 소위원회를 설치하자는 동의(기본조례 제44조 제1항), 비공개 회의를 열자는 동의(법 제65조), 호선으로 선출하자는 동의(기본조례 제40조 제1항, 제43조 제2항), 시장 등의 출석요구의 동의(기본조례 제49조), 연석회의를 열자는 동의(회의규칙 제58조), 공청회를 열자는 동의(회의규칙 제59조), 증인, 감정인, 참석인 등의 출석요구의 동의(지방자치법 제41조 제4항), 위원장은 징계대상자를 의장에게 보고하여 처분을 요구하라는 동의(회의규칙 제84조 제2항) 등

(2) 성질에 따른 분류

① **주동의(독립적 동의)**: 심사하고 있는 안건 또는 다른 안건과는 아무런 관련이 없는 독립된 사안에 대하여 의회의 의결을 구하기 위하여 제출하는 동의로 주로 내용이 복잡하고 찬성의원 수가 많으므로 요건을 갖추어 문서로 발의하는 것이 일반적이다. 이는 특정사안 조사에 관한 동의(법 제41조

제1항), 질문을 위한 자치단체장 등 출석요구의 동의(법 제42조 제2항), 의례에 관한 동의, 번안동의(회의규칙 제26조) 등이 있다.

② 부수적 동의: 주동의 이외의 동의로서 회의진행에서 의제가 된 안건과 관련하여 발의되는 동의로서 의사진행과 관련된 것이 많다. 이는 수정동의(회의규칙 제24조, 제66조), 특별위원회 회부의 동의(회의규칙 제20조 제1항), 질의종결 또는 토론종결의 동의(회의규칙 제39조), 보류동의, 심의방법에 관한 동의, 표결방법에 관한 동의(회의규칙 제43조) 등이 있다.

③ 우선동의(선결동의): 회의진행 중에 어떤 사안을 발의하여 의회 의결로 결정하기 위한 동의를 말한다. 의사일정 변경의 동의(회의규칙 제16조), 회의중지의 동의(회의규칙 제14조 제3항), 정회·산회 및 유회의 동의(회의규칙 제14조 제4항), 휴회의 동의(법 제47조 제1항), 의원징계의 동의(회의규칙 제84조) 등이 있다.

3) 동의의 발의 및 성립

본회의에서의 동의는 다른 규정이 있는 경우를 제외하고 동의자 외 1명 이상의 찬성으로 의제가 되며(회의규칙 제23조), 동의 중에는 동의의 찬성자를 많이 요하도록 함으로써 동의의 성립이 특별히 까다로운 경우도 있다. 이러한 예는 수정동의는 13명 이상의 찬성(회의규칙 제24조), 예산안의 수정동의는 22명 이상의 찬성(회의규칙 제66조), 번안동의는 의안을 발의한 의원의 3분의 2 이상의 찬성(회의규칙 제26조), 의사일정의 변경동의는 10인 이상의 연서(회의규칙 제16조), 비공개회의를 열자는 동의는 3명 이상이 발의하고 출석의원 3분의 2 이상이 찬성한 경우 또는 의장이 사회의 안녕질서 유지를 위하여 필요하다고 인정하는 경우(법 제65조) 등이다. 위원회는 소수의 위원으로 구성되기 때문에 특별히 다수의 찬성자를 요구하는 수정동의, 번안동의, 의사일정 변경의 동의 등에도 일반동의와 마찬가지로 동의자 외 1명 이상의 찬성으로 의제가 된다.

3. 번안·수정동의·대안

1) 번안동의

(1) 번안의 개념

번안이라 함은 이미 가결한 의안에 대하여 회의체(위원회, 본회의)가 스스로 그 의결을 무효로 하고 전과 다른 내용으로 번복하여 의결하는 것을 말한다. 이는 의안과 관련된 객관적인 사정이 의결 당시와 현저히 달라졌거나 의결에 명백한 착오가 있을 경우 다시 심의하여 수정할 기회를 갖기 위한 것이라고 할 수 있다.

(2) 번안의 제출 방식

본회의에 있어서 번안동의는 의안을 발의한 의원의 3분의 2 이상의 동의로, 시장·교육감 또는 위원회가 제출한 의안은 소관 위원회의 의결로 각각 그 안을 갖추어 서면으로 제출하되 재적의원 과반수의 출석과 출석의원 3분의 2 이상의 찬성으로 의결한다(회의규칙 제26조 제1항·제2항). 번안동의는 가결된 의안에 대해서만 가능하고 부결된 의안에 대해서는 할 수 없도록 되어 있다(일사부재의의 원칙).

(3) 번안의 제출시기

본회의에 있어서는 의안이 지방자치단체의 장에게 이송되기 전에, 위원회에 있어서는 본회의에 의제가 되기 전에 제출하여야 하고, 이송하지 아니하는 결의안이나 규칙 등은 의결한 직후가 아니면 번안할 수 없다. 본회의에 의제가 된 경우에는 수정동의 등을 통하여 위원회의 의결과 달리 의결할 수 있다.

(4) 위원회 조치사항

위원회에서 번안하고자 할 경우 심사보고서를 의장에게 제출하기 이전이면 별 문제가 없으나 심사보고서를 의장에게 이미 제출한 경우에는 본회의 의제가 되기 전까지 심사보고서를 철회하거나 의장에게 본회의 상정보류를 요청하여야 한다.

(5) 번안의 처리

위원회의 경우 번안의 처리는 재회부받은 경우와 같이 이미 의결한 의안을 재심사하며 심사의 범위를 어디까지 할 것인가와 심사의 절차상 질의·토론을 생략할 것인지의 여부를 위원회의 의사로 결정하여 처리한다. 번안동의는 재적의원 과반수의 출석과 출석의원 3분의 2 이상의 찬성으로 의결하고, 전에 의결하였던 내용에 구애됨이 없이 수정하거나 부결할 수 있다. 일반적으로 번안동의는 '전에 의결했던 내용을 일부 수정하는 것'으로서 번안동의가 가결되면 전에 의결된 내용 중 번안된 부분은 번안 동의한 내용대로 수정되며, 부결되는 경우에는 수정안과 같이 원안을 다시 표결하는 것이 아니고 전에 의결된 내용이 그대로 확정되는 것이다.

2) 수정동의

(1) 수정동의의 개념

수정동의란 의안을 수정하기 위해 일정한 안을 갖추어 발의하는 것으로서 그 성격에 있어서 의안의 발의와 유사한 점이 많기 때문에 수정동의를 '수정안의 발의'라고도 할 수 있다. 수정안은 미리 위원회에서 심사를 마친 원안과 동시에 본회의에서 심의되는 것으로서 별개의 의안이 아닌 점에서 위원회에 회부되는 일이 없고 원안인 의안과 떨어져 독립하여 존재할 수 없다.

(2) 수정의 범위

수정동의안은 원안의 목적 또는 성격을 변경하지 않는 범위 내에서 문안의 자구, 내용을 변경하는 것, 문안을 추가 또는 삭제하는 것, 의안의 제목을 변경하는 것, 하나의 안을 분할하여 몇 개의 안으로 하는 것, 몇 개의 안을 합하여 한 안으로 하는 것 등은 모두 수정의 범위라고 할 수 있다.

수정은 원안의 목적 또는 성격을 변경하지 않는 범위 내에서 하여야 하며, 여러 군데를 많이 손질하여 고칠 때에는 원안의 취지를 잃고 전혀 다른 의미로 되어 버릴 염려가 있으므로, 정도가 지나친 것은 수정을 할 것이 아니라 반대의사를 표명하거나 새로운 안을 제출하여야 할 것이다. 의안의 내용이 의회의 의결로써 변경 가능한 범위 내여야 하는바, 수정은 원안의 내용을 변경하는 것이므로 그 의안의 내용이 의회의 의결로써 변경할 수 있는 것이어야 하며, 의안이라도 그 내용이 이미 확정되어 있어서 내용을 변경할 수 없는 것은 수정할 수 없다. 수정의 한계는 일반적으로는 의결로써 그 내용이 최종적으로 결정될 수 있는 것인가 아닌가를 표준으로 할 것이지 발안권이 의회에 있느냐 없느냐에 따라서 수정의 한계를 논하여서는 안 된다고 할 수 있다. 예컨대 예산안에 대하여 의회는 발안권이 없지만 삭제는 물론 증액수정이나 새 비목 설치도 단체장의 동의를 얻어 할 수 있다.

(3) 수정안의 처리절차

① 원안 상정 전에 수정안이 제출될 경우
- 원안상정
- 수정안 제출보고
- 원안에 대한 심사보고 또는 취지설명을 들은 후 수정안 취지설명
- 원안 수정안 같이 질의·토론
- 수정안부터 먼저 표결

② 질의나 토론 중에 수정안이 제출될 경우
- 우선 질의나 토론을 하고 있는 의원의 발언이 끝나면
- 수정안 제출상황을 고지하고 바로 취지설명을 들은 후
- 원안·수정안 같이 질의·토론하고
- 수정안부터 먼저 표결

3) 대안

(1) 대안의 개념

대안이라 함은 원안과 일반적으로 취지는 같으나 그 내용을 전면적으로 수정하거나 체계를 전혀 다르게 하여 원안에 대신할 만한 내용으로 제출하는 것이며, 넓은 의미에서 보면 일종의 수정안의 성격을 띤 것이라 할 수 있다.

(2) 대안의 제출

① 1개의 조례에 대해서 위원회에 2개 이상의 개정 조례안이 회부되어 이 두 개의 안을 각각 심사하는 것보다 이를 통합하여 단일안인 대안으로서 제출하는 경우
② 1개의 개정안이라도 그 내용을 수정하는 외에 개정안에 포함하지 아니한 다른 조문의 내용까지 개정하고자 할 때에 이는 수정의 범위를 벗어나므로 대안으로서 제출하는 경우
③ 의원이 대안을 제출한 때라도 위원회의 심사과정에서 원안과 의원이 제출한 대안을 폐기하고 위원회의 대안으로서 제출하게 되는 경우

(3) 대안의 유형

① **의원발의대안**: 의원발의대안은 위원회에서 그 원안을 심사하는 동안에 제출하여야 하며(회의규칙 제24조) 또한 수정동의와 마찬가지로 의원 13인 이상의 찬성자와 연서하여 의장에게 제출하여야 한다. 의원발의대안은 위원회에 회부하여 원안과 함께 심사되는 것으로서 독립된 의안이 아니므로 의안번호는 부여하지는 않는다.
② **위원회제출대안**: 위원회제출대안은 위원회에서 원안을 폐기하고 그 원안에 대신할만한 새로운 안을 입안하여 의결하는 것이며 위원회제출대안은 위원장 명의로 제출한다. 또한 위원회제출 대안은 본회의에서 독립된 의안이 되므로 의안번호가 부여된다.

4. 청원

1) 청원의 의의

청원권은 법치국가에서 국가기관에 대해 일정한 사항에 관한 의견이나 희망을 진술할 권리를 말하는 것으로서 국민의 제 권리 가운데서 가장 오래되고 근대헌법이 보장하고 있는 전통적인 권리이다. 청원권은 원래 의회제도가 발달되기 이전인 전제시대에 대중의 정치적 요구의 유일한 창구인 동시에 대중이 권력자로부터 입은 손해에 대하여 자기의 이익을 수호하고 침해된 권리를 회복하기 위한 유일한 수단이기도 하였으나, 근대적 의회제도의 발전과 함께 언론자유의 확립, 국민의 참정기회 확대 및 사법 구제제도의 완비 등으로 청원권이 지니고 있는 실질적인 의의와 효용은 점차 감소되는 추세에 있다고 볼 수 있다.

그럼에도 각국 헌법이 널리 인정하고 있는 것은 행정적·사법적 권리구제절차 등 절차와 요건이 까다로운 다른 권리구제절차 대신에 편리한 방법으로 권리구제를 받을 수 있고, 의회로 하여금 청원에서 주장하는 비리와 부조리를 심사하는 계기를 부여함으로써 정부를 견제하는 역할을 다 하도록 기대하고 있기 때문이다.

헌법 제26조는 "① 모든 국민은 법률이 정하는 바에 의하여 국가기관에 문서로 청원할 권리를 가진다. ② 국가는 청원에 대하여 심사할 의무를 진다."고 규정하고 있는바, 청원은 국민이 국가 각 기관에 대하여 일정한 의견 또는 희망을 표시할 수 있는 것으로서 반드시 국민의 권리 또는 이익이 침해되었을 때에만 행할 수 있는 것이 아니고 널리 그 기관의 직무에 관한 모든 사항에 대해서도 할 수 있는 것이다.

지방자치법에서 청원사항을 규정한 것은 헌법상 부여된 국민의 청원권을 자치입법기관의 하나인 지방의회에서도 이를 구체화시킨 것으로 볼 수 있다. 그런데 청원의 대상기관은 청원에 대하여 심사의무를 지지만 반드시 이를 채택할 의무를 지는 것은 아니며, 이 점에서 청원은 행정심판이나 소송과 구별된다 할 것이다.

2) 청원사항

청원은 다음에 해당하는 경우에 한하여 할 수 있다(청원법 제4조).

① 피해의 구제
② 공무원의 위법, 부당한 행위에 대한 시정이나 징계의 요구
③ 법률·명령·조례·규칙 등의 제정·개정 또는 폐지
④ 공공의 제도 또는 시설의 운영
⑤ 그 밖에 국가기관 등의 권한에 속하는 사항

3) 청원서의 제출

지방의회에 청원을 하려는 자는 그 내용을 명확히 하기 위하여 반드시 문서로 제출하여야 하고, 지방의회 의원의 소개의견서를 첨부해야 한다(헌법 제26조, 지방자치법 제73조). 청원을 소개하는 의원은 그 청원의 내용에 찬의를 표하는 것이므로 청원서의 표지 또는 말미에 서명 또는 기명날인을 하여야 하고, 소개의원의 인원수에는 제한이 없다.

청원서에는 청원인의 성명(법인인 경우에는 명칭과 대표자의 성명)과 주소 또는 거소를 기재한 문서(전자정부법에 의한 전자문서를 포함)로 하여야 한다(청원법 제6조, 청원규칙 제2조). 다수인이 공동 청원할 경우에는 대표자를 선임하여 표시하고 연명부는 원부를 첨부하여야 하며, 청원서에는 청원의 취지와 이유를 구체적으로 명시하여야 하고 필요한 경우에는 참고자료를 첨부할 수 있다(청원법 제6조, 청원규칙 제2조).

4) 청원의 처리

(1) 상임위원회 심사

① **청원 심사기간**: 청원은 원칙적으로 일반의안과 같이 위원회의 심사를 거쳐

야 하는바 그 심사기간이 제한 없이 장기화된다면 청원인의 권리구제의 실효성이 확보되지 않으므로 심사기간을 정하고 있다. 소관 상임위원회는 의장으로부터 심사하도록 회부된 청원에 대하여는 특별한 사유가 없는 한 청원이 회부된 날부터 60일 이내에 심사결과를 의장에게 보고하여야 하며, 이 기간 내에 심사를 마치지 못하였을 경우에는 의장에게 중간보고를 하고 심사기간의 연장을 요구할 수 있다(청원규칙 제6조).

② **제척과 회피**: 의원은 직접 이해관계가 있거나, 공정을 기할 수 없는 현저한 사유가 있는 경우에는 그 청원의 심사 및 의결에 참여할 수 없다(청원규칙 제8조 제1항). 본회의 또는 위원회는 위와 같은 제척사유가 있다고 인정하는 경우에는 그 의결로 당해 의원이 청원의 심사·의결에 참여할 수 없게 하고 다른 의원으로 하여금 심사·의결하게 하여야 하며, 이러한 조치에 대하여 해당 의원의 이의가 있을 경우에는 본회의가 의결하는 바에 의한다(청원규칙 제8조 제2항·제3항).

(2) 위원회 의결

위원회에서 심사한 결과, 본회의에 부의할 필요가 있다고 결정한 경우에는 의견서를 첨부하여 의장에게 심사보고하며, 위원회는 청원이 다음에 해당할 경우에는 본회의에 부의하지 아니한다. 첫째, 국가기관이나 지방자치단체의 조치 또는 이해관계자 간의 합의가 이미 완료되어 청원목적이 달성된 경우, 둘째, 청원의 취지는 이유가 있으나 예산사정 등 현실적으로 그 실현이 불가능한 경우 셋째, 청원의 취지가 국가 및 지방자치단체의 시책에 어긋나는 등 타당성이 없는 경우인바, 이 경우 심사보고서에 본회의에 부의하지 아니하기로 한 사유를 별지 첨부하여 의장에게 보고하고 청원인 및 소개의원에게 통지한다.

(3) 본회의 의결

위원회에서 본회의에 부의하기로 결정한 청원은 본회의에서 심의하여 위원회의 결정에 구애됨이 없이 채택하거나 채택하지 않을 수 있다. 청원은 그 자체를 의결하는 것이 아니고 그것에 대한 의회의 의사를 결정하는 것이므로 위원회에서 그 청원을 심사 보고할 때 붙인 의견서는 일반의안과는 달리 그 내용을 수정할 수도 있다.

(4) 청원의 이송

청원이 본회의에서 그 지방자치단체의 장이 처리함이 타당하다고 의결되었을 경우 의장은 의견서를 첨부하여 그 지방자치단체의 장에게 이송하여야 하며(법 제76조 제1항), 그 지방자치단체의 장은 이송된 청원을 처리하고 그 처리결과를 지체 없이 의회에 보고하여야 한다. 이때는 의회가 폐회 중이라 하더라도 보고하여야 한다(법 제76조 제2항).

5. 민원처리

1) 민원의 개념

민원이란 의회에 특정한 행위를 요구하는 진정, 건의, 질의, 탄원, 호소 등을 지칭하며, "민원인"이란 의회에 민원을 제기하는 개인·법인 또는 단체로 정리할 수 있다.

2) 민원의 처리

의회에 제출되는 민원은 의회사무기구의 장이 접수하고, 민원처리부(전자적 시스템으로 작성·관리 가능)를 비치하여 민원처리상황을 기록·관리한다. 의장은 접수된 민원을 소관 상임위원회 또는 집행부, 타 기관에 이송하여 민원처리하게 한다. 민원은 특별한 사유가 없으면 설명, 질의 등의 민원은 7일 이내, 진정, 건의, 탄원, 호소 등의 민원은 14일 이내에 처리하도록 하나 민원내용상 처리할 수 없는 사유가 있거나, 답변을 충실히 하기 위하여 부득이 기간 내에 처리하지 못할 것이 예상되는 경우에는 그 기간을 연장할 수 있으며, 이 경우 민원인에게 처리진행상황을 통지하도록 하고 있다. 또한 민원처리 결과를 민원인뿐만 아니라 소관 상임위원회에도 통지하여 각종 의안 반영 등 의정활동에 참조하도록 한다.

3) 불수리사항

민원의 내용이 다음과 같을 때에는 이를 수리하지 아니한다(지방의회 민원처리규정).

① 감사·수사·행정심판·재판·조정·중재 등 다른 법령에 의한 조사·불복 또는 구제절차가 진행 중인 사항
② 판결·결정·재결·화해·조정·중재 등에 의하여 확정된 권리관계에 관한 사항
③ 허위의 사실로 타인을 해롭게 하거나 국가기관 등을 모독하는 사항
④ 의장 또는 의원을 모독하는 사항
⑤ 사인간의 권리관계 또는 개인의 사생활에 관한 사항
⑥ 동일인이 동일한 내용의 민원을 2건 이상 제출하였을 때, 나중에 제출한 민원
⑦ 민원인(다수인일 경우에는 그 대표자)의 주소, 성명 및 민원의 내용이 분명하지 아니한 것. 사무기구의 장은 위 ①부터 ⑥에 해당하는 민원에 대하여는 그 취지를 민원인에게 통지하며, ⑦의 경우에는 이를 폐기한다.

제4절 회의 운영

1. 안건 및 심의절차

1) 안건의 의의

안건이란 의회에서 논의대상이 되는 모든 사안을 말하며 의안과 기타의 사안을 포함하며, 심의란 의회에서 안건에 대하여 회의형식에 따라 그 내용을 심사하고 논의함을 말한다. 우리나라 지방의회는 상임위원회 중심주의를 취하고 있으므로 의회에 제출·발의되는 모든 안건은 원칙적으로 소관 상임위원회에 회부되어 심사가 이루어지고 나서 본회의에 보고된 후 본회의에서 최종심의를 하게 된다. 그러나 의장단 선거 및 의원 신분과 관련된 사항 등은 위원회에 회부하지 아니하고 본회의에서 바로 심의하도록 하고 있다.

2) 안건심의절차

본회의는 안건을 심의함에 있어서 그 안건을 심사한 위원장 또는 의원의 심사보고를 듣고 질의·토론을 거쳐 표결로서 의결한다(회의규칙 제27조 제1항). 다만, 위원회의 심사를 거치지 아니한 안건은 본회의에서 제안자가 그 취지를 설명하여야 하고, 위원회의 심사를 거친 안건에 대하여는 사전에 질의·토론 신청이 있을 경우에는 해당 안건을 심의할 때 발언할 수 있으나 사전에 요청이 없을 경우에는 질의·토론을 생략한다.

▶ 표 6-1 ◀ 안건심의 절차도

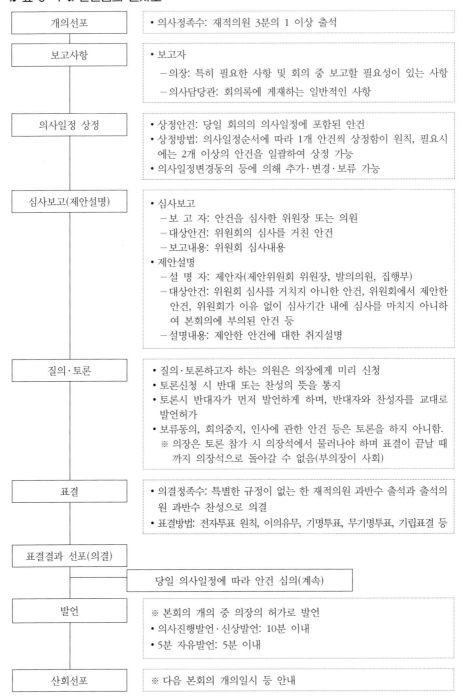

개의선포	• 의사정족수: 재적의원 3분의 1 이상 출석
보고사항	• 보고자 － 의장: 특히 필요한 사항 및 회의 중 보고할 필요성이 있는 사항 － 의사담당관: 회의록에 게재하는 일반적인 사항
의사일정 상정	• 상정안건: 당일 회의의 의사일정에 포함된 안건 • 상정방법: 의사일정순서에 따라 1개 안건씩 상정함이 원칙, 필요시 에는 2개 이상의 안건을 일괄하여 상정 가능 • 의사일정변경동의 등에 의해 추가·변경·보류 가능
심사보고(제안설명)	• 심사보고 － 보 고 자: 안건을 심사한 위원장 또는 의원 － 대상안건: 위원회의 심사를 거친 안건 － 보고내용: 위원회 심사내용 • 제안설명 － 설 명 자: 제안자(제안위원회 위원장, 발의의원, 집행부) － 대상안건: 위원회 심사를 거치지 아니한 안건, 위원회에서 제안한 안건, 위원회가 이유 없이 심사기간 내에 심사를 마치지 아니하 여 본회의에 부의된 안건 등 － 설명내용: 제안한 안건에 대한 취지설명
질의·토론	• 질의·토론하고자 하는 의원은 의장에게 미리 신청 • 토론신청 시 반대 또는 찬성의 뜻을 통지 • 토론시 반대자가 먼저 발언하게 하며, 반대자와 찬성자를 교대로 발언허가 • 보류동의, 회의중지, 인사에 관한 안건 등은 토론을 하지 아니함. ※ 의장은 토론 참가 시 의장석에서 물러나야 하며 표결이 끝날 때 까지 의장석으로 돌아갈 수 없음(부의장이 사회)
표결	• 의결정족수: 특별한 규정이 없는 한 재적의원 과반수 출석과 출석의 원 과반수 찬성으로 의결 • 표결방법: 전자투표 원칙, 이의유무, 기명투표, 무기명투표, 기립표결 등
표결결과 선포(의결)	
	당일 의사일정에 따라 안건 심의(계속)
발언	※ 본회의 개의 중 의장의 허가로 발언 • 의사진행발언·신상발언: 10분 이내 • 5분 자유발언: 5분 이내
산회선포	※ 다음 본회의 개의일시 등 안내

2. 회의의 개폐

1) 개의

의회가 집회되어 임시회 또는 정례회를 여는 것을 '개회'라 하고, 그것과 구별하여 회기 중 실제로 당일의 본회의(위원회 회의 포함)를 여는 것을 '개의'라고 한다.

의사정족수가 충족되면 의장은 개의를 선포한다. 의장의 '개의선포'에 의하여 회의가 시작되며 선포 전에는 누구든 발언할 수 없고, 발언을 신청하여도 이를 허가하지 않는다. 개의선포 전에는 의원이 어떤 말을 하여도 발언으로 인정할 수 없으며, 회의록에 기재될 수 없다.

정족수는 회의를 개의하고 진행하거나 안건을 의결하는 데 필요한 최소한도의 출석의원 수를 말한다. 회의는 본래 그 구성원 전부가 출석하여 열어야 하겠지만, 실제로 그것은 어려우므로 일정한 의원 수의 출석이 있으면 회의를 열고 일정수의 출석과 찬성이 있으면 회의체의 의사결정으로 인정하자는 것이 정족수를 정한 이유인 것이다. 정족수는 회의체 또는 안건의 종류에 따라 다르며, 의사만을 요건으로 하는 것과 의사와 의결 모두를 요건으로 하는 것도 있고, 의결만을 요건으로 하는 것도 있으며, 지방의회의 경우는 본회의와 위원회 모두 '재적의원 3분의 1이상'을 의사정족수로 하고(지방자치법 제63조 제1항) 일반안건의 경우 '재적의원 과반수의 출석과 출석의원 과반수의 찬성'을 의결정족수로 하고 있다(지방자치법 제64조 제1항). 정족수의 기준이 되는 재적의원 수는 법령상의 의원정수를 가리키는 것이 아니라 의원정수에서 사직, 사망, 퇴직, 자격상실, 제명 등에 의하여 궐원된 수를 제외한 현재의 실수(實數)를 의미한다.

> ※ 1일 1차 회의의 원칙
>
> 의사정족수 미달로 의장이 유회를 선포하였거나 당일의 의사가 끝나서 의장이 산회를 선포한 후에는 그날에 다시 회의를 열지 못한다. 이와 같이 1일 한차례의 회의만을 열 수 있게 한 의회 운영의 원칙을 일컬어 '1일 1차 회의의 원칙'이라 한다.

만일 회의를 재차 열 수 있다고 해석한다면 운영상 아주 곤란한 문제가 생기는데, 즉 ① 산회 후에도 오후 12시까지는 회의를 열 수 있는 상태에 있게 되며, ② 그날에 회의가 유회되어도 역시 오후 12시까지는 회의를 열 수 있는 상태에 있으므로 유회를 선포하는 것이 무의미하게 되기 때문이다.

2) 휴회

휴회는 의회가 활동을 할 수 있음에도 불구하고 본회의를 중지하는 것을 말한다. 회의의 중지는 본회의를 열지 않는다는 뜻이지 위원회도 열지 않는다는 것이 아니므로, 휴회 중 위원회의 활동에는 아무런 구속이 없으며, 휴회는 의결로 기간을 정하여 하게 되지만 그 일수와 횟수에 제한이 없으며 휴회일수는 회기에 산입한다.

휴회 중이라도 집행기관장의 요구가 있을 경우, 의장이 긴급하다고 인정할 경우 또는 재적의원 3분의 1 이상의 요구가 있을 때는 회의를 재개할 수 있다(회의규칙 제12조 제2항).

3) 유회 및 회의중지(정회)

의사정족수(재적의원 3분의 1 이상 출석)는 회의를 개의하는 데 필요한 요건, 즉 성립요건이다. 따라서 의장은 개의 시부터 1시간이 경과할 때까지 재적의원 3분의 1 이상이 출석하지 아니할 때는 유회를 선포할 수 있으며(회의규칙 제14조 제2항), 회의 중 의사정족수에 달하지 못할 때에는 회의의 중지를 선포하여 정족수에 이를 때까지 기다려서 속개하거나, 정족수에 달할 가망이 없을 때에는 산회를 선포하는 것이다.

회의의 중지라 함은 정회라고도 하며, 회의를 일시 정지하는 것으로서 휴회와 같은 뜻을 지니며, 의장은 회의장 소란으로 더 이상 회의가 불가능하다고 인정할 때와 안건심사 기타 의사진행절차 등에 관한 이견이 있어 원만한 회의진행을 위한 의견조정이 필요한 경우 정회를 선포할 수 있다.

4) 산회

산회는 그날의 회의를 마치는 것을 말하며 산회의 선포는 의장의 전권사항으로서 의사일정에 올린 안건의 의사가 끝났을 때에는 산회를 선포하는 것이다. 다만, 의장이 필요하다고 인정할 때 또는 의원의 동의로 본회의 의결이 있을 때에는 일정에 안건을 추가하여 의사를 계속할 수 있다.

만일 자정이 되어도 의사가 끝나지 아니한 때에는 일단 본회의를 산회하고 다음날 0시 이후에 차수를 변경하여 다음 회의를 개의한다. 회의는 하루를 단위로 하여 열고, 또한 의사일정은 당일에 한하여 유효하므로 자정이 되면 의사를 마치지 못하여도 일단 산회하고 0시 이후에 개의시각을 정하여 새로 개의하는 것이 타당하다 할 것이다.

3. 발언

발언이란 회의 시 의사일정과정에서 회의체의 구성원들이 회의의 의장의 허가를 받아 의견을 말로 하는 것을 가리킨다. 발언의 종류에는 안건의 제안설명, 심사보고, 심사보고에 대한 보충보고, 질의 및 답변, 토론, 보고, 의사진행발언, 신상발언, 5분 자유발언, 인사, 시정질문, 긴급현안질문, 교섭단체 대표연설, 보충발언, 의장발언 등이 있다.

의장이 일단 본회의에서의 발언을 허가한 때에는 다른 발언을 허가하지 않으며 발언자는 발언 도중에 타 발언에 의하여 정지되거나 방해되지 않고 그 발언을 완료할 것을 보장받는다.

의원이 본회의나 위원회의 회의장에서 지방자치법이나 회의규칙에 위배되는 발언이나 행위를 하여 회의장의 질서를 어지럽히면 의장이나 위원장은 경고 또는 제지하거나 그 발언의 취소를 명할 수 있고, 그 명에 따르지 아니한 의원이 있으면 의장이나 위원장은 그 의원에 대하여 당일의 회의에서 발언하는 것을 금지하거나 퇴장시킬 수 있다(법 제82조 제1항·제2항).

의장이나 위원장은 회의장이 소란하여 질서를 유지하기 곤란하면 회의를 중지하거나 산회를 선포할 수 있다(법 제82조 제3항).

1) 발언통지와 허가

발언을 하고자 할 때에는 의원뿐만 아니라 출석답변 공무원, 기타를 막론하고 미리 의장에게 통지하여 허가를 얻어야 하며, 발언통지는 의사를 정리하고 의원의 발언준비와 발언의 기회균등을 보장하기 위하여 필요한 것이다. 발언의 시기는 의장이 개의를 선포한 후부터 산회 또는 회의의 중지를 선포하기까지이다.

발언통지는 '미리'하게 되어 있으므로, 발언 전에 언제든지 서면 또는 구두로 하면 되고, 미리 통지하지 아니한 의원은 회의 중 발언통지를 할 수 있다. 의사일정에 기재된 안건에 한하므로 의사일정이 보고된 후 접수하고, 그 전에 통지한 것은 의사일정이 보고된 때 접수한 것으로 한다.

발언의 허가는 의장이 발언순서와 내용 등을 고려하여 발언자를 지명·발언을 허가한다. 그러나 발언허가를 얻은 의원이라도 발언을 철회할 수 있으며, 또 의장이 지명한 때 그 발언통지자가 의석에 없을 경우는 발언순위를 다음으로 미루거나 발언권을 행사할 의사가 없는 것으로 보며, 발언통지자 간의 합의에 의하여 발언순위를 변경할 수도 있다. 허가를 얻지 않고 발언을 할 때에 의장은 이를 제지하여야 하며, 의장의 허가를 얻지 않은 발언은 정식 발언이 아니고 사담에 불과하다.

2) 발언의 장소

모든 발언은 발언대에서 하는 것이 원칙으로서, 발언대에서 발언을 하는 것은 명확성과 철저를 기하기 위하여 필요하며, 회의장의 구조, 속기기술 등 실제사정을 고려한 것이다. 구두 동의를 하거나 동의에 대한 재청과 같이 발언이 극히 간단한 경우 또는 의장이 허가한 때에는 의석에서 발언할 수 있으나, 의장은 상황에 따라 의석에서 발언하는 의원을 발언대에 나오게 할 수 있다.

3) 발언의 제한

어떤 종류의 발언이든 또 누가 하는 발언이든, 모든 발언은 그 허가된 발언의 목적과 성질에 따라서 일정한 범위가 있는 것이고, 발언이 허가되었다 하여 무엇이든 마음대로 발언할 수 있는 것이 아니다. 의장이 선포한 의제에 대하여 발언할 때에는 그 의제 외의 사항이 언급되어서는 아니 되며, 의제에 대한 발언이라도 그 발언의 성질의 범위를 넘어서는 아니 된다.

의원이 의사진행을 지연시키거나 방해할 목적으로 신문, 잡지, 간행물, 기타 문서를 낭독하여서는 아니 되나, 발언취지를 명확히 하기 위하여 간단한 문장을 인용하는 것은 무방하다 할 것이다(기본조례 제60조 제1항). 다만, 의원이 의제와 관계없는 발언을 하여 회의장의 질서를 어지럽히면 의장은 그 의원에게 경고 또는 제지하거나 그 발언의 취소를 명할 수 있다(법 제82조 제1항).

4) 의사진행에 관한 발언

의사진행에 관한 발언은 회의 운영의 실제에서 생긴 것으로서 그 범위는 명확하게 규정할 수 없으나, 그 발언을 허가하지 않으면 의사진행을 할 수 없는 성질의 것을 의사진행발언이라 한다. 예를 들면, 소위 '규칙발언'이라 하여 의안 또는 동의나 발언, 기타 의사진행이 회의에 관한 법규에 위반된다는 취지의 발언, 의장에 대한 질의, 주의 또는 희망을 말하거나 선결동의를 하기 위한 발언 등이 있다.

의사진행에 관한 발언으로서 의제를 심의하기 위하여 관계공무원의 출석을 요구하는 등 의제와 직접 관계가 있는 것 또는 규칙발언과 회의의 중지 등 즉각 처리할 필요가 있다고 인정되는 것은 다른 발언통지에 우선하여 즉시 허가하고 그 외의 것은 의장이 발언 허가시기를 정한다.

이와 같이 의사진행에 관한 발언은 그 허가시기를 의장이 정하여야 하며, 그 범위가 상당히 넓고 또 의사진행의 발언을 빙자하여 다른 발언으로 의사진행을 방해할 수 있으므로 발언요지를 의장에게 미리 통지하도록 한 것이다.

의사진행에 관한 발언은 동의가 아니므로 찬성자가 필요 없고 표결의 대상이 되지 않으며, 이 발언에 대하여는 의장이 필요에 따라서 답변을 하거나 적당한 조치를 취하면 되나, 의사진행의 발언이 선결동의를 하기 위한 것이거나 동의를 성립시킬 필요가 있는 것일 때는 1명 이상의 찬성자가 있는지를 물어서 동의가 성립되면 의제로 하여야 한다.

5) 신상발언

신상발언은 의원의 일신상에 관한 문제가 생긴 경우에 본인이 해명하는 발언이다. 자격심사의 피심의원, 징계대상의원이 변명할 때에는 그 안건이 의제가 되었을 때 발언할 수 있다.

타 의원의 발언 중 자기의 성명이 거명되거나 기타의 사유로 본인이 해명할 필요가 있을 때에도 신상발언을 하게 되는데, 그 시기는 의장이 정하되 다른 발언에 우선하여 허가한다. 의원 상호 간에 변명과 응수가 되풀이될 때에는 인신공격으로 회의질서를 문란하게 할 염려가 있으므로 이런 경우에는 발언을 허가하지 않는다.

6) 5분 자유발언

의장은 본회의가 개의되는 경우 의회가 심의 중인 의안과 청원, 기타 중요한 관심 사안에 대한 의견을 발표할 수 있도록 하기 위하여, 의사진행에 지장을 초래하지 아니하는 범위에서 의원에게 5분 이내의 발언을 허가할 수 있도록 하고 있다(회의규칙 제37조 제1항). 5분 자유발언을 하고자 하는 의원은 늦어도 본회의 개의 1시간 전까지 그 발언요지를 기재하여 의장에게 신청하여야 하며(회의규칙 제37조 제2항) 발언자 수와 발언순서는 교섭단체별 소속 의원 수의 비율을 고려하여 의장이 각 대표의원과 협의하여 정한다(회의규칙 제37조 제3항).

시장 또는 교육감은 5분 발언을 한 날부터 10일 이내에 그 조치계획이나 처리결과 등을 해당 의원에게 보고해야 하며, 기한 내에 보고하지 못할 경우에는 그 이유와 보고할 수 있는 기한을 서면으로 해당 의원에게 통지해야 한다(회의규칙 제37조 제4항).

4. 의사일정의 상정

1) 의사일정의 의의

의사일정 상정이란 의장이 운영위원회와 협의하여 작성한 의사일정에 따라 부의된 안건을 의제로 삼아 심의의 시작을 선포하는 행위를 말한다. 의회의 의사는 본회의와 위원회 모두 '1의사 1의제 선포' 원칙하에 진행된다. '1의사 1의제 선포'의 원칙이란 의장 또는 위원장이 부의하는 안건을 의사일정의 순서에 따라서 1건마다 회의의 제목으로 선포하지 아니하고는 심의할 수 없는 것을 말하며, 이것을 '의제선포의 원칙'이라고도 한다.

예외적으로 의장(위원장)은 필요하다고 인정할 경우에는 2건 이상의 안건을 일괄해서 의제로 할 수 있으나(회의규칙 제27조 제4항), 이 경우에도 의결은 안건별로 1건씩 각각 해야 한다. 이 경우 동종 또는 관련성이 있는 안건은 일괄의제로 하여 병합 심의하는 경우나 제출자가 동일인으로서 수개의 안건에 대한 제안이유의 설명을 능률적으로 하기 위한 경우(질의·토론·표결은 각각 따로 함)이며, 수정안의 경우에는 원안과 동시에 심의하여야 하므로 별개로 다루지 아니하고 원안에 대한 수정안은 원안의 부수적인 안건이므로 별도의 상정행위 없이 바로 원안과 함께 심의한다.

2) 상정순서

안건의 상정순서는 당일 의사일정에 기재된 순서에 따르는 것이 원칙이지만 의사일정을 변경하지 않고 불가피하게 진행순서를 변경하여 상정하는 경우도 있다. 회기 전체 의사일정의 일부를 변경하거나 당일 의사일정의 안건 추가 및 순서변경을 할 경우에는 의원 10명 이상의 연서에 의한 동의로 본회의 의결이 있거나, 의장이 각 교섭단체 대표의원과 협의하여 필요하다고 인정할 때에 한한다(회의규칙 제16조).

예외적으로 상정할 안건에 대한 위원회의 제안설명 또는 심사보고할 유인물의 발간 지연 등 부득이한 사정으로 단순히 안건의 심의순서를 변경하여 상정하는 것은 의장의 권한에 속한다. 상정할 안건의 심사보고 또는 제안설명을 할 위원회의 위원장 및 위원 또는 발의한 의원이 잠시 이석하였거나, 심의 보류를 요청한 경우에는 다음 순서의 안건을 먼저 상정하여 처리한 후 적당한 시기를 택하여 그 안건을 상정하기도 한다.

5. 심사보고 및 제안설명

1) 심사보고

심사보고란 본회의의 의제가 된 안건에 대해 소관위원회의 위원장이 심사경과·결과, 소수의견 및 관련 위원회의 의견 등 필요한 사항을 본회의에 구두로 보고하는 것을 말한다. 위원회가 어떤 안건의 심사를 마친 경우 그 심사경과와 결과, 기타 필요한 사항을 위원장이 의장에게 전자문서 또는 서면으로 보고하게 되는데, 이를 심사보고서의 제출이라 하며 본회의에서의 심사보고는 이것을 요약하여 구두로 하게 된다.

심사보고는 안건을 소관하는 위원회의 위원장이 하는 것이 원칙이나 위원장은 다른 위원으로 하여금 본회의에서 심사보고하게 할 수 있다(회의규칙 제61조 제2항). 심사보고를 함에 있어서 위원장 또는 위원장을 대신하는 위원은 자기의 의견을 더할 수 없다(회의규칙 제61조 제3항).

2) 제안설명

제안설명이라 함은 의안을 발의 또는 제출한 자가 의원이 안건을 심의하는 데 참고하도록 하기 위하여 심의의 처음 단계에서 의안의 제안이유와 주요골자 등을 설명하는 것을 말하며 법규상 '취지설명'이라고 한다. 제안설명은 일반적으로 위원회 심사단계에서 하며 위원회의 심사를 거치지 않았거나 심사를 마치지 못한 안건

(심사기간 지정 시)에 대해서는 본회의에서 하게 된다. 위원회의 심사를 마친 안건
에 대하여는 본회의에서 제안설명을 하지 아니하고 위원회의 심사보고를 한다.

제안설명을 하는 자는 안건의 발의자이거나 제출자이므로 의원이 발의한 의안
에 대하여는 그 발의한 의원이, 위원회 대안의 경우에는 위원장이 제안자로서 취
지설명을 하며 발의자 수가 2명 이상인 경우에는 그중 1명이 대표하여 제안설명
을 하는 것이 원칙이나, 불가피한 경우 의안의 발의에 찬성한 의원이 발의자를
대리해서 제안 설명을 할 수도 있다. 또한 제안자가 단체장 또는 교육감일 경우
더 자세한 설명을 위해서 필요한 때에는 관계 공무원으로 하여금 대리하여 설명
하게 할 수 있다.

6. 질의

1) 질의의 의의

질의란 의제가 된 안건에 대하여 제안자 또는 그 의안을 심사한 위원회의 위
원장에게 의문되는 점을 물어서 밝히는 것이다. 이 밖에 질문은 행정의 전반 또
는 일부에 대하여 단체장이나 일정 범위의 관계 공무원을 대상으로 출석을 요구
하여 그 소견을 묻고 설명을 요구하거나 또는 집행기관에 대하여 서면으로 집행
기관의 소견을 묻고 설명을 요구하는 것을 말한다.

2) 질의의 순서와 방식

질의는 제안자의 취지설명 또는 위원장·위원의 심사보고가 끝난 후 토론에
들어가기 전에 하며, 질의시간을 두지 않고 바로 토론에 들어갔을 때는 토론 도
중에 질의할 수 있다. 질의는 의제가 된 안건의 범위 내에서 하여야 하며, 토론에
미치거나 자기의 의견을 진술해서는 아니 된다. 여기에서 '의견'이라 함은 토론에
서 진술할 안건에 대한 찬성·반대의 의견만을 말하는 것이지만 질의자의 의견을

넣지 않으면 질의의 체계가 서지 않을 경우이거나 질의의 요지를 명확히 하기 위하여 설명을 가할 경우 또는 제안자에 대하여 소견을 물을 경우 등은 어느 정도 질의자의 의견을 진술하는 것이 허락된다.

질의에 대한 질의는 허용되지 않는다. 만일 이것을 허용된다면 점점 질의가 원래 문제로부터 멀어지고 또한 그칠 줄을 몰라서 의제에 대한 개념에 혼란을 일으킬 염려가 있기 때문이나 답변자가 질의의 요지를 파악하기 위한 것은 할 수 있을 것이다.

질의의 방식에는 한 의원이 질의할 것을 전부 물은 다음 답변을 듣는 것이 보통이나, 위원회의 경우 한 가지를 질의하여 답변을 듣고 다음 질의를 하여 답변을 듣는 1문1답 방식도 가능하다(회의규칙 제55조 제2항).

3) 질의의 종결

질의가 다 끝났을 때는 의장 및 위원장은 질의의 종결을 선포한다. 특별한 규정은 없으나 위원회의 경우 질의를 마치지 아니한 때에도 위원의 동의 또는 위원장의 제의로 질의종결이 가결된 때에는, 위원장은 토론에 들어갈 것을 선포할 수 있다. 본회의의 경우 의원 2명 이상의 발언이 있은 후에는 의회의 의결로 의장이 질의의 종결을 선포할 수 있으나, 다만 질의에 참가한 의원은 질의종결의 동의를 할 수 없으며 질의종결의 동의는 토론을 하지 아니하고 표결한다(회의규칙 제39조).

7. 토론

1) 토론의 의의

토론은 의제에 대하여 찬반의 의견을 표명하는 것으로, 단순히 소견을 개진하는데 그치지 않고 어떠한 이유로써 찬성 또는 반대하는 것을 표명하거나 수정의견을 명백히 하여야 한다. 토론은 자기의 의견 또는 소속교섭단체의 의견을 진술하여 아직 찬반의 의사가 미정인 의원은 물론, 찬반의 의사가 정해진 의원도 마음을 바꿔 찬성 의견에 동조시키려는 것이며, 나아가 시민에게 찬반 어느 쪽이 정당한가에 대한 판단의 자료를 제공하는 것이라 할 수 있다.

2) 토론의 방법

의사일정에 올린 안건에 대하여 토론하고자 하는 의원은 미리 반대 또는 찬성의 뜻을 의장에게 통지하여야 하며, 의장은 통지를 받은 순서를 고려하여 가급적 반대자와 찬성자를 교대로 발언하게 하되 반대자에게 먼저 발언하게 한다. 반대자에게 먼저 발언하게 하는 이유는 당초 안건을 제출한 자가 하는 취지설명은 그 안건의 필요성을 진술하고 강조하는 것이므로, 토론에 있어서 그 안건을 지지하는 자를 먼저 발언하게 한다면 찬성의 뜻이 중복되기 때문에 반대자부터 먼저 발언하게 하는 것이다.

토론에 참여할 수 있는 자는 본회의의 경우에는 의원 전체, 위원회의 경우에는 그 소속 위원에 한하며, 단체장이나 관계 공무원 등은 의견을 개진할 수 있다 하더라도 토론에 참여할 수는 없다. 위원회의 심사를 거친 안건에 대하여는 사전에 토론의 신청이 없을 경우에는 토론을 생략한다(회의규칙 제27조 제1항).

3) 토론의 종결

토론이 끝났을 때 의장 및 위원장은 의사진행을 위하여 토론종결을 선포한다. 특별한 규정은 없으나, 위원회의 경우 토론을 마치지 아니한 때에도 위원의 동의 또는 위원장의 제의로 토론의 종결을 의결할 수 있으며, 본회의의 경우 의원 2명 이상의 발언이 있은 후에는 의회의 의결로 토론의 종결을 선포할 수 있다. 다만, 이 경우 토론에 참가한 의원은 토론종결의 동의를 할 수 없으며 토론종결의 동의는 토론을 하지 아니하고 표결한다(회의규칙 제39조). 토론이 종결되면 표결 이외에는 어떠한 의사도 있을 수 없다.

8. 표결

1) 표결의 의의

표결은 안건에 대한 회의체의 의사를 결정하는 방법으로써, 의장의 표결요구에 따라 출석의원이 찬성과 반대의 의사를 표명하고, 그 수를 집계하는 것을 말한다. 의회는 합의체 의사결정기관이기 때문에 구성원인 각 의원은 부의된 안건에 대하여 충분히 심의하고 스스로의 태도를 결정하여 표결하는 것이다. 표결이 개별 의원의 찬반의사의 표명이라고 한다면 의결이란 표결 결과로 발생한 의회의 의사결정을 의미한다.

2) 표결의 선포

표결할 때는 의장이 표결할 안건의 제목을 의장석에서 선포하여야 하며, 표결을 선포한 때에는 누구든지 그 안건에 대하여 발언할 수 없다. 의장이 표결을 선포한 때에는 그 안건에 대한 발언은 할 수 없지만 표결방법에 대하여 의장의 결정에 이의가 있거나 특정의 표결을 요구하는 발언은 허가된다. 즉, 표결방법에 관하여 의견이 있으면 의원은 의사진행에 관한 발언은 할 수 있으나 이 경우 표결을 선포한 안건의 내용에 대하여는 발언할 수 없다.

3) 표결권자

표결할 때에는 회의장에 있지 아니한 의원은 표결에 참가할 수 없으나 투표에 의하여 표결할 때에는 투표함이 폐쇄될 때까지 표결에 참가할 수 있다(회의규칙 제41조). 그러나 회의장에 출석하지 않고 서면 또는 위임장에 의한 대리표결 등 소위 부재표결은 인정되지 않는다. 표결 시 출석의원 수의 계산은 원칙적으로 표결선포 시 회의장에 출석한 의원 수가 되는 것이며 투표종료 선포 시 출석은 했더라도 표결에 참가하지 않은 경우는 기권의원 수에 포함된다(국회의 관례). 표결방법의 일반원칙이 된 전자투표의 경우에도 재석버튼을 누른 의원이 전자투표에 참여하지 않으면 기권으로 처리되며, 다만 기명·무기명 투표에 의한 표결의 경우에는 실제로 단말기상에 출석 버튼을 누른 의원에 한하여 출석의원 수를 계산하게 된다.

4) 표결의 순서

여러 개의 안건을 일괄 상정하여 심의하였어도 표결은 하나씩 안건별로 하여야 한다. 다만, 하나의 안건에 대해 수정안이 발의되거나 제출되면 수정안부터 표결하고 수정안이 다수이면 다음과 같은 순서로 표결한다.

① 최후의 수정안부터 먼저 표결
② 의원 수정안은 위원회 수정안보다 먼저 표결
③ 의원 수정안이 여러 개일 경우 원안과 차이가 많은 것부터 표결
④ 수정안이 모두 부결되는 경우 원안도 표결

5) 표결의 방법

(1) 전자표결

표결의 방법은 안건의 종류나 회의 상황에 따라 전자식 표결장치를 이용해 기명·무기명 표결을 할 수 있고, 찬성과 반대의사를 기립해 의사를 표시할 수 있는 기립표결방법 이외에 회의참석자 전원에게 이의유무를 묻는 약식의 방법이 있다.

6) 의사변경의 금지

'의사변경의 금지'는 '부재의원의 표결불참가' 및 '조건부 표결의 금지'와 더불어 표결의 기본원칙이며 의원은 표결에 있어서 가부의 의사를 표시한 후에는 어

떤 이유 또는 착오가 있더라도 그것을 변경(정정)할 수 없다는 것이다. 만일 의사 변경을 허락한다면 표결의 혼란으로 의사를 진행할 수 없으며 자치입법기관으로 서 권위를 잃게 될 것이다(회의규칙 제42조). 그러나 위원회에서 찬성한 의안에 대 하여 본회의 표결에서는 반대할 수도 있을 것이다.

7) 조건부 표결의 금지

표결은 토론과 달라서 찬부의 이유를 필요로 하지 아니하고 가부 어느 한 쪽에 의사를 표시하는 것이므로 이에 조건을 붙여서는 아니 된다. 조건이란 법적으로 표 결에 붙여진 문제의 효과를 제한하기 위해서 의사표시자가 문제의 내용에 부가한 '부관(附款)'의 일종인데, 만약 의장이 표결에 조건을 붙여서 찬부의 의견을 표시하 게 되면, 그 조건의 허용 여부에 대하여 의장의 판단이 어렵고 문제 자체에는 찬성 을 하나 조건에는 반대하게 됨으로써 의결이 되지 아니할 뿐만 아니라, 조건부로 의결되었다 하더라도 그 의결은 조건의 성취 여부가 판명될 때까지 의결 그 자체가 확정되지 않는 등 불합리성이 있으므로 표결에는 조건을 붙일 수 없다.

8) 표결 결과의 선포

표결한 때에는 의장은 가부의 수를 계산하여 그 결과를 보고하고 의안이 가결 또는 부결(또는 폐기)되었음을 선포한다(회의규칙 제45조). 의장의 표결결과 선포에 대하여 의원이 이의가 있을 때에는 즉시 이의를 제기하여야 하며, 의장은 그 이 의가 정당하다고 인정한 때에는 표결결과의 정정(訂正) 또는 취소를 하고 다시 표 결할 것을 선포할 수 있을 것이나 의장이 "본 안건은 가결되었습니다."하고 선포 한 후 다음 의제로 들어가고 나면 이의신청을 할 수 없다.

9. 위원회의 의사

1) 위원회 의사의 의의

지방의회에서의 위원회는 상임위원회와 특별위원회를 둘 수 있도록 지방자치법에 규정되어 있다. 이러한 위원회는 상임위원회 중심주의를 취하고 있는 우리나라에서 안건을 본회의에서 의사결정을 하기에 앞서 사전에 능률적으로 처리하기 위한 역할을 하고 있다고 할 수 있다.

2) 위원회의 개회

위원회는 본회의의 의결이 있거나, 의장 또는 위원장이 필요하다고 인정하거나 재적위원 3분의 1 이상의 요구가 있는 때에 개회할 수 있는데(지방자치법 제61조), 개회요구는 문서로서 3분의 1 이상의 연서가 있어야 하며, 이 규정의 취지로 보아 위원회의 정회 중에도 재적위원 3분의 1 이상의 요구가 있으면 회의를 속개하여야 할 것이다.

폐회 중에는 자치단체장, 의장 또는 위원장에게 이유서를 붙여 개회를 요구할 수 있다. 의회가 유효하게 활동을 할 수 있는 기간은 회기 중이므로 위원회의 활동도 원칙적으로 회기 중에 한하여 할 수 있으나 회기계속의 원칙에 의하여 모든 의안은 회기에 관계없이 의원 임기 중 계류됨에 비추어 볼 때, 폐회 중에도 집행기관에 대하여 의회의 의사를 반영시키고, 다음 회기에 있어서의 의회 활동에 대한 준비를 할 수 있도록 함은 물론, 단체장의 입장에서도 폐회 중에 위원회의 심사가 꼭 필요한 경우에는 위원회를 개회할 수 있도록 폐회 중에도 위원회를 열 수 있는 길을 터놓은 것이다. 위원회의 개회일시는 위원장이 부위원장과 협의하여 정하고 위원회의 개회일시를 미리 각 위원에게 통지하여야 한다(회의규칙 제50조).

의원은 본회의의 의사에 참가할 권리와 의무가 있으며 또한 본회의의 정족수를 확보할 필요가 있으므로, 본회의 중에는 위원회를 열지 않는 것이 원칙이며 위원회는 당일의 본회의가 산회된 후에 개회함이 합당하나, 본회의의 의결이 있거나 의장이 필요하다고 인정하여 각 교섭단체 대표의원과 협의한 경우에는 예외적으로 개회할 수 있다(회의규칙 제51조).

위원회가 긴급안건을 심사하기 위하여 본회의 중 위원회를 개회할 필요가 있을 때에는, 의장에게 본회의 중 위원회의 개회를 허가해 줄 것을 요청하고, 의장은 중요 안건이 상정되었을 때 또는 본회의 의사정족수 또는 의결정족수 부족의 염려가 있을 때를 제외하고는 이를 허가하여야 할 것이다. 의회 운영위원회는 의회 운영에 관한 사항을 소관하고 있으므로 그 직무상 본회의 중이라도 언제든지 열 수 있다.

3) 위원회의 의사 방법

(1) 동의

위원회에서의 동의는 특별히 다수의 찬성자를 요하지 아니하며 동의자 외 1명 이상의 찬성으로 의제가 된다(회의규칙 제52조).

(2) 위원의 발언

위원은 위원회에서 동일의제에 대하여 횟수 및 시간 등에 제한 없이 발언할 수 있으나 따로 발언방법을 의결한 때에는 제한할 수 있으며, 위원회에서의 질의를 1문 1답식으로 할 수 있다(회의규칙 제55조). 위원장은 회의를 효율적으로 진행하거나 소속 위원에게 균형 있게 발언할 기회를 부여하기 위하여 필요하다고 인정한 때는, 따로 발언방법을 의결하여 발언자 수, 발언시간, 발언횟수 등을 제한할 수 있으며, 이때의 제한은 대체로 본회의에서의 발언의 제한방법을 원용하는 것도 하나의 방법이 될 것이다.

발언자 수와 발언시간의 제한 등은 질의나 토론을 시작하기 전에 미리 정하는 경우와 질의 또는 토론 중에 정하는 경우가 있을 수 있겠으나, 발언하는 위원 간에 공평한 발언시간 부여를 위해서는 미리 정하여 회의를 진행하는 것이 바람직하다 할 것이다.

(3) 위원 아닌 의원의 발언

위원회는 안건에 관하여 위원 아닌 의원의 발언을 들을 수 있다. 다만, 발언은 설명 또는 의견 제시에 한한다(기본조례 제45조). 위원 이외의 일반의원으로서 위원회에서 발언하는 경우로는 의원 발의안에 대하여 위원회에서 취지설명을 하는 경우와, 위원회가 심사하는 안건에 관하여 의견을 가진 의원이 있을 때에, 출석을 요청하여 그 의견을 듣는 경우 등이 있다.

(4) 위원회의 의사·의결정족수

위원회는 재적위원 3분의 1 이상의 출석으로 개회하고, 재적위원 과반수의 출석과 출석위원 과반수의 찬성으로 의결한다(회의규칙 제56조 제1항). 본회의에서 특다수(재적의원 3분의 2 이상, 출석의원 3분의 2 이상, 재적의원 과반수 이상 등)의 찬성을 요하는 안건이 위원회에 회부된 때에, 위원회에서는 재적위원 과반수의 출석과 출석위원 과반수의 찬성으로 의결한다. 위원장도 표결권이 있으며 위원장이 표결권을 행사할 경우 위원들이 표결할 때 위원장도 동시에 가·부 의사표시를 하여야 하나, 위원장은 회의상황에 따라 표결권을 행사하지 않아도 될 경우가 많으며 찬성과 반대가 같으면 부결된 것으로 본다(회의규칙 제56조 제2항).

4) 위원회의 심사절차

위원회에서의 안건 심사절차는 다음과 같다.

① 제안자의 취지설명
② 전문위원 검토보고
③ 질의·답변
④ 찬반토론
⑤ 표결

중요하다고 인정되는 경우 의결로써 축조심사소위원회를 구성할 수 있으며, 심의하는 안건이 예산상의 조치를 수반하는 경우와 중요하다고 인정되는 조례안에 대하여는 단체장의 의견을 들어야 한다(회의규칙 제54조 제1항·제3항). 위원회에서 입안하는 안건에 있어서도 예산상의 조치가 수반되거나 중요하다고 인정되는 조례안일 때에는 단체장의 의견을 들어야 하며, 시점은 질의과정에서 행하는 것이 바람직하고, 이때 단체장은 설명의 충실을 위하여 필요한 때에는 관계 공무원으로 하여금 설명하게 할 수 있다.

위원회는 제정조례안 및 전부개정조례안에 대하여는 공청회를 개최해야 한다. 다만, 위원회의 의결로 이를 생략할 수 있으나, 해당 의안의 대표발의 의원의 동의를 구해야 한다(회의규칙 제54조 제5항). 그러나 제정조례안 또는 전부개정조례안의 발의의원이 의원 10명 이상의 연서로 공청회 개최를 요구한 경우에는 생략할 수 없다(회의규칙 제54조 제6항).

5) 연석회의

위원회는 다른 위원회와 협의하여 연석회의를 열고 의견을 교환할 수 있으며, 안건이 2개 이상의 위원회 소관사항과 관련이 있을 때에는, 그 안건을 회부받은 소관위원회는 심사를 위하여 관련 위원회와 연석회의를 개최할 수 있다(회의규칙 제58조 제1항). 연석회의는 안건의 심사상 필요에 의하여 그 안건을 소관하는 위원회가 다른 위원회의 의견을 들어 안건의 심사에 참고하기 위한 것이므로, 의견을 교환하는 데 그칠 뿐 의결권은 부여되지 않으며, 독립된 심사기관으로서 안건에 대한 의결능력을 갖는 것은 아니다.

6) 공청회

위원회는 중요한 안건 또는 전문지식이 필요한 안건을 심사하기 위하여 위원회의 의결로 공청회를 열 수 있으며, 이는 이해관계자 또는 학식·경험이 있는 자 등(진술인)으로부터 의견을 청취하기 위한 제도이다(회의규칙 제59조 제1항). 이러한 공청회는 시민에게 조례안 등 중요안건의 입법 과정에서 의견진술의 기회를 줌으로써, 시민의 관심을 집중시키면서 동시에 이해관계자 또는 학식·경험이 있는 자로부터 그 전문적인 의견을 청취하여 안건심사를 심도있게 할 수 있고, 또한 조례안 등의 입안에 즈음하여 공공의 이익과 개인의 여론을 보다 정확하게 입법에 반영시킬 수 있다는 점에 의의가 있다.

공청회는 일정한 절차를 거쳐서 개최된 것이라야 하며 위원회에서 단순한 학식·경험이 있는 자로부터 의견을 들었다 하더라도 그것은 공청회가 아니며 공청회는 그 본질상 비공개로 할 수 없고, 오히려 공개의 취지에 따라 그 일시와 장소 등에 대하여 특별한 배려가 있어야 한다. 공청회는 이를 주관하는 그 위원회의 회의로 한다(회의규칙 제59조 제4항).

7) 심사보고

위원회는 안건의 심사를 마친 경우에는 심사경과 및 결과와 그 밖의 필요한 사항을 전자문서 또는 서면으로 의장에게 보고하여야 한다(회의규칙 제60조 제1항). 의원은 자기가 소속한 위원회의 심사의안이 아닐 때에는 소관 위원회의 심사보고서로 안건의 취지·문제점·대안제시 등을 상세히 알게 되는 것이 보통이므로, 위원회의 심사보고서는 의원이 본회의에서 심사할 때 가장 중요한 자료가 될 뿐만 아니라, 안건이 본회의의 의제가 되었을 때 위원회의 심사를 거친 안건에 대하여는 제안자가 따로 취지설명을 하지 않거나 질의 또는 토론을 생략할 수 있으므로 중요성이 인정된다 하겠다.

제5절 회의록

1. 회의록의 의의 및 종류

1) 회의록의 의의

회의록은 회의의 시작에서 끝까지 모든 의사에 관한 발언을 속기 또는 녹음의 방법에 의하여 빠짐없이 기록하는 동시에 의사일정, 보고사항, 부의안건 등 회의에 관한 모든 사항을 게재하는 것이다. 회의록은 회의에 관한 공적 기록이며, 회의에 관한 쟁점이 있을 때는 유력한 증거가 되는 것이므로 회의의 경과에 대하여 사실적으로 있는 그대로 기록한다.

따라서, 의장이 비밀을 요하거나 사회의 안녕질서 유지를 위하여 필요하다고 인정하여 의장이 취소하게 한 발언도 기재하여야 하며, 발언자가 스스로 취소한 발언도 기재하고, 의장이 발언을 제지 또는 금지하였음에도 불구하고 그 명에 응하지 아니하고 발언을 계속한 때에도 그 발언을 기록하여야 한다. 회의록은 의회 내에서의 발언이라는 사실행위의 기록이므로 본회의 중 회의장에서 행한 의사에 관한 모든 발언은 그 전부를 기재하여야 할 것이며, 어떠한 이유로도 그 내용의 일부를 삭제·개작하거나, 회의록에 게재하지 않는 조치는 취할 수 없는 것이다 (회의규칙 제46조).

2) 회의록의 종류

회의록은 회의의 종류에 따라 본회의 회의록, 위원회 회의록 등이 있으며 양태에 따라 책자회의록, 전자회의록 등으로 구분하며 작성 목적에 따라 보존회의록, 비공개회의록, 임시회의록 등으로 구분할 수 있다.

2. 회의록의 작성 및 보존

1) 회의록 작성

회의록은 속기 또는 녹음 방법에 의하여 작성되므로 다음과 같은 단계를 밟아서 완성된다. 속기사가 발언내용을 속기부호로 기록(녹음)하며 이것을 「속기원문」이라 하고, 속기원문(녹음)을 번역하여 원고를 작성하는 것을 「번문」이라 하며 「회의록 원고」가 된다.

번문한 회의록 원고를 교정·편집하여 임시회의록에 게재하며, 임시회의록에는 비밀을 요한다고 의결한 부분, 의장이 회의록에 게재하지 아니하기로 선포한 부분과 발언자가 발언취소에 동의한 부분은 게재하지 아니한다. 확정 인쇄된 본회의 회의록에 의장·서명의원 및 사무처장이 서명하고, 위원회 회의록에는 위원장 또는 위원장을 대리한 위원이 서명함으로써 '회의록 원본(보존용 회의록)'이 완성되며 이 원본에는 비밀을 요한다고 의결한 부분, 의장이 사회의 안녕질서를 위하여 필요하다고 인정하여 게재하지 아니하기로 한 부분 및 취소하게 한 부분 등도 기록하여 의회에 영구 보존한다.

2) 회의록의 기재사항

발언자의 발언에 관한 기록은 발언내용 전부를 그대로 기록하며 본회의와 위원회 회의록 기재사항은 <표 6-2>와 같다.

▶ 표 6-2 ◀ 회의록 기재사항

본회의	위원회
① 개회·폐회에 관한 사항	① 개의·회의중지와 산회의 일시
② 개의·회의중지·산회의 일시	② 의사일정
③ 의사일정	③ 출석위원의 성명
④ 출석의원의 성명 및 수	④ 출석한 위원 아닌 의원의 성명
⑤ 출석공무원의 직과 성명	⑤ 출석한 공무원·진술인의 성명
⑥ 의원의 이동과 의석의 배정·변동	⑥ 심사안건명
⑦ 제반보고사항	⑦ 의사
⑧ 의안의 발의·제출·회부·환부·이송과 철회에 관한 사항	⑧ 표결수
	⑨ 위원장의 보고
⑨ 부의안건과 그 내용	⑩ 위원회에서 종결되거나 본회의에 부의할 필요가 없다고 결정된 안건명과 그 내용
⑩ 의사	
⑪ 표결수, 전자투표의 투표자 및 찬반의원 성명	⑪ 그 밖에 위원회의 의결 또는 위원장이 필요하다고 인정하는 사항
⑫ 서면질문과 답변서	
⑬ 의원의 발언보충서	
⑭ 그 밖에 본회의의 의결 또는 의장이 필요하다고 인정하는 사항	

3) 기타 기재사항

(1) 발언을 마치지 못한 부분의 게재

의장은 의원으로부터 시간제한으로 발언을 마치지 못한 부분의 게재요구가 있을 때에는 이를 허가할 수 있고, 그 내용은 발언내용을 완결짓는 간명한 것으로서 의장이 인정한 범위 내의 것이어야 한다(회의록발간규정 제7조).

(2) 참고문서 등의 게재

의원이 참고문서를 회의록에 게재하고자 할 때에는 의장의 허가를 받아야 하고, 다만 그 내용은 회의 또는 발언에 관계되는 간단한 사항이어야 한다(회의록발간규정 제8조).

4) 회의록의 서명

의회의 의사의 효력, 즉 의결, 결정, 선거 기타의 효력은 회의록에 게재된 기록에 의하여 입증되는 것이므로 회의록의 게재내용이 사실임을 확보하는 취지로 의장과 서명의원(매회기마다 2인씩 선출) 및 사무기구의 장이 서명하며, 이 서명으로써 회의록이 완료되는 것이므로(지방자치법 제72조, 회의규칙 제47조), 회의록을 인쇄하여 지체 없이 서명해 두어야 하나, 서명이 없다 하더라도 의사의 효력에 영향을 미치거나 회의록의 증거력을 잃는 것은 아니다. 본회의 회의록에 서명하는 의장은 그날의 회의에서 의장의 직무를 실제로 수행한 자를 의미하며 의장을 대리한 부의장, 임시의장, 연장자를 다 포함하며, 당일 의장의 직무를 수행한 자가 여러 명일 때는 그 전원이 서명하고, 의장이라 할지라도 그날의 회의에서 의장의 직무를 행하지 아니하였으면 서명할 필요가 없다.

5) 자구의 정정

회의록의 자구정정 요구는 다음의 경우에 한하여 정정요구를 할 수 있다.

① 법조문·숫자 등을 착오로 잘못 발언한 경우
② 특정한 어휘를 유사한 어휘로 변경하는 경우
③ 간단한 선후문구를 변경하는 경우
④ 기록의 착오가 있는 경우

발언한 의원과 공무원 기타 발언자는 회의록이 서울시의회 전자회의록 시스템 임시회의록에 게재된 날부터 5일간 그 자구의 정정을 의장에게 요구할 수 있으나 그 발언의 취지를 변경할 수는 없다(회의록발간규정 제9조). 자구의 정정은 전자회의록을 정정하거나 보존회의록에 정정하여 게재한다(회의록발간규정 제9조).

6) 이의의 신청 및 결정

이의의 신청은 그 회의록이 임시회의록에 게재된 날부터 5일 이내에 할 수 있으나 그 발언의 취지를 변경할 수는 없다(회의규칙 제48조). 의원이 회의록에 기재한 사항과 회의록의 정정에 관하여 이의를 신청한 때에는 토론하지 않고 본회의 의결로 이를 결정한다.

7) 회의록 보존

회의록은 의회에 보존하고 보존연한은 영구로 한다(회의규칙 제47조).

8) 회의록 원고의 열람·복사

의회 및 집행부에서 업무상 필요에 의하여 회의록 원고를 열람·복사하고자 할 때에는 소관 부서장이 신청서에 의하여 의장에게 제출하고 열람·복사 범위는 공표할 수 있는 회의록 원고에 한한다(회의록발간규정 제10조).

3. 회의록 공개

1) 회의록의 공개

회의록은 서울시의회 전자회의록 시스템에 게재하여 일반에게 공개한다. 그러나 의장이 비밀을 요하거나 사회의 안녕질서 유지를 위하여 필요하다고 인정한 부분에 관하여 발언자 또는 소속 교섭단체의 대표의원과 협의하여 이를 게재하지 아니할 수 있다(회의규칙 제49조 제1항). 공개하지 아니한 회의내용은 공표해서는 안 되나, 본회의의 의결 또는 의장의 결정으로 비밀을 요하거나 사회의 안녕질서를 위하여 필요하다고 인정되는 사유가 소멸되었다고 판단되는 경우에는 공개되는 회의록에 게재할 수 있다(회의규칙 제49조 제4항).

2) 회의록의 통고

의장은 회의록의 사본을 첨부하여 회의의 결과를 회의가 끝난 날부터 30일 이내 지방자치단체장에게 통고해야 한다. 통고를 받은 지방자치단체장은 행정안전부장관의 요구가 있으면 회의록 사본을 첨부하여 행정안전부장관에게 5일 이내에 보고(지방자치법 시행령 제57조 제2항)

3) 불게재회의록 및 비공개회의록의 열람·복사

보존회의록은 회의규칙 제49조 제1항 단서 규정에 의하여 회의록에 게재하지 아니하기로 한 부분을 포함한 모든 발언내용을 게재하며 보존회의록을 열람·복사하고자 할 때에는 신청서를 의장에게 제출하여야 한다. 보존회의록 열람·복사를 허가받은 의원은 타인에게 이를 열람하게 하거나 전재·복사하게 하여서는 아니 된다(회의규칙 제49조 제3항).

비공개회의록은 본회의 또는 위원회의 의결이 있거나 회의규칙 제49조 단서 규정에 의하여 공개하지 아니하기로 결정한 회의에 관한 사항을 게재한 회의록으로 의원이 비공개회의록을 열람하고자 할 때에는 신청서를 의장에게 제출하여야 한다. 비공개회의록 열람·복사를 허가받은 의원도 타인에게 이를 열람하게 하거나 전재·복사하게 하여서는 아니 된다(회의규칙 제49조 제3항).

4. 의장이 취소 또는 금지하게 한 발언과 회의록

지방의회의 의원이 본회의 또는 위원회의 회의장에서 지방자치법 또는 회의규칙에 위배되는 발언 또는 행위를 하여 회의장의 질서를 어지럽힌 때에는 의장이나 위원장은 이를 경고 또는 제지하거나 그 발언의 취소를 명할 수 있다(지방자치법 제82조).

의장이 발언의 취소를 명한 경우의 발언은 발언자가 이에 응하여 취소한 발언을 의미함은 물론이고, 응하지 아니한 부분도 포함하여 공표되는 회의록에 게재하지 아니한다. 왜냐하면 의장이 취소를 명한 발언은 의장의 허가를 얻지 않은 발언과 성질이 같으므로 이를 공표하는 것은 부적절하기 때문이다. 그러나 취소한 발언도 회의록 원본(보존회의록)에는 게재해야 한다.

의원이 스스로 그 발언을 취소할 것을 회의장에서 표명하였더라도 의장이 그 발언의 취소를 명하지 않으면 배부용 회의록에서 삭제되지 않는다. 또한 어떤 의원의 발언에 대한 다른 의원으로부터 취소동의가 발의된 경우도 그 동의가 가결되지 않는 한 그 발언은 배부용 회의록에서 삭제되지 않게 된다.

제6절 의회의 질서유지와 쟁송

1. 제척

1) 제척의 의의

의원은 주민으로부터 선출된 대표자로서 지방자치단체의 사무에 관한 안건의 의사에 있어서는 평등한 참여가 원칙이다. 그러나 의원과 직접적인 이해관계가 있는 안건에 관해서는 그 의사에 참여시키지 않고 다른 의원의 공정한 판단에 위임하는 것이 필요하다.

2) 제척의 대상

의원은 본인·배우자·직계존비속 또는 형제자매와 직접 이해관계가 있는 안건에 관하여 그 의사에 참여할 수 없다(법 제70조). 여기서 직접 이해관계가 있는 안건이란 의장·부의장에 대한 불신임결의(법 제55조), 의원의 사직(법 제77조), 의원의 자격심사(법 제79조), 의원의 징계(법 제86조), 중요 재산의 취득 또는 처분 등(법 제36조)을 말한다.

3) 제척의 범위

의원은 제척의 대상인 안건의 의결이 끝날 때까지 회의장에서 퇴장해야 한다. 다만, 회의 동의가 있으면 회의에 출석하여 발언은 가능하다. 피심의원은 자기의 윤리심사안 또는 징계안에 관한 본회의 또는 위원회에 출석할 수 없으나 의장 또는 위원장의 허가를 받아 스스로 변명하거나 다른 의원에게 변명하게 할 수 있다. 또한 의회에서 행하는 의원의 자격심사에서 피심의원이 회의에 출석하여 변명은 할 수 있으나 의결에는 참가할 수 없다.

2. 의회의 질서

1) 회의규칙

의회는 합의체이기 때문에 스스로 의회의 운영을 합리적, 효율적으로 하기 위해 내부적인 의회 운영 원칙이 필요하다. 회의 운영의 골격이 되는 중요한 원칙은 지방자치법에서 정하고 있으나, 법에서 모든 원칙을 다 정하기란 어려울 뿐 아니라 바람직하지도 않으므로 법에서도 나머지의 회의 운영 원칙에 관해서는 회의규칙으로 규정하도록 하고 있다(지방자치법 제71조).

회의규칙은 의회 내부의 자주규율법규이므로 원칙적으로 대외적인 관계는 생기지 않으나 '방청인에 대한 단속' 규정과 같은 내용은 대외적인 효력을 가진다고 봐야 하므로 의원 이외의 일반주민에 직접 관계를 가진 것은 공시를 필요로 한다 (법 제85조). 회의규칙에 위반하는 의원에 대하여 의장은 제재를 가할 수 있으며 의원이 회의규칙에 위반하는 행위를 하면 징계의 사유가 된다(법 제87조).

2) 경호권

경호권은 회기 중 의회안의 질서를 유지하기 위하여 의장이 행사할 수 있는 내부경찰권이다. 의회의 자율권에 기초한 이러한 권한은 의회 내부사항을 원칙적으로 다른 국가기관의 개입 없이 자주적으로 의회가 규제할 수 있도록 하기 위한 것으로서, 의회의 기능을 충분히 발휘하도록 자주적 결정을 존중하기 위한 권력분립적 요청에 의하여 인정되는 권한이다.

경호권은 '회기 중 의회 안'에서 발휘될 수 있으며, 의장만이 그 권한을 행사할 수 있다. 여기서 경찰관은 의장의 요청에 따라 회의장 밖에서 경호하기도 한다. 위원장은 위원회의 질서유지를 위하여 방청인의 퇴장을 명령할 수는 있으나 강제할 수 없으며, 필요한 때에는 의장에게 경호권의 발동을 요청할 수 있다.

3) 의회의 질서

(1) 회의의 질서유지

의원이 본회의 또는 위원회의 회의장에서 지방자치법이나 회의규칙에 위배되는 발언이나 행위를 하여 회의장의 질서를 어지럽히면 의장이나 위원장은 이를 경고 또는 제지하거나 그 발언의 취소를 명할 수 있다(법 제82조). 따라서 의원의 어떤 언동이 질서에 반하는 것인가에 대해서는 의회의 지위, 기능, 의원이 지켜야 할 의무·윤리 내지 예의 등이 고려되어야 함은 물론, 그 언동을 하게 된 동기, 사회정세, 회의장의 분위기 등 여러 가지 각도에서 검토하여 의장이 결정하여야 할 것이며, 이에 대한 다툼이 있는 경우에는 최종적으로 의회의 결정에 따를 수밖에 없다.

(2) 모욕 등 발언의 금지

의원은 본회의 또는 위원회에서 타인(다른 의원은 물론 단체장, 관계 공무원, 증인, 감정인, 진술인 등)을 모욕하거나 타인의 사생활에 대한 발언을 하여서는 안 되며, 그러한 발언을 하면 징계사유가 될 수 있다(법 제83조). 또한 위와 같은 발언이 형법상의 모욕죄나 명예훼손 등에 해당되는 사항이라면 징계와는 별도로 형사상의 문제로도 처리될 수 있다.

(3) 발언방해 등의 금지

의원은 회의 중에 폭력을 행사하거나 소란한 행위를 하여 타인의 발언을 방해할 수 없으며, 의장 또는 위원장의 허가 없이 연단이나 단상에 등단하여서는 안 된다(법 제84조). 의회의 의사진행은 의원의 발언으로부터 이루어지며 의회는 다수의견과 소수의견이 대립된 찬반토론의 장이기 때문에 의장의 허가를 받은 발언은 다른 의원의 방해로부터 보호되어야 회의장의 질서가 유지될 것이다.

(4) 회의장 출입의 제한

회의장 안에는 의원, 관계공무원 기타 의안심의에 필요한 자와 의장이 허가한 사람 이외에는 출입할 수 없다. 이처럼 회의장 안의 출입을 제한하는 것은 회의장 안의 질서를 유지하여 의사활동을 원활하게 하기 위한 것이다.

(5) 녹음·녹화·촬영·중계방송 등의 제한

본회의장 또는 위원회의 회의장 안에서의 녹음·녹화·촬영 및 중계방송 등은 회의의 공개와 관련하여 필요한 것이다. 그러나 정상의 의사진행에 지장을 줄 염려가 있기 때문에 공개회의인 경우에는 허가받지 않고 할 수 없으며, 녹음·녹화 등을 하고자 하는 사람은 어떠한 경우에도 회의장 질서를 문란하게 해서는 안 된다.

(6) 방청

방청이란 의원이 아닌 사람이 회의 상황을 직접 보고 듣는 것을 말하며, 회의 공개의 원칙에는 자유로운 방청의 보장을 포함하고 있다. 그러나 회의장 방청석의 수용능력을 고려하고 의사진행상의 혼란을 미연에 방지하기 위하여 방청을 의장의 허가사항으로 정하고 있다. 다만, 그 제한은 회의공개의 원칙에 비추어 최소한에 그쳐야 할 것이다. 또한 질서를 유지하기 위하여 모든 방청인의 퇴장을 명하는 것은 비공개회의의 경우와는 다르므로 질서를 회복한 후에는 다시 방청을 허가하여야 할 것이다.

위원회에서의 방청의 경우 역시 질서를 유지하기 위하여 위원장이 방청인의 퇴장을 명할 수 있는데, 이것은 단지 질서를 유지하기 위하여 방청인을 퇴장시킨다는 것과는 전혀 성질이 다르므로 일단 퇴장한 방청인이 다시 방청을 신청한 때에는 위원장은 다시 허용 여부를 결정해야 한다. 또한 방청인을 퇴장시킬 때 위원장은 직접 강제권을 갖지 않으므로 강제할 필요가 있을 경우에는 의장에게 필요한 조치를 요청해야 한다.

(7) 의회참관 및 청사출입

의회 청사를 출입하고자 하는 사람은 방문증, 출입증을 패용하여야 하며, 공무원은 청사 내의 질서유지를 위하여 필요한 경우를 제외하고는 공무원증 등을 제시하고 청사를 출입할 수 있다. 참관은 의회의원, 의회 소속 5급 이상의 일반직 및 별정직 공무원의 소개 또는 참관인이 소속한 기관 및 단체의 신청에 의하여 허가한다. 면회 등 용무로 청사를 방문하는 사람에게는 주민등록증, 운전면허증 등으로 신분을 확인한 후 그 신분증을 보관하고 방문증을 교부하여 패용하도록 한다. 그러나 일정기간 계속하여 의회 청사를 출입하고자 하는 경우에는 청사 출입허가를 받아야 하고, 청사 내에서는 증표를 반드시 패용하거나 부착하여야 한다.

3. 징계

1) 징계의 의의

징계는 원내질서를 문란하게 하거나 의회의 위신과 품위를 손상하게 한 의원이 있을 때 의회가 질서를 유지하기 위하여 자율권에 의해서 당해 의원에게 과하는 제재를 말한다. 따라서 형벌권에 의하여 죄를 범한 자에게 과하는 처벌과는 그 성질을 달리하며, 국가가 고용자로서의 특별한 권력에 의하여 피고용자인 공무원의 의무위반에 대해서 과하는 처벌, 즉 공무원의 징계와도 다른 성질을 가지고 있다.

2) 징계사유

의회는 의원이 지방자치법이나 자치법규에 위배되는 행위를 하면 의결로써 이를 징계할 수 있다(법 제86조). 실제로 의원의 행위가 징계사유가 되는지의 여부는 의회의 자율권에 의거 의회가 판단할 사항으로, 즉 위에서 열거한 징계사유는 예시적인 것으로 볼 것이고 징계사유의 구체적인 적용에 있어 징계대상 여부에 대한 결정은 의회 스스로 해야 할 것이다.

3) 징계의 요구와 회부

(1) 징계회부방법

징계회부방법에는 의장의 직권에 의해 본회의에 보고하고 윤리특별위원회를 구성하는 방법, 상임위원장이 의장에게 보고하는 방법, 일정 의원 수 이상의 찬성으로 그 사유를 기재한 요구서를 의장에게 제출하는 방법 등이 있다.

모든 징계안은 원칙적으로 윤리특별위원회에 회부되어야 한다. 그러나 지방의회는 그 규모 등을 감안해, 징계사유가 발생하여 위원회가 심사함이 필요할 때마다 특별위원회를 구성하여 이를 심사토록 하고 있다.

즉, 지극히 경미하다고 인정되는 사항까지 일일이 특별위원회를 구성하여 이를 회부하여 심사케 함은 의회운영상 반드시 바람직한 것은 아니라고 보아 '징계대상 행위가 지극히 경미하다고 인정되는 경우에는' 의장은 이를 본회의에 바로 부의할 수 있도록 하고 있다(지방자치법 제87조). 그러나 의장이 그 사안이 지극히 경미하다고 인정하여 본회의에 바로 부의하였으나 본회의 심사과정에서 위원회가 심사할 필요가 인정되어 위원회 회부가 의결된 때에는 의장은 이를 윤리특별위원회에 회부하여야 할 것이다.

(2) 징계의 요구와 회부의 시한

직권에 의한 징계회부와 위원회의 보고에 따른 징계회부 및 의원의 요구에 따른 징계회부는 의장이 그 사유가 발생한 날, 징계대상자가 있는 것을 알게 된 날, 위원장의 보고를 받은 날 또는 윤리심사요구서나 폐회 또는 휴회기간을 제외한 3일 이내에 윤리특별위원회에 회부하도록 되어 있다. 또한 위원장의 윤리심사대상자 또는 징계대상자 보고와 위원의 윤리심사요구 또는 징계요구는 그 사유가 발생한 날, 그 대상자가 있는 것을 알게 된 날로부터 5일 이내에 하여야 한다.

윤리심사 또는 징계의 요구 및 회부에 있어서 5일 이내 또는 3일 이내라는 시한을 둔 것은 윤리심사 또는 징계요구가 의원의 신상과 의회의 질서유지에 직결되는 중대한 문제이므로 불확정 상태를 빨리 해소하자는 데에 그 취지가 있는 것이며, 따라서 그 기간이 경과하면 윤리심사 또는 징계의 요구 또는 회부를 할 수 없다.

4) 징계의 심사 및 의결

(1) 회의의 비공개

윤리심사 및 징계에 관한 회의에는 본회의의 보고 또는 부의, 위원회의 심사, 징계안의 의결이 이에 해당되는바, 이러한 윤리심사 및 징계에 관한 회의는 공개하지 않는다. 회의를 비공개로 하는 것은 본회의에서 윤리심사 및 징계안이 부결될 수도 있으므로 윤리심사대상자 또는 징계대상자의 명예를 존중하기 위한 일련의 조치이고 발언내용이 공개되면 의원 간의 명예와 감정상에도 좋지 못하다는 판단에서이다.

(2) 윤리특별위원회의 심사

윤리특별위원회에서 행하는 윤리심사 및 징계안에 대한 심사는 위원회에 회부된 윤리심사 및 징계사건이 과연 법률상 윤리심사대상 또는 징계대상이 되는지 여부를 심사하고 만약 윤리심사대상 또는 징계대상이 된다면 법이 정한 어떤 종류의 징계를 과할 것인가를 결정하는 데 있다. 윤리심사대상자 또는 징계대상자는 의장 또는 위원장의 허가를 받아 스스로 변명하거나 다른 의원으로 하여금 변명하게 할 권한을 가진다. 윤리특별위원회는 의장을 경유하여 징계대상자와 관계의원을 출석하게 하여 심문을 할 수 있음은 물론 참고인의 출석을 요구하여 보고 또는 서류의 제출을 요구할 수 있다.

윤리특별위원회에서 심사한 결과 징계대상이 되면 어떤 종류의 징계를 과할 것인가를 결정하여 의장에게 보고한다. 수 개의 징계사유가 경합되었을 경우 가장 중한 징계대상인 제명을 제외한 징계는 경우에 따라 병과할 수도 있다. 출석정지기간 중에 다른 징계사유에 해당할 경우에는 새로운 징계요구절차에 따라 이전의 출석정지기간이 끝나면 연이어서 징계를 과해야 한다.

(3) 본회의의 심의·의결

의장은 윤리특별위원회로부터 윤리심사에 대한 심사보고서를 접수한 때에는 그 결과를 지체 없이 본회의에 보고하며, 징계에 대한 심사보고서를 접수한 때에는 지체 없이 본회의에 부의하여 의결하여야 한다. 위원회에서 징계대상이 되지 않는다고 결정한 경우에 있어서도 일반의안과는 달리 반드시 본회의에 부의하여야 하며, 위원회로부터 징계에 대한 심사보고서를 접수한 때에는 의장은 지체 없이 이를 본회의에 부의하여 이를 의결하여야 한다.

이 회의에서는 의장은 의제를 선포한 다음 비공개회의를 열 것과 징계대상자의 퇴장을 명하고 위원장의 심사보고와 토론·표결의 순서로 진행한다. 여기서 징계대상자를 회의에 출석하지 못하게 하는 것은 당사자를 표결에 참가 못하도록 함으로써 징계의 결정이 공정을 잃지 않도록 하기 위하여 취하는 조치이다.

　　의장이 직권으로 위원회에 회부하지 않고 본회의에 바로 부의하는 경우에는 위원장의 심사보고 대신 징계안을 제안한 측(의장, 위원장, 의원)의 취지설명이 있어야 할 것이나, 경우에 따라서는 생략할 수도 있을 것이며, 또한 징계대상자가 스스로 변명할 것을 요청하면 의장은 출석·발언을 허가하고 그 변명이 끝나면 곧 퇴장을 명하여야 한다.

　　제명을 하려면 특별정족수인 재적의원 3분의 2 이상의 찬성을 요하기 때문에 제명을 표결하여 부결된 경우에는 과반수 의결로 과할 수 있는 다른 징계벌이 있으므로 제명 이외의 징계종류를 과할 것을 동의하여 의결할 수 있다(법 제88조 제2항).

(4) 징계의 집행

　　징계를 의결한 때에는 의장은 공개회의에서 의결한 사항을 선포한다. 징계처분의 효력은 본회의 의결에 의하여 의장이 선포한 때부터 생기며, 징계대상자에 대하여 그 사항을 통지한 때부터 생기는 것이 아니다. 따라서 제명처분에 있어서는 의장이 제명을 선포한 때로부터 의원의 자격을 상실하게 되며, 경고 또는 사과에 있어서는 징계대상자가 출석하지 않으면 이를 집행할 수 없으므로 의결 당일 해당 의원이 출석하지 아니한 때에는 의장은 적당한 시기에 경고를 하거나 사과를 명하여 집행한다. 출석정지의 기간은 그 의결의 선포가 있는 다음 날부터 기산하여 휴회, 폐회의 일수도 산입하여 계속하여 계산하며, 출석정지기간 중에는 폐회 중에 개회되는 위원회에도 참석할 수 없다.

4. 행정쟁송

1) 소송의 개념

(1) 행정소송

　　행정소송은 행정청의 위법한 처분, 기타 공권력의 행사·불행사 등으로 인하여 국민의 권리 또는 이익의 침해를 구제하고 공법상의 권리관계 또는 법적용에 관한 다툼을 해결하려는 소송으로 청구내용에 따라 항고소송, 당사자소송, 민중소송, 기관소송으로 구분된다.

(2) 기관소송

기관소송이란 국가 또는 공공단체의 기관 상호 간에 있어서의 권한의 존부 또는 그 행사에 관한 다툼이 있을 때에 제기하는 소송으로 법률이 정하고 있는 경우에 인정된다. 지방자치단체의 장이 지방의회 의결의 법령 위반을 이유로 지방의회를 피고로 하여 대법원에 제기하는 소송(법 제107조 제3항, 제172조 제3항)도 이에 해당한다.

2) 지방의회 관련 특수성

행정소송의 관할은 피고의 소재지를 관할하는 행정법원이나(다만, 중앙행정기관 또는 그 장이 피고인 경우의 관할법원은 대법원 소재지의 행정법원) 지방의회의 의결에 대한 기관소송의 관할은 대법원으로 법정되어 있다. 일반 행정소송은 3심급주의이나, 지방의회 의결에 대한 기관소송은 대법원 단심주의이다.

일반 행정소송은 처분 등이 있음을 안 날부터 90일, 처분 등이 있은 날부터 1년 이내임이 원칙이다. 그러나 지방의회 재의결에 대한 기관소송은 재의결된 날로부터 20일 이내로 제한한다(행정소송법 제20조 제1항, 법 제172조 제3항·제5항).

일반적인 행정소송의 경우 처분의 집행부정지 원칙이 지배적인 의견이다. 반면 지방의회 의결에 대한 기관소송의 경우 필요하다고 인정되면 의결의 집행을 정지하게 하는 집행정지결정이 가능하다(법 제172조 제3항). 지방의회 의결에 대한 기관소송의 경우, 주무부장관은 의회에서 의결된 사항이 법령에 위배된다고 판단됨에도 당해 지방자치단체의 장이 제소하지 않을 때 제소를 지시하거나 직접제소 및 집행정지 결정신청이 가능하다(법 제172조 제4항).

3) 소송수행방침 수립

소장부본, 변론기일소환장을 송달받으면 소장접수 보고 후 소송수행방침 수립 및 소송대리인을 선임한다. 이때 소송대리인은 법률고문 수행이 원칙이다.

4) 답변서

답변서는 피고가 제출하는 준비서면으로, 소 제기에 의한 원고의 주장에 대하여 피고의 신청과 답변을 기재한 최초의 준비서면을 말한다.

먼저 청구취지란 원고가 소로써 바라는 권리보호의 형식과 법률효과를 적은 소의 결론부분을 말하는바, 이에 대한 피고의 답변으로는 본안 전 항변과 본안에 대한 답변이 있다. 청구원인은 원고의 청구를 이유 있게 하는 요건사실을 말하고, 이에 대한 피고의 답변은 자백, 부인, 부지, 침묵, 항변으로 나눌 수 있다.

5) 변론기일(공판)절차와 선고

소가 제기되었을 때에 법원은 소송요건의 구비 여부를 심리하여(요건심리) 그것을 구비하지 않았다고 인정될 때에는 각하하고, 소송요건이 구비되어 있을 때에는 본안에 관하여 심리하여 청구를 판단한다(본안심리). 당사자는 공판에서 준비서면에 대한 진술을 요하며, 증거를 제출하고 법률효과의 판단에 필요한 요건사실·주장사실을 주장 내지 증명하여 법률효과의 발생을 도모한다. 다만, 행정소송에서 법원은 당사자가 주장하지 않는 사실에 대하여도 판단이 가능하다. 법원은 변론 종결 2~4주 후 선고기일을 지정하여 판결을 선고한다.

6) 판결의 종류

소송판결(각하)는 소송의 적부에 대한 요건심리의 결과 당해 기관소송을 부적법한 것이라 하여 배척하는 판결이다. 본안판결은 행정소송의 청구에 대한 당부의 판결로서, 원고의 청구가 이유 없다고 하여 배척하는 '청구기각판결'과 원고주장이 이유 있다고 인정하여 그 청구의 전부 또는 일부를 인용하는 '청구인용판결'로 나뉜다.

7) 판결의 효력

불가변력(실질적 확정력)은 확정판결이 내려지면 선고법원 자신도 취소나 변경이 불가한 상태, 불가쟁력(형식적 확정력)은 확정판결이 내려지면 상소의 방법으로 취소가 불가능한 상태를 말한다.

형성력은 판결의 취지에 따라 법률관계의 발생·변경·소멸을 가져오는 효력으로, 행정처분의 취소판결이 있게 되면 처분청의 별도의 행위를 기다릴 것 없이 처분의 효력은 소급하여 소멸하고 처분이 없었던 것과 같은 상태로 된다. 기판력은 판결 후 동일사건이 제기되어도 당사자는 이에 반한 주장을 할 수 없으며 법원도 이에 저촉되는 내용의 재판을 할 수 없게 되는 구속력을 말한다. 기속력은 확정판결에 의해 소송당사자와 관계 행정청이 판결의 취지에 따라 행동할 의무를 발생시키는 효력을 의미한다.

참고문헌

국회사무처. (2016). 「국회법해설」. 서울: 세븐스가든.

김동훈. (2004). 「지방의회론」. 서울: 박영사.

이승종. (2014). 「지방자치론」. 서울: 박영사.

이청수. (2011). 「지방의회론」. 서울: 브렌즈.

최봉석. (2018). 「지방자치법론」. 경기 파주: 삼원사.

한국지방자치학회. (2008). 「지방의회의 이해」. 서울: 박영사

지방자치법 및 동법 시행령

지방교육자치에 관한 법률 및 동법 시행령

청원법

행정소송법

서울특별시의회 기본조례

서울특별시의회 교섭단체 구성·운영조례

서울특별시의회 의원 행동강령조례

서울특별시의회 회의규칙

서울특별시의회 민원처리에 관한 규정

서울특별시의회 청원 운영규칙

서울특별시의회 회의록 작성 등에 관한 규정

서울특별시의회 회의록 발간 및 보존 등에 관한 규정

제7장
지방의회와 선거

07

지방의회와 선거

제1절 지방선거의 개념 및 의의

1. 지방선거의 개념

선거(election)란 민주주의 정치체제에서 국민 또는 지역주민을 대표하여 공직을 수행할 인재를 선출하는 행위 및 그 절차를 말한다. 따라서 선거는 통치 구조의 최하위에 있는 일반 대중이 그들을 대표하고 통치할 지도자를 직접 선택하는 상향적인 절차라는 점에서, 상부엘리트에 의해서 통치지도자를 선택하게 하는 임명이나 추천 등의 행위와 구별된다.

국가 차원의 민주주의 정치에서 선거가 주권자인 국민이 자신들의 정치적 의사를 개인적·집단적으로 표출할 수 있는 제도라고 한다면, 지방정치에서도 선거가 지역주민의 정치적 의사가 충실히 표출되고 집약되는 제도이자 과정이어야 할 것이다. 현대 대의민주주의 정치체제에서 지방선거는 지역주민의 대표를 선출하는 기제이며, 그러한 대표들을 자치단체장과 지방의원 등의 공직담당자로 임명함으로써 지방정부를 구성하고 정당화하며 지역주민을 위해 운영되게 하는 제도적 장치이다.

한국의 지역주민이 참여하는 지방선거에는 현재, 서울시와 세종시를 포함하여 17개 광역시·도 및 226개 기초자치단체장 선거, 동일한 숫자의 광역 및 기초 지방의회 의원선거, 그리고 교육감선거가 있다.

2. 지방선거의 의의

한편 선거는 대의민주주의체제하에서 국민 또는 지역주민이 국정에 참여할 수 있는 가장 기본적이고 정례화된 공식적 방법이며, 주권행사의 구체적인 방법이라는 점에서 그 의의가 매우 크다. 또한 선거는 현대 대중사회에 있어서 국민 또는 지역주민의 이해와 정치적 의사를 통합하는 중요한 수단이 되고 있다. 즉, 선거를 통해서 국민 또는 지역주민의 다양한 이해관계가 표면화되며, 선거에 즈음하여 행해지는 토론과 다수결에 의한 후보자의 선택과정을 통해 사회적 통합을 이루게 된다. 나아가 공직자는 선거를 통해서 선출됨으로써 그 권한과 통치행위에 관한 정통성(legitimacy)을 인정받기 때문에 그 체제는 안정화된다.

특히 근대시대 이후부터 나타난 사회적 영역의 확대와 이동성의 한계로 인하여 국민 또는 주민들이 국정운영 및 지역현안에 대한 결정에 직접 참여할 수 없는 현실에 직면하였다. 이러한 현실적 한계를 극복하기 위하여 대표자를 선출한 후 그로 하여금 공적 결정에 참여하게 하는 대의민주주의체제가 일반화되면서 그 중요성이 더욱 커진 것이 선거제도인 것이다. 즉, 선거는 대표를 선출하여 국민 또는 지역주민의 정치적 권한을 그에게 위임하는 기제이며, 공직담임자를 적법하게 선택하여 세움으로써 중앙 및 지방정부를 구성하고 정당화하는 장치이다. 비록 최근에 다양한 형태로 국민 또는 지역주민의 의견을 집약할 수 있는 직접 민주주의적 대안들이 나타나면서 과거에 비해 상대적으로 그 중요성이 낮아지고 있기는 하나, 여전히 민주주의 정치체제를 떠받치고 있는 핵심적 제도는 선거라고 할 것이다.

이와 같이 현대의 국가 및 지방의 민주주의 정치가 선거라는 제도적 장치와 밀접하게 연관되어 있지만, 현실은 그다지 밝지 못하다. 특히 지방선거에 있어서 지역주민들의 지방선거에 대한 관심도는 매우 낮으며, 선거라는 정치과정에 지역주민들이 참여하는 기본적 수단인 투표는 여전히 상당히 제한적이다. 더욱이 지방선거에서의 투표율은 전반적으로 하락추세에 있으며, 기초의원 선거에 대한 투표율은 더욱 낮아 주민들의 의사를 수렴함으로써 지방정부의 정통성을 확보하고자 하는 지방선거의 의의가 상당 부분 후퇴하고 있다는 우려가 있는 것도 사실이다.

이러한 지방선거의 현실에도 불구하고 보다 지역주민의 뜻에 충실한 지방정치와 지역주민의 삶의 질 개선에 열정을 다하는 지방행정을 도모하기 위해서 다시한번 지방선거의 의미를 다질 필요가 있다. 이하에서는 지방선거의 제도적 기반을 재점검하고, 역대 지방선거 결과의 변화와 지속성을 면밀히 분석함으로써 향후의 발전방향을 모색하고자 한다.

3. 지방선거와 의회 전문성

1) 지방의회 전문성의 개념 및 의의

최근 들어서 지방선거제도의 개선을 통해 의회의 전문성을 제고하여야 한다는 목소리가 높다. 사실 지방의회의 전문성 제고는 오랜 화두이나, 그 구체적인 방법론에 있어서 지방선거와 연계된 것은 그리 오래지 않은 듯하다. 지금까지의 논의는 주로 의회 내부적인 개선에 초점을 두었기 때문이다(강인호·최병대·문병기, 2004). 그러나 지방의회의 전문성 수준이 낮은 데에는 범국가적 정치환경이나 선거제도와 같은 의회 외부적 요인의 영향도 크다.

원래 전문성이란 분업의 결과로서 나타나는 직무의 세분화와 그 담임 직무에 대한 고도의 효과성과 능률성을 의미한다. 따라서 의회 전문성(legislative professionalism)이란 의원들이 법안 제출과 심의 등의 입법활동 및 주민의 대표자로서의 역할에 전념할 뿐만 아니라, 그 활동의 수준이 높음으로 인하여 정책수립과정에서 차지하는 전반적인 의회의 능력을 향상시키는 정도를 의미한다고 할 수 있다. 좀 더 구체적으로 의회 전문성의 의미를 파악하기 위해서는 Rosenthal(1989)이 주장한, 바람직한 의회의 행태에 대한 이해와 연계할 필요가 있다.

Rosenthal(1989)에 따르면, 전문성을 갖춘 의회라고 간주되기 위해서는 대체로 다음과 같은 네 가지 기준을 충족해야 한다. 첫째, 의회가 지방정부 행정수반의 영향력에 종속되지 않고 견제와 균형을 실현할 수 있는 능력이 있어야 한다. 특히, 의회는 독자적으로 법안을 발의하고 제정할 수 있는 충분한 능력을 갖추어야 한다. 둘째, 의원 선출을 위한 선거구 획정에서부터 대표성이 있어야 하며, 여성 등 사회적 소수자에 대한 고려도 반영되어야 한다. 또한 지역주민들이 제기하는 지역현안에 대한 정보공개 요청에 대해 효과적이고 능률적으로 대응할 수 있어야 한다. 셋째, 법안 제정에 있어 지역주민들의 요구 혹은 이익집단의 요구가 반영되어야 하며, 의회 내 의사결정에 있어 충분히 민주적인 절차가 확보가 되어 있어야 한다. 또한 정당 간 견해 차이로 생기는 갈등 해결을 위해 의회 내 정당 간의 당파성이 합리적인 수준으로 균분되어 있어야 한다. 넷째, 의회는 의원들의 정책 및 의사결정을 도울 수 있는 충분한 직원과 예산 및 제도적인 환경을 구비하고 있어야 한다(박명호 외, 2018에서 재인용).

문제는 이렇게 전문화된 의회가 실제로 지역주민과 유권자들의 지지를 더 많이 받는가라는 주제와는 일정한 편차를 가진다는 것이다. 전문화된 의회일수록 경제사회적으로 더 분화된 지역사회를 배경으로 하기 때문에 더 많은 요구가 있고, 따라서 만족도가 떨어질 수 있다(Squire, 1993). 전문화된 의회일수록 긴 회기와 내부적 복잡성 및 대규모의 의회 직원으로 말미암아 주민접근성이 떨어져 평가가 낮아질 수도 있다(Kelleher & Wolak, 2007). 보수적인 성향의 유권자들은 비 전문화된 소위 시민의회를 선호하고, 상대적으로 진보적인 성향의 유권자들은 전문화된 의회를 선호한다는 주장도 있다(Richardson 외, 2012).

그러나 지방의회에 대한 민중적 지지도와 관계없이 의회 고유의 역할수행 측면에서 전문화된 의회의 장점은 분명하다. 향상된 업무수행 능력은 풍부한 입법경험과 연계됨으로써 높은 재선율을 보이기도 하며(Moncrief, Niemi, and Powell, 2004), 주민과의 밀도 높은 접촉과 의견의 청취 및 충실한 반영으로 나타나기도 한다(Harden, 2013). 또한 전문화된 의회는 당파성이 적은 법안의 공동발의나 소신표결과도 연계되며(Swift and VanderMolen, 2016), 회기일수 대비 더 많은 법안의 발의 건수로도 표현된다(Anderson, Butler, and Harbridge 2016). 전문화된 의회는 행정부와의 관계에 있어서도 상호보완적인 관계를 유지하면서 행정부 주도적인 법안의 폐기비율이 높을 수 있다(Lewis, Schneider, and Jacoby, 2015). 전문화된 의회일수록 보다 개혁적이고 진보적인 성격의 법안이나 신기술친환경적 정책이 채택될 가능성이 높은 것으로 보고되고 있다(Abel, Salazar, and Robert, 2015).

2) 지방의회 전문성 제고를 위한 선거제도 개혁

선거제도 개선을 통한 지방의회 전문성 향상방안의 초점은 첫째, 지방선거에서의 중·대선거구제 도입과 둘째, 비례대표 의석의 확대로 압축된다(한정택, 2014; 박명호 외, 2018).

첫째, 지방의회의 전문성 향상을 위해 지방선거에서 중·대선거구제를 도입해야 한다는 주장의 근거는 지역주의와 양대정당 정치, 그리고 자치단체장과 지방의회의 1당 독점현상이 가져온 그간의 문제점에 있다. 즉, 중·대선거구제 도입을 통해 지방정부를 다수의 당 또는 정당과 무관한 지역인재들이 분점하게 함으로써 국가 중앙정치에 지방정치가 예속되는 정도를 줄이고, 나아가 지방행정부에 의회가 종속되는 현상도 함께 줄일 수 있다는 것이다. 여기에는 정당공천제의 운영에서 나타나는 중앙당의 주도권을 줄이는 효과도 포함된다.

둘째는, 비례대표 의석을 확대함으로써 지방의회의 전문성을 향상하는 것이다. 후술하는 바와 같이, 직능대표제의 의미를 포함하는 광의적 개념의 비례대표제는 지역선거구 중심의 제도운영이 갖는 대표성의 한계를 극복하는 중심적인 제도로서, 다양한 전문가와 복잡한 사회경제적 이해관계자들을 의회로 연결시킬 뿐만 아니라 그들을 통해 새로운 사회적 변화와 정치적 흐름을 의회 안에 반영되게 한다. 나아가 더욱 다양해진 배경과 지식을 가진 의원들 간에 심층적인 토론과 숙의(熟議; deliberation)를 통해 타협과 조정을 일상화할 수 있는 토대를 형성한다. 즉, 비례대표제의 확대를 통해 높아진 의회 구성의 복잡성과 다양성은 그만큼 사회적 이해관계의 조정과 통합을 일구어내는 과정에서 의회가 그 중심에 서게 하는 효과를 거두게 된다. 숙의 중심적 지방의회가 이끄는 원숙한 로컬 거버넌스의 실현이 조금 더 앞당겨지는 것이다(문병기 외, 2008).

제2절 지방선거의 제도적 기반

1. 투표제도

1) 투표의 개념 및 의의

투표만이 후보를 확정하는 유일한 방법이라고는 할 수 없지만, 투표는 선거에 있어서 가장 중요한 방법이며, 현대국가에 있어서는 어떠한 정치체제나 할 것 없이 투표를 통하여 국민 또는 주민의 대표자들을 선출하고 있다. 현대 민주국가의 선거에서 선거와 투표의 원칙으로 인정되는 원칙은 보통선거, 평등선거, 비밀선거, 직접선거이다. 보통선거는 일정한 연령(만 19세)에 도달한 국민에게 선거권을 부여하는 것을 말하고, 평등선거는 1인 1표제를 의미하여, 비밀투표는 개인의 투표 비밀을 유지하는 것이고, 직접선거는 선거권자가 친히 투표행위에 참여하는 것으로 대리행위를 통한 간접투표와 구분된다.

2) 투표방법

(1) 비밀투표 vs. 공개투표

비밀투표는 공개투표와 달리 선거권자의 투표내용이 비밀로 보장되도록 함으로써 투표자의 자유의사를 존중하기 위한 제도이다. 한국을 위시하여 대부분의 현대국가에서 실시하고 있으며, 다수의 국가가 오스트리아식 투표제도(Austrian ballot)를 채택하고 있다. 이는 각 선거구에서 선거권자들에 의해 후보자에 관한 서명추천을 받은 후보자가 등록을 하고, 정부는 투표용지를 작성하고 선거일에 선거권자는 투표소에서 투표용지를 받은 후 기표소에 들어가 무기명투표에 의하여 투표하는 방식이다.

(2) 자유투표 vs. 강제투표

자유투표는 투표가 선거권자 자신의 자유의사(free will)에 따라 행해지도록 하고 국가나 지방정부가 간섭할 수 없도록 하는 투표제도로, 미국·영국·일본 등 많은 나라의 지방선거에서 채택하고 있다. 이에 반하여 강제투표(compulsory voting)는 투표참가를 선거권자의 의무로 규정하여 일정한 벌금을 물리거나 제재를 가함으로써 투표를 강제화하고 투표율을 제고하고자 하는 제도로, 오스트리아·네덜란드·벨기에 등 유럽의 많은 의원내각제 국가에서 채택되고 있다.

한국에서도 지방선거에서의 낮은 투표참가율을 제고하는 개선방법으로 유럽식 강제투표가 제안되기도 한다. 한편 강제투표는 비민주국가에서 겉으로는 자유투표의 형식을 취하지만 국가에 의하여 동원된 투표(mobilized voting)를 의미하는 경우도 있기 때문에, 제도로서의 강제투표와 실질적 의미의 강요된 투표를 구별할 필요가 있다.

(3) 출석투표 vs. 결석투표

출석투표(present voting)는 선거일에 선거권자가 직접 투표소에 참가해서 투표하는 것이다. 반대로 선거인이 직접 투표소에 가지 못할 경우 다른 방식으로 투표에 참여하는 것을 결석투표(absent voting)이라 하며, 이에는 위임투표와 부재자투표가 있다.

첫째, 한국은 선거권자 본인의 직접투표의 원칙을 따르기 때문에 위임투표가 인정되지 않고 있지만, 네덜란드에서 선거인이 공무로 선거구를 떠나는 경우나 영국에서 선거인이 군사적 목적으로 투표할 수 없는 경우 타인에게 위임해서 투표할 수 있도록 하고 있다. 영국은 위탁자를 배우자·부모·형제·자매로 매우 제한적으로 명시하고 있으며, 반드시 동일 선거구에 거주하는 선거인으로 한정하고 있다.

둘째, 부재자투표의 한 유형으로서, 선거인이 투표일에 친히 투표소에서 투표할 수 없는 경우에 신청에 의하여 사전에 선거기관에 의해 선거권자에게 배달된 투표용지를 선거권자가 작성하여 다시 우편으로 회송하는 것을 통신투표(postal voting)라고 한다. 한국에서는 공직선거법 제38조 제1항에서 선거인명부에 오를 자격이 있는 국내거주자[제15조(선거권) 제2항 제2호의 규정에 따른 외국인을 제외한다]로서, 선거일에 자신이 투표소에 가서 투표할 수 없는 때에는 선거인명부 작성 기간 중에 구·시·읍·면의 장에게 서면으로 부재자신고를 할 수 있다고 명시함으로써 부재자투표제를 실시하고 있다. 이 경우 우편에 의한 부재자신고는 등기우편으로 처리하되, 그 우편요금은 국가 또는 당해 지방자치단체가 부담한다.

(4) 단기투표 vs. 연기투표

선거권자가 투표할 때 투표용지에 명시된 후보자 가운데 한 명만 선택·기표하도록 하는 것을 단기투표(single voting)라고 하고, 여러 후보를 선택하도록 하는 것을 연기투표(block voting)라고 한다. 한국의 선거는 단기투표 방식을 채택하고 있으며, 연기투표 혹은 연기명투표는 중·대선거구제를 채택하는 일본 등 의원내각제 국가에서 상대적으로 많이 활용되고 있다.

2. 선거구제도

1) 선거구제도의 개념 및 의의

선거구(district)란 선거인이 선거를 통해 대표자인 의원을 선출하는 지리적 단위를 말한다. 다시 말해 선거구는 선거가 이루어지는 단위, 즉 선거관리, 선거운동, 투·개표, 당선결정 등 일련의 선거과정이 이루어지는 선거절차상의 편의적·기술적·지역적 단위를 말한다(최봉기, 2009). 또한 선거구는 각 선거에서의 후보자들간 경합을 위한 지역적 범위이며, 동시에 당선자의 정수를 배분하는 구역이기도 하다. 따라서 하나의 선거구에서 한 명 혹은 여러 명의 후보자가 당선될 수 있다.

한편, 하나의 선거구 내에서 투표권자가 실제로 투표하는 투표구가 여러 개 있을 수 있으므로 선거구와 투표구는 구별된다. 따라서 동일 선거구의 후보자는 해당 선거구 내의 어느 투표구에서도 선거운동을 할 수 있다. 그러나 동일 선거구 내의 투표권자는 반드시 일정한 투표구에서 투표권을 행사해야 한다.

과거 지역이 국민과 지역주민의 대표를 선출하는 유일한 기준이었을 때, 선거구는 민주주의 정치체제를 좌우하는 중요한 논란거리였다. 소위 '게리맨더링(gerrymandering)'이라는 말이 시사하듯, 역사적으로 공정한 선거구의 획정문제는 선거 자체의 성공 여부와 밀접한 관련이 있었다. 즉, 공정한 선거를 위한 두 가지 핵심적인 요건으로서 보통 유권자의 민주적 각성과 합리적인 선거제도의 확립을 자주 언급하고 있는데, 특별히 선거구는 후자의 중요한 내용이 된다.

2) 선거구의 유형

선거구의 유형에 대하여 살펴보면, 첫째, 선거구는 소선거구와 대선거구로 구분할 수 있다. 소선거구와 대선거구는 한 선거구에서 몇 명의 당선자를 배출하느냐의 기준에 따른다. 통상 소선거구는 1명의 당선자를 배출하는 선거구로서 단수선거구라고도 말하며, 한 선거구에서 통상 2~5명을 배출하는 것을 중선거구, 대선거구는 5명 이상의 복수의 당선자를 배출하는 것을 말한다. 한국의 경우 국회의원, 광역의원 선거는 1지역구에서 1당선자를 뽑는 소선거구제로, 기초의원 선거는 1개 지역구에서 2~4명을 뽑는 중선거구제를 채택하고 있다. 둘째, 선거구는 법정선거구와 비법정선거구로도 구분할 수 있다. 선거구의 구분이 법규에 의하여 정해져 있는 것을 법정선거구라 하고, 선거기관에서 임의로 선거구를 변경시킬 수 있는 것을 비법정선거구라 한다.

하나의 선거구에서 1명의 의원씩을 선출하는 소선거구제는 장점과 단점을 동시에 가지고 있다. 소선거구제의 장점은 다음과 같다. 첫째, 지방선거에 정당이 참여하는 경우 군소정당의 진출을 억제하여 지방정부의 안정을 도모할 수 있다. 둘째, 당파적 이해나 사회·경제적 이해관계를 반영할 수 있다. 셋째, 지방의원과 주민과의 유대를 긴밀히 할 수 있다. 넷째, 유권자의 후보자 선택에 대한 부담을 경감시켜 준다. 다섯째, 선거비용이 비교적 적게 든다. 여섯째, 보궐선거와 재선거가 용이하다. 이에 반해 소선거구제의 단점은 다음과 같다. 첫째, 후보의 선택 범위가 줄어든다. 둘째, 직능이나 전문성이 있는 후보보다는 지역연고를 중시하는 경향이 생길 가능성이 높다. 셋째, 당선 이후 의회의 활동과정에서 선출지역의 이해에 치중하는 소지역 이기주의화할 가능성이 높다. 넷째, 거대정당에 지나치게 유리하고 군소정당에 불리하다. 다섯째, 정실·지연·혈연·매수의 가능성이 높다. 한편 대선거구제의 장점은 소선거구제가 가진 단점의 역이고, 대선거구제의 단점은 소선거구제가 가진 장점의 역이 된다(김병준, 2012; 정세욱, 2000; 이달곤, 2004).

3) 선거구의 획정

한국의 경우, 선거구의 획정은 통상적으로 선거가 있기 전에 여·야 합의로 의회에서 정치개혁적 차원에서 의원이나 당원이 아닌 자 중 대표성과 전문성을 갖춘 11인 이내의 위원을 선임하여 "선거구획정위원회"와 같은 기구를 만들고 이를 통하여 선거구를 획정하게 된다. 즉, 공직선거법 제24조에 근거하여, 자치구·시·군의원선거구획정위원회는 11인 이내의 위원으로 구성하되, 학계·법조계·언론계·시민단체와 시·도의회 및 시·도선거관리위원회가 추천하는 자 중에서 시·도지사가 위촉하도록 하고 있다. 이러한 과정을 거쳐 도출된 2018년도 기초의원 선거구 획정 현황은 <표 7-1>과 같다.

최근, 의원 대표성의 제고와 사표방지를 위한 선거제도 개혁 논의가 촉발되면서, 이와 연계하여 선거구 획정문제도 함께 부각되고 있다. 김형준(2002)에 의하면, 광역의회 선거구 획정문제와 관련하여 선거구 획정과 관련한 헌법재판소

▶▶표 7-1◀◀ 2018년도 기초의원 선거구 획정 현황

	2인 선거구	3인 선거구	4인 선거구
소계	592개(1,184명)	415개(1,245명)	28개(112명)
자치구	230(460명)	127(381명)	2(8명)
일반시	247(494명)	180(540명)	17(68명)
군	115(230명)	108(324명)	9(36명)

의 판결을 준수해서 선거구 간 인구 상하선 원칙을 바탕으로 최대 선거구와 최소 선거구 간 인구편차를 합리적인 수준(예 3:1)으로 줄이는 방안과 보다 급진적으로 선거구 간 표의 등가성(인구 대표성)을 중시하는 방안이 제시된 바 있다.

한편, 이상학·이성규(2017)는, 선거구획정의 문제를 주어진 수의 유권자들을 면적이 다른 선거구들에 어떻게 배분하는 것이 표의 등가성을 가장 높이는 방법 인가라는 이슈로 압축한 후, 첫째, 각 선거구에 동일한 수의 유권자를 배분하는 명목적 평등기준, 둘째, 국회의원과 유권자의 상호작용에 소요되는 비용을 고려 한 실질 정치적 자원의 합계가 극대가 되도록 유권자를 배분하는 효율적 배분기 준, 셋째, 국회의원과 유권자의 상호작용에 소요되는 비용을 감안한 실질 정치적 자원이 선거구별 혹은 유권자별로 같아져서 선거구 간 정치적 자원의 평등이 실 현되도록 배분하는 실질적 평등기준의 세 가지 기준을 적용하여 상호 비교하였 다. 분석 결과, 효율적 배분기준 및 실질적 평등기준 모두에서 '면적이 넓은 선거 구에는 적은 수의 인구(유권자)를 배분하는 것'이 최적이라는 결론을 도출하였다. 이러한 연구결과는 인구 대표성을 기준으로 한 선거구획정은 지역 대표성을 약화 시키는 효과가 있음을 보여주는 것이다. 따라서 의원 대표성을 더욱 제고하고 표 의 등가성을 향상시키기 위해서는 단순히 선거구 간 인구 편차를 줄이는 것뿐만 아니라, 의원과 유권자 간의 상호작용에 소요되는 비용을 감안한 실질적 정치자 원이 선거구별 혹은 유권자별로 동일해지도록 하는 데까지 이르도록 노력할 필요 가 있다고 할 것이다.

3. 대표제도

1) 대표제도의 개념 및 유형

선거구제도와 연관되어 있는 것이 당선자들의 대표성에 관한 논의이다. 당선자 가 지역주민을 대표한다는 것은 구체적으로 한 당선자가 그 선거구에서 얼마나 많 은 유권자들의 지지를 얻고 선출되었는가를 의미한다. 이러한 대표제(representation system)의 유형으로는 다수대표제, 소수대표제, 비례대표제, 직능대표제 등이 있다.

첫째, 다수대표제(majority representation)는 당선자가 투표자의 다수를 대표하는 제도이다. 즉, 일반적으로는 소선거구제에서 오직 1인의 당선자가 선거권자의 다수를 대표한다는 의미로 사용된다. 한편, 다수의 구체적인 의미가 무엇인가 하는 것은 다시 규정하여야 할 사항이다. 즉, 반수 이상의 절대다수, 총 투표의 3분의 2 혹은 4분의 3 이상의 득표를 의미하는 특별다수, 어떠한 사전적 기준 없이 후보자 간에 상대적으로 득표수가 조금이라도 많은 사람을 당선자로 하는 상대다수 중 무엇을 의미하는지는 구체적으로 다시 논의하여야 한다.

둘째, 소수대표제(minority representation)란 한 선거구에서 2인 이상을 선출하는 중선구제나 대선거구제에서, 소수파에게도 그들을 대표해서 의회의 의석을 확보하고 의회에 진출할 수 있는 기회를 제공하기 위해서 고안된 제도이다. 즉, 유권자 중의 소수를 대표하는 약간의 당선자를 할애하는 제도이다. 소수대표제의 일반적인 방법으로서는 대선거구제를 기반으로 하여 각 선거인들로 하여금 의원정수보다 적은 수의 후보자를 연기하여 투표하게 하는 제한연기투표법이나, 선거구의 의원정수만큼의 후보자 이름을 동일인 여부에 관계없이 표기할 수 있는 누적투표법 등이 있다.

셋째, 비례대표제(proportional representation)는 지역구선거제도의 단점을 보완하기 위하여 유럽국가에서 만들어진 선거제도로서, 선거에서 각 정당이 자신들이 획득한 득표수에 비례해서 의회의 의석수 중 일부를 배분받는 제도이다. 개별 선거구에서 득표수에 따라 당선자가 결정되는 것이 아니라, 각 정당이 비례대표후보자명부를 작성하고, 전체 득표수의 비율에 따라서 비례대표 당선자가 결정되게 하는 제도이다. 이 경우 정당의 득표수에 따라 의원을 선출하게 되므로 소수당의 경우에도 의원을 배출할 수 있고, 선거권자의 투표권이 존중되고, 사표를 방지할 수 있는 장점이 있다.

넷째, 지역대표가 일정한 지리적 단위를 기초로 하여 그 안에서 선거권자들이 대표를 선출하는 것에 반하여, 직능대표제(functional/occupational representation)는 직업적·기능적으로 구성된 각종 사회·경제적 단체의 이익을 제도적으로 반영시키기 위하여 의회 내에 별도의 정원을 두어 이를 대표하도록 하는 제도이다. 따라서 직능대표제란 지역 단위로 국민의 대표를 선출하는 방식, 즉 지역대표원리에 대립적인 인식을 견지한다. 다시 말해, 직능대표제는 현대사회의 민주정치에 있어서 지역보다는 개인이 소속된 직업이나 기타 다양한 사회적 기능별로 조직된 단체의 중요성이 부각됨에 따라 이러한 집단과 단체에 대표권을 부여하고자 하는, 지역대표원리의 현실적 한계를 보완하는 제도로서의 장점을 지닌다.

그러나 현실적으로 직능대표제를 제대로 실시하기 위해서는 여러 가지 해결하기 어려운 난제들을 극복하여야 하는데, 집단의 분류와 각 집단에 대해 대표정수를 배정하는 기준을 객관적으로 산출하기 어려우며, 경제적·계급적 갈등이 의회에 연장된다는 문제점 등이 그것이다. 따라서 통상적으로는 직능대표의 취지를 비례대표제를 활용해서 반영시키고 있다. 지역대표라 해서 직능대표의 기능이 없는 것은 아니나, 직접적 선거를 통해서는 그 후보자들을 당선시키거나 이해를 반영시키기 어려운 특정 직역들의 입장을 비례대표라는 제도를 통해서 반영하고 있으며, 각 당은 직능대표로 뽑힌 비례의원들이 정책개발과 의원입법활동에 있어 전문성을 발휘해주도록 기대하고 있다.

2) 한국의 대표제도

현재 한국의 중앙 및 지방선거는 상대다수제로 운영되고 있다. 그만큼 민의와 당선자 수 간에 현격한 차이가 발생할 수 있다. 이에 따라 한국에서는 1995년 사표를 방지한다는 차원에서 비례대표제를 도입되었지만 다른 두 가지 기능도 수행하였다. 첫째 여성의 지방의회 진출을 확대시키고자 의도한 점과, 둘째, 지역주의 선거를 어느 정도 완화해보자는 것이었는데, 실제로 이 두 가지 목적에서 일정 부분 성과를 낸 것으로 판단되고 있다.

특히 여성후보의 지방의회 진출을 확대하기 위하여 공직선거법 제47조 제3항에서 정당이 비례대표국회의원 선거 및 비례대표지방의회 의원선거에 후보자를 추천하는 때에는 그 후보자 중 100분의 50 이상을 여성으로 추천하되, 그 후보자명부의 순위의 매 홀수에는 여성을 추천하여야 한다고 규정하고 있다. 또한 동법 동조 제4항에서 정당이 임기만료에 따른 지역구국회의원 선거 및 지역구지방의회 의원선거에 후보자를 추천하는 때에는 각각 전국지역구총수의 100분의 30 이상을 여성으로 추천하도록 노력하여야 한다고 하여 사회적 불균형 시정을 위한 적극적 행위(affirmative action) 차원에서 여성후보 추천을 확대하도록 하고 있다.

한국에서 비례의원은 국회의원 선거에서 전국구의원으로 당선되는 의원이 이에 해당되며, 광역의회 선거에서도 비례대표제를 통하여 의원들이 당선되고 있다. 비례의원의 정수와 관련하여, 공직선거법 제190조의2 제1항은 비례대표 지방의회 의원선거에 있어서는 당해 선거구선거관리위원회가 유효투표총수의 100분의 5 이상을 득표한 각 의석할당정당에 대하여 당해 선거에서 얻은 득표비율에 비례대표 지방의회 의원정수를 곱하여 산출된 수의 정수의 의석을 그 정당에 먼저 배분하고 잔여의석은 단수가 큰 순으로 각 의석할당정당에 1석씩 배분하되, 같은 단수가 있는 때에는 그 득표수가 많은 정당에 배분하고 그 득표수가 같은 때에는 당해 정당 사이의 추첨에 의하도록 하고 있으며, 이 경우 득표비율은 각 의석할당 정당의 득표수를 모든 의석할당정당의 득표수의 합계로 나누고 소수점 이하 제5위를 반올림하여 산출하도록 하고 있다.

또한 동법 동조 제2항에서 비례대표 시·도의원 선거에 있어서 하나의 정당에 의석정수의 3분의 2 이상의 의석이 배분될 때에는 그 정당에 3분의 2에 해당하는 수의 정수의 의석을 먼저 배분하고, 잔여의석은 나머지 의석할당정당 간의 득표비율에 잔여의석을 곱하여 산출된 수의 정수의 의석을 각 나머지 의석할당정당에 배분한 다음, 잔여의석이 있는 때에는 그 단수가 큰 순위에 따라 각 나머지 의석할당정당에 1석씩 배분하도록 하고 있다. 다만, 의석정수의 3분의 2에 해당하는 수의 정수에 해당하는 의석을 배분받는 정당 외에 의석할당정당이 없는 경우에는 의석할당정당이 아닌 정당 간의 득표비율에 잔여의석을 곱하여 산출된 수의 정수의 의석을 먼저 그 정당에 배분하고, 잔여의석이 있을 경우 단수가 큰 순으로 각 정당에 1석씩 배분한다. 이 경우 득표비율의 산출 및 같은 단수가 있는 경우의 의석배분은 동법 동조 제1항의 규정을 준용하도록 하고 있다.

아울러 동법 동조 제3항에서 관할선거구선거관리위원회는 비례대표 지방의회 의원선거에 있어서 동법 제198조(천재·지변 등으로 인한 재투표)의 규정에 의한 재투표 사유가 발생한 때에는, 그 투표구의 선거인수를 당해 선거구의 선거인수로 나눈 수에 비례대표 지방의회 의원 의석정수를 곱하여 얻은 수의 정수(1 미만의 단수는 1로 본다)를 비례대표 지방의회 의원 의석정수에서 뺀 다음 동법 동조

제1항 및 제2항의 규정에 따라 비례대표 지방의회 의원의석을 배분하고 당선인을 결정하도록 하고 있다. 다만, 비례대표 지방의회 의원 의석배분이 배제된 정당 중 재투표결과에 따라 의석할당정당이 추가될 것으로 예상되는 때에는 추가가 예상 되는 정당마다 비례대표 지방의회 의원정수의 100분의 5에 해당하는 정수(1 미만 의 단수는 1로 본다)의 의석을 별도로 빼서 계산하도록 하고 있다.

한국에서 비례대표의원의 선출방식은 1998년까지는 통상적 의미의 정당별 득 표 비례대표제를 운영하였으나, 2001년 7월 헌법재판소에 의하여 이러한 방식이 위헌으로 결정됨에 따라 2002년 지방선거(제3회 전국동시지방선거)부터 정당명부식 비례대표제를 채택하고 있다. 정당명부식 비례대표제는 각 정당이 작성한 비례대 표 후보명부에 대하여 각 선거권자는 후보자뿐만 아니라 각 정당에 대하여도 투

▶ 표 7-2 ◀ 한국의 지방선거제도와 비례대표제의 변천

	비례대표제 도입 여부와 방법	법적 근거 및 비고
1991년 선거	시·도의회와 시·군·자치구의회 모두 지역구 의원만 선출. 비례대 표제 도입하지 않음	지방자치법 및 정당법에 근거. 기 초의원선거는 3월 26일, 광역의원 선거는 6월 20일
1995년 6·27 동시지방선거	시·도의회 의원선거에 정당추천 에 의한 1인 1표제의 비례대표제 (100분의 10) 도입	공직선거및선거부정방지법 및 정 당법에 근거
1998년 6·4 동시지방선거	위와 동일	위와 동일
2002년 6·13 동시지방선거	시·도의회 의원선거에 1인 2표제 의 정당명부식 비례대표제 도입. 유효투표의 100분의 5 이상을 득 표한 정당을 대상으로 배분	공직선거및선거부정방지법 및 정 당법에 근거
2006년 5·31 동시지방선거와 그 이후	시·군·자치구의회 의원선거에도 정당공천제 도입. 시·도의회 의원 선거와 같이 1인 2표제의 정당명 부식 비례대표제 도입. 배분 방식 은 시·도의회와 동일. 후보자명부 순위의 매 홀수에 여성 추천	공직선거법 및 정당법에 근거

출처: 문병기·송광태 외(2008: 124)를 보완함.

표함으로써 지역구득표율뿐만 아니라 정당에 대한 지지도까지 비례의원 배분에 반영하도록 하는 방식이다. 한국의 역대 지방선거별 비례대표제의 도입 여부 및 방법의 변천사를 정리하면 <표 7-2>와 같다.

3) 대표제도의 개선 논의

당선자의 대표성은 실질적으로 그가 얼마나 많은 지역주민과 유권자들의 지지를 얻고 선출되었는가를 의미한다. 즉, 당선자의 대표성은 그가 획득한 정통성의 크기를 의미하며, 소위 민심이 당선에 얼마나 반영되었는가라는 것을 뜻한다. 이와 관련하여 최근 한국에서는 지역대표와 비례대표의 구성비뿐만 아니라, 의원정수까지 전면 재검토하여야 한다는 논의가 활발하게 일어나고 있다.

2018년 11월 14일에 개최된 국회 정치개혁특별위원회 선거제도 개혁 공청회에 따르면, 현재 한국에서 운영하고 있는 지역구대표와 비례대표 의원을 함께 선출하는 혼합형 대표제도는 민의를 충분히 반영할 수도 없고, 사표방지에도 부족한 실정이라는 데 의견이 모아졌다. 즉, 비례대표의 비율을 대폭 늘려 전체 의석 대비 비례대표의 비율이 최소 3분의 1이 되도록 하되 기존의 의원정수에서 비례대표의 비율을 늘리면 그렇지 않아도 취약한 지방의 대표성이 더욱 취약해지기 때문에 전체 의석규모 자체를 지금보다 대폭 확대하여야 하며, 당선자 결정 방식도 현행의 지역구 후보득표와 비례대표 정당득표를 별도로 계산하는 병립형 제도에서 독일의 연동형으로 개편하여 비례대표 정당득표를 기준으로 각 정당의 전체 의석수를 계산한 다음 지역구와 비례대표 의석 수를 배분하도록 하여야 한다는 의견이 강하게 주장되었다. 여기에 더하여 일부에서는 권역별 연동형 비례대표제까지 제안하였다.

이에 대해 막상 기존 거대정당들은 내부적으로 의원정수 확대에 대해 소극적이거나 반대의 입장을 취하는 것으로 알려져 있다. 기존의 이해관계를 지키려고 하는 의원들의 경향과 정치에 대한 전반적 불신으로 인해 의원정수 확대를 반대하는 국민일반의 여론 때문으로 보인다. 그러나 총인구 1,919만 명일 때 국회의원 수가 200명이었던 제헌국회(1948년)는 국회의원 1명이 인구 9만5천 명을 대표했는데, 이때를 기준으로 현재 국회의원 수를 환산하면 현재의 의원정수는 538명이 되어야 한다. 유신정권(1973년)과 5공화국(1981년) 때 국회의원 1명이 국민을 대표했던 수를 기준으로 봐도 현재 의원 수가 각각 359명 및 378명으로 크게 확대되어야 한다는 주장은 상당한 설득력을 갖고 있다고 할 것이다.

한편, 연동형 비례대표제의 단점에 대한 비판도 무시할 수 없다. 연동형 비례대표제도의 주된 문제점은 정치적 불안정성이다. 독일 등 연동형 비례대표제를 채택한 국가들은 의원정수를 사전에 정하지 않고 있다. 특정 정당이 지역구 의석만으로 자신의 정당득표 비율을 앞질렀을 경우 이를 그대로 인정해 주기 때문인데, 그만큼 소수정당이 난립할 수 있다. 따라서 연동형 비례대표제가 대통령제와 어울리지 않는다는 주장도 있다. 그러나 국민적 합의에 의해 중앙정부 구조가 의원내각제로 전환되거나, 지방정부에서도 자치단체장의 주도적 지위에 대한 비판이 대세를 이룬다면 정치적 불안정성과 민주성 간에 일정한 보완성을 추구할 수도 있을 것이다. 즉, 다당제로 나아가더라도 얼마든지 대통령제나 강시장제를 유지할 수도 있으며, 일부 정치적 불안정성이 높아지더라도 그 반대급부로서 민의에 충실한 의회가 구성된다면 그 또한 바람직한 결과이기 때문이다.

문제는 연동형 비례대표제가 성공적으로 도입되어 의원들의 대표성이 실질적으로 확대되기 위해서는 정당민주주의의 강화가 선행되어야 한다. 이와 관련되는 것이 바로 이어서 후술하는 후보자 추천 및 지명제도이다. 즉, 공천민주화가 대표성 확대의 실질적 관건이 된다는 의미이다.

4. 후보자 추천 및 지명제도

1) 정당공천제의 개념 및 의의

정당의 주요 기능과 목적 중의 하나가 바로 공직선거에 있어서 자당의 후보를 내어, 그러한 후보들을 통하여 정책적 목적을 달성하려는 것이다. 각 정당이 얼마나 자기 정당의 정치적 색깔과 맞으면서도 유능하고, 시대에 부응하는 비전을 갖춘 인물을 공천하는가에 따라 선거에서의 당선이 많이 좌우되기 때문에 공천은 선거과정에서 매우 중요한 활동이다. 관련하여 많은 국가들은 후보자지명제 (candidate nomination system) 또는 후보자추천제도를 운영하고 있는데, 이는 정당이 일정한 자격을 갖춘 선거권자 중에서 일정한 추천 방식을 통해서 후보자를 선출한 다음 유권자로 하여금 그 추천된 후보자들 중에서 투표하도록 하는 것이다.

사전에 각 정당들이 자당의 선거후보자들을 지명해 줌으로써, 투표자로서는 각 정당이 추천한 제한된 수의 후보자에 대해서 투표를 하면 되기 때문에 후보난립에 따른 선거혼탁과 과열선거를 어느 정도 방지할 수 있고, 후보자가 내세우는 정책공약의 차이를 비교적 두드러지게 인지하기 쉽고, 후보자에 대하여 취득해야 하는 정보비용도 낮출 수 있고, 각 정당들의 입장에서도 당내 후보가 난립하는 데서 생기는 자당 후보 당선의 불확실성을 축소할 수 있는 장점이 있다.

2) 한국의 정당공천제도

한국도 지방선거에 있어서 정당공천제도를 인정하고 있다. 지방선거에서의 정당의 공천은 1995년 제1회 전국동시지방선거에서 자치단체장과 광역의회의 선거에 적용된 바 있다. 반면 기초의회의 선거에는 정당공천이 배제되었으나, 2006년 5월 31일 치러진 제4대 전국동시지방선거부터 기초의원에게도 정당공천제가 확대되어 현재까지 모든 지방선거에서 정당공천제도가 실시되고 있다.

지방자치단체장과 광역의원, 기초의원에 입후보하기 위해서는 모두 정당의 공천을 받아야 하는 것은 아니지만, 정당의 공천을 받는 것이 후보에게는 절대적으로 유리한 것이 선거의 현실이다. 그 만큼 무소속 후보의 경우 선거권자들의 선택을 받기가 어렵다는 것이다. 무소속으로 입후보하기 위해서는 일정한 지역 주민의 추천을 받아야 한다.

공직선거법 제48조는 무소속후보자가 되고자 하는 자는 관할선거구선거관리위원회가 후보자등록신청 개시일 전 5일부터 검인하여 교부하는 추천장을 사용하여 시·도지사선거에 입후보할 경우에는 당해 시·도 안의 3분의 1 이상의 자치구·시·군에 나누어 하나의 자치구·시·군에 주민등록이 되어 있는 선거권자의 수를 50인 이상으로 한 1천인 이상 2천인 이하, 자치구·시·군의 장 선거에 입후보할 경우에는 당해 시·도 안의 300인 이상 500인 이하, 지역구시·도의원 선거에는 100인 이상 200인 이하, 지역구자치구·시·군의원 선거에 입후보할 경우에는 50인 이상 100인 이하의 선거권자의 추천을 받아야 한다. 다만, 인구 1천인 미만의 선거구에 있어서는 30인 이상 50인 이하의 추천을 받도록 하고 있다.

3) 정당공천제의 찬반 논의

(1) 정당참여 배제론의 논거

정당참여 배제론의 논거는 여러 가지 측면에서 제시할 수 있으나 대체로 지방자치의 정치적 성격, 지방정치의 중앙정치에의 예속화 혹은 중앙정치화, 정당정치에 대한 불신과 정당무용론, 지역주의 선거와 정당의 지역패권주의, 질 낮은 후보와 기득세력의 진출 등을 지적할 수 있다.

첫째, 지방선거에 있어서 정당배제론자들은 지방자치가 본질적으로 정치적인 성격보다는 행정적인 성격을 갖는 것으로서 지역개발, 주민복지, 일상생활에서의 공공서비스의 공급에 초점을 두어야 한다고 주장한다. 그러나 지방정치를 행정적인 것으로 보는 것은 지방정부가 서비스 공급뿐만 아니라 지역의 자원배분과정에서 발생하는 갈등의 해소기능도 담당해야 하고, 그것도 매우 중요한 지방정부의 기능이라는 사실을 간과하고 있다(이승종, 2003).

둘째, 한국의 과거 지방선거의 역사에서 나타나듯이 지방선거는 흔히 중앙정부의 정치권력 강화나 혹은 야당의 정권심판론이 지배해왔고, 또한 선거이슈도 지역적이고 주민들의 삶과 직접 관련 있는 이슈들보다는 중앙정부의 정책이슈가 지방선거에 여과 없이 투영되어 왔다. 1991년 이후의 많은 선거에서 지방선거는 그 독자적 의미를 잃은 채 중앙정치의 연장선에서 '대리전' 양상으로 치러져 왔다. 그러나 이러한 우려는 다소 과장된 측면도 있다. 우선 정당의 입장에서 공천이나 정책개발에서 지방의 특성이나 지역주민의 요구사항을 전적으로 무시하면서까지 중앙당의 입장만을 강요할 수는 없다. 지방선거에서의 평가가 중앙당의 평가가 될 수 있으므로 중앙정당은 지방과 협조적 관계를 유지하지 않을 수 없게 된다.

셋째, 정당정치에 대한 불신과 정당무용론으로서, 한국 정당들의 그간의 행태를 고려할 때 지방차원의 선거에서는 정당이 불필요하다는 주장이다. 지방선거에서도 정당을 참여시키면 중앙정당이 가진 부정적인 행태들이 고스란히 지방선거에서도 나타날 것이기 때문에 지방선거에서의 정당참여가 아직은 시기상조이며, 여건이 성숙될 때까지 연기되어야 한다는 주장이다. 이는 현실 정당정치가 개선되면 가능하다는 논리이다. 다른 측면에서는, 극단적 허용불가론과 관련해서 중앙정당도 불신받고 있는데도 중앙정치에의 정당참여는 당연하고, 지방선거에의 정당참여만 부정하는 것은 지나친 논리적 확대라는 반론도 있다.

넷째, 지역주의 선거와 정당의 지역패권주의 때문에 지방선거에서의 정당참여에 반대하는 입장도 있다. 지방선거에 정당이 개입하게 되면 지역감정이나 지역중심주의가 부각되게 되고, 따라서 지역분할구도가 자칫 고착화될 수 있고, 국정의 통합성 달성도 어려워지게 된다고 주장한다. 이러한 주장에 대해서도 지역분할 구도는 대개 광역자치단체 수준의 분할이지, 기초자치단체 수준의 분할구도를 일컫는 것은 아니며, 기초자치단체끼리의 지역갈등은 정당 차원의 갈등이 아니라 지역이해에 의한 갈등으로 정치적 지역분할 구조에 의한 지역주의와는 성격이 다른 지역이해에 바탕을 둔 소지역주의라는 반론이 가능하다.

다섯째, 정당참여가 인물중심의 투표보다는 정당중심의 투표를 유도하는 경향이 있어서 능력과 비전 면에서 최상의 후보자가 당선되지 않을 수 있다는 우려가 있다. 이러한 우려는 그 동안 토착적 기득집단과 경제력을 갖춘 사람들이 정당의 후보로 많이 공천되어 왔던 경험에서 나온 반대 논거이다. 그러나 정당공천이 없다면 지방선거는 기득권층의 영향력이 지방선거과정에 더욱 커질 수도 있다는 사실에 주목해야 한다.

(2) 정당참여 긍정론의 논거

첫째, 정당이 선거과정에 참여하는 것은 현대 민주정치에서 볼 때 지극히 당연한 일이라고 할 수 있다. 정당은 원래 자연발생적으로 정치사회 내에서 생긴 하나의 파벌(faction)로서 집단 간, 파벌 간 다툼과 갈등은 불가피하다. 따라서 집단 간 갈등 때문에 정당정치를 부인하는 것은 현대 민주정치의 취지에 부합하지 않는다. 지방자치에서도 정당의 역할은 여전히 존재한다. 지방정치에서도 비록 그 과정 일부에서 지역의 유력정치인에 의하여 좌우된다 하더라도 주민의 이해를 대변하고, 정책을 개발하고, 유능한 후보를 공천하고, 주민을 통합하는 역할을 정당이 담당하고 있음을 부인할 수 없다.

둘째, 책임정치의 실현을 위해 정당참여가 필요하다. 정당이 선거에 참여하지 않고, 후보자들이 자율적으로 나오는 선거에서는 후보자들이 내세우는 정책들에 대한 책임을 묻기가 대단히 힘들다. 그러나 정당이 지방선거에 관여하게 되면 지방에서의 특정 후보의 정책 실패나 정책 오류에 대해서도 중앙당에 대하여 책임을 추궁할 수 있다. 정당은 선거라는 통제장치를 통해서 집단적으로 평가받기 때문에 개인 후보들 혹은 무소속 후보들에 대하여 책임정치를 하라고 요구하고 강제할 수 있는 기제보다는 더 명백한 위치에 놓여있기 때문이다.

셋째, 현실적인 정당참여 배제 가능성도 고려되어야 한다. 지난 1991년, 1995년, 1998년 지방선거에서 기초의원 선거의 경우에는 정당배제를 원칙으로 하였지만, 각 정당은 실제로 내부추천이라는 과정을 통해서 여전히 자당 후보들을 추천하였으며, 의회 운영도 거의 정당중심으로 행하여졌다. 실제로 정당이 막후에서 선거에 참여하는 것을 막을 방도가 별로 없다. 정당이 참여하지 않음으로써 생기는 지방정치에서의 부패와 부조리에 대한 통제요구도 정당참여가 갖는 의의일 것이다.

요컨대 지방정치에서 정당참여가 갖는 폐해도 있지만, 그것이 정당의 선거참여를 배제해야 하는 결정적 논거가 되지는 못한다. 현실 정치의 여러 문제점을 개선할 수 있는 다양한 정치개혁 방안을 찾는 것이 바람직하다고 할 수 있다.

5. 선거운동

1) 한국의 지방선거운동

지방선거에 있어 후보등록이 끝나는 시점부터 선거 전날까지 각 정당과 후보는 선거운동을 할 수 있다. 유권자들이 후보자들을 잘 알지 못하고, 대통령 선거나, 국회의원 선거와 비교하여 상대적으로 선거구민들의 관심도가 낮은 지방선거에서는 선거운동기간 중에 어떠한 선거운동을 하느냐에 따라서 유권자들의 선택에 커다란 영향을 미칠 수 있다.

한국의 경우 1995년 제1회 전국동시지방선거 이전까지는 선거운동의 범위를 비교적 좁게 규정하는 '포괄적 제한 방식'에 의하여 법에서 규정한 것은 이외에는 선거운동을 할 수 없도록 규정하고 있었다. 법이 허용하는 선거운동도 합동연설회나 선거공보물이 고작이었다. 그러나 1995년 공직선거및선거부정방지법의 제정으로 선거운동의 제한 방식이 '개별적 제한 방식'으로 전환되었다. 즉, 법에 의하여 금지되지 않는 것은 모두 허용한다. 현행 공직선거법의 제85조부터 제118조까지의 조항은 선거운동에서의 금지 및 제한사항을 담고 있다.

이 가운데 몇몇 조항은 후보자의 선거운동을 상당히 제약하거나, 유권자의 선택을 제한하는 것으로 평가되고 있다. 예를 들어 공직선거법 제86조 제1항의 공무원 등의 선거에 영향을 미치는 행위가 지나치게 넓게 규제되어 있고, 동법 제87조 단체의 후보 및 정당에 대한 지지·반대 및 지지·반대 권유행위에서 시민단체의 개입을 지나치게 차단하고 있으며, 동법 제105조 선거집회기간 중 각종 집회(동창회, 향우회) 금지, 동법 제106조 호별방문 제한 규정, 동법 제108조 선거기간 개시일부터 투표마감시간까지 여론조사 결과공표 금지 등은 선거운동을 상당히 제약하여 유권자의 정보취득을 다소 제한하고 있으며, 동법 제117조 부의·축의금·행사지원금의 상시 제한은 정치비용을 줄여주는 장점은 있으나 정도의 문제이며 전통적 비풍양속까지 지나치게 규제하고 있다는 비판을 듣고 있다.

한국의 각 지방선거에서 현행법이 허용하는 선거운동 방법은 <표 7-3>에서 보는 바와 같이 다양하다. 과거 한국선거에서는 후보자 합동연설회, 개인연설회만 있었으나, 1994년 3월 개정 선거법에서 개인 또는 정당연설회를 허용하고, TV, 라디오방송 광고는 물론이고 가두연설까지 허용하는 대폭적으로 선거운동 방법을 확대하였으며, 대폭적으로 선거공영제를 확대하였다(안순철, 2002). 선거공영제의 광범위한 운영으로 각 후보의 경제력 차이의 효과가 다소 완화되는 측면이 없지는 않으나, 후보자와 정당의 재정력이 득표와 관련되고 있는 현실도 여전히 무시할 수 없다. 각 후보자가 비공식적으로 지출한 자금 등이 노출되고 있지 않기 때문인바, 선거비용을 줄일 수 있는 제반 장치들이 계속 고안되어야 할 것이다.

▶ 표 7-3 ◀ 지방선거별 후보자의 선거운동 방법

구분		시·도지사, 교육감	구·시·군의 장	시·도 의원 지역구	시·도 의원 비례대표	기초의원 지역구	기초의원 비례대표	관련 조문
선거 운동 기구	선거사무소	○	○	○	○	○	○	61조
	선거연락소	○	○	×	×	×	×	
선거 사무원	선거사무소	구시군수 (최소 10인)	읍면동수 3배수+5	10인	구시군수 (최소 20인)	8인	자치구시군 읍면동수	62조
	선거연락소	읍면동수	읍면동수 3배수	×	×	×	×	
선 거 벽 보		○	○	○	○	○	○	64조
책자형 선거공보		○	○	○	○	○	○	65조
선거공약서		○	○	○	○	○	○	66조
현 수 막		○	○	○	○	○	○	67조
어깨띠 등 소품		○	○	○	○	○	○	68조
신 문 광 고		○	×	×	×	×	×	69조
방 송 광 고		○	×	×	×	×	×	70조
후보자 등 방송연설	후보자	○	○	○	○	○	○	71조
	연설원	×	×	×	×	×	×	
방송시설주관 후보자연설 방송		○	○	○	○	○	○	72조
한국방송공사 경력방송		○	○	○	○	○	○	73조
방송시설주관 경력방송		○	○	○	○	○	○	74조
공개장소 연설·대담		○	○	○	×	○	×	79조
단체의 초청 대담·토론회	후보자	○	○					81조
	대담·토론자	사무소 또는 연락소마다 1인	×	×	×	×	×	
언론기관 초청 대담·토론회	후보자· 대담토론자	○	○	○	○	○	○	82조
	입후보 예정자	○ (60일)	○ (60일)	×	×	×	×	
선방위 주관 대담·토론회		○	○	×	×	×	×	82조의2
인터넷 광고		○	○	○	○	○	○	82조의7
선거벽보 등 첩부 자동차(선박)		사무소· 연락소마다 각5대·5척	후보자마다 5대·5척	후보자마다 2대·2척	×	후보자마다 1대·1척	×	91조
전화·정보통신망 이용 선거운동		인터넷·전자우편·SNS 등 정보통신망 이용 또는 전화를 이용하여 송·수화자 간 직접 통화						82조의4

출처: 중앙선거관리위원회 홈페이지(http://www.nec.go.kr).
1. 위의 내용은 법정선거운동방법이며 그 외에도 선거법에서 제한 또는 금지하지 않는 방법의 선거운동도 가능함.
2. ○표는 선거공영제(국가지방자치단체 또는 주최자 부담), △표는 사영제(후보자 부담), ×표는 제도 없음.
3. 공영제는 기탁금 반환요건에 해당되어야 함.

2) 지방의회 후원회제도의 도입

후원회란 정치자금의 기부를 목적으로 설립·운영되는 단체로서, 관할 선거관리위원회에 등록된 단체를 말한다(정치자금법 제3조). 그러나 한국의 경우, 정치자금법 제6조에 의해 국회의원을 비롯한 대부분의 선출직 공직후보자는 후원회를 지정하여 둘 수 있는 자격을 가지나, 유독 지방의회 의원에 대해서는 후원회 지정권자가 될 수 없도록 하고 있다. 특히, 2005년 정치자금법 개정에 의해 동질적인 지방정치인이라고 볼 수 있는 특별시장·광역시장·도지사 선거의 후보자도 후원회를 둘 수 있게 되었음에도 불구하고, 2000년 헌법재판소의 결정(헌재 2000. 6. 1. 99헌마576 전원재판부)에 따라 아직까지도 지방의회 의원만은 후원회를 둘 수 없도록 한 것은 심각한 불평등성이 존재한다는 점에서 재검토가 필요한 사안이다.

헌법재판소가 판시한대로 국회의원과 지방의회 의원 간에 구체적 역할, 대표의 대상, 활동범위 등에서 일정한 차이가 존재하는 것은 사실이나, 이는 정도의 차이일 뿐 특별히 지방의회 의원에 국한하여 후원회 지정권자가 될 수 없도록 할 만큼의 본질적인 차이라고 할 수 없다. 더욱이 현행 지방자치법에 의거하여 지방의회 의원에게도 '의정활동비'와 '월정수당' 등의 보수개념의 대가를 지급(2005년 개정)하고 있는 상황에서 헌법재판소가 판결문에서 제시한 '무보수 명예직인 봉사하는 자'라는 논거는 더 이상 설득력을 가질 수 없게 되었다.

이런 차원에서 지방선거자금 조달의 양성화와 합법화 및 투명성 제고를 위하여, 역량 있는 지역 정치인들의 정치자금 부담을 해소하기 위하여, 지방정치의 훈련장으로서 지방선거를 활성화하고 지역의 정치엘리트 배출을 촉진하기 위하여, 유권자의 자발적 정치참여 의식과 신뢰감을 제고하기 위하여 지방의회 의원 후보자에 대한 후원회 지정권을 부여하기 위한 정치자금법 개정이 필요하다(신원득·문현미, 2017).

이상에서 소개한 현행 한국의 지방선거관리제도를 모두 요약하면 <표 7-4>와 같이 정리할 수 있다.

▷ 표 7 - 4 ◁ 지방 4대 동시선거의 기본적 선거관리제도 및 절차

구분		광역단체장	기초단체장	광역의원	기초의원
임기 개시(14조)		임기 만료일의 다음 날(임기 4년)			
증원·보궐·재선거(14조)		당선 결정시부터(전임자의 잔임 기간)			
선거권(15조)		19세 이상			
피선거권(16조)		25세 이상(선거일 현재 60일 이상 관할구역에 주민 등록된 자)			
연령 산정(17조)		선거일 현재로 산정			
선거기간(33조)		14일(후보자 등록 마감일 후 6일부터 선거일까지)			
선거일(34조)		• 임기 만료일 전 30일 이후 첫 번째 수요일 • 선거일이 국민 생활과 밀접한 관련이 있는 민속절 또는 공휴일인 때와 선거일 전이나 그 다음 날이 공휴일인 때에는 그 다음 주 수요일			
선거 유형에 따른 선거일 (35조)	보궐, 증원, 재선거	• 4월 중 첫 번째 수요일 • 선거일이 국민생활과 밀접한 관련이 있는 민속절 또는 공휴일인 때와 선거일 전일이나 그 다음 날이 공휴일인 때에는 그 다음 주 수요일 • 선거일 전 30일 후 선거실시가 확정된 때에는 그 다음 선거일			
	구역 변경	구역 변경에 따른 자치단체장 선거: 선거 확정 때부터 60일 이내			
	일부 무효 재선거	선거 일부무효 확정판결 또는 결정통지를 받은 날로부터 30일 이내			
선거인명부 작성(37조)		선거일 전 22일 현재 주민등록자(선거인명부 작성 기준일)			
선거인명부 열람(40조)		선거인명부 작성기간 만료일 다음 날부터 3일간 장소를 정하여 열람 (선거권자는 누구든지 자유로이 열람 또는 공람 가능, 인터넷 홈페이지에서 열람 가능)			
정당공천(47조)		인정	인정	인정	인정
				비례대표 후보 추천은 여성에 100분의 50이상 추천(매 홀수는 여성 추천) 보궐선거는 100분의 30 여성 추천	

무소속 추천 (48조)	1,000~2,000인 이하 (읍·면·동별 50인 이상)	300~500인 이하	100~200인 이하	50~100인 이하 (인구 천 명 미만: 30~50인)
후보자 등록 (49조)	선거일 전 20일부터 2일간			
공직입후보(53조)	공무원이 입후보 시 선거일 전 90일까지 그 직에서 사직			
기탁금(56조)	5천만 원	1천만 원	3백만 원	2백만 원
기탁금 반환 (57조)	• 후보자 당선 또는 사망, 유효 투표 총수의 100분의 15 이상 득표: 전 액 반환 • 유효 투표 총수의 100분의 10 이상 100분의 15 미만 득표: 100분의 50에 해당하는 금액 • 비례대표 지방의원 선거의 경우 후보자명부에 올라 있는 후보자 중 당선인이 있는 때: 전액 반환			
투표 (146~171조) 개표 (172~186조)	• 기표방법. 1인 1표. 선거인의 성명 표시 금지. 병영 내의 투표소 설 치 금지 • 단체장·광역의원: 정당 의석수, 무소속: 가나다 순 • 투표 시간: 06시~18시(18시 이후 투표소에 대기자는 투표 가능. 보 궐선거 20시까지)			
당선인 결정 (190조)	당선인: 유효 투표의 다수를 얻은 자(2인 동수인 경우 연장자) 무투표 당선과 비례대표 의석의 배정			

출처: 공직선거법 관련 조항을 정리함.

제3절 역대 지방의원 선거결과의 특징과 변화

1. 지방선거 투표율과 지방의원선거의 경쟁률

한국의 민주화 이후 지방자치가 본격적으로 재개된 1995년 전국 동시지방선거는 지금까지 거의 매 선거마다 선거결과에 중요한 영향을 미치는 새로운 개편이 이루어졌다. 특히 2002년 1인2표제의 광역의회 비례대표 선출과 50% 여성할당제 도입, 2006년 기초의원선거의 정당공천제 허용과 중선거구제 개편, 그리고 비례대표선출의 홀수 순번 여성할당제 확대 도입, 나아가 2010년 지역구 공천의 여성할당 의무제 도입 등은 선거결과에 중대한 영향을 미치는 핵심적인 선거제도인 선거구제, 대표제, 정당공천제의 변경이라는 점에서 지방의원 선거결과에 미친 정치적 효과에 많은 관심이 모아졌다.

다음은 지방의회 구성의 대다수를 차지하는 지역구 광역의원과 기초의원을 중심으로 지방선거 결과의 주요 특징과 변화를 살피고자 한다. 동시 지방선거의 제도적 특성을 감안해 투표율을 제외한 모든 분석은 광역의원선거와 기초의원선거의 비교를 통하여 공통점과 차이점을 파악하는 한편, 통시적인 비교로써 1995년부터 2018년까지 역대 지방의원선거 결과를 통해 변화의 경향성을 분석할 것이다. 자료는 중앙선거관리위원회에서 제공해준 역대 지방선거 결과의 집합자료다.

먼저, 지금까지 전국 동시 지방선거의 투표율은 1995년(68.4%), 1998년(52.7%), 2002년(48.9%)까지 하락하였으나, 2006년(51.6%)부터 상승하기 시작하여 2010년(54.5%), 2014년(56.8%), 그리고 2018년(60.2%)에도 3.4%p 올라서, 지난 2016년 제20대 총선의 투표율(58.0%)보다 높았다. 이러한 투표율 상승은 2006년 기초의원선거의 정당공천 확대실시와 2010년 지방선거의 치열해진 당선경합, 그리고 2014년과 2018년은 사전투표제가 중요한 영향을 미친 것일 수 있다. 특히 지방선거에 처음 도입된 2014년의 사전투표제는 당시 세월호 참사의 여파로 선거운동이 위축되고 선거열기가 낮았음에도 불구하고 투표율이 상승할 수 있었던 주요 요인으로 지목된다(황아란, 2014). 사전투표제는 미리 투표할 수 있다는 점 외에도 주민등록지가 아닌 다른 곳에서도 투표할 수 있는 편의성이 높아서, 바쁜 도시인이 많은 자치구와 수도권의 투표율 상승에 중요한 영향을 미친 것으로 해석된다.

주목할 점은 도농 간 차이, 즉 투표율의 도저촌고(都低村高) 현상이 지방선거의 특징이라는 점과 최근 투표율의 상승이 도시에서 비롯된 것으로 도저촌고의 둔화 경향을 나타내는 점이다. 자치구의 투표율은 2006년부터 꾸준한 증가세를 보이며 일반시도 상승세가 이어져 온 반면, 군은 그동안 큰 변화가 없기 때문에 도농 간 투표율 차이가 점점 줄어드는 모습을 보여 왔다.[1] 또 수도권의 투표율 상승세가 2006년부터 연이어진 것도 매우 고무적인 현상인데,[2] 도시와 수도권은 모두 투표율이 낮은 곳에서의 상승이란 점이 중요하다. 특히 수도권 집중과 도시화가 급속히 진행되는 한국 사회에서 이러한 투표율 상승은 지방자치에 대한 유권자의 관심과 참여가 높아지고 있으며, 이는 지방의회를 포함한 지방정부의 대표성과 반응성을 높이는 주요 요인이 되기 때문이다.

한편 지역구 지방의원선거의 경쟁률을 살펴보면, 광역의원선거가 기초의원선거보다 높은 일반적인 특징을 발견할 수 있다. <표 7-5>의 2018년 지방선거 결과에서 광역의원선거의 경쟁률(2.6)은 기초의원(2.1)보다 높으며, 2014년에도 광역의원선거(2.4)가 기초의원선거(2.1)보다 높았다. 이러한 경향은 1995년부터 역대 지방의원선거의 공통적인 경향이라 할 수 있는데, 다만 기초의원선거(3.2)의 경쟁률이 광역의원선거(3.1)보다 높았던 2006년의 유일한 사례는 의원유급제 도입으로 기초의원의 정수(2,513명)가 급감(972명)했기 때문이다(<표 7-6> 참조).

일반적으로 역대 지방선거의 경쟁률 상승과 하락은 선거과정을 구조화시키는 주요 요인인 정당의 수와 밀접한 관련이 있다. 전체적으로 동시지방선거에 적어도 50명 이상 후보를 공천한 군소정당의 수는 2014년 3개에서 2018년 5개로 늘었으며, 군소정당 후보가 차지하는 비율도 2014년(8.6%)보다 2018년(21.2%)에 크게

▶ 표 7-5 ◀ 지역구 지방의원선거 경쟁률(2014년, 2018년)

구분	2018년				2014년			
	선출정수	후보수	경쟁률	선거경합성	선출정수	후보수	경쟁률	선거경합성
광역의원	737	1,886	2.6	25.7	705	1,719	2.4	16.6
기초의원	2,541	5,318	2.1	12.4	2,519	5,377	2.1	7.5

주) 선거 경합성은 1위와 2위의 득표율 차이(무투표 제외).

---

1) 자치구와 일반시의 평균 투표율은 2006년 각각 49%, 54.4%, 2010년 각각 51.7%, 57%, 2014년 각각 56.3%, 57.3%, 2018년 각각 58.9%, 61.3%인데 비해, 군의 평균 투표율은 2006년 70.5%, 2010년 69.4%, 2014년 70.6%, 2018년 72.1%이다.
2) 수도권의 평균 투표율은 2006년 49.8%, 2010년 53.7%, 2014년 56.2%, 2018년 58.9%이다.

구분	1995년	1998년	2002년	2006년	2010년
광역의원	2.8 (875)	2.5 (616)	2.5 (609)	3.1 (655)	2.6 (680)
기초의원	2.6	2.2	2.4	3.2 (2,513)	2.3 (2,512)

주) 괄호 안은 선출정수.

증가하였다. 1998년 동시지방선거의 전체적인 낮은 경쟁률(2.3)은 DJP연대(국민회의와 자민련의 연합공천)에 기인한 것이며, 2002년(2.5)과 2006년(3.2)의 경쟁률 증가는 각각 자민련의 공천과 열린우리당의 창당으로 설명할 수 있다. 또 2010년(2.4)과 2014년(2.3)의 경쟁률 하락은 각각 민주당의 통합과 자유선진당 등 보수파 군소정당의 새누리당 흡수에 따른 것이라 할 수 있다.

　<표 7-5>에서 흥미로운 점은 2018년 지방의원선거의 경쟁률이 증가하였지만 당선경합이 치열해진 것은 아니라는 것이다. 오히려 1위와 2위 후보 간 득표율의 차이는 2018년 평균적으로 광역의원은 약 26%p, 기초의원은 약 12%p로 벌어져, 2014년보다 모두 여유롭게 당선된 것을 보여준다. 또 2018년 광역의원선거에서 당선경합은 지난 선거보다 9%p 가량 늘어난 데 비하여, 기초의원선거의 당선경합은 2014년보다 5%p 정도 소폭 증가하였는데, 이러한 현상은 선거경쟁에 참여한 정당의 수도 중요하지만, 광역과 기초선거의 당선경합에 미치는 주요 정당의 영향력이 각급 선거에 다르다는 점을 보여준다. 기초보다 광역의원선거에 중앙정치의 정당 영향이 더 강한 것은 광역과 기초의의원의 당선자 정당분포에서 잘 드러난다.

2. 지방의원 당선자의 정당분포

　<표 7-7>은 2018년과 2014년의 광역 및 기초단체장을 포함한 4대 동시선거의 전체 당선자와 지역구 광역 및 기초 지방의원의 정당분포를 보여준다. 전체

적으로 2018년 지방선거 당선자는 더불어민주당 62%, 자유한국당 30%, 군소정당 3%, 무소속 6%로 여당의 압승을 보여준다. 여당은 각급 모든 지방선거에서 제1 야당인 자유한국당보다 훨씬 높은 점유율을 나타냈는데, 지역구 광역의원 605명 (82%)의 여당 점유율이 지역구 기초의원 1400명(55%)보다 훨씬 많았다.

지방선거에서 2018년 여당의 이러한 압승은 유례가 없는 일이다. 여당이 승리 했던 2014년 지방선거에서도 전체적으로 새누리당의 점유율(49%)은 제1야당인 새정치민주연합(40%)보다 높았지만 그 차이는 9%p였고, 광역단체장 당선자는 여 당보다 제1야당이 한 명 더 많았다. 그 점에서 2018년 지방선거의 여당과 제1야 당 간 격차는 정권심판론이 강하게 제기되었던 2002년, 2006년 지방선거에서 제1 야당(한나라당)이 각각 68%, 61%의 점유율로 당시 여당이었던 새천년민주당과 열 린우리당보다 각각 48%p, 44%p 차이를 보였던 사례와 비견된다(<표 7-8> 참 조). 그러나 지금까지 여당이든 야당이든 단일 정당이, 특히 광역선거에서 80%를 넘는 점유율을 보인 적은 없었던 점에서 이례적인 결과라 하겠다.[3]

▶ 표 7-7 ◀ 지역구 지방의원선거의 당선자 정당분포

구분	2018년				2014년			
	더불어 민주당	자유 한국당	군소정당	무소속	새누리당	새정치 민주연합	군소정당	무소속
전체	2,170 (61.6%)	1,044 (29.7)	101 (2.9)	206 (5.9)	1,706 (49.2)	1,387 (40.0)	48 (1.4)	326 (9.4)
광역 의원	605 (82.1)	113 (15.3)	3 (0.4)	16 (2.2)	375 (53.2)	309 (43.8)	1 (0.1)	20 (2.8)
기초 의원	1,400 (55.1)	876 (34.5)	93 (3.7)	172 (6.8)	1,206 (47.9)	989 (39.3)	47 (1.9)	277 (11.0)

주) 광역 및 기초 단체장을 포함한 전체 군소정당 당선자는 2018년 민주평화당(52명), 바른미래당(20명), 정의당 (18명), 민중당(11명)이며, 2014년 통합진보당(31명), 정의당(10명), 노동당(7명)임.

---

3) 참고로 2006년 선거의 전체 한나라당 점유율(61.1%)은 광역단체장(75%), 지역구 광역의원 (79%), 기초단체장(67%), 기초의원(56%)을 포함한 것이며, 2002년 선거의 전체 점유율 (67.0%)보다 낮아 보이지만 이는 공천이 금지되었던 기초의원을 제외했기 때문으로 광역단체 장(69%), 지역구 광역의원(71%), 기초단체장(60%) 모두 2006년보다 낮았다.

구분	1995년		1998년		2002년		2006년		2010년	
	여당 (제1야당)	선출 정수	여당 (제1야당)	선출 정수	여당 (제1야당)	선출 정수	여당 (제1야당)	선출 정수	여당 (제1야당)	선출 정수
전체	32.2 (39.3)	1120	41.8 (35.1)	864	19.7 (67.9)	857	17.5 (61.1)	3414	41.5 (37.8)	3436
광역 의원	32.7 (40.2)	875	44.0 (36.4)	616	19.9 (70.8)	609	5.0 (79.2)	655	37.1 (48.2)	680
기초 의원	n.a.		n.a.		n.a.		26.1 (55.8)	2513	43.3 (34.7)	2512

주) 여당은 1995년 민주자유당, 1998년 새정치국민회의, 2002년 새천년민주당, 2006년 열린우리당, 2010년 한
　　나라당이며, 괄호 안의 제1야당은 1995년 민주당, 1998년~2006년 한나라당, 2010년 민주당임.

　이러한 더불어민주당의 압도적인 승리는 2014년 당시 제1야당이던 새정치민
주연합과 비교해 당선자가 급증한 것에서도 확인되는데, 지역구 광역의원 309명
(44%)과 기초의원 989명(39%)이 당선되었던 2014년 지방선거보다 2018년에는 각
각 38%p, 16%p 상승한 것이다. 이는 또 2014년 새누리당과 비교해 자유한국당의
몰락으로 대비된다. 즉 지역구 광역의원은 45%p, 기초의원은 6%p 가량 감소한
것이다. 당선자의 득표율도 더불어민주당이 자유한국당보다 높았으며, 지역구 광
역의원은 각각 61%, 50%, 기초의원은 각각 32%, 25%로 차이를 보였다.

　한편 역대 지방선거에서 주목할 점은 기초의원선거보다 광역의원선거에서 변
화의 폭이 크다는 점이다. 점유율 등에서 여당과 제1야당 후보 간 차이 역시 기초
의원선거보다 광역의원선거에서 더 크게 나타나는 공통점을 발견할 수 있다. 또
지금까지 각급 지방선거의 당선자 소속 정당에서 여당과 제1야당의 양대 정당비
율이 지방의회를 압도한다는 점과 그러한 특징이 기초보다 광역선거에서 높은 경
향을 보인다는 점을 주시할 필요가 있다. 이러한 차이는 기초선거에서 상대적으
로 무소속의 당선비율이 높기 때문인데, 2018년 무소속 기초의원(7%)은 광역의원
(2%)보다 많았다. 이는 중앙정치의 영향이 강한 광역선거에서는 주요 정당 간 선
거경쟁이 중심이 되지만, 상대적으로 주민과 근접성이 높은 기초선거에서는 후보
인지도에 따라 무소속도 유리할 수 있는 선거환경의 차이로 설명될 수 있다. 그

렇지만 양대 정당이 광역과 기초 지방의회 구성을 거의 장악하고 있다는 것은 대표의 다양성이 그만큼 취약한 현실을 드러내며, 나아가 단체장을 포함한 지방정부의 기관구성에서 1당 지배적인 정당구도의 특징을 나타내는 것은 지방선거에 미치는 매우 강한 중앙정치의 영향을 보여준다.

3. 1당 지배적인 기관구성의 정당구도

<표 7-9>은 2018년과 2014년 지방선거의 지역별 광역 및 기초 지방자치단체 기관구성의 정당구도를 보여준다. 전체적으로 2018년 지방선거는 1당 지배적인 특징과 함께 대구와 경북을 제외한 거의 모든 지역이 더불어민주당 일색으로 기관구성을 이룬 것을 볼 수 있다. 2014년은 4곳을 제외한 모든 시·도에서 1당 지배의 강화된 양상을 보였다.

2018년 지방선거에서 주목할 점은 대구와 경북, 그리고 무소속이 도지사로 당선된 제주를 제외하고 14개 시·도에서 더불어민주당이 단체장과 의회의석을 장악하였던 것이다. 이는 더불어민주당이 2014년 다수의석을 차지했던 곳(서울, 경기, 광주, 전북, 전남, 대전, 세종)의 의석이 크게 증가했을 뿐만 아니라 새누리당이 다수의석을 차지했던 지역 중 대구와 경북을 제외한 모든 곳(인천, 부산, 울산, 경남, 충북, 충남, 강원, 제주)에서 압도적인 의석을 얻게 되어 전국적인 여당 독점구도가 강화된 양상을 보였다. 특히 영남 지역주의 정당지지가 동남권에서 더불어민주당으로 바뀌는 이변을 낳았던 점은 기초단체의 기관구성에서도 확인할 수 있다. 경남 한 곳을 제외한 모든 지역에서 광역단체와 같은 유형의 1당 독점적인, 혹은 1당 지배적인 정당구도를 나타냈다. 경남은 더불어민주당의 기초단체장(60%)이 자유한국당보다 많은 변동을 나타냈으나, 지역구 기초의원은 자유한국당(50%)이 더불어민주당(39%)보다 많았다. 대구와 경북의 기초단체는 자유한국당이 지배적인 구성을 이루었으나, 나머지 지역은 모두 더불어민주당이 장악한 특징을 보여준다. 특히 부산과 울산은 2014년 기초단체장의 각각 94%, 100%를 석권했던 새누리당에서, 2018년 모두 더불어민주당으로 각각 81%, 100%로 바뀐 것이다.

▶ 표 7 - 9 ◀ 지방자치단체 기관구성의 지역별 정당점유율

지역	2018년 광역단체 단체장 소속정당	2018년 광역단체 의회 다수의석	2018년 기초단체 단체장 다수정당	2018년 기초단체 의회 다수의석	2014년 광역단체 단체장 다수정당	2014년 광역단체 의회 다수의석	2014년 기초단체 단체장 다수정당	2014년 기초단체 의회 다수의석
서울	민주당	민(97.0)	민(96.0)	민(59.4)	민주연합	민(75.0)	민(80.0)	민(52.2)
인천	민주당	민(97.0)	민(90.0)	민(60.8)	새누리당	새(67.7)	새(60.0)	새(52.5)
경기	민주당	민(99.2)	민(93.6)	민(64.6)	새누리당	민(62.1)	민(54.8)	새(48.9)[4]
부산	민주당	민(90.5)	민(81.3)	민(55.4)	새누리당	새(100.0)	새(93.8)	새(58.2)
대구	자유한국	한(85.2)	한(87.5)	한(52.0)	새누리당	새(100.0)	새(100.0)	새(75.5)
울산	민주당	민(79.0)	민(100.0)	민(51.2)	새누리당	새(100.0)	새(100.0)	새(69.8)
경북	자유한국	한(70.4)	한(73.9)	한(59.1)	새누리당	새(88.9)	새(87.0)	새(74.9)
경남	민주당	민(59.6)	민(55.6)	한(49.6)[1]	새누리당	새(94.0)	새(77.8)	새(67.1)
광주	민주당	민(100.0)	민(100.0)	민(78.0)	민주연합	민(100.0)	민(100.0)	민(79.7)
전북	민주당	민(97.1)	민(71.4)	민(73.3)	민주연합	민(94.1)	민(50.0)[3]	민(68.8)
전남	민주당	민(96.2)	민(63.6)	민(71.1)	민주연합	민(92.3)	민(63.6)	민(73.5)
대전	민주당	민(100.0)	민(100.0)	민(61.1)	민주연합	민(73.7)	민(80.0)	민(51.9)
세종	민주당	민(100.0)	n.a.		민주연합	민(61.5)	n.a.	
충북	민주당	민(89.7)	민(63.6)	민(63.8)	민주연합	새(67.9)	새(54.6)	새(57.9)
충남	민주당	민(81.6)	민(73.3)	민(57.2)	민주연합	새(77.8)	새(60.0)	새(58.3)
강원	민주당	민(78.1)	민(61.1)	민(50.7)	민주연합	새(85.0)	새(83.3)	새(58.9)
제주	무소속	민(80.7)	n.a.		새누리당	새(44.8)[2]	n.a.	

※ 다수의석은 비례대표를 제외한 지역구의원 의석
  ㈜ 2018년 민주당/민: 더불어민주당, 자유한국/한: 자유한국당, 무:무소속이며,
    2014년 새:새누리당, 민주연합/민: 새정치민주연합을 뜻함.
  1) 더불어민주당(39.0), 2) 더불어민주당(44.8), 3) 무소속(50.00), 4) 더불어민주당(48.4)

▶ 표 7 - 10 ◀ 역대 지방선거의 지역별 정당 점유율(1995년~2002년)

지역	1995년			1998년			2002년		
	광역단체		기초단체	광역단체		기초단체	광역단체		기초단체
	단체장 소속정당	의회 다수의석	단체장 다수정당	단체장 소속정당	의회 다수의석	단체장 다수정당	단체장 소속정당	의회 다수의석	단체장 다수정당
서울	민주당	민(91.7)	민(92.0)	새정치	새(83.0)	새(76.0)	한나라	한(89.1)	한(88.0)
인천	민자당	민(56.3)	민자(50.0)[1]	자민련	새(76.9)	새(90.0)	한나라	한(88.5)	한(80.0)
경기	민자당	민(46.3)	민자(41.9)[2]	새정치	새(69.3)	새(64.5)	한나라	한(89.4)	한(77.4)
부산	민자당	민자(90.9)	민자(87.5)	한나라	한(97.9)	한(68.8)	한나라	한(100.0)	한(81.3)
대구	무소속	무(59.5)	무(62.5)	한나라	한(100.0)	한(87.5)	한나라	한(100.0)	한(100.0)
울산	–	–	–	한나라	한(64.3)	한(60.0)	한나라	한(81.3)	한(60.0)
경북	민자당	민자(59.5)	무(60.9)	한나라	한(81.5)	한(60.9)	한나라	한(92.2)	한(91.3)
경남	민자당	민자(61.2)	무(52.4)	한나라	한(89.1)	한(70.0)	한나라	한(97.8)	한(80.0)
광주	민주당	민(100.0)	민(100.0)	새정치	새(100.0)	새(100.0)	민주당	민(100.0)	민(80.0)
전북	민주당	민(94.2)	민(92.9)	새정치	새(94.1)	새(64.3)	민주당	민(84.4)	민(64.3)
전남	민주당	민(91.2)	민(91.7)	새정치	새(84.0)	새(68.2)	민주당	민(95.7)	민(72.7)
대전	자민련	자(100.0)	자(80.0)	자민련	자(100.0)	자(80.0)	한나라	한(50.0)[6]	자(100.0)
충북	자민련	민자(33.3)	민자(36.4)[3]	자민련	자(70.8)	자(54.6)	한나라	한(79.2)	한(45.5)
충남	자민련	자(89.1)	자(100.0)	자민련	자(93.8)	자(73.3)	자민련	자(59.4)	자(46.7)
강원	자민련	민자(51.9)	민자(50.0)[4]	한나라	한(50.0)	한(72.2)	한나라	한(79.5)	한(83.3)
제주	무	무(47.1)	민자(75.0)	새정치	새(57.1)	새(50.0)[5]	민주당	한(56.3)	무(50.0)

※ 다수의석은 비례대표를 제외한 지역구 의석
 ㈜ 민: 민주당, 민자: 민자당, 자: 자민련, 무: 무소속, 새정치/새: 새정치국민회의, 한나라/한: 한나라당
 1) 민주당(50.0%), 2) 민주당(35.5%), 3) 무소속(27.3%), 4) 무소속(38.9%), 5) 한나라당(25.0%), 6) 자민련(50.0%)

한편 <표 7 - 10>과 <표 7 - 11>의 역대 지방선거에서 1당 지배적인 기관구성은 1995년, 1998년 3당 분할의 지역주의 정당독점이 강한 특징을 나타냈으며, 2002년, 2006년은 부정적인 정권심판론의 강한 영향이 제주를 제외한 모든 시도가 1당 지배의 양상을 보였다. 다만 2010년 1당 지배의 정당구도가 완화되었던 경향은 부정적 정권심판론에 따른 한나라당의 점유율 약화에서 비롯된 것이라 할

수 있다. 그러나 이러한 변화에도 불구하고 주목할 점은 지방정부 구성의 1당 지배적 현상이 광역보다 기초단체에서 상대적으로 덜하다는 것이 역대 지방선거의 공통적 특징이라는 점이다.

▶ 표 7 - 11 ◀ 역대 지방선거의 지역별 정당 점유율(2006년, 2010년)

지역	2006년				2010년			
	광역단체		기초단체		광역단체		기초단체	
	단체장 소속정당	의회 다수의석	단체장 다수정당	의회 다수의석	단체장 소속정당	의회 다수의석	단체장 다수정당	의회 다수의석
서울	한나라	한(100.0)	한(100.0)	한(63.7)	한나라	민(77.1)	민(84.0)	한(50.0)
인천	한나라	한(100.0)	한(90.0)	한(62.9)	민주당	민(70.0)	민(60.0)	한(47.4)
경기	한나라	한(100.0)	한(87.1)	한(67.3)	한나라	민(63.4)	민(61.3)	한(48.8)
부산	한나라	한(100.0)	한(93.8)	한(86.7)	한나라	한(88.1)	한(81.3)	한(58.9)
대구	한나라	한(100.0)	한(100.0)	한(97.1)	한나라	한(96.2)	한(75.0)	한(68.6)
울산	한나라	한(81.3)	한(80.0)	한(58.1)	한나라	한(57.9)	한(60.0)	한(58.1)
경북	한나라	한(94.0)	한(82.6)	한(74.1)	한나라	한(84.6)	한(69.6)	한(65.6)
경남	한나라	한(91.7)	한(70.0)	한(74.8)	무소속	한(71.4)	한(61.1)	한(60.2)
광주	민주당	민(100.0)	민(100.0)	민(57.6)	민주당	민(94.7)	민(80.0)	민(74.6)
전북	열린우리	열(58.8)	민(35.7)[1]	열(49.1)	민주당	민(97.1)	민(92.9)	민(68.8)
전남	민주당	민(93.5)	민(45.5)[2]	민(64.0)	민주당	민(88.2)	민(68.2)	민(69.2)
대전	한나라	한(100.0)	한(100.0)	한(54.6)	자유선진	자(79.0)	자(60.0)	자(41.8)
충북	한나라	한(89.3)	한(41.7)[3]	한(53.5)	민주당	민(71.4)	민(41.7)	민(39.5)
충남	한나라	한(55.9)	국(43.8)[4]	한(43.4)	민주당	자(52.8)	자(43.8)	자(39.5)
강원	한나라	한(94.4)	한(100.0)	한(63.0)	민주당	한(52.6)	한(55.6)	한(61.6)
제주	무소속	한(65.5)		−	무소속	민(55.2)		−

※ 다수의석은 비례대표를 제외한 지역구 의석
　㈜ 한/한나라: 한나라당, 민: 민주당, 열: 열린우리당, 국: 국민중심당, 자유선진/자: 자유선진당, 무: 무소속
　1) 무소속(35.7%), 2) 무소속(31.8%), 3) 열린우리당(33.3%), 4) 한나라당(37.5%)

4. 지방의원 당선자의 인구사회학적 특성

<표 7-12>는 최근 2018년과 2014년 지방선거에서 당선된 광역 및 기초 지역구 지방의원의 연령, 학력, 성별, 현직 경력 등 인구사회학적 배경을 보여준다. 먼저 평균 연령은 광역의원과 기초의원이 비슷하지만, 기초의원이 약간 많게 나타난다. 2018년 당선된 광역과 기초의원의 연령은 각각 53.1세, 53.2세, 그리고 2014년은 각각 52.9세, 53.3세다. 연령분포를 살펴보면, 50대가 과반수 이상을 차지하는 것을 볼 수 있다. 역대 광역 및 기초 지방의원의 평균 연령도 2006년 지방선거를 제외하면 모두 기초의원의 연령이 광역의원보다 약간 많은 것이 일반적인 특징이다(<표 7-13>). 또 지방의원의 연령이 점차 높아지는 경향을 발견할 수 있는데, 1995년 광역과 기초의원의 연령은 각각 49.5세, 49.7세였고, 2006년 기초의원을 제외하면 연령의 상승세가 이어져 왔으며, 특히 연령분포에서 2014년 선

▶ 표 7 - 12 ◀ 지역구 지방의원선거 당선자의 인구경제학적 특성(2018년, 2014년)

구분		2018년		2014년	
		광역의원	기초의원	광역의원	기초의원
연령	평균(세)	53.1	53.2	52.9	53.3
	30대 이하(%)	4.5	6.5	2.4	3.5
	40대	24.0	21.1	29.2	24.6
	50대	50.9	51.8	52.1	53.9
	60대 이상	20.6	20.7	16.3	18.0
학력	초졸(%)	0.7	2.7	1.1	3.5
	중졸	0.1	1.5	0.3	2.9
	고졸/전문대졸	15.7	33.4	14.3	35.3
	대졸	46.5	42.7	49.8	40.6
	석사 이상	36.9	19.8	34.5	17.7
성별	여성(%)	13.3 (98명)	20.7 (526명)	8.2 (58명)	14.7 (369명)
경력	현직(%)	21.4 (158명)	35.2 (895명)	39.4 (278명)	42.9 (1080명)

주) 지방의원은 비례대표의원 제외한 지역구의원을 뜻함.

▶ 표 7 - 13 ◀ 역대 지역구 지방의원 당선자의 인구경제학적 특성(1995년 - 2002년)

구분	1995년		1998년		2002년		2006년		2010년	
	광의	기의	광의	기의	광의	기의	광의	기의	광의	기의
연령(평균)	49.5	49.7	50.3	50.4	50.3	50.7	50.3	50.2	50.8	51.2
30대 이하(%)	14.2	12.0	10.7	9.0	7.6	6.6	6.9	6.8	4.6	5.4
40대	33.1	34.0	33.4	36.3	42.0	38.7	42.4	42.2	41.5	35.1
50대	42.1	43.4	43.8	40.9	36.5	39.8	39.1	39.6	41.5	45.4
60대 이상	10.6	10.5	12.0	13.9	14.0	14.9	11.6	11.3	12.5	14.1
학력(%)										
초졸	4.4	10.7	8.4	17.5	7.6	16.8	2.4	9.8	1.5	5.6
중졸	5.5	11.1	7.0	14.4	4.6	12.6	3.8	7.4	1.3	4.4
고졸/전문대졸	35.5	47.1	37.3	47.1	33.7	48.9	20.6	34.9	22.5	41.2
대졸	40.8	23.2	37.8	18.5	36.8	16.9	43.8	37.3	45.4	36.4
대학원졸	13.8	7.8	9.4	2.5	17.4	4.8	29.3	10.7	29.3	12.4
여성(%)	1.5	1.6	2.3	1.6	2.3	2.2	4.9	4.4	8.1	10.9
현직(%)	-		44.6	45.3	25.9	37.9	30.8	37.9	24.3	36.1

주) 지방의원은 비례대표의원 제외한 지역구의원을 뜻함.

거부터 40대가 크게 줄고 50대가 늘어난 현상을 발견할 수 있다.

학력은 지역구 광역의원이 기초의원보다 높은 경향이 역대 지방선거에서 발견되는 공통점이다. 2018년 광역과 기초의원의 대졸 이상 학력분포는 각각 83%, 62%로 지난 2014년과 유사하지만, 석사 이상의 학력이 증가한 특징을 보인다. 역대 지방의원의 학력을 살펴보면 2006년부터 대졸 이상 학력의 분포가 급증한 것을 발견할 수 있으며, 특히 2014년 선거에서 지방의원의 학력 상승은 2010년 대졸 이상 광역의원이 75%, 기초의원이 49%와 비교하여 각각 9%p 증가한 것이었다.

한편 지금까지 지방의원선거에서 가장 큰 변화는 성별분포에서 여성의 정치대표성이 증가한 것을 들 수 있다. 특히 2018년 지방선거에서 지역구 여성 광역의원은 13%(98명), 기초의원 21%(526명)로 여성대표성이 크게 향상된 것이 특징이다. 지역구 기초 여성의원은 2006년 4%에서 2010년 11%, 2014년 15%에 이어 2018년에도 6%p가 상승한 것이 주목된다. 그에 비해 지역구 광역 여성의원은 2006년 5%에서 2010년과 2014년 8%에 머물다 2018년 5%p 증가하였다. 2018년 지방선거의 이러한 변화는 처음으로 지역구 여성의원이 광역의회에서 10%대를, 기초의회에서 20%대를 넘는 기록을 보였을 뿐 아니라, 비례대표보다 지역구 여성 의원이 더 많았다는 점이다. 광역의회 여성 비례대표(62명)이나 기초의회 여성 비례대표(374명)보다 훨씬 많은 지역구 여성의원이 탄생한 2018년 지방선거에서 여성 정치대표성은 전체적으로 광역의회의 19%, 기초의회의 31%로 증가한 것이다.

주시할 점은 광역과 기초의회의 여성의원 비율 차이인데, 이는 선거구제 차이 와 2010년 도입된 지역구 여성의무할당제에 대한 정당의 공천전략으로 해석할 수 있다. 소선구제의 광역의원선거보다는 2인~4인을 선출하는 중선거구제의 기초의원선거에서 여성 등 소수파의 진입이 유리하기 때문이다. 또 지역구 여성의 무할당제에 대한 정당의 공천을 살펴보면, 2018년 더불어민주당과 자유한국당은 지역구 광역의원선거에 여성을 각각 15%(105명), 13%(78명)을 공천했으나, 기초 의원선거에서는 각각 23%(397명), 19%(279명)로 많았으며, 실제로 양대 정당의 여성후보 당선율은 광역의원선거(53%)보다 기초의원선거(75%)에서 훨씬 높았다. 2010년 선거에서도 한나라당과 민주당은 광역의원선거에 여성후보를 각각 9%(53명), 9%(41명), 기초의원선거는 각각 10%(190명), 12%(149명) 공천하였다. 2014년 역시 새누리당과 새정치민주연합은 광역의원선거에 각각 8%(46명), 12%(67명), 기초의 원선거는 각각 15%(278명), 16%(221명)의 여성후보를 공천하였다. 참고로 여성의 무할당제 도입 이전인 2006년 선거에서 열리우리당과 한나라당의 여성후보는 광역의원선거에 각각 4%(22명), 6%(33명), 기초의원선거에 각각 4%(53명), 5%(90명) 에 불과하였다.

끝으로 지방의원 당선자의 현직 경력을 살펴보면, 지역구 광역의원은 21%(158명), 기초의원은 35%(895명)가 2014년 지방선거에 이어 재당선되었다. 이는 대폭적인 교체가 있었음을 보여주는 것으로 역대 지방의원선거의 최저 기록이다. 지역구 광역의원은 무려 5분의 4 이상, 기초의원도 교체율이 3분의 2에 육박하였다.[4] 이

---

4) 2018년 현직의 교체율 상승은 현직의 출마율이 낮아진 것도 이유일 수 있다. 지역구 광역의원 (49%)과 기초의원 출마율(59%)은 2014년보다 각각 5%p, 4%p 낮다. 특히 자유한국당보다 더 불어민주당의 현직 출마율이 각급 선거에서 모두 더 낮았는데, 자유한국당은 지역구 광역의원 의 54%, 기초의원의 60%가 재출마한 데 비하여, 더불어민주당은 각각 41%, 55%로 훨씬 많은 물갈이 공천이 여당에서 이루어졌음을 보여준다.

는 특히 2014년 지방의원선거와 대조되는데, 2010년 선거와 비교하여 현직 광역 의원의 비율은 15%p, 기초의원은 7%p 급등하였다. 2018년 지방의원선거의 이러 한 변화는 여당인 더불어민주당의 압승과 2014년 선전했던 자유한국당의 참패에 따른 결과라 할 수 있다. 광역의원의 여당 현직후보는 100%(97명) 당선된 반면, 자유한국당은 28%(51명)만이 당선되었다. 기초의원선거도 여당 현직후보의 당선 율은 92%(385명)인 반면, 자유한국당은 65%(371명)로 훨씬 낮았다.

그러나 주시할 점은 현직의 효과가 사라진 것은 아니라는 점이다. 지역구 현 직 광역의원의 당선율(46%)은 비현직 후보보다 8%p 높은 데 비하여, 지역구 기초 의원(61%)은 비현직 후보보다 18%p 높았다. 또 지방의원선거에서 광역보다 기초 의 현직효과가 더 큰 차이는 중앙정치의 정당 영향이 광역에서 강한 데 비하여 지방정치 차원의 후보요인이 상대적으로 기초선거에서 더 강한 것을 보여준다. 하지만 지방의원의 현직 교체율이 매우 큰 한국 지방의회의 특징은 의회 구성의 유동성이 높아 의정의 연속성이 떨어지고 전문성도 확보되기 어려운 우려할 수준 이란 점에서 주목할 필요가 있다. 이는 현역 지방의원에 대한 지역구 유권자의 인지 수준이 낮다는 점과 더불어 지역구 지방의원의 의정활동에 대한 평가보다 중앙정치의 정당 차원에서 지방선거의 통제기능이 작동되고 있음을 드러내는 것 으로 지방정치의 자율성과 독립성이 매우 취약한 현실임을 나타낸다.

5. 요약 및 논의

지금까지 2018년 지방선거를 포함한 역대 지방의원선거에서 가장 큰 영향을 미치는 정당요인이 정부·여당에 대한 중간평가에 좌우되는 특징으로 나타남으로 써 지방정치의 자율성과 독립성이 매우 취약한 현실임을 보여준다. 이러한 중앙 정치의 정당 영향은 1당 독점적인 기관구성의 전국적인 확산을 나타내어 지방정 치의 대의제 민주주의에서 대표의 다양성 부족이라는 심각한 한계와 분리형 기관 구성에서 추구하는 견제와 균형의 원리가 제대로 작동되기 어려운 구조를 드러낸 다. 또 그로 인한 현직의 높은 교체율은 지방정부 운용의 연속성과 전문성을 저해하는 문제라 하겠다. 물론 지방선거에서 최근 흥미롭게 나타나는 투표율의 상승추세는 지방자치에 대한 지역주민들의 관심과 효능감이 증가됨을 나타내는 것일 수 있다. 또 여성의 정치대표성이 증가하고 있는 추세도 남성 중심의 과대 대표된 성차를 줄임으로써 대표의 다양성을 높이는 긍정적인 현상으로 주목된다. 그러나 지방선거의 통제기능이 현직의 공직수행에 대한 유권자의 평가로 투표가 이루어지는 것이 아니라 대통령이나 중앙정부에 대한 지지 여부에 좌우되는 것은 지방자치의 제도화 과정을 낙관하기 어렵게 만드는 중대한 문제라 할 것이다.

참고문헌

강인호·최병대·문병기. (2004). 지방의회 지원기능의 강화방안에 대한 분석: 의회사무
기구를 중심으로. 「한국행정연구」, 13(1): 203－234. 서울: 한국행정연구원.

김병준. (2012). 「지방자치론」. 서울: 법문사.

김형준. (2002). 지방선거 선거구 획정에 관한 고찰－광역의회를 중심으로. 진영재 편, 「한
국의 선거제도 I」. 서울: 한국사회과학데이터센터.

문병기. (2003). 로컬 거버넌스 관련 제 이론적 접근. 이은구 외. 「로컬 거버넌스」. 서울:
법문사.

문병기. (2016). 「정치학개론」. 서울: 한국방송통신대학교출판문화원.

문병기·오승은·정일섭·송광태·김영수·최근열·이종원·최진혁. (2008). 「지방의회의 이
해」. 한국지방자치학회. 서울: 박영사.

박명호 외. (2018). 「지방선거제도가 지방의회의 전문성에 미치는 영향 연구－광역의회
를 중심으로」. 중앙선거연수원 연구용역 보고서.

신원득·문현미. (2017). 「지방의회 후원회제도의 도입과 전망」. 수원: 경기연구원 정책
연구보고서.

안순철. (2002). 선거공영제의 이념적 가치와 제도적 현실. 진영재 편. 「한국의 선거제도 I」:
277－313. 서울: 한국사회과학데이터센터.

안용식·강동식·원구환. (2006). 「지방행정론」 개정판. 서울: 대영문화사.

이달곤. (2004). 「지방정부론」. 서울: 박영사.

이상학·이성규. (2017). 선거구 획정과 지역대표성에 대한 고찰. 「입법과 정책」 9(1): 79－
105. 서울: 국회입법조사처.

이승종. (2003). 「지방자치론」. 서울: 박영사.

정세욱. (2000). 「지방자치학」. 서울: 법문사.

최봉기. (2009). 「한국지방자치론」. 서울: 법문사.

한정택. (2014). 지방선거제도 개선논쟁의 쟁점과 방향. 「한국시민윤리학회 춘계학술회
의논문집」: 1－15.

공직선거법

정치자금법

지방자치법
중앙선거관리위원회 홈페이지(http://www.nec.go.kr)

Abel, T. D., D. J. Salazar, and P. Robert. (2015). States of Environmental Justice: Redistributive Politics across the United States, 1993–2004. *Review of Policy Research*. 32: 200–25.

Anderson, S. E., D. M. Butler, and L. Harbridge. (2016). Legislative Institutions as a Source of Party Leaders' Influence. *Legislative Studies Quarterly*. 41: 605–31.

Harden, J. J. (2013). Multidimensional Responsiveness: The Determinants of Legislators'Representational Priorities. *Legislative Studies Quarterly*. 38: 155–84.

Kelleher, C. A., and J. Wolak. (2007). Explaining Public Confidence in the Branches of State Government. *Political Research Quarterly* 60: 707–721.

Lewis, D. C., S. K. Schneider, and W. G. Jacoby. (2015). Institutional Characteristics and State Policy Priorities: The Impact of Legislatures and Governors. *State Politics & Policy Quarterly*. 15: 447–75.

Moncrief, G. F., R. G. Niemi, and L. W. Powell. (2004). Time, Term Limits, and Turnover: Membership Stability in U.S. State Legislatures. *Legislative Studies Quarterly*. 29: 357–81.

Richardson, L. E. Jr., D. M. Konisky, and J. Milyo. (2012). Public Approval of U.S. State Legislatures. *Legislative Studies Quarterly*. 37: 99–116.

Rosenthal, A. (1989). The Legislative Institution: Transformed and at Risk, in C. Vans Horn(ed.), *The State of the States*, Washington, DC : CQ Press.

Squire, Peverill. (1993). Professionalism and Public Opinion of State Legislatures. *Journal of Politics*. 55: 479–91.

Swift, C. S. and K. A. VanderMolen. (2016). Term Limits and Collaboration across the Aisle: An Analysis of Bipartisan Cosponsorship in Term Limited and Non–term Limited State Legislatures. *State Politics & Policy Quarterly*. 16: 198–226.

제8장
지방의회와 자치기관의 관계

08

지방의회와 자치기관의 관계

지방의회와 자치기관과의 관계는 우선 일반집행기관(자치단체장)과의 관계를 설정할 수 있고 다음으로 교육집행기관(교육청/교육감)과의 관계를 상정할 수 있다. 그런데 이들 관계를 고찰하기 위하여는 이들 관계에 영향을 주고 있는 지방자치단체의 기관구성에 대한 논의를 시작해야 한다.

제1절 지방정부의 기관구성의 이론적 논의

1. 의의

지방자치단체의 기관구성은 대표적으로 의결기능과 집행기능을 단일기관에 귀속시키는 기관통합형, 의결기능과 집행기능을 각각 다른 기관에 분담하여 병립시키는 기관분리형, 두 가지 형태를 혼합한 절충형, 주민이 직접 참여하는 주민총회형의 형태로 구분된다. 지방자치단체는 국가가 부여해준 자치권을 가지고 주민에게 행정서비스를 효율적으로 제공하기 위해 지방자치단체 조직으로서의 기관을 필요로 하게 된다. 즉, 단체의사를 결정하는 의결기관과 결정된 단체의사를 집행하는 집행기관이 그것이다. 그런데 이들 기관들에게 어떻게 업무를 분장하여 처리할 것인가가 주요 의제가 되고 있다. 이는 어떻게 지방자치단체 기관을 구성하는 것이 민주적이고 효율적인 것인지에 대한 논의를 의미한다.

일반적으로 지방자치단체의 기관구성 형태는 각 국가의 역사적 전통과 지방의 특수성(행정여건)에 따라 다양하게 채택 운영되고 있다. 기관구성의 형태가 중요하게 제기되는 이유는 지방자치단체의 기관구성을 어떠한 형태로 취하는가에 따라서 의결기관과 집행기관의 권한이 달라지고, 나아가 기관 간 관계와 기관운영의 특징이 결정된다는 데 있다. 예를 들어, 통합형 기관구성과 비교하여 분리형 혹은 대립형 기관구성은 기관 간 권한이 명확히 분리됨으로써 기관 간 협력이 보장되기보다는 상호 견제와 균형의 원칙을 추구하는 것을 특징으로 한다. 또한 보다 세부적인 기관구성의 유형을 나누는 기준으로서 단체장의 선임방법이나 기관 간 권한의 정도에 따라서도 기관운영의 특징적 차이를 발견할 수 있다.

물론 기관구성 형태의 구조적인 요인 외에도 기관 간 관계나 기관운영의 특징을 결정짓는 다른 환경적 요인도 고려되어야 할 것이다. 즉, 지역사회의 역사적 배경이나 구성원의 사회경제학적 분포, 정치행정문화, 자치의식, 중앙-지방 간 관계 등은 기관구성의 형태뿐만 아니라 기관운영의 내용에도 중요한 영향을 주기 때문이다. 따라서 동일한 기관구성 형태를 취하는 경우라 해도 이러한 환경적 요인에 따라 한편에서는 민주적이고 효율적인 기관운영을 수행할 수도 있고, 다른 한편에서는 독단적이고 비효율적인 기관운영으로 전락할 수도 있다.

따라서 기관구성 논의에서는 기관구성 형태에 따른 특징적 성격들을 검토함과 동시에 이에 대한 제반여건들을 면밀히 검토할 필요성이 있다. 예를 들어 통합형 기관구성에서 요구되는 의회중심주의의 합의제적 정치문화, 그리고 분리형 기관구성에서 요구되는 기관 간 상호 견제와 균형의 문제는 그 전제요건들을 검토함으로써 기관운영의 장단점을 분석할 필요성이 제기된다. 따라서 지방자치단체의 기관구성은 전반적인 국가와 지방 간 관계뿐만 아니라 지역사회의 여건, 규모, 자치역량, 지배적인 산업 구조와도 맞물려 있어 이와 함께 논의되어야 할 복합적인 사안이다.

여기에서는 기관구성의 다양화에 대한 논의의 일환으로 가능한 한 유형을 지방정부의 정치적·행정적 분업관계에 따라 고찰해보고자 한다. 즉, 첫째 정치적 분업관계를 기준으로 주민으로부터 선출되는 대표기관의 형태를 집행기관과 의결기관을 나누어 분리하는 이원대표제 모델(분립모델), 두 기관을 하나로 통합해

내는 일원대표제 모델(통합모델) 및 주민들이 직접 참여하여 정치행정기능을 수행하게 하는 직접참정 모델로 크게 분류할 수 있을 것이다. 다음으로 지방정부의 행정기능의 분업관계에 초점을 두어 파악할 경우 지방정부에서 정치의 활동영역과 중첩되는 집정기능(executive)으로부터 순전한 집행관리기능(administration)을 분리할 수 있는 것인지에 따라 융합모델과 분리모델로 구분할 수 있을 것이다. 융합모델은 집정기능으로부터 집행관리기능이 분리되지 않고 집정기관이 전반적으로 집행기관을 통제하거나 관리하는 형태인데 반해 분리모델은 집정기능으로부터 집행관리기능이 분리되어, 집정기능을 보유하는 기관이 집행관리기능이 있는 기관에게 집행기관의 통제 및 관리를 위임하여 행정업무를 수행하게 하는 형태이다. 이와 같은 분류기준을 조합해 볼 경우 다음의 여섯가지 유형의 기관구성 유형을 추출해 볼 수 있을 것이다(<표 8-1> 참조).

우선 집정기능과 집행관리기능이 융합된 형태를 전제로 지방정부내의 정치기관의 분업관계를 기준으로 다음과 같이(1, 3, 5형) 고찰해볼 수 있을 것이다.

1형은 수장과 의회가 모두 직선되어 분리하는 이원대표제 모형의 전형으로 일반적으로 수장(首長)형으로 불린다. 단, 같은 수장형이라도 집정기능이 수장에게 집중되어 있는지(강시장제), 아니면 선출직을 장으로 하는 행정기관이 다수 분립하여 운영하는지(집행기관다원주의), 수장이 집행권한을 행사하더라도 그 권한이 의회에 귀속되는지(약시장제)에 따라 전혀 다른 제도설계가 된다. 또한 대런던시(GLA)

▶ 표 8-1 ◀ 지방정부 내 분업관계에 따른 주요한 기관구성유형

		정치기관의 분업관계		
		이원대표제 모델 (분립모델)	일원대표제 모델 (통합모델)	직접참정 모델
행정 기능의 분업 관계	융합 모델	1 수장제 (강시장제, 약시장제)	3 카운실형, 이사회형, 참사회형, 의원내각제형	5 주민총회(타운미팅)형
	분리 모델	2 수석행정관형(수장소속) 시지배인형(의회소속)	4 시지배인형	6 타운지배인형

출처: 日本都市センター(2004: 30).

와 같이 시장이 집정권을 갖지만, 의회의원이 집행기관을 통제하는 위원회에 소속하면서 집정기능의 일부를 담당하는 절충적 형태도 있을 수 있다. 즉, 수장제 모형 내에서도 다양한 형태의 변형이 있을 수 있다. 3형은 직접선거에 의해 뽑히는 주민의 대표가 의회의원뿐인 경우가 전형적인 일원대표제 모델이지만, 이 형태에도 다양한 제도적 변형이 있을 수 있다. 즉, 집정기능이 의원 간에 분담·공유되는지(카운실형), 의원 간 호선 등에 의해 집정기능을 담당하는 기관을 분리추출하고 있는지(참사회형), 혹은 선거에서 다수파를 점한 정당파가 집정기능을 담당하는지(의원내각형)에 따라 변형된 여러 기관구성 형태를 상정해 볼 수 있다. 5형은 의회를 두지 않고 주민이 직접 참정하여 운영하는 타운미팅 등의 주민총회 모형을 생각할 수 있다.

한편 집정기능과 집행관리기능이 분리되어 분업관계가 제도화된 모델을 전제로 하면, 각각 2, 4, 6형과 같은 형태로 나눌 수 있을 것이다. 4형은 이른바 전형적인 시지배인(city manager)제도로 볼 수 있을 것이다. 그리고 이원대표제 모델에서 집행관리기능을 도입한 것이 2형으로 볼 수 있는데, 여기에는 강시장제를 채택하는 지자체에서 강시장 아래에 설치되는 것이 수석행정관(chief administrative officer)형이며, 약시장제를 채택하는 지자체에서 집정권을 갖는 의회 밑에 설치되는 것이 의회소속 시지배인형이다. 또한 직접참정 모형에서 지배인을 두는 것이 6형(타운지배인형)이다(채원호, 2006).[1]

2. 논의의 틀

본 연구는 지방자치단체의 다양한 여건에 부합하는 기관구성을 실효성 있게 접근하기 위해 그동안 사용하였던 기관분립형 기관구성의 운영실적을 평가하면서 다음의 내용을 토대로 그 해답을 찾고자 하였다. 즉, 연구내용은 제도적인 측면에서 기관구성 형태와 방법을 논의하는 한편, 운영적인 측면에서 기관 간 관계

---

1) 外山公美. (1991). シティ·マネ_ジャ_職概念の変遷過程. 「季刊行政管理研究」, 54號, 46쪽.

와 권한의 배분을 포함하는 것으로 보았다. 기관구성의 다양화를 위한 본 연구의 접근(논의)틀은 우선 국가/지방권력 구조의 역학관계와 지역특성의 유형화를 시도함으로써 국가지방의 권력체계를 단일국가 혹은 연방국가체계 속에서 집행부 중심의 권력 구조인가 아니면 의회 중심의 권력 구조인가를 고려하면서 다양한 지역실정에 적합한 기관구성의 자율적 선택을 추구해 보고자 하였다. 따라서 지방자치단체의 기관구성에 영향을 줄 수 있는 요인들을 도출한다면 국가/지방권력 구조(집행부 중심, 의회중심), 지방자치단체의 규모(인구, 면적; 대도시, 중소도시), 계층유형(광역/기초), 전통적인 지역사회유형(농어촌/도시형), 지역사회의 사회/경제적 특성(지배적 산업, 재정규모), 역사문화적 환경 등을 고려하여 주민들의 다양한 요구를 반영하여 접근되어야 할 것으로 보았다(<그림 8-1> 참조). 요컨대, 지방자치단체 기관구성은 지방자치단체의 지방자치행정을 수행함에 있어 효율성을 담보할 수 있는 차원과 지역정서를 고려한 주민의 지방자치행정에의 참여확대(민주성)차원에서 논의되어야 한다(<그림 8-1>, <그림 8-2> 참조).

▶ 그림 8-1 ◀ 기관구성의 논의(분석)틀

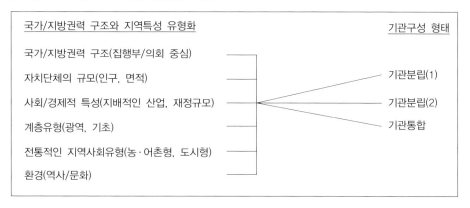

▶ 그림 8-2 ◀ 기관구성의 논의(접근) 틀

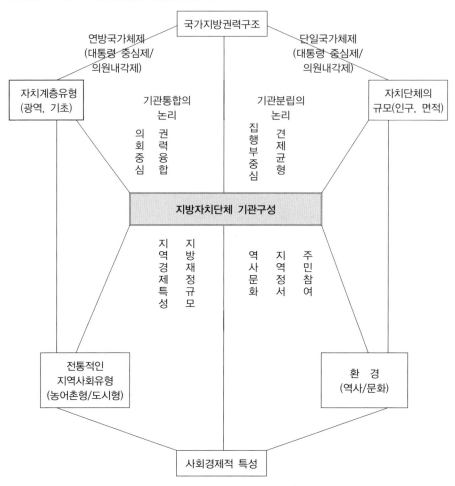

제2절 우리나라 지방자치단체의 기관구성의 현황

1. 역대 지방자치단체의 기관구성방법

1) 기관구성방법의 변천사

우리나라의 지방자치는 1948년 제헌헌법 제8장의 지방자치규정으로 명문화되었다. 1949년 7월 4일 지방자치법(법률 제32호) 제정으로 기초단체장(시·읍·면장)은 의회에서 간선하는 반면, 광역단체장(서울특별시장, 도지사)은 대통령이 임명하도록 규정하였으며, 지방의원은 광역·기초의회 모두 중선거구제에 의해 선출토록 규정하였다.

그러나 지방자치단체의 기관구성은 제1차 법개정(1949.12.15.)으로 그 실시가 연기되다가 1952년 임시수도 부산에서 지방선거 실시가 공포되고 한강 이남의 지역에서 기초의원선거(1952.4.25.)와 광역의원선거(1952.5.10)가 처음으로 실시되었다. 그런데 전쟁 중인 와중에서 첫 지방선거가 실시된 것은 당시 이승만의 대통령직선 개헌을 관철하기 위한 反국회운동의 전략으로 평가된다. 이승만 대통령은 국회 내 재선이 불가능해짐에 따라 관변단체를 동원하는 한편, 원외자유당이 지방의회를 장악하게 하여 권력기반을 쌓고자 하였다.

제2차 법개정(1956.2.13.)은 기초단체장(시·읍·면장)의 주민직선을 비롯하여 임기 단축(3년), 의회불신임의결권 폐지, 광역의회의 소선거구제 도입을 주요 골자로 이루고, 부칙으로 늦어도 8월 15일까지 선거를 실시하며, 임기가 만료되지 않은 자를 포함한 총선거의 일괄실시를 포함하였다. 그러나 부칙이 쟁점이 된 제3차 법개정(1956.7.8.)은 법정임기를 보장하는 것으로써 자유당의원들만의 표결로 통과되었으며, 그 결과 당시 기초단체장의 60%가 기득권을 인정받았다.

그런데, 제3차 법개정의 정치적 배경에는 1956년 5월 15일 정·부통령선거에서 자유당 부통령후보(이기붕)의 낙선 및 도시지역의 야당우세로 자유당의 집권연장이 위협받는 상황하에서, 지방행정조직을 장악하고 여당출신 단체장을 이용한

▶ 표 8-2 ◀ 기관구성변천사

구분	지방의회	자치단체장	기관구성	지방선거실시
1949.7 (지방 자치법 제정)	의회구성(주민직선)	기초단체장: 의회간선 광역단체장: 임명제	기관통합 기관분립	제1차 지방선거(1952) (지방의회)
1956.2	의회구성(주민직선)	기초단체장: 주민직선 광역단체장: 임명제	기관분립 기관분립	제2차 지방선거(1956) (지방의회, 기초단체장)
1958.12	의회구성(주민직선)	기초·광역단체장: 임명제	기관분립	
1960.11	의회구성(주민직선)	기초·광역단체장: 주민직선	기관분립	제3차 지방선거(1960) (지방의회, 단체장)
1961.5 (의회해산)	— — — —	— — — —		— — — — —
1988~ 1989	원칙: 의회구성 경과조치: 미구성	원칙: 주민직선 경과조치: 임명제	— — —	
1990.12	의회구성(주민직선)	원칙: 주민직선 경과조치: 임명제	기관분립	제4차 지방선거(1991) (지방의회)
1994.3 (공직 선거법 제정)	의회구성(주민직선)	주민직선	기관분립	제1기 동시지방선거 (1995.6.27.)
				제2기 동시지방선거 (1998.6.4.)
				제3기 동시지방선거 (2002.6.13.) 제4기 동시지방선거 (2006.5.31.) 제5기 동시지방선거 (2010.6.2.) 제6기 동시지방선거 (2014.6.4.) 제7기 동시지방선거 (2018.6.13.)

자료: 정부혁신지방분권위원회(2005).

이승만정권의 장기집권의도가 깔려있었다. 이로써 두 번째 지방선거 역시 중앙정치의 정략적인 목적으로 기초의원 및 기초단체장 선거(1956.8.8.)와 광역의원 선거(1956.8.13.)가 실시되었다.

제4차 법개정(1958.12.26.)도 자유당의원만으로 심의되었는데, 주요한 변화는 기초단체장의 임명제와 동·리장의 임명제 그리고 지방의원의 임기연장(4년) 등을 내용으로 삼고 있어, 이 역시 1960년 봄 정·부통령선거를 앞두고 지방행정조직의 동원을 목적으로 삼는 것이었다. 즉, 자유당은 장기집권의 책략으로 시읍면장을 여당인물로 임명함으로써 다가오는 대통령 선거(1960.3.15.)에 대비하여 관권선거로 정권을 연장하려 하였다.

제2공화국 출범 후 제5차 법개정(1960.11.1.)은 광역단체장(서울특별시장, 도지사)과 기초단체장 모두를 주민 직선으로 선출하고, 동·이장도 2년 임기의 직선제를 도입하였다. 또한 광역의원은 2인/3인 중선거구제로, 그리고 기초의원은 연기명제로 전환하였다. 전면적인 지방자치의 실시를 뜻하는 세 번째 지방선거는 광역의원선거(1960.12.12.)를 시작으로 광역단체장·기초의원(1960.12.19.), 기초단체장(1960.12.26.)을 선출하였다.

그러나 군사 쿠데타(1961.5.16.)의 발발로 지방자치는 중단되고 그 후 30년간 중앙의 통제하에 들어갔다. 5.16 군사혁명위원회는 국가재건비상조치법(1961.6.6.)에 의하여 도지사, 서울특별시장, 인구 15만 이상의 시장은 국가재건최고회의의 승인을 얻어 내각이 임명하고, 기타의 자치단체장은 도지사가 임명하도록 하였다. 그 후 지방자치에 관한 임시조치법(1961.9.1.)은 읍/면자치제를 폐지하고 군자치제를 채택하였으며, 시장과 군수는 도지사의 추천으로 내무부장관의 제청에 의하여 국무총리를 경유하여 대통령이 임명했고, 부산직할시장과 도지사는 내무부장관의 제청으로 국무총리를 경유하여 대통령이 임명했으며, 서울특별시장은 국무총리의 제청으로 대통령이 임명하였다.

지방자치가 재개된 계기는 1987년 직선제 개헌과 노태우 후보의 지방자치 실시공약에 따른 것이었으나, 실시시기가 미뤄지는 제7차 법개정(1988.4.6.), 제8차 법개정(1989.12.30.), 제9차 법개정(1990.12.31.)을 거쳐 비로소 1991년 지방의원 선거(기초의원 1891.3.26, 광역의원 1991.6.20.)만이 실시되었다가 1994년 3월 15일 공직선거 및 부정선거방지법이 제정된 이후 1995년부터 단체장을 포함하는 전면적인 동시 지방선거의 실시가 이루어져 왔다(<표 8-2> 참조).

요약하면, 우리나라는 의결기관과 집행기관을 대립시켜 놓는 기관분리형 정부 조직이 기본 골격을 이루어 왔으며, 집행부 우위의 기관운영이 중심이 되어왔다. 즉, 역사적으로 단 한 차례 의회간선에 의한 기초자치단체의 통합형 기관구성이 초기에 시도된 적이 있으나 그 이후 모든 기초자치단체와 광역자치단체는 중앙임명 또는 주민직선에 의해 집행기관이 구성되는 분리형 기관구성이 채택되었다.

2) 역대 지방자치단체장의 선임 방식과 기관운영의 역학관계

제1, 2공화국의 지방자치는 당선자의 자질 미흡과 청탁과 이권개입 등 미성숙한 기관운영을 보여주었다. 특히 제1공화국의 두 차례 지방선거는 중앙정부 및 정치권의 과도한 개입으로 자유당 일당독재와 장기집권, 권력남용으로 지방자치가 물들었으며, 제2공화국의 지방자치 역시 주민들의 자치의식 결여와 낮은 참여율(1960년 광역단체장 투표율 40% 미만)로 큰 기대를 얻지 못하고 풀뿌리 민주주의가 꽃피우기도 전에 짧은 역사를 마감해야 했다.

이 기간 동안 지방자치단체장은 지방의회에 의한 간선제, 주민직선제, 임명제 등 다양한 선임 방식이 적용 또는 도입되는 실험의 장이었다. 먼저, 간선단체장의 경험으로써 1952년 구성된 기초의회에서 시읍면장을 선임하였던 경우, 기초단체장 입후보자는 돈으로 지방의회 의원을 매수하여 당선되는 사례가 적지 않았다. 또한 시읍면장을 당선시킨 의원들과 다른 시읍면장 입후보자를 지지한 의원들이 여파의원과 야파의원으로 갈라져 반목과 대립이 격화됨으로써 지방자치가 어려움에 직면하거나 마비되는 예가 많았다(정세욱, 2005: 578).

시읍면장은 주민에 대한 봉사, 주민을 위한 행정에 주력하기보다는 자신의 지위와 직접 관련되는 지방의회 의원에게 보다 많은 관심과 주의를 기울임으로써 주민의 복지증진이 소홀해 지는 현상을 보였다. 시읍면장이 지방의회 의원의 청탁을 들어주지 않을 때에는 의원들이 그에 대한 앙심을 품고 시읍면장 불신임결의를 발의하는 예가 적지 않았다. 따라서 행정사무가 불공정하게 집행되는 폐단이 많았던 것으로 평가된다.

또한 시읍면장 경질건수가 적지 않아 간선제가 실시된 이래 불신임의결에 직면하여 사직한 시읍면장 수는 1,168명이었다. 그중에서 불신임의결에 의한 해직이 66건, 의회해산이 18건에 달하여 기관운영의 불안정이 높았다.

1956년 기초단체장의 주민직선제 도입 실시 이후 1958년 주민직선제를 폐지한 이유에는 당시 집권여당인 자유당의 정략적인 목적이 작용한 것이 사실이지만, 민선 단체장의 분리형 기관구성하에서 제기된 다음과 같은 운영상의 폐단에도 주목할 필요가 있다(정세욱, 2005: 575~576).

첫째, 자치단체장을 직선제로 선출한 결과 선거제에서 오는 제약이 많아 자치단체장이 그 직무에 전념할 수 없었다.

둘째, 직선제는 유능한 인재나 행정·관리전문가를 자치단체장으로 선출하는데 도움이 되지 못했다.

셋째, 자치단체장이 유력한 지방토호세력의 압력을 받아 그들의 특수이익을 옹호하였고 선거민을 만나는 일과 접대에 많은 시간을 빼앗겨야 했다.

넷째, 상급기관의 지시·감독을 경시하였고 개인적 용무로 자리를 비우는 등 근무가 성실하지 못했다.

다섯째, 영향력 있는 선거권자들의 무리한 인사청탁과 압력으로 자치단체 공무원의 인사가 정실에 치우쳤다.

여섯째, 차기재선을 노린 인기획득에 치우친 나머지 행정의 공정성을 잃는 사례가 많았다.

일곱째, 선거운동에 과다한 비용을 지출하였고, 그 부채를 갚기 위해 공무를 빙자하여 사리사욕을 추구하는 행위가 적지 않았다.

여덟째, 자치단체장 입후보를 둘러싼 주민 간의 대립·마찰로 인하여 이웃 간의 선린관계를 해치고 감정이 악화되는 예가 적지 않았다.

끝으로 제1공화국의 광역단체장 선임을 포함하여 중앙정부에 의한 임명(관선) 단체장의 경험을 평가해 볼 때, 관선단체장은 행정전념을 통한 행정전문화의 기여, 중앙정부와 지방자치단체 사이의 협조의 원활화 등의 장점을 가진다. 그러나 중앙정부에 의한 임명 단체장은 관료주의적 행정운영, 민의반영의 약화, 지방자치단체의 중앙에의 예속화 등의 단점을 가진다는 점에서 불완전한 지방자치의 운용이란 비판을 받는다(최창호, 2009: 326).

2. 지방정치·행정체제의 특징

우리나라는 기초, 광역 지방자치단체를 막론하고 모든 자치단체에서 일률적인 지방정치행정체계의 기관분리형 모형을 취하고 있다. 즉, 권력분립(La séparation du pouvoir)의 원칙에 입각하여 지방자치단체의 의결기능과 집행기능을 각각 다른 기관에 분담시켜 기관 간에 견제와 균형(contre-pouvoir: checks & balances)의 논리를 추구하고자 하는 것이다. 그런데 집행기관의 구성방법을 기준으로 볼 때, 1995년 이후로는 자치단체장 주민직선인 기관분리형이기 때문에 권한의 경직된 분립모형(La séparation "rigide" du pouvoir)으로 해석할 수 있다. 여기에서 비롯되는 지방정치·행정의 특질은 다음과 같이 정리할 수 있다.

첫째, 모든 자치단체가 일률적인 지방정치행정체계로서 분리형 기관 형태를 취한다. 둘째, 지방의회와 집행기관과의 관계에 있어서 단체장의 강한 권한으로 집행부 우위의 강시장-의회 형태를 취한다. 셋째, 중앙정치의 장과 격리된 지방정치의 장이 형성되어 지방선거과정에서는 정당공천을 제외하고는 실질적인 측면에서 지방의 정치와 중앙의 정치가 연계성이 없다. 넷째, 중앙통제의 정도에 있어서 중앙정부의 지방자치단체에 대한 통제가 강력한 특징을 지닌다. 이는 국가와 지방자치단체 간 관계 및 우리나라의 지방분권 정도와 밀접한 관계를 가지는 지표라 할 수 있다. 다섯째, 분권행정의 틀은 갖추었으나 지방자치단체의 내부역량 미흡, 국가의 통제 강화, 분산행정 등으로 불완전한 분권행정이 지속되고 있다.

또한 우리나라는 국가와 지방자치단체 간의 이중적 기능체제-국가의 의사를 대변하는 국가의 지방행정기관으로서의 지위와 지방자치단체의 대표로서의 지위-가 상대적으로 약화됨을 지적할 수 있다. 이는 과거의 도지사제도와 달리 지방에서 국가의 의사를 대변할 기구가 없어졌다는 것을 이유로 들 수 있다. 따라서 지방자치단체에 있어 "국가는 어디에 있는 것인가"라는 의문이 제기될 수 있다. 그럼에도 불구하고 분산행정(행정적 분권)을 업고 가는 분권행정(자치적 분권)의 특징은 여전히 국가중심의 계서적 관계를 존중하는 행정이 주가 되어 수평적 정치/행정게임을 강조하는 분권행정(자치적 분권)이 취약한 상황이다.

요컨대, 우리나라 지방정부의 정치·행정 구조는 <그림 8-3>에서 보는 바와

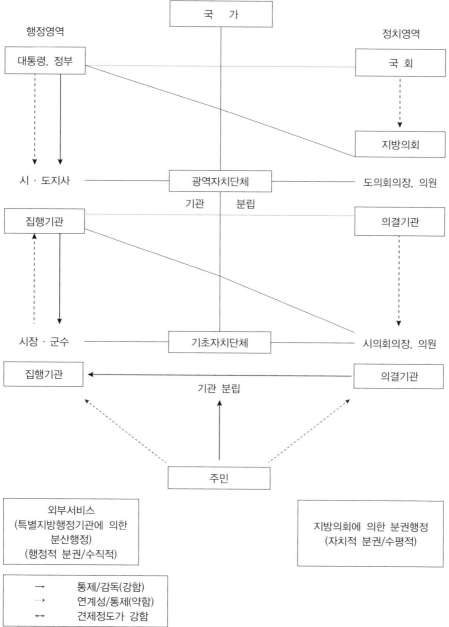

▶ 그림 8-3 ◀ 우리나라 지방정부의 정치·행정 구조

같이 광역, 기초자치단체를 불문하고 다음과 같은 특징적 요소를 갖는 동일한 형태의 집행기관과 의결기관을 만들어 내고 있다. 첫째, 권력분립원칙에 기초한 집행기관과 의결기관의 분립, 둘째, 중앙정부에 종속하는 지방행정을 운영하지만 또 한편으로는 중앙정부와 연계가 약한 지방행정운영, 셋째, 집행부 위주의 정치·행정운영, 넷째, 이들 위에 국가의 외부서비스기능이 개입되는 것으로 특별지방행정기관에 의한 분산행정(행정적 분권)이 치러지는데, 지방정부 단위에서 이들 특별지방행정기관의 업무를 통합적으로 조정해 낼 수 있는 기관이 없어 지방정부에서 업무의 상호연계가 취약한 점 등이다. 따라서 국가와 지방자치단체 간의 기능적 이중체제와 이에 따른 통제게임이 그 주요한 장치로 자리 잡게 되었다.

3. 현행 기관분립형 지방정부 운영의 성과

1) 긍정적 측면

전면적인 지방자치가 재개된 1995년 이후, 지난 17년 동안 우리나라 지방자치단체의 기관구성은 기관분립형 단 하나의 유형만을 유지하고 있다. 다음은 지방의회와 집행기관의 장이 각각 주민에 의해 선출되어 독립적인 기관운영을 수행하고 있는 현행의 제도적 성과를 살펴보도록 한다.

자치단체장과 의회의원에 대한 각각의 주민직선으로 구성한 양 기관 간의 분립형 기관구성은 무엇보다 주민통제의 실효성을 제고할 수 있었고, 그에 따라서 주민 중심의 지방행정구현이 가능해졌다는 긍정적 평가를 받았다. 각종 시민단체를 비롯하여 적극적인 주민의 등장으로 지방정책결정과정에 주민참여의 요구가 증대되었으며, 그런 배경에서 지방자치단체는 지방행정을 보다 투명하게 하기 위한 노력을 경주하게 되었다. 그 결과 지방자치단체의 행정정보공개조례 제정, 주민감사청구제도, 인터넷홈페이지 개설 등이 일반화되었다.

분립형 기관구성의 제도적 효과로써 자치단체장은 주민대표로서의 정치적 리더십을 발휘하여, 주민의 의사를 자치행정에 반영하기가 용이하였으며, 지방정치의 민주화를 가능하게 하였다는 점에서 민주주의의 교육장으로 자율과 책임을 갖춘 시민사회를 형성해 나가는 데 기여하였다. 또한 행정서비스가 주민(고객)의 요구에 부응하여 제공되는 까닭에 서비스 질이 향상되기에 이르렀으며, 고객만족 행정 추구를 위한 행정서비스헌장의 제정이 보편화되었다.

또한 분리형 기관구성에서 임기 동안 신분이 안정된 자치단체장은 강력한 시정(도정) 사업추진이 가능한데, 이는 다른 한편에서는 단체장 독주의 큰 문제점으로 제기되기도 하였다. 지역경제발전을 추진하는 자치단체장은 지역특화산업을 강조하여 경제활성화에 매진할 수 있었고, 같은 맥락에서 지역의 문화재를 적극 발굴, 육성하여 지역의 관광산업과 연계하여 경제활성화를 도모하게 되었다.

2) 부정적 측면

그러나 집행기관과 의결기관의 분립형 기관구성을 취하는 현행 지방자치단체의 기관운영은 법·제도적인 면에서 지방의회와 집행기관 간 권한의 불균형으로 위상과 관련한 소모적인 갈등이 제기되었다는 점, 그리고 지방정치의 현실적인 측면에서 독점정당의 권력강화 현상으로 인하여 분립형 기관구성의 취지라 할 수 있는 양 기관 간 견제와 균형을 유지하기에 어려웠던 문제를 제기할 수 있다. 이는 무엇보다 지방자치의 기본적 기관인 지방의회의 역할이 크게 부각되지 못하였다는 사실에 기인한 것이다.

일반적으로 분립형 기관구성의 기본 취지는 지방의회와 단체장이 대등한 권력관계를 유지하게 함으로써 상호 균형과 견제를 통해 쌍방적인 협력관계를 지향하는 데 있다. 그런데 만약 분립형 기관구성에서 양 기관이 권한의 불균형으로 일방적인 협력관계를 유도한다면 일면, 양 기관의 갈등과 대립이 줄어들 것으로 예상할 수도 있으나 이는 다른 한편으로 두 가지 문제를 제기할 수도 있다.

첫째, '균형과 견제'라는 분립형 기관구성의 취지를 살리기 힘들 뿐 아니라 주민의 복리증진을 위한 양 기관의 건전한 정책대립과 다양한 이해조정 및 타협의 과정을 생략케 한다는 점에서 문제를 지닌다. 다만, 이러한 대립과 긴장의 관계는 분립형 기관구성에서 수용되어야 할 발전적인 측면의 갈등도 포함되어 있음을 상기할 필요가 있다.

둘째, 권한의 불공정한 배분은 상호견제를 통한 균형적 관계 유지를 저해함으로써 오히려 양 기관의 갈등을 유발하게 될 수 있다. 즉, 분립형 기관구성에서 양 기관의 불균형한 권력관계는 양자 간의 권한다툼으로 관계가 경색되고 나아가 기관운영에 지장을 초래할 우려가 높을 뿐 아니라 이는 결코 생산적이지도 발전적일 수도 없는 소모적인 갈등이란 점에서 경계되어야 할 것이다.

그런 점에서 무엇보다 지난 17년간 분립형 기관구성의 운용상 한계는 법·제도적인 측면에서 살펴 볼 수 있다. 즉, 지방의회와 단체장이 지닌 권한과 역량의 불균형으로 단체장에 대한 지방의회의 견제기능은 잘 발휘될 수 없었다. 이는 지방자치단체를 이끄는 단체장의 강력한 리더십을 확보하게 하는 효과를 지니게 하지만, 분립형 기관구성에서의 불균형한 단체장 우위의 권한배분은 지방의회와 비생산적인 갈등을 양산하는 부작용을 낳게 함으로써 지방자치단체의 효과적이고 원활한 기관운영에 장애가 된다. 특히 1995년 6·27지방선거의 실시로 출범한 민선단체장체제에서 단체장의 역할이 실제적으로 강화된 후, 지방의회의 위상과 관련된 문제와 함께 기관 간 진정한 정책대립보다는 단체장과 지방의회 간 힘겨루기 양상의 갈등사례가 빈번히 제기되는 것을 보여주었다.

한편, 권한의 문제를 떠나 현실적으로 더욱 강화되어 나타나는 지방정치권력 구조의 정당독점화 현상은 지방자치단체 기관운영에 있어서 양 기관 간의 상호 견제기능이 제대로 이루어지지 않는 문제요인으로 제기되었다. 즉, 분립형 기관구성은 지방의회와 단체장의 양 기관 간 견제와 균형의 기본원리가 적용되어 권력의 전횡과 부패를 방지하는 데 도움이 되어야 한다. 그러나 실제상황에서는 우리나라의 지역적 연고를 중시하는 특수한 정치성향으로 인해 기관분립형의 장점이 살아나지 못하였다.

이는 우리나라 선거의 특징적인 현상이라 할 수 있는 지역주의 투표행태와 관련된 것으로, 단체장과 지방의회가 하나의 정당에 의해 독점되기 때문에 정당을 통한 견제가 이루어질 수 없는 한계를 보여주었다. 특히 1998년 6·4지방선거이후 거의 모든 광역자치단체의 경우가 1당 독점적인 정당지배 양상을 보였다는 것은, 단체장이나 대다수의 지방의회 의원이 모두 같은 정당 출신이기에 서로에 대한 견제와 균형의 논리가 접근하기 어렵다는 것을 의미한다.

끝으로 행정운영의 전문성 측면에서 볼 때, 민선 단체장은 반드시 행정능력을 겸비한 인사가 자치단체장으로 되는 것이 아니므로 훌륭한 행정을 기대하기 어려웠다는 점도 한계로 지적된다. 또한 자치단체장은 선거에서 그 지위가 주어지는 까닭에 선거를 통해 안게 된 정치적 부채에 연연하게 되어 특혜의 제공이나 인사상의 배려 등으로 부패의 연결고리가 형성되기도 하였다.

제3절 지방의회와 집행기관의 관계

1. 지방의회와 집행기관의 기본적 관계

지방의회와 집행기관의 관계는 지방정부 구성 형태에 따라 달라진다. 일반적으로 기관통합형의 경우 지방의회 중심으로 의결기관과 집행기관이 통합되어 있기 때문에 양 기관의 관계가 매우 밀접하고 소위 같은 정치적 이해를 가진 집단에 의해 의결기능과 집행기능을 동시에 수행하도록 한 권력융합주의에 근거하고 있다. 이는 중앙정부의 의원내각제 형태로서 국회와 내각의 관계와 유사하게 된다. 따라서 주민의 대표기관인 지방의회의 의결로 집행기관을 선임하고, 집행기관은 의회의 신임을 기초로 그 취임 및 직책을 보유하게 된다. 이에 반하여 기관분립형의 경우 의결기관과 집행기관이 각각 주민의 선거로 선출되어 견제와 균형의 논리하에 직접 주민에 대해 책임을 지게 된다. 따라서 중앙정부의 대통령 중심제 형태와 같이 국회와 대통령과의 관계와 유사하게 된다. 이 이외에도 여러 지방정부 형태를 상정해 볼 수 있지만 여기에서는 지방의회와 집행기관의 관계는 이론상 의결기능과 집행기능을 단일한 기관이 통합하여 의정활동을 행할 때보다 각각의 기관이 대립적으로 담당하게 될 때에 비로소 논의될 수 있다는 논리에 접근하고자 한다.

2. 집행기관 선임 방식에 따른 양 기관 간의 관계

기관분립형의 지방정부 형태는 집행기관을 어떻게 선임하고 있느냐(주민직선제, 간선제, 임명제)에 따라 차이가 있기 때문에 이와 관련하여 그 역학관계를 논의해 볼 수 있을 것이다.

1) 직선제하에서의 양 기관의 관계

우리나라와 같이 자치단체장(집행기관)과 지방의회 의원(의결기관)을 주민이 각각 직선하여 양 기관을 대립시켜 놓은 형태이다(후술).

2) 간선제하에서의 양 기관의 관계

프랑스의 기초자치단체인 코뮌에서 채택하고 있는 기관구성 형태로서 코뮌의 회에서 시읍면장을 선임(간선)하여 양 기관을 대립시켜 놓은 방식이다(권한의 부드러운 분립 형태 la séparation 'souple' du pouvoir).

3) 임명제하에서의 양 기관의 관계

임명제하의 양 기관 간의 관계는 임명을 지방의회가 하느냐, 중앙정부가 하느냐에 따라 달라질 수 있다.

(1) 지방의회에 의한 임명제

지방의회가 집행기관(자치단체장)을 임명하는 유형으로, 만일 유능한 인사를 지방의회가 책임지고 초빙해 올 수 있다면 그 성과를 기대해 볼 수 있을 것이다. 일반적으로 의회-관리관형(council-manager form)은 직무에 관한 실제적인 경험과 지식을 중요시하여 이에 상응하는 인사를 임명하여 행정전문가 수준의 효율적인 행정을 구가할 수 있다(例 미국 Hartford시). 그리하여 시정관리관은 의회에 책임을 지고 행정에 전념할 수 있게 된다.

(2) 중앙정부에 의한 임명제

중앙정부가 자치단체장을 임명하는 유형으로 우리나라 1991년 지방자치 부활로 시작된 민선자치 이전까지의 자치단체장의 모습이다. 프랑스의 1982년 지방분권화 정책 이전의 데파르트망(도)자치단체의 도지사와 데파르트망(도)의회와의 관계도 같은 맥락이다. 이 당시 도지사는 내무부장관과 총리의 제청으로 국무회의의 의결을 거쳐 대통령이 임명하였다. 국가의 대표와 도자치단체의 수장으로서 이중적 역할을 수행하였다.

3. 우리나라 지방의회와 집행기관 간의 관계

우리나라 지방자치단체는 광역과 기초자치단체 모두 기관분립형의 시장(주민직선) – 의회형(주민직선)을 채택하고 있다. 지방자치법에서 규정하고 있는 관계는 다음과 같다.

1) 집행기관에 대한 의회의 통제권

(1) 행정사무감사 및 조사권(지방자치법 제41조)

지방의회는 매년 1회 그 지방자치단체의 사무에 대하여 시·도에서는 14일의 범위에서, 시·군 및 자치구에서는 9일의 범위에서 감사를 실시하고, 지방자치단체의 사무 중 특정 사안에 관하여 본회의 의결로 본회의나 위원회에서 조사하게할 수 있다.

① **조사발의 요건**: 지방의회가 조사를 발의할 때에는 이유를 밝힌 서면으로 하여야 하며, 재적의원 3분의 1 이상의 연서가 있어야 한다.

② **감사와 조사의 대상이 되는 사무**: 지방자치단체 및 그 장이 위임받아 처리하는 국가사무와 시·도의 사무에 대하여 국회와 시·도의회가 직접 감사하기로 한 사무 외에는 그 감사를 각각 해당 시·도의회와 시·군 및 자치구의회가 할 수 있다.

③ **필요한 자료요구**: 상기의 경우 국회와 시·도의회는 그 감사결과에 대하여 그 지방의회에 필요한 자료를 요구할 수 있다.

④ **서류제출, 출석증언, 참고인 의견진술 요구**: 상기의 감사 또는 조사를 위하여 필요하면 현지확인을 하거나 서류제출을 요구할 수 있으며, 지방자치단체의 장 또는 관계 공무원이나 그 사무에 관계되는 자를 출석하게 하여 증인으로서 선서한 후 증언하게 하거나 참고인으로서 의견을 진술하도록 요구할 수 있다.

⑤ **거짓증언자 고발과 과태료**: 상기의 증언에서 거짓증언을 한 자는 고발할 수 있으며, 상기규정에 따라 서류제출을 요구받은 자가 정당한 사유 없이 서류를 정하여진 기한까지 제출하지 아니한 경우, 같은 맥락에서 출석요구를 받은 증인이 정당한 사유 없이 출석하지 아니하거나 선서 또는 증언을 거부한 경우에는 500만원 이하의 과태료를 부과할 수 있다.[2]

상기의 감사 또는 조사를 위하여 필요한 사항은 국정감사 및 조사에 관한 법률에 준하여 대통령령으로 정하고, 선서·증언·감정 등에 관한 절차는 국회에서의 증언·감정 등에 관한 법률에 준하여 대통령령으로 정하는 것으로 하였다.

또한 행정사무감사 또는 조사결과에 대한 처리는 지방의회 본회의의 의결로 행한다. 이때 지방의회는 감사 또는 조사 결과 해당 지방자치단체나 기관의 시정을 필요로 하는 사유가 있을 때에는 그 시정을 요구하고, 그 지방자치단체나 기관에서 처리함이 타당하다고 인정되는 사항은 그 지방자치단체나 기관으로 이송하도록 하였다. 그리고 지방자치단체나 기관은 상기규정에 따라 시정 요구를 받

---

[2] 지방자치법 제27조(조례위반에 대한 과태료) ① 지방자치단체는 조례를 위반한 행위에 대하여 조례로써 1천만원 이하의 과태료를 정할 수 있다. ② 제1항에 따른 과태료는 해당 지방자치단체의 장이나 그 관할 구역 안의 지방자치단체의 장이 부과·징수한다.

거나 이송받은 사항을 지체 없이 처리하고 그 결과를 지방의회에 보고하도록 하였다(지방자치법 제41조의2).

(2) 조례제정 및 예산심의·의결권(지방의회의 의결사항: 지방자치법 제39조)

의결기관으로서 지방의회는 다음 사항을 의결할 수 있도록 규정하고 있다.

① 조례의 제정·개정 및 폐지
② 예산의 심의·확정
③ 결산의 승인
④ 법령에 규정된 것을 제외한 사용료·수수료·분담금·지방세 또는 가입금의 부과와 징수
⑤ 기금의 설치·운용
⑥ 대통령령으로 정하는 중요 재산의 취득·처분
⑦ 대통령령으로 정하는 공공시설의 설치·처분
⑧ 법령과 조례에 규정된 것을 제외한 예산 외의 의무부담이나 권리의 포기
⑨ 청원의 수리와 처리
⑩ 외국 지방자치단체와의 교류협력에 관한 사항
⑪ 그 밖에 법령에 따라 그 권한에 속하는 사항

지방자치단체는 위 ①~⑪ 외에 조례로 정하는 바에 따라 지방의회에서 의결되어야 할 사항을 따로 정할 수 있다.

(3) 회의 출석과 답변요구권(행정사무처리상황의 보고와 질문응답: 지방자치법 제42조)

① 지방자치단체의 장이나 관계 공무원은 지방의회나 그 위원회에 출석하여 행정사무의 처리상황을 보고하거나 의견을 진술하고 질문에 응답할 수 있다.
② 지방자치단체의 장이나 관계 공무원은 지방의회나 그 위원회가 요구하면 출석·답변하여야 한다. 다만, 특별한 이유가 있으면 지방자치단체의 장은

관계 공무원에게 출석·답변하게 할 수 있다.

③ 상기규정에 따라 지방의회나 그 위원회에 출석하여 답변할 수 있는 관계
공무원은 조례로 정한다.

(4) 자치단체장이 확정된 조례를 공포하지 않을 경우 의장의 조례공포권(조례와 규칙의 제정절차: 지방자치법 제26조)

지방자치단체의 장은 확정된 조례를 지체 없이 공포하여야 한다. 조례가 확정된
후 또는 확정조례가 지방자치단체의 장에게 이송된 후 5일 이내에 지방자치단체의 장
이 공포하지 아니하면 지방의회의 의장이 이를 공포한다(지방자치법 제26조 제6항).[3]

2) 의회에 대한 집행기관의 통제권

(1) 재의요구 및 제소권(지방의회의 의결에 대한 재의요구와 제소: 지방자치법 제107조)

지방자치단체의 장은 지방의회의 의결이 월권이거나 법령에 위반되거나 공익

---

3) 지방자치법 제26조(조례와 규칙의 제정절차 등) ① 조례안이 지방의회에서 의결되면 의장은 의결
된 날부터 5일 이내에 그 지방자치단체의 장에게 이를 이송하여야 한다. ② 지방자치단체의 장은
제1항의 조례안을 이송받으면 20일 이내에 공포하여야 한다. ③ 지방자치단체의 장은 이송받은 조
례안에 대하여 이의가 있으면 제2항의 기간에 이유를 붙여 지방의회로 환부(還付)하고, 재의(再議)
를 요구할 수 있다. 이 경우 지방자치단체의 장은 조례안의 일부에 대하여 또는 조례안을 수정하여
재의를 요구할 수 없다. ④ 제3항에 따른 재의요구를 받은 지방의회가 재의에 부쳐 재적의원 과반
수의 출석과 출석의원 3분의 2 이상의 찬성으로 전과 같은 의결을 하면 그 조례안은 조례로서 확
정된다. ⑤ 지방자치단체의 장이 제2항의 기간에 공포하지 아니하거나 재의요구를 하지 아니할 때
에도 그 조례안은 조례로서 확정된다. ⑥ 지방자치단체의 장은 제4항과 제5항에 따라 확정된 조례
를 지체 없이 공포하여야 한다. 제5항에 따라 조례가 확정된 후 또는 제4항에 따른 확정조례가 지
방자치단체의 장에게 이송된 후 5일 이내에 지방자치단체의 장이 공포하지 아니하면 지방의회의
의장이 이를 공포한다. ⑦ 제2항 및 제6항 전단에 따라 지방자치단체의 장이 조례를 공포한 때에
는 즉시 해당 지방의회의 의장에게 통지하여야 하며, 제6항 후단에 따라 지방의회의 의장이 조례
를 공포한 때에는 이를 즉시 해당 지방자치단체의 장에게 통지하여야 한다. ⑧ 조례와 규칙은 특
별한 규정이 없으면 공포한 날부터 20일이 지나면 효력을 발생한다. ⑨ 조례와 규칙의 공포에 관
하여 필요한 사항은 대통령령으로 정한다.

을 현저히 해친다고 인정되면 그 의결사항을 이송받은 날부터 20일 이내에 이유를 붙여 재의를 요구할 수 있다. 이 요구에 대하여 재의한 결과 재적의원 과반수의 출석과 출석의원 3분의 2 이상의 찬성으로 전과 같은 의결을 하면 그 의결사항은 확정된다. 그런데 지방자치단체의 장은 상기규정에 따라 재의결된 사항이 법령에 위반된다고 인정되면 대법원에 소(訴)를 제기할 수 있으며, 필요하다면 그 의결의 집행정지결정을 신청할 수 있다(지방자치법 제172조 제3항 준용).

또한 지방자치단체의 장은 지방의회의 의결이 예산상 집행할 수 없는 경비를 포함하고 있다고 인정되면 그 의결사항을 이송받은 날부터 20일 이내에 이유를 붙여 재의를 요구할 수 있다(예산상 집행 불가능한 의결의 재의요구: 지방자치법 제108조). 그리고 지방의회가 다음 어느 하나에 해당하는 경비를 줄이는 의결을 할 때에도 재의를 요구할 수 있다. 즉, 법령에 따라 지방자치단체에서 의무적으로 부담하여야 할 경비, 비상재해로 인한 시설의 응급 복구를 위하여 필요한 경비가 그것이다. 이 재의요구에 대하여 재의한 결과 재적의원 과반수의 출석과 출석의원 3분의 2 이상의 찬성으로 전과 같은 의결을 하면 그 의결사항은 확정된다(지방자치법 제107조 제2항 준용).

(2) 지방자치단체의 장의 선결처분권(지방자치법 제109조)

지방자치단체의 장은 지방의회가 성립되지 아니한 때(의원이 구속되는 등의 사유로 지방자치법 제64조에 따른 의결정족수에 미달하게 될 때를 말한다)와 지방의회의 의결사항 중 주민의 생명과 재산보호를 위하여 긴급하게 필요한 사항으로서 지방의회를 소집할 시간적 여유가 없거나 지방의회에서 의결이 지체되어 의결되지 아니할 때에는 선결처분(先決處分)을 할 수 있다. 이에 따른 선결처분은 지체 없이 지방의회에 보고하여 승인을 받아야 하며, 승인을 받지 못하면 그 선결처분은 그때부터 효력을 상실한다. 지방자치단체의 장은 이에 관한 사항을 지체 없이 공고하여야 한다.

(3) 재의결된 안건에 대한 제소권(지방자치법 제172조)

지방의회의 의결이 법령에 위반되거나 공익을 현저히 해친다고 판단되면 시·도에 대하여는 주무부장관이, 시·군 및 자치구에 대하여는 시·도지사가 재의를 요구하게 할 수 있고, 재의요구를 받은 지방자치단체의 장은 의결사항을 이송받은 날부터 20일 이내에 지방의회에 이유를 붙여 재의를 요구하여야 한다. 이때 지방자치단체의 장은 지방의회의 의결에 대한 재의요구에 따라 지방의회에서 재의결된 사항이 여전히 법령에 위반된다고 판단되면 재의결된 날부터 20일 이내에 대법원에 소를 제기할 수 있다. 이 경우 필요하다고 인정되면 그 의결의 집행을 정지하게 하는 집행정지결정을 신청할 수 있다. 또한 주무부장관이나 시·도지사는 재의결된 사항이 법령에 위반된다고 판단됨에도 불구하고 해당 지방자치단체의 장이 소(訴)를 제기하지 아니하면 그 지방자치단체의 장에게 제소를 지시하거나 직접 제소 및 집행정지결정을 신청할 수 있다.

(4) 예산안 편성 및 의결권(지방자치법 제127조)

지방자치단체의 장은 회계연도마다 예산안을 편성하여 시·도는 회계연도 시작 50일 전까지, 시·군 및 자치구는 회계연도 시작 40일 전까지 지방의회에 제출하여야 한다. 그리고 지방자치단체의 장은 예산안을 제출한 후 부득이한 사유로 그 내용의 일부를 수정하려면 수정예산안을 작성하여 지방의회에 다시 제출할 수 있다. 제출된 예산안은 시·도의회에서는 회계연도 시작 15일 전까지, 시·군 및 자치구의회에서는 회계연도 시작 10일 전까지 의결하여야 하고, 지방의회는 지방자치단체의 장의 동의 없이 지출예산 각 항의 금액을 증가하거나 새로운 비용항목을 설치할 수 없도록 하고 있다.

(5) 조례 및 의안 발의권(의안의 발의: 지방자치법 제66조)

지방의회에서 의결할 의안은 지방자치단체의 장이나 재적의원 5분의 1 이상 또는 의원 10명 이상의 연서로 발의한다. 그리고 위원회는 그 직무에 속하는 사항에 관하여 의안을 제출할 수 있다. 상기 의안은 그 안을 갖추어 의장에게 제출하여야 하고, 의원이 조례안을 발의하는 때에는 발의의원과 찬성의원을 구분하되, 해당 조례안의 제명의 부제로 발의의원의 성명을 기재하여야 한다. 다만, 발의의원이 2명 이상인 경우에는 대표발의의원 1명을 명시하여야 한다. 또한 의원이 발의한 제정조례안 또는 전부개정조례안 중 의회에서 의결된 조례안을 공표 또는 홍보하는 경우에는 해당 조례안의 부제를 함께 표기할 수 있도록 하였다.

제4절 지방의회와 교육자치기관의 관계

우리나라는 지방자치단체의 교육·과학 및 체육에 관한 사무를 분장하기 위하여 별도의 기관을 두고 이 기관의 조직과 운영에 관하여 필요한 사항은 따로 법률로 정하도록 하여(지방자치법 제121조) 교육·학예에 관한 사항은 지방교육자치에 관한 법률에 근거하고 있다.

1. 지방교육자치의 의미

지방교육자치는 지방자치와 교육자치의 두 요소를 포함하고 있다고 할 수 있다. 즉, 지방교육자치는 중앙으로부터의 자치와 일반행정으로부터의 자치라는 두 가지 요소가 복합되어 있다고 할 수 있다(김신복, 1985: 27). 따라서 지방교육자치는 지방자치와 밀접한 관계를 가진다. 지방교육자치는 지방자치(일반행정자치)로부터 분리·독립을 추구하는 자치이기는 하지만 양자의 불가분의 관계를 전연 부인할 수 없는 것이고, 더구나 양자는 중앙으로부터의 분리·독립을 추구하는 데에는 상호 공통적이다라는 사실이다(최창호, 1997: 156~157).

일반적으로 지방교육자치란 "교육의 자주성·전문성 및 정치적 중립성을 보장하여 일정한 지역 내의 실정과 민의에 따른 교육을 구현하는 것"을 의미한다. 그런데 지방교육자치에 있어 그 자치가 교수(가르침)의 자치인가 교육행정의 자치인가, 즉 교사의 자치인가 교육기관의 자치인가에 대한 의문이 있다. 교육자치제의 근본취지에 볼 때는 교육자치는 교수(가르침)의 자치요 교사의 자치를 기본목표로 해야 한다. 그러나 현실적으로 그러한 자치를 실현하기 위한 수단으로서의 교육행정의 자치와 교육기관의 자치에 자치의 중점을 두고 있는 것이 아닌가 여겨진다. 이는 지방교육자치에 관한 법률에서도 확인할 수 있다. 즉, "이 법은 교육의 자주성 및 전문성과 지방교육의 특수성을 살리기 위하여 지방자치단체의 교육·과학·기술·체육, 그 밖의 학예에 관한 사무를 관장하는 기관의 설치와 그 조직

및 운영 등에 관한 사항을 규정함으로써 지방교육의 발전에 이바지함을 목적으로
한다"라고 그 목적 규정을 하고 있기 때문이다(교육행정·기관의 자치에 중점).

2. 교육분권의 이론적 쟁점

교육분권은 국가(중앙정부)와 지방자치단체(지방정부), 주민과의 관계 속에서
논의해야 하는 것으로 교육환경 변화의 산물로 이해될 수 있다. 국가의 입장에서
보면 그동안 정부수립 후 반세기에 가깝게 중앙집권 방식에 의한 행정수행 방식
으로 길들여진 행정체제로는 더 이상 효율적인 행정을 산출할 수 없음을 인식하
게 되었다는 사실이다. 따라서 중앙에 집중되어 있는 권한과 기능은 점차 지방정
부로 이양하게 되었고, 그에 따라 지방정부의 자율권이 신장되고 책임행정이 강
화되기에 이르렀다. 그런 측면에서 교육행정도 교육인적자원부에서 지방교육자치
기관에 권한이양을 하게 되고 교육자치기관의 자율과 책임하에 교육행정서비스
를 제공하게 되었다(중앙정부에서 지방교육기관으로의 분권).

다음으로 지방자치단체의 입장에서 보면 어떻게 하면 자치의 주체인 주민에게
보다 값싸고 양질의 서비스를 제공할 수 있을 것인가를 고심하게 되었다는 점이
다. 여기서 지방정부는 시장경제의 논리하에 민간부문과 경쟁을 할 수밖에 없는
상황으로 행정업무의 질적 변화, 지방공무원의 전문화, 행정장비의 과학화, 지방정
부의 경영합리화를 도모하게 되었던 것이다. 교육행정도 같은 맥락하에 고비용·
저효율의 교육행정 구조를 개혁하여 교육의 자율성, 전문성 및 특수성을 주장하게 되
었다(일반행정기관에서 교육행정기관으로의 분권 및 교육행정기관 자체 내에서의 분권).

마지막으로 주민의 입장에서 보면 주민들도 이제는 자기지역의 문제에 직접
참여하여 어떻게 하면 우리 자치단체를 위해 우리의 권리와 의무를 다할 수 있을
것인가를 깊이 생각하게 되었다는 점이다. 즉, 집권화 방식의 운영에서 오는 주민
의 소극적 자세를 지양하고 분권화를 통하여 주민의 민주화 훈련을 제고시키지
않을 수 없게 되었다는 점이다. 따라서 주민의 자치의식 함양, 참여확대에 따라
보다 나은 서비스의 요구 내지 삶의 질을 고양하는 데 관심을 피력하게 되었으며,

주민의 자율과 책임의식의 고양으로 자연히 관치행정에서 자치행정으로 전환되기에 이르렀다. 이러한 맥락에서 교육주체가 되는 교사, 학생, 학부모가 자율과 책임으로 교육활동을 행사할 수 있도록 그들의 참여확대가 요구되고 있는 것이다(교육행정기관에서 단위학교로의 분권).

요컨대, 오늘날과 같이 다원화된 사회에서는 국가가 더 이상 모든 일을 중앙에서 결정하고 처리하는 집권체제로는 그 실효성을 기대할 수 없게 되었으며, 지방정부도 그동안 공공서비스 공급에 일방적이고 직접적인 책임을 지는 경향으로는 그 효율성을 기대하기 어려워 이제는 민간부문, 자원봉사 영역 등 다양한 사회부문이 공동으로 참여하는 공공−민간 동반자적 주민서비스 공급체계로 변하고 있다.[4] 이러한 배경에서 교육자치제는 중앙의 교육행정권한을 지방으로 분산시켜 지방교육의 자율적인 민주적 교육통치를 실현시키고, 과거의 권위주의적 교육행정에서 벗어나 주민이 참여하는 민주적 교육행정을 가능케 하고 지역의 실정에 맞는 교육행정서비스를 도모할 수 있어 지방교육의 특성을 활성화할 수 있다는 점에서 그 중요성이 인식되고 있다. 특히 우리 교육행정은 그동안 일반행정을 위주로 한 지방분권을 강조하면서 자치교육을 배제한 까닭에 자치행정의 한계를 깊이 인식할 수밖에 없는 상황이었다. 왜냐하면 지역의 인재를 육성하고 관리하는 일이 지역의 자치행정에서 중요한 과제가 되고 있기 때문이다.

3. 교육분권과 지방분권

교육분권은 교육에 관한 지방분권이므로 지방분권을 전제로 성립되는 개념이며 교육자치와 연계하여 실현된다. 따라서 지방분권의 큰 틀 속에서 교육의 분권화를 논의해야 할 것으로 보인다. 일반적으로 지방분권과 교육분권의 개념과 조건은 다음과 같다.

---

4) 이는 과거의 관료나 정치엘리트에 의한 일방적인 통치가 아닌 사회의 다원적 참여 구조(네트워크)를 통한 지배와 신자유주의철학을 토대로 한 시장경제원리에 바탕을 둔 '로컬 거버넌스(Local Governance)'의 개념으로 받아들이고 있다.

1) 지방분권과 교육분권의 개념

오늘날 대부분의 국가에서는 통치권이나 행정권한을 중앙정부와 지방정부가 분담하여 처리하고 있다. 일반적으로 중앙집권은 국가공동체 내의 결정권한과 업무가 중앙에 집중되어 있고 지방자치단체가 국가의 하부행정기관으로 존재하는 국가 형태라면 지방분권은 지방자치단체에게 결정권과 업무가 이전되어 있는 국가 형태라고 할 수 있다(이기우, 1997: 98). 이는 곧 국가 내의 권력의 지리적 배분을 의미하는 것으로 지방자치단체에 적용된 분권으로 볼 수 있다.

교육분권도 같은 맥락에서 교육행정권한을 중앙정부, 지방자치단체, 학교라는 중층 구조 속에서 지방자치단체(교육청)에 결정권과 업무가 이전되어 있는 상태를 의미한다. 요컨대 본 연구에서는 중앙정부의 교육권한이 지방정부로의 이전을 교육분권화로 규정하고자 한다.[5]

2) 지방분권과 교육분권의 조건

지방정부는 주민들과 가까이 있어 주민들의 욕구를 보다 잘 알고 있기 때문에 주민들에게 더 적합한 서비스를 제공해줄 수 있다는 것이 지방분권의 기본논리이다. 자원의 효율적 배분은 서비스 공급에 대한 책임이 그 서비스의 수혜자를 가장 잘 대표해주는 정부계층에 부여될 때 가능하다는 것이다(Ter–Minassian, 1997). 즉, 지방분권을 통해 보다 민주적이고 참여적인 정부를 지향할 수 있고, 공공서비스와 주민의 서비스를 일치시킴으로써 지방정부의 정치지도자가 유권자에 대해서 대응성과 책임성을 확보해 나갈 수 있다(Ter–Minassian, 1997; 홍준현, 2001: 315). 동일한 논리로서 교육분권을 통해 지방정부가 교육수요자에게 보다 값싸고 양질의 교육행정서비스를 제공해줄 수 있다는 것이다.

우리나라의 지방분권은 단체자치 국가(대륙계 국가: 프랑스)에서 보는 바와 같

---

5) 분권화의 개념은 다양한데 조직이론에서는 계층제 내에서 상위 지위에 있는 권한을 하위지위로 이양하는 조직 내적 현상으로 보기도 하며(Stevens, 1994), 지방정부론에서는 중앙정부로부터 지방정부로 권한이 이전되는 정부간의 관계로 파악하기도 한다(Conyers, 1984).

이 국가의 통일성 내에서 지방자치단체의 다양성을 보장하는 것이라 볼 수 있다. 따라서 국가의 일정한 감독과 지방자치단체의 자율과 책임성을 강조하게 된다. 그런 측면에서 지방분권의 실현은 다음 다섯 가지 조건을 존중할 때 이루어진다고 볼 수 있다(Baguenard, 1996: 17~70).

(1) 지방(교육)사무의 존재

국가사무와 구별된 지방사무의 존재를 지방분권의 첫 번째 소여로 보고 있다(Rivero, 1990: 394). 지방자치단체의 사무는 '지방의회의 자유로운 결정에 의해서 처리할 수 있다'고 규정할 수 있다. 이는 지방자치단체의 사무는 법률에 별도로 규정을 하지 않는 한 해당 자치단체의 이해에 관한 모든 사무(주민의 복리에 관한 모든 사무)가 지방자치단체의 자치사무로 된다는 것이다. 같은 맥락에서 국가사무와 구별된 지방교육사무가 교육분권의 제일의적 요소가 된다. 지방교육사무는 '지방교육의결기관의 자유로운 결정에 의해서 처리할 수 있다'고 규정할 수 있다. 이는 지방교육청의 교육사무는 법률에 별도로 규정을 하지 않는 한 지방교육에 관한 모든 사무는 지방교육청의 고유사무가 될 수 있다고 볼 수 있다.

(2) 중앙권력으로부터의 독립적 지방기관(지방자치단체)과 교육행정전담조직의 존재

지방분권과 교육분권이 실현되려면 지방(교육)사무가 중앙정부로부터 독립된 지방(교육행정)기관에 의하여 책임있게 수행되어야 한다. 즉, 중앙정부의 영향력 지배하에 자치단체의 기능이 상실되어서는 아니 되고, 지방교육행정기관(자치단체)이 그들의 책임성을 완전히 행사할 수 있어야 한다는 것이다. 그러기 위해 지방자치단체(지방교육행정기관)가 재정자치를 행사할 법인격을 부여받아야 하고 주민에 의해 선출되어야 한다. 이는 국가(중앙정부)로부터 자치권을 부여받아 독자적인 권리의무의 주체가 되고 일정한 범위 내의 통치권을 행사하게 된다는 것이다. 한편 그 지역 내의 교육행정사무 처리에 있어 대표성과 고유한 영역이 설정되어야 한다. 이를 위해서는 일반행정으로부터 분리, 독립되어 교육행정만을 전담하는 조직이 있어야 한다.

(3) 자율적 관리

중앙권한에 독립적으로 존재하는 지방기관은 그들의 기능을 행사하는 데 있어 실제의 자치를 혜택받고 누려야 한다. 이러한 기능적 독립성은 지방(교육)사무의 자치행정을 자연히 허용하게 되는 것이다. 즉, 주민에 의해 선출된 기관에 의한 자유로운 행정(관리)이 되어야 한다는 것이다(분권화된 행정구현). 그리고 지방교육행정의 자율성이 보장되어야 한다. 따라서 중앙정부의 권한과 기능이 이양, 중앙으로부터의 지시, 감독을 최소화하고 자율적으로 통제하도록 해야 한다.

(4) 독자적인 재원 및 재정운용의 자주성

지방자치단체(지방교육행정기관)가 배분된 기능을 수행하기 위해 필요한 경비를 충당하기 위하여 중앙정부의 간섭을 받지 않고 독자적인 재원 및 재정운용의 자주성이 확보되어야 한다.

(5) 교육행정에 대한 주민참여·통제

교육자치란 교육관계자들이 대표를 선출하여 그 대표들로 하여금 지방교육문제를 처리하게 하는 제도이므로 대표들이 교육행정을 제대로 수행하고 있는가에 대한 점검이 필요하다. 특히 지역 주민들의 교육행정에 대한 참여와 통제가 제도화되어야 한다(김신복, 1991: 82).

4. 교육자치의 이념적 배경

1) 교육자치의 논리: 중앙정부로부터 분권과 일반행정으로부터 분권 및 교육주체의 교육행정기관으로부터의 분권

우리나라 헌법은 "교육의 자주성·전문성·정치적 중립성 및 대학의 자율성은 법률이 정하는 바에 의하여 보장된다"고 선언하고 있고(헌법 제31조 제4항), 이에 근거하여 지방교육자치에 관한 법률은 "이 법은 교육의 자주성 및 전문성과 지방교육의 특수성을 살리기 위하여 지방자치단체의 교육·과학·기술·체육 기타 학예에 관한 사무를 관장하는 기관의 설치와 그 조직 및 운영 등에 관한 사항을 규정함으로써 지방교육의 발전에 이바지함을 목적으로 한다"고 규정하고 있다(지방교육자치에 관한 법률 제1조).

이렇듯 우리나라 헌법과 법률의 규정을 비추어 볼 때, 우리나라는 교육의 자주성과 전문성 및 정치적 중립성, 지방교육의 특수성을 보장한다는 지방교육자치를 천명하고 있음을 알 수 있다. 즉, 지방교육자치는 교육행정상의 지방자치를 뜻하는 데 그치는 것이 아니라, 더 나아가 교육의 자주성과 전문성 및 정치적 중립성을 확보할 수 있도록 지방자치의 테두리 안에서 독자적 기관에 의한 자율과 책임하에 교육관리가 이루어지는 제도를 마련하자는 의미인 것이다.

이를 다시 해석해보면 지방교육자치제도는 중앙정부로부터의 분권(자치) 및 일반행정으로부터의 분권(자치)과 교육행정기관으로부터의 분권(자치)이라는 세 가지 요소를 함축하고 있다 할 것이다(<그림 8-1> 참조). 즉, 한편으로는 교육이 중앙집권적인 행정적 규율에서 탈피하여 교육자치기관이 자율과 책임하에 교육·학예사무를 관장하고 주민자치의 영역에 귀속되게 함으로써 교육의 자율성과 책임성을 확보하고, 다른 한편으로는 교육 자체가 지니는 특수성·전문성을 보장하고 정치적 중립성을 확보할 수 있도록 일반행정의 영역에서 분리함으로써 독자성을 부여하려는 데 그 뜻이 있는 것이라 할 수 있다. 특히 교육행정이 일반행정에 대해 차별성을 두어야 하는 이유는 교육활동이 비권력적이고 용역제공적인 성질의 것이기 때문에 공권력의 행사를 주된 수단으로 하는 일반행정과는 다르기 때문이다(이상규, 1992). 더구나 미래의 주역이 될 우리 아이들의 학습권과 교원들의 교육권을 효과적으로 보장하려는 요구를 제도적으로 반영해 주어야 하기 때문이다. 그렇기 때문에 교육자치는 교육행정기관으로부터 각급 단위학교에의 분권으로 나타난다. 즉, 현장에서 교육을 행사하는 교육주체[6]가 교육행정기관의 획일적인 규제와 간섭으로부터 독립하여 법규의 범위 내에서 자율과 책임으로 교육을 하도록

---

[6] 교육주체는 교사, 학생, 학부모로 볼 수 있다. 교육주체를 교사에 한정하는 사고는 교육활동이 교사, 학생, 학부모 또는 지역민과의 상호작용을 통해 이루어진다는 점에서 그 타당성이 낮다고 볼 수 있다.

보장받아야 하는 것이다. 이런 측면에서 교육자치는 국가로부터의 분권논리로서 중앙정부와 지방교육자치기관의 기능배분, 중앙통제 등을 고려해야 하고, 일반행정으로부터의 분권논리로서 기관구성의 통합·분리문제에 따른 권한배분 및 상호견제관계를 살펴보아야 하며, 교육행정기관의 분권논리로서 학교자치를 살펴보아야 한다(<그림 8-4> 참조). 교육자치가 교육행정청의 간섭으로부터 교육주체의 자주성을 보장하기 위한 제도라고 한다면 그 기본적인 실시단위는 학교가 되기 때문이다.

2) 교육자치의 이념·원리

지방교육자치제는 지방분권사상과 주민통제라는 자유주의 이념에 근거하여 일정한 구역을 기초로(주민이 선출한 또는 주민대표(교사, 학부모)가 선출한) 교육자치기구를 두어 주민의 부담과 책임하에 그 지방교육사업을 지방교육의 자주성과 정치적 중립성 및 전문적 관리를 통해 실현해 나가는 과정으로 이해할 수 있다. 따라서 다음과 같은 이념 내지 원리를 그 기본속성으로 하고 있다(노종희, 1992: 463~465; 최창호, 1995: 158).[7]

첫째, 지방분권의 원리로서 지방교육은 중앙정부에 의한 획일적인 지시와 통

---

7) 교육자치의 개념을 크게 세가지 부류로 나누어 설명하고 있다(이기우, 1998: 168~170).
   1. 교육자치란 "일정한 지역인 교육구와 그 교육구 내의 주민을 기초로 하는 교육자치단체가 교육구 내의 교육·학예에 관한 사무를 자기사무로 하여 교육자치단체 스스로의 권능과 책임하에 주민이 부담한 조세를 주종으로 한 자주적 재원을 가지고... 주민이 선정한 자신의 기관에 의하여... 교육자치단체의 구성원인 주민의 의사에 따라서... 집행하고 실행하는 것(조성일·안세근, 1996: 27)"으로 보고 있다.
   2. 교육자치란 "지역 주민 또는 주민의 대표기구가 교육관련 전문인력을 활용하며 지역적 성격을 지닌 교육사무를 자율적으로 처리해 나가는 것"으로 보는 견해가 있다(김병준, 1998: 6).
   3. 교육자치란 "교육사무를 교육공동체가 자율적인 권한을 가지고 그 구성원인 교육주체의 참여하에서 민주적으로 의사를 결정하고 수행하는 것"을 의미한다.
      1. 2.는 교육자치의 단위를 지방으로 보고 주민참여로 처리해나가는 것이라고 보는 점에서 공통점을 가지고 있으나 전자가 지방교육행정기관을 지방자치단체의 일반행정기관과 별도의 독립한 기관으로 구성해야 한다는 것을 전제로 하는 데 비하여 후자는 지방교육행정기관의 분리/독립을 반드시 전제로 하지 않는다는 점에 차이가 있다. 3.은 교육자치의 단위를 학교로 한다는 점에서 1. 2.와 차이가 있으나 지방자치단체의 교육사무를 주민이 참여하여 처리해야 한다는 것을 전제로 하고 있다는 점에서 1. 2.와 공통점을 가진다.

제를 지양하고 지방의 실정과 특수성을 고려하여 시행되어야 한다는 것이다. 따라서 지방교육은 국가로부터 일정한 독립성을 갖는 지방교육기관에 의해 자유스럽게 교육행정사무를 의결하고 집행해야 하는 것이다.

둘째, 분리·독립의 원리로서 교육은 본질적으로 가치창조적 활동이기 때문에 외부의 간섭이나 통제로부터 벗어나야 하며, 특히 일반행정으로부터 분리되어 그 독자성을 보장받아야 한다는 것이다. 이는 교육활동의 특수성 내지 전문성을 중시하는 원리로서, 교육에는 어떠한 외부적인 통제나 정치적 이용 또는 당파적 방편이 허용되어서는 아니 됨을 강조한다.

셋째, 전문적 관리의 원리로서 교육은 일반행정으로부터 분리·독립하여야 할 뿐만 아니라 그 자체가 전문적인 지식과 기술을 갖춘 요원들에 의하여 관리되어야 한다는 것이다. 더 나아가 전문성을 띄고 있는 교육활동에 있어서 전문가인

▮▶ 그림 8-4 ◀▮ 지방교육자치제 운영 모델

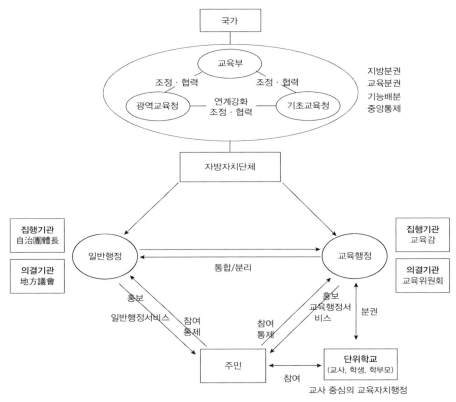

교육자들의 판단과 결정이 존중되어야 한다는 것이다. 이는 교사들의 전문가적 자율성이 보장되어야 함을 의미한다.

넷째, 주민통제의 원리로서 교육의 민주성을 중시하여 주민들의 요구에 부응하는 교육이 되어야 한다는 것이다. 그러기 위해서는 교육정책과정과 집행과정에 주민들이 최대한 참여해야 한다.

제5절 일반행정과 교육행정의 관계에 따른 교육기관구성 형태

1. 교육·학예의결기관: 교육위원회(시·도의회 상임위원회로 통합)

1) 설치 및 구성

합의제 집행기관으로 이어져 오던 시·도교육위원회는 1991년 지방교육자치제 재도입 이후 지방자치단체와 분리된 집행기관으로 교육감을, 심의·의결기관으로 교육위원회를 두면서 교육위원회가 형식상은 지방의회와 독립된 형태를 유지하여왔는데, 2006년 개정된 지방교육자치에 관한 법률에서는 교육위원과 교육감을 주민직선으로 하되 시·도의회의 상임위원회(통합형 교육위원회)로 통합하기로 하였다. 그리고 2010년 2월 26일에는 지방교육자치에 관한 법률을 개정하여 교육위원 선거구를 확정하였고(선거구별 1인 선출의 소선거제), 동 법률의 교육위원회의 설치 및 교육의원의 선거규정을 2014년 6월 30일까지 효력을 갖는 것으로 규정하였다(지방교육자치에 관한 법률 부칙 제2조).

이에 따라, 과거에 합의제 집행기구로서 교육위원회가 기능하고 교육위원 중에서 교육감이 선출되던 시기에는 교육위원회 역시 지방교육행정의 기관으로서 기능하는 측면이 있었으나, 독임제 집행기관인 교육감이 주민직선으로 선출되고, 2010년부터 전국 시·도교육위원회가 지방의회 내 상임위원회에 통합됨으로써 교육에 관한 의결기관과 집행기관이 확연히 구분되기에 이르렀다.

게다가 2010년 개정된 지방교육자치에 관한 법률에 따라 2014년 선거에서는 교육의원선거가 폐지되었고(제주 제외) 교육위원회가 완전히 일반 지방의원들로 구성됨으로써 교육위원회는 지방자치단체의 의결기구로 일원화되었다. 교육의원 선출 방식을 둘러싸고 논란을 벌이던 여야가 아예 교육의원을 별도로 뽑지 않기로 합의한 때문이다. 일반 시·도의원이 지방교육행정에 대한 전문성을 얼마나 갖출 수 있을지에 대한 비판은 여전히 제기되고 있는 실정이다.

한편 지방의회의 교육재정에 관한 권한은 매우 광범위하다고 할 수 있다. 가장 기본적인 권한은 조례안, 예산안 및 결산, 특별부과금·사용료·수수료·분담금 및 가입금의 부과와 징수에 관한 사항, 기채안 등에 관한 의결권이다.[8] 그리고 지방의회는 지방재정법에 의한 교육재정에 대한 각종 심의·의결권을 가진다.[9]

2) 교육의원의 위상변화

1991년 지방자치의 부활과 더불어 제기된 우리나라의 교육자치는 지방교육자치에 관한 법률을 제정하게 되었고(1991.3.6.), 이에 근거하여 1991년 9월 1일 각 시·도 교육위원회가 개원되어 운영되어 오면서 교육행정의 주요기관인 교육감, 교육위원의 선거문제, 교육행정기관과 일반행정기관의 관계설정문제 등을 주요 내용으로 하는 법률개정을 거치면서 오늘에 이르고 있다.

우리나라는 교육·학예사무의 전문성과 독자성을 감안하여 지방자치단체의 일반기관으로서의 의결기관인 지방의회와 집행기관인 자치단체장과는 별도의 특별기관으로서 광역단위에 교육위원회와 교육감을 설치하였다. 즉, 기초 단위에는

---

8) 지방자치법 제39조(지방의회의 의결사항) ① 지방의회는 다음 사항을 의결한다. 1. 조례의 제정·개정 및 폐지 2. 예산의 심의·확정 3. 결산의 승인 4. 법령에 규정된 것을 제외한 사용료·수수료·분담금·지방세 또는 가입금의 부과와 징수 5. 기금의 설치·운용 6. 대통령령으로 정하는 중요 재산의 취득·처분 7. 대통령령으로 정하는 공공시설의 설치·처분 8. 법령과 조례에 규정된 것을 제외한 예산 외의 의무부담이나 권리의 포기 9. 청원의 수리와 처리 10. 외국지방자치단체와의 교류협력에 관한 사항 11. 그 밖에 법령에 따라 그 권한에 속하는 사항
9) 지방자치법 제39조(지방의회의 의결사항) ① 지방의회는 다음 사항을 의결한다. (중략) 11. 그 밖에 법령에 따라 그 권한에 속하는 사항

교육자치를 허용하지 않고 일반행정과는 독립적으로 교육행정을 수행하였으며, 교육기관구성에 있어서는 권력분립의 원칙에 입각하여 지방교육의 의결기능과 집행기능을 각각 다른 기관에 분담시켜, 기관 간에 견제와 균형의 논리를 추구하고자 하였다. 그러나 일반행정과의 연계 협력이 되지 않는 상황에서의 교육행정은 비효율적이고 진정한 교육자치를 수행하기에는 일정한 한계가 있음을 인식하게 되었다. 즉, 교육행정기관이 일반행정으로부터의 독립만을 강조하는 것이 교육자치라는 인식은 지방자치의 틀 밖에서 교육자치를 하겠다는 발상으로 그 한계를 가질 수밖에 없었던 것이다. 이는 교육자치가 아니라 교육행정기관의 자치에 지나지 않는다는 비판이다(최진혁·김찬동, 2010). 또한 교육행정이 일반행정에서 분리되어 있기 때문에 일반행정으로부터 교육에 대한 행·재정적 지원을 원활하게 적극적으로 지원받기 어렵다는 사실이다. 그뿐만 아니라 지방교육사무에 대한 의결권의 이원화로 인한 교육행정의 비효율성이 크다는 사실이다. 즉, 교육위원회는 교육/학예사무의 심의의결기능을 행사하지만 최종의결기관이 아니며, 핵심사무에 대하여는 지방의회의 의결을 거치도록 되어 있었기 때문에 이에 따른 행정적 낭비가 제기되었고, 의사결정과정에서 기관과의 갈등·대립으로 인한 업무 비효율 문제가 대두되었다. 그리고 조직과 인력의 중복에 따른 비효율문제 또한 심각한 것이었다(최진혁, 2005: 537~538).

이러한 배경에서 국회는 2005년 지방교육자치에 관한 법률 전부개정법률안을 제안하였고(백원우 의원 외 27인 발의),[10] 2007년 개정으로 교육위원회를 시·도의회 내 상임위원회로 전환하고, 교육감, 교육위원을 주민의 직접선거로 선출하게 하였다. 이에 따라 2010년 6.2지방선거(민선5기)에서 지방자치단체장과 지방의회 의원, 교육감과 교육의원을 동시에 선출하는 1인 8표제의 통합선거를 시행하게 되었다.[11] 따라서 교육위원회는 지방의회의 상임위원회로서의 위상을 가지면서

---

10) 그 구체적인 내용은 다음과 같다. 즉, 교육위원회를 시·도의회 내 상임위원회로 전환하고, 교육감·교육의원을 주민직선제로 하며, 교육감사무의 위임·위탁대상을 확대하고, 시·도교육청의 자율성을 확대하며, 지방교육에 관한 협의기구를 마련하고, 교육감선거를 지방동시선거로 연결하기 위해 교육감임기 등에 대해 경과조치를 마련한 것이다(지방교육자치에 관한 법률 전부개정법률안, 2005).
11) 광역자치단체장, 광역의회 의원, 광역의회 비례대표, 기초자치단체장, 기초의회 의원, 기초의회 비례대표, 교육감, 교육의원이 그것이다.

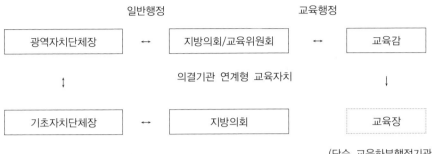

▶ 그림 8-5 ◀ 일반행정과 교육행정의 관계

일반행정에 연계된 기관구성을 갖게 되었다(<그림 8-5> 참조). 그러면서 교육위원회는 시·도의회 의원과 교육의원후보자의 자격을 가진 자로서 교육의원선거규정에 따라 별도로 선출된 의원으로 구성하되, 교육의원이 과반수가 되도록 하고 있다(지방교육자치에 관한 법률 제5조).[12] 이는 과거 교육위원회의 교육위원에서 지방의회의 교육의원으로 위상이 변화되었다는 사실이고, 한편으로는 교육의원이면서 교육상임위원회의 입장에서는 교육위원의 역할도 수행하게 되었다는 사실이다. 이에 민선5기 출범과 함께 변화된 교육의원의 모습을 교육기관구성 형태를 통해 그 역할과 과제를 점검해 보기로 한다.

2. 교육위원, 교육의원 선거 방식의 변화 및 교육행정기관 구성의 사적 고찰

교육위원 선거 방식의 변화와 일반행정과의 관계를 통해 교육행정기관의 구성 형태를 고찰해 보면 다음과 같다.

---

12) 교육의원이 궐원되어 과반수에 미달하게 된 경우는 제외하는 것으로 하고 있다.

1) 1949년 제정교육법(1949.12.31.)

교육구설치에 관한 법령(1948)과 교육구회설치에 관한 법령으로 미국식의 교육구(school district)를 두어 교육자치를 시행하려 하였으나 미군정종식으로 시행되지 못하고 1949년 제정교육법에 이 내용이 반영되어 17개 시교육위원회와 123개 교육구 교육위원회가 구성되었다. 시·군 단위에서는 초등교육을 담당하였고, 중등교육은 도청의 문교사회국에서 담당하였다. 시(서울특별시 포함)지역에서는 교육위원회가 합의제 집행기관의 성격을 띠었고, 군지역에서는 특별자치단체인 교육구를 두어 교육행정을 일반행정으로부터 독립하여 수행하도록 하여 구교육위원회는 의결기관으로의 성격을 띠었다. 도 단위 교육위원회는 단체장의 자문기관 성격이었다(고전, 2003).

(1) 군 단위

① **구교육위원회**: 군에 교육구를 설치하고, 교육구에 의결기관으로 구교육위원회를 구성하였다. 구성원으로서 군수는 당연직이었으며, 위원은 구내 읍면의회에서 1인씩 선출하였고 군수가 구교육위원회의 의장으로 하였다. 구교육위원은 지방의회 의원, 국회의원, 국가공무원(군수제외) 또는 지방공무원을 겸할 수 없게 하였고, 명예직으로 하였다.
② **교육감**: 교육구의 집행기관에 교육감을 두었는데, 이는 구교육위원회의 추천으로 도지사와 문교부장관을 경유하여 대통령이 임명하였다.

(2) 시 단위

① **시교육위원회(합의제 집행기관) 구성**: 구성원으로서 시장은 당연직이며, 시의회에서 선출한 10인의 위원으로 구성하고 시장이 의장이 되었다.
② **교육감**: 시교육위원회의 추천으로 특별시교육위원회 교육감은 문교부장관을, 시교육위원회 교육감은 도지사와 문교부장관을 경유하여 대통령이 임명하였다.

(3) 도 단위

도교육위원회 구성은 도내 각 교육구 및 시교육위원회에서 1인씩 선출한 위원과 도지사가 선임한 3명의 위원으로 조직하였다. 그리고 위원 중에서 1인의 의장과 2인의 부의장을 선출하였다.

2) 1962년 교육법 개정(1962.1.6.)

5.16 군사혁명으로 특별지방자치단체였던 군교육구가 폐지되고 그 기능이 군에 통합되었다. 그리고 시교육위원회도 폐지되어 그 기능이 시에 통합되었다. 따라서 교육감이 담당하던 업무는 교육국장, 교육과장이 담당하게 되었다.[13]

1962년 개정교육법은 교육의 전문성과 지방교육의 특수성을 고려하여 서울특별시·도, 시·군에 교육 및 학예에 관한 의결기관으로서 교육위원회를 두었다. 즉, 서울특별시·도 교육위원회는 당해 지방의회에서 선출한 3인의 위원, 문교부장관이 임명한 2인의 위원으로 구성하였다. 시·군교육위원회는 당해 지방의회에서 선출한 3인의 위원, 도지사가 임명한 2인의 위원으로 구성하였다. 그러나 당시 지방의회가 폐지되었으므로 지방의회가 구성될 때까지 특별시·도교육위원은 특별시장·도지사의 추천으로 문교부장관이 임명하였고, 시·군교육위원은 시장·군수의 추천으로 도지사가 임명하였다. 집행기관으로서 교육감은 폐지되었다. 따라서 교육행정은 일반행정에 통합되었다.

3) 1963년 교육법 개정(1963.11.1.)

제3공화국 정부가 교육자치의 중요성을 인지하여 그 실행을 담보로 1963년 11월 교육법이 개정됨에 따라 지방자치단체의 교육·학예에 관한 사무의 집행기

---

13) '도와 서울특별시의 행정기구에 관한 건'(각령 제233호, 1961.10.6.) 제2조, 제3조는 도와 서울특별시에 교육국을 두어 교육, 교육공무원의 인사, 교육비, 특별회계의 관리와 집행, 교육과 문화시설의 관리, 과학, 기술, 체육, 출판, 저작권과 기타 문화학예에 관한 사무를 분장하도록 하였다.

관으로서 시·도에는 합의제 집행기관인 교육위원회가, 시·군에는 독임제 집행기관인 교육장이 각각 구성되었다. 그리고 서울특별시와 부산시에는 교육위원회의 하급집행기관(교육청)을 둘 수 있도록 하였다(구교육법 제15조). 이 교육법 개정은 교육행정의 독립성 여부를 놓고 하나의 타협책으로서 교육사무에 관하여 특별자치단체를 설립하지 아니하고 일반행정조직에 통합하도록 하되, 다만 그 집행기능을 시·도지사 등 지방자치단체의 장으로부터 독립시키는 제도로 변경하였다는 점이다. 즉, 교육위원회는 5명의 선출위원(지방의회 선출)과 2명의 당연직 위원(시·도지사, 교육감)으로 구성하였고, 시·도지사가 의장이 되었다. 교육감은 당해 교육위원회 추천에 의해 문교부장관의 제청으로 대통령이 임명하며, 교육장은 교육감의 제청으로 문교부장관을 경유하여 대통령이 임명하였다.

4) 1991년 지방교육자치에관한법률(1991.3.8.)

교육학예의 사무를 특별시, 직할시, 도의 사무로 하는 광역단위에서만 교육자치를 허용하였다. 그동안 합의제 집행기관인 교육위원회를 심의의결기관(위임형의결기관)인 교육위원회와 집행기관인 교육감으로 분리하였다. 즉, 교육위원회는 위임형의결기관으로서 그 구성원으로서 교육위원은 당해 시·도의회에서 시·군 및 자치구의회가 추천한 자 중에서 무기명투표로 선출하되,[14] 그 정수의 2분의 1 이상은 교육 또는 교육행정경력이 있는 자로 하였다. 시·군 및 자치구의회의 교육위원추천은 2인으로 하되, 그 중 1인은 교육 또는 교육행정경력이 있는 자이어야 하였다. 한편 교육위원 정수의 2분의 1 이상은 교육 또는 교육행정경력 15년 이상 있거나 양 경력을 합하여 15년 이상 있는 자로 하였다. 그리고 시·도의 교육학예사무의 집행기관으로 시·도에 교육감을 두었는데, 교육감은 당해 교육위원회에서 무기명투표로 선출하되, 재적교육위원 과반수의 찬성을 얻어야 하며, 과반 득표자가 1인이면 최고득표자와 차점자에 대하여, 최고득표자가 2인 이상이

---

14) 당시 교육위원 선출 방식을 놓고 정치적 배경을 가진 지방의회 의원들이 교육위원을 선출하는 데 대한 비판이 제기되었고, 보다 교육수요자의 요구를 반영할 수 있는 선출제도를 모색해야 할 필요성이 요구되었다.

면 최고득표자에 대하여 결선투표를 하여 다수득표자를 당선자로 하고 다수 득표자가 2인 이상인 경우에는 연장자를 당선자로 하였다.[15]

5) 1997년 개정 지방교육자치에관한법률(1997.12.17.)

계속해서 교육학예의 사무를 특별시, 광역시, 도의 사무로 하는 광역 단위에서만 교육자치를 허용하였다. 즉, 교육위원회는 학교운영위원회에서 선출한 선거인과 시·도에 조직된 교원단체에서 추천한 교원의 선거인으로 구성된 시·도교육위원선거인단에서 교육위원을 선출하였다. 교육위원 정수의 2분의 1 이상은 교육 또는 교육행정경력이 10년 이상 있거나 양 경력을 합하여 10년 이상 있는 자이어야 하였다. 교육위원회가 선출하던 교육감은 각급 학교에 설치된 학교운영위원회에서 선출한 선거인과 교육단체에서 추천한 선거인으로 구성된 교육감선거인단에서 무기명투표로 선출하도록 하였는바, 전체 교육감선거인 과반수의 찬성을 얻은 자를 당선자로 하였다. 과반투표자 없는 때에는 최고 득표자가 1인이면 최고득표자와 차점자에 대하여, 최고득표자가 2인 이상이면 최고득표자에 대하여 결선투표를 하여 다수득표자를 당선자로 하고, 다수 득표자가 2인 이상인 경우에는 연장자를 당선자로 하였다.

그러나 선거인수가 지나치게 적다보니 금품수수 등이 상대적으로 용이하여 공정선거를 해치게 되었고, 선거운동의 제한으로 후보자를 검증할 기회가 적었다. 또한 교원단체 선거인수가 학교운영위원회 선거인수 중 3%로 교원들의 참여비중을 매우 낮게 책정하여 교육의 전문성을 담보할 교사대표성이 매우 취약하였다. 따라서 교육의 전문성 확보의 어려움, 학교운영위원회 대표들의 주민대표성보다는 학교단위별 대표성이 부각되는 문제가 제기되었다.

따라서 학교운영위원회 구성원 전원을 선거인단(간접선거)으로 하는 교육감, 교육위원 선출시기(2000.3~2006.12)를 맞게 된다. 즉, 종전의 학교별 각 1인의 학

---

15) 그러나 교육감이 추천이나 출마의 과정 없이 당해 교육위원회에서 무기명투표로 선출하되 재적 교육위원 과반수의 찬성을 얻어야 한다는 무등록, 무추천, 비공개의 선출 방식(교황식 선출 방식)과 이에 따른 금권타락선거에 대한 비판이 세게 일었다.

교운영위원회선거인 및 교원단체선거인을 선거인단으로 하였던 것을 교육위원, 교육감 선거인 증원을 위하여 학교운영위원회 구성원 전원을 선거인단으로 하였다. 학교운영위원회 구성의 일반적 비율은 학부모위원 40~50%, 교원위원 30~40%, 지역위원 10~30%로 하여 교원의 참여비율을 상향 조정하였다. 그러나 선거과정에서 학교운영위원 선출의 담합·불공정 사례 노출, 출신학교 편가르기에 의한 교단분열, 현직 교육감의 지위를 이용한 선거운동 등 위법행위 노출, 소수의 선거인단에 의한 주민대표성 논란에 대한 비판이 일었고,[16] 따라서 주민직선제로의 전환을 모색해야 한다는 의견이 대두되었다.

6) 2007년 지방교육자치에 관한 법률(2007.5.11.) 및 주민직선제에 의한 교육감, 교육의원 선출시기(2007.1 - 2010.6)

일반행정과 교육행정의 연계성을 확보하고 그동안 교육감, 교육위원선거제도의 문제점을 보완한다는 차원에서 시·도의회에 교육/학예에 관한 의안과 청원 등을 심사·의결하기 위하여 상임위원회(교육위원회)를 두었다. 즉, 교육위원회를 지방의회의 상임위원회로 전환하였다. 이 교육위원회는 시·도의회 의원과 교육경력 또는 교육행정경력을 가진 자로서 구성하되 교육의원이 교육상임위원회의 과반수 이상을 차지하도록 하였다.[17] 그리고 교육의원은 주민의 보통·평등·직접·비

---

16) 당시의 선거인단에 의한 간선제의 비판적 내용은 다음과 같다.
    1. 선거인단의 대표성 결여(주민대표성 미흡, 정당성 결여): 학교운영위원회 위원이 교육감 선거인단을 구성하여 선출하게 됨으로 결국 교육감은 주민대표성에 상당한 취약한 것으로 드러남.
    2. 학교의 정치화, 교직사회 분열: 학교운영위원회 위원들이 투표권을 행사하게 됨에 따라 학교가 정치화되고 이에 따라 교직사회는 분열하게 됨.
    3. 선거과열과 혼탁: 금품살포, 이권약속, 결선투표시 후보자간 담합사례가 단골메뉴로 등장하여 선거가 과열, 혼탁양상을 보이게 됨.
    4. 선거 방식의 비합리성: 선거운동기간이 짧고 선거운동 방식을 제한하고 있어 후보자를 검증할 기회부족, 현직 공무원의 출마가 가능함으로 선거운동기간 동안 행정업무의 공백을 초래, 선거운동의 공정성에 시비가 제기됨.
17) 서울시의회 교육상임위원회의 경우 15인의 교육위원 중에서 교육의원이 8인, 시의원이 7인으로 구성하고, 교육의원과 교육감은 정치적 중립을 지키도록 하였다. 정당추천을 받지 않는 교육감 후보들은 기호가 없어 투표용지 게재순위를 결정하는 추첨에 온갖 신경을 쓸 수밖에 없

밀선거로 선출하도록 하였는바, 전체 교육의원정수는 77인, 교육위원회 위원정수는 139인으로 하였다(<표 8-2> 참조). 교육의원후보자는 교육경력 또는 교육행정경력이 10년 이상 있거나 양 경력을 합하여 10년 이상 있는 자이어야 하였다.

시·도 교육·학예 집행기관으로서 교육감은 역시 주민의 보통·평등·직접·비밀선거에 따라 선출되도록 하였고, 교육감후보자는 교육경력 또는 교육공무원으로서의 교육행정경력이 5년 이상 있거나 양 경력을 합하여 5년 이상이어야 하는 것으로 하였다.

▶ 표 8-3 ◀ 교육위원, 교육감 선출방법 변화

구분	교육위원회(교육위원)	교육감
1949~ 1961	• 시(서울특별시 포함)지역에서는 합의제 집행기관의 성격, 군지역에서는 교육구를 두어 교육행정을 일반행정으로부터 독립하여 수행하도록 함 (구교육위원회는 의결기관 성격). • 시장은 당연직이며, 시의회에서 선출한 10인의 위원으로 구성하고 시장이 의장이 됨.	교육위원회의 추천과 도지사·문교부장관을 경유하여 대통령이 임명(교육·교육행정경력 7년 이상인 자)
1961.5~ 1963.12	• 서울특별시·도 교육위원회는 당해 지방의회에서 선출한 3인의 위원, 문교부장관이 임명한 2인의 위원으로 구성. 시·군교육위원회는 당해 지방의회에서 선출한 3인의 위원, 도지사가 임명한 2인의 위원으로 구성. • 지방의회가 구성될 때까지 특별시·도교육위원은 특별시장·도지사의 추천으로 문교부장관이 임명하였고, 시·군교육위원은 시장·군수의 추천으로 도지사가 임명함.	교육감 폐지시기

다. 지역별로 정당이나 후보에 대한 선호도가 분명할 경우 교육감 후보들도 순서에 따라 '어부지리(漁父之利)'할 수 있는 가능성이 커졌다. 따라서 '로또'당첨으로 간주되었다.

1962~ 1990	서울특별시·부산시·도에 교육위원회를 두었고(합의제 집행기관), 시·군에는 교육장(독임제 집행기관)을 둠. 즉, 교육위원회는 5명의 선출위원(지방의회 선출)과 2명의 당연직 위원(시·도지사, 교육감)으로 구성하였고, 시·도지사가 의장이 됨.	• 교육위원회의 추천과 문교부장관의 제청으로 대통령이 임명 • 교육·교육행정경력(88년에는 교육·교육전문직경력 20년 이상)이 있는 자
1991~ 1994	합의제 집행기관인 교육위원회를 심의·의결기관(위임형의결기관)인 교육위원회와 집행기관인 교육감으로 분리함. 즉, 교육위원은 당해 시·도의회에서 시·군 및 자치구의회가 추천한 자 중에서 무기명투표로 선출하되, 그 정수의 1/2 이상은 교육 또는 교육행정경력이 있는 자로 함. 시·군 및 자치구의회의 교육위원추천은 2인으로 하되, 그중 1인은 교육 또는 교육행정경력이 있는 자이어야 함(교육위원 정수의 1/2 이상은 교육 또는 교육행정경력 15년 이상 있거나 양 경력을 합하여 15년 이상 있는 자).	교육위원회에서 선출 (학식덕망, 비정당원, 교육경력 또는 교육전문직원경력 20년 이상인 자)
1995~ 1996	상동	교육위원회에서 선출 (학식덕망, 비정당원, 교육경력 또는 교육공무원으로서의 교육행정경력 15년 이상인 자)
1997~ 1999	교육위원회는 학교운영위원회에서 선출한 선거인과 시·도에 조직된 교원단체에서 추천한 교원의 선거인으로 구성된 시·도교육위원선거인단에서 교육위원 선출(교육위원 정수의 1/2 이상은 교육 또는 교육행정경력이 10년 이상 있거나 양 경력을 합하여 10년 이상 있는 자)	교원단체 선거인(학교운영위원회 선거인 총수의 3%)과 학교운영위원회 선거인(학교당 1인, 학부모위원 또는 지역위원)으로 구성된 선거인단에서 선출(학식덕망, 비정당원, 교육경력 또는 교육공무원으로서의 교육행정경력 5년 이상인 자)

2000~ 2006. 12.19.	학교운영위원회 구성원 전원을 선거인단(간접선거)으로 선출	• 초·중·고 학교운영위원회 위원 전원으로 구성된 선거인단에서 선출 • 과반수 득표해야 당선, 과반수 득표 안되면 1, 2위 후보 간 결선투표함(학식과 덕망이 높고, 과거 2년간 비정당원이며, 교육경력 또는 교육공무원으로서의 교육행정경력이 5년 이상인 자).
2006. 12.20.~ 2014.2	시·도의회에 교육·학예에 관한 의안과 청원 등을 심사·의결하기 위하여 상임위원회(교육위원회)를 둠. 이 교육위원회는 시·도의회의원과 교육경력 또는 교육행정경력을 가진 자로서 구성하되 교육의원이 과반수가 되도록 구성. 그리고 교육의원은 주민의 보통·평등·직접·비밀선거로 선출(주민직선제)(교육의원후보는 교육경력 또는 교육행정경력이 10년 이상 있거나 양 경력을 합하여 10년 이상 있는 자)	• 주민의 보통·평등·직접·비밀선거에 따라 선출(주민직선제) • 후보자등록신청개시일을 기준으로 교육경력 또는 교육공무원으로서의 교육행정경력이 5년 이상 있거나 양 경력을 합하여 5년 이상 있는 자(시·도지사의 피선거권이 있는 자로서 후보자등록신청개시일부터 과거 2년 동안 정당의 당원이 아닌 자)
2014.6~ 현재	일몰법에 의해 폐지	• 주민의 보통·평등·직접·비밀선거에 따라 선출(주민직선제) • 후보자등록신청개시일을 기준으로 교육경력 또는 교육공무원으로서의 교육행정경력이 3년 이상 있거나 양 경력을 합하여 3년 이상 있는 자(시·도지사의 피선거권이 있는 자로서 후보자등록신청개시일부터 과거 1년 동안 정당의 당원이 아닌 자)

출처: http//www.agendanet.co.kr(교육감 자격요건과 선출방법 변화 연혁)에서 재정리.

3. 교육감

우리나라는 시·도의 교육·학예에 관한 사무의 집행기관으로 시·도에 교육감을 두고 있다. 그리고 교육감은 교육·학예에 관한 소관 사무로 인한 소송이나 재산의 등기 등에 대하여 당해 시·도를 대표한다(지방교육자치에 관한 법률 제18조). 교육감은 주민의 보통·평등·직접·비밀선거에 따라 선출하는데, 그 임기는 4년으로 하며, 계속 재임은 3기에 한하는 것으로 하고 있다(동법 제43조, 제21조).

1) 교육감후보자의 자격

교육감후보자가 되려는 사람은 당해 시·도지사의 피선거권이 있는 사람으로서 후보자등록신청개시일부터 과거 1년 동안 정당의 당원이 아닌 사람이어야 한다.

또한 교육감후보자가 되려는 사람은 후보자등록신청개시일을 기준으로 다음의 어느 하나에 해당하는 경력이 3년 이상 있거나 다음의 어느 하나에 해당하는 경력을 합한 경력이 3년 이상 있는 사람이어야 한다(동법 제24조).

① **교육경력**: 유아교육법 제2조 제2호에 따른 유치원, 초·중등교육법 제2조 및 고등교육법 제2조에 따른 학교(이와 동등한 학력이 인정되는 교육기관 또는 평생교육시설로서 다른 법률에 따라 설치된 교육기관 또는 평생교육시설을 포함한다)에서 교원으로 근무한 경력

② **교육행정경력**: 국가 또는 지방자치단체의 교육기관에서 국가공무원 또는 지방공무원으로 교육·학예에 관한 사무에 종사한 경력과 교육공무원법 제2조 제1항 제2호 또는 제3호에 따른 교육공무원으로 근무한 경력

2) 권한(관장사무)

교육감은 교육·학예에 관한 다음에 관한 사무를 관장한다(지방교육자치에 관한 법률 제20조).

(1) 일반적 관장사무

① 조례안의 작성 및 제출에 관한 사항

② 예산안의 편성 및 제출에 관한 사항

③ 결산서의 작성 및 제출에 관한 사항

④ 교육규칙의 제정에 관한 사항

⑤ 학교, 그 밖의 교육기관의 설치·이전 및 폐지에 관한 사항

⑥ 교육과정의 운영에 관한 사항

⑦ 과학·기술교육의 진흥에 관한 사항

⑧ 평생교육, 그 밖의 교육·학예진흥에 관한 사항

⑨ 학교체육·보건 및 학교환경정화에 관한 사항

⑩ 학생통학구역에 관한 사항

⑪ 교육·학예의 시설·설비 및 교구(敎具)에 관한 사항

⑫ 재산의 취득·처분에 관한 사항

⑬ 특별부과금·사용료·수수료·분담금 및 가입금에 관한 사항

⑭ 기채(起債)·차입금 또는 예산 외의 의무부담에 관한 사항

⑮ 기금의 설치·운용에 관한 사항

⑯ 소속 국가공무원 및 지방공무원의 인사관리에 관한 사항

⑰ 그 밖에 당해 시·도의 교육·학예에 관한 사항과 위임된 사항

(2) 국가행정사무의 위임집행권

국가행정사무 중 시·도에 위임하여 시행하는 사무로서 교육·학예에 관한 사무는 법령에 다른 규정이 있는 경우를 제외하고 교육감에게 위임하여 행하도록 하고 있다(동법 제19조).

(3) 사무의 위임, 위탁권

교육감은 조례 또는 교육규칙이 정하는 바에 따라 그 권한에 속하는 사무의 일부를 보조기관, 소속교육기관 또는 하급교육행정기관에 위임할 수 있다. 즉, 교

육감은 교육규칙이 정하는 바에 따라 그 권한에 속하는 사무의 일부를 당해지방자치단체의 장과 협의하여 구·출장소 또는 읍·면·동(특별시·광역시 및 시의 동을 말한다. 이하 이 조에서 같다)의 장에게 위임할 수 있다. 이 경우 교육감은 당해사무의 집행에 관하여 구·출장소 또는 읍·면·동의 장을 지휘·감독할 수 있다. 또한 교육감은 조례 또는 교육규칙이 정하는 바에 따라 그 권한에 속하는 사무 중 조사·검사·검정·관리 등 주민의 권리·의무와 직접 관계되지 아니하는 사무를 법인·단체 또는 그 기관이나 개인에게 위탁할 수 있다. 교육감이 위임 또는 위탁받은 사무의 일부를 상기의 규정에 따라 다시 위임 또는 위탁하고자 하는 경우에는 미리 당해사무를 위임 또는 위탁한 기관의 장의 승인을 얻어야 한다(동법 제26조).

(4) 교육규칙 제정권

교육감은 법령 또는 조례의 범위 안에서 그 권한에 속하는 사무에 관하여 교육규칙을 제정할 수 있다. 이때 교육감은 대통령령이 정하는 절차와 방식에 따라 교육규칙을 공포하여야 하며, 교육규칙은 특별한 규정이 없는 한 공포한 날부터 20일이 경과함으로써 효력을 발생한다(동법 제25조).

(5) 직원의 인사권

교육감은 소속 공무원을 지휘·감독하고 법령과 조례·교육규칙이 정하는 바에 따라 그 임용·교육훈련·복무·징계 등에 관한 사항을 처리한다(동법 제27조).

(6) 시·도의회 등의 의결에 대한 재의와 제소권

교육감은 교육·학예에 관한 시·도의회의 의결이 법령에 위반되거나 공익을 현저히 저해한다고 판단될 때에는 그 의결사항을 이송받은 날부터 20일 이내에 이유를 붙여 재의를 요구할 수 있다. 교육감이 교육부장관으로부터 재의요구를 하도록 요청받은 경우에는 시·도의회에 재의를 요구하여야 한다(동법 제28조). 상기 규정에 따른 재의요구가 있을 때에는 재의요구를 받은 시·도의회는 재의에 붙이고 시·도의회 재적의원 과반수의 출석과 시·도의회 출석의원 3분의 2 이상의 찬성으로 전과 같은 의결을 하면 그 의결사항은 확정된다. 이 규정에 따라 재의결된 사항이 법령에 위반된다고 판단될 때에는 교육감은 재의결된 날부터 20일 이내에 대법원에 제소할 수 있다. 그리고 교육부장관은 재의결된 사항이 법령에 위반된다고 판단됨에도 해당 교육감이 소를 제기하지 않은 때에는 해당 교육감에게 제소를 지시하거나 직접 제소할 수 있게 하였다.[18] 또한 상기 규정에 따라 재의결된 사항을 대법원에 제소한 경우 제소를 한 교육부장관 또는 교육감은 그 의결의 집행을 정지하게 하는 집행정지결정을 신청할 수 있도록 하였다(동법 제28조).

(7) 선결처분권

교육감은 소관 사무 중 시·도의회의 의결을 요하는 사항에 대하여 다음에 해당하는 경우에는 선결처분을 할 수 있다(동법 제29조). 즉, ① 시·도의회가 성립되지 아니한 때(시·도의회의원의 구속 등의 사유로 지방자치법 제64조의 규정에 따른 의결정족수에 미달하게 된 때를 말한다), ② 학생의 안전과 교육기관 등의 재산보호를 위하여 긴급하게 필요한 사항으로서 시·도의회가 소집될 시간적 여유가 없거나 시·도의회에서 의결이 지체되어 의결되지 아니한 때가 그것이다. 위 규정에 따른 선결처분은 지체 없이 시·도의회에 보고하여 승인을 얻어야 하며, 시·도의회에서 승인을 얻지 못한 때에는 그 선결처분은 그때부터 효력을 상실한다. 교육감은 이에 관한 사항을 지체 없이 공고하여야 한다.

(8) 시·도의회에 의안제출권(시·도지사와 협의의무)

교육감은 교육·학예에 관한 의안 중 주민의 재정적 부담이나 의무부과에 관한 조례안, 지방자치단체의 일반회계와 관련되는 사항에 해당하는 의안을 시·도의회에 제출하고자 할 때에는 미리 시·도지사와 협의하여야 한다. 그 밖에 교육·학예에 관

---

18) 지방교육자치법 제28조 ⑤ 제4항의 규정에 따른 제소의 지시는 제3항의 기간이 경과한 날부터 7일 이내에 하고, 해당교육감은 제소 지시를 받은 날부터 7일 이내에 제소하여야 한다. ⑥ 교육부장관은 제5항의 기간이 경과한 날부터 7일 이내에 직접 제소할 수 있다.

한 의안과 청원 등의 제출·심사·처리에 관하여는 지방자치법을 준용하여 "지방자치단체의 장"을 "교육감"으로 본다(동법 제29조의2).

(9) 시·도의회의 교육·학예에 관한 사무의 지원

시·도의회의 교육·학예에 관한 사무를 처리하기 위하여 조례로 정하는 바에 따라 시·도의회의 사무처에 지원조직과 사무직원을 두며, 이 사무직원은 지방공무원으로 보하고, 시·도의회 의장의 추천에 따라 교육감이 임명한다(동법 제29조의3).

(10) 교육기관의 설치권

교육감은 그 소관 사무의 범위 안에서 필요한 때에는 대통령령 또는 조례가 정하는 바에 따라 교육기관을 설치할 수 있다(동법 제32조).

2) 겸직제한

교육감은 국회의원·지방의회 의원, 국가공무원법 제2조에 규정된 국가공무원과 지방공무원법 제2조에 규정된 지방공무원 및 사립학교법 제2조의 규정에 따른 사립학교의 교원, 사립학교경영자 또는 사립학교를 설치·경영하는 법인의 임·직원을 겸할 수 없게 하고 있다. 교육감이 당선 전부터 위의 겸직이 금지된 직을 가진 경우에는 임기개시일 전일에 그 직에서 당연 퇴직된다(지방교육자치에 관한 법률 제23조).

3) 보조기관 및 소속교육기관

교육감 소속하에 국가공무원으로 보하는 부교육감 1인(인구 800만명 이상이고 학생 170만명 이상인 시·도는 2인)을 두되, 대통령령이 정하는 바에 따라 고위공무원단에 속하는 일반직공무원 또는 장학관으로 보한다(국가공무원법 제2조의2). 교육감 소속하에 보조기관을 두되, 그 설치·운영 등에 관하여 필요한 사항은 대통령령이 정한 범위 안에서 조례로 정한다(지방교육자치에 관한 법률 제30조).

4) 하급교육행정기관

시·도의 교육·학예에 관한 사무를 분장하기 위하여 1개 또는 2개 이상의 시·군 및 자치구를 관할구역으로 하는 하급교육행정기관으로서 교육지원청을 두고, 그 기관장으로 장학관으로 보하는 교육장을 둔다(지방교육자치법 제34조). 교육장은 시·도의 교육·학예에 관한 사무 중 다음의 사무를 위임받아 분장한다. 즉, ① 공·사립의 유치원·초등학교·중학교·공민학교·고등공민학교 및 이에 준하는 각종학교의 운영·관리에 관한 지도·감독, ② 그 밖에 조례로 정하는 사무가 그것이다(동법 제35조).

참고문헌

고전. (2003). 「지방교육자치제도 진단연구」. 한국교육개발원.

김병준. (1998). 자치교육제의 개선방안: 지방자치와 자치교육의 일원화, 한국지방자치학회 연구보고서.

김신복. (1991). 교육자치와 지방자치의 연계성 — 자치기구 구성상의 쟁점을 중심으로. 「행정논총」 29(2).

노정희. (1992). 「교육행정학」. 문음사.

이기우. (1998). 교육자치와 학교자치 및 지방교육행정제도, 「한국지방자치학회보」 10(3).

이혜숙·김찬동·박은철. (2008). 「지방교육행정과 일반행정의 관계정립방안 연구」. 서울시정 개발연구원.

정세욱. (2005). 「지방자치학」. 법문사.

조성일/안세근. (1996). 「지방교육자치제도론」. 양서원.

채원호. (2006). 지방정부 기관구성의 다양화: 쟁점과 선택지. 「자치행정」 10월호.

최진혁. (2005). 우리나라 교육분권의 적정성논의에 관한 연구. 「한국사회와 행정연구」 제16권 제1호.

최진혁·김찬동. (2010). 분권형국가운영체제를 위한 교육선거(교육감, 교육의원)의 개선방안: 교육자치의 적정단위와 행정역할을 중심으로. 사회통합위원회/한국지방자치학회.

최창호. (1995). 「지방자치학」. 삼영사.

_____. (1997). 「지방자치학」. 삼영사.

_____. (2009). 「지방자치학」. 삼영사.

정부혁신지방분권위원회. (2005). 참여정부의 지방분권.

지방교육자치에관한법률. 2010.2.26 개정(법률 제10046호)

제6공화국 헌법

Baguenard, Jacques. 1996. La décentralisation, Paris: PUF.

Conyer, Diana. 1984. "Decentralization and Development: A Review of Literature", Public Administration and Development 4(2).

Rivero, Jean. 1990. Droit administratif, Paris: Dalloz.

Stevens, C. 1994. "The Politics of Decentralization ," Teaching Public Administration 15(2).

Ter−Minassian, Teresa. 1997. "Decentralizing Government", Finance & Development 34(2).

外山公美. (1991). シティ・マネージャー職概念の変遷過程. 「季刊行政管理研究」 54號.

제9장
지방자치분권과 지방의회 구조
개혁과제

09

지방자치분권과 지방의회 구조 개혁과제

제1절 지방자치분권 개헌과 지방의회

1. 지방의회 관련 개헌안 주요 담론

지방자치분권은 1991년 지방의회가 부활된 이후 지속적으로 제기되어온 주제이다. 참여정부에 들어와 지방분권을 국정핵심과제로 삼고 '지방분권특별법(2004)'을 제정한 이후 '지방분권 촉진에 관한 특별법(2008)'에 이어 '지방분권 및 지방행정체제 개편에 관한 특별법(2013)'과 '지방자치분권 및 지방행정체제 개편에 관한 특별법(2018)'으로 존속하고 있으나 기본법적 성격으로 인하여 실효성 있는 지방자치분권정책을 추진하기에는 제약이 있다. '정부혁신지방분권위원회(2003)'와 '지방분권촉진위원회(2008)', '지방자치발전위원회(2013)', 자치분권위원회(2018) 등의 대통령소속 지방자치분권 추진기구의 노력에도 불구하고 우리나라의 지방자치제도는 국가 위주의 사무배분과 재원배분으로 인하여 지방자치단체는 중앙정부에 종속될 수밖에 없는 구조를 가지고 있고, 지방의회는 지방자치단체의 한 축을 구성하는 조직에 불과하다.

현행 헌법(헌법 제10호, 1987.10.29., 전부개정, 시행 1988.2.25.)은 1987년 6.10 민주화운동의 결실로서, 기본권 체제의 정비, 대통령 직선제 도입, 지방자치의 근거 마련, 헌법재판 도입 등 지방의회 정착에 큰 역할을 하였다. 현행 헌법이 개정된 그 다음 해 1988년 3월 집권여당은 7차 지방자치법 개정안을 국회에서 단독으로 통과시켜 4월 6일 법률 제4004호로 공포하였고 이 개정법률은 오늘날까지 지방의회의 제도적 기반이 되고 있다. 결국 지방의회가 민주적인 제도로서 정착하는 과정은 6.10 시민항쟁 및 헌법과 지방자치법 등 많은 역사적 힘의 축적과 배경이 토양분으로 되었다.

제20대 국회에 들어와 1987년 체제를 뛰어넘는 개헌안을 도출하기 위하여 헌법개정특별위원회가 구성되었다(2016.12.). 헌법개정특별위원회는 11개 분야 44개 주요의제 중 국민기본권, 정부 형태, 지방분권을 3대 의제로 설정하였으나 풀뿌리민주주의 기본축인 지방의회에 대한 논의는 소외되었다.[1]

그러나 2018년 6.13지방선거에 '헌법개정을 위한 지방분권' 이슈가 부각되었고, 연방제에 준하는 강력한 지방분권을 표명하는 문재인정부에게 차별적인 지방분권정책 산출을 기대하는 분위기이다.

문재인 대통령은 국민헌법자문특별위원회로부터 받은 안을 토대로 대통령 개헌안을 발의(2018.3.26.)한 바 있다. 대통령의 개헌안과 국회 헌법개정특별위원회의 자문위원회(기본권·총강분과위원회, 지방분권분과위원회, 정당·선거분과위원회)에서 제안한 주요 내용[2] 중 지방의회와 관련된 안을 비교하여 본다.

2. 통치권의 주체로서 지방분권국가 선언

1) 헌법개정특별위원회 자문위원회 개헌(안)

(안) 제1조 제3항에 지방분권을 대한민국의 국가 특성으로 규정함으로써 중앙집권적 경향을 벗어나 지방분권적 국가질서를 정립하도록 지방분권의 규범적·상

---

1) 국회 헌법개정특별위원회의 지방자치단체와 함께하는 전국순회 헌법개정 국민대토론회(2017.8. 29.~9.28.)가 국민과 함께하는 공론장임에도 불구하고 지방의회에 대한 논의는 소외되어 '반쪽개헌'으로 전락할 수 있다는 언론의 지적이 있었다(경기신문, 2017.9.11.).
2) 국회 헌법개정특별위원회 자문위원회(2018.1), 국회 헌법개정특별위원회 자문위원회 보고서.

징적 의미를 강화하였다.

현행	지방분권 분과위원회(안)	기본권·총강 분과위원회(안)
(신설)	제1조 ③ 대한민국은 지방분권 국가이다.	제1조 ③ 대한민국은 분권형 국가를 지향한다.

2) 대통령 개헌(안)

대통령 개헌안의 경우 국회 헌법개정특별위원회의 기본권·총강분과위원회의 안과 동일한 분권형 국가를 지향함을 명시하였다.

현행	대통령 개헌안
(신설)	제1조 ③ 대한민국은 분권형 국가를 지향한다.

3) 조문쟁점

프랑스의 경우 헌법 제1조에 "프랑스는 비종교적·민주적·사회적·불가분적 공화국으로서 지방분권으로 이루어진다"라고 헌법적 차원에서 공화국의 가치를 지방분권으로 명문화함으로써 국가 운영의 원리로서 지방분권을 채택한다는 의지를 선언한 바 있다. 우리나라 헌법에서 "대한민국은 지방분권국가이다"를 선언하는 것은 지방정부란 개념을 지방분권국가라는 개념으로 확장하는 것이다. 자본주의 사회관계 속에서 지방정부의 역할과 기능을 정의하려는 지방국가(Local State) 개념과 지방분권국가(Local Decentralization State) 개념은 구별하여 사용할 필요가 있다. 지방분권의 수준이 어느 정도이어야 하는가에 대하여 연방제 수준의 지방분권이어야 한다는 입장, 주권의 분권이 아닌 행정권의 분권으로 이해하여야 한다는 입장 등이 제시되었으나 지방을 통치권의 주체로 격상시켜 지방자치의 실질화를 이루고자 하는 분권형 국가를 지향하였다는 점이 공통적이다.

3. 지방자치권 연원과 사무배분 보충성 원칙 신설

1) 헌법개정특별위원회 자문위원회 개헌(안)

(안) 제117조 제1항에 주민의 자치권을 행사하며, 지방사무에 대하여 최종적인 결정권을 주민들이 가짐을 보장하였다. (안) 제117조 제2항에 지방정부의 종류는 현재 단위를 존중하되, 변경하고자 할 때에는 주민투표를 거치도록 제도화하였다. 이는 과거 지방행정체제개편이 지방분권을 중단시키는 결과를 초래한 경우가 있어, 이러한 폐단을 막기 위함으로 해석된다. (안) 제117조 제3항에 지방정부간 사무배분과 수행은 사무처리에 있어 주민에게 가까운 정부가 우선 처리하는 보충성의 원칙을 따르도록 하였다.

현행	조문시안
(신설)	제117조 ① 주민은 그 지방사무에 대해 자치권을 가진다. 주민은 자치권을 직접 또는 지방정부의 기관을 통하여 행사한다.
제117조 ① 지방자치단체의 종류는 법률로 정한다.	② 지방정부의 종류는 종전에 의하되, 이를 변경하고자 하는 경우에는 주민투표를 거쳐 법률로 정한다.
(신설)	③ 정부간 사무배분과 수행은 보충성의 원칙에 따른다.

2) 대통령 개헌(안)

지방정부의 자치권이 주민으로부터 나옴을 명시하였으며 '보충성'이라는 용어를 사용하는 대신에 보충성을 설명하는 내용인 '주민에게 가까운 정부가 우선한다'는 원칙을 언급하였다.

현행	조문시안
(신설)	제121조 ① 지방정부의 자치권은 주민으로부터 나온다. 주민은 지방정부를 조직하고 운영하는데 참여할 권리를 가진다.
제117조 ① 지방자치단체의 종류는 법률로 정한다.	② 지방정부의 종류 등 지방정부에 관한 주요 사항은 법률로 정한다.
(신설)	④ 국가와 지방정부간, 지방정부 상호 간 사무의 배분은 주민에게 가까운 지방정부가 우선한다는 원칙에 따라 법률로 정한다.

3) 조문쟁점

헌법개정특별위원회 자문위원회안의 경우 지방정부의 종류는 현재 단위를 존중하되 변경하고자 할 때에는 주민투표를 거치도록 주민선택권을 부여한 반면에, 대통령안의 경우 지방정부 종류를 법률로 정하도록 하였다. 그러나 자치권이 주민으로부터 나오며, 지방자치의 범위를 확대하고 이를 헌법적으로 보장하기 위하여 중앙－지방 간 사무배분의 원칙인 '보충성의 원리(principle of subsidiarity)'을 헌법에 직접 명문화하였다는 점은 공통적이다.

외국 헌법에서는 중앙－지방정부 간 관계를 법률로 정하지 않고 헌법으로 정하고 있다. 독일과 프랑스를 비롯한 유럽 헌장에서 보충성의 원칙을 사무배분 원칙으로 헌법에서 정하고 있는 것은 지방자치를 법률에 맡기는 한, 지방정부의 자치권은 중앙정부에 종속될 가능성이 있기 때문이다. 또한 유럽 지방자치헌장 제4조의 보충성 원칙에서도 발견되듯이 사무처리에 있어서 주민과 가장 가까운 정부가 주민의 뜻을 더 잘 반영한다는 민주성을 강조하기 위함이다. 개인 혹은 지역사회의 능력으로 자신의 과제에 수행이 불가능할 때에 한하여 국가가 비로소 개입할 수 있다는 원리로 지방자치 원리와 부합된다.

4. 입법기관으로서 지방의회 명시

1) 헌법개정특별위원회 자문위원회 개헌(안)

(안) 제40조에 입법권의 귀속주체를 국민 또는 주민으로 하고, 그 행사는 국민 또는 주민이 직접 행사하거나 대표기관인 국회 또는 지방의회에 위임하여 행사하도록 국민주권 원리를 반영하였다.

(안) 제118조 제1항에 국가존립, 전국적 규모이거나 전국적 통합성과 통일성이 필요한 사무에는 중앙정부만 입법할 수 있는 전속적인 입법권을 부여하였다.

(안) 제118조 제2항에 중앙정부의 입법사항 외에는 중앙정부와 지방정부가 입법

현행	조문시안
제40조 입법권은 국회에 속한다.	제40조 입법권은 국민 또는 주민이 직접 행사하거나 그 대표기관인 국회와 지방의회가 행사한다.
제117조 ① 지방자치단체는 주민의 복리에 관한 사무를 처리하고 재산을 관리하며, 법령의 범위 안에서 자치에 관한 규정을 제정할 수 있다.	제118조 ① 외교, 국방, 국가치안 등 국가존립에 필요한 사무 및 금융, 국세, 통화 등 전국적 통일을 요하거나 전국적 규모의 사업에 대해서는 중앙정부만 입법권을 가진다.
	② 제1항에 해당하지 않는 사항에 대하여는 중앙정부와 지방정부가 각각 입법권을 갖는다.
	③ 지방정부는 그 관할구역에서 효력을 가지는 법률을 제정할 수 있다.
	④ 중앙정부의 법률은 지방정부의 법률보다 우선하는 효력을 가진다. 다만, 지방정부는 지역특성을 반영하기 위하여 필요한 경우에는 행정관리, 지방세, 주민복리와 관련한 주택, 교육, 환경, 경찰, 소방 등에 대해서 중앙정부의 법률과 달리 정할 수 있다.

권을 행사할 수 있도록 경합적 입법권과 병렬적 입법권을 부여하였다. (안) 제118조 제3항에 지방정부의 전속적인 자치입법영역을 설정하기 위해 국가의 입법권을 우선 보장하였다. 다만, 헌법과 법률로 정한 중앙정부의 사무 외에는 관할구역에 적용되는 자치입법권을 보장하였다는 점이 특징적이다.

2) 대통령 개헌(안)

자치입법권의 범위와 효력을 어디까지 인정할지에 대해서는 연방제 수준의 독자적인 입법권을 인정하자는 의견과 '법령의 범위 안에서'를 '법령에 위반되지 않는 범위 안에서'로 개정하자는 의견으로 양분되고 있다. 대통령 개헌안의 경우 연방제에 준하는 강력한 지방분권을 표명하였지만 '법령의 범위 안에서'를 '법률에 위반되지 않는 범위에서' 조례를 제정할 수 있도록 하는 안으로 개정하였다.

현행	조문시안
제118조 ① 지방자치단체에 의회를 둔다.	제122조 ① 지방정부에 주민이 보통·평등·비밀선거로 구성하는 지방의회를 둔다.
제117조 ① 지방자치단체는 주민의 복리에 관한 사무를 처리하고 재산을 관리하며, <u>법령의 범위안에서</u> 자치에 관한 규정을 제정할 수 있다.	제123조 ① 지방의회는 <u>법률에 위반되지 않는 범위에서</u> 주민의 자치와 복리에 필요한 사항에 관하여 조례를 제정할 수 있다. 다만, 권리를 제한하거나 의무를 부과하는 경우 법률의 위임이 있어야 한다.

3) 조문쟁점

대통령안의 경우 지방자치단체의 자치입법권을 확대하는 경우 자치입법권의 범위와 효력을 어디까지 인정할지에 대해서는 연방제 수준의 독자적인 입법권을 인정하자는 의견과 헌법 제117조 제1항 '지방자치단체는 ....법령의 범위 안에서 자치에 관한 규정을 제정할 수 있다.'를 '법률에 위반되지 않는 범위 안에서'로 개정하자는 의견 중에서 후자를 선택하였다. 헌법개정특별위원회 자문위원회안의 경우 지방정부의 법률(현행 조례)로 주민의 권리제한, 의무부과 등을 할 수 있도록 하는 문제는 헌법 죄형법정주의와 관련되므로 신중히 접근하자는 의견이었으나, 대통령 개헌안에서는 반영되었다.

5. 지방정부 자주조직권

1) 헌법개정특별위원회 자문위원회 개헌(안)

지방선거를 비롯하여 조직, 인사, 기관구성과 운영 등을 지방정부가 지방법률로 자기지역의 실정에 맞게 운영하도록 하였다.

현행	조문시안
제118조 ② 지방의회의 조직·권한·의원선거와 지방자치단체의 장의 선임방법 기타 지방자치단체의 조직과 운영에 관한 사항은 법률로 정한다.	제120조 ② 지방정부의 입법기관과 집행기관의 조직·인사·권한·선거, 기관구성과 운영에 관하여 필요한 사항은 해당 지방정부의 법률로 정한다.

2) 대통령 개헌(안)

집행기관을 '지방행정부'라는 용어로 사용하였다. 특히, 지방행정부의 유형을 법률로 정하고 구체적인 것은 조례로 정하도록 함이 특징적이다.

현행	조문시안
제118조 ② 지방의회의 조직·권한·의원선거와 지방자치단체의 장의 선임방법 기타 지방자치단체의 조직과 운영에 관한 사항은 법률로 정한다.	제122조 ① 지방의회의 구성 방법, 지방행정부의 유형, 지방행정부의 장의 선임방법 등 지방정부의 조직과 운영에 관한 기본적인 사항은 법률로 정하고, 구체적인 내용은 조례로 정한다.

3) 조문쟁점

중앙정부와 지방자치단체 간의 관계를 어떻게 이해할 것인가는 자치권 보장의 출발점이 될 수 있다. 양안은 지방자치단체를 지방정부라는 용어로 변경함으로써 '지방자치가 이루어지는 의미의 場(field)'으로서 상징화시켰다. 대통령 개헌안의 경우 집행기관이라는 용어 대신에 지방의회와 대비되는 지방정부로서의 '지방행정부'를 공식 용어로 채택하였다.

6. 정당설립의 확대와 정당공천의 민주성 원칙 명시

1) 헌법개정특별위원회 자문위원회 개헌(안)

(안) 제8조 제2항에 정당의 설립, 조직 및 활동의 자유는 민주정치의 기본 토대이기 때문에 민주적 운영이 보장되도록 하였다. 특히 정당공천과 관련하여 공직선거 후보 추천을 포함한 활동이 민주적이어야 함을 추가하였다. 개헌을 통하여 지방분권을 확대할 경우, 지역에 기초한 정당의 조직을 허용할 경우에도 전국당과 지방당의 구분 없이 모든 정당이 국회와 지방의회에 진출할 수 있도록 하는 취지가 제1안에 잘 반영되어 있다. 지방정당의 설립과 정당공천과정의 민주성 원칙을 헌법에 명시하여 지방민주주의와 대의민주주의가 위협받지 않도록 하였다는 점이 특징적이다.

현행	조문시안1	조문시안2
제8조 ② 정당은 그 목적·조직과 활동이 민주적이어야 하며, 국민의 정치적 의사형성에 참여하는데 필요한 조직을 가져야 한다.	제8조 ② 정당은 그 목적·조직과 공직선거 후보 추천을 포함한 활동이 민주적이어야 한다. 모든 정당은 모든 선거에 자유롭게 참여할 수 있다.	제8조 ② 정당은 그 목적·조직과 활동이 민주적이어야 한다. 모든 정당은 모든 선거에 자유롭게 참여할 수 있다.

2) 대통령 개헌(안)

국민의 정치적 의사형성이 정당에 의하여 표현되므로, 정당의 자유로운 설립과 복수정당제의 보장을 헌법적 차원에서 언급하였다.

현행	조문시안
제8조 ② 정당은 그 목적·조직과 활동이 민주적이어야 하며, 국민의 정치적 의사형성에 참여하는데 필요한 조직을 가져야 한다.	제8조 ① 정당은 자유롭게 설립할 수 있으며, 복수정당제는 보장된다. ② 정당은 그 목적·조직과 활동이 민주적이어야 한다.

3) 조문쟁점

헌법개정특별위원회의 제1안의 경우 정당의 공천이 민주적으로 이루어져야한다는 원칙을 헌법에 명시하였으나, 대통령안의 경우 정당 공천의 민주성보다는정당 운영의 민주성 원칙을 명시하는 데 그쳤다. 정당 운영의 민주성 원칙을 반영하는 방안에 대해서는 헌법개정특별위원회와 대통령 개헌안에서 대체로 공감대가 형성되었다. 현행 헌법상 지방정당 창설이 불가능한 것은 아니지만, 정당법제4조·제17조·제18조 등에 의해 지역의 정당 창설이 제한되어 온바 지방정당창설이 가능하도록 양안에 반영되었다.

7. 국회의원 정수 조정 및 국가자치분권회의

1) 헌법개정특별위원회 자문위원회 개헌(안)

(안) 제1안은 의원정수 증가에 대한 국민의 부정적 여론을 감안한 현행 의원정수 유지론이 반영되었다. 제2안의 경우 양원제를 도입하거나 비례대표를 증가시

키는 방향이 전개된다면 이에 맞게 개헌안을 마련해야 할 것이라는 의견으로 여겨진다.

현행	조문시안1	조문시안2
제41조 ② 국회의원의 수는 법률로 정하되, 200인 이상으로 한다.	현행유지	양원제 도입시, 비례대표의 확대시 이를 반영함

2) 대통령 개헌(안)

중앙정부와 지방정부간 협력을 도모하기 위하여 지방행정부의 장으로 구성된 국가자치분권회의를 두도록 하였다. 그동안 제2국무회의, 중앙지방협력회의 등의 용어가 사용되었으나 국가자치분권회의라는 명칭을 공식 용어로 채택하였다.

현행	조문시안
	제97조 ① 정부와 지방정부 간 협력을 추진하고 지방자치와 지역 간 균형 발전에 관련되는 중요 정책을 심의하기 위하여 국가자치분권회의를 둔다. ② 국가자치분권회의는 대통령, 국무총리, 법률로 정하는 국무위원과 지방행정부의 장으로 구성한다.

3) 조문쟁점

현행 의원정수 유지 여부와 의원정수 증원 여부에 대해서는 의원정수 증가에 대한 부정적 여론을 감안할 때 현행 의원정수 유지안과 다원화된 사회에서 입법적 요구의 반영과 행정권력의 효과적 견제를 위해서 적정 의원 수 확대가 필요하며, 국회의원 1인당 대표하는 인구 수가 약 17만 명임을 고려하면 의원정수 증원이 필요하다는 안으로 양분되었다.

대통령 개헌안 제97조는, '국가자치분권회의'의 목적이 중앙과 지방 간 협력에만 국한되지 않고, 지역 간 균형발전까지 확대하여 지방자치와 균형발전에 관한 중요한 사항을 심의하는 기구라고 규정하였다. 또한 지방의회 의장을 배제하였다는 점에서 이원대표제를 표방하는 지방자치단체 대표성에서 자치단체장의 '통할대표성'만을 국가가 인정하는 셈이 되었다. 이는 우리나라의 국가사무 총 배분 중 국가사무가 68%, 지방사무가 32%인데 기관위임사무와 단체위임사무 처리에 책임을 지는 국가의 하부기관으로서의 지위를 가진 자치단체장의 특성에 기인한 조치라고 해석된다.

제2절 지방의회개혁사

1. 지방자치제도 개혁과 지방의회의 구성

1) 지방의회 구성

(1) 제정헌법 제97조에 의한 헌법상 기관

우리나라 지방의회는 1948년 7월 17일 제정헌법 제97조 제2항 "지방자치단체에는 각각 의회를 둔다."는 사항에 근거하여 1949년 7월 4일 제정 지방자치법 제11조 "지방의회라 함은 지방자치단체의 의회를 말한다."의 규정으로 처음 구성되었다.

(2) 지방자치 실시와 지방의회와의 관계

그러나 지방의회가 처음 구성된 것은 지방자치법이 제정된 지 3년 후인 1952년이다. 지방자치제의 실시 당초부터 지방의회 없는 지방자치제도를 경험한 것이다. 지방선거의 실시를 연기하던 정부가 전시하의 피난수도 부산에서 지방선거의 실시를 공포하였다. 이는 대통령 이승만은 자기를 지지해 줄 강력한 원외세력의 규합과 정치세력화가 필요하였고 1952년 8월에 있을 대통령 선거에 승리하기 위해 지방선거를 실시한 것이라는 해석이 있지만 그동안 우리나라에 존재하지 않았던 지방의회를 도입하였다는 면에서 의미가 깊다. 그러나 지방의회보다는 지방국가라는 용어를 사용하는 마르크시스트의 전통에서 보면 지방의회는 자본주의 국가의 대리인인 일련의 사회관계임을 강조하므로 자율성은 극히 제한적이다. '지방정부(local government)'라는 용어보다 '지방국가(local state)'라는 용어를 사용한 Cockburn에 의하면 1952년도의 지방의회 도입 의도는 마르크시스트들이 주장하는 면이 많았다.

2) 지방의회 재구성

(1) 헌법 제118조에 의한 헌법상 기관

1987년 10월 29일 전부개정 헌법 제118조 제1항에 "지방자치단체에 의회를 둔다." 및 제2항에 "지방의회의 조직·권한·의원선거와 지방자치단체의 장의 선임방법 기타 지방자치단체의 조직과 운영에 관한 사항은 법률로 정한다."라고 규정하여 지방의회를 구성하지 않으면 지방자치가 불가능하도록 규정하였다. 그 다음 해인 1988년 4월 6일 전부개정 지방자치법 제26조의 "지방자치단체에 의회를 둔다."라는 규정으로 구성되었다.

(2) 지방자치 재실시와 지방의회와의 관계

지방자치가 중단되다가 1987년 6·10항쟁으로 인한 시민사회의 압력으로 노태우 대통령 후보는 6.29선언을 발표하여 지방자치 재실시를 선언하였다. 지방자치 재실시를 천명한 1988년 4월 6일 법률 제4004호 전부개정 지방자치법 이 지방의회의 제도적 기반이 되고 있다. 그러나 지방의회가 재구성된 것은 1952년 지방의회의 구성과 마찬가지로 지방자치법이 전부개정된 지 3년 후인 1991년이다.

1991년 오랜 집권체제를 깨뜨리고 재구성된 전국 275개의 지방의회는 다원주의자들이 주장하는 지방 차원에서 민주주의를 구현하려는 시도였다. 그럼에도 헌법과 지방자치법에서는 지방의회와 집행기관을 지방정부가 아닌 지방자치단체로 규정하였으며 지방의회는 지방자치단체의 한 축을 구성하는 하나의 조직에 불과한 것으로 간주되고 있다.

3) 지방자치제도 개혁 성과와 지방의회

지방자치제 실시라는 제도개혁은 지방의회라는 새로운 제도의 도입과 불가분하다. 이로서 1952년, 1957년, 1961년, 그리고 1991년, 1995년, 1998년, 2002년, 2006년, 2010년, 2014년, 2018년 11회에 걸친 지방의원 선출로 주민들의 삶이 뿌리내리고 있는 지역의 이익을 위해 주장할 수 있는 지방의회를 지역주민들 스스로의 손으로 직접 구성하게 되었다.

2. 지방의회의 조직구성과 의원정수

1) 지방의회의 존재론적 규정

(1) 존재론적 규정 부재

헌법 제118조 제1항 "지방자치단체에 의회를 둔다." 및 제2항 "지방의회의 조직·권한·의원선거와 지방자치단체의 장의 선임방법 기타 지방자치단체의 조직과 운영에 관한 사항은 법률로 정한다."에 의해 자치단체장을 민선으로 뽑지 않더라도 지방자치가 가능하지만 헌법상 기관인 지방의회를 구성하지 않으면 지방자치가 불가능하도록 규정되었다. 그러나 1988년 전부개정 지방자치법 제26조에 "지방자치단체에 의회를 둔다."라고 규정하였을 뿐 선거에 의해 구성되는 국회, 자치단체장과 구별되는 지방의회의 존재론적 특성은 지방자치법에 법률로써 명시되지 않았다. 국회의 경우 국회법 제1조에 "국민의 대의기관"임을, 자치단체장의 경우에는 지방자치법 제101조에 "지방자치단체의 대표통할권"이 명시되고 있었으나, 지방의회의 경우 존재론적 의미에 대한 규정이 상당기간 부재하였다.

(2) 주민의 대의기관 명시

지방의회발전연구원의 건의로 지방의회 부활 24년만인 2014년에 지방의회의 존재론적 이유를 법률로서 제정하였다. 2014년 1월 21일 지방자치법 제30조에 "지방자치단체에 주민의 대의기관인 의회를 둔다."라고 하여 주민의 대의기관임을 비로소 공식화하였다.

지방자치법 개정에 따라 지방의회는 주민의 대의기관으로서 공식적 지위를 갖게 되어 지방의회가 결정한 의사는 지역주민의 의사로서 주민의 책임성 제고 및 지역의 최고 정책결정기관으로서 책임성이 강화되었다.

(3) 헌법상 기관으로서 지방의회의 법률안 제출권

헌법상의 규정과 지방자치법상의 규정에 차이가 나타나는 것은 대통령 중심제를 유지할 경우 의회의 행정부에 대한 실질적인 통제를 확보하고 입법에 대한 책임을 강화하기 위하여 정부의 법률안 제출권을 폐지하여야 하고, 혼합정부제나 내각제를 택하는 경우 집행부와 입법부의 융합을 전제로 하는 것이므로 정부의 법률안 제출권을 인정할 필요가 있다는, 정부의 법률안 제출권 존치 여부를 정부형태와 연동하여 논의하자는 개헌의견과 관계된다.

정부의 법률안 제출권을 존치할 경우 헌법기관의 독립성·공정성을 확보하기 위하여 독자적 법률안 제출권을 인정하자는 의견이 제기되었는바, 헌법상의 기관인 지방의회가 포함될 필요가 있다.

2) 제1·2·3·4대 지방의회 의원정수: 전부개정 지방자치법

1988년 4월 6일 지방자치법 전문개정 시 제27조·제28조에 그 관할구역 내의 시·군·자치구 또는 읍·면·동의 행정구역을 기준으로 산정하였다.

(1) 제1대 지방의회 의원정수: 지방의회 의원선거법

지방자치법 제25조 "지방선거에 관하여 이 법에 정한 것을 제외하고 필요한 사항은 따로 법률로 정한다."에 따라 1990년 12월 31일 지방의회 의원선거법을 개정하여 의원정수를 산정하였다.

(2) 제2·3·4대 지방의회 의원정수: 공직선거 및 선거부정방지법

① 제2대 지방의회 의원정수: 지방의회 의원 선거법이 폐지되고 공직선거 및 선거부정방지법의 제정(1994.3.16.)에 근거하였다. 제2대 지방의회부터는 공직선거 및 선거부정방지법이 제정되어 동법 제22조·제23조에서 지방의회 의원정수에 관한 사항을 일임하였다. 1년 후 1995년 6월 27일 우리나라 지방선거 사상 처음으로 제1회 전국동시4대지방선거가 실시되었다.

② 제3대·제4대 지방의회 의원정수: 제3대 지방의회는 IMF의 영향으로 중앙정부가 작은정부를 표방함에 따라 의원정수가 대폭 감소하였다. 공직선거 및 선거부정방지법 개정(1998.4.30.)을 통하여 의원정수를 감축하였다.

3) 제5·6·7·8대 지방의회 의원정수: 공직선거법

지방자치법 제29조에 따라 공직선거법 제22조와 제23조에서 지방의회 의원정수에 관한 사항을 일임하고 있다.

(1) 제5대 지방의회 의원정수

공직선거 및 선거부정방지법이 공직선거법으로 변경(2005.6.30.)되고, 2005년 8월 4일 동법 개정으로 기초의회 의원정수 삭감 등 기초의원 선거제도에 많은 변화가 있었다.

기초의회 의원정수는 최저 7인으로 하되(공직선거법 제23조 제2항), 지방자치법 [별표 3]에 의거 2,922명으로 축소되었다. 2006년 5·31 지방선거에서 기초의회의 의원정수는 유급화로 인하여 3,485명에서 2,888명으로 축소되었다.

(2) 제6대 지방의회 의원정수

공직선거법 제22조 제3항의 개정으로 시도의회 의원정수는 증원되었으나 2010년 6.2지방선거에서 기초의회 의원정수는 2,888명으로 유지되었다.

(3) 제7대 지방의회 의원정수

제주특별자치도 및 세종특별자치시 설치에 따른 기초의원 정수 변동 내역을 반영하여 기초의회 의원정수는 인구가 10% 이상 증가한 시군구를 대상으로 증원되어 총 2,898명으로 조정되었다.

(4) 제8대 지방의회 의원정수

시도의회 의원정수는 지역구 의원 737명과 비례대표 의원 87명의 총 824명, 기초의회 의원정수는 지역구 의원 2,541명과 비례대표 의원 386명의 총 2,927명으로 조정되었다.

3. 지방의회의 운영

1) 지방의원의 신분과 처우

(1) 지방의원의 신분상 대우

국회의원은 면책특권과 불체포특권이 있지만 지방의원에게는 이러한 신분상 특권이 없다. 대신 지방의원이 체포 또는 구금된 경우 지체 없이 의장에게 이를 통지하는 장치를 지방자치법 개정 시(1991.12.31.) 최초로 도입하였다. 또한 지방자치법 개정 시(1999.8.31.) 동법 제34조의2에 지방의원이 형사사건으로 공소가 제기되어 그 판결이 확정된 때에는 각급 법원장은 지체 없이 당해 의장에게 이를 통지하도록 하였다.

형사사건에 의한 체포에 대하여 지방의회는 소속 의원의 투옥 또는 체포의 통지를 즉시 받으며 또한 그 이유를 통지받을 권리를 가지는 것은 불체포특권이 거의 인정되지 않는 영국 의회의 전통에 기인한다.

(2) 명예직에서 유급제 기반

① **명예직하의 처우**: 1949년 제정 지방자치법 제16조에 지방의원 신분을 '명예직'으로 명시한 이래 1988년 지방자치법 전문개정 당시 제32조 지방의원 보수규정에 '명예직'임을 명시하였다. 이는 지방의원의 신분을 지역사회에 대한 자원봉사 정신에 입각한 의정활동이 바람직하다고 보았기 때문이다. 그러나 현대사회가 당면한 지방행정 문제를 전문지식 없이는 대응하기 어려운 것이 현실이기 때문에 일에 대한 보수 차원으로 변화하는 양상을 보이고 있다.

　지방의원은 지방자치법상 보수규정에 의하여 1991년 일비와 여비만을 지급받다가 1994년에는 지방의원 보수규정을 의정활동비로 변경하고 일비를 의정활동비로 개정하고 회의수당을 신설하였다. 2003년 6월에는 '명예직'규정을 삭제함으로써 약 54년간 유지되어 온 '명예직' 신분이 종결되었다. 그러나 지방의원 신분을 명시하는 '명예직' 명칭이 삭제되었다고 해서 유급제가 정착된 것은 아니다.

② **명예직 삭제하의 처우**: 2005년 지방의정활동기반 혁신계획에 따라 지방자치법 제32조에 급여성 수당인 '월정수당'을 신설하여 지역주민으로 구성된 '의정비심의위원회'가 당해 지방자치단체의 재정능력, 지역주민의 소득수준, 지방공무원 보수인상률, 물가상승률, 의정활동 실적 등을 고려하여 월정수당을 결정하는 '유급직'의 기반을 만들었다.

　지방의원의 보수는 지방자치법 제33조 규정에 의해 의정활동비와 여비, 월정수당으로만 지급된다.

2) 지방의회의 사무기구

(1) 조직구성

1991년 개원한 시·도의회에는 사무국을 두었지만 기초의회의 사무기구 조직은 간사 밑에 전문위원과 의사계장과 직원으로 구성되었다. 그러나 지방의회의 간사는 지방의회의 위상으로 보아 적절하지 아니하다는 지방의회의 지적으로 지방자치법을 개정(1991.12.31.)하여 시·도의회에는 사무처를, 시·군·자치구의회의 간사는 사무국 또는 사무과로 변경되어 오늘에 이르고 있다. 또한 지방자치단체의 행정기구와 정원기준 등에 관한 규정 [별표 5](1998.8.31.)에 따라 시·도의회의 경우 의회사무처를, 시·군·자치구의회의 경우 상임위원회가 설치된 시·자치구에는 의회사무국을, 군 및 상임위원회가 설치되지 아니한 시·자치구에는 의회사무과를 설치하도록 규정하였다. 이 기준은 지방자치단체의 행정기구와 정원기준 등에 관한 규정의 개정(2006.6.29.)에 따라 시·군·자치구의회의 의원정수가 10인 이상인 시자치구에는 의회 사무국을, 군 및 지방의원의 정수가 10인 미만인 시·자치구에는 의회사무과를 설치하도록 변경되었다. 현재 지방의회 사무기구는 지방자치법 제90조에 의거 조례로 정하는 바에 따라 사무처·사무국·사무과를 둘수 있다.

(2) 의회 사무직원의 인사권

지방의회 사무직원의 인사권은 1991년 지방의회의 개원 당시 지방의회 의장과 협의하여 당해 자치단체장이 임명하도록 되었다. 그러나 지방의회 위상과 관련하여 부당하다는 지방의회의 지적으로 지방자치법 제83조 제2항을 개정(1994.3.16.)하여 사무직원은 지방의회 의장의 추천에 의하여 당해 자치단체장이 임명하도록 하고 있다.

다만, 지방자치법 제83조에서 '의장의 추천에 의해 단체장이 임명하되, 별정·기능·계약직원은 지방의회 사무처·국·과장이 위임'토록 개정(2006.4.28.)하여 사무직원에 대한 인사권이 보완되었다. 지방자치법 개정(2013.7.16.)에서 별정직공무원, 지방공무원법 제25조의5에 따른 임기제공무원, 대통령령으로 정하는 일반직

공무원에 해당하는 공무원 임용권은 의회사무처·국·과장에게 위임토록 보완하였지만 인사권은 자치단체장에게 속하였다.

최근 입법예고(2018.11.13.)된 지방자치법 전부개정안 제91조(사무직원의 정원과 임명) 제2항에 "시·도의회 사무직원은 시·도의회의 의장이 임용한다."라고 광역의회 의장에게 사무직원 임용권을 부여하였지만, 시·군·자치구의회의 경우 자치단체장이 여전히 인사권을 행사하여 삼권분립 원칙에 위배되고 있다.

(3) 전문위원제: 사무기구 하위조직에서 지방의회 위원회 소속으로 전환

종래 전문위원에 대한 근거규정은 각 지방자치단체의 사무처 직제규칙 혹은 조례 가운데 하부조직 규정 중에서 '전문위원은 위원회의 의사를 심사하고 의사진행을 보좌한다.'라고 하여 의회사무기구의 하위 조직에 불과하였다.

지방자치법 제51조의2의 신설(2006.4.28.)을 통하여 전문위원제에 관한 근거를 확실히 하였다. 그에 따라 지방자치단체의 행정기구와 정원기준 등에 관한 규정 제10조의3 제2항 개정(2006.6.29.)으로 지방의회 위원회에 전문위원을 두도록 함으로써 전문위원은 의회사무기구의 하위조직에서 위원회 소속으로 전환되었다.

3) 의회 운영의 자율화

(1) 회기 운영의 자율화

지방의회에는 정례회와 임시회가 있는데, 회기 및 회기 총일수를 광역의회와 기초의회를 구분하였다. 그러나 참여정부의 지방의정활동 기반 강화 추진으로 정례회와 임시회의 획일적인 회기제도를 삭제하고 조례로 정하도록 하여 회기운영의 자율성을 부여하였다. 2007년 5월 11일에는 지방의회의 개회·휴회·폐회와 회기는 지방의회가 의결로서 정하도록 회기 운영을 완전 자율화하였다.

최근 입법예고중(2018.11.13.) 지방자치법 전부개정안 제44조와 제45조에 정례회의 집회일, 정례회의 운영에 관한 사항은 대통령령으로 정하는 바에 따라 해당 지방자치단체의 조례로 정하던 것에서 해당 지방자치단체의 조례로 정하도록 자율화하는 한편, 지방의회의장은 재적의원 3분의 1 이상의 의원이 요구하면 임시회를 소집할 수 있는 것에서 조례로 정하는 수 이상의 재적의원이 요구하면 임시회를 소집할 수 있도록 자율화하였다.

(2) 위원회 구성의 자율화와 의안발의

지방의회는 안건을 처리하기 위한 의회 내부기관으로서 위원회를 설치할 수 있다. 전문개정 지방자치법 제50조(1988.4.6.)에 의하면 지방의회는 조례가 정하는 바에 의하여 위원회를 설치할 수 있고 상임위원회와 특별위원회의 2종류로 하되, 상임위원회 설치는 광역의회에 한정하였다.

제1대 기초의원은 평균 최소 7명에서 최대 50명이나, 상임위원회 제도가 없어 의안 심사의 비효율성이 제기됨에 따라 1991년 12월 31일 법률개정으로 상임위원회 제도를 도입하였다. 그러나 의원정수가 15명 이상인 지방의회에 한하여 상임위원회를 설치할 수 있도록 제한하였다.

그 후 일부 지방의회에서 상임위원회 설치기준이 불합리하다는 요구에 따라 지방자치법 시행령을 개정(1994.7.6.)하여 상임위원회 설치기준을 의원 13인 이상으로 완화하였다.

2006년 4월 28일자로 지방의원 수 13인 미만의 기초의회는 상임위원회를 구성할 수 없도록 제한하였던 규정이 삭제되어 상임위원회 구성을 자율화하였다. 최근 입법예고 중(2018.11.13)인 지방자치법 전부개정안 제54조에 상임위원회와 특별위원회의 2종류의 위원회에서 조례로 자율적으로 정하여 위원회를 구성하도록 자율화하여 위원회 종류를 확대하였다. 아울러 지방의회에서 의결하는 의안발의는 지방의원, 자치단체장 이외에 위원회도 발의할 수 있도록 지방자치법을 개정(1999.8.31.)하였다. 최근 입법예고중(2018.11.13.)인 지방자치법 전부개정안 제64조(의안의 발의) 제1항에 "지방의회에서 의결할 의안은 지방자치단체의 장이나 조례로 정하는 수 이상의 재적의원의 연서로 발의한다."로 개정, 재적의원 5분의 1 이상 또는 의원 10명 이상의 연서로 발의하던 제한규정을 삭제하여 의안 발의 정족수를 조례로 할 수 있도록 자율화하였다.

4) 지방의회의 권한

(1) 행정사무조사·감사권

지방의회의 감시적 권한으로써 가장 큰 비중을 차지하는 것은 지방자치단체에 대한 감사권과 조사권인데, 1988년 4월 6일의 지방자치법 전문개정 제36조에서는 행정사무조사권만 인정하였다. 1년 후 1989년 12월 30일 지방자치법 제36조의 개정에 따라 지방의회의 감사권이 부활되어 행정사무감사권과 조사권을 행사하고 있다.

1999년 7월 6일 개정된 지방자치법시행령에는 행정사무의 감사·조사 시에 관계공무원의 출두·증언·진술 거부시에 500만 원의 과태료를 부과토록 하고, 증언선서 방식은 형사소송법 제157조를 준용케 함으로써 지방의회의 행정사무감사

▶ 표 9-1 ◀ 지방의회의 행정사무감사 및 조사권

구분	내용
지방자치법 전문개정 (1988.4.6.)	• 행정사무조사권 부여
지방자치법 일부개정 (1989.12.30.)	• 행정감사권 부여
지방자치법시행령 일부개정 (1991.4.1.)	• 행정사무감사 및 조사에 관한 세부사항 규정 • 감사일정을 3일 이내로 조정
지방자치법시행령 일부개정 (1991.4.16.)	• 감사일정을 7일로 조정
지방자치법시행령 일부개정 (1999.7.6.)	• 행정사무감사·조사의 방법과 절차를 구체적 규정 • 행정사무의 감사·조사 시 관계 공무원의 출두·증언·진술 거부 시 500만 원 이하 과태료 부과 • 증언선서 방식은 형사소송법 제157조 준용
지방자치법 일부개정 (2011.7.14.)	• 감사일정을 광역은 14일, 기초의회는 9일로 조정
지방자치법 일부개정 (2011.7.14.)	• 행정사무감사·조사 처리결과의 지방의회 보고

및 조사를 효과적으로 수행토록 강화하였다.

2011년 7월 14일 지방자치법 개정에서 광역의회는 14일 범위에서, 기초의회의 경우에는 9일 범위에서 감사를 실시하도록 감사기간을 연장하였다.

(2) 예산·결산 심사권

지방의회의 권한 중 예산·결산 심사권의 변화는 다음 <표 9-2>와 같다.

▶ 표 9-2 ◀ 지방의회의 예산·결산 심사권

구분	내용
지방자치법 전문개정 (1988.4.6.)	• 예산안 제출일을 회계연도 개시 30일 전까지로 함.
지방자치법시행령 제정 (1988.5.7.)	• 결산검사위원회 위원 수: 3인 이내
지방자치법 일부개정 (1991.12.31.)	• 예산안 제출일을 회계연도 개시 35일 전으로 함. • 의결시한일은 5일 전에서 10일 전으로 함.
지방자치법 개정 (1994.3.16.)	• 예산안 제출일을 회계연도 개시 40일 전까지로 함.
지방자치법시행령 일부개정 (1994.7.6.)	• 결산검사위원회 위원 수: 5인 이내
지방자치법시행령 일부 개정 (1999.12.31.)	• 예산을 제2차 정례회에서 처리
지방자치법 일부개정 (2011.7.14.)	• 결산 시정요구 결과의 지방의회 보고

(3) 의결권: 외국 지방자치단체와 교류협력 추가

1989년 4월 6일 전부개정 지방자치법 제35조에 지방의회는 의결기관으로서 9가지 의결사항이 규정되었다. 1999년 8월 31일 지방자치법 개정으로 제39조에 외국 지방자치단체와의 교류협력에 관한 사항이 추가되어 제3대 지방의회부터 10가지 의결사항(기타 사항 제외)을 가지게 되었다. 또한 동법 개정으로 지방의회 의장은 시도의회의장협의회와 시군구의회의장협의회를 설치할 수 있도록 하여, 전국시도의회의장협의회와 전국시군구의회의장협의회가 설치되어 활동을 전개하고 있다.

5) 지방의회의 윤리와 책임

(1) 지방의원의 윤리

① 개인 차원에서의 윤리
　　[인격 및 품위 유지]
　　　－청렴의 의무 및 의원으로서 품위 유지(지방자치법 1988.4.6.)
　　　－청렴의 의무(공직자윤리법 제3조(1993.)에 지방의원 등록재산 공개)
　　[직업윤리]
　　　－지방자치법 제36조 제1항의 공익을 우선하여 양심에 따른 직무수행, 제3항의 지방의원의 지위남용에 의한 권리 및 이익 금지의 의무, 직위를 취득하거나 타인을 위하여 그 취득 알선의 금지를 규정(2007.5.11.)
　　　－지방의원의 영리활동 규제(지방자치법 제33조제2항, 1988.4.6.)
　　　－지방의원의 영리활동 규제(지방자치단체를 당사자로 하는 계약에 관한 법률 제33조. 2005.8.4.)
② 기관 차원에서의 윤리
　　　－지방의회는 지방의원의 윤리강령과 윤리실천규범을 조례로 정하도록 하여 정치윤리를 강화하였다(지방자치법 제38조 개정, 2007.5.11.).

③ 의원 심사 및 징계에 관한 사항

- 지방의원의 윤리심사 및 징계에 관한 사항을 심사하기 위하여 '윤리특별위원회'를 두게 되었다(지방자치법 제57조의 개정, 2007.5.11.).
- 최근 입법예고 중(2018.11.13.)인 지방자치법 전부개정안 제55조(윤리특별위원회) 제2항에 "윤리특별위원회는 의원의 징계에 관한 사항을 심사하기 전에 제55조의2의 윤리심사자문위원회의 의견을 청취하여야 하며 윤리심사자문위원회의 의견을 존중하여야 한다."라고 하여 임의규정인 '윤리특별위원회'를 의무화해 민간위원으로 구성된 '윤리심사자문위원회'를 반드시 두고 의원 징계심사 전 의견청취 및 존중의무규정을 신설했다.

  지방자치법상 '존중의무'는 법률상의 구속, 즉 의무자의 의사와 관계없이 반드시 따라야 할 것으로 법에 의하여 강요되는 내용을 의미하는 'duty'에 해당한다. 이와 관련하여 영국 지방의회의 경우 2000년 지방정부법 Section 75에 의거하여 독립기구인 '잉글랜드 판결 패널(Adjudication Panel for England)'을 설치하였음을 살펴볼 필요가 있다. '잉글랜드 판결 패널'은 윤리기준관(Ethical Standards Officers: ESOs)이 보낸 윤리 위반사례의 대부분인 주요한 사례를 결정하기 위한 독립기구로서 대법관(Lord Chancellor)이 임명하는 위원으로 구성된다. 위원은 대법관이 정한 자격을 갖추어야만 하며, 위원 중 의장과 부의장 각 1명이 대법관에 의해 임명된다. 잉글랜드 판결 패널은 대중의 비난을 포함하여 5년간 자격박탈(disqualification)과 위원회나 의회로부터 자격정지(suspension) 등 윤리 위반사항에 대하여 처벌할 수 있는 권한을 가지고 있다.

(2) 지방의원의 주민소환

지방자치법 제20조 제1항의 개정으로 주민이 지역구 지방의원을 소환할 권리를 가지게 되었다(2007.5.11.).

(3) 시·군·자치구의회 의결에 대한 상급자치단체 및 중앙정부의 감독
기능 신설

최근 입법예고 중(2018.11.13.)인 지방자치법 전부개정안 제172조(지방의회 의
결의 재의와 제소) 제1항에 "다만, 주무부장관은 시·군 및 자치구의회의 의결이
법령에 위반되는 경우 기간을 정하여 시·도지사가 본문에 따른 재의요구지시를
하도록 명할 수 있다."라고 시·군·자치구의회의 의결에 대한 재의명령권을 신
설하였다.

재의명령권은 단순히 권고적인 것이 아니라 자치단체장은 이에 따라 재의를
요구하여야 하는 명령권이라는 점에서 아주 강력한 국가감독수단인데, 현 지방자
치법 제172조(지방의회 의결의 재의와 제소)가 총 8개항이었으나 이번 지방자치법
전부개정안의 경우 제172조(지방의회 의결의 재의와 제소) 총 11개항으로 3개항이
늘어난 것으로 보아 기초의회 의결에 대한 감독기능이 강화되었다.

4. 지방자치분권 및 지방행정체제개편에 관한 특별법

현 중앙정부의 지방의회 관련 의지는 지방자치분권 및 지방행정체제개편에 관
한 특별법 제14조(지방의회의 활성화와 지방선거제도의 개선)와 제16조(자치행정역량
의 강화)를 통하여 지방의회 개혁 방향성을 지향하고 있다.

1) 자치입법권 강화

국가는 지방자치단체의 자치입법권을 강화하기 위하여 조례제정범위를 확대
하는 등 필요한 법적 조치를 하여야 한다(동법 제14조 제1항).

2) 지방의회의 심의·의결권 확대

국가 및 지방자치단체는 지방자치단체의 주요 정책사항에 관한 지방의회의 심의·의결권을 확대하는 등 지방의회의 권한을 강화하는 방안을 마련하여야 한다(동법 제14조 제2항).

3) 지방의회 사무기구의 인사권 독립 방안

국가 및 지방자치단체는 지방의회 의원의 전문성을 높이고, 지방의회 의장의 지방의회 소속공무원 인사에 관한 독립적인 권한을 강화하도록 하는 방안을 마련하여야 한다(동법 제14조 제3항).

4) 지방의회 의원의 선출방법 개선

국가 및 지방자치단체는 지방자치단체의 장과 지방의회 의원의 선출방법을 개선하고, 선거구를 합리적으로 조정하며, 선거공영제를 확대하는 등 지방선거제도의 개선방안을 마련하여야 한다(동법 제14조 제4항).

5) 지방의회의 책임성 강화

지방자치단체는 행정의 공정성과 투명성을 확보하고 책임성과 효율성을 강화하여 행정서비스의 질을 제고하는 등 필요한 조치를 하여야 한다(동법 제16조 제1항).

제3절 정당의 민주화 실현과 민의에 부합하는 지방선거제도

1. 정당공천제와 지방정당

1) 지방선거 정당공천제 부재

1949년 제정 지방자치법 제54조에 "좌의 각 호의 1에 해당하는 자는 선거권과 피선거권이 없다. 단, 제1회 지방의회의 의원선거에는 국회의원선거법 제2조와 제3조를 적용한다."고 명시하여 지방선거에서 정당공천에 관한 규정이 마련되지 않았을 뿐더러 전국적인 정당도 제대로 구성되지 않아 정당공천제가 실질적으로 존재하지 않았다.

2) 광역의회와 기초의회 분리 실시

(1) 기초의회 의원 정당공천 제외

광역지방자치단체장과 기초지방자치단체장의 경우 지방선거에서 정당추천제를 동시에 실시하였다. 즉, 1994년 3월 16일 제정 공직선거 및 선거부정방지법 제47조 제1항에서 "정당은 선거에 있어 선거구별로 선거할 정수 범위 안에서 그 소속당원을 후보자(이하 "정당추천후보자"라 한다)로 추천할 수 있다."라고 규정하여 기초지방자치단체장과 광역지방자치단체장, 그리고 기초지방의회 의원과 광역지방의회 의원의 정당공천을 모두 인정하였으나 1995년 4월 1일 공직선거 및 선거부정방지법 제47조 제1항에서는 "정당은 선거(자치구·시·군의회 의원선거를 제외한다)에 있어 선거구별로 선거할 정수 범위 안에서 그 소속당원을 후보자(이하 "정당추천후보자"라 한다)로 추천할 수 있다."라고 개정하여 '자치구·시·군의회 의원선거를 제외'함을 명시하여 기초의회의원의 정당공천을 배제하였다.

(2) 기초의회의원 정당공천 포함

지방의회 의원의 정당추천제는, 광역의회의원이 1991년부터 정당추천제를 도입하였고 기초의회의원의 경우 2005년 8월 4일 공직선거법 개정으로 "정당은 선거에 있어 선거구별로 선거할 정수 범위 안에서 그 소속당원을 후보자(이하 "정당추천후보자"라 한다)로 추천할 수 있다. 다만, 비례대표자치구·시·군의원의 경우에는 그 정수 범위를 초과하여 추천할 수 있다."고 규정하여 '자치구·시·군의회의원선거를 제외한다'를 삭제하여 2006년 5·31지방선거부터 기초의회의원의 정당공천제가 도입되어 제도도입 시차가 이원화되었다.

(3) 여성의무공천제와 등록무효제도 실시

여성의무공천제는 2005년 8월 4일 개정된 공직선거법 제47조에 의하여 2006년 5·31지방선거부터 비례대표 여성 지방의회 의원의 의무공천제가 실시되고, 2010년 6·2지방선거부터는 여성의무공천과 등록무효 조항이 동시에 적용되어 남성에 비해 조직과 자금동원력에 열세인 여성의 지방정치 참여가 제도적으로 확대될 수 있는 장치로 작용하고 있다.

▶ 표 9-3 ◀ 여성 지방의원 진출을 위한 지방선거제도 변화

구분		1995년	2002년	2006년 5·31	2010년 6·2
광역 의원	비례대표	10% 비례대표 선출	후보의 50% 여성할당	홀수 순번 여성배정	–
	지역구	–	후보의 30% 여성할당 권고	–	지역구당 1명 이상 여성의무공천
기초 의원	비례대표	–	–	비례대표제 도입	
	지역구	–	–	정당공천제 실시	지역구당 1명 이상 여성의무공천

3) 정당공천제 실시의 공과(功過)

(1) 공(功): 여성의 지방의회 진출에 기여

여성의무공천제와 등록무효조항이 모두 적용된 2010년 6.2지방선거에서 선출된 지방의회 의원은 총 3,731명이다. 이 중 여성 지방의회의원은 총 19.8%(740명) ─여성 광역지방의회의원 9%(55명), 여성 기초지방의회의원 11%(274명), 여성 비례대표 광역지방의회의원 72%(58명), 여성 비례대표 기초지방의회의원 94%(352명)─로 여성 지방공무원 29%에는[3] 미치지 못하지만 상당한 여성 지방의회의원의 진출이 이루어졌다.

1991년 지방선거에서 여성 지방의회의원의 비율은 전체 지방의회의원의 0.9%(47명)로 성별대표성이 심각한 수준이었던 것과 비교하면, 2018년 지방선거에서 시도의회 여성의원 160명(19.3%), 시군구의회 여성의원 900명(30.8%)의 총 1,060명(25.05%)으로 정당공천제 실시가 여성의 지방의회 진출 활성화에 기여하였다.

(2) 과(過): 수직적·대리인적 정부 간 관계(IGR)로 환원

민주적 정치체제의 장점은 권력분립으로 지방자치제를 수용하였던 것도 권력의 지역적 분립이라는 측면이 있었으며 1995년에는 자치단체장이 주민에 의해 선출됨으로써 지방 차원에서 다시 수평적 권력분립의 체계를 갖추었다. 그러나 정당공천제의 실시로 인하여 지방자치의 취지가 변질되고 있다.

정당공천제와 관련해서 문제가 되는 것은 특히 기초지방의회 의원선거로 기초지방의회의원 정당공천제는 2006년 6·2지방선거부터 의정활동비 실시, 의원정수 축소, 중선거구제와 맞물려 시행되었다. 정당공천제가 실시된 지방선거 이후 현상을 보면 생활밀착형으로 가야할 지방정치가 중앙정치 밀착형으로 변질되고 있다.

---

3) 행정안전부 2011년 12월 31일 기준 행정부 국가공무원 수 62만 1,313명 가운데 여성 국가공무원 수는 29만 2,038명(47%)이며, 지방공무원 수 28만 958명 중 여성 지방공무원은 8만 4,238명(29%)이다.

어려운 과정을 통하여 지방은 지방의회라는 주민대의기관을 가지게 되었지만 유권자보다 국회의원에게 잘 보여야 공천을 받는 역기능을 노정하여 중앙정치가 지방정치를 좌우하거나, 의정활동보다 정당활동이 우선시되어 지방자치의 본질이 왜곡되는 현상이 있다. 이는 정부 간 관계(IGR: Inter Government Relation)에서 보았을 때 대등적 내지는 동반자적 관계로 진행되는 것이 아니라 수직적 내지 대리인적 관계로 환원하는 것이기도 하다.

4) 기초지방의회 의원선거에서 정당공천제 폐지 검토

(1) 대선후보자의 정당공천제 폐지 합의와 4·24 재보선 결과

2012년 제18대 대통령 선거에서 후보자 모두 대선공약으로서 기초지방의회의원의 정당공천제 폐지에 대한 의견이 일치하였다. 기초지방의회 의원에 대한 정당공천제 폐지에 대한 의견일치를 사회적 합의로 해석한다면 정당은 이에 대하여 숙고할 필요가 있다.

▶ 표 9-4 ◀ 제18대 대선후보들의 기초지방의원 정당공천제 폐지 의견

대선후보	기초지방의회의원 정당공천제 폐지	기초자치단체장 정당공천 폐지
박근혜	○	○
문재인	○	×
안철수	○	○

(2) 기초지방의회의원 정당공천제 폐지 검토 및 대안

최근 전국시군자치구의회의장협의회에서 설문조사한 결과를 보면, 기초지방의회 의원선거에서 정당공천제를 '폐지해야 한다'는 의견이 68.8%로, 정당공천제를 '유지해야 한다'의견(29.0%)에 비해 2배 이상 높게 나타나고 있음은 이러한 주장을 뒷받침하는 것이다.

사실상 대부분 기초공천제가 폐지된 일본의 경우 정당의 공식적인 정당추천을

거절하는 사례가 늘고 있다. 이는 탈정당화 내지 기존 정당에 대한 불신이 반영된 현상으로 보이며, 정당공천으로 당선될 경우 자율성 확보가 어렵다는 이유로 무소속 선호 내지 정당표방제 실시 혹은 연합공천제 등 다양한 제도를 실시하고 있다.

기초지방의회 의원선거에서 정당공천제 폐지 시 가장 적합한 대안으로는 '지역주민추천제 도입'(39.6%) > '정당표방제의 허용'(25.7%) > '지방정당의 제도화'(22.2%) 순으로 나타났다(전국시군자치구의회의장협의회, 2017).

기초지방의회 선거에서만 정당을 배제하는 것은 헌법 제8조 정당조항과 합치하지 않는다는 비판이 있을 수 있다. 이와 관련 국회 헌법개정특별위원회 자문위원회 헌법개정(안)을 보면 "정당은 그 목적·조직과 공직선거 후보 추천을 포함한 활동이 민주적이어야 한다. 모든 정당은 모든 선거에 자유롭게 참여할 수 있다."를 제안하여 비록 정당공천제 폐지는 아니지만, 정당공천 활동의 민주적 원칙이 반영되고 있고 지방정당을 포함한 모든 정당이 모든 선거에서 자유롭게 참여할 수 있도록 조치한바 현재 제도보다는 어느 정도 진일보하였다.

▎▶ 그림 9-1 ◀▎ 기초지방의회 의원선거에서 정당공천제 폐지 시 가장 적합한 대안

[n=1,559, 단위: %]

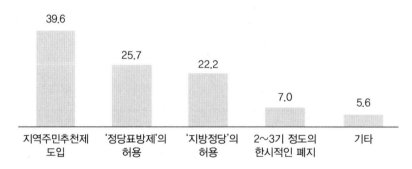

2. 선거구제와 전국동시지방선거의 문제

1) 선거구

지방의원 선거제도는 2006년을 기점으로 많은 발전이 있었다. 시·군·자치구 의회 의원에 대한 정당공천과 함께 중선거구제·비례대표제를 도입하였다.

현재 지역구 시·도의원선거는 소선거구제와 비교다수대표제를, 지역구 자치구·시·군의원선거는 중선거구제와 비교다수대표제를, 비례대표 지방의원선거는 정당명부식 비례대표제를 채택하고 있다. 그러나 <표 9-5>를 보면, 모든 선거 중에서 기초의회의 경우에만 중선거구제를 실시하고 있다.

최근, 전국시군자치구의회의장협의회 설문조사 결과 기초지방의회의원들은 현행 '중선거구제'에서 '소선거구제'로 환원하여야 한다는 의견에 '찬성한다'는 의견(65.0%)이, '반대한다'는 의견(31.6%)에 비해 2배 이상 높게 나타나 중선거구제의 도입 취지를 제대로 살리지 못하고 있다고 인식하는 것으로 나타났다.

그 예로, 2018년 지방선거에서 전국 기초의원 선거구 1,035개 중 2인 선거구가 58%(592개)에 달한 반면, 3인 선거구 40.1%(415개)·4인 선거구는 2.7%(28개)에 불과한 실정이므로[4] 중선거구제의 취지를 잘 살리지 못하고 있다.

▶ 표 9-5 ◀ 각 선거별 선거구제 운영 현황

구분	대표제	선거구제	비고(정수 기준)
대선	상대적 다수대표제	소선거구제	단임제
총선	혼합형(단순다수 + 비례대표)	소선거구제	300명(비례대표 47명, 16%)
광역의회	혼합형(단순다수 + 비례대표)	소선거구제	789명(비례대표 84명, 11%)
기초의회	혼합형(단순다수 + 비례대표)	중선거구제	2,898명(비례대표 379명, 13%)
자치단체장	상대적 다수대표제	소선거구제	계속 재임 3기 한정, 시도지사 17명, 구시군의長 226명

자료: 강원택(2003).

---

4) http://info.nec.go.kr

또한 현행 헌법은 선거구 간 인구편차에 관한 기준을 별도로 규정하고 있지 않으나, 선거구 인구의 과도한 차이는 선거에 관한 평등권 등을 침해할 수 있으며 선거구 획정이 인구비례 원칙에 의거해야 한다는 판결[5]도 있으므로 선거구법 정주의를 고려할 필요도 있다.

2) 선거구 인구편차

<표 9-6>은 주요 국가들의 선거구 인구편차기준을 어떻게 결정하고 있는가를 보여준다. 우리나라, 미국, 일본, 독일 등에서는 인구 수를 사용하나 영국이

▶ 표 9-6 ◀ 각국 선거구 인구편차 규정

국가명	인구편차기준	근거법령/판례
미국	1973년 화이트 대 와이저 사건: 1.1:1을 초과할 수 없다고 판결. 단, 각 주 내 선거구 간 인구편차에만 적용되며, 주 간 선거구 인구편차에는 적용되지 않음.	연방대법원 판례
영국	잉글랜드, 스코틀랜드, 웨일즈, 북아일랜드 각각 선거구 평균 유권자수를 기준으로 ±5%편차 이내일 것	2011년 의회투표 제도와 선거구법
일본	각 선거구의 인구 중 그 최다의 것을 최소의 것으로 나누어 얻은 수가 2 이상이 되지 않도록 함.	중의원선거구획정 심의회설치법
프랑스	동일한 도(데빠르트망) 내에서 평균 인구의 ±20% 이내의 편차를 허용. 단, 20%의 인구편차는 충분히 정당한 사유가 있는 경우에 한하여 예외를 설정할 수 있음.	선거법
독일	선거구 평균 인구 수 기준 ±15% 이내여야 하며, 편차가 ±25%를 초과하면 새로운 선거구 획정을 해야 함.	연방선거법
뉴질랜드	평균 인구 수 편차 ±5%(1.1:1)을 넘지 못함.	선거법
호주	평균 인구 수 편차 ±10%(1.22:1)을 넘지 못함.	연방선거법
캐나다	평균 인구 수 편차 ±25%, 최대: 최소 1.67:1을 넘지 못함.	선거구경계 재조종법

자료: 서복경(2016), p.55.

---

5) 헌재 1995.12.27. 95헌마224

나 스웨덴에서는 인구 수가 아니라 유권자수를 기준으로 확정하고 있다. 우리의 경우 제헌국회 선거법에서부터 인구 수 기준을 사용해 왔다(서복경, 2016).

<표 9-6>에 의한 국가들은 최대:최소 인구 수 편차 기준 1.5:1 미만의 규정을 두고 있음을 파악할 수 있다. 그러나 헌재 2000헌마92(2001.10.25.)에 의하면 국회의원 선거구 2001년 헌재 허용범위가 3:1이었으나 헌재 2012헌마190 (2014.10.25.)에 의해 2014년 새롭게 설정된 기준은 인구편차 상한 인구 수와 하한 인구 수 비율이 2:1을 넘으면 투표의 평등권을 침해한다고 하였다.

헌법재판소가 국회의원 선거구 인구편차 3:1에 대해 위헌결정을 하고 새롭게 2:1 기준을 제시한 것에 비추면 지방의회 의원 선거구 인구편차 4:1이라는 인구편차는 지나치게 크다.

다행히 헌법재판소는 2018년 6월 28일 2014년 3월 한모 씨 등이 청구한 경기도 시군의회 의원정수와 선거구에 관한 조례 전부개정조례(안) 제3조의 [별표2] 위헌확인 헌법소원심판사건에서 재판관 전원일치로 "현재의 시점에서 인구편차 기준을 인구편차 상하 50%(인구비례 3:1)로 변경하는 것이 타당하다."며 2007년 결정을 바꿨다. 이에 따라 2022년 지방선거부터 최대 인구와 최소 인구 차이가 3배 이내여야 한다는 변경된 기준을 적용하여야 한다.

▶ 표 9-7 ◀ 인구편차에 관한 헌법재판소 주요 결정

	헌법불합치 (헌재 2007. 3. 29. 2005헌마985등)	인구편차 상하 60%(인구비례 4:1) 기준 적정 국회의원보다 인구편차의 허용한계를 다소 완화
지방의회 의원선거	헌법불합치 (헌재 2018. 6. 28. 2014헌마166)	인구편차 상하 50%(인구비례 3:1) 기준 적정 인구편차 상하 33⅓% 기준 채택할 경우 어려움 고려

3) 전국동시지방선거와 지방선거의 지방화

(1) 전국동시지방선거의 문제

1988년 5월 1일 시행된 지방의회 의원 선거법에 의해 1991년 3월 26일 시군자치구의회의원 선거가, 1991년 6월 20일에 시도의회의원 선거가 각각 실시되었다. 1990년 12월 31일부터 지방자치단체장선거법이 시행되면서 1995년 6월 27일 제1회 전국동시지방선거가 실시된 후 지금까지 지속되고 있다.

1인 4표를 동시선거하는 1998년 6.4 제2회 전국동시지방선거는 IMF체제하에서 선거무관심과 더불어 선거제도의 변화로 이번 지방선거의 특징인 유권자가 지방선거(특히 지방의회)에 무관심한 상황에서 후보를 모르고 찍은 투표의 결과가 지방자치단체의 의사결정을 하는 지방의회를 구성하게 된다는 것에 심각한 문제가 있었다(황아란, 1998).

2000년 이후 치러진 전국동시지방선거를 보면 지방선거임에도 지방 중심의 현안보다는 지방선거를 통해서 중앙정치가 심판을 받고, 중앙정치의 쟁점이 지방선거에까지 확대되는 현상이 반복되어 나타나고 있다.

2002년 1인 5표를 동시투표하는 6.13 제3회 전국동시지방선거는 지방이 실종된 김대중정부의 국정운영에 대한 평가와 대선후보[6]들의 12월 대선의 예비전 성격을 띠어, 정작 지방이 관심을 받지는 못하였다. 정부와 정당, 언론, 유권자 모두가 지방선거를 중앙정치의 연장으로 파악할 뿐 지방자치의 만개를 위한 문제의식이 부족하였다(이종수, 2002).

2006년 5.31 제4회 전국동시지방선거는 집권 후반기·임기 중 선거라는 특징을 지닌 선거로 야당인 한나라당은 '무능정부 심판론'을, 여당인 열린우리당은 '부패정당 심판론'을 제기하여 중앙정치의 쟁점이 지방선거에 개입하였다. 지방선거가 갖는 특징을 찾아보기 어려운, 지방이 실종된 선거라는 평가처럼 기초의회의원의 정당공천 확대가 지방선거를 중앙정치에 복속하게 하였다.

2010년 1인 8표를 동시투표하는 6.2 제5회 전국동시지방선거에서도 천안함

---

6) 대통령후보로 조기에 지명된 대선후보들은 12월 대선의 예비전 정도로 지방선거를 간주하였다.

피격이라든가 4대강 정비사업 등 중앙정치의 쟁점이 지방선거에 개입하였다. 6.2 지방선거 결과에 대한 학계 및 언론계의 평가도 '한나라당'의 패배라는 중앙정치에 초점을 두었다.

2014년 6.4 제6회 전국동시지방선거의 최대 변수는 4월 16일 발생한 세월호 참사였다. 다른 지방선거와 마찬가지로 지방은 실종되고 중앙만 존재하는 지방선거였다고 평가되고 있다. 세월호 여파로 야당은 세월호 참사의 책임을 정권심판론과 연계하였고, 여당은 세월호 참사에 대한 박근혜 대통령 특별담화 발표 이후 이른바 박근혜효과를 노린 선거운동을 전개하였다.

2018년 6.13 제7회 전국동시지방선거는 대구와 경북을 제외한 거의 모든 지역에서 더불어민주당의 1당지배 현상이 나타났다. 6.13지방선거의 압승은 문재인 대통령과 적폐 제거에 대한 주민들의 지지에 기반했다는 평가이다. 이번 선거에서도 지방 이슈가 지방선거를 주도하지 못하고 국가적 이슈인 문재인 대통령의 4.27남북회담, 6.12북미회담 등 대북정책이 지방선거의 판세를 가름하였다.

전국동시지방선거 이후 지방 이슈가 지방선거를 주도하지 못하고 "중앙정치에 의한 지방 없는 지방선거"를 치르고, 그 결과에 대한 해석도 "지방 없는 중앙정치의 선거"에 대한 의미만을 제기하고 있어 지방선거의 지방화가 이루어 질 수 있는 변화가 필요함을 함의하고 있다.

(2) 지방선거의 지방화: 지방선거 횟수 증대

우리나라에서 지방선거에 관한 법으로서 최초로 제정공포된 것은 1988년 4월 6일 공포된 지방의회 의원 선거법이다. 앞에서 언급하였듯이, 지방의회 의원 선거법에 따라 1991년 3월 26일 기초의회 의원선거를, 6월 20일 광역의회 의원선거를 실시하여 지방선거를 기초의회와 광역의회로 이원화하여 실시한 경험이 있다.

그러나 1994년 3월 16일 법률 제4739호로 공직선거 및 선거부정방지법이 제정되어 동법 제34조 제1항 제3호 지방의회 의원 및 지방자치단체의 장의 선거는 그 임기만료일 전 60일 이후 첫 번째 목요일로 규정함으로써 전국동시지방선거가 실시되었다.

영국의 경우 지방의회 의원을 뽑는 지방선거는 통상 4년이며 5월 첫 번째 목요일에 대부분 행하여 진다. 영국의 지방선거는 지방정부유형에 따라 차이가 있는데, 2000년 개정된 지방정부법에 의하면 지방선거의 실시방식에 다음과 같은 3개의 방식을 부여하고 있다.

① 4년마다 실시하고 전 의원을 일제히 선출하는 방식
② 2년 마다 실시하고 의원의 2분의 1을 개선하는 방식
③ 4년에 3번 실시하고 의원의 3분의 1을 개선하는 방식

요약하면, 지방의원 전원을 4년마다 동시에 선출하는 전체선거제와 의원의 일부를 교체하는 부분선거제를 통하여 이중적으로 운영된다. 전자를 전체선거제 (whole council systam) 또는 카운티제도(county system)라고 하며, 후자를 3분의 1

▶ 표 9-8 ◀ 영국 지방정부별 선거일정

구분	지방자치단체	선거일정	개선 수	비고
잉글랜드	카운티	4년에 1회	전의원 개선	
	디스트릭(150)	4년에 1회	전의원 개선	카운티선거의 중간 해에 실시
	디스트릭(88)	4년에 3회	1/3씩 개선	카운티선거가 없는 해에 실시
	대도시권디스트릭	4년에 3회	1/3씩 개선	카운티선거가 없는 해에 실시
	단일계층기관(28)	4년에 1회	전의원 개선	카운티선거의 중간 해에 실시
	단일계층기관(18)	4년에 3회	1/3씩 개선	카운티선거가 없는 해에 실시
	GLA	4년에 1회	전의원 개선	
	런던구	4년에 1회	전의원 개선	
	시티	4년에 1회	전의원 개선	
	패리쉬	4년에 1회	전의원 개선	카운티선거의 중간 해에 실시
웨일즈	단일계층기관	4년에 1회	전의원 개선	카운티선거의 중간 해에 실시
	커뮤니티의회	4년에 1회	전의원 개선	카운티선거의 중간 해에 실시
스코틀랜드, 북아일랜드	단일계층기관 (Unitary)	4년에 1회	전의원 개선	
	디스트릭	4년에 1회	전의원 개선	

선거(election by third) 또는 부분갱신(partial renewal)제도, 회전선거(rolling election)라고 한다.

단, 스코틀랜드 지방선거의 경우 2002년 스코틀랜드 지방정부법에 의해 3년마다 실시되던 선거방식을 4년마다로 하여 스코틀랜드의회 의원선거와 동시에 실시되는 방식으로 개혁되고 있다. 지방선거의 선거 실시일정은 지방정부별로 <표 9-8>과 같이 실시되고 있다.

<표 9-8>에서 보는 바와 같이 영국의 지방선거는 우리나라처럼 전국이 동시에 실시하지 않고 있다. 이는 주민주권의 의사를 지방선거에 더 잘 반영하기 위해서라고 여겨지므로 지방민주주의 강화 관점에서 지방선거를 다양화하는 제도 보완이 필요하다.

3. 풀뿌리 지방의회의 부활

1) 주민자치회에 대한 검토

지방자치분권 및 지방행정체제개편에 관한 특별법 제27조 내지 제29조에서 규정하고 있는 주민자치회가 주민자치위원회를 보강하는 방식으로 접근하는 방법과 별도로 주민자치 전통을 수용하기 위한 새로운 시도로 접근할 수 있다.

(1) 읍면동 주민자치센터와 주민자치위원회

'주민자치센터'라는 말은 행정안전부의 조례준칙에 의해 사용되었다. 주민자치센터 설치 및 운영 조례준칙 제1조에 의하면 "목적을 위해 주민이 이용할 수 있도록 읍면동에 설치된 각종 문화·복지·편익시설과 프로그램을 총칭한다."고 규정하고 있다.

동 조례준칙 제15조는 "읍면동사무소의 자치센터 운영에 관한 사항을 심의하거나 결정하기 위하여 읍면동사무소에 주민자치위원회를 둔다"라고 규정하고 있다. 동 조례준칙 제18조는 주민자치위원회 기능으로 ① 자치센터의 시설 등 설치 및 운영에 관한 사항, ② 주민의 문화·복지·편익증진에 관한 사항, ③ 주민의 자치활동 강화에 관한 사항, ④ 지역공동체 형성에 관한 사항, ⑤ 기타 자치센터의 운영에 관하여 필요한 사항을 규정하였다.

그러나 읍면동 기능전환의 일환으로서 주민자치센터와 주민자치위원회는 동네 일을 자신의 책임하에 처리하는 기초자치에 부합하기 보다는 주민자치센터의 의견제시자 등의 상담 자문 등으로 역할이 한정되거나 평생교육시설 중심에 치우쳐 명칭과 내용이 불일치한다.

(2) 읍면동 주민자치센터와 주민자치회

영국 근린정부의 기원은 법적 근거에 의하기보다는 지역공동체로서 지위에서 유래한다. 우리나라에서 '주민자치회'가 처음 법률로 규정된 것은 이명박정부에서 제정된 지방행정체제개편에 관한 특별법에서 '주민자치위원회' 대신에 '주민자치회'라는 용어를 사용한 2010년 10월 1일이다. 현 지방자치분권 및 지방행정체제 개편에 관한 특별법 제27조(주민자치회의 설치)의 "풀뿌리자치의 활성화와 민주적 참여 의식고양을 위하여 읍·면·동에 해당 행정구역의 주민으로 구성되는 주민자치회를 둘 수 있다."에 의거하여 읍면동 단위에 주민자치회를 설치하는 것을 제시하고 있다.

동법 제28조에 의한 주민자치회의 기능으로는 "지방자치단체 사무의 일부를 주민자치회에 위임 또는 위탁할 수 있다. ① 주민자치회 구역 내의 주민화합 및 발전을 위한 사항, ② 지방자치단체가 위임 또는 위탁하는 사무의 처리에 관한 사항, ③ 그 밖에 관계 법령, 조례 또는 규칙으로 위임 또는 위탁한 사항"과 같은 위임·위탁사항이 대부분이다.

주민자치회의 구성으로는 동법 제29조 제1항 "주민자치회의 위원은 조례로 정하는 바에 따라 지방자치단체의 장이 위촉한다."라는 규정을 볼 때 주민자치와 거리가 있는 top-down 방식에 의거하므로 정부주도형 주민자치회라고 할 수 있다.

2) 근린(Neighborhood)자치 활성화: 읍·면·동 단위의 기초자치 복원

(1) 우리나라 1952년·1956년·1960년 지방선거 사례

① 풀뿌리자치 활성화를 위한 읍·면자치 실시: 1952년 제1차 지방선거인 전국 시·읍·면에서 시·읍·면의회 의원을 4월에 선출, 5월에 서울, 경기, 강원을 제외한 전국 도의회 의원을 선출하여 읍면기초자치가 실시되었다. 1956년 제2차 지방선거에서 시·읍·면장, 시·읍·면의회의원, 서울 도의회 의원이 주민에 의해 직선되었다. 1960년에 실시된 제3차 지방선거에서는 서울·도의회의원, 시·읍·면의회의원, 시·읍·면장 및 서울특별시장과 도지사가 주민에 의해 직선되었다. 3차에 걸친 지방선거는 도·시·읍·면의 회의원선거뿐이고, 서울특별시·경기도·강원도의회 의원과 시·읍·면장선거는 제2차와 제3차 선거에만 시행되었다. 읍면기초자치에 관한 읍면의회 선거는 3차에 걸쳐 모두 실시되었다.

(2) 영국 근린지역정부로서 패리쉬의회와 주민자치회의 함의

① 'Big Government'에서 'Big Society'로 이행: 2010년 5월 집권한 영국총리 데이비드 캐머런(David Cameron)의 보수당－자유민주당연립정부에 의해 1940년 이래 70년 만에 연립정부가 탄생하였다. 보수당－자유민주당연립정부는 영국 중앙정부의 권한을 지방정부와 지역사회 등으로 이전하는 '지방주의법안(Localism Bill)'을 만들어 'Big Government'에서 'Big Society'실현을 위한 행동방안 제시에 근린지역을 포함하였다. '지방주의(Localism)법안'의 핵심은 지역사회와 근린지역에게 권한이 부여되어야 한다는 믿음에 근거한다.

　이제 영국의 중앙정부는 표면상으로 근린지역, 그리고 지역사회와 개인들에게로 헌신적으로 권한을 위임하는 자리에 있으며, 중앙정부가 국가와 시민과의 관계를 근본적으로 재고찰하고 재정의하는 데 헌신하는 자리에 있음을 선언하였다. 또한 현대화의 일환으로서 모든 지방정부가 주민과 접촉할 것을 제안한 바 있다. 이것은 지방민주주의를 부활하려는 영국정부의

이니시어티브로 간주할 수 있다.

② **주민과 가장 밀접한 근린지방정부로서 패리쉬의회의 다양성:** 지역공동체로서 지위에서 유래하는 영국 지방정부의 기원은 지역주민들의 생활근거지였던 장원체제(manorial system)와 교회구역에 기초하여 발달하였다.

현재의 패리쉬(parish)라 불리우는 지방정부 계층 구조는 이와 같은 주민들과 가장 밀접한 지역공동체를 기반으로 발전하여온 것이다.

패리쉬의회는 제3계층의[7] 지방정부로서 잉글랜드에서는 '패리쉬의회 및 타운의회'로 불리우나 웨일즈와 스코틀랜드에서는 '커뮤니티의회'로 불리운다. 패리쉬의회·커뮤니티의회·타운의회는 커뮤니티와 가장 밀접한 지역에 살고 있는 주민을 대표하는 지방의회이다. 따라서 패리쉬의회는 영국의 지방정부 중 주민과 가장 밀접한 지방정부로서 잉글랜드 지역에 약 8,500개의 패리쉬의회가 구성되어 지방의회 의원이 활동하고 있다.

전형적인 패리쉬의회는 약 1,700명의 주민을 대표하지만 특정 패리쉬의회는 이보다 더 많은 주민을 대표한다. 예를 들어, Weston-Super-Mare의 경우와 같이 인구 7만이 넘는 곳도 있다. 그러나 선거인 200명 이하인 패리쉬는 패리쉬의회를 구성하지 않고 '주민회의'를 통하여 자신 지역의 일을 처리한다.

③ **패리쉬의회의 권한:** 7세기부터 발달하여 온 패리쉬의회는 오랫동안 빈민구제, 도로관리, 세금징수와 같은 지방서비스를 전담하여 왔던 교회와 분리하여 '시민패리쉬'를 만들었다. 잉글랜드, 웨일즈 및 스코틀랜드의 패리쉬의회와 타운의회, 그리고 커뮤니티의회는 더욱 편안한 지역사회의 삶을 형성하는 데 기본적인 책임을 지닌다. 그러나 스코틀랜드의 경우에는 1973년 지방정부법에 권한과 권리를 위임받은 법정단체로서 '커뮤니티의회'가 있지만 매우 소수의 권한만을 가지고 있다.

패리쉬의회의 권한 중 필수적인 것은 ㉠ 패리쉬 내 전유권자 대표, ㉡

---

[7] 가장 최근의 패리쉬의회 중의 하나인 3계층 구조는 카운티-디스트릭의 2계층 구조에다 농촌 지역을 중심으로 구성되어 있는 패리쉬를 포함하는 계층 구조이다. 잉글랜드의 경우에는 패리쉬이지만, 웨일즈와 스코틀랜드의 경우에는 커뮤니티가 패리쉬에 해당한다.

지역 관심사와 접합하는 서비스의 전달, ⓒ 패리쉬의 삶의 질 증진 추구에서 중요한 역할 담당의 3가지로 요약할 수 있다.

이들의 주요 권한은 커뮤니티 교통계획 제공 및 유지, 지역청소년 프로젝트, 관광사업활동 레져시설 학교나 주택가 주변교통 소음완화(traffic calming) 측정, 자동차공원, 녹색마을, 공중화장실, 거리쓰레기통, 가로등, 거리청소, 묘지, 분할대여 된 농지, 버스정류장, 공유지 및 공원 개방, 공간, 보도, 승마길, 범죄 감소 측정과 같은 지역과 밀접한 서비스를 제공하는 기능을 담당한다.

④ 근린 거버넌스로서 패리쉬의회의 파트너십 수행: 정부는 주민자치회의 주민참여라는 민관협력으로 행정혁신을 이룰 계획이다. 구체적으로, 중앙에 주민자치형 공공서비스 민관합동추진협의회를 만들고 지역 내 주민자치회가 공공기관 및 민간기관과 협력체제를 구축하여 달성한다는 내용이다.

영국의 패리쉬의회는 지역주민의 삶의 질 증진을 위한 가장 중요한 역할담당을 지역사회와 직접연계하는 파트너십을 통해 실현하고 있다.

패리쉬의회는 필요한 재원을 요청할 수 있는 권한인 "지방세납세 명령(precept)"을 할 수 있다.

그러므로 영국정부의 '강하고 번영하는 커뮤니티백서'는 패리쉬의회와 타운의회의 역할 증진과 파트너십으로 지역주민을 위하여 더욱 강력한 역할을 수행할 것을 설계하고 있다. 이것은 지역에 소재한 파트너들과 더욱 밀접하게 일하는 패리쉬의회 파트너십 수행이 이익공동체와 장소공동체를 통합하는 이상적인 수단으로서 단순한 서비스 공급의 개선수단을 넘어 지역을 민주화시키는 과정이자 지방정부의 비효율을 극복할 대안으로 간주되고 있다.

우리나라 주민자치회의 경우 주민자치회에 관한 별도의 법률을 제정하면 주민자치회를 법인으로 할 수 있으며 법인으로 할 경우, 그 성격상 사단법인이 될 가능성이 많으므로 영국 지방정부의 최일선에 있는 패리쉬의회와 차이가 있다.

제4절 삼권분립과 지방권력 구조의 민주화

1. 지방정부 기관구성 다양화

1) 지방정부의 기관구성의 문제

우리의 경우 지방의회와 자치단체장의 관계가 강시장 – 약의회(strong mayor – weak council form)형을 택함으로써 자치단체장 중심의 지방정치가 운영되고 있다. 중앙정치에서 행정부가 입법부를 압도하는 것처럼, 지방정치에서도 자치단체장이 지방의회를 압도하는 영향력이 강하게 나타난다. 더구나 자치단체장은 지방의회의 의결에 대해 재의요구권을 폭넓게 행사할 수 있어 지방의회가 견제·감시하기에는 어려운 태생적인 구조이다.

국회에서 실시한 제왕적 대통령 출현을 막기 위한 분권과 협치에 기반한 정부형태 개편안에 대한 설문조사 결과, 대통령 권한을 분산하거나 견제장치를 강화해야 한다는 응답률이 79.8%에 달했고, 중앙정부의 권한과 재원을 지방자치단체로 분산해야 한다는 응답률도 79.6%를 기록했다(대한민국 국회 보도자료, 2017.7.16.).

대통령의 권한을 분산하거나 중앙정부의 권한을 분산하는 것과 마찬가지로 지방정부 차원에서의 구조개편이 검토될 필요성이 있다.

2) 영국 지방정부 기관구성 사례

영국의 지방정부(Local Government) 기관구성은 지방의회(Local council 또는 Local Authority)가 집행기관을 겸하는 기관통합형이기 때문에 그동안 지방의회의 집행기능 분리와 관련된 건의가 있어 왔다. 노동당정부에 들어 영국의 중앙정부는 2000년 지방자치법(Local Government Act)의 개정에 따라 지방정부 기관구성을 주민투표에 의하여 결정하는 주민선택권을 부여해 기관통합형(리더와 내각형(A Leader & Cabinet))과 기관분리형(직선 단체장과 내각형(A Directly – Elected Mayor &

Cabinet))의 지방정부가 공존하는 개혁이 진행 중이다.

(1) 대런던정부(GLA) 부활과 기관대립형 기관구성 다양화 예시

2000년 5월 4일 지방선거에서 대런던시장을 주민직선으로 선출하는 기관구성을 택하였다. 대런던시의 기관구성의 특징은 주민투표로 인하여 영국 최초로 직선자치단체장 제도가 도입되어 대런던의회와 대런던시장의 권한을 분리시키는 기관구성을 채택하였다는 점이다.

(2) 런던바로우의회 기관구성 다양화 예시

2002년 5월 2일 지방선거에서는 32개의 런던바로우의회의 경우 2000년 지방정부법에서 제시한 기관구성 3모델 중 29개 바로우의회가 리더와 내각제(A Leader&Cabinet) 형태를 택하였고, 3개 바로우(Hackney, Lewisham, Newham)의회에서 직선 단체장과 내각제(A Directly-Elected Mayor&Cabinet) 형태를 택하였다.

3) 지방정부 기관구성 다양화(안)

전국 최초로 헌법개정을 위한 지방분권위원회를 구성한 경기도의회에서는 헌법개정안으로 헌법 제120조(안)에 "① 지방정부에는 의회와 집행기관을 둔다. ② 지방정부의 기관구성, 지방의회와 집행기관의 조직·권한·선거 및 운영 등에 관하여는 법률과 지방법률이 정하는 바에 따라 주민투표로 결정한다."라고 제언하였다. (안) 제120조 제2항에 따르면, 지방정부의 기관구성을 현재처럼 기관대립형으로만 획일적으로 구성할 것이 아니라 지방법률과 주민투표로 기관통합형으로도 구성이 가능하도록 하였다.

행정안전부가 2018년 11월 13일 입법예고한 지방자치법 전부개정법률안 제2조의2 제1항은 "지방자치단체의 지방의회와 집행기관의 구성을 달리하고자 하는 경우에는 해당 지방자치단체의 주민투표로 정할 수 있다."라고 하여 지방정부 기관구성 자율성을 제안하고 있다.

2. 선거로 구성된 기관별 독립성 원칙 반영과 사무직원 인사권 환원

1) 사무직원 인사권 환원 필요성

국회의 경우 사무직원의 인사권은 국회사무처법 제3조 제2항에 따라 5급 이상의 공무원은 의장이 행사하고 기타의 공무원은 사무총장이 행사하는 것으로 이원화하고 있다. 5급 이상 공무원인 국회 사무총장과 국회예산정책처장과 국회입법조사처장의 임면권은 국회의장에게 귀속되어 있다.

선거로 구성되는 교육감의 경우에도 지방교육자치에 관한 법률 제29조의3과 제27조에 의하여 시도의회 사무처에 두는 사무직원은 시·도의회 의장의 추천에 따라 교육감이 임명하도록 규정하고 있다.

지방의회의 경우 지방자치법 제91조의 제2항에 따라 자치단체장이 인사권을 행사하고 있다. "다만, 지방자치단체의 장은 사무직원 중 다음 각 호의 어느 하나(1. 별정직 공무원·2. 지방공무원법 제25조의 5에 따른 임기제 공무원·3. 대통령령으로 정하는 일반직 공무원)에 해당하는 공무원에 대한 임용권은 지방의회 사무처장·사무국장·사무과장에게 위임하여야 한다."는 조항으로 임용권을 일부 위임(개정 2013.7.16.)하였으나 결국 지방의회 사무기구의 인적 자원을 제공하는 권한은 지방자치단체장이 주도하고 있다.

유독, 지방의회의 경우에만 선거로 구성되는 타 기관과의 인사권 행사방식에 있어서 형평성이 맞지 않고 있다. 피감사기관인 자치단체장이 자기자신에 대한 감사기관인 지방의회의 직원을 직접 임명하는 것은 강시장-약의회형의 기관구조 속에서 지방의회와 지방자치단체장과의 관계를 더욱 불균형적 권한 관계로 만으로써 지방의회의 존재이유를 침해하는 근본적인 문제를 내포하고 있다.

2) 헌법 개정방향

상기의 문제는 현행 헌법은 제118조 제1항에 "지방자치단체에 의회를 둔다."라고 규정함에 따라 지방의회를 지방자치단체의 기관으로 설정하고 있는 것에서 비롯되고 있는 것으로 보인다. 지방의회가 지방자치단체의 기관으로 설정됨에 따라 현 지방의회 사무직원에 대한 인사권제도도 자치단체장과 자치단체장이 자신이 임명한 부하에게 임용권이 위임되고 있는 것으로 여겨진다.

경기도의회는 헌법개정(안)으로 "헌법 제120조에 "① 지방정부에는 의회와 집행기관을 둔다. ② 지방정부의 기관구성, 지방의회와 집행기관의 조직·권한·선거및 운영 등에 관하여는 법률과 지방법률이 정하는 바에 따라 주민투표로 결정한다."를 제언하였다. 일본 헌법 제92조에도 지방공공단체의 조직 및 운영에 관한 사항은 지방자치 본지에 기초하여 법률로 이를 정한다고 지방자치의 기본원칙을 설정하면서 시작하고 있음은 같은 취지이다.

3) 지방자치법 개정방향

지방자치분권 및 지방행정체제개편에 관한 특별법 제14조 제3항에 "국가 및 지방자치단체는 지방의회 의장의 지방의회 소속공무원 인사에 관한 독립적인 권한을 강화하도록 하는 방안을 마련하여야 한다."라고 정부의 의지를 표명하였다.

최근 입법예고(2018.11.13.)된 지방자치법 전부개정안 제91조(사무직원의 정원과 임명) 제2항을 보면 "시·도의회 사무직원은 시·도의회의 의장이 임용한다."로 제안되었으나, 인사권 독립은 삼권분립 원칙에 의거 광역의회와 기초의회 관계없이 자기기관에 대한 인사권을 행사하여야 한다. 지방자치법 제91조 제2항을 "사무직원은 지방의회의 의장이 임명한다."로 개정하여 의회 사무직원의 인사권을 지방의회 의장에게로 환원해야 한다.

(1) 인사권을 의장에게 환원하나 지방의회직렬을 신설하지 않는 경우

지방의회 의장이 임명권을 가지고 있으므로 의회 사무직 공무원의 충성도를 이끌어 낼 수는 있지만 의회직렬이 신설되지 않아 집행기관으로 복귀하여야 한다는 점에서 궁극적으로 인사권 독립으로 간주하기 어렵다.

① **유사 사례:** 일본의 경우 일본 지방자치법 제138조 제5항의 "지방의회의 사무국장, 서기장, 서기 기타 직원은 의장이 이들을 임면한다."는 규정에 의하여 의장이 임면권을 행사한다. 일본 지방자치법 제6조(임명권자)[8]에 따라 지방의회 의장이 의회 사무국 직원에 대한 임명, 휴직, 면직 및 징계 등을 실시할 수 있는 권한을 부여받고 있다. 단, 지방의회 사무직원에 대한 채용은 인사위원회가 실시하나 근무평정은 의장이 평정결과에 대하여 재평정시키거나 필요 시 조정할 수 있다.

일본의 경우 실제로는 지방의회 의장이 사무직원의 인사권을 행사하면서도 집행기관의 장과 사전협의하여 상호 인사교류 등을 하고 있어 우리나라와 유사한 문제점이 발생하고 있다.

② **관련 문제점 및 해소방안**

[대안] 의회 사무직원에 대한 의원의 평가 실시

┈▸ 이 경우 의회직 신설 시 의회 사무직원 채용 및 의회 사무직 공무원 간 인사교류의 문제를 고려하면 의회 사무직 공무원에 대한 평가를 의원들이 하고 의회가 집행기관에 대한 인사고과에 대한 소통을 제대로 하면 집행기관에 종속되는 현상을 다소 완화할 수 있다(이금라, 2013).

(2) 인사권을 의장에게 환원하고 지방의회직렬을 신설하는 경우

① **지방의회직렬 신설과 직류 세분화:** 지방공무원 임용령에서 분류하고 있는 직군－직렬－직류 등의 체계하에서 '직렬'에 지방의회직렬을 설치하여 완전한 인사권 독립체제를 갖출 수 있도록 해야 한다는 것이다.

---

8) 지방공공단체의 장, 의회의 의장, 선거관리위원회, 대표감사위원, 교육위원회, 인사위원회 및 공평위원회 및 경시총감, 도도부현 경찰 본부장, 시정촌의 소방장(특별 구가 연합하여 유지하는 소방의 소방장을 포함) 기타 법령 또는 조례에 근거하여 임명권자는 법률에 특별한 규정이 있는 경우를 제외하고는 이 법 및 이에 근거한 조례 지방공공단체의 규칙 및 지방공공단체 기관이 정하는 규정에 따라 각각 직원의 임명, 휴직, 면직 및 징계 등을 할 수 있는 권한을 갖는다.

우선, 의회직렬에 설치되는 직류로는 전문보좌업무를 수행하는 '전문직(전문위원, 입법보좌관 등)'과 일반행정업무를 수행하는 '의회행정직'으로 세분화하는 내용이 제기되고 있다.

또 다른 의견으로는 위원회 및 정책연구부서, 지방자치제도연구, 자치법규 입안, 평가 분석 등의 업무를 담당하는 '의정연구직', 지방의회 운영일반을 담당하는 '의회행정직', 의정참고자료 수집·동향을 담당하는 '의회정보직' 등 3가지로 나누는 안이 제기되고 있다(신원득, 2012).

② 예상되는 문제점1 : 인사적체

단, 지방의회직렬을 신설하였을 때 타 직렬들에 비해 '소수직렬'로 인한 인사적체 등의 문제가 지적되고 있다. 한 연구에서 의회직렬 신설 시 의회 사무기구 공무원의 54%, 집행기관 공무원의 75%가 반대하는 것으로 나타났다. 주요 이유로는 사무기구 공무원의 경우 승진 등 인사상 불이익이 65%, 우수인재 기피가 28%이며, 집행기관 공무원의 경우 집행기관과의 단절 및 비협조가 77%, 승진 등 인사상 불이익이 15%로 나타났다(허병천, 1998; 황아란 2003).

⋯→ 지방의회 사무직원의 인사교류와 승진의 폭이 협소해질 우려는 근무의욕 및 사기의 저하를 초래하게 되며, 나아가 우수 인력유치에도 장애가 될 수 있다는 점과 현재 기초의회 사무직원 규모를 고려해 볼 때(특히 규모가 작은 시·군·구 지방의회 사무기구 인력 수가 10~15명 수준) 인사규모의 협소로 독자적인 인사행정 및 인사관리체계의 수행이 어렵다는 문제로 의장에게로 인사권 환원이 지체되고 있다.

③ 대안 : 지방의회·감사직렬 확대 신설

지방의회직렬이 지나치게 소수직렬이라는 점은 인사권 독립의 반대입장으로 연결되므로 이를 보완할 수 있는 방안으로서는 지방의회가 의결기능과 집행기관의 감사기능을 가지고 있다는 점을 감안하여 이를 '의회·감사 직렬'로 확대하자는 것이다.

⋯→ 이는 지방의회의 감사기능을 극대화시키는 동시에 소수직렬화로 인한 승진 지체와 인사교류의 어려움을 해소할 여지가 있다.

④ 예상되는 문제점2: 인사교류 시 공무원 본인 동의 전제

인사교류는 충원제도의 보완조치로 개방성과 유연성을 확장하는 데 기여할 수 있지만 법적인 측면에서 동의를 거치지 않은 인사교류는 취소될 수 있다.

인사교류 시 당해 공무원의 동의를 전제로 이루어져야 한다는 주장이 제기되고 있는 것은 공무원 본인의 동의 없는 전출입으로 인한 남양주시와 양평군 사이의 전출입 사례에서 소송사건의 피고가 패소(대법원 2001.12.11. 선고99두1823 판결)하였기 때문이다.

대법원 판결은 임명권자를 달리하는 지방자치단체로 이동하는 것을 내용으로 하는 전출명령에 대하여 전출되는 당해 공무원의 동의가 필요하다는 취지로서 이는 전출에 따라 업무지휘권의 주체가 변경되는 등 근로조건에 중대한 변경이 발생되므로 당해 공무원의 적법한 동의를 반드시 받아야 함을 확인한 것이다(박해육, 2003).

⑤ 예상되는 문제점3: 사무직원의 정실 인사

지방의회는 정치의 장이므로 사무기구의 직원에 대한 의장의 인사권도 정치에 의해서 임용될 가능성이 있다(신원득, 2012). 특히 지방선거에서 승리한 다수당이 사무기구의 자리를 전리품으로 간주하던 엽관주의(spoil system)적 전통에 의해 2년마다 개편되는 의장단 및 상임위원회의 구성에 따라 정실인사로 변질되어질 가능성을 배제할 수 없다.

⑥ 대안: 인사위원회 설치

지방공무원법 제7조에 의하면 지방자치단체에 임용권자별로 인사위원회를 두도록 규정하고 있다. 지방공무원법과 동 시행령의 인사위원회 관련조항은 임용권자가 집행기관의 장이 된다는 것을 전제로 규정된 것이므로 지방의회에 인사위원회를 구성하여 지방의회 사무기구의 인사관리를 독립적으로 실시하도록 하는 것이 요구된다.

그 외에 의장에게 임명권이 부여되지만 국회의 사무총장을 임명할 경우 본회의 승인을 얻는 것과 마찬가지로 본회의 승인을 받게 되면 중립성을 담보할 수 있을 것이다.

제5절 주민대의기관으로서 지방의회 기능 및 책임성 제고

1. 지방의회 의원정수

1) 주민대의기관으로서 지방의원 정수 감소

국회의 경우 국회법 제1조에 '국민의 대의기관'임을, 지방자치단체장의 경우에는 지방자치법 제101조에 '지방자치단체의 통할대표권'을 명시하고 있으나, 지방의회의 경우에는 그 존재의미에 대한 규정이 상당기간 부재하였다. 2014년 1월 21일에야 지방자치법 제30조에 "지방자치단체에 의회를 둔다."라는 규정을 "지방자치단체에 '주민의 대의기관인'의회를 둔다."라고 개정하여 지방의회가 '주민의 대의기관'임을 비로소 공식화하였다. 지방자치법 개정에 따라 지방의회는 주민의 대의기관으로서 공식적 지위를 갖게 되어 지역의 최고 정책결정기관으로서 책임성 또한 강화되었다.

그러나 주민대의기관으로서 지방의회의 주민대표성은 점점 저하되고 있다. <표 9-9>를 보면 제1대·제2대 지방의회의 경우 5천 명대의 지방의원이, 제3대·제4대 지방의회의 경우 4천 명대의 지방의원이, 제5대·제6대·제7대 지방의회의 경우에는 3천 명대의 지방의원이 지방의회를 구성하고 있는 것으로 나타나 약 2기가 지나게 될수록 지방의원 수는 천 단위 숫자가 줄어들고 있는 패턴을 보이고 있다.

▶ 표 9-9 ◀ 지방의원 정수 현황 (단위: 명)

구분	제1대	제2대	제3대	제4대	제5대	제6대	제7대
계	5,170	5,513(97)	4,180(74)	4,167(73)	3,626(453)	3,731(457)	3,687
시도	866	972(97)	690(74)	682(73)	738(78)	843(81)	789(843)
시군구	4,304	4,541	3,490	3,485	2,888(375)	2,888(376)	2,898

자료: 행정자치부(2015), 지방의회백서, * ( )는 비례대표의원 수.

지속적인 지방의회 의원정수 감축으로 지방의회는 대의회제에서 소의회제로 변화하는 추세이며, 이로 인해 지방의원이 대표하여야 할 지역주민의 수는 증가하고 있다. 제1대 지방의원 1인이 대표하여야 할 주민 수 8,471명에서 제8대 지방의원 1인이 대표하여야 할 평균 주민 수는 5,344명이 증가한 13,815명으로 증가함으로써 결국 주민대의기관으로서 지방의회의 위상 약화가 진행되고 있다.[9] 아울러, 지방의원이 견제·감시하여야 할 집행기관 지방공무원 1인당 우리나라 주민수 167명과 비교하거나 국가별 지방의원 1인당 인구 수와 비교하여 보아도 우리나라 지방의원은 주민을 상당히 과다대표하고 있다.

▶ 표 9-10 ◀ 지방공무원 1인당 주민 수(2017년 6월 기준)

구분	합계	특·광역 (8)	도 (9)	시(75)			군 (82)	구 (69)
				소계	50만 이상 (15)	50만 미만 (60)		
공무원1인당 주민 수	167	490	594	246	339	195	87	334
지방공무원 수(명)	310,691	47,374	47,976	97,857	35,112	62,745	50,750	66,734
인구 수(천명)	51,736	23,235	28,501	24,118	11,887	12,231	4,432	22,274

자료: 행정안전부(2017.12.), 「공무원 1인당 주민수 현황」 (*세종특별자치시는 특광역시에, 제주특별자치도는 도에 포함).

▶ 표 9-11 ◀ 국가별 지방의원 1인당 인구 수

국가별	인구(백만명)	의원1인당 인구(명)	의원총수(명)
미국	297	2,393	460,000
프랑스	62.7	120	520,436
영국	60.2	2,866	21,000
일본	125	1,498	84,003
한국	50.7	13,598	3,731

자료: 지방분권촉진위원회(2011), 행정안전부(2012 통계연보).

---

9) 2018년 10월 말 기준 인구 수 51,821,881명 1991년 인구 43,800천 명 기준.

2) 지방의회 의원과 지방공무원·국가공무원 정원 연도별 비교

지방자치가 부활한 1991년 국가공무원 정수는 55만 3천 명에서 2017년 기준 63만 9천 명으로 15.6% 증가하였다. 1991년 지방공무원 정수는 25만 3천 명에서 2017년 기준 31만 7천 명으로 25.3% 증가하였다. 반면에, 지방의원의 경우 광역 의원 정수는 1991년 866명에서 2017년 789명으로 8.9% 감소하였다. 기초의원 정수는 1991년 4,304명에서 2017년 기준 2,898명으로 32.7% 감소하였다.

순수한 인원 축적의 문제를 해결하기 위해 진행된 파킨슨의 연구에 의하면, 조직의 인원은 매년 증가한다는 파킨슨법칙을 수식으로 표현하였다.[10] $x = \dfrac{2k^m + l}{n}$ 증가율을 알기 위한 $\dfrac{100(2k^m + l)}{yn}$%의 수식에 의하면, y는 전년도 직원의 총수를

▶ 표 9-12 ◀ 연도별 공무원 정원 변동 현황

작성기준일: 매년 12월 31일(단위: 천 명)

구분	1991년	1992년	1993년	1994년	1995년	1996년	1997년	1998년	1999년	2000년
계	806	834	841	841	841	851	854	812	799	793
국가	553	565	568	567	558	561	562	556	548	546
지방	253	269	273	274	283	290	292	256	251	247

구분	2001년	2002년	2003년	2004년	2005년	2006년	2007년	2008년	2009년	2010년
계	791	810	836	854	875	870	886	882	886	893
국가	548	562	579	589	601	590	604	607	609	612
지방	243	248	257	265	274	280	282	275	277	281

구분	2011년	2012년	2013년	2014년	2015년	2016년	2017년
계	895	903	907	918	928	937	956
국가	612	615	616	622	626	629	639
지방	283	288	291	296	302	308	317

출처: 행정안전부, 각 부처 직제 및 시행규칙.

---

10) k는 부하직원을 임용함으로써 승진하려고 하는 간부의 수, l은 처음 임용되어 퇴직할 때까지의 기간, m은 한 부서 내에서 어떤 사람이 기안을 작성하는데 걸리는 시간, n은 효과적으로 관리되고 있는 단위집단의 수, X는 매년 새로 고용해야 할 직원 수를 의미한다.

의미하며 업무량의 변화와는 상관없이 5.17%와 6.56% 사이의 결과를 얻게 될 것이라는 것이다.

지방의회의원의 경우 국가공무원과 지방공무원에 해당되는 파킨슨법칙이 나타나지 않고 오히려 감소하고 있음이 <표 9-12><표 9-13>과 <그림 9-2>·<그림 9-3>·<그림 9-4>에서 나타나고 있다.

▶ 표 9-13 ◀ 연도별 지방의회 의원 정원 변동 현황

작성기준일: 매년 12월 31일(단위: 명)

구분	1991년	1992년	1993년	1994년	1995년	1996년	1997년	1998년	1999년	2000년
계	5,170	5,170	5,170	5,170	5,513	5,513	5,513	4,180	4,180	4,180
광역	866	866	866	866	972	972	972	690	690	690
기초	4,304	4,304	4,304	4,304	4,541	4,541	4,541	3,490	3,490	3,490

구분	2001년	2002년	2003년	2004년	2005년	2006년	2007년	2008년	2009년	2010년
계	4,180	4,167	4,167	4,167	4,167	3,621	3,621	3,621	3,621	3,649
광역	690	682	682	682	682	733	733	733	733	761
기초	3,490	3,485	3,485	3,485	3,485	2,888	2,888	2,888	2,888	2,888

구분	2011년	2012년	2013년	2014년	2015년	2016년	2017년
계	3,649	3,649	3,649	3,687	3,687	3,687	3,687
광역	761	761	761	789	789	789	789
기초	2,888	2,888	2,888	2,898	2,898	2,898	2,898

출처: 선거관리위원회.

◗ 그림 9-2 ◀ 연도별 국가공무원 정원 변동 추이

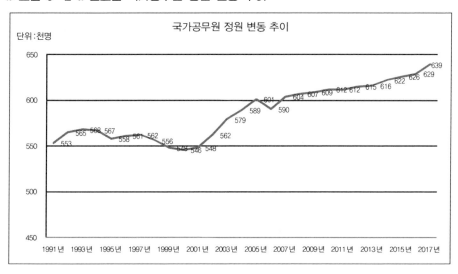

◗ 그림 9-3 ◀ 연도별 지방공무원 정원 변동 추이

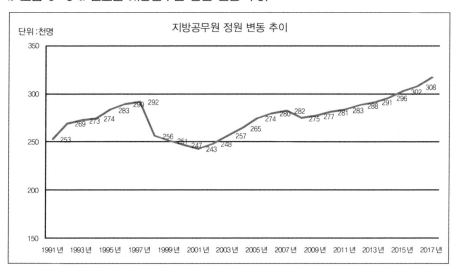

▶ 그림 9-4 ◀ 연도별 지방의회 의원 정원 변동 추이

3) 지방의회 의원정수 산정기준 변경 필요

공직선거법상 의원정수 산정은 지방의회 구성에 지속적으로 영향을 미치는 하나의 원형이다. 지방공무원 정원관리제도는 1994년 이후 지방자치법 개정을 통해 제112조 제1항과 제2항에 "지방자치단체는 그 사무를 분장하기 위하여 필요한 행정기구와 지방공무원을 둔다. 제1항에 따른 행정기구의 설치와 지방공무원의 정원은 인건비 등 대통령령으로 정하는 기준에 따라 그 지방자치단체의 조례로 정한다."로 개정하였다. 따라서 조례로 정한 지방공무원의 정수 산정이 지방자치단체 정원관리의 기준치로서 중요한 의의를 지니게 되었다. 최근에는 기준 인건비제를 도입하여 기준 인건비 범위 내에서 지방자치단체가 자율적으로 지방공무원 정원을 관리하고 있어 지방의회와 대비가 된다.

(1) 행정구역 중심 의원정수 산정에서

지방정무직 공무원으로서 지방의원의 경우 지방자치법 제29조에 의거하여 공직선거법에서 의원정수에 관한 사항을 규정하고 있으며, 의원정수 산정기준에 행정구역이 주요 기준으로 되어 있다. 시도의회 의원정수는 그 관할구역안의 시군구 수마다 2배수로 하되, 인구, 행정구역, 지세, 교통 등을 고려하며, 의원정수의 100분의 14범위에서 조정할 수 있다. 시군구의회 의원정수는 당해 시도 총정수 범위 내에서 시군구 인구와 지역대표성을 고려하여 정하고 있다.

우리의 지방의회 의원정수 산정기준이 행정구역을 그 우선적인 기준으로 하고 있으며 여기에 각 지방의회가 소속된 지방자치단체의 인구 수를 일부 고려하고 있지만, 지방자치단체장과는 달리 지방의회의원들은 지형이나 지세 등을 대표하는 것이 아니고 사람을 대표하는 것이기 때문에 반드시 행정구역 중심 분할 원칙이 고수되어야 하는가 하는 의문이 제기되고 있다(국회선거구획정위원회, 1995).

(2) 인구 수 중심 원칙으로 변경

우리의 경우 최소 주민 수(9,975명[11])를 가진 울릉군의회나 5만 명 이상의 주민 수(57,527명)를 가진 과천시의회의 의원정수가 7명인 점을 감안하면, 지방의회의 의원정수가 불합리하다고 할 수 있다. 각 지방의회가 위원회를 구성하고 정상적인 의정활동을 위해 최소한의 의원정수는 주민 수에 관계없이 모든 지방의회에 확보되어야 할 것이다. 이렇게 보면 의원 수 7인은 지나치게 적다.

지방의회 의원정수 감축으로 지방의원이 대표하여야 할 주민 수가 증가하고 있다. 제1대 지방의원 총 5,170인에서 제6대 지방의원 총 3,649인으로 1,521인이 감축되었고 특히, 기초의회 의원정수의 감축이 있었다. 유급제 시행 전인 제2대 지방의원과 비교하여 보면 시·군·구의회 의원정수는 4,541명에서 의정활동비 시행 후 2010년 2,888명으로 1,653명이 감축되었다.[12] 시·군·구의회 의원정수 감축으로 제7대 기초의원 1인이 대표하여야 할 평균 주민 수는 17,657명으로 증가하여 주민대표기관으로서 지방의회의 위상은 흔들리고 있다.

우리나라 지방의회 의원정수 산정기준이 행정구역을 우선기준으로 하고 있으

---

11) 행정안전부. 지방자치단체 행정구역 및 인구 현황. 2017.12.31. 현재.

12) 시·군·구의회 의원정수가 유급제 시행 전 제4대 지방의회 의원정수 3,485명에서 유급제 시행 후 제5대 지방의회 의원정수는 2,888명으로 597명이 감축되어 제6대와 제7대 지방의회에서도 유지되고 있다.

나 지방의원들은 주민을 대표하는 기관이기 때문에 주민 수인 인구 수를 가장 기본적인 산정기준으로 하고 그 근거규정도 공직선거법이 아닌 조례에 위임하여 지역에 자율권을 부여할 필요가 있다. 의원정수를 산정하는 데 있어서 일본의 경우[13] 인구 수를 가장 기본적인 산정기준으로 채택하고, 지방정부 수준에서 독립적으로 의원정수를 획정하고 있다. 제주특별자치도의회와 세종특별자치시의회 의원정수의 경우 특별법에 의하여 조례로 산정하고 있음이 선례가 될 것이다.

2. 지방의회 의원 역량 제고

1) 지방의회 사무기구

지방의회는 지방자치단체의 유일한 입법기관은 아니고, 자치단체장도 조례, 규칙, 규정을 제정할 수 있는 권한이 부여되고 있으나 <표 9-15>와 같이 자치입법 발의는 73.3%로 자치단체장이 주도하는 편이다. 2017년 제정·개정·폐지된 조례 22,304건 중 발의 주체별 실태를 보면, 광역지방자치단체의 경우 광역지방의원 발의가 59.8%, 광역자치단체장 제출이 40.2%로 의원발의가 앞선 반면에, 기초지방자치단체의 경우에는 기초자치단체장 제출이 79.3%, 기초지방의원 발의가 20.7%로 격차가 크게 나타났다. 이는 입법정책실, 입법정책담당관실 등의 의정활

▶ 표 9-15 ◀ 2017 조례 발의·제출 주체별 비율

구분	총계	지방의원 발의(%)	지방단체장 제출(%)
총계	22,304	5,951(26.7%)	16,353(73.3%)
시도	3,394	2,028(59.8%)	1,366(40.2%)
시군구	18,910	3,923(20.7%)	14,987(79.3%)

자료: 행정안전부(2018), 2017 지방자치단체 조례·규칙 현황.

---

13) 809개의 시의 경우 5만, 10만 미만, 20만 미만, 30만 미만, 40만 미만, 50만 미만, 50만 이상, 정령지정도시별로 의원정수를 산정하고 있다.

동 지원유무가 광역의회의 경우 어느정도 반영된 것으로 해석된다.

지방의원을 지원하기 위한 조직인 지방의회 사무기구에 대해서는 지방자치법 제90조에[14] 의회의 "사무를 처리하기 위하여" 설치한다고만 되어 있을 뿐, 의원들의 의정지원기능에 대해서는 따로 규정하고 있지 않다(송광태, 2015). 지방의회 사무기구 직원에 대한 인사권 행사가 사무기구 직원의 신분에 따라 지방자치단체장과 사무처장·국장·과장으로 이원화되기 시작한 2006년과 2017년 기준 사무기구 직원 현황을 보면 <표 9-14>와 <표 9-15>와 같다.

지방의회 사무직원의 비중이 2006년에는 88%에서 2017년에는 85%로 3% 감

▶ 표 9-14 ◀ 전국 지방의회 사무직원 현황(2006.1.1. 현재 현원기준)

구 분			합계		시도	시군구	비 고
			인 원	%			
총인원			4,890	100.0	1,220	3,670	
단체장임명	소 계		2,734	55.9	679	2,055	
	일반직	행 정 직	2,257	–	616	1,641	사무기구의 장, 담당관, 담당 등 사무기구 간부 등
		전문위원	477		63	414	일반 행정직 출신
의회사무기구의장임용	소 계		2,156	44.1	541	1,615	
	별정직	전문위원	93		30	63	
		기 타	183	–	45	138	속기사 등
	계 약 직		9	–	9	0	편집실 편집요원 등
	기 능 직		1,871	–	457	1,414	속기사, 전기, 영사, 난방, 교환, 운전, 위생, 방호, 사무보조직

자료: 지방분권촉진위원회 내부자료(2010).

---

14) 지방자치법 제90조(사무처 등의 설치) ① 시·도의회에는 사무를 처리하기 위하여 조례로 정하는 바에 따라 사무처를 둘 수 있으며, 사무처에는 사무처장과 직원을 둔다. ② 시·군 및 자치구 의회에는 사무를 처리하기 위하여 조례로 정하는 바에 따라 사무국이나 사무과를 둘 수 있으며, 사무국·사무과에는 사무국장 또는 사무과장과 직원을 둘 수 있다.

▶ 표 9-15 ◀ 전국 지방의회 사무직원 현황 비교

구분	합계		시도		시군구	
	2006년	2017년	2006년	2017년	2006년	2017년
총인원	4,890	5,746	1,220	1,748	3,670	3,998
사무직원	4,320(88%)	4,879(85%)	1,127(92%)	1,579(90%)	3,193(87%)	3,300(83%)
전문위원	570(12%)	867(15%)	93(8%)	169(10%)	477(13%)	698(17%)

자료: 2017년 자료는 행정자치부(2017.3.6. 기준).

소한 반면에, 전문위원의 비중이 12%에서 15%로 3% 증가(광역의회 2% 증가 기초 의회 4% 증가)하였다고 해도 지방의회의 의정역량을 지원하기 위한 전문위원의 비중은 저조하다. 그러나 최근 입법예고 중(2018.11.13.)인 지방자치법 제33조의2 (의원의 정책지원 전문인력) 제1항에 "지방의원의 의정활동을 지원하기 위하여 해 당 지방자치단체의 조례로 정하는 바에 따라 정책지원 전문인력을 둘 수 있다." 를 신설하여 정책지원 전문인력 도입의 법적 근거를 마련하였으므로 활용할 수 있을 것이다.

2) 지방의원 전담 교육연수기관 및 연구기관 부재

현재 지방자치법 제38조에 규정된 지방의원 전문성 제고는 지방의회의 의무 사항이다. 지식기반사회인 21세기는 사람이 곧 경쟁력인 시대로 지방이양일괄법 으로 중앙정부사무가 지방에 이양될 경우, 지방의회의 업무는 증가될 것이며 이 에 따른 지방의원의 전문성 확보는 더욱 절실해 질 것이다.

현재 공무원 교육연수기관으로 중앙부처 소속 교육연수기관 26개, 지방인재개 발원 16개, 소방학교 등이 있으나, 지방의원들과 직원들을 위한 교육연수기관은 부재하다. 국가기관의 경우 국회사무처 직제(국회규칙) 제12조(의정연수원)에 근거 1994년 의정연수원법 제정하여 차관급 독립기관인 의정연수원이 설립되었다. 2000년 의정연수원법 폐지로 국회사무처 연수국에서 2006년 12월 7일 국회사무 처 직제 개정으로 2007년부터 지방의회 연수업무를 국회사무처 의정연수원에서 담당하고 있고, 1998년 6월 국가전문행정연수원에 지방의회의정 정책연수과정을 신설한 이래 행정안전부 지방자치인재개발원에서 운영하고 있는 정도이다.

지방의원의 전문성을 제고하기 위해서는 지방의원들의 자체노력도 필요하지만 의원역량을 높일 수 있는 조치가 필요한데, 이는 지방의원들을 위한 교육연수기관 내지는 연구기관의 설립일 것이다.

▶ 표 9-16 ◀ 집행기관 지방공무원을 위한 교육연수기관과 연구기관 현황

지방공무원 교육연수기관	집행기관 연구기관
지방자치인재개발원	한국지방행정연구원
제주특별자치도인재개발원	제주연구원
서울특별시인재개발원	서울연구원
부산광역시인재개발원	부산연구원
대구광역시인재개발원	대구경북연구원
인천광역시인재개발원	인천발전연구원
광주광역시공무원교육원	광주연구원
대전광역시인재개발원	대전연구원
울산광역시인재개발원	울산연구원
경기도인재개발원	경기연구원
강원도인재개발원	강원연구원
충북인재개발원	충북연구원
충남인재개발원	충남연구원
전북인재개발원	전북연구원
전남인재개발원	전남연구원
경북인재개발원	대구경북연구원
경남인재개발원	경남연구원

3. 직업으로서 지방의원과 보수

정치를 직업으로 삼는 경우 ① 정치를 위해 살거나 ② 정치에 의해 사는 두 가지 방식이 적용된다. 우리나라에서 국민이 선출하는 대통령, 국회의원과 자치단체장의 경우 이들은 후자인 '정치를 지속적인 수입원으로 하여 사는 방식'이 적용되었다. 이와 달리 지방의원은 전자인 '정치를 위해 사는 보수결정방식'이 적용되었다.

지방의원과 지방자치단체장은 주민대표자로서 이원적 대표성을 가진다. 이와 같은 이원적 민주합법성은 지방의원과 자치단체장이 각자의 정당성을 지방선거에 두고 있으므로 어느 기관도 독점적 정당성을 주장할 수 없다. 이원 대표제에 의한 지방의원과 자치단체장 양자의 신분은 국가공무원법 제2조 제3항 제1호와 지방공무원법 제2조 제3항에 의하면 선거로 취임하는 정무직 공무원으로서 특수경력직 공무원으로 정의하고 있다.

▶ 표 9 - 17 ◀ 지방공무원 보수규정[별표 11] 연봉제의 구분 및 적용대상공무원 구분표

구분	적용 대상 공무원
고정급적 연봉제	정무직 공무원

▶ 표 9 - 18 ◀ 지방자치법 전부개정안 제33조(2018.11.13. 입법예고)

> 지방자치법 제33조 ① 지방의회의원에게 다음 각 호의 비용을 지급한다.
> 1. 의정 자료를 수집하고 연구하거나 이를 위한 보조 활동에 사용되는 비용을 보전(補塡)하기 위하여 매월 지급하는 의정활동비
> 2. 지방의회의원의 직무활동에 대하여 지급하는 월정수당
> 3. 본회의 의결, 위원회의 의결 또는 의장의 명에 따라 공무로 여행할 때 지급하는 여비
>   ② 제1항 각 호에 규정된 비용의 지급기준은 대통령령으로 정하는 범위에서 해당 지방자치단체의 의정비심의위원회에서 결정하는 금액 이내로 하여 지방자치단체의 조례로 정하되, **제1항제3호에 규정된 비용은 의정비심의위원회 결정대상에서 제외한다.**
>   ③ 의정비심의위원회의 구성·운영 등에 관하여 필요한 사항은 대통령령으로 정한다.

지방공무원 복무규정 제8조는 지방공무원법 제3조 제3항에 의한 공무원의 범위는 지방의회 의원과 선거에 의하여 취임한 지방자치단체의 장으로 규정하고 있어 지방의원과 자치단체장은 지방공무원으로 간주되고 있다.

1995년 6.27지방선거부터 자치단체장이 선출된 직후 자치단체장의 보수는 '지방공무원 보수규정'에 의하여 고정급적 연봉제 적용대상 공무원으로서 연금, 보수월액 및 국민의료보험법에 의한 보수월액, 명예퇴직 및 조기퇴직 수당까지 규정하고 있어 급여의 성격을 가진다.

그러나 지방의원의 보수는 <표 9-18>과 같이 지방자치법 제33조 규정에 의해 의정활동비와 여비, 월정수당으로만 지급된다.

의정활동비와 여비는 지방자치법 시행령 부칙에 의해 전국 공통으로 보장되므로 문제가 되지 않는다. 문제가 되는 부분이 월정수당인데 자율과 책임의 지방자치 원칙 구현을 위해 각 지역의 '의정비심의위원회'가 결정하도록 자율권을 부여하여 지방의회 간 격차가 심하고 균형이 되지 않고 있다.

또한 국가공무원법 제46조 제1항에는 "공무원의 보수는 직무의 곤란성과 책임의 정도에 맞도록 계급별·직위별 또는 직무등급별로 정한다."는 보수결정의 원칙이 있다. 이원 대표제를 표방하는 집행기관 견제·감시기관으로서, 그리고 주민대표기관이라는 직무의 곤란성과 책임 정도에 맞도록 보수 산정 접근방식을 조정할 필요가 있다.

국회의원의 경우 국가공무원법 제46조의 규정에 의한 보수결정의 원칙에 입각하여 국회의원 수당 등에 관한 법률과 국회법에 의하여 국회의원은 장관급의 대우를 받고 있다.

유급제의 근거법규를 선출직과 비교하면, 국회의원은 국회법 제30조 규정에 의거 '국회의원 수당 등에 관한 법률' 등을 근거로 지급되며, 외부에 그 구체적 내용을 공개하지 않는다. 국회법 제30조에 의하여 따로 법률이 정하는 바에 의하여 '수당과 여비'를 받으며 국회의원수당 등에 관한 법률 제2조에는 "국회의원에게 별표 1의 수당을 매월 지급한다. 다만, 수당을 조정하고자 할 때에는 이 법이 개정될 때까지 공무원보수의 조정비율에 따라 국회규칙으로 정할 수 있다."고 공무원보수 조정비율에 의거하는 수당지급기준을 명시하고 있다.

국회의원의 수당은 <표 9-19>에서 보는 바와 같이 '국회의원 수당 등에 관

▶ 표 9-19 ◀ 국회의원 수당 등에 관한 법률 [별표 1] 수당

내역	구분	지급액
수당	국회의장	1,496,000원
	국회부의장	1,275,000원
	의원	1,014,000원

한 법률' [별표 1]에 의거 국회의장, 국회 부의장, 국회의원별로 정액 지급하여 월 10,311,760원이[15] 지급되고 있다. 자치단체장의 연봉도 '지방공무원 보수규정' [별표 12]에 의거 지방자치단체 유형별로 정액지급하고 있다.

국회의원의 수당 구성이 일반수당, 입법활동비,[16] 특별활동비,[17] 입법 및 정책 개발비, 관리업무수당, 직급보조비, 정액급식비, 정근수당 등 10개 항목으로 구성 되어 있지만 지방의회의 경우처럼 외부기관이 보수 수준을 결정하거나 권고하지 않고 국회가 '자체결정'한다.

공무원이 받는 수당은 '공무원 수당 등에 관한 규정'에 의거 상여수당, 가계보 전수당, 근무수당, 특수근무수당, 직급보조비, 정액급식비, 자녀학비보조수당, 명 절휴가비 등 30개 항목이 넘지만, 기본급 외 최대 32개의 수당을 사실상 기본급 화하고 있어 기형적 수당 체계를 지닌다. 이는 봉급에 대한 통제가 가해지자 수 당을 끼워 넣어 임금을 현실화하는 관행이 오랜 기간 굳어진 결과라고 한다.

지방의원의 유일한 수당인 월정수당을 의정비심의위원회에서 결정하는 것과 지방자치법 시행령 제34조의 제6항[18]에 의해 지방공무원 보수인상률을 초과할 경우 공청회나 여론조사를 하여야하는 상황은 같은 선출직인 국회의원과 자치단

---

15) 국회사무처 자료에 의하면 2012년 1월 1일 기준 국회의원 세비 내역 중 수당 월액은 10,311,760 원이다.

16) 1,200,000원.

17) 입법활동비의 30/100 상당액.

18) 지방자치법 시행령 제34조 ⑥ 심의회는 제5항의 금액을 결정하려는 때에는 그 결정의 적정성 과 투명성을 위하여 공청회나 객관적이고 공정한 여론조사기관을 통하여 지역주민의 의견을 수렴할 수 있는 절차를 거쳐야 하며, 그 결과를 반영하여야 한다. 다만, 심의회의 결정이 지방 공무원의 보수가 인상되는 해의 그 인상률 범위에서 월정수당을 인상하려는 경우에는 지역주 민의 의견수렴절차를 생략할 수 있다.

체장 그리고 지방공무원과의 관계에서 불균형적이다.

지방공무원법 제44조 제3항은 "경력직 공무원 간, 경력직 공무원과 특수 경력직 공무원 간에 보수의 균형을 도모하여야 한다."라는 보수결정의 원칙을 선언하고 있다. 지방의원의 유일한 직무활동 수당인 월정수당 산정방식이 지방자치단체장과의 특수 경력직 공무원 간에 그리고 경력직 공무원 간에 보수의 균형을 도모하는 보수결정 원칙이 적용되기를 바란다.

지금까지 지방의회 운영 개혁과제보다는 지방의회 구조 개혁과제에 대하여 제언하였다. 모쪼록, 이 글이 지방자치분권 담론에 지방자치분권의 중심축을 담당하고 있는 지방의회가 민주적인 제도로 결실을 맺는 실천지(phronesis: 프로네시스)로 참여하는 대안과 숙고된 실전적 선택(proairesis: 프로아이레시스)에 마중물이 되기를 바란다.

참고문헌

강원택. (2003). 바람직한 선거제도의 개혁 방안. 「한국정당학회보」 제2권. 서울: 한국정
　　당학회.

강장석. (2008). 한국 지방의회의 자율성 및 독립성 침해 요인. 「한국지방자치학회보」 제
　　20권 4호. 서울: 한국지방자치학회.

국회 헌법개정특별위원회 자문위원회. (2018.1.). 국회 헌법개정특별위원회 자문위원회
　　보고서.

국회 헌법개정특별위원회. (2017.8.), 헌법 개정 주요 의제.

국회사무처. (2017.1.). 헌법개정 조문별 참고자료(Ⅴ)-헌법개정 연구자료집 5-. 서울:
　　국회사무처.

김상미. (2005). 제도의 관점에서 본 지방의회의 성과와 정책적 함의, 「한국정책학회보」
　　제14권 제1호. 서울: 한국정책학회.

김상미. (2011). 교육·훈련·연구중심의 (가칭) 지방의정연수원의 설립. 서울: 대통령소
　　속지방분권촉진위원회.

김상미. (2011.10.20.). 읍면동 주민자치회 설치방안 마련을 위한 토론회 토론문. 서울:
　　대통령소속 지방행정체제개편 추진위원회.

김상미. (2013). 지방의원 보수제도 개선. 「자치의정」 11·12월호. 서울: 지방의회발전연
　　구원.

김상미. (2013.3.25.). 지방의회 구성과 정당공천제의 공과, 기초단체장·기초의원 정당공
　　천체폐지 토론회 토론문. 유성엽 국회의원 주최. 전국시장군수구청장협의회·전국시군
　　자치구의회의장협의회 주관.

김상미. (2015). 우리나라 기초지방의회와 외국의 지방의회. 「지방자치20년 평가 3권 지
　　방이 바라보는 지방자치」. 서울: 행정자치부

김상미. (2018). 지방분권개헌과 지방의회. 한국지방자치학회 동계학술대회.

김상미. (2018). 지방자치분권과 지방의회 개혁과제. 한국지방자치학회 추계학술대회.

노스코트 파킨슨 지음 김광웅 옮김. (2010). 「파킨슨의 법칙」. 서울: 21세기북스.

대통령소속 자치분권위원회. (2011.8.31.). 지방의회 활성화 방안(중간보고).

박해욱. (2003). 공무원의 동의를 통한 인사교류 활성화 방안: 경기도를 중심으로. 「지방
　　행정연구」 제17권 제1호(통권 53호). 서울: 한국지방행정연구원.

송광태. (2015). 지방의회의 의정역량 강화방안. 「자치의정」 11·12월호. 서울: 지방의회 발전연구원.

신원득. (2012). 「경기도의회 인사권독립·정책연구원제도 운영방안 연구」. 수원: 경기연 구원.

신원득·김상미. (2013). 「지방의회 인사권 독립에 관한 고찰」. 서울: 자치발전위원회.

안영훈·박해육. (2010). 「지방의회 사무직원에 대한 효율적인 인사운영 방안」. 서울: 한 국지방행정연구원.

이금라. (2013). 직업으로서 지방의원의 직무만족도. 「자치의정」 통권93호. 서울: 지방의 회발전연구원.

이종수. (2002). 6.13지방선거의 특징과 과제. 「자치의정」 통권25호. 서울: 지방의회발전 연구원.

임경호. (2010). 지방의회출범 20년 동안의 제도개혁. 「자치의정」 1·2월호. 서울: 지방의 회발전연구원.

전국시군자치구의회의장협의회. (2017.11.). 「기초지방의회 정책과제 설문조사」. 서울: 전국시군구자치의회의장협의회.

지방의회발전연구원. (2008.5.). 「로컬거버넌스」 통권 33호. 서울: 지방의회발전연구원.

지방자치발전위원회. (2017.3.). 「2017년 지방자치발전 시행계획－주요내용 및 추진계획」 서울: 대통령소속지방자치발전위원회.

행정안전부. (2017). 「지방자치단체 행정구역 및 인구현황」. 서울: 행정안전부.

행정자치부. (2015). 「지방의회백서」. 서울: 행정자치부.

행정자치부. (2017). 「2016 지방자치단체 조례·규칙 현황」. 서울: 행정자치부.

황아란. (1998). 6.4지방선거의 결과 분석. 「한국민주주의와 지방자치」. 한국정당정치연 구소. 서울: 도서출판 문원.

황아란. (2003). 「지방의회 사무기구의 인사권 확대방안」. 서울: 한국지방행정연구원.

경향신문(2017.4.2.).

한겨레(2016.9.1.).

찾아보기

김찬동
1. 최종 학력: 일본 동경대학대학원 법학정치학 연구과 정치학(행정) 박사
2. 현직: 충남대학교 자치행정학과 교수
3. 주요 경력: 대통령소속 자치분권위원회 TF위원, 한국지방계약학회장
4. 대 저술: 주민자치의 이해(2015, 충남대출판문화원)

최영출
1. 최종 학력: 영국 Newcastle University 대학원(정책학 박사)
2. 현직: 충북대학교 행정학과 교수
3. 주요 경력: 행정안전부 자치단체합동평가단장/합동평가위원회 위원장
4. 대표 저술: The Dynamics of Public Service Contracting: The British Experience (1999, The Policy Press)

최진혁
1. 최종 학력: 프랑스 Université de Paris I(Panthéon-Sorbonne) 대학원(법학 박사)
2. 현직: 충남대학교 자치행정학과 교수
3. 주요 경력: (사) 한국자치학회 회장, 대통령직속 지방자치발전위원회 제3실무위원장
4. 대표 저술: 유럽연합의 행정과 정책연구(공저, 2011, 신조사)

한부영
1. 최종 학력: 독일 Dentsche Hochschule feur Verwaltungswissenschaften Speyer 행정학박사
2. 현직: 한국지방행정연구원 선임연구위원
3. 주요 경력: 한국지방자치학회·한국지방자치법학회 부회장
4. 대표 저술: 독일행정론(공저, 2002, 백산자료원), 독일연방정부론(공저, 2001, 백산자료원)

이종원
1. 최종 학력: 미국 Northwestern University 대학원(정치학 박사)
2. 현직: 가톨릭대학교 정경학부 행정학 교수
3. 주요 경력: 서울행정학회장, 한국지방자치학회·한국행정학회 부회장
4. 대표 저술: 비교정치행정(공저, 2018, 박영사), 행정(공저, 2015, 조명문화사), 지방의회의 이해(공저, 2008, 박영사)

채원호
1. 최종 학력: 서울대학교 행정학박사, 동경대 대학원 박사과정 수료
2. 현직: 가톨릭대학교 법정경학부 행정학 교수
3. 주요 경력: 서울행정학회 회장, 경실련 정책위원장 및 상임집행위원회 위원장
4. 대표 저술: 경제자유구역(공저, 2017, 대영문화사)

배귀희
1. 최종 학력: 미국 University of Southern California 대학원(행정학 박사)
2. 현직: 숭실대학교 행정학부 교수
3. 주요 경력: 한국행정연구원 협력·갈등관리센터 센터장, 한국정책과학학회 회장
4. 대표 저술: 공직윤리핸드북(공역, 2018, 조명문화사)

송광태

1. 최종 학력: 중앙대학교 대학원(행정학 박사)
2. 현직: 국립 창원대학교 행정학과 교수
3. 주요 경력: 대통령자문 정부혁신지방분권위원회 전문위원, 부산·경남지방자치학회 회장
4. 대표 저술: 대한민국 국가경쟁력 강화를 위한 지방분권개헌(공저, 2019, 조명문화사)

박기관

1. 최종 학력: 건국대학교 대학원(행정학 박사)
2. 현직: 상지대학교 행정학부 교수
3. 주요 경력: (사) 한국지방자치학회 지방의회발전특별위원회 위원장, 행정고시 및 지방공무원 출제위원
4. 대표 저술: 한국지방정치행정론(2015, 청목출판사)

박노수

1. 최종 학력: 서울시립대학교(행정학 박사)
2. 현직: 서울특별시의회 운영위원회 수석전문위원
3. 주요 경력: 한국지방자치학회 지방의회발전특별위원회 위원장, 서울특별시의회 정책연구실장, 경희대·숭실대 겸임교수
4. 대표 저술: 지방의회운영절차와 실무(공저, 1994, 창문사), 지방자치법 해설(공저, 1996, 대종인쇄)

문병기

1. 최종 학력: 미국 The Ohio State University 대학원(정책학 박사)
2. 현직: 한국방송통신대학교 행정학과 교수
3. 주요 경력: (사)한국지방자치학회 부회장, 행정고시 및 입법고시 출제위원
4. 대표 저술: 지방의회의 이해(공저, 2008, 박영사)

황아란

1. 최종 학력: 미국 State University of New York at Stony Brook(정치학박사)
2. 현직: 부산대학교 공공정책학부 교수
3. 주요 경력: 한국지방행정연구원 수석연구원, 자치단체 합동평가 지표개발 추진위원
4. 대표저술: 지방정치의 이해2 (공저, 2016, 박영사)

김상미

1. 최종 학력: 이화여자대학교(행정학 박사)
2. 현직: (사) 지방의회발전연구원 원장
3. 주요 경력: 대통령소속 자치분권위원회 위원, 대통령직속 지방자치발전위원회·지방분권촉진위원회 자문위원·제1제3 실무위원
4. 대표 저술: 공직윤리 핸드북(공역, 2018, 조명문화사), 윤리역량(공역, 2018, 조명문화사)

新 지방의회론

초판발행	2008년 8월 20일
제2개정판발행	2019년 2월 28일

지은이	김상미 외
펴낸이	안종만·안상준

편 집	정수정
기획/마케팅	송병민
표지디자인	김연서
제 작	우인도·고철민

펴낸곳	(주) 박영사
	서울특별시 종로구 새문안로3길 36, 1601
	등록 1959. 3. 11. 제300-1959-1호(倫)
전 화	02)733-6771
f a x	02)736-4818
e-mail	pys@pybook.co.kr
homepage	www.pybook.co.kr
ISBN	979-11-303-0729-9 93350

copyright©김상미 외, 2019, Printed in Korea

정 가　　27,000원